大国通史丛书

总主编 钱乘旦

日本通史

A History of Japan

王新生 主编

【第三卷】

中世卷

王金林 陈小法 著

江苏人民出版社

图书在版编目(CIP)数据

日本通史. 第三卷,中世卷 / 王金林,陈小法著. 一 南京：
江苏人民出版社,2023.5

(大国通史丛书)

ISBN 978 - 7 - 214 - 27605 - 6

Ⅰ.①日… Ⅱ.①王… ②陈… Ⅲ.①日本一历史 Ⅳ.
①K313.0

中国版本图书馆 CIP 数据核字(2022)第 192202 号

书　　　名	日本通史　第三卷　中世卷	
主　　　编	王新生	
著　　　者	王金林　陈小法	
策　　　划	王保顶	
责 任 编 辑	马晓晓	
装 帧 设 计	刘葶葶	
责 任 监 制	王　娟	
出 版 发 行	江苏人民出版社	
地　　　址	南京市湖南路 1 号 A 楼,邮编:210009	
照　　　排	江苏凤凰制版有限公司	
印　　　刷	江苏凤凰新华印务集团有限公司	
开　　　本	652 毫米×960 毫米　1/16	
印　　　张	193　插页 24	
字　　　数	2 566 千字	
版　　　次	2023 年 5 月第 1 版	
印　　　次	2023 年 5 月第 1 次印刷	
标 准 书 号	ISBN 978 - 7 - 214 - 27605 - 6	
定　　　价	880.00 元(全 6 卷)	

(江苏人民出版社图书凡印装错误可向承印厂调换)

目　录

第一章　武士的兴起与院政政治

第一节　武士的起源

一、地方政治与社会的变化

随着律令制时代公地公民制的瓦解，庄园制的发展，国家直接支配土地的急剧减少，严重影响了国家的财政收入。中央财政收入的减少，直接受到影响的是京官，他们的生活大不如前。与此相反，补任的以国司为中心的地方官吏，却经济丰实。朝廷为了稳定中央财政收入和缓解京官的经济拮据，推行了京官兼任国司职的措施。被委任为兼任国司的京官，最终出现了两种情况：一是被任命为兼任国司后，本人并不到任地去具体管理政务，仍然居住在京城，任地的事务则派遣代理人（目代）前去主管和处理。这种不亲自赴任地的兼任国司称为"遥任国司"，他们通过文书（厅宣）向目代和国衙官吏（在厅官人）传达指令。二是任命为国司的京官亲赴任地管理政务，称为"受领"。前一种形式，名义上"遥任国司"为一国之主，而实际权力掌握在目代和在厅官人手中。后一种形式，受领亲掌大权，"受领"者日后大多成为地方的实力派。

"遥任国司"和"受领"的出现是国司及地方官吏职责的质变。律令体制下的国司作为一国之首掌管一国的全面事务，包括管理祠社、户口、簿账、字养百姓、劝课农桑、纠察所部、贡举、孝义、田宅、良贱、诉讼、租调、仓廪、徭役、兵士等等，直接对朝廷负责。然而，现在的国司，与其说是朝廷任命的地方民政官吏，莫如说是国家赋税的承包人。他们对朝廷的责任，主要是每年缴纳一定的赋税。因此，他们所关心的不是如何平安民间、劝课农桑、百姓盈实，而是不择手段地搜刮民财，变公为私，成为地方豪富。试举两例：一是一个曾担任过美作、丹波、伊予、但马等地国守职，名叫源章任的人，据史籍记载，他"吏于四个国，家大豪富，财货盈藏，米谷敷地，庄园家地，布满天下"①。二是曾任大宰府大式的藤原惟宪。他从大宰府返归京城时，其随身所带之物，据载，"珍宝不知其数"，"九国二岛物，扫底夺取。唐物又同"。大宰府是朝廷管理九州地区的官衙，既管理民政、兵役，又管理外交和贸易通商。大式一职是协助大帅的二等官，正五位。其所掠财货除九州地区的珍贵宝物，尚有从中国输入的物品。"扫底夺取"四字，形象地刻画了地方官吏对民脂民膏的贪婪和劫掠。对此，当时就有人感叹曰："已似忘耻，近代以富人为贤者。"②

地方官吏不事政务，唯以掠财肥己为重之风，使地方政治急速质变。地方官吏以厚实的财富为基础，对朝廷阳奉阴违，逐渐形成了可以与中央贵族相抗衡的政治力量。在这一过程中，地方政治结构也发生变化，即权力向国司集中的同时，其他官员逐渐部属化，而且不像过去那样要求其具有优秀的行政能力，能否通过各种方式完成税收是"良吏"的标准，并成为破格录用及升迁的条件。另一方面，为防止部属与郡司、地方富豪相互勾结，告发或反抗自己，国司或者将自己的亲属、随从组成私人官吏集团，或者让领国内的富豪阶层从事收税等政务。与此同时，富豪们通过高利贷及土地经营将普通农民隶属化，不仅使他们承包了各种租税杂役，而且成为国司统治地方的社会基础，逐渐出现了"地域社会体

---

① 儿玉幸多等编『史料による日本の歩み・古代篇』，吉川弘文馆1960年、309页。
② 『小右記』長元二年七月十一日戊辰条。

制"或"在地领主体制"的雏形。

然而,朝野官吏的腐败,激化了阶层之间的矛盾,导致社会动荡不安。在 10 世纪至 11 世纪前叶,对以国司为首的地方官吏的违法乱纪行为,百姓频繁上京向朝廷直诉。如 988 年(永延二)十二月,尾张国八个郡的郡司、百姓集体到京都上诉,控告国司藤原元命的暴政。诉状所列罪名共有三十一条,主要是揭露藤原元命任职三年间,在法定的租税、进调之外,任意加征租税、庸调和利息,侵吞下级官吏俸禄,扣留百姓、僧尼救济费以及其所属子弟、郎从等胡作非为之事。① 类似的直诉事件多达数十起,涉及地域包括越前、淡路、大和、因幡、近江、加贺、越中、伊势、长门、丹波、能登、备前、但马、和泉等地。

在百姓频繁直诉的同时,各地"盗贼"蜂起。所谓"盗贼"皆是因天灾、病疫以及遭受官吏剥削而失去生活条件的农民、渔民、流浪者等。陆地"盗贼"以关东地区最盛,据记载,895 年(宽平七)二月,"坂东群盗发向,其内信乃(浓)、甲斐、武藏尤有其害"②。又据《扶桑略记》宽平元年四月条载:"东国强盗首物部氏永等发起,追捕之间,已及昌泰。"宽平元年为西历 889 年,昌泰年间为 898—901 年间。这就是说,以物部氏永为首的反抗斗争,持续了十余年之久。"群盗"活动,不仅广及各地方,而且也渗入京都。他们打富济贫,使京中官僚贵族颇为惊恐。据载,923 年(延长元)三月四日,因为入京"盗贼"射杀前安艺守伴忠行,京中大臣等官吏,集议"搜捕京中群盗之事"。进入京都的民众甚至还火烧皇宫、摄关家、遥任国司等官僚贵族的邸宅。

在海上,则以濑户内海的渔民和沿岸民众为主体,展开了阻塞海路、劫掠官物的反抗活动。据文献载:"南海道贼船千余艘,浮于海上,强取官物,杀害人命,仍上下往来人物不通。"③领导千余艘"贼船"的是小野氏彦、纪秋茂、津时成等人。从表面上看,海陆的反抗运动,是各自孤立、分

---

① 「尾張国郡司百姓等解文」、竹内理三編『平安遺文』339 号、東京堂出版、1948 年。
② 『扶桑略記』第廿三・里書・昌泰二年二月十五日条。
③ 『扶桑略記』第廿五・承平六年六月条。

散的,相互之间似乎没有联系,但实际上是相互呼应、相互支持的。据载,10 世纪初,在关东地区的上野、相模等地还活跃着名为"僦马之党"的反抗群体:"右得上野国解称,此国顷年强盗蜂起,侵害尤甚。静寻由绪,皆出僦马之党也。何者,坂东诸国富豪之辈,鬻以驮运物。其驮所出,皆缘掠夺。盗山道之驮以就海道,掠海道之马以赴山道。爰依一匹之驽,害百姓之命,遂结群党,既成凶贼。"①

"僦马"即为"雇马"之意,"僦马之党"即是以运输为生的劳动群体。在现实生活中,他们一边受雇运输"富豪之辈"搜刮的财物,一边却看到广大百姓的民不聊生。出于对腐败官吏的痛恨,他们利用自己的职业特点,"遂结群党",劫掠"诸国富豪之辈"装满货物的马匹。"盗山道之驮以就海道,掠海道之马以赴山道",表明海上和陆上反抗活动相互联系。"僦马之党"活跃的地方正是连通朝廷与关东八国的交通要道,即东山道和东海道的运输线。而"海贼"活跃的地区是朝廷与西部诸国联系的要道——濑户内海。

在强盗队伍中,除庶民百姓外,有不少人是"坂东诸国富豪之辈"。因为国司经常对部署、郡司、富豪提出无理要求,引起他们的仇恨并起而反抗,例如 883 年(元庆七)筑后守都御西被射杀。② 又据《政事要略》记载,10 世纪中叶在九州大宰府范围内也有武装的"党类"存在:"而今如闻者,游荡放纵之辈,不必国司子弟,妄假威权,多成党类练兵器,聚养人马,或托言田猎,或寄事负债,威却郡司,压略民庶,凌辱妻子,夺掠牛马,以彼产业为己利润。昨为徒步单衣之辈,今率肥马轻裘之身。是养暴狂,称聚勇敢,蔑侮官吏,侵渔细民,时俗染化,稍为土风,田亩荒芜,赋税虚耗,国敝民亡,莫不由斯。"③

对于各地日渐壮大的民众反抗,朝廷甚为焦虑不安,不断地发布敕

① 『类聚三代格』卷十八・昌泰二年九月十九日太政官符。
② 下河井龍彦「国衙と武士」、『岩波講座・日本通史・第 6 卷・古代 5』、岩波書店 1995 年、180 頁。
③ 『政事要略』卷五十一・天庆九年十二月七日条。

令,责令各地加强防范和镇压。933 年(承平三)十二月,因"西国海贼"不屈服,向各国派遣警固使。934 年(承平四)五月,遣使山阳南海地区十国的十七处神社,敬奉币帛,祈求镇压"海贼"。七月,派兵库允在原相安,"率诸家兵士并武藏兵士等,发向追捕海贼之所。"①

朝廷的所有镇压手段,并未能平息民众的反抗,而且形势更趋严重。936 年(承平六)六月,朝廷任命纪朝臣淑人为伊予国大介,兼行追捕"海贼"事。朝廷企望纪朝臣淑人以伊予国为基点,一并平息濑户内海的民众反抗活动。纪朝臣淑人到任后,实行怀柔政策。首先招安了"海贼"首小野氏彦、纪秋茂等三十余人,并应诺凡降伏者均给予衣食,"班给田畴,下行种子,就耕教农",怀柔政策收到了一时的效果,"民烟渐静,郡国兴复"②。被招安的"海贼",虽在陆地上得到政府颁赐的田畴、种子,并受到耕种技术的传授,政府也可以收到一时的效果,但谁能保证惯于海上生活的渔民能安于陆上生活呢? 更何况即使他们安于农耕生活,仍不能逃出繁重的赋税、徭役的牢笼。事实表明,此后的"海贼"活动并未停息,依然不断。

社会不稳除民众反抗不断增加的苛捐杂税,也存在其他几个因素。首先是庄园武装的出现。随着庄园的发展,庄园的矛盾也日渐增多。为了不断扩大领地,庄园主常常派自己的庄民武装侵犯邻近的其他庄园。被侵犯者为了保卫自己的领地,也以武装庄民进行抵制,双方因此争斗不断。开始时,被武装的庄民以农为主,以武为辅,平时从农,战时从戎。后来逐渐地以武为主,完全脱离农业,成为庄园武装力量。

其次是寺院僧兵的活跃。10 世纪末,随着寺院庄园的扩展,以延历寺、园城寺、天福寺、东大寺为代表的寺院势力极为强盛。一般情况下,这些寺院都养有数千僧侣和俗人。为保护散于全国的寺领庄园的利益,出现以下级僧侣为主的武装化。这些武装化了的僧侣,专事寺领防卫,

---

① 『扶桑略记』第廿五·里书·承平四年七月二十六日条。
② 『扶桑略记』第廿五·朱雀·承平六年六月条。

故称之为僧兵。他们不但在寺院之间的争斗中,冲锋陷阵,互相袭击,焚烧寺院,而且常常抬着神舆、神木,武装上京告状,迫使中央应允他们的种种要求。至 11 世纪中叶,僧兵以南都的兴福寺、北岭的延历寺最强。兴福、延历两寺,由于教理不合(兴福寺为法相宗,延历寺为天台宗)不断发生武装格斗。据《石清水文书》记载:"顷年以来,神人以滥恶为先,缁侣以贪婪为本,或押领公私田地,或掠取上下财物,不论京畿,不嫌边陲,结党成群,填城溢郭,不啻灭亡人民。(中略)方今兴福、延历等两所,互成诉讼,趋涉纵横,物无禁止,不畏皇宪,各施威猛,只企战斗。"①

两寺最严重的一次大规模冲突发生在 1113 年(永久元)的闰三月至五月间,白河院政任命天台宗出身的圆势和尚为兴福寺属下的清水寺的别当。兴福寺为首的南都众僧认为任命不当,集体上京请愿,要求撤销对圆势的任命。中央接受请求,撤销圆势和尚的别当职,并重新任命兴福寺高僧永缘和尚为清水寺别当。获胜的南都众僧喜形于色,在返回奈良的途中毁人家,欺路人,凌辱祇园神社人员,暴行诸多。延历寺僧众极为不满,蜂拥至清水寺,毁清水寺堂舍、僧房,进而抬着祇园、北野神社的神舆上京到白河上皇的住所,诉说兴福寺的暴行。兴福寺也上诉中央,指责捣毁清水寺堂舍、僧房者,要求惩办凶手,并扬言要征集南都七大寺僧众,准备与延历寺会战。听此消息的延历寺系统,也准备集 3000 僧兵上京。朝廷对僧侣轻视朝廷之威的行动,十分不安,遂向兴福、延历两寺宣敕禁止上京。僧徒不听,四月底,延历寺僧兵进入京都,集于祇园,同时兴福寺僧兵也向京都进发。朝廷紧急命令检非违使平正盛等率官兵在中途阻止兴福寺僧兵进入京都。五月一日,延历寺僧兵见兴福寺僧兵被官兵所退,也撤回北岭。一场血腥的械斗也得以避免。白河院政虽然对于僧兵采取强硬政策,但是僧兵势力一直不衰。在日后平氏势力与院政势力对立时,南都北岭的僧徒还曾巧妙地利用院政与武士的对立,企图左右政治。

①『石清水文書之一』天永四、五、十五鳥羽天皇宣命、児玉幸多等編『史料による日本の歩み・中世編』、30 頁。

二、武士及武士团

从语义上讲，大约 10 世纪以后，以作战为职业的"兵（つわもの）"、以武力服务官衙的"武士（もののふ）"、保护达官贵人的"侍（さむらい）"逐渐合流，成为后来的武士阶层。"武士"一词最早出现在《续日本纪》养老五年（721）正月二十七日条，"诏曰文人武士国家之重"。尽管这里的"武士"是与文官相对的武官，同时也是指近畿地区的豪族成员成为朝廷武官，以武艺为贵族提供服务；"兵"大多是地方庄园武装势力，擅长骑马射箭，以家族为单位相互作战，有时也反抗国司的统治，是最初的基层武士团；"侍"大多是平将门及藤原纯友叛乱后，朝廷与贵族看到地方武士的实力，纷纷将其聘用为护卫。

准确地讲，武士是随着中央集权的律令体制的瓦解而产生的职业军人。律令体制下军制的核心为军团制，地方每三到四个郡设一个军团，全日本大约有 140 个，每个军团约 1000 人规模，服兵役民众分属各个军团。接受训练的士兵到京城卫府做卫士一年，担任宫城和京城的警备，到九州大宰府做防人三年，担任九州沿海地区的防卫。由于律令农民的贫穷化，战斗力渐趋低下，加上军团首领、国司怠于训练，而且外来压力也逐渐减弱，致使征兵式的军团制在 8 世纪末陷于解体之境。作为地方军团的替代，朝廷于 792 年（延历十一）六月发布太政官符："奉敕，今诸国兵士，除边要地之外，皆从停废，其兵库、铃藏及国府等类，宜差健儿以充守卫，宜简差郡司子弟作番令守。"[1]

在所谓的健儿制下，健儿的人数根据地域的大小规定，大国 200 人，中国约 100—150 人，小国在 100 人以下，或 50 人，或 30 人等，均为郡司或富裕的子弟，善于骑射，担任国衙的警备，维护地方治安。国衙设立健儿所加以管理，专设健儿田以提供财政。同时在九州组织 1320 人的选士，在东北地方组织 2000 人的健士，作为国防的军事力量。但因建造宫

---

①『類聚三代格』卷十八・延暦十一年六月十四日太政官符。

殿及征夷等的巨额费用,健儿制等军制均未取得较好效果。

进入 9 世纪后,边要之地的兵士也因贫穷和国司等将兵士作为役夫,难以胜任边境的防卫。826 年(天长三),朝廷接受大宰府建议,发布太政官符,宣布废兵士、停军役,选拔"弓马之士"防卫边要。"得大宰府奏状称:兵士名备防御,实是役夫,其穷困之体令人忧烦,屡下严敕禁制他役,时代既久,曾无遵行。(中略)臣等商量解却兵士,停废军役,更择富饶游手之儿,名曰选士。(中略)此间民俗甚远弓马。但丰后国大野,直入西郡,出骑猎之儿,于兵为要。(中略)。然则田园归耒耜之夫,城府来弓马之士。"①

另一方面,由于健儿人数有限,健儿所经常组织地方武士参与治安甚至军事活动。在律令体制下,追捕逃亡或盗窃的罪犯通常由国司、郡司报告太政官后命令"人夫"(非武装人员)进行,如果罪犯逃到其他国,则由太政官颁发"太政官符"给逃往对象各国加以追捕;如果是军事性镇压的"盗匪""叛乱",则需上书天皇获得"发兵敕符",发动武装追捕人员进行镇压,但发兵人数有严格限制。这种在 9 世纪出现的"临时发兵制"已经超越军团制和健儿制的权限范畴,而且在这一过程中,国司军事权力逐渐扩大。首先是可以积极扩大发兵的对象并成为忠诚于自己的武装力量,因为当地富豪阶层中的武士或者降服的虾夷俘虏成为兵员可以免除课税徭役且有报酬;其次国司可以获得判断是"逃亡"还是"叛乱"的裁决权,由此扩大解释镇压的对象而获得派兵权;另外还可以增加专门的职位强化武装力量,例如"讨贼使""押领使""追捕使"等。

与此同时,律令体制下京城警备组织有令外官的左右近卫府、令制官的左右卫士府(811 年改为左右卫门府)及左右兵卫府,大约有 2800 人的兵力。810 年"药子之变"后,在左右卫门府内设置"检非违使",担当京城警备、防盗、追捕违法者等警察职能。824 年,该机构独立,职权增强,活动范围也逐渐扩大到救济、地方追捕等领域,从而吸收地方武士为成员。作为令外官,"检非违使"由天皇直接任命,既是武士十分向往的职

---

① 『類聚三代格』卷十八・天长三年十一月三日太政官符。

位,又为武士参与中央政治提供了途径。

9 世纪末 10 世纪初,包括税制改革在内的地方制度改革大大加强了受领的权力,因而引起各种势力的激烈反抗,各地均爆发了大规模的骚乱。例如 889 年(宽平元)爆发了前所未有的横跨信浓、上野、甲斐和武藏等地的盗匪骚乱,虽然匪首在 900 年(昌泰三)被捕,但骚乱仍然持续,并发展为 901 年(延喜元)"延喜东国之乱"。在镇压这些骚乱的过程中,虽然中央政府很少颁发"发兵敕符",多为"追捕官符",但"受领"获得军事镇压权力和发兵裁量权,不仅将家族成员也纳入受领支配体制,同时动员众多当地的武士担任"押领使"等重要军事职务参与平息骚乱,从而形成了"国衙军制"。在平息 931 年(承平元)到 936 年(承平六)的"承平南海盗匪"过程中,西日本也采取了类似的军制改革,武士作为一个群体登上历史舞台。特别是在平息史称"天庆之乱"的平将门、藤原纯友叛乱过程中,担任"押领使"等职位的高级武士及其指挥下的地方武士作为政府军发挥了重要作用,平息骚乱后得到朝廷的很高奖赏,不仅获得五位(本来应为六位)贵族等级爵位,而且获得的检非违使、押领使、追捕使、受领等也成为常设官职,在成为贵族式武士的同时,以"在厅官人"身份进入国衙机构,从而成为武士阶层的重要成员。同时武士也成为职业军人,按照血缘主从关系结成武士团,即按照族长、儿子、家人、下人、随从的顺序组成军事组织。族长为武士团的首领,儿子、家人是武士,下人、随从是侍奉武士的农民。

在上述背景下,在厅官吏也逐渐武士化。国司是文官,不是武官,所以他们的从者不是兵士,原则上也不允许带剑。但由于地方治安状况的恶劣,在厅官吏到各地巡行检查时,常常会受到对抗和袭击。地方"恶"势力"或拒悍公事,或忽结私怨,往往所侵也",甚至杀害在厅官吏。为国衙全领域的安定以及自身的安全,在厅官吏要求朝廷允许他们带剑,"勘纠奸犯之辈,不带弓箭,无便追捕"[①]。10 世纪中叶,朝廷开始允许东部

[①] 『朝野群载』廿二卷·天历十年六月廿一日条。

地区诸国国司、郡司带剑。允许带剑只是防身的武器，尚未达到在厅官吏武官化。因而在 950 年（天历四）二月，下总国国司藤原朝臣曾给中央上书，请求朝廷准其兼任押领使，并给随兵。其上书的主要内容为："右谨检案内，当国邻国司等，带押领使并给随兵，勤行公事，其例尤多。（中略）凡坂东诸国，不善之辈，横行所部、道路之间，取物害人，如此物总，日夜不绝，非施公威，何肃国土。望请天恩因准先例，不费官物，国回方略，渐以宛行。然则若有凶党之辈，且以追捕，且以言上。"①国司兼任押领使、追捕使后，中央政府给予的随兵名额是三十人。实际上，他们属下武士人数多在三十人以上。如尾张国国司藤原元命，其手下"郎从之徒，如云散满部内；屠脍之类，如蜂移住府边。"②又如常陆国的佐竹氏，也是"权威及境外，郎从满中"③。

进入 11 世纪以后，随着庄园势力的不断增强，国衙控制的公领受到蚕食，担任军事职务的武士作为调解者参与到其纠纷中，逐渐掌握乡司、郡司乃至国司等行政机构，而且也将庄园、公领纳入自己的控制之下，成为地方领主。与此同时，较有实力的武士以担任国司的重要职位为基础，通过婚姻扩大家族势力，将领国内的武士纳入自己主导的主从关系中，从而成为统率领国武士团的"一国栋梁"。

在武士及武士团不断扩大的过程中，中央贵族地方武士化或中央军事贵族起到关键性作用。在平安时代早期，贵族们为获得官职和领地，积极嫁女给天皇，于是皇子皇孙成群。为维持生计，赐姓降为臣籍，发放地方做官。任期届满也不回京城，开垦或圈占土地，除自己演练武艺外，更是养兵自重，后来成为地方武士团的核心力量。后面详细论述的桓武天皇曾孙高望王获姓平氏，作为上总介（今千叶县中部，介为国的副职）赴任关东，其子孙遍及关东，形成诸多小武士团，称为"坂东八平氏"。与此同时，清和天皇第六子贞纯亲王之子基经王获姓源氏，在 939 年作为

---

①『朝野群载』廿二卷・天历四年二月廿日条。
②『尾張国郡司百姓等解文』、竹内理三编『平安遗文』第 339 号。
③『吾妻镜』治承四年十一月四日条。

武藏介(今埼玉县和东京都)赴任关东。

《类聚三代格》所载"顷年京贯人庶,王臣子孙,或就婚姻,或遂农商,居住外国,业同土民"①,就是揭示一部分京城贵族地方化的途径。由于有中央皇族、权贵的背景,这些人到了地方以后,聚党敛财,成为对抗地方政府的"恶"势力。891年(宽平三)九月曾发布太政官符,指责"京户子弟"在地方上的不法作为,并敕令加强对他们行为的督察:"顷年京贯人庶,王臣子孙,(中略)居住外国,业同土民。既而凶党相招,横行村里,对悍宰吏,威胁细民,非唯妨国务,抑亦伤风教。左大臣宣:奉敕,宜加下知严令督察,来年七月以前言上其去留状。若顽很之徒,犹犯不改,则不论荫赎,移配远处。"②

实际上,最初的武士且高级武士来自中央军事贵族,因为地区治安恶化或对应东北地区的少数民族,天皇政府将他们派到关东地区,例如后述的源氏、平氏等均是在9世纪末10世纪初到该地区任国司等官职,不仅负责镇压民众叛乱,而且保护物资输送和庄园经营。由于其中央贵族的身份,不仅在地方具有较高地位,对中央政府也具有较大政治影响力,在某种程度上成为院政政治的基础。例如1068年继位的后三条天皇与摄关家没有血缘关系,于是通过整顿庄园打击藤原氏,实现天皇亲政。为保证法令顺利实施,自己退位作为上皇,另辟院厅处理政务,开院政政治先河。后面的几位天皇照葫芦画瓢,亲自执政,其力量基础就是设置北面武士和武者所等机构,任命源、平武士团为护卫。

除平息大规模叛乱之外,即使在追捕杀害政府官员的"凶党"过程中立有功劳的武士也会得到奖赏,不仅得到爵位和官职,也可以获得被没收的"凶党"集团成员的土地,同时获得开垦土地的权利,其土地上形成的庄园在得到国司甚至天皇的认可后变成私人领地。但在11世纪末12世纪初,围绕私人领地的所有权经常爆发领主之间的战事。例如1079年(承历三)相模权大夫为季与押领使景平之间发生战事,两人均是早期

---

①② 『類聚三代格』卷十九·宽平三年九月十一日太政官符。

的开发领主;1106 年(嘉承元)新罗伞郎义光、常陆平氏的平重干等与获得下野领地的源义国之间发生纠纷,称为"常陆国会战"的该战事至少持续了五年;1117 年(永久五)下总守源仲政率数百兵士攻击雇用源义亲的常陆国领主,到仲政之子赖政时组织了自己的武士团,其起源是原追随仲政的武士团,等等。由于涉及私人领地上乡村实力者较多,因而战事规模较大,而且过去那种"国衙军制"也难以对应领主之间的纠纷,需要一种地域社会的新军事力量集结模式。①

进入 12 世纪以后,为抑制关东地区领主之间的战事,在京都的高级武士,特别是源氏以天皇及摄关家族为后盾,积极调停其纠纷。1104 年(长治元),追随源义家并立有战功的镰仓权五郎景正(平景正)将家族相传领地——相模国大庭御厨寄进伊势神宫,其家族招募流浪者进一步开垦,1116 年(永久四)成为国守认可的庄园,但国守更替时出现混乱,1141 年(永治元)成为天皇认可的特权庄园,并有确认边界的石碑,景正的子孙也担任历代的御厨司。但在 1144 年(天养元),与在厅官人田所目代等携手的源义朝部下联合三浦氏、中村氏、和田氏的军队侵入大庭御厨,袭击大庭景宗的住宅。实际上,该领地西部是景宗及其子景义的武士团,东部是以景亲为中心的武士团,属于同室操戈的性质,也是景亲借助在京武士源义朝势力袭击竞争者景宗的事件,但在 11 年后的保元之乱中,大庭景亲和大庭景义均作为源义朝的部将在京城作战。再如在下总国相马寄进庄园纠纷中,上总常澄与千叶常重争夺领有权,支持常澄的源义朝迫使常重写下认罪书,剥夺了他的领有权,但在平治之乱后的 1161 年(永历二)常澄与常重之子千叶常胤均被称为义朝的"长年随从"。实际上,在调解纠纷过程中,源义朝发挥了超越个别武士团利益的地域公共权力,即通过扩大庄园领地并将其分割以保障争执双方的领有权,不仅平息了领主之间的战事,而且也将双方编入自己的军事组织,从而

---

① 高橋修「武士団と領主支配」、『岩波講座・日本歴史・第 6 巻・中世 1』、岩波書店 2013 年、181 頁。

形成了全国性的源氏武士团。

三、源、平武士集团

11世纪初期以后,武士势力进一步发展,无数分散的武士,逐渐地集聚在同一地区势力最强的豪族、贵族旗蘰之下,形成地域性武士集团。在众多地域性武士团的首领中,势力最强者就是源氏和平氏,最终形成了源氏、平氏两大武士集团。在这一过程中,是"国衙军制"的局限性以及"追讨使"的出现。

进入11世纪以后,由于特权大神社寺院的反对,国衙基于"追捕官符"进行的追捕活动被迫撤回,甚至国司亦因追捕而获罪。"追讨使"是中央政府在"追讨宣旨"基础上派往地方镇压"盗匪"的使节,过去大多从卫府官员中选任,但1030年(长元三)源赖信被任命为镇压平忠常叛乱时不是卫府官员,是贵族武士首次担任此职,并通过镇压叛乱与当地武士结成主从关系。因为"追讨使"拥有的军事指挥权也包括"战功赏"推荐权,因而对地方武士具有很强的吸引力,例如后述源赖义在"前九年之役"使20名部将获得恩赏。但源氏军事势力过强时,院政没有认可源义家"后三年之役"的"追讨官符"请求,更没有给予恩赏,试图削弱源氏实力。与此同时,不仅平正盛被提拔为"源义亲追讨使",而且与平忠盛连续担任"海盗追讨使",结果形成了以平氏为首、与源氏东日本武士集团相对峙的西日本武士集团。

1. 源氏的崛起过程

源氏始于814年(弘仁五),嵯峨天皇向诸皇子赐"源朝臣"氏姓。此后的天皇,即淳和、仁明、文德、清和、阳成、光孝、宇多、醍醐、朱雀、村上、冷泉、圆融、花山、三条14代也相继给自己的皇子赐源氏之姓。受赐源氏的皇子一般都离京,在自己的领地内生活、发展。在众多源氏皇子中以武家著称的是清和天皇系皇子和村上天皇系皇子。清和天皇系统的源姓皇子中以源经基一族最盛,大多为地方豪族、武士栋梁;村上天皇系统的源姓皇子中以源师房一族最盛,任朝中大臣和大将者不少。

　　源经基是清河天皇之孙，其父亲是清和天皇的第六皇子，所以他有"六孙王"之称。经基及其子孙，依仗皇族的身份，结托地方势力，聚势集财，成为濑户内海一带和关东地区众多武士集团中的强者。源经基历任上总介、兵部少辅、左马头及武藏、筑前、但马、伊予等国国守；其子源满仲历任武藏、摄津、越前、伊势、陆奥等国国守和镇守府将军；满仲有三子，即赖光、赖亲、赖信。赖光历任摄津、伊予、美浓等国国守；赖信历任河内、美浓、陆奥、上野、甲斐等国国守；赖亲则任大和等国国守。源赖信之子赖义曾任陆奥守和镇守府将军。

　　由于清和源氏雄踞地方，实力雄厚，备受上层贵族特别是摄关藤原氏的倚重。清和源氏与藤原氏的结合始于 10 世纪 60 年代，969 年（安和二），藤原氏为排斥异己势力制造了"安和之变"疑案。当时，朝中核心官吏，太政大臣是藤原实赖，左大臣是源高明，右大臣是藤原实赖之侄藤原师尹。源高明是醍醐天皇的皇子，920 年（延喜二十）降为臣籍，赐姓源氏，历任朝中高官，颇有势力，其女为村上天皇次子为平亲王之妃。村上天皇死后，继位者理所当然是皇太子、为平亲王之兄宪平亲王（即冷泉天皇），然而在立皇太弟问题上，藤原氏欲立为平亲王之弟守平亲王（后为圆融天皇）。藤原氏深知要实现守平亲王为皇太弟，最大的障碍是源高明和为平亲王。因此，为了计谋的实现，清除源高明、为平亲王势力乃是当务之急。就在这一背景下，发生了所谓的"安和之变"。事件的发端是藤原师尹、左马助源满仲（清河源氏）等密告中务少辅源连、橘繁延等企图谋反，拥护为平亲王。藤原师尹等以谋反罪，遣检非违使逮捕了橘繁延、僧莲茂、前相模国介藤原千晴父子，并发官符于五畿七道诸国，追讨源连、平贞节等人。源高明受牵连，最终被排挤出中央，左迁筑紫。源满仲在这件事中的作用，使清和源氏与藤原氏的关系得以巩固，为清和源氏的进一步发展奠定了基础。

　　清和源氏另一件扬名上层贵族的事是平息原上总国国介平忠常之乱。"平将门之乱"之后，平氏在关东发展势力，平忠常是平良文之孙，在上总、下总地区颇有势力。1028 年（长元元）起兵叛乱（原因不详），首先

攻入安房国，"虏领彼国"，烧死了安房守惟忠。朝廷获悉，急派追讨使平直方、中原成道率兵征讨，历经两年毫无结果，追讨使平直方、中原成道被解任。1030 年（长元三）九月，朝廷委任时任甲斐国守的源赖信及"坂东诸国司"追讨平忠常。

如前所述，源赖信是源满仲之子，与兄赖光、赖亲同为侍奉摄关藤原道长的武士。源赖信被任命之后，平忠常慑于源氏的威势，不战而降。平忠常所以迅速投降，是因为在起兵叛乱以前，他与源赖信曾有过主从关系。投降后的平忠常被囚于美浓国厚见郡。五月二十八日平忠常突然"受身病"，六月六日死去。据源赖信呈中央的解文称，平忠常死后由美浓国司"实检"，验证身份，然后"斩其首"。六月十六日，"赖信朝臣枭平忠常首入京"①。源赖信因此声威大增。据《陆奥话记》载："赖信朝臣为追讨平忠常并嫡子，在军旅间，勇决拔群，才气被世，坂东武士多乐属者。"②

在追讨平忠常叛乱中，源赖信之子源赖义表现出色，名声随父的声威而广为传播。贵族和武士中，皆知赖义"性沉毅，多武略，最为将帅之器"，平忠常之乱平息后，被任命为相模国国守。"赖义朝臣威风大行，拒悍之类，皆如奴仆。而爱士好使，会坂（今滋贺县大津市）以东弓马之士，大半为门客"，势力颇盛。③

11 世纪中叶，陆奥地区豪强安倍忠赖、安倍赖良（又称赖时）横行陆奥之郡，"数十年之间，六个郡之内，不从国务，如忘皇威"④。"不输赋贡，无勤徭役"⑤。朝廷多次派军兵征讨，均无成果。永承年间（1046—1053），朝廷先派太守藤原登任、秋田城介平重成率数千兵士讨伐，但讨伐军受到安倍氏军的阻击，死者甚多，太守军大败。在征讨失败后，朝廷众臣商议继续征讨事宜，结果"众议所归，独在源朝臣赖义"，一致推举赖义为追讨将军。朝廷于 1051 年（永承六）任命赖义为陆奥国守，授命征

---

① 『日本紀略』後編十四。
②③ 横井清ほか編集『史料大系日本の歴史・第 2 巻・中世 1』、大阪書籍 1979 年、137 頁。
④ 児玉幸多等編『史料による日本の歩み・中世編』、吉川弘文館 1958 年、2 頁。
⑤ 横井清ほか編集『史料大系日本の歴史・第 2 巻・中世 1』、大阪書籍 1979 年、136 頁。

讨安倍氏。1053 年(天喜元)又让他兼任镇守府将军。赖义赴任,正适朝廷大赦天下,安倍赖良因此获赦,"委身归服,境内两清"。源赖义就在这样的平静安稳中渡过任期。但 1056 年(天喜四)安倍氏再度叛乱。同年十二月,赖义重任陆奥守,并对安倍氏实行军力征伐,由此开始有名的"前九年之役"。1057 年(天喜五)七月,安倍赖良在鸟海栅战死,其子贞任继续反抗官军。在河崎栅一战中,源赖义所率官军因"风雪甚励,道路艰难,官军无食,人马共疲"而大败,战事持久。1061 年(康平四),源赖义再次任满。朝廷任高阶经重为陆奥守,由于陆奥地区民众慕源赖义之威,不听高阶经重之命,不久经重归京,源赖义再次被任命为陆奥守。战事最后以安倍氏军覆灭告终,当安倍贞任、重任、经清三人首级送入京都时,全城一片欢腾,"京都为壮观,车击毂,人摩肩"①。朝廷嘉奖源赖义及其子,授赖义为正四位下伊予守,长子义家为从五位下出羽守,次子义纲为左卫门尉,源氏声誉更盛。

"后三年之役"是"前九年之役"结束后,在陆奥地区发生的又一次战乱。"前九年之役"后,清原氏一族受到朝廷的器重,委以重任,由此清原武则势力大振。1083 年(永保三)武则之孙真衡与异母兄弟家衡及异母先夫之子清衡矛盾,以致武力相斗。这一年秋,源赖义之子源义家被任命为陆奥守。他到任之后,清原真衡以厚礼相迎,博得源义家的欢心,也得到了源义家的支援。后清原真衡病故,清原氏矛盾虽一时平息,但不久家衡与清衡间发生对立,互相攻伐。家衡袭击清衡的馆邸,并杀其妻眷属。清衡向源义家申诉,源义家率数千骑声援清衡,进攻家衡所在的沼栅。源义家所率官军虽包围沼栅数月,但因"遇大雪,官军失斗利及饥寒,军兵多寒死饥死",受到重创。此时,清原家衡得到伯父清原武衡的支援,突出沼栅,退守金泽城。获知陆奥战事状况的源义家之弟义光,毅然辞官到陆奥。得到义光支援的源义家,于 1087 年(宽治元)十一月攻陷金泽城。武衡、家衡被斩杀,其主要郎从等 48 人被枭。

---

① 儿玉幸多等编『史料による日本の歩み・中世编』,吉川弘文馆 1958 年、2 頁。

"后三年之役"胜利之后，源义家向朝廷请功行赏，但朝廷以此战是"私合战""非公战"为由拒绝行赏。为此，源义家以自己的资财奖赏有功之士，更加博得众多武士之心，源氏确立了作为武士栋梁的地位，源氏武士团的组织渐趋巩固。

2. 平氏的崛起过程

平氏是平安时代一部分降为臣籍的皇族的氏姓。平氏之姓始于825年（天长二），恒武天皇之孙高栋王受平朝臣之姓，889年（宽平元），桓武天皇又赐平朝臣姓予曾孙高望王。给皇族授平氏姓的天皇，尚有仁明、文德、光孝三天皇。在诸平氏的皇族中，以桓武天皇曾孙高望王一族最盛，以武士著称。

高望王受赐平氏姓之后，被任命为上总介，成为地方贵族，其子孙也在东部地区积聚力量，以开发领主、在厅官吏和庄官身份发展势力。其中以下总千叶氏、上总介平氏、相模三浦氏世袭三国国介一职，实力雄厚。如前所述，平将门叛乱之后平氏一族仍然占据关东地区，1028年（长元元）发动叛乱的平忠常臣服源氏，因此，直到11世纪末，东部地区的清和源氏经过"前九年之役""后三年之役"势力大振，平氏仰源氏为栋梁，后来成为镰仓幕府的有力御家人。与此同时，在伊贺、伊势地区发展的伊势平氏开始接近院政，日渐受到白河上皇的器重。具体说来，平氏接近白河院是从平正盛开始的，他向白河上皇爱女媞子内亲王修建六条院佛堂，寄进伊贺国鞆田庄，时间是在1097年（承德元）。

桓武平氏在武力方面一举与清河源氏齐名是在平正盛受命镇压源义亲之后。源义亲是源义家之子，是声誉很高的武将。因随父征讨有功，封为对马守。但在任期间"杀害人民，推取公物""滥恶千万"。大江匡房任大宰大式时，将其恶事上告中央。中央派官使追讨，义亲之父源义家也派郎党召其回京都，但义亲拒绝，并杀死官使。1100年（康和二），中央将其配流隐岐国。义亲拒往隐岐，转至出云国。在出云国又行恶事，"杀国司家保目代，夺取官物"。中央派官使与源义家的郎党资通一起前往出云国劝召义亲，结果郎党资通叛变，与义亲一起杀死官使。

1106 年(嘉承元)源义家死亡,于是中央任命平正盛为追讨武将。1108 (天仁元)正月,源义亲被灭,平正盛携义亲首入京,京都全城"上下车马夹道,(略)男女盈满道路,人人如狂",义亲首级悬于狱门之前。[①] 因平息源义亲恶行有功,平正盛迁任但马守。依《延喜式》载,国有大小,分大、上、中、下等级,但马国是上国,所以这一任命被视为"被任第一国,依殊宠者欤"[②]。此后,平正盛一族成为院政的武力支柱。京都治安危急之时,大多仰仗于平氏处理。12 世纪初,京都不安,内有"强盗每夜不断",外有南都北岭僧兵相斗,不时上京武装上诉。对上述问题的处置,平氏都作出了贡献。如 1113 年(永久元)三月名为"夏烧大夫"的盗贼潜入宫中内里御仓,盗走众多御用财物,震动皇族、宫妃。此案由平正盛之子平忠盛破获。又如同年四月,南都兴福寺僧兵与北岭延历寺僧兵相斗时,兴福寺僧兵上京。为保证京都的安全、平稳,中央派遣平正盛及"天下武者源氏、平氏辈"防御兴福寺僧兵进入京城,于宇治川一战中,平正盛及其子忠盛等表现突出。

平氏武士集团势力在 12 世纪 30 年代,在平定山阳道、南海道、濑户内海地区海贼中拓展了自己在西部日本的势力范围。平氏在西部日本的声誉早在 1119 年(元永二)平正盛受命追捕恶淫满贯的肥前国藤津庄庄司平直澄时已树立武勇的形象。因此,当濑户内海海贼重又盛行时,在朝廷、院政议论由谁胜任讨贼使命时,虽然有提出源氏可以担任此任,但多数人认为"忠盛西海有势之闻,被发遣尤有便欤"[③]。最后,鸟羽上皇、关白藤原忠通裁定由平忠盛胜任。平忠盛出色地平定了海贼,不但显示了武威,而且为日后政治上的伸展奠定了基础。

---

① 『中右記』天仁元年正月二十四日条。
② 『中右記』嘉承二年十二月三十日条。
③ 児玉幸多等編『史料による日本の歩み・中世編』、吉川弘文館 1958 年、21 頁。

第二节　院政政治

一、院政政治的出现

自 9 世纪中叶至 11 世纪中叶,在藤原氏独揽朝政大权之下,历届天皇成为名副其实的傀儡。这一期间,各天皇具有如下特征:(1) 从淳和天皇至后冷泉天皇共 18 代,其中除宇多天皇外,大多与藤原氏有血缘关系,外戚大多或为重臣,或为摄政、关白;(2) 除光孝天皇 55 岁立为皇太子,同年登祚外,大多幼年立为皇太子,少年时成为天皇。14 岁以内立为皇太子的有 14 人,有的仅几个月便被外戚立为皇太子。18 岁以内继位的有 9 人;(3) 在位年限短。除醍醐天皇(898—930)在位 33 年,一条天皇(987—1011)在位 25 年,后冷泉天皇(1046—1068)在位 23 年,村上天皇(947—967)在位 21 年,后一条天皇(1017—1036)在位 20 年外,其他 13 位天皇在位都不足 20 年,最短的不足 2 年;(4) 皇位的废立,全凭外戚的政治需要。从各天皇退位的原因分析,因病死亡 6 人,因病 4 人,“退让”8 人。因病死亡者中,除光孝天皇属正常死亡外,其余都是短命死亡。短命的原因是近亲结婚、早婚多妻、奢侈、糜烂的生活和意志消沉。8 位“退让”者,都是年轻有为之年让位的,如淳和 48 岁,清和 27 岁,阳成 17 岁,宇多 31 岁,醍醐 46 岁,朱雀 24 岁,圆融 26 岁,花山 19 岁。有为之年便将皇位让给年幼的皇子,不难看出,其背后存在着藤原氏的强制操纵;(5) 藤原氏外戚所以能如此轻易废立天皇,关键是皇太子大多在外戚私邸养育成长,继位后又将实权委于外戚。因此,摄关家便是国家政治中心,天皇成了政治木偶。

在摄关政治下,诸天皇慑于外戚的威迫,表面上大多自甘傀儡地位,但日久天长,内心深处对外戚操权,也时时萌生叹息自己处境的酸楚和怨恨。至 11 世纪中叶以后,藤原氏专权日渐受到皇族以及国、郡、司官僚的批评。天皇中开始出现不甘于当儿皇帝的,其最典型的人物,就是后三条天皇(1069—1072)等人。

藤原氏在朝中地位巩固的基础就是通过嫁入内宫的本系女性产育皇子而得以维持。因此,藤原氏严格地控制天皇的婚姻权,即使天皇有自己宠爱的妃子,也大多受到压制。可是由于近亲婚姻,生育能力下降,藤原氏权威日益受到威胁。1036年(长元九)后朱雀天皇即位,次年立藤原赖通的养女嫄子为中宫,但1039年(长历三)嫄子在生产女婴时死亡。接着藤原赖通之弟教通之女生子入宫,1042年(长久三)教通之弟赖宗之女也送入宫中,此二人均未能生子。1045年(宽德二)后朱雀天皇让位于后冷泉天皇,1047年(永承二)藤原赖通之女欢子入内,不久虽怀了皇子,但是死产。1050年(永承五)赖通又让女儿宽子入内,最终也没有怀孕生子,1068年(治历四)后冷泉天皇死亡。在此背景下,藤原氏才不得已让非藤原氏血统的后朱雀天皇之子尊仁皇太子即位,是为后三条天皇。

后三条天皇是一百余年来与藤原氏没有直接血缘关系的天皇,父亲是后朱雀天皇,母亲是三条天皇之女祯子内亲王。后三条天皇因为是非藤原氏血统的皇太子,所以在1045年立为皇太子,至1068年继位的二十四年间,饱受藤原氏的凌辱,作为东宫太子标志的“壶切剑”,关白藤原赖通一直扣压不予移交,其理由就是后三条不是藤原氏血脉所生。这把象征性的标志物“壶切剑”,直至后三条继承皇位后,藤原赖通才呈交予他。在皇太子期间,后三条受到大学问家大江匡房的熏陶,增长了学问和治政才干,针对藤原氏的腐败,孕育了自己执政后采取的政策和措施。

后三条继承皇位后首先倾力加强皇权,推行排斥藤原氏的政策。例如在朝廷人事任用方面,虽然仍然任命藤原赖通为关白,但在自己的侧近,安排了源师房、大江匡房等非藤原氏官僚。同时推行凡事亲政之策,实行“御前定”制度,即在天皇主导之下,由少数公卿参加的秘密会议,藤原氏势力独揽朝政的权力受到了极大的限制。

后三条天皇推行的诸新政中,最重要且对后世有很大影响的是整顿庄园,史称“延久庄园整理”。此举的目的在于明确区分私有庄园和公有领地,以确保国家的财源。在“延久庄园整理”中,受到打击最重的是藤原氏势力。长期以来,藤原氏操弄朝政,各地权势之家为攀附权贵,纷纷将自己的庄园寄进藤原氏门下。这些寄进庄园,大多只是彼此口头约定,并未办理正当手续,因此没有正式的文书契约,必然受到清理。对此,关白藤原赖通也不得不上书后三条天皇,承认自家的庄园,领主皆以口头形式提出寄进,故无任何文书。虽然没有资料表明藤原氏在这次清理中被收回的非法庄园数,但让其交出所属庄园文书,并公开承认寄进庄园的非合法,这是长期以来不曾有过的事,不啻是对藤原氏的沉重一击。

在推行庄园清理的同时,后三条天皇为强化朝廷财政和确保皇室经济,还推行了"御稻田"制。所谓"御稻田"制就是在畿内各国,每一国设置一至五、六段御稻田,由专人负责将收获粮食贡纳给皇室。除外还进行多项改革,如规定《沽价法》和计量具的统一。关于计量具,在律令制时代,律令规定了"枡"的标准,然而进入庄园时代,开始出现各庄园自己制定的私枡,诸国国衙施用的国枡也是各式各样,大小不一。量具的混乱,使地方上缴中央贡物难以保证足量。为此,1072 年 9 月,朝廷制定了"宣旨枡"(亦称"宣旨斗"),作赋课计量的统一标准。

后三条天皇的政治、经济措施,虽然取得了明显的成效,天皇的权威性也有一定程度的提高,但尚不能改变长期形成的摄关政治基本格局。藤原氏的暂时退让,只是为了等待重新以外戚身份执掌朝政的机会。后三条即位的第二年,立贞仁皇子为皇太子。贞仁皇子是后三条与藤原赖通的侄女所生,藤原氏视其为重振外戚势力的机会。1069 年(延久元),藤原赖通将侄孙女道子送入宫内,成为皇太子妃。1071 年(延久三),又将孙女贤子送入东宫。只要道子和贤子中任何一人生下皇太孙,藤原氏就有望恢复外戚地位。这种情况的存在对后三条天皇来说,是埋在脚下的定时炸弹,随时面临着被废危机。为了防止这一危机的爆发,1072 年(延久四)底,即在其在位的第四年,决然宣布让位于贞仁亲王(白河天皇),自己以太上天皇的身份辅政。让位的同时,还指定年仅 2 岁的实仁皇子为皇太子。实仁皇子是后三条与源基子所生,与藤原氏无血缘关系。后三条的举措,显然是对抗藤原氏的政治策略,意图在太上皇的位置上,控制国家政治大权。

满怀雄心壮志的后三条,让位后准备以太上皇院厅为中心施展权威时,却身患病疾,半年后亡故,重兴皇威的重任便落在白河天皇的肩上。白河天皇虽然与藤原氏有血缘关系,但在政治上自有心计,表面上仍然倚仗藤原氏,内心反对藤原氏操纵朝政,誓欲从摄政、关白手中夺回权力。根据《中右记》的记载,白河天皇执政五十七年,在天皇位十四年,退位四十三年。"威满四海,天下归服,秉幼主三代之政(指堀河、鸟羽、崇德三代天皇),成斋王六人之亲。"自桓武天皇以来,绝无先例。白河天皇在位的第十四年,即 1086 年(应德三)决然将皇位让与年仅 8 岁的亲子善仁亲王(堀河天皇),时年 34 岁。白河天皇决定让位的动机主要有四个:一是唯有自己让位,身为上皇亲自辅佐天皇,实际实行朝政,才能够保证自己的子孙延续天皇之位;其二,白河天皇是藤原道长之子能信的外孙,但能信已于 1065 年去世,因此让位成为上皇,已无外戚势力的干扰;其三,堀河天皇母亲藤原贤子虽然出身于关白藤原赖通家,但她是以源师实的养女入内的。从这一意义上说,堀河天皇的外戚藤原氏因素相对要弱;其四,从根本上说,就是要通过让位,摆脱藤原氏的控制,依据自己的意志操纵朝政。让位以后,他便在自己的宫邸内建立院厅,开始"执天下政",这就是"院政"的开始。

所谓"院政",实际上是为摆脱摄关政治、重振皇权威信的一种新的政权形态。实质上它是古代天皇制的一种变形。在摄政关白时代,"摄政即天子",天皇只不过是摄政、关白的傀儡。但是在院政时代,虽然是天皇、太上天皇并存的双重政治形态,"世间之事分两处之政"①。治政大权却操纵在太上天皇之手。太上天皇是以"天皇之父"之身份而"行天下之政"。"太上天皇就是正帝","如今世间之事,皆看太上天皇脸色"②。

---

① 『中右記』嘉承二年七月十九日条。
② 『江記』宽治七年六月十六日条。

"天下（指天皇）如春宫（皇太子）"①。

　　自白河上皇建立院政为始，至 1156 年（保元元）历经堀河、鸟羽、崇德、近卫、后白河五代天皇，共 60 年是为院政前期；自 1158 年（保元三）后白河上皇继续执掌院政时，历二条、六条、高仓、安德、后鸟羽五代天皇，共 34 年为院政后期。虽然在幕府政治时期院政时有出现，但并无实权。在摄关时代，藤原氏实行外戚专政，置天皇于掌心之间，如前所述，天皇大多幼年立为太子，少年扶为天皇，青年时或被废，被迫退位。而院政时代，太上天皇对天皇的掌控手法，实质上与藤原氏无异，从太上天皇与天皇的关系可看出，天皇的退立年龄大致也是少年即位，青年退位。即位年龄，除后白河天皇 29 岁、二条天皇 16 岁继位外，其他八位均在 8 岁以内，最小的只有 2 岁；退位年龄，除后白河 33 岁、堀河 29 岁退位外，其中 23～20 岁者 5 人，20 岁以下者 4 位。退位原因除病亡 2 人、淹死 1 人外，皆是让位，大多数让位是听任太上天皇喜恶而实行的。

二、院政的政治基础

　　院政的事务所是院厅，在太上皇的宫邸原设有院司，主要处理生活方面的事务。然而自后三条天皇退位开始则赋予政治内涵，即院司人数增加，机构调整，职能扩大，既处理生活方面事务，又处理政务。院政的职务设有别当、年预、判官代、主典代、北面武士等职。别当统辖院厅事务，年预主管杂务，判官代管理院厅内部事务，主典代掌文书、记录，北面武士负责安全保卫。担任上述院厅职责者，大体上是两类人，一是与太上天皇间有乳母关系的人。在日本历史上，皇子、皇女与乳母关系一直很深。在平安时代初，皇子、皇女有取乳母姓名的习惯，如孝谦天皇的名"安倍"就是取自乳母阿倍朝臣石井的姓，平城天皇的名"小殿"，取自乳母阿倍小殿朝臣堺的姓，嵯峨天皇的名"神野"，取自乳母神野某的姓。后来取名之风虽然被停止了，但是乳母依然被尊重，她们的地位不亚于

①『玉葉』卷三・建久元年十一月九日条。

皇子、皇女的生母。院政成立后,上皇或皇子、皇女的乳母的夫、兄弟、子孙等得到重视,成为院的近臣。例如白河院近臣六条显季,其母就是白河上皇的乳母,显季与白河之间是乳兄弟的关系。白河上皇与乳母子之间"近习无双,恩似戴山"。白河上皇重用的近臣中出身乳母系的人还有藤原长实、藤原为房、叶室显隆、藤原国明、藤原经忠等;二是历任地方国司的受领层中有人多年任职国司职,在地方上培植了自己的势力,积累了巨富,拥有深厚的政治实力。如上述六条显季既出身于乳母系,又曾先后在赞岐、丹波、尾张、伊予、播磨、美作等国任国守职。还有高阶为章,先后担任过越后、但马、加贺、丹波等国的国守。大江匡房担任过备中、美作、备前、周防、越前等国的权守,以及大宰府权帅等职。

受领层虽然在地方上积累了财富,树立了政治实力,但由于朝中藤原氏外戚擅权,他们难以在经济实力的基础上,获得更广阔的拓展势力的机会,而院政却为他们提供了机会。同样,院政方面为对抗摄政、关白势力,也急需有经济、政治实力的地方官僚们的支持。两者各怀已得利益,终于结合在一起了。

院政的乳母系近臣和受领层近臣大多是中下级贵族,其阶位除少部分正二位、从二位者外,以三位以下至四、五位者居多。院厅近臣与上皇过往甚密,有的成为"宠臣"或者"腹心",例如近臣叶室显隆常在夜间到白河上皇处议论天下大事。当时,贵族间称他为"夜关白",说"天下之政在此人一言也。威震一天,富满四海,世间贵贱,无不倾首"①。上皇在日常的政治活动中,受到了这些中下层贵族的护卫。

白河上皇不但在政治上依靠受领层贵族的护卫,而且在经济上双方也存在着密不可分的关系。《中右记》一书记载了白河上皇生前曾经所做的八件事,即"十五日里书云,法皇御时初出来事:受领功万石万疋进上事;十余岁人成受领事;三十余国定任事;始自我身至子三、四人同时成受领事;神社佛事封家纳、诸国吏全不可弁济事;天下过差,逐日倍增,

---

① 『中右記』大治四年正月十五日条。

金银锦绣;成下女装束事;御出家后无御受戒事。"①

上述八件事中,后三件是有关上皇个人生活中的事情,而前五件与受领层有着直接关系,特别是前四件反映了上皇与受领者间经济、政治的密切联系。第一件"受领功万石万疋进上事",是说受领为成功地新任、重任、延任国司职,就给院方上供万石米、万疋绢;第二件"十余岁人成受领事",是指才十几岁的人也被委任为地方国司职,如院判官代藤原基隆之子藤原守隆 10 岁被任为丹波守,近臣源国能、藤原显赖二人,都是在 14 岁时分别委任为越后守和出云守的。这些少年被任命为地方官吏的背后,显然有这些年轻人的父辈与上皇之间的政治、经济利益的交易;第三件"三十余国定任事",也是指地方官吏任命的事。12 世纪初,日本全国共有 66 国,其由院政直接控制的国,约达 50%。为了这些领地的统治稳固,自然要有上皇的亲信者去治理,三十余国国司人选的确定成为白河上皇的重要政事;第四件事也是任命地方官吏的事,指的是上皇的贴身近臣不但自己被重任、延任为国司职,而且他的子弟多人被任命为国司。如"宠臣"高阶为章不但本人频任越后、但马、加贺、丹波等大国国守,而且他的儿子仲章、宗章、雅章、时章四人分别被任命为大国的藏人职。

受领者们为了博得上皇的信任和重用,常常会应上皇的所好、所求,从经济上予以支持和响应。白河上皇生活奢侈,又笃信佛法,常常动议建筑宫室和寺院堂塔,受领层就积极地出资响应。

院政与摄政、关白相比,本质上并无根本的区别。不同的则是控制天皇的人,已不是外戚,而是太上天皇,即"政出睿虑,全不依相门"②。过去摄关家政所是国家政治中心,现在却转到太上天皇的政所——院厅。过去摄关家政所所发布的"政所下文""御教书""长者宣"似同圣旨,而现在则是院厅的"院下文""院宣"具有最高的权威性。在院与朝廷并存的

---

① 『中右記』大治四年七月十五日条。
② 『中右記』大治四年七月十五日条。

情况下,摄关虽然权力旁落,但并不甘心权力的完全丧失,因此,摄关与院政方面争权夺利之事始终不断。据《愚管抄》记载,堀河天皇成人之后,虽然有能力处理政事,但白河太上天皇和关白藤原师实都对天皇施加影响。①　在院政的干预下,首先在天皇周边削弱摄关藤原氏势力。据载,1093 年(宽治七)十二月和 1102 年(康和四),朝廷重臣的人选有重大改变,即源氏出身者多人进入公卿行列。"大纳言五人之中,三人已源氏,六卫府督五人已源氏,七辨之中四人也。"②"近代公卿廿四人,源氏之人过半欤"。对于源氏势力在朝廷中的急剧增长,使藤原氏甚为害怕("为藤氏甚有惧之故欤")。③　院政与摄关斗争的最核心焦点是皇位继嗣的决定,摄关时代,皇位的存续决定大权在外戚藤原氏手中。院政成立后,太上天皇则主导天皇的去留及继嗣的人选。堀河天皇没有子嗣,因此,其后的继位人选,成为摄关和院政双方关心的重点。堀河天皇身患重病时,关白和朝臣为防不测,赶忙商定继位者人选。此时,已削发为僧的白河上皇获知朝廷重臣们的动向,立即明确宣布说:自己虽出家为僧,但并未受戒和取得法名,假若天皇有不讳之事,自己将再度即位。白河上皇的这一表态给关白和朝廷重臣们当头一棒喝。

除皇位和继嗣外,院政方面对朝廷和摄关进行多方面的抑制,两者的对立日趋严重。1094 年(嘉保元)三月,僧侣庆增曾经公开预言,"近则三个月,远则三年,天下将有谋反,或有剥夺皇后位者。"④同年(宽治八)八月,发生亲天皇的三河守源惟清一诅咒太上天皇事件。1100 年(康和二)五月,发生天皇乳母系的女官、武士遭受院政方面取缔事件。堀河天皇为此郁闷、愤恨多日。1095 年(嘉保二),延历寺僧侣"行五坛法,奉咒诅国家(指天皇)"⑤。1102 年(康和四)十月在朝中发现一份"落书"(诽

---

① 『愚管抄』第四。
② 『中右记』宽治七年十二月廿七日条。
③ 『中右记』康和四年六月廿三日条。
④ 『中右记』嘉保元年三月九日条。
⑤ 『百錬抄』嘉保二年十一月条。

谤之类的文书，或传单），其内容有"佛法以火灭，王位以军止"的内容。尽管朝廷对此进行紧急的调查和搜索，但终无结果。① 院政对朝廷的控制和打压，引起了朝廷方面官僚贵族的愤恨，以至关白藤原师通声言："完全没有必要到已退位的天皇（指太上天皇）的宫邸去请安"②，指斥白河上皇"任意执天下之政五十七年，不拘法而行叙位、任官"③。

在院政与摄关之间的争斗中，大约 11 世纪末叶，摄关势力一度衰落，即 1099 年（康和元）正适壮年的关白藤原师通突然离世，紧接着在 1102 年，师通之父关白藤原师实也溘然亡故。此时能继承摄关位的藤原师通之子忠实才 21 岁，白河上皇利用藤原师通死后的七年间摄关职空位这一有利形势，完全控制朝政。日常政务等"小事"由天皇施行，而重要的"国家大事"则由上皇掌控。1107 年（嘉承二）堀河天皇急逝，鸟羽天皇即位。特别值得注意的是，鸟羽天皇即位不是采取前天皇让位的形式，而是以上皇诏书的形式加以实现。与鸟羽天皇即位同时，藤原忠实也受上皇诏书之命，担任摄政。用忠实自己的话说，"摄政者天子（指太上天皇）所授"④。这种受制于院政担任摄政职，藤原忠实并不是心甘情愿的，因此对太上皇的指使，常常采取对抗态度。白河上皇曾要求藤原忠实的女儿泰子入鸟羽天皇的后宫，忠实拒绝，为此受到太上皇的呵斥，被停止内览，忠实近侧的法胜寺僧、律师经贤等四人也因此被解僧职，最终只得辞去关白职，退隐宇治。

其实，拒绝泰子入鸟羽天皇的后宫，并不是藤原忠实的真实心意，只不过是出于对白河上皇的反抗而已。白河上皇也深知藤原忠实的真实心意，因此在弥留之际，遗言禁止泰子入内。然而，白河上皇死后，鸟羽天皇让位开设院政，重用藤原忠实之子忠通为关白，并为院厅文书内览。忠实之女泰子以院女御入院后宫，以太上皇夫人身份册立为后妃。藤原

① 『中右记』康和四年十月条。
② 『今镜』天皇第二。
③ 『中右记』大治四年七月七日条。
④ 『台记』久安六年九月二十六日条。

氏摄关势力因此而重振。严格意义上说,鸟羽院政是院政与摄关家的结合体,藤原氏一族既是朝廷的摄关,又是院的近臣。继藤原忠通受到重用后,其弟藤原赖长也受到院厅的宠用,在日本中世初期政治舞台上活跃一时。

鸟羽院政启用藤原氏,根源还在于院政与朝廷之间矛盾的延续。1107 年(嘉承二)七月堀河天皇死亡,堀河天皇 5 岁儿子宗仁继位,是为鸟羽天皇。鸟羽虽是白河上皇之孙,但处于院政与朝廷权力争夺的旋涡中心,仍不能摆脱院厅近臣们的藐视和抑制。1108 年(天仁元)鸟羽即位的第二年底,初次访问院的御所,其时院的近臣六条显季等人怠慢天皇,不予供奉。1110 年(天永元)七月,据史籍记载,僧侣静实等被处以流放罪,其罪名是"奉咒诅公家(指天皇),埋压物于藤杜社之故也。修理大夫显季卿亭有落书掘出之"①。在院厅近臣六条显季、亭掘出、僧静实等人的诅咒天皇的"落书",说明此事与院厅方面有关。只是由于实物为证,僧静实等人承罪远流。1113 年(永久元),在院御所又发现高僧仁宽等人的"落书","欲危国家"(指天皇),仁宽等人被处以流放罪。② 对院厅方面屡屡藐视朝廷的行为,引发鸟羽为核心的朝廷朝臣们的抱怨,1110 年(天永元)三月大雪,寒风酷甚,朝臣们皆说这是院政"苛政甚之故也"③。

鸟羽天皇除受到院方的藐视、排挤之外,还与白河上皇之间有过夺爱之恨。白河上皇好色是有名的,在其晚年艳爱多位女性,其中之一就是待贤门院璋子。璋子是大纳言藤原公实与堀河、鸟羽两天皇的乳母藤原光子最小的女儿,自小被白河上皇收为养女。璋子长大成为美少女。白河上皇并不满足璋子仅作为养女,是作为女儿、爱人百倍钟爱,璋子也以父亲、爱人来钦慕上皇,两人之间形成了独特的爱情关系。鸟羽天皇即位后,1117 年(永久五)璋子以女御身份入鸟羽天皇后宫,不久立为中宫,鸟羽天皇对中宫也非常宠爱。可是,璋子与白河上皇原有的暧昧关

---

① 『百錬抄』天永元年七月三十日条。
② 『百錬抄』永久元年十一月二十二日条。
③ 『百錬抄』天永元年四月二十一日条。

系并未停止，她经常到上皇住所滞留不归。不久，璋子怀孕，生下皇子显仁亲王。显仁亲王名为鸟羽天皇的长子，实际上是白河上皇之子，所以鸟羽天皇说他是"叔父子"。为尽早扶植显仁亲王，白河上皇于1123年（保安四）命令鸟羽天皇让位，年仅5岁的显仁亲王继位，是为崇德天皇。出于对白河院政的怨恨，鸟羽院政不可能重用白河院的近臣，自然会寻求白河院政以外的政治力量，藤原氏被重新启用的根由就在于此。在藤原氏的影响下，鸟羽院政的政策显然异于后三条、白河两院政时期的政策，尤其是庄园政策采取了截然相反的举措。

三、院政的经济基础

1. 延喜、宽德、天喜庄园整顿

院政期间的重要治政之策之一，就是对庄园的整顿和管理。庄园是在律令制时代的公田公民土地制度衰弱之后，获得发展的私有大土地制度。8世纪时主要在畿内及其周边地区获得发展，但9世纪后，由于中央贵族与地方豪强的结合，地方豪强进入了庄园的管理，庄园便以全国性的规模拓展。不论是开垦地、购买兼并地，抑或寄进地等构成的庄园，一般每年都要向国库输纳年贡，所以，虽然公田公民瓦解了，但朝廷的财政收入依然有保障。初期具有不纳租税特权的庄园仅限寺田、神田。但随着庄园的扩大和发展，王公、贵族利用自己的地位和权力，以各种借口请求朝廷给予他们的庄园以不纳租的特权。这种要求被承认后，由太政官发给"太政官符"，由民部省发给"民部省符"，确认其庄园可以不输租税或者免除杂役。这种正式官符批准手续，被称为"立券庄号"，其庄园称为"官省符庄"。

"官省符庄"可以免除的租税和杂役，只限于官省符发布当时的庄园已耕地，并不包括此后扩展的新垦耕地，为了新垦地也变为不输租地，有必要取得其合法性证明。平安中期以后，由于中央政府对地方控制的衰弱，地方国司权力却日趋增大，因此，地方上的庄园主不得不与国司勾结，从国衙那里取得新垦地不输租的特权。由国衙发出承认不输租特权

的文书,称为"国司免判"或"国判"。9世纪中叶至10世纪间,不输租庄园迅速增加。

后来,庄园除不输租特权外,还拥有拒绝国家派遣的检田使、国衙官吏等进入庄园,排除国家行政机关对庄园事务干预的"不入权"。拥有不输租和"不入权"的庄园,统称为"不输不入权庄园"。这种庄园的发展给中央政府的直接影响是多方面的,其中最严重的影响就是国家财政收入的减少,每当"收纳之时,蓄谷私宅,不运官仓",致使"赋税难济"①。当时庄园迅速发展的主要方式之一,就是大批地方豪族拥有的私有土地寄进中央权门势家、寺院、神社名下,名义上土地归属中央权门势家和寺社,实际自己作为"代理人",依然掌握土地经营实权。进入11世纪后,庄园遍布全国,其数之多,达到"诸国庄园溢满""被立无隙"的程度。② 朝廷面对庄园迅猛发展及其危及国家财政收入的威胁深为不安,惊叹"八埏之地有限,百王之运无穷,若削有限之壤,常奉无穷之运,则后代百姓可得而耕乎"。

为抑制非法庄园,自10世纪初,朝廷就开始对庄园进行整顿。首次整顿是醍醐天皇时实行的,史称"延喜(庄园)整理"。朝廷于延喜二年(902)三月十二日发布了"庄园整理令",宣布除内膳司领有的"御厨"外,其他的"厨",不论是朝廷的还是王公贵族私有的,一律取消。次日又发布整理令,主要内容有三:第一,禁止诸院、诸宫及王公家占有山川薮泽和私占公私田地,其所占田地归还原主。第二,禁止百姓"以田地舍宅卖寄权贵",违法者不论身份高低,处以鞭杖六十。第三,禁止购买百姓田宅,并侵占闲地荒田,不许谋取百姓私宅,擅立庄园,不从此令者,按违敕罪论处。在严禁新庄园建立的同时,政府还同时申明:"原来相传为庄家,券契分明,无妨国务者,不在此限。"③

继"延喜(庄园)整理令"之后的第二次庄园整顿,是在宽德二年

① 『類聚三代格』卷十九・禁制事・延喜二年三月十三日太政官符。
② 儿玉幸多等編『史料による日本の歩み・中世編』、吉川弘文館1958年、27頁。
③ 『類聚三代格』卷十九・延喜二年三月十三日太政官符。

(1045)朝廷颁官符于五畿七道诸国,进一步明确规定:凡前任国司任期中建立的新庄园及其后建立的新庄园,一律停止。如不实行,国司革除现职,永不叙用,百姓则处以重罪。由官符内容可知,此次禁令是针对当时"盛行依据国判而成立新庄园的状态",政府企图通过整顿,"防止那种由国司自由裁断而形成的不合法的新立庄园"①。

宽德庄园整顿是从 1045 年(宽德二)开始的,宣布停止新立庄园。这次整顿虽然成果不多,但是,以此为始的 11 世纪 40 年代成为地方行政、征税体系重要的转折期。由于新开发领域的确认,新开田以"别符""保"的名称,编入国衙统治范围,改变了传统的单一的郡、乡制称谓。为了抑制国司们的恣意掠夺,中央制定了每段土地交纳三斗为基本的"官物率法"。由于"官物率法"的实施,一直施用的租、调名称渐次消失,新称之为"官物",同时,用"杂公事""杂事"称谓代替"临时杂役"之称。上述一系列的变化,地方豪族等在地领主的支配得到公认,他们或与权势结托,或与国司勾结,竞相开垦荒废田,新立庄园更进一步增加。

面对庄园的新发展,朝廷又于天喜三年(1055)再次命令五畿七道诸国,宣布"禁止宽德二年以后新立庄园",若有好立庄园者,则勘录详情,召进其身;国司如果忘却禁令,无心勘行,则解除现职,永不叙用。值得注意的是,这次禁令把禁止新立庄园的时间规定在"宽德二年以后",这就是说,实际上是对延喜二年以来长达一百五十三年间新立庄园的承认。

2. 后三条天皇的延久庄园整顿

新的庄园整理运动,是延久元年(1069)由后三条天皇推行的。关于后三条天皇的"延久(庄园)整理令"发布的具体时间有二说:一说是延久元年的二月二十三日,其根据是《扶桑略记》《百炼抄》的记载;一说是同年三月二十三日,根据是《东南院文书》中闰十月十一日"伊贺国司厅宣"的内容所载。

从禁令内容看,虽然基本内容相同,但具体文句却略有不同,因此,

---

① 安田元久『日本莊園史概説』、吉川弘文館 1957 年、93 頁。

似可以认识朝廷为强调此次庄园整理的决心，先后由二月、三月两次发布了整理令。禁令一再强调的内容，即庄园整理的对象一是宽德二年（1045）以后建立的新庄园；二是宽德二年以前的庄园，凡券契不明、有妨国务者也在严禁之列；三是庄园拥有者应尽速将庄园的有效公验文件（太政官符、民部省符、国判）交于政府审查，"不可延怠"。在发布庄园整理令的同时，宣布在中央设置专事审查各庄园券契的"记录庄园券契所"（简称"记录所"）。记录所由上卿、弁、寄人等官吏构成，大多是天皇近侧的大臣，如任"上卿"一职的是源经长、源隆俊，任"弁"职的是大江匡房。后三条天皇通过近臣，掌握了庄园整理大权。

　　庄园清理的程序基本上是庄园主上交有关券契资料，由记录所审理券契资料（"延久记录所者，被下庄园券契，勘文书伪许也"）①，做出合法和非合法的书面审理意见，上奏后三条天皇，并在"御定前"会议上经公卿议定，由后三条天皇最终裁定。如此严格的程序，非法庄园，即"券契不明""有妨国务"的庄园很难侥幸过关。严格的审查抑制了大寺院、大神社和权门势家非法兼并土地、滥立庄园的行为。如大神社石清水八幡神宫向"记录所"提供了三十四处庄园文书，结果裁定合法的只有二十一处，不合法的为十三处。

　　后三条天皇设置"记录所"是吸取延喜、宽德、天喜三次庄园整顿的经验而建立。在上述三次庄园清理过程中，清理事务主要是依靠各地的国司进行的。国司在任职初期，比较积极地推行整顿政策，通过没收非法庄园，可以壮大自己的经济实力。所以，很多时候，不等中央发布禁止新立庄园令下达，地方国司就积极主动地上书中央，要求下达给予停止设置庄园权的官符，如 1065 年（治历元）越中国国司、1087 年（宽治元）美浓国国司、1119 年（元永二）伊贺国国司、1127 年（大治二）淡路国国司等都提出这样的要求。但当国司任职的中、后期，大多国司已积聚了相当的实力，他们希望任期满后，能继续留在任地，成为该地有势力的庄园

---

① 『玉葉』建久六年九月二日条。

主。因此,他们觉得与其积极推行庄园整顿而招致权门势家的反目,不如迎合权门势家更为有利。于是当初那种取缔非法庄园的积极性消失,而且违背朝廷命令,私自重新承认那些已被取缔的庄园,发给"国判",历次庄园整顿收效甚微的原因就在于此。

后三条天皇的"延久庄园整顿",从总体上看,是历次庄园整顿运动中最有成效的一次。经过整顿,首先没收了一批非合法庄园。其次确认必须具备以下条件之一者才被认定为"合法庄园":一是有官省符者。二是有可取代官省符的国司、郡司"免判"者。三是原在宫、寺领域的四至范围内,作为惯例而承认其不输租者。对符合上述条件之一者,朝廷重新赐予太政官符,并注明庄园的四至,树立标界。

"延久庄园整顿"在一定程度上理清了现有庄园合法与非合法的界限,另一方面将非合法庄园收公,作为敕旨田纳入皇室领地。在延久整顿中特别值得注意的事,就是对地方国司、郡司出具的庄园文书,即"免判"(国判、郡判)予以认可,承认具有与太政官符、民部省符同等法律效力。正是由于国司的"免判"(国判、郡判)作用的提高,促使国司的不法行为的加剧,助长了根据国司免判而新立庄园纷纷出现的倾向。①

在"延久庄园整顿"过程中,也受到权贵势家为首的庄园领主们的抵制和反对。藤原赖通公然为券契不明、手续不正当辩护,力图说明自己拥有的所有庄园是合理的。东大寺的态度也十分强硬,虽然政府一再催促其上交文书,但一再拖延提交庄园资料。权贵势家、大神社、大寺院的不配合态度,给整顿政策的执行造成诸多困难。后来,朝廷也不得不屈服于权贵势家,专门下文,规定关白藤原赖通的庄园可免交券契文书。对国司"免判"的认可和对权贵势家庄园的让步,都为日后新庄园的继续建立造成了深刻的影响。

3. 白河上皇的庄园政策

前已叙及,1086 年开始的白河院政,是以受领层为社会基础的,因

---

① 安田元久『日本荘園史概説』、吉川弘文館 1957 年、99 頁。

此,作为受领层关心的庄园问题,必然成为院政的重要举措。白河院政的庄园政策,严格地说是后三条天皇政策的继续。白河天皇继位后的第三年,即1075年(承保二)闰四月二十三日,宣旨五畿七道诸国,停止宽德二年以后的新立庄园。这一禁令是否予以实行,没有资料可证。从白河院政建立后,宽治年间(1087—1093)"庄园事,被立无隙""诸国庄园溢满"的情况看,显然白河的"承保庄园整顿"未能很好地执行。关于"庄园溢满"的具体情况,可以纪伊国为例,1106年(嘉承元)时,"当国者管七个郡也。所谓伊都、那河(贺)、名草、海郡(部)、在(有)田、日高、牟娄等是也。至于牟娄、日高、海郡、在田、伊都、那河六个郡者,每郡十分之八九已为庄领,公田不几,仅所残只名草一郡许也。"①

白河院政对庄园整顿一事,其心情是十分矛盾的。这种矛盾的心境来自延久庄园整顿以来,新成立的庄园,除了权贵势家、大神社、大寺院大量扩展,还有相当数目的庄园是国司们利用权力私自建立的。关白藤原赖通在谈及院宣所说的"诸国庄园溢满"的原因时曾一针见血地指出:"其事如何? 国司密密皆实所被立也,嘲弄无极。"②也就是说,以广大受领层(以国司为主体)为政治基础的白河院政,提出停止新立庄园这一政策本身就陷入了自我矛盾的境地。虽然,白河院政对于国司们"密密"建立的庄园不能忍痛进行清理,但对于神社、佛寺、院宫诸家的非法庄园的清理,态度则是相当坚决的。典型的事例是1119年(元永二)二月,白河上皇派遣庄园记录所的上卿中御门宗忠到关白藤原忠实家,让忠实停止在上野国领有的五千町步面积的庄园。藤原忠实通过上野国国司呈文解释说,关白在上野国内设置的庄园,原是供奉斋院禊祭料红花的土地,并非不合法庄园。对此,院政认为虽然原是斋院禊祭料红花的供给地,但一国之内,庄园面积达到五千町步也是甚为不宜的,最后藤原忠实只得"遵从院意"停止了上野国的庄园。白河院政对受领层庄园的偏袒,以及对藤原氏为代表的权贵势家庄园严格要求,引起权贵势家的不满可以

①② 横井清ほか編集『史料大系日本の歴史・第2巻・中世1』、大阪書籍1979年、130頁。

想象。1129 年(大治四)七月,白河上皇亡故,长期受到白河院政压制的鸟羽院政立即在摄关藤原氏的支持下,采取与白河院政不同的政治、经济政策。首先,鸟羽院政重用藤原氏,使摄关与院政之间的关系从对立转为融洽。其次在经济方面,采取放弃庄园整顿政策,不但发放大量的"院厅牒",恢复和扶植大神社、大寺院及权贵势家的庄园扩展,而且也积极地积聚院自身的庄园,最终成为最大的庄园领主。

第三节 源平之争

一、保元、平治之乱

1. 保元之乱

前已叙及,院政建立后,院与摄关之间的矛盾深化,虽然在鸟羽院政期间,一度院与摄关矛盾和缓,但是两者之间的利益冲突并未根本解决。太上天皇与天皇、院厅别当与摄关为维护各自的政治、经济利益,都与武士集团结合,力图依赖武士作为自己的后盾。院政方面与桓武平氏相结托,朝廷方面则依靠清河源氏。12 世纪 30 年代以后,院政与天皇朝廷的矛盾进一步深化,有力公卿、摄关被卷入其中。上层社会的对立,为武士集团的伸张提供了条件。

鸟羽院政成立以后,鸟羽上皇深信自己与崇德天皇之间表面上是父子关系,实际上是"叔父子",因而两人关系甚坏,崇德天皇一直遭受院方的歧视,朝廷应有的贡调物,常常被拖延。1129 年(大治四)元旦,诸国贡物断绝,致使朝廷采女的衣服之类无着落。守卫天皇御所的六处守卫营也曾遭受粮食断绝危机,为此发生守卫者怠工事件。1136 年(保延二)正月七日节会时,朝廷连惯例应有的食物也无法提供,如此蔑视天皇是罕见的事。

鸟羽上皇是一位好色者,其宠爱的女色一是藤原泰子(高阳院),藤原忠实之女,封为皇后;一是藤原璋子(待贤门院),也就是与白河上皇关系暧昧的鸟羽天皇的中宫,权大纳言藤原公实之女;一是藤原得子(美福门院),鸟羽上皇近臣藤原长实之女。待贤门院璋子是崇德天皇之母,美福门院得子则是体仁亲王(后为近卫天皇)之母。泰子因高龄未能生子,璋子与白河上皇的关系日渐失宠,得子则越益得宠。1141年(永治元)三月,鸟羽上皇出家,成为法皇。同年十二月,在美福门院得子的强烈要求下,鸟羽法皇突然迫使崇德天皇让位于年仅3岁的体仁亲王,是为近卫天皇。近卫即位的同时,得子也被立为皇太后。崇德被迫让位一事,不但造成了美福门院与待贤门院的对立,而且导致了皇统的分裂,同时有力公卿,特别是摄关家也被卷入其中。上层社会形成了两个对立集团,一是待贤门院、崇德上皇、崇德上皇的外戚藤原实行、实能以及摄关藤原忠实及其次子藤原赖长结为一派;一是鸟羽上皇、美福门院、近卫天皇、藤原忠实的长子藤原忠通,以及院的近臣藤原信西等结为一派。

在上述两派的政治人物中,有必要对藤原赖长作简略的记述。前已叙及,藤原赖长是藤原忠实的次子,他的兄长是藤原忠通。赖长出生于1120年(宽仁四)五月,是赏菖蒲的月份,所以幼名为"菖蒲若"。父亲忠实因受白河法皇的抑制,辞关白职,退隐闲居。忠实辞职以后,藤原忠通代替父职担任关白。赖长是在父亲政治失意的境遇下成长的,白河法皇死后,其父藤原忠实受鸟羽上皇之召,回归政界,并被任命为内览,菖蒲若正式改名为赖长(取摄关政治全盛时期的藤原赖通、藤原道长各名字中的一字)。不久,由于忠实的策划,其女泰子成为上皇之妃,进而被立为正室。泰子立后,不但遭到了待贤门院的反对,也遭到了其兄、时任关白的藤原忠通的反对,形成了父忠实与子忠通之间的对立。由于父亲复归政坛和姐姐泰子的得宠,藤原赖长的政途一路顺风,12岁已是从三位的公卿,13岁为权中纳言兼皇后宫大夫,15岁叙正三位,17岁时升任内大臣兼右近卫大将,20岁任皇太子傅、左近卫大将,30岁从一位左大臣,32岁成为关白,权势超过了其兄藤原忠通。

《愚管抄》一书赞誉藤原赖长是"富有和(日本)汉(中国)之才"的"日

本第一大学生"①。他酷爱汉籍,幼时就已读《孝经》,13 岁读《史记》,17
岁读《蒙求》。他在日记《台记》中说,从 17 岁至 24 岁的 8 年中读书 1076
卷,其中经家(尚书、礼记类)362 卷、史家(史记、汉书类)326 卷、杂家(蒙
求、文选类)342 卷。《太平御览》《类聚三代格》《延喜式》是常读不辍的经
典。好学和丰富的知识为其日后成为摄政、关白,掌管天下打下良好的
基础。

近卫天皇在位期间,藤原忠通为摄政,藤原赖长为左大臣。由于兄
弟二人所属政治集团不同,政见也屡屡相悖。赖长为了控制朝政,特意
将妻兄藤原公能的女儿多子收为养女,打算嫁给近卫天皇,以图成为外
戚。此事也得到鸟羽法皇的口头应诺,但遭到美福门院得子和藤原忠通
的坚决反对。其实藤原忠通也不示弱,为了竞争,收养了藤原伊通的女
儿呈子,也期望嫁给近卫天皇,此事近卫天皇的母亲美福门院表示赞许。
后藤原赖长在父亲藤原忠实的协助下,获得鸟羽法皇的同意,多子入宫,
被立为皇后。但一个月后,忠通的养女呈子在美福门院的安排下入宫,
立为中宫。在极相近的期间,出现"一帝二后"的状况,说明上层贵族间
矛盾的尖锐,谁都想成为外戚,控制朝政,结果只能导致对立的深化。

近卫天皇自幼患有眼疾,身体虚弱。1153 年(仁平三)九月,近卫天
皇病重。忠通对鸟羽法皇说是眼疾恶化,鸟羽法皇认为这是藤原忠通言
过其实,别有用心。其实,近卫天皇病危确是事实,但鸟羽上皇的担忧
非凭空揣测。1155 年(久寿二)七月近卫天皇病亡,年仅 17 岁,一般说是
眼疾致死,其实眼疾是不大可能致死的。据《兵范记》载,说是"食欲不
振",究竟是何故而亡,无据可考。自幼体质虚弱的近卫,也许是经受不
了政治旋涡的冲击,过早离世的吧。

近卫天皇死后,关于皇位的继嗣,中央高层贵族间展开了针锋相对
的较量。崇德上皇认为自己的儿子重仁是最有力的继承者,更期望自己
能够重祚,掌握朝廷大权;美福门院得子和藤原忠通则力举鸟羽法皇与

---

① 『愚管抄』第四。

待贤门院所生的雅仁亲王之子守仁。当美福门院向鸟羽法皇推举守仁时，鸟羽表示了不同意见，他说：守仁的父亲雅仁还健在，无视父亲的存在，先于父而继位是前无先例的。最后通过商谈，鸟羽法皇与藤原忠通、美福门院得子取得了一致意见，决定雅仁亲王继承皇位。1155年（久寿二）雅仁亲王在高松殿举行即位典礼，称后白河天皇，是年28岁。

后白河天皇的继位，引起了崇德上皇和藤原赖长的不满。崇德的不满是因为自己的主张未能实现，藤原赖长的不满则是由于继承人一事，始终没有找他商量，赖长身为内览，却被排除在政治中心之外。当时，正适嫡妻亡故，服丧期间不能参加政治活动。当他获知近卫天皇死讯后，急忙参内，但因在服丧中，被告之不宜上殿，只得愤然返回。雅仁继位又给他沉重一击，虽然说到了穷途末路，但他仍然盼望重振。首先能保持内览一职，但由于美福门院和藤原忠通的诬陷，未能如愿。后雅仁之子守仁被立为皇太子，赖长又通过高阳院泰子期望鸟羽法皇能同意他担任东宫傅一职。得到的回答是：守仁是美福院门养育的，近三年来赖长完全没有奉仕过女院，倘若我离世，赖长将不会尽忠于皇太子和女院，那样的不忠者不能成为东宫傅。不久高阳院泰子亡故，唯一能依靠的人也失去了。就这样，被抛弃在鸟羽法皇政治圈外的赖长，只得闲居家中，一边研读佛典《因明论疏》，一边静观政治形势，伺机再起。

1156年（保元元）七月二日，鸟羽法皇病故。美福门院、藤原忠通一派认为这是取得决定性胜利，迫使藤原忠实、赖长父子堕入绝望深渊的好时机。藤原赖长也认为这是重振权势的机会，但困难重重，因为鸟羽法皇已做了周到的安排。为了保证后白河天皇皇位的稳定，鸟羽法皇让后白河天皇认美福门院得子为母，并嘱藤原忠通等公卿齐心扶持。政治现实使赖长不得不接近崇德上皇，赖长与崇德的政治立场并不一致，但是面对美福门院、藤原忠通的打击，最终他们走到一起。

自鸟羽法皇重病卧床开始，京城顿时气氛紧张，对立双方都着手用武力制服对方。但无论是后白河天皇一方，抑或是崇德上皇一方，均无军事实力。想要用武力制服对方，都必须依赖地方上的武力集团。其实,武力动员在鸟羽法皇卧病之初已经开始。法皇处于病危状态时,武力动员更趋频繁。美福门院、院近臣藤原信西(通宪)及藤原忠通一方,利用国家权力,首先动员检非违使、卫府等在京的武力,实行京都及周边的守卫。接着动员地方武士进京,以下野国守源义朝(为义之子)、源义康等率兵守卫后白河天皇的高松殿;以出云国守源光保、和泉国守平盛兼等率兵守卫鸟羽院、美福门院及皇太子的鸟羽殿。七月五日,即鸟羽法皇死后第三天,更召平基盛等检非违使进京,加强京都的警戒,其他各国国司都应召送自国武士进京,总兵力达到 1700 余骑。天皇方面如此严密的武力部署,其目的显然是要迫使崇德上皇一方在京城内毫无发挥武力抗衡的空间。七月八日,朝廷旨令诸国国司,凡藤原忠实、赖长从庄园征集军兵时务必予以禁止。"入道前太政大臣并左大臣,催压园军兵之由有其闻,慥可令停止者"①,同时没收了天皇所在的高松殿北的赖长邸宅东三条殿。

在此严峻情势下,崇德上皇方面被迫进入武装动员。崇德上皇和藤原赖长原本没有考虑武士应对。在七月二日鸟羽上皇死去的前夕,崇德还专程前往法皇御所探视,但由于守卫武士的阻拦未能如愿。受到武士的蔑视,虽然十分生气,但看到天皇方面的武力部署,崇德终于意识到问题的严重性。七月八日,天皇派兵搜索藤原赖长邸宅并宣布没收,九日半夜,崇德上皇悄悄地从居住的鸟羽离宫中的田中殿转移到白川斋院御所(今京都左京区冈崎),次日又移至白川北殿并以此为据点,动员武士,聚集兵力。藤原赖长也从宇治进入京内,与崇德上皇会合。当时,崇德、赖长动员的武士由三部分人构成,即崇德上皇近侧平家武士,有平家弘、康弘、盛弘、时弘、时盛等,还有一直仕奉藤原忠实、赖长父子的武士平忠正、源赖宪、源为义(源义朝之父)等,藤原忠实、赖长所领有的庄园武士以及兴福寺僧兵等,总兵力约 1000 人。

从崇德、赖长方面武士主将的成员看,有不少曾受到鸟羽法皇的贬

---

① 横井清ほか編集『史料大系日本の歴史・第 3 巻・中世 2』、大阪書籍 1978 年、156 頁。

斥、惩罚,有的年事已高,如源为义已 61 岁。源为义因长子义朝已在天皇一方,所以力图避免与义朝对立,但受到崇德上皇劝说,又与赖长关系密切,最终应诺参战。崇德、赖长方面的实力与天皇、忠通方面相比,显然处于劣势。十月,在研究战略、战术的时候,源为义提出了四点避弱求强的建议:第一,首先进驻宇治,占领宇治桥,狙敌进攻;第二,据守近江国,以甲贺山为背靠,取得坂东武士的支援;第三,巡幸关东,募集东国武士;第四,京城攻击目标应是后白河天皇所在的内里,应尽速采用夜袭战术。[①] 应该说,处于劣势的状况下,源为义的四点建议是以弱转胜的良策。然而,源为义的建议遭到崇德、赖长的否决,他们相信自己的力量而轻视敌方,赖长主张大和兵士到达后再作最后决定。对于夜袭的战术,赖长也不赞成,他说夜袭是用一二十骑兵的小规模战斗,现今是上皇与天皇之间的战争,不能用夜袭,应是大规模的会战。这样一来,崇德上皇方面坐失了战机。

在崇德上皇方面商议战事的时候,后白河天皇方面也召开了军机会议。天皇采纳了源义朝、平清盛的作战方案,即采取先发制人战术,在天明之前实施夜袭。十一日凌晨,鸡鸣时分,后白河天皇因所在的内里高松殿,地理位置不利防守,紧急迁移至原藤原赖长的邸宅东三条殿。与此同时,源义朝率 200 余骑,义康率百余骑,平清盛率 300 骑,共 600 余骑兵武士奇袭崇德上皇所在的白川北殿。崇德上皇方虽然进行了大约 4 个小时的顽强抵抗,但终因势弱而大败,伤亡惨重。战斗结束后,平清盛等对崇德的御所进行搜查,未见崇德、赖长(左府)的下落,但军中皆言赖长中矢负伤,不知生死。

当时,崇德上皇一见败局已定,便仓皇逃亡。十三日潜入仁和寺,赖长在逃亡中中矢受伤。赖长之父忠实,虽然参加了上皇方的战略会议,但双方会战时,他一直留守宇治,没有参加战斗。赖长逃到奈良后,要求与父见面,但为了表示保持中立,不得罪双方,忠实拒绝了赖长的要求。

---

① 『愚管抄』第四。

最终,崇德上皇在仁和寺被捕,后被流放到赞岐,8年后在流放地死亡。藤原赖长因伤势严重而亡,藤原忠实因最后保持中立,未被处罚,从此隐居洛北知足院,6年后亡故。

这次战乱发生在保元元年,因此史称"保元之乱"。从上述战乱发生的过程看,表明这次战乱的焦点,依然是争夺中央权力制控权的争斗。这次争斗最明显的特点是,参战双方的主要成员有不少是兄弟、父子、叔侄,如崇德上皇与后白河天皇是兄弟,藤原忠通与藤原赖长也是兄弟,武士源为义与源义朝是父子,平忠正与平清盛是叔侄,为了权力,他们相对立、相残杀。

正是出于对立双方的血亲关系,朝廷方面根据后白河天皇的策士藤原信西(通宪)的主张,采取了迅速、果断的镇压措施,以防进一步生变,为此恢复了250年间已不见的死刑。"源为义以下被行斩罪,嵯峨天皇以降,所不行之刑也。信西之谋也。"①失败一方中的皇族、公卿皆处以流放罪,所属领地庄园一概没收,武士皆处以斩刑。共处以皇族、公卿流放者13人,武士被斩者74人。

对有功者实行重赏。平清盛授播磨守,源义朝授右马权头,源义康授左卫门尉,藤原忠通被敕命为藤原氏的"氏长者"。另外,还根据平清盛的请求,敕准其弟平赖盛、平教盛可以进出朝廷。"保元之乱"中,使天皇方面获胜付出最大功劳的是关白藤原忠通和武士源义朝,但其后受到后白河天皇器重的则是称为"黑衣宰相"的藤原信西和武士平清盛。后白河天皇该举措酿成了朝廷君臣和武士之间的新矛盾。

2. 藤原信西和"保元之治"

"保元之乱"的结束,特别是崇德上皇的流放,为后白河天皇的亲政创造了条件。后白河天皇治政,特别倚重藤原信西(通宪)。奈良时代,藤原氏分为四家,即南家、北家、式家和京家,长期以来活跃于政治舞台的藤原氏属北家。信西出身于南家系藤原氏,社会地位虽不高,但世代

---

① 『百錬抄』保元元年七月廿九日条。

以学者著称。祖父藤原季纲曾任大学头,父亲藤原实兼是文章生出身。信西自幼好学,至青年时代,已博览群书,精通日本和中国的典籍,《平治物语》说他是"受儒胤传儒学,诸道兼学,暗诸事,至九流百家,当世无双之宏才博览也"[①]。他藏书丰富,所藏书籍涉及经学、史学、文学、法律、医术、辞典、天文、占卜等,共有 173 个唐柜。其才学虽然可与藤原赖长并肩,但由于处在门阀之世,出身于下级贵族而不能荣达。为了能攀上上层贵族地位,信西曾以养子身份寄身于长门国守高阶经敏门下,后娶同族高阶重仲之女重子为妻。在白河院政时,高阶氏是白河上皇的近臣。1144 年(天养元),信西 39 岁,官至少纳言职。信西与高阶重子生有三子,即俊宪、贞宪、是宪。后与高阶氏解除养子关系,在鸟羽院政初期,恢复了藤原姓。随着与重子关系日渐冷淡,又娶纪伊国守藤原兼永之女朝子为妻。朝子是待贤门院藤原璋子的御侍,璋子生下雅仁亲王(即后白河天皇)时,朝子自愿做雅仁亲王的乳母,受到赏识叙升二位,被称为"纪伊二位"。

信西和"纪伊二位"朝子都期望雅仁亲王能继承皇位,但鸟羽上皇扶植体仁亲王(近卫天皇)登祚。由于皇族、公卿贵族间争斗,以及对前途、命运的失望,信西郁闷至极,最终出家为僧。因与藤原赖长关系甚密,当他告之要辞官遁世出家时,赖长甚为惊讶,据说赖长曾派使者去见信西,传达了自己对他的尊意,其大致内容是:阁下是有才学之人物,未授显官,却将遁世,世不尊过世之才,此乃天灭我国也。不久,赖长亲自饯别信西,据《台记》记载,辞别时信西对赖长说:"臣以运拙,不带一职,是以遁世。人以才定高低,(臣)为天所弃,渐至废学,愿殿下莫废。"赖长答道:"决不忘尊嘱",不觉声泪俱下。

信西表面上遁世为僧,实际上时时关心朝廷政事变化。后白河天皇登祚后,以乳母之夫的关系,受到鸟羽上皇和天皇的器重,成为鸟羽院政的近臣,虽然官职依然是少纳言,却辅佐鸟羽院的政务决策。而且他的

---

① 児玉幸多等編『史料による日本の歩み・ 中世編』,吉川弘文館 1958 年、40 頁。

长子俊宪、次子贞宪也相继成为朝臣,如长子成为东宫学士,后又任藏人头一职。后白河亲政后,意欲实行新政,具体政务委于藤原信西实行。事实上,后白河天皇的"保元新政"是在信西思想指导下实施的。信西的思想归纳起来就是以王土王臣思想为基石,恢复"延喜、天历之治"时代的皇权政治。在为期三年的"保元新政"中,藤原信西推行了以下新政:

第一,抑制权门、寺社势力,对其拥有的庄园实行清理,颁布《新制七条》。其基本内容:现天皇即位后的新立庄园中,无宣旨许可的一律停止;庄园本免田以外所加纳田,出作田,不从国司之命者,一律禁止;禁止伊势、石清水、贺茂、春日、住吉、日吉、祇园各神社神人滥行;禁止兴福寺、延历寺、园城寺、熊野山、金峰山诸寺院的滥行;严格禁止新立庄园等等。如"延久庄园整理"那样,设立了"记录庄园券契所"[①],任命十三名学者、法律家为"寄人"和三名"奉行人"(其中一人系信西长子藤原俊宪),具体负责庄园券契的审查等事务。

第二,整顿社会秩序,命令寺社削减恶僧、神人人数,并"制止京中兵仗"[②]。

第三,再建因天灾、战乱损害的皇居。平安京建造的皇居,在 960 年(天德四)九月遭火灾而全部烧毁,此后因财力困乏,一直未能重建,天皇寄居外戚邸宅,外戚私宅成了国家权力中心。在鸟羽院政期间,关白藤原忠通计划重建,也因财政问题,未能付之实施。藤原信西实行庄园整顿的目的之一,就是要通过对权贵、寺社非法庄园的清理,筹集重建皇居的经费。据《愚管抄》载:信西经过缜密的计划,从大寺大社、权门势家的所领庄园中筹集费用,命诸国受领实现再建。据载,当时无数账簿堆积在桌子周围,信西连日连夜地用算盘计算,打算盘的声音连高僧念陀罗尼经也有所不及。[③] 信西用两年的时间,终于完成了皇居的重建。保元

---

① 『百錬抄』保元元年十月二十日条。

② 『百錬抄』保元元年十一月条。

③ 『愚管抄』第五·大内里营造。

二年(1157)十月，后白河天皇迁入"新造大内"①。

　　第四，复兴宫中的种种仪式。由于皇权的衰弱、社会的动荡，有许多传统的礼仪长期荒废，信西努力为之复兴。复兴的宫中仪式主要是恢复宫中佛教礼仪，如保元二年(1157)二月六日供养"尊胜陀罗尼"，这是前所未有的"希代例也"；四月二十八日举行直讲式，"被问全经疑十条"；五月十四日，供养七宝塔并行"御忏法"等②；恢复停止一百二十一余年的宫内宴会。"被行内宴。长元七年(1034)以后历百廿三年，今被兴行。"③内宴时由妓女奏舞曲，记载说："妓女奏舞曲，如阳台之窈窕，我朝胜事在此事。信西入道奉敕，令练习其曲。"④重兴内教坊舞姬。"览内教坊舞姬，近代断绝兴行之"⑤；另外还恢复相扑节，"相扑节，保安以来不被行，卅余年所兴行也。"⑥

　　"保元之乱"后，藤原信西的"保元之治"所以得以实行，是因为上有后白河天皇、下有平清盛的支持，平清盛是藤原信西在军事上的依靠。平清盛出身于桓武系武士之家，父亲为著名武士平忠盛，母亲是朝廷的祇园女御。关于其实际父亲也有异说，有"白河上皇之子"说，也有人认为白河上皇赐给平忠盛为妻的女子不是祇园女御，而是祇园女御之妹，她也是应召入祇园，受宠怀了孕。总之，不论是祇园女御说，抑或是祇园女御妹妹说，都离不开白河上皇的关系。大概是由于这种血亲的因素，从少年时代起平清盛受到特殊的关照和升迁，1135年(保延元)18岁时，以随父征讨海贼有功之名，叙从四位下。有学者认为，实际上并未见清盛征讨海贼立功的资料，大概是一心想让清盛步入贵族社会，将自己的战功让给儿子的吧。⑦ 由于父亲颇受朝廷和院政的器重，平清盛利用这

① 『百錬抄』保元二年十月八日条。
② 『百錬抄』保元二年条。
③ 『百錬抄』保元三年正月廿二日条。
④ 『百錬抄』平治元年正月廿一日条。
⑤ 『百錬抄』保元三年五月二十九日条。
⑥ 『百錬抄』保元三年六月廿九日条。
⑦ 日本アート・センター編集『人物日本の歴史・4（武士の挑戦）』，小学館1975年、238頁。

一有利条件，以武家栋梁和京都贵族之子的双重身份，构建进入中央政界的基础，树立自己的势力圈。据《十训抄》卷七记载，平清盛为人诚恳，善于与武士结交。他与人交谈，即使心情不好，也总是露着笑容；当部下犯有任何错误或失败，他从不粗暴地大声呵责；寒冬之时，总是用布袍盖在侍候自己的小侍身上，早晨总是悄悄地起来，不吵醒熟睡中的侍从；召唤下人，不论地位多么低微，总是召到自己的面前，以示对他们的尊重。正是这种平易近人的举动，博得了所有部下的信赖和诚服。

1153 年（仁平三）正月，平忠盛亡故，平清盛自此开始统帅平氏武士团，当时正值 36 岁。三年后，即 1156 年（保元元）发生了前已叙及的"保元之乱"。乱后，平氏受到了比源氏更高的赏赐。后白河偏重平氏、轻慢源氏的决策，其实与藤原信西的策略密不可分。藤原信西从后白河天皇和自身的政治利益出发，在"保元之乱"中，不但要打倒崇德上皇方面的势力，而且也要一并削弱摄关藤原氏的权力。为达此目的，也必须抑制世代臣属藤原氏的源氏武士集团。所以，在保元之乱前后，藤原信西与平清盛结成了盟友。信西一直为平清盛树立战功创造机会。如，后白河天皇方面在军事计划中，原定平清盛的任务只是留守宫内守卫皇居，信西对此坚决反对，最终改变原计划，使平清盛成为奇袭敌方的主力之一。战胜崇德上皇方面之后，在惩处敌方主要成员时，信西通过天皇，以敕令的形式，命平清盛亲自斩首叔父平忠正，给人以大义灭亲的形象。乱后，平清盛在朝廷的地位的上升，引起了源义朝的极大不满。为了能够对抗平清盛，源义朝欲与藤原信西结成姻亲，要求将自己的女儿嫁给信西之子是宪，但信西以自己的儿子是文弱书生，不宜当武者之婿之由加以拒绝，却与平清盛结成婚戚，让其子成范成为清盛的女婿。这一婚戚的缔结无疑增强了彼此的政治联盟，同时也招致了源义朝等人的仇视。

3. 平治之乱

1158 年（保元三）八月，自以为一扫反对派、天下太平的后白河天皇宣布让位于皇子守仁亲王，自己开设院厅视政。新天皇称二条天皇，同时关白藤原忠通辞任，新任其子藤原基实为关白。后白河天皇让位不让权的行为很快招致新天皇近臣们的不满。在众朝臣眼中,后白河上皇其实是一位并无治国之才的"昏君"。《保元物语》第一"新院御谋叛思食立事"条说他是"古今未曾有的、日本中国无先例的愚天子"。崇德上皇也曾说过其是"既无文,又无武的"平凡之人,有人甚至以神托梦形式批评后白河的政治。当时,院政方面的近臣以藤原信西、藤原信赖为主,天皇方面的重臣以藤原经宗、藤原惟方等为主,双方形成院政派与天皇亲政派的对立。其实,在双方对立过程中,彼此的成员也时有变化、重新组合,最典型的事例就是院政派内的藤原信赖与藤原信西的反目。

　　藤原信赖是关白藤原基实的义兄,于1158年(保元三)受后白河天皇的信任,成为参议,后白河院政开设后,进而成为院别当,与藤原信西并列为院厅的双雄。由于藤原信西握有院厅的施政实权,藤原信赖很是反感。加上信赖期望获得近卫大将一职的任命,也因信西认为缺乏强力性格和才能未予以支持,两人结怨更深。不和的"天魔入二人心",以至不能共事,"触事不快"。信西将其比喻为唐朝的安禄山,认为是"危天下者,乱国家之人",而信赖一见信西,则认为此人"是拒我结怨者"[①],两人都在寻求机会以削弱对方势力。由于信西与平清盛的结盟,信赖自然转而与源义朝以及天皇亲政派接近。结果藤原信赖、源义朝和二条天皇近侧的藤原惟方、藤原成亲、藤原经宗(天皇的外舅)结成反藤原信西、平清盛的联合战线,并谋划除信西、倒清盛的政变。

　　对反对派的行动,首先引起警觉的是平清盛。他早已注意到源义朝不断地出入藤原信赖官邸,感觉到他们正在策划打倒自己的事,但又没有掌握实际证据。1159年(平治元)十二月,平清盛采取一项不寻常的举动,他率领以长子平重盛为首的一族眷属离开京都,前往熊野参拜神社。熊野距京都大约有288公里,平清盛一行约有七八百人,浩浩荡荡,往返需一个月时间。对于平清盛的离京,藤原信赖、源义朝认为这是久已等待的良机。尤其是信赖,更是兴奋不已,他怀着控制院政和朝廷大权的

_____

① 児玉幸多等编『史料による日本の歩み・中世编』,吉川弘文館1958年、41頁。

野心,很快与源义朝、藤原经宗、惟方等一起实施了政变计划。首先,他们率兵袭击后白河上皇所在的皇居东三条殿,并对后白河上皇、二条天皇实施软禁。与此同时,还袭击了藤原信西邸宅。信西因事先获知政变消息,匆忙逃出京都。京都形势剧变,使信西对前途感到绝望,便在逃亡途中自杀。尸体被发现,十七日其首级送回京都,被悬挂在西狱门前。朝廷、院政一时被藤原信赖控制。信赖自称大臣大将,服饰和行动如若天子。

平清盛在赴熊野的途中,听到京都的政变后,在纪伊武士汤浅宗重、熊野别当湛快的支持下,歼灭了追剿平氏的近百骑源义朝军,然后,清盛一行急速返回京都。为了稳住藤原信赖、源义朝,他首先向信赖呈报自己已回京都,以示"忠诚"。同时,着手调集兵力。他的策略颇为有效,信赖、义朝对他的"忠诚"信以为真,以至义朝之子要立即攻打平清盛所在的六波罗邸宅时,义朝予以制止而未能实行。这时,参与政变的藤原惟方、藤原经宗看到藤原信赖不但软禁后白河上皇,而且也软禁了二条天皇,把院厅、朝廷权力掌控在己手,开始后悔参与其中,便秘密与平清盛联络。在藤原信赖等失去警觉、敌方内部又有动摇者的情况下,平清盛策划了挽救上皇和天皇逃出宫中的计划。二十五日深夜,首先救出天皇及宫妃。二条天皇男扮女装,和中宫妹子内亲王乘牛车,逃离戒备森严的内宫,移住平清盛的六波罗邸宅;同夜,上皇也成功地摆脱软禁,逃入仁和寺。天皇和上皇的逃离,使藤原信赖、源义朝等失去了号令群臣、掌控权力的理由。二十六日,平清盛率3000兵力袭击藤原信赖等占据的内宫。源义朝以2000兵力抵抗。开战之初,平氏军不利,源氏军乘胜攻击六波罗,后因源义朝属下的多田源氏源赖政倒戈,战势急衰,最后在六条河原,两军决战,源氏军大败。源义朝率仅剩的20余骑逃向东国,途遇大雪,人员失散,同行的次男朝长、叔父义隆死于途中。源义朝逃至尾张国,其长子被捕斩首,三子源赖朝也被捕,后被流放至伊豆。政变祸首藤原信赖逃至仁和寺,当时后白河上皇在仁和寺,信赖逃入仁和寺是否为了得到上皇的宽恕,赦免其罪?虽然没有确切资料佐证,但也不能否认有这种动机的可能性。藤原信赖被平清盛之弟平经盛抓获,并于二十七日在京都六条河原斩首。源义朝虽逃至尾张国,但不久被当地武士杀死,其首级送回京都,"悬东狱门前树"①。

藤原信赖、源义朝的死标志着"平治之乱"的平定,但对政敌的打击、惩处并未结束。对政变者的惩处是极为严酷的,被处罪的公卿、武士多达 70 余人,凡公卿一律革职。1160 年(永历元)年初开始,为了彻底削弱二条天皇的势力,后白河上皇命令平清盛对天皇亲政派的公卿、武士以谋叛罪予以严惩。二月,天皇亲政派的公卿、天皇外戚藤原经宗、藤原惟方等虽然对参与政变事后有所悔意,仍被处以流放罪。六月,天皇亲政派中的武士美浓源氏源光保、源光宗父子被流放,并在流放途中被杀。

"平治之乱"的结果是:"平治之乱以前政治舞台上的信西一门,院政(派)、亲政派已不复存在,乱后的胜利成果,事实上被清盛独占了。"②

二、平氏专权

"平治之乱"之后,平清盛成为后白河上皇的心腹和军事、政治上的支柱,平清盛及其一族也乘势在朝中扩张权势。一人得道,鸡犬升天。随着平清盛的威势日隆,平氏一族也得以荣升、发迹。"嫡子重盛做了内大臣兼左大将,次男宗盛任中纳言兼右大将,三子知盛任三位中将,嫡孙维盛则是四位少将,总计平氏一门公卿十六人,殿上人三十余人,还有各国的国守,以及在卫府和各省司担任官职的,一共六十余人,似乎政界里没有别的人了。"③日本亦称秋津岛,共分六十六国,其中归平家管领的凡三十余国,已经超过国土的一半了。④ 如此独揽全国的军政大权,实属少见。"恣心升进,过分荣幸,冠绝古今者欤。"⑤难怪平清盛的内弟平时忠

---

① 『百錬抄』永暦元年正月九日条。

② 元木泰雄編『院政の展開と内乱』、吉川弘文館 2002 年、74 頁。

③ 『平家物語』卷一・我身栄花。

④ 『平家物語』卷一・禿髪。

⑤ 『玉葉』卷三十六・治永五年閏二月五日条。

（时任大纳言）傲慢地说：非此一门的人，皆属贱类。①

平氏的男子得平清盛之势，占据了朝野的军政重任。平氏的女子，也被作为平清盛势力打入内宫和深入中央权贵阶层的工具。平清盛自己很清楚，作为武士，很难跻身上层贵族行列，即使进入也屡受批评、指责和冷眼，为了能够名副其实地成为上层贵族的一员，通过联姻是一条捷径。平清盛有八个女儿，其中四个分别嫁给关白藤原基实、大纳言藤原隆房、关白藤原基通、修理大夫藤原信隆。与藤原氏联姻，使平清盛与京都贵族中最有权势的摄关家结成政治联盟，有益已有地位的巩固和发展。与皇室的联姻，首先于1160年（永历元），平清盛的妻妹滋子入后白河院，成为后白河上皇的女御，生宽仁亲王（后为六条天皇），次年滋子升为中宫（建春门院）。1171年（承安元），其女德子入宫为高仓天皇女御，次年升为中宫（建礼门院），生言仁亲王（后为安德天皇）。与皇族联姻，终使平清盛以上皇和天皇的外戚身份，名正言顺地进入上层贵族行列。

在权势不断扩展的同时，平清盛一族还不断地增强财富实力。首先是利用高官高位扩大私有领地，估计其一族拥有500余处的庄园。有些领地是祖上积累下来的，但有不少是利用不当手段获取的。例如1166（仁安元）关白藤原基实死亡，平清盛之女盛子继承了摄关家领有的庄园等财产，实际的支配实权掌握在平清盛之手。平氏积聚财富的另一手段，是控制对外贸易，特别是与宋朝商人的贸易。当时北部九州和濑户内海沿岸是宋朝商人经常出入之地，保元之乱后，平清盛曾被任命为大宰大式，管理大宰府内外事务。虽然被任命后平清盛并未亲自赴任地主持政务，但一直亲自遥控在厅官人。后其弟平赖盛继任大宰大式职，亲自赴任，精心经营。平清盛还在濑户内海沿岸的福原建造别馆，控制濑户内海沿岸及九州至京都的航线。正是对与宋商贸易的控制，平氏一族积聚了巨大的财富。② 积聚雄厚财力和军力的平清盛，与后白河上皇的

---

① 『平家物語』卷一・禿髪。
② 『平家物語』卷一・我身栄花。

关系更趋紧密,尤其在皇位继承者的决定上,后白河上皇必须得到平清盛的支持,而平清盛为了实现皇族外戚的地位,也离不开后白河上皇的首肯。

1165年(永万元)七月,二条天皇病亡,在摄政藤原基实的坚持下,后白河上皇同意二条天皇的2岁次子继位,是为六条天皇。前述1160年平清盛妻妹滋子入后白河院成为女御,并生宪仁亲王。后白河上皇有心让宪仁亲王接替皇位,二条天皇死后,召见平清盛商议此事。十月在宫中举行了立皇太子仪式,5岁的宪仁亲王成了2岁的六条天皇的皇太子,可见平清盛在后白河上皇心目中的地位。1168年(仁安三)后白河让六条天皇退位,立8岁的宪仁继位,是为高仓天皇。因为高仓系平氏血脉的天皇,平清盛自然乐助其成,并不失时机地将女儿德子作为后白河上皇的养女,送入宫内,后成为高仓天皇的女御,生言仁亲王。平清盛对德子怀孕、诞生新皇子之事极为关心,据说德子怀孕后清盛一直祈求神灵,盼望能生一个皇子。临产时,把德子接到平氏的六波罗邸宅。当德子生下言仁亲王时,平清盛"过于高兴,哭出声来"。言仁亲王1岁未满就被平清盛强行立为太子,并命三子宗盛为春宫大夫、五子重衡为春宫亮、孙子维盛为权亮。

平清盛在1167年(仁安二)叙从一位,任太政大臣一职。任命后不久以病为由,请辞太政大臣职。第二年受戒出家,但仍掌握政治实权。平清盛专权以及一族的傲慢、横暴等行为引起朝廷公卿贵族们的强烈不满和反感,反映这种不满和反感的事例很多,1170年(嘉应二)大纳言平重盛与摄政藤原基房间发生纠葛最为典型。当年七月三日,摄政藤原基房乘车前往法胜寺参拜,途中与平重盛的嫡男平资盛所乘的车相遇。基房手下的舍人等不知是平氏的车,便找茬砸了。发生此事后,才知是平重盛家的车,摄政感到不安,回家后便派人并带着犯事者去平重盛家道歉,并请平氏任意处置肇事者,遭平重盛拒绝。此事在京都城内闹得沸沸扬扬,摄政为平息平氏之怒,将肇事下人送交检非违使惩办,这样仍未能得到平氏的谅解,平氏等待报复的机会。十五日,藤原基房欲往法成寺参拜，可是得知"二条京极边，武士群集，伺殿下御出"的信息，不得不中止行动。十月二十一日有御前会议（"议定"），诸大臣均需参加，但藤原基房不能来，原因是"摄政参给之间，于大炊御门堀河边，武勇者数多出来，前驱等悉引落自马了"①。在参加御前会议途中遭到袭击，御前会议也因此延期。当时摄政藤原基房是从一位，平重盛是正二位权大纳言，无论位爵与官位，皆低于基房。重盛显然不得民心，公卿贵族们感叹道："末代之滥吹，言语不及。悲哉，生乱世，见闻如此之事"，"只恨生五浊之世，悲哉悲哉。"②平重盛被认为是平氏一族中通达事理的人，连他都如此蛮横，平氏一族中其他人的行为便可想而知了。

公卿贵族们表面上慑于平氏的威武，大多不敢流露怒色，但内心或背地里都在指责平氏的专横。公卿贵族对平氏的态度，后白河法皇也有所见闻。其实，长期以来他对平清盛的态度，也是表里并不一致。他需要平氏武力、财物的支持，但并不希望平氏利用他赐予的权力拓展平氏的天地，以影响院政统治的确立。自高仓天皇即位以来，后白河的专制色彩日渐浓厚，院与平氏之间的关系开始变化。两者之间围绕政权矛盾激化。以后白河法皇的宠臣藤原师光、藤原成亲为中心，形成了反平氏专权小集团，成员主要有院近臣僧西光、检非违使平康赖、源成雅、法胜寺执行俊宽等，多次在京都东山的鹿谷秘密商议讨平计划。

1177 年（治承元）四月，延历寺众僧抬着神舆入京都，强诉院近臣僧西光之子藤原师高。师高在其任国司的加贺国因毁坏延历寺所属白山宫神社，众僧情绪激昂，冲入宫禁。不久发生大火，危及内宫、贵族邸宅和不少民宅，京都陷于混乱之中。对于京都的乱象，平氏未积极采取对应措施，加之僧西光父子在法皇面前谗言，后白河法皇震怒万分。延历寺天台座主明云，被认为是赴京强诉的祸首，被处以流放罪。但在前往流放地伊豆的途中，延历寺众僧又从押解差役手中夺回明云座主。法皇得知，便于五月末命令平清盛攻击延历寺。未及行动，反平氏集团出现

①②『玉葉』嘉应二年十月廿一日条。

了告密者，平清盛从告密者中得到了鹿谷密谋的详细情报。告密者是院政的北面武士多田行纲，他是鹿谷密谋的主谋之一藤原成亲的亲信，成亲把反平氏的计划重托给他实行。但多田行纲觉得平氏不是一时可以轻易灭亡，此事不会有好结果，"万一泄露出去，会给自己带来横祸，莫如趁别人尚未说出的时候，先行倒戈，以求活命。"①于是五月二十九日深夜，多田行纲到平清盛府邸。

听完密告，平清盛立即集合平氏子孙及所属武士，共召集六七千骑。六月一日，又派人至后白河法皇处，转达有人要灭平氏，将进行惩罚，请不要干涉之意。其后相继将鹿谷密谋的相关人员藤原成亲、俊宽、康赖、基兼等人捕获，僧西光听到平氏到处抓人，便前往后白河法皇所在的法住寺，但在半途被平氏抓获。由于被捕者也都承认鹿谷之谋是后白河法皇的旨意，因此，平清盛愤法皇之叛，欲马上集兵攻打法住寺。因长子平重盛的力谏，最终没有出兵。参加鹿谷密谋者，僧西光及其一族被斩首，其余藤原成亲、俊宽等皆被流放。

1179 年（治承三）六月，平清盛长子平重盛去世，在后白河法皇和平清盛之间，唯一能够平衡彼此矛盾的人物骤然消失，双方对立的深化不可避免。平重盛死后不久，平盛子（原关白藤原基实之妻）也病亡。平重盛死后，后白河法皇任命藤原基房之子、年仅 8 岁的藤原师家为中纳言，并没收了重盛在越前国的领地。平盛子死后，其继承亡夫藤原基实所拥有的摄关家庄园领地也被没收，收归院领地。盛子继承的摄关家庄园领地乃是平氏的重要经济基础，其被没收无疑使平氏的经济基础面临着严重的危机。

面对后白河上皇的种种轻慢平氏作为以及经济方面的危机，身在福原的平清盛决意以武力发动政变，是为"治承三年政变"。十一月十四日，平清盛率数千骑武士进京，京中充满不安。十五日，后白河法皇派静贤法印为使者面晤平清盛，平清盛指责后白河法皇四大过错。一是内大

---

① 『平家物語』卷二・西光被斬。

臣平重盛死后,不能如历代君王对臣下之死表示哀悼,依旧行幸作乐,这一行为表明"似乎父子二人都不合法皇心意,这使我们很失脸面";二是越前国是赐给平重盛的领地,本来约定为世代承袭,永不变更,何故重盛故去之后立即被收回;三是中纳言空缺,理应叙二位的藤原基通递补,也曾多次推荐,终未答应,却将关白的儿子藤原师家递补上去,事不合理;四是"新大纳言成亲等私会鹿谷,阴谋造反,完全不是他们个人的事,都是法皇指使的"。

平清盛对法皇并无追究,却以天皇诏书和院宣命的形式,对院的近臣和亲院政的公卿进行处分:解除藤原基房的关白职、藤原师家(基房之子)的权中纳言职;太政大臣藤原师长(保元之乱后被流放土佐国,长宽二年召回,官复权中纳言,仁安元年为内大臣,次年为太政大臣)以下39人解除官职,其中,藤原师长、权大纳言源资贤等人被逐出京都,流放他地,藤原基房左迁九州,降任大宰权帅。与此同时,任命藤原基通为关白、内大臣、氏长者,恢复延历寺僧明云的天台座主地位。在十五日夜,平清盛曾召中宫和皇太子到自己的邸宅,表示向西国迁居的意志。法皇闻知此事,又派静贤法印去见平清盛,表示"今后不干涉一切政治"之意。结果,平清盛于二十一日软禁了后白河法皇,除了二三人可以出入被软禁的鸟羽北殿外,其他一律不能入内,"闭门户,不通人,武士奉守护之"①,一切院政政务被停止。接着,调查院领目录、摄关家的所有文书,并将院、公卿的庄园收归己有。

排除一切敌手之后,平清盛独揽大权,实行军事独裁政治。为镇压反对者和批评者,在京都之内散布300名称为"秃童"的密探。1180年(治承四)二月,在平清盛操纵下,高仓天皇让位,开高仓院政,3岁的言仁亲王继位,是为安德天皇。实现了上皇与天皇、院近臣、朝廷大臣皆出自平氏血脉的局面。至此,名副其实地确立了平氏政权。

---

① 『百錬抄』治承三年十一月二十日条。

三、源氏兴起

平氏挟三皇而令天下的作为引起朝野愤慨,长期以来的寺院间争斗不断,现在也开始捐弃前嫌,呼吁合作挽救后白河法皇和高仓上皇。在群情怨怒之时,出现了一位名叫源赖政的人,是"平治之乱"源义朝的堂兄弟,曾官至三位,因不满朝政,出家为僧。一天夜里,他及其子伊豆守源仲纲悄悄地拜访了后白河法皇的第二皇子以仁亲王。以仁亲王才学出众,本应继承皇位,但由于建春门院的压制而不能如愿,一直静心索居。当时,源赖政年已 70,以仁亲王年 30。拜访中,源赖政谈及政局说:"当今时势,不过是表面上服从平氏,内里心怀怨恨的大有人在",怂恿以仁亲王"你可起兵举事,剿灭平家","如能下定决心,只要发出令旨,甘心效命的源氏着实不少","假如你有决心,发出旨令,彼等(指各地源氏)定会昼夜兼程奔集而来,消灭平家指日可待的事。"①1180 年(治承四)四月九日,以仁亲王宣布继承皇位,发布了声讨平氏的"以仁王令旨"。

"以仁王令旨"除了揭示平氏罪孽,着重点有二:一是呼吁"源家之人""藤氏之人"奋起,合力追讨平氏。因为源氏在历史上为国讨伐"朝政"有功勋,却被认为是"朝敌",名誉受到极大损害,如今奋起举兵,既是向平氏复仇,也是为了恢复名誉;二是唤起全国武士觉醒,在平氏专政之下,各地武士受到平氏代理人的欺压,早就心怀不满,令旨成为群起讨伐平氏的动员令。当时陆奥的源义盛正在京都,传达"以仁王令旨"的事就交其执行,为防机密泄漏和外人怀疑,源义盛改名行家,以八条院②藏人的身份进行活动。

与行家前往东国传达"令旨"的同时,以仁王、源赖政联络了南都北岑的寺院武装及京都周边的反平氏武士,以园城寺为据点,正式举兵声

---

① 『平家物語』卷四・源氏揃。
② 八条院暲子(1137—1211),鸟羽天皇第三皇女。1140 年鸟羽天皇赐其庄园 12 处。1160 年其母美福门院得子死后,继承遗产庄园达 230 处。此处系指八条院庄园领地。

讨平氏。但由于寺院的上层僧侣中有与平氏相通者，所以源赖政的计划泄露。平氏立即对园城寺进行围攻，要求寺院方交出以仁亲王。园城寺向延历寺、兴福寺求援，未等支援僧众到达，在以仁亲王、源赖政、源仲纲的指挥下，一千余僧众进行抵抗，并突围赴奈良，以求与南都僧众汇合。行至宇治平等院又遭围堵，最终失败。源赖政及长子仲纲自杀，以仁亲王趁乱逃出，但在逃往奈良途中，中箭落马被杀。

东国的诸源氏已从京都来的人中获知"以仁王令旨"及源赖政举兵等情况，纷纷决定举兵响应。在全国声讨平氏的情势下，平清盛为避免南都北岑的僧兵和东国武士的夹击，决定迁都。关于新都地点，最先定在轮田，但因该地地理条件"山谷相交"难以为京，次定播磨国的印南野为新都选地，又因"无水"而作罢，最后定在福原。六月二日，平清盛挟三皇及贵族上下出京都，迁至福原，此举招致更大的民愤，京都、奈良的僧侣掀起了促进返回京都运动。十一月二十六日，都城从福原迁回京都。

源赖朝出生于1147年（久安三），父亲是"平治之乱"中被斩首的武士源义朝。"平治之乱"后，源赖朝随父东逃，中途遇大雪，父子失散，在关原附近赖朝被捕，押回京都。本在被斩首者之列，但因平清盛的继母池禅尼认为源赖朝的容貌与死去的儿子平家盛相似，力说不要斩杀，于是改为流刑，1160年（永历元）被流放到伊豆的蛭岛。流放蛭岛后，源赖朝成为伊豆豪族北条时政的女婿，时政之女北条政子给源赖朝带来了命运的转机。由于赖朝之父义朝在东国颇有盛名，深受东国武士崇敬，所以赖朝一直受到保护，结识了不少知交，如三善康信、安达盛长等。三善康信是赖朝乳母的外甥，在朝中任官，他每月三次派使者向赖朝报告京都的情况。因此，赖朝虽身处荒岛，却及时掌握当时的形势。源赖朝四月二十七日得到"以仁王令旨"，五月得到以仁亲王、源赖政举兵失败的消息。

以仁亲王、源赖政举兵被镇压后，平清盛立即策划秘密讨伐各地源氏。六月十九日，三善康信派使者将平氏征讨源氏的信息送达伊豆，并告知源氏嫡系源赖朝是主要征讨对象，要赖朝及早安排，到奥州去躲避。

这时,相模武士大庭景亲带着平清盛追讨逃到东国的源赖政子孙的命令,回到东国。社会上盛传源赖朝与以仁亲王举兵有关的流言,在如此紧迫的形势下,源赖朝终于在北条时政的支持下,宣布起兵声讨平氏。据《平家物语》记载,源赖朝起兵前,一个名叫文觉的和尚,从伊豆出发,潜入福原,通过秘密渠道,得到后白河法皇给源赖朝的讨平院宣[1],院宣签署日期是"治承四年七月十四日"。上述后白河法皇给源赖朝的院宣是否可靠,难以确认。但从日后讨平氏过程中源赖朝曾与后白河法皇有过秘密接触的情况来看,文觉和尚带回后白河法皇的令旨也不是不可能的事。

　　源赖朝正式宣布声讨平氏是 1180 年(治承四)八月十七日,该日夜晚,首先袭击并杀死了平氏在伊豆的代理官山木兼隆,成功地掌握了伊豆国衙的实权。接着,赖朝率 300 余骑武士进攻相模国,在石桥山与相模武士大庭景亲的 3000 余骑遭遇,终因兵力不足失败。赖朝只身逃到安房国,以源氏嫡系的身份,广泛联络东国与其父义朝有过联系的各地武士团,很快得到安房国安西景益、千叶常胤、上总国平广常及武藏、上野、下野、甲斐等国武士团的响应,纷纷率军投奔而来,军力迅速扩大到 2.7 万骑。源赖朝举兵的消息九月初传到京都,朝中公卿们把赖朝举兵视同平将门之乱那样严重,"彼义朝子,大略企谋叛欤,宛如将门"[2]。

　　1180 年(治承四)九月五日,朝廷召开评议会,决定派遣追讨军,以平维盛为大将军,任命平忠度、平知度为副将军。不久传来在石桥山会战中源赖朝被打败的情报,十一日,宣布以安德天皇之名拟定的征讨源赖朝的宣旨。[3] 二十二日,平维盛率 3 万余骑,从京都出发东征,源赖朝则于十月六日进驻镰仓。镰仓位于三浦半岛的根部,南临相模湾,东、西、北有丘陵环绕,是进可攻、退可守的战略重地,又因土地肥沃,是鱼米之乡,无粮草的后顾之忧。

---

[1] 『平家物語』卷五·福原院宣。
[2] 『玉葉』治承四年九月三日条。
[3] 『玉葉』治承四年九月十一日条。

　　朝廷除派遣平维盛为首的征讨军外，还呼吁甲斐国的武田信义、常陆国的佐竹义政、陆奥国的藤原秀衡配合平维盛，围剿源赖朝。经过源赖朝的策反，武田信义倒戈，成为赖朝的盟军。十月二十日，平维盛军与源赖朝军于富士川对阵激战，武田信义军担任包抄平氏军敌后的任务。平维盛阵地后面是一片沼泽地，是水鸟栖息地，当武田军抄略平氏军后路时，惊动水鸟，群鸟惊恐而飞，其拍翅之声，犹如千军万马，平氏陷入一片恐慌，不战而溃散。平维盛逃回京都，失败原因归于敌方人数多于自己，"贼徒其数千万，依不可敌对"①。二十一日，源赖朝欲穷追平氏军，直捣京都。此时，千叶常胤、上总广常、三浦义澄等人向赖朝进谏，力说不能贸然西上，宜因坚守镰仓，统一关东，消除腹背之敌后，再图西上。源赖朝接受谏言，率兵返回镰仓，专心建设镰仓根据地。

　　富士川一战，使源氏士气大振，各处源氏和反平氏势力纷纷起兵。十一月十七日美浓国源氏攻占美浓、尾张两国，二十一日，近江国被反平氏势力占据，截断了京都与北部地区的联系，"凡北陆道运上物，悉以点取。"②此起彼伏的各地源氏举兵，使平氏不得不将都城从福原迁回京都。返京后迅速做出几个决定：一是派兵讨伐近江源氏，以解北陆道的畅通；二是严惩一直与平氏对抗的以园城寺为首的京都僧侣，十二月烧毁园城寺，为平息烧毁园城寺后出现的社会不满，解除对后白河法皇的软禁；三是对南都奈良城的 7000 余反平氏僧侣进行镇压。十二月二十八日，以数万兵骑讨伐并放火烧毁兴福寺、东大寺等奈良诸寺院。据史书记载："东大寺、兴福寺堂舍僧房，不残一宇，悉以烧拂，佛法之灭亡，偏在此时。"③被大火烧死的僧侣共有 3500 余人，在抵抗中战死的僧侣达 1000 余人。④ 对僧侣的残忍杀戮和焚烧古都寺院使人对平氏更加憎恨，反平

---

① 『百錬抄』治承四年十一月三日条。
② 『玉葉』治承四年十一月二十三日条。
③ 『百錬抄』治承四年十二月二十八日条。
④ 『平家物語』卷五·奈良炎上。

氏的风浪愈益凶猛,"东海、西海、北陆(道)以下至五畿内。所有谋反之闻。"①为确保统治以及号令全国兵力动员和兵粮米征集,在正月高仓上皇去世时,平清盛声称高仓上皇遗诏,强行设置"总官"一职,由平宗盛担任。在全国纷乱中艰难度日的平清盛,突然在二月末患重病,卧床不起。由于"天下走骚,日来有所恼,身热如火"②,终因"动热闷绝",于闰二月四日病亡。在临死前,曾派使面晤后白河法皇,提出死后的人事安排。可见,平清盛死前念念不忘的还是死后平氏的处境,不希望外有各国源氏的举兵("东国之寇"),内又发生京畿及其周边地区的动乱("中夏之乱")。平清盛的死亡,标志着平氏势力急速由强走向衰弱。

平清盛死后的第三日,即闰二月六日,平宗盛向后白河法皇奏请三事:一是今后万事按院宣实行;二是依据平清盛的遗言,向西海、北海、北陆地方诸国征收兵粮米,继续追讨源氏;三是宽容赖朝,决定与其和解。关于宽容赖朝一事,后白河院和公卿们有意接受,但当决定发布宽容源赖朝宣旨时,平宗盛却态度一变,反而要求发布派遣平重衡为追讨使,呼吁东国武士背叛赖朝,投奔平重衡的院旨。从这一事件可知,在平清盛死后,平氏内部存在着对源氏采取温和和强硬的两种不同主张。③

1181(养和元)—1182(寿永元)年间,连续两年的大旱和瘟疫,加上征战、兵粮米的征收,酿成严重的饥荒,"婴儿弃道路,死骸满街衢,夜夜强盗,所所放火","诸院藏人之辈,多以饿死,其以下不知数,饥馑超前代"④。连"诸院藏人之辈"都饿死了,可知民间惨相更重,直接影响了兵粮的征收,源、平之间的战争也被迫暂时停止。就在停战期间,即1181年七月,源赖朝秘密派使者与后白河法皇会谈,申述源氏举兵目的并非反对法皇,而是讨伐法皇宿敌,维护法皇的权威,并提出具体的和解方案:(1) 若平氏不亡,法皇应恢复旧例,相并重用源氏、平氏;(2) 关东地

---

① 『百錬抄』養和元年正月八日条。
② 『百錬抄』養和元年閏二月四日条。
③ 下向井龍彦『武士の成長と院政』、講談社 2001 年、317 頁。
④ 『百錬抄』寿永元年正月十七日条。

区由源氏支配,海西地区(指关西)仍由平氏管辖;(3)全国国司任命权在院厅;(4)若有违抗国家的叛逆者,应由源、平两氏共同讨伐。显然,源赖朝这一方案的核心,就是要与平氏两分天下,然后再伺机消灭平氏。后白河法皇将源赖朝的和解方案转告平宗盛。宗盛以父曾遗言将源赖朝之首挂于墓前为由,断然拒绝和解。多年的战乱,公卿贵族大多盼望和解、和平,平氏坚持战争,拒绝和平,自然不得人心,但他们也惧怕打倒平氏政权之后,会出现新的源氏政权,所以采取了暧昧的中立之策。通过派使密谈和提出和解方案一事,可以窥知源赖朝的策略,显然把平氏、安德天皇和后白河法皇及不满平氏的公卿区分开来,原则上是否定前者,肯定后者。京都和镰仓以这种策略上的微妙变化为日后双方再次密谈作了铺垫。

　　在关东地区源平战争暂时处于休止期间,在北陆道一带,反平氏的战争却始终没有停止过,其主力是源义仲(也称木曾义仲)。源义仲是源赖朝的堂兄弟,1180 年继赖朝之后,举兵讨平氏,转战北陆地区。1182 年(寿永元)拥护从京都逃出来的以仁王之子北陆宫,与在京的叔父源行家、源广义等人联系,组织北陆道武士,推动进京。1183 年(寿永二),以平维盛为首,总兵力十万余骑攻击义仲等北陆源氏。平维盛以七万骑攻击义仲军,在越中砺波山(又称俱利伽罗山),平氏军陷入 4 万源义仲军的埋伏,前后夹击,4 万义仲军的吼声震天撼地,使平氏军惊慌失措,慌不择路,纷纷坠入峡谷。逃脱者仅平维盛、通盛等 2000 余骑。五月廿一日,源义仲军追击平氏军至篠原,双方交战,平氏军又遭惨败。据《平家物语》载,平氏军四月出发时 10 余万骑,五月下旬回京时,所剩不过 2 万余骑,伤亡惨重,"国无远近,莫不哀声叹息。京城之中,但见家家关门闭户,念佛泣诉之声不绝于耳。"[①]

　　源义仲军乘胜追击,直指京都。从近江国进攻京都必经比叡山,为了取得山门僧侣的支持,六月十日,义仲向比叡山延历寺僧众送去一

---

① 『平家物語』卷四・遷御。

封信。七月二日，僧众送回信函一封，对源义仲反平氏大加赞扬："兹者，麾下生于累世武将之家，得膺统领貔貅之选，筹运奇谋，顿举义兵，忘万死之命，建一战之功。出师未及两年，声名达于四海；我山僧众，闻之莫不雀跃。"并说："山门三千僧众，暂停研修赞仰之学业，援助讨伐凶顽之官军"①，表示支持源义仲军过比叡山境。七月，源义仲军进入近江。

在源义仲军逼近京都的形势下，平氏秘密决定挟安德天皇和后白河法皇西逃。关白藤原基通得知信息，急速向后白河法皇报告。后白河为摆脱平氏的挟持，紧急潜逃至比叡山延历寺，与源义仲会合。二十五日，平氏挟安德天皇，携三件神器，撤离京都西逃，并放火烧毁六波罗一带平氏邸宅。七月二十八日，后白河法皇在源义仲护卫下返回京都。八月十日，后白河法皇任命源义仲为佐马头兼伊予守，源行家为备前守。十六日，宣布平氏一百六十余人免除官职，没收所领。被没收的平氏所领的庄园 500 处，其中 140 处赐予源义仲，90 处赐予源行家。为及早解决天皇空位（安德天皇被平氏挟持在逃），重建朝政，八月二十日，后白河院扶高仓上皇的第四子尊成亲王继位，是为后鸟羽天皇。

平氏撤出京都后，于八月十七日到达九州的大宰府。但由于得不到地方势力的支持，很快撤出大宰府，最后重又东归，以赞岐屋岛为据点，先后收复山阳道八国（播磨、美作、备前、备中、备后、安艺、周防、长门）和南海道诸国（纪伊、淡路、阿波、赞岐、伊予、土佐）。九月，源义仲受命征讨。闰十月初，义仲军在备中国水岛与平氏军遭遇，结果源氏军大败，源义仲返归京都。当初源义仲进入京都时，正值京都战乱、天灾，同时陷入极度饥馑时期，源义仲军乘危作乱、抢掠，无恶不作，大失民心。因此，义仲军重返京都，自然得不到民众的欢迎，而后白河法皇在义仲西征时，主动与镰仓的源赖朝联络。曾于九月末，赖朝使者再次与后白河院密谈，提出两个要求：(1) 平氏占据的神社、佛寺庄园悉归原主；(2) 平氏占据

① 『平家物語』卷七·返牒。

的院、宫、公卿贵族的庄园也应归还原主。获得院方的赞同，并于十月十四日，发布院宣，宣布东海、东山、北陆等地的神社、寺院及王臣家领有的庄园，一律归还原主。若有抗拒者，听任源赖朝处置。对此，源义仲甚为不满，认为这是后白河对自己的蔑视，遂于十一月十九日率兵骑拘捕了后白河法皇，解除院厅近 50 人的官职，并自称"法皇厩舍别当"。1184 年（寿永三）正月，又胁迫法皇授其"征夷大将军"称号。

　　源义仲在京都的专横行为，使镰仓的源赖朝非常恼怒，遂派遣兄弟源范赖、源义经进京声讨。讨伐军分兵两路从尾张国出发，范赖率军经近江国从北面进攻京都，义经军取道伊贺国从南面进攻京都。源义仲军拆毁宇治、势田两座大桥，进行顽抗，但范赖、义经军攻势凶猛，势不可挡，义仲军大败。义仲退至粟津，终被战死。

　　义仲战死后，后白河重开院政，自正月二十六日至二月十九日间，先后向源赖朝发布了三道院宣：正月二十六日《追讨前内大臣平朝臣以下党类事》、正月二十九日《召进源义仲余党事》、二月十九日《停止武勇辈押妨神社佛事并院宫诸司及人领等事》。二月初，源氏军以范赖、义经为首，率军 9 万西征平氏。当时，平氏已从赞岐国的屋岛，返回难波海岸的福原。二月七日，源氏军与平氏军会战于一谷要地。一谷之地北有鹎越山天险，南临海，海岸峻峭，进口狭窄，谷内则宽阔，平氏据险筑垒以防来侵之敌。源氏军采用迂回战术，以轻装武士攀越鹎越山，从背后奇袭，致使平氏军"失商量败走，或策马出一谷之馆，或棹船赴四国之地"[1]。平氏军大败，损伤惨重，平通盛、忠度、敦盛等平氏新一代战将战死，平重衡被俘，残余兵卒退据屋岛。

　　一谷之战后，源平两军短暂休整。尤其是源氏不擅长水战，更需作充分准备。其间平氏曾派使抵京，提出"和亲"之事，主要是要求相并重用源氏、平氏。然而，"此条赖朝不可承诺"，予以拒绝。[2] 1184 年（元历

---

[1] 『吾妻鏡』寿永三年二月条。
[2] 『玉葉』寿永三年二月二十二日条、三月一日条。

元)九月,战事再开,源氏军由范赖率领进山阴道,入长门,渡海至九州,因补给困难,武士思乡,战斗陷于困难,赖朝遂命令在京都待命的义经出兵。1185 年(文治元)二月,义经从渡部津(今大阪市)出海,在阿波登陆,从背后奇袭屋岛,平氏乘船潜逃入海。平氏军受到源氏的东西夹击,决定在门司与赤间(今下关)两处关隘与源氏军进行决战。平氏军 500 余艘(《平家物语》载,平氏 1000 艘兵船),源氏 800 余艘(《平家物语》为 3000 艘兵船),展开海上激战。当时门司、赤间、潭浦三处正值潮水翻腾,风高浪大。战斗中,平氏军中的"四国、九州的军兵,悉数背离平家,归顺源氏。过去依附门下的人,如今对主公弓矢相向,拔刀以对"①。由此,平氏军惨败,或沉大海,或被俘获。被俘者包括平宗盛、平时宗、平清宗等战将 38 人,女官及眷族 43 人,刚刚 8 岁的安德天皇与平清盛之妻时子一起在混战中葬身海底。战后,平宗盛、平重衡等被斩首,平时忠等被流放。至此,荣耀一时的平氏和平氏政权终至灭亡。

---

① 『平家物語』卷十一・遠矢。

第二章　镰仓幕府与执权体制

第一节　镰仓幕府与承久之乱

一、镰仓根据地

富士川战役大胜平氏军后,源赖朝决定要乘胜追击溃逃的平氏军,直捣京都。但千叶常胤、三浦义澄、上总广常等人力谏坚守东国,当时东部地区追随平氏同源赖朝抗衡的势力有常陆国的佐竹义政、秀义,陆奥地区的藤原秀衡、泰衡。尤其是常陆的佐竹氏,"权威及境外,郎从满国中",势力颇强,且与常陆国衙的在厅官吏相勾结,横行乡里,追从平氏,拒不服从源赖朝。因此,入驻镰仓后,佐竹氏便成为源赖朝首先征伐的对象。源赖朝首先派了解常陆国情况的上总广常诱出佐竹义政将其杀死,然后武力围攻佐竹秀义固守的常陆国金砂城。该城地势险要,再加上城垒、要塞构筑坚固,"非人力之可败",兵率据险固守,"莫不以一当千"。源赖朝军久攻不下,最后又派上总广常对佐竹氏内部进行策反。佐竹秀义的叔父叫佐竹藏人,智谋胜人,又有越世的野心。上总广常秘密约见佐竹藏人,并晓之以理。佐竹藏人当即表示归顺,并亲自向导赖朝军奇袭金砂城。结果源氏军占领金砂城,秀义及其郎从弃械逃向陆奥。由于镰仓近侧强敌的消灭,缓解了后顾之忧,东部地区对源赖朝最大的威胁只剩陆奥地区的藤原氏。

周边环境的改善,为源赖朝建设镰仓根据地创造了条件。其建设镰仓根据地的举措之一是招募文治人才,建立政务机关。源赖朝及其追随者大多出身行伍,不晓政务,深知统治天下必须广招贤士。因此,赖朝特别青睐出身于朝廷的官吏。在其举兵后的数年间,身边集聚了一批通晓政务、又忠于幕府的朝官。随着人才的聚集,应时局的发展需要,赖朝陆续在镰仓建立政务机关,主要有侍所、公文所(1191 年改名为政所)、问注所等。最初参照中央相应机构,作为私人家政机关而设置,但随着赖朝势力的扩展,在全国武士中威望的确立,逐渐发展成为武家政治的政厅。

侍所设立于 1180 年(治承四),同年底赖朝在镰仓大仓乡建造"大仓御所"及御家人的"宿馆",侍所就设在御所内。在平安时代,侍所是亲王、摄关、公卿、贵族家的侍者祗候场所和家务执行机关,赖朝设置的侍所职责主要是平时管理御家人,战时掌管军务。侍所的长官称别当,次官称所司。首任侍所别当由一直跟随源赖朝的和田义盛担任,所司由梶原景时担任。

公文所始于 1184 年(元历元)八月二十日,成于当年的十月六日。公文所在平安时代已有所见,当时又称文殿,是国衙中处理公文的机关,也指朝廷、摄关、院厅或者寺、神社、庄园内保管文书典籍的场所。源赖朝则将其衍化为政务机关,官员除长官别当之外,还设有寄人(评议员)一职。公文所的首任别当是中原广元(也称大江广元),公文所负责的事务不仅是一般性公文管理,还包含行政、财务、税收、战备物资征集与配备以及宗教、文化等综合性事务,是镰仓幕府的核心机关。

问注所成立于 1184 年(元历元)十月二十日,设执事一名,寄人若干。首任执事是三善康信,寄人是藤原俊兼、平盛时。问注所执事的职责是处理"诸人诉论对决事"①,即进行纠纷的调解和裁判。侍所、公文所

---

① 『吾妻鏡』元曆元年十月二十日条。

（政所）、问注所的相继建立，表明了镰仓武士政权机构的确立和日趋完善。

源赖朝在二十年的流放生活中，深刻体会到广结人缘、聚集力量的重要性。在举兵反平氏之初，主要依靠的是发妻家族北条氏一族，同时借重父祖辈在东部地区武士中的威望，召集武士。要使更多的武士向心于己，必须有凝聚武士的策略和政策。举兵之初，赖朝吸收武士的重要政策有三：一是"不以门叶，不以家人"的平等原则，凡追随者，不看其出身尊卑和贫富，只以忠诚为上。起兵初期，每有战役，赖朝常常采取个别谈话形式，笼络人心。二是提出"本领安堵""新恩给予"政策。当时大部分东部地区武士都有一定的经济实力，但由于身份低，没有可靠的后盾，政治地位不稳，领地及权益不能得到安全保障。因此，他们最迫切的要求是寻求强有力的后盾，在政治上受到庇护，经济上领地得到保护。源赖朝深知武士们的愿望和要求，"本领安堵""新恩给予"政策的提出，立刻受到众武士的欢迎，纷纷投奔赖朝门下，队伍迅速扩大，"其势日增数万，当时已占据七、八国"①，"凡扈从军士不知几千万"②。

"不以门叶，不以家人""本领安堵""新恩给予"政策，虽然在起兵初期增进了源赖朝与众武士之间的相互依赖与信任，但尚未达到严格意义上的主从关系。因此，在建设镰仓根据地时，源赖朝对武士队伍进行整治，推行御家人制。即以儒家的"忠""义"思想为理念，以土地为媒介结成的武士间的主从关系。凡投奔源赖朝麾下的武士，一律成为家臣，无条件地听从赖朝的指挥。御家人效忠的具体表现主要是承担军事义务，战时从军，平时担任警卫，其中以警卫京都的"京都大番役"最为重要。该义务根据御家人所领田数多寡征役。在下对上示忠的同时，赖朝作为主君（称武卫或镰仓殿）则从上对下负有保护家臣切身利益的责任，即领地不受侵犯（"本领安堵"），保证他们对原有领地的统治权。这种保护被

---

① 『玉葉』治承四年九月二十二日条。
② 『吾妻鏡』治承四年四月二十七条。作者注："几千万"不是实数，以示人数之多。

称为"御恩"。与此同时,凡仕奉主君和战争中有功者,在原有领地之外,赐予新领地("新恩给予")。赖朝将没收的庄园作为自己的领地,分给立功者。

成为御家人需要一定的手续和仪式,东部地区的武士欲成为御家人,必须直接参见源赖朝,向赖朝捧呈记载姓名的名簿,表示忠诚。赖朝则亲笔签赐"本领安堵"手书,或发布"御下文",表明两者的主从关系正式确立。镰仓幕府建立后,平氏统治下的西部地区武士陆续归顺,人数速增,成为御家人的手续渐趋简化,只要"运志于源家之辈,注出交名"①,得到源赖朝代表者的手书即可。

在每一次战役,或每到一处,源赖朝都要奖励有功之臣。其最早一次论功行赏,是在富士川战役获得大胜即1180年(治承四)十月二十三日,回到相模国府镰仓后,实行大行赏。及时宣布他们原有领地的"安堵"。除原有领地之外,又赐以新领地("新恩"),无疑对鼓舞士气作用很大。在平定常陆国的佐竹秀义之后,赖朝也将没收的秀义旧领作为新恩分别赐给有功武士。同样,在西征平氏的过程中,东部地区的武士奋勇杀敌,赖朝依据战斗情报及时予以嘉奖。如在一谷战役之后,于二月十四日,赖朝发布御下文,宣布"上总国御家人等,多以私领本宅如元(原),可令领掌";十五日又宣布"凡武藏、相模、下野等军士,各所竭大功也,追可注记,言上"②。对战死者则及时发布死者所领的继承者,如在一谷战役中,武藏国人藤田行康奋战阵前,最终战死,源赖朝发文宣布行康的"所知、所领等,无相违,男小三郎能国,可令相传知行"③。"无相违"即是"安堵"之意,任何人不得侵扰。源赖朝正是采用"安堵"所领的政策,在西征过程中,获得大批西部地区武士的向归。

源赖朝虽然对忠诚者、有功者采取恩赏、安堵,而且屡屡向朝廷(院厅)提出要求,授以官职位阶,但对不忠者,惩处十分严厉。为维持御家

---

① 『吾妻鏡』治承四年十月二十六日条。
② 『吾妻鏡』元暦元年二月十四、十五日条。
③ 『吾妻鏡』元暦元年三月五日条。

人的秩序,源赖朝特别规定,朝廷授御家人官职必须由源赖朝亲自推举,即使是立有功勋者也是如此。在征讨平氏过程中,有不少"关东御家人不蒙内举,无功夕多以拜任卫府所司等官"。他们一没源赖朝的举荐,二又无功勋,却受朝廷任命,担任卫府所司官职,严重违背御家人的纪律。为此,1185年(元历二,文治元)四月十五日,源赖朝向已担任官职的二十三名御家人发布"御下文",指出虽然任官奖赏是朝廷之事,但"东国辈,徒抑留庄园年贡,掠取国衙进官物,不募成功,自由拜任,官途之凌迟已在斯"。因此,应停止任官,不给买官者方便("偏令停止任官者,无成功之便者欤")。凡已担任官职者,"永停城外之思,在京可令勤仕阵役,已厕朝烈,何令笼居哉,若违令下向墨俣以东者,且各改召本领,且又可令申行斩罪之状。"①任官职就不要离开京都,永远不能再回到自己的领地,若违背此令,第一没收"本领",第二可以斩罪论处。

源赖朝对御家人不忠诚严惩的事例,更为典型的是对兄弟源义经的惩处。在征讨平氏过程中,义经极希望赖朝向朝廷推荐,委以官职,但赖朝并不积极推荐义经。当平氏专权横行时,后白河法皇对源赖朝的崛起十分高兴,因为可以借其势力灭掉平氏和木曾义仲,巩固自己的专制地位。但当赖朝势力日盛时,后白河又十分惧怕威胁自己的地位,于是策划义经与赖朝兄弟反目,有意在未经赖朝推荐的情况下,于1184年八月授义经为检非违使、左卫门少尉两职。九月又赐义经从五位下官阶,这使赖朝非常愤怒。

坛浦战役结束,平氏被灭,赖朝决定让范赖暂留九州,处理战后事宜,却让义经押解平氏上京。五月中旬,源义经押解平宗盛父子等平氏首领前往镰仓,抵达镰仓郊外后,平宗盛父子被押解进入镰仓城内,义经却被挡在郊外,不许入城。义经在镰仓郊外酒勾腰越驿滞留多日,甚为愁郁,期间给大江广元写了一封信(史称"腰越状"),表达了自己的郁闷和不满。

---

① 『吾妻鏡』文治元年四月十五日条。

源义经表达深情的书信，并未能打动赖朝，义经最后依然"不遂拜谒而空归洛"。六月十三日，赖朝进而将分赐给义经的二十四处"平家没官领"全部没收。八月，朝廷依据赖朝先前推荐，任命源氏一族多人分别担任伊豆、相模、上总、信浓、越后等国国守，其中义经虽然也被任命为伊予守，但在赖朝的操作下，义经已无实权。十月九日，赖朝派遣土佐房昌俊上京刺杀义经。昌俊率三十八骑武士进京，与在京的东国武士会合共六十余骑，于十七日袭击了义经所在的六条室町亭。十八日，义经请求后白河法皇下达征讨赖朝令。义经已多次与后白河密议过征讨赖朝的事，所以袭击事件的发生促使后白河法皇迅速决定发布征讨令，使兄弟情谊彻底决裂。因各地武士拒绝服从后白河法皇的命令，源义经被迫投靠奥羽地区的藤原秀衡。1187年藤原秀衡去世后，其子藤原泰衡杀死源义经以求和解。尽管如此，1189年源赖朝亲率大军进攻奥州，最后将该地的藤原家族消灭。

1185年（文治元）十一月，源赖朝派北条时政率千余骑兵进京，请求敕许设置守护、地头职。据《吾妻镜》记载，北条时政抵京后，专门拜晤中纳言藤原经房，研究"补任诸国平均守护、地头。不论权门势家庄（园）、公（领）可宛课兵粮米（每段五升）"事。[1] 藤原经房呈报后白河法皇，立即得到允准。

地头的称谓，实际上相当于国衙领地内执行公务者和庄园内的下司职等，因此在平安时代后期已有存在。平氏家领范围内，不少平氏家人已被补置为地头，另外国司和私有庄园的领家，为了各自的私利，庄园经营的需要，也分别在国有庄园和私有庄园内设置地头。这些地头的设置，都没有得到过朝廷的正式允准（"是非朝恩"）。在源赖朝举兵以后，他在东部地区屡屡实施"新恩给予"，受到赖朝"新恩"的武士职责，实质上与平氏曾经推行的地头相似。作为"新恩"的庄园，是从敌对者手中没收过来的。源赖朝正式任命御家人为地头是在1185年（文治元）六月，

---

[1] 『吾妻鏡』文治元年十一月二十八日条。

其时赖朝授予岛津忠久为伊势国的波出御厨、须可庄两处庄园的地头，这两处庄园原是平氏的领地。

朝廷设置守护、地头(称"国地头")的宣旨，对源赖朝而言，其意义是很大的。依据宣旨，源赖朝拥有了在全国所有庄园和全国六十国派遣地头、守护的大权。散布于各地庄园、公领中的地头、下司、押领使等武士，都处于他的监督之下，权力所及的范围从东部日本扩展到西部日本各地。在后白河法皇发布设立守护、地头宣旨后，赖朝迅速地新任了许多地头。地头成为源赖朝派驻庄园的政治代表，他们拥有警察权、征税(年贡、兵粮米)权以及土地管理权等。

尽管守护与地头的设置同时获得院厅同意，但最初守护与总追捕使同时并用，其权限一是对庄园和公领拥有每一反田地征收五升粮米的征收权；二是对各地国衙的在厅官人、庄园下司、总押领使实行监督。随着政治形势的变化，尤其是对源义经、行家搜捕任务的初步完成，实质上转变为守护后，其权限也发生了变化。

守护、地头制度至 1189 年(文治五)源赖朝平定奥州之后才渐趋完善。在国衙尚存的全国大多数地区，源赖朝任命守护的目的在于向国衙领域内派驻自己的政治代表，以武力为后盾，实施军事、检察、审判、经济和行政权，有学者把这种统治称为"关东武士团，在畿内近国各处实行占领军政"①。因此，可以说守护制度的基础是军事指挥权和军事占领。当权门势家、寺院、神社、各地的国郡官吏纷纷抵制守护、地头设置时，源赖朝对地头的设置范围作了一定的让步，但对守护的设置范围并未作出让步，其原因是地头是对庄园的军事占领，而守护是对国的军事占领。

平定陆奥、出羽地区后，源赖朝实施恩赏，以郡为单位，任命了众多地头职。如千叶常胤为东海道方面的行方、亘理等郡的地头；畠山重忠为葛冈郡；葛西清重兼任平原为中心的伊泽、磐井、牡鹿、江刺五郡、兴

---

① 歴史学研究会、日本史研究会編集『講座日本歴史・3(中世 1)』、東京大学出版会 1984 年、97—102 頁。

田、黄海二保的地头；三浦义澄为会津、大诏、河沼、耶麻四郡的地头；和
田义盛为名取郡的地头；中条家长为刈田、稗贯二郡的地头；工藤行光为
岩手郡的地头；足利义兼为波斯郡地头；大江广元为置赐盆地及周边，即
置赐郡和成岛、屋代、北条三庄等的地头；北条时政、义政父子则成为平
贺、山边、鼻和、田舍四郡以及轻津全域、糠部郡的地头。① 上述地头职的
任命，都有如下特点：第一，地头领有的地域不是以庄园为单位，而是一
郡或若干郡为单位；第二，地头的职责，实际上与原来藤原氏占领下的郡
司、庄司、保司职责相同，即领域内田地的管理、年贡物的征收、庶民纠纷
的裁判、治安管理、寺院神社的管理等；第三，上述任命地头中，除了一部
分征讨陆奥的将领外，有的人并不在当地。这就形成了身在镰仓、坐收
奥羽财富的御家人群。这种统治模式，虽不能说与 9 世纪以后出现的遥
任国司相同，但至少可以说在某种程度上两者有相似之处。源赖朝通过
郡、庄、保层级的地头和奥州总奉行等国衙层级的职制设置，实行对奥羽
的统治，实际上这是源赖朝统治全日本六十余州的理想模式。

　　总之，源赖朝以诸国设置守护，庄园、公领设置地头制，利用委任和
解任的权力，逐步地掌握了全国的军事、警察权。

二、朝幕关系

　　源赖朝在镰仓武士政权的建设中，另一项重要工作就是调整自己与
王权之间的关系。他与王室，特别是与后白河法皇关系的斗争与协调，
显现了他高超的政治手腕。赖朝与后白河院的关系，反反复复，大致经
历了三个阶段。即 1181—1184 年为第一阶段，此时期后白河院与赖朝
在讨伐平氏一事上，政治目的基本一致，因此协调、合作多于矛盾和斗
争；1184 年平氏灭亡至 1189 年奥州平定为第二阶段。这一时期，后白河
为抑制赖朝势力的扩展，多次采取谋略。与此相对，赖朝也屡屡作出针

---

① 歴史学研究会、日本史研究会編集『講座日本歴史・3（中世 1）』，東京大学出版会 1984 年、87—88 頁。

锋相对的对策;1189—1192年为第三阶段,这一期间,赖朝与后白河院之间,应该说矛盾与暗斗多于协调和合作。

后白河院与源赖朝正式接触始于1181年(养和元)七月。如前所述,赖朝为了利用源义仲与平氏、义仲与院厅以及平氏与院厅之间的矛盾,派遣密使谒见后白河法皇,表明自己对院厅并无谋叛之心,举兵的目的只有一个,即讨伐法皇的宿敌;院厅应同时重用源氏、平氏,源氏支配东国,平氏支配西国。此次密谈内容,虽然由于平氏的反对未能实施,但使平氏与院厅间的矛盾进一步深化。1183年(寿永二)九月末,赖朝又遣使与后白河密谈,提出平氏占领的神社、寺院所属的庄园归还原主;平氏掠占的院、宫、诸贵族的庄园也归还原主等主张,受到院厅的赞同。十月十四日,院厅基于赖朝提出的主张发布院宣:"东海、东山、北陆三道诸国年贡、神社佛寺并王臣家领庄园,如原返还领家,若有不遵此宣旨者,随赖朝命可追讨。"①

院厅对赖朝的重视,引发了木曾义仲的极大不满。当时,木曾义仲正从征讨平氏的前线归来,因为败于平氏的水军,又得知院厅与赖朝的接近,并赋予赖朝对东海、东山、北陆三道的控制权,更觉得自尊心受到伤害。于是十一月十九日发动政变,监禁了后白河法皇,解任并监禁了四十九名公卿,没收平氏领地八十余处。《平家物语》说,当时遭平氏解任、监禁的公卿人数达43人,木曾义仲时达到49人,"恶行超过平家"②。木曾义仲胁迫后白河法皇发布追讨源赖朝的院宣,自称"征夷大将军"。为解京都之危,赖朝迅速派遣兄弟义经、范赖分别率军入京。在镰仓方面军的威胁下,木曾义仲向北陆方向退逃,后在近江(今滋贺县)的粟津决战中丧命。此后,后白河法皇倚重赖朝,对西逃的平氏实行征讨。源赖朝则适时地利用院厅的信任以及自己的军威,于1184年(寿永三)二月制定《镰仓条条》,分别对"朝物事""平家追讨事""诸(神)社事""佛寺

①『百錬抄』第九、寿永二年十月十四日条。『玉葉』寿永二年閏十月二十日、二十二日条。
②『平家物語』卷第八、法住寺合戦。

间事"作出原则性的规定,并将其送至朝廷和院厅。

对于赖朝的《镰仓条条》,后白河法皇内心已开始对赖朝的"野心"扩张保持警惕,双方携手密切合作渐趋转化为针锋相对的对峙。对赖朝开始产生警戒的后白河法皇,对赖朝的兄弟源义经、范赖予以器重。1183年(寿永二)赖朝奏请院厅,授范赖为三河国守,而战功比范赖更大的义经却未获得封官。后白河为离间赖朝和义经,未经赖朝的同意,直接封义经为左卫门少尉、检非违使两职,赖朝大怒。平氏全歼后,义经返回京都。已有妻室的义经,又娶敌将平时忠的女儿为妻,更使赖朝震怒。当源氏兄弟矛盾极为尖锐之时,后白河院应义经之求,于1185年(文治元)十月发布了声讨赖朝的院宣,指责"源赖朝卿,偏耀武威,已忘朝宪"①,并命令源行家和源义经等追讨之。

后白河院在发布院宣之前,深知此举必然会得罪源赖朝,但出于自身安全,不得已而为之。据《吾妻镜》载,后白河院在决定院宣前是这样考虑的,即"为遁今之难,先被宣下,追仰子细于关东,二品定无其愤欤"②。即是说,为避眼前之危,先同意义经之求,发布院宣,然后再详细地向关东说明原委,赖朝也会理解。据《玉叶》记载,其实在后白河院发布征讨赖朝院宣的前一日,即十七日,朝中公卿就对是否发布院宣事展开争论。以九条兼实为代表的一部分人,认为发布院宣追讨的人,应是"罪犯八虐,为敌于国家之者",而赖朝"又无指罪科者,可被追讨之由,更以难量"。大藏卿高阶泰经等人则认为先前平氏、木曾义仲时,中央也发过征讨赖朝的院宣,赖朝都未予以追究。因此,此次也可先下院宣,再向赖朝解释,后白河院采纳了大藏卿高阶泰经等人的意见。

后白河院发布征讨赖朝院宣后,社会上传闻诸多,为澄清事实,九条兼实、大藏卿高阶泰经各自遣使镰仓,申述院宣下达经过及个人曾经申述过的意见。泰经的使者在陈述中再次申明后白河院发院宣,是怕遭义

①『吾妻镜』文治元年十月十八日条。
②『吾妻镜』文治元年十月十八日条。

经的"天魔所为","为避当时难,一旦虽似有敕许,曾排睿虑之所与"①,为后白河院开脱责任。对此辩解,赖朝自然不能接受,严厉地予以驳斥。源赖朝大骂后白河院是"日本第一大天狗",同时派遣北条时政进军京都。在武力示威下,后白河院于二十五日发布了委任赖朝为追讨义经、行家使。

后白河院的这种翻手为云、覆手为雨的权术,源赖朝了如指掌。对赖朝而言,后白河院可恨、可恶,按照常理,赖朝完全可以据此对其采取幽禁、废立等极端手段。但赖朝并未这样做,因为他深知极端手段只会招致更严重的对立、社会的混乱以及贵族、大寺社势力的反感,自己就会重蹈平清盛、木曾义仲等人的覆辙。赖朝一方面对院厅采取宽恕的态度,另一方面则顺势要求后白河院"肃清庙堂",对院厅、朝廷内的反镰仓官吏实行清洗。对后白河院的宽恕,使院厅方面的紧张情绪得以缓解,"公朝持参赖朝返札之后,院中颇安堵,其状有和颜之趣"②,反映了当时院厅如释重压的情状。关于"肃清庙堂"之事,十二月六日赖朝与大江广元等人协议后直接向院厅提出。在赖朝的"院奏折纸"中,主要提出两事,一是关于任职事,二是关于解官事。关于任职事部分,关键是建立朝政的"议奏"制度,对包括神祇、佛道及朝廷重要政务实行合议。

有关"议奏"的职责,赖朝于1186年(文治二)四月在给九条兼实的信中有明确的要求。信中说:"赖朝适禀武器之家,虽运军旅之功,久住远国,未知公务之子细。纵又虽知子细,全非其仁,旁不能申沙汰也",因此,"天下之政道者,依群卿之议奏",希望你们"具存君臣之议者,各无私不谀,令回贤虑"。在合议政事时,一定要秉公行正,"虽为赖朝之申状,不可有理不尽职裁许","纵虽被下敕宣、院宣,为朝为世,可及违乱端之事者,再三可令复奏也",如有不尽职责者,必是不忠之臣。③ 实际上,赖朝在信中强调了如下两点:一是今后不会直接介入朝廷事务,诸事通过

---

① 『吾妻鏡』文治元年十一月十五日条。

② 『玉葉』文治元年十二月四日条。

③ 『吾妻鏡』文治二年四月三十日条。

议奏；二是抑止院厅的专制，即使有院宣、敕宣，但只要是"为朝为世"的事，也应反复议奏。

关于解官的事，赖朝提出的名单中包括参议亲宗、大藏卿泰经、右大弁光雅、刑部卿赖经、右马头经仲、右马权头业忠、左大史隆职、左卫门少尉知康、信盛、信实、时成、兵库头章纲等，解除这些人职务的理由是他们皆是"同意行家、义经等欲乱天下之凶臣"。依据赖朝意见，根据幕府提出的名单，经过评议，十二月二十七日，最终确定了新任朝臣，以及革除官职和流放者的名单。至此，赖朝"肃清庙堂"之事宣告结束，院厅、朝廷公卿贵族中，亲镰仓势力大增，且主导政治动向，而反镰仓势力遭到沉重打击。

1189 年（文治五）源赖朝平定奥州后，院厅与镰仓方面的关系进入新阶段。这一时期对其来说，有二件事的解决至关重要，第一件事是征伐奥州战争需要获得院厅的承认；第二件事是战功的赏赐。两件事紧密相关，如前所述，赖朝在出征前多次向院厅、朝廷提出颁布征伐令，但中央一直未予应允，赖朝是在"军中闻将军之令，不闻天子之诏"的思想指导下，未得院厅、朝廷的宣旨就出发远征。即使有千万个理由，若是没有圣旨和院宣，征伐奥州的战争就成为赖朝与藤原泰衡之间的私战，私战与公战具有不同的政治价值。因此，赖朝一直在争取院厅、朝廷对其出征的肯定。

与源赖朝的积极态度相反，院厅与朝廷对征战奥州颇为消极。后白河院的消极态度，显然出自私有利益的考虑。奥州藤原氏势力的存在，对中央来说是有利的，在战略上可以起到牵制镰仓势力扩展的作用；另一方面，奥州的丰富资源和特产一直是中央贵族奢侈生活的供应地，奥州藤原氏势力的存在，有益于中央贵族继续保持和掌握这些资源。正是出于上述动机，任凭赖朝一再要求发布院宣，后白河院就是默不回应。

九月八日，奥州平定，源赖朝立即派飞脚向中央报告战绩。在报告书中，除了记叙战斗经过外，还专门叙及为什么没有将藤原泰衡首级送呈中央的原因：一是路途遥远；二是泰衡乃"非指贵人，且相传家人"①。

①『吾妻镜』文治五年九月八日条。

赖朝的报告通过帅中纳言的经房上达后白河院,大概是由于奥州已落入源赖朝手中,再消极对待征伐奥州这件事已无任何价值,所以后白河院态度由冷变温,迅速派使向赖朝宣布征讨奥州藤原泰衡的院宣。

1190年(建久元)正月初,奥州发生藤原泰衡的郎从大河兼任的叛乱,号称徒众七千余骑向镰仓进军。在途经秋田境内时,因渡河时河冰开裂,有五千余骑落入河中而亡。与此同时,源赖朝调集上野、信浓、上总等地御家人,对大河兼任残部进行围剿,最终全部镇压。在大河兼任叛乱平息后,赖朝决定亲自上京。

源赖朝启程赴京是在1190年(建久元)十月三日,十一月七日抵京。入京队伍虽然不带弓矢,随从不穿甲胄,但规模雄伟,前有七百余骑,后有三百余骑相拥,大有远征胜利归来之势,后白河院及京都民众目睹了入京队伍的雄姿。"二品御入洛,法皇密密以御车御览"①。赖朝亲自上京,其深层用意在于最终确立自己的政治地位,同时希望得到院厅、朝廷的封官、封爵。这一点院厅方面十分清楚,在赖朝尚在进京途中时,后白河院就曾询问朝臣,以何官职授赖朝为妥。

由此可见,赖朝乞讨官职之事,后白河院有思想准备。赖朝入京后,住在京都六波罗的新馆。在京期间,赖朝与后白河院多次密谈。十一月九日举行第一次密谈,据载赖朝于"申"时出六波罗,进入法皇所在的六条殿,"他人不候此座,临昏黑御退出",其他人一律退出,唯后白河和赖朝两人密谈。"申"约为午后四五点钟,一直密谈至昏黑,表明商谈多时。当日夜深,后白河院发布任命赖朝为权大纳言官职的院宣。十九日,后白河院再次接见赖朝。二十二日,院厅决定授赖朝右大将称号。赖朝以刚任命为大纳言又任大将似有不妥为由,上书辞退右大将任命。二十三日,后白河院再次召见赖朝,"大纳言家御参仙洞,终日令候御前"②,这一天两人一直在一起。二十四日,院厅正式宣布院宣:右近卫大将源赖朝。

①『吾妻镜』建久元年十一月七日条。
②『吾妻镜』建久元年十一月二十三日条。

十二月一日，举行了隆重的任命仪式。然而任命仪式后的第三日，赖朝辞退了右近卫大将、权大纳言两职，并于十四日启程返镰仓。虽然史籍中没有赖朝"愤然"离京的记载，但是赖朝肯定是怀着对后白河院拒不授予"征夷大将军"一职的不满情绪返回镰仓的。后白河院曾先后数次任命源赖朝的政敌为"征夷大将军"职，而对赖朝面对面的请求却坚决拒绝，反映了院厅和朝廷对源赖朝的防备心理。对赖朝来说，"征夷大将军"一职，意味着不但拥有东日本地区独自的统治权，更重要的是表明从此重大决策主导权已转移到镰仓，而不在京都，虽然重大决策要通过院厅、朝廷发布。对后白河院为首的中央来说，若授予赖朝"征夷大将军"一职，则意味着国家权力的减弱，镰仓方面不但支配了东部日本的行政、习法权，而且全国的兵权也将被镰仓方面掌控。鉴于各自的政治利益，在"征夷大将军"的任职问题上，源赖朝和后白河院，谁也不能让步。

虽然源赖朝的肃清庙堂和亲自上京，并未能完全消除朝幕之间存在的矛盾，但是实际上基本确立了朝廷拥有对西日本除了军事、检察权以外的行政统治权。而幕府对东日本除了继续拥有军事、检察权，还拥有朝廷承认的公有权力。

三、征夷大将军

源赖朝的"肃清庙堂"建议被院厅接受后，亲镰仓势力大振，其中九条兼实掌握了朝中实权。1191 年（建久二）三月，赖朝的妹夫、担任京都守护的一条能保被任命为中纳言，次月又被任命为检非违使别当。同时，幕府重臣大江广元也被任命为检非违使和明法博士，幕府派在朝廷的势力更盛。在赖朝的支持下，以九条兼实为中心，试图实行朝政改新。兼实的改新方案一般情况下并不是自己直接向院厅提出，而是通过源赖朝的上奏形式，获得法皇同意后加以实施。

九条兼实的改新基本思想，一是以律令为基础，整顿松弛的朝政和纲纪，录用有用的人才；二是因天皇年纪尚小，所以院政为政治主导；朝务采取公卿共同议定。从文献记载可知，有几项改新措施值得一提，第一,设立文殿。据《玉叶》载,文殿正式设置是在 1186 年(文治二)六月二十八日。"此夜始文殿,以中门南廊为其所"①。文殿别当是藤原亲经,下有七位"文殿众",有明经学者中原广季、中原师直、中原俊光,明法学者中原章贞、中原明基,儒者中原师纲,算道学者三善行衡。从"文殿众"组成人员可知,设置的目的是着眼于人才的选拔和培养。第二,复活专事诉讼的记录所。恢复记录所的事是源赖朝于 1186 年六月要求摄政九条兼实上奏院厅的十条政见中的一条,八月十九日得到后白河院的认可。1187 年(文治三)二月二十八日,记录所正式恢复,任命藤原定长、藤原亲经为执权,并任命十二位"寄人"参与记录所事务。记录所的任务,根据《玉叶》的记载,有如下两点:其一是"诸司、诸国并诸人诉讼,及庄园券契于记录所,宜令勘决理非";其二是"年中式日公事用途,宜令记录所勘申式数"②。可知记录所拥有传统的庄园整理、纠纷裁决的职能,同时有中央行政事务的财政预算、规模等作出计划的职能,反映了九条兼实振兴朝政的用心。第三,广征谏言,以"谋国安"。关于广泛征集朝廷政务意见的建议,在 1187 年(文治三)三月三日得到后白河院批准。次日,由藤原亲经宣布院宣。这份院宣依据以九条兼实、藤原定经等人的上书为基础拟成,虽然文字较长,但从中可看出九条兼实等人广开言路、开门征询政见的思想真谛。

源赖朝支持下的九条兼实朝政改革的动因:一是因多年战乱,人们苦于军事征战,致使"民都忘农桑",诸国、诸司官吏忙于课役征收,疏于神、佛事;二是近年来天灾频仍;三是虽然自征服奥州以后全国趋于平静,但依然"万机未遑修德,化俗之道,经国之术,不能独治"。目的一是仰慕"尧鼓纳谏,舜旌进善"的圣世,实现历史上弘仁、贞观、延喜、天历时期群贤共致朝政、和乐廉洁的政治氛围。二是建立"在官奉公之人,盖尽谏诤之情"的上谏之制,即使明知谏言有犯上之险,也要"勿有所隐",唯

---

① 『玉葉』文治二年六月二十八日条。
② 『玉葉』文治三年二月二十八日条。

有此举,才能"谋国之安"。根据院宣被召纳谏进言的除左、右、内三位大臣外,还有三位大纳言宗家、实家、忠亲,前任或现任中纳言的雅赖、通亲、经房、兼光,右大将实房,参议雅长、右大弁光长,大外记清原赖业、中原师尚,大夫史小槻广房以及已经出家的前纳言资长、长方和前式部大辅俊经。被召就有关佛寺进谏意见的有诸宗僧纲,其中有天台座主全玄,醍醐座主胜贤,三井寺长吏公显,法印澄宪。东寺长者法务俊澄也在被召之例,但因"称病不参"。这些高僧就"诸宗御祈事;诸修法事;忏悔法事;佛法兴隆事",提出了不少意见。①

京都朝廷方面的事由亲镰仓方面的九条兼实为首的公卿掌控以后,源赖朝倾力于镰仓政权的建设,特别是在后白河院拒绝授予征夷大将军职返归镰仓后,政权建设的力度明显加大。源赖朝模仿君臣礼仪,建立了象征镰仓殿与御家人之间主从关系的年中行事。自赖朝进入镰仓,建立御家人制度,御家人与镰仓殿交流的空间主要是在赖朝御所西边的侍所。赖朝常至侍所,御家人则向其献酒、献物,以示主从关系。如《吾妻镜》元历元年六月十六日条所载,"武卫(赖朝)出于西侍,忠赖依召参入,候于对座,宿老御家人数辈列座,有献杯之仪。"又如文治四年三月二十一日条载:"梶原平三(梶原景时)于御所经营颇尽美,献杯酒椀饭。二品(指源赖朝)出御侍上,诸人群集(中略)御酒宴及歌舞。"在侍所与御家人的聚会上体现了主从关系的亲密。然而,自京都归来以后,不但体现主从关系的场所移至镰仓殿御所,而且还建立了正月的"椀饭之仪",此仪始于1191年(建久二)正月。"正月一日庚戌,千叶介常胤献椀饭。其仪殊刷,是升进故。"②虽然椀饭之献以往也曾有过,但是因为进京接受过院厅授予权大纳言、右近卫大将两职的任命,所以如今的"椀饭之仪"就显得十分特别。举行"椀饭之仪"的场所是在赖朝的御所,据载,正月的"椀饭之仪"要连续进行数天,每天均由亲近御家人献酒、献物和歌舞。如

---

① 『玉葉』文治三年三月六日条。
② 『吾妻鏡』建久二年正月一日条。

1191 年(建久二)正月一、二、三、五日都有"椀饭之仪",由千叶常胤等人献椀饭、剑、弓箭、砂金、鹫羽、御马等。特别应指出的是,举行"椀饭之仪"的空间,据《吾妻镜》载:"午刻前右大将家(指赖朝)出御南面,前少将时家朝臣上御帘,先有进物。"①这里的"御南面"似是赖朝御所的南庭。与日本历史上天皇在朝廷的南庭举行政治性活动的情况极为相似。又据载,在五日的"椀饭之仪"时,"御酒宴之间,即出堪旅者,有弓始"。所谓"弓始"即是"射礼",四位善弓箭者分别为两组进行比赛,各人射五箭,根据每人射中箭的多少,赖朝赐以剑、弓等物。正月行射礼是日本天皇的宫廷仪礼。②

　　1191 年(建久二)三月四日,镰仓发生火灾,大火不仅烧毁了御家人北条义时等的邸宅,而且殃及鹤冈八幡神宫和源赖朝的御所。灾后源赖朝决定进行镰仓城的大改建,欲使其成为东日本的都城,新的幕府建筑就是在此期间开始的。③幕府新御所于八月建成,二十八日赖朝移居新御所,八月一日举行了隆重的庆贺之仪。据载,大庭景能等御家人于新造御亭献杯酒,其仪隆重而极美,以五色鲈鱼等为肴物。④反映源赖朝仿效天皇行事的另一个例子就是狩猎,狩猎是象征王权的事。源赖朝自 1193 年(建久四)三月开始,多次出外观猎和亲自狩猎,俨然以王者的姿态昭示天下,仅三月至五月就有五次。源赖朝的狩猎活动,其规模之大,连京都院厅的太上天皇也是望尘莫及。

　　源赖朝自京都返回镰仓以后,虽然心中对院厅极为不满,但在表面上却是十分小心谨慎地维护与后白河院之间的"君臣"关系。最为典型的是 1191 年(建久二)四月初,近江的守护源定重及其父源定纲刀伤日吉神社宫仕、法师事件。源定纲、定重父子是源赖朝的御家人、近江国守护,佐佐木庄园是定纲父子的据点,又是供养延历寺千僧之地。因为

---

① 『吾妻镜』建久二年正月一日条。
② 王海燕著:《古代日本的都城空间与礼仪》,浙江大学出版社 2006 年,第 131—140 页。
③ 『吾妻镜』建久二年四月三日条载:"今日幕府事始,依去月火事也,盛时、俊兼奉行之。"
④ 『吾妻镜』建久二年八月一日条。

1190 年有水灾,所以源定纲及当地庄民未能向延历寺贡上米粮。寺院差遣日吉神社宫仕等,捧着神社的神镜,闯入源定纲的邸宅。宫仕等人"破城壁,谴责家中男女",使源定重"颇及耻辱",忍无可忍,愤怒之下,令郎从等刃伤宫仕一二人,引起"山门骚动""众徒更不静谧"。四月三日,传说众僧徒将袭击定纲邸宅,摄关九条兼实担心事态扩大,命令延历寺座主显真制止众徒行动。与此同时,众僧徒派遣使者到京都和镰仓,要求引渡定纲父子。事态的严重性,使源赖朝颇为担忧。十六日,他派梶原景时,随后又派后藤清基上京。期间,源定纲突然逃跑,行踪不知。四月二十六日,延历寺众僧徒抬着日吉、祇园、北野等神社的神舆,向朝廷请愿,要求对定纲父子处以死罪。朝廷大臣与延历寺座主紧急商议,决定对定纲父子以流放、监禁罪处置,并征得众僧徒的同意,"减死罪一等,可处远流"①。三十日,决定定纲流放萨摩,其子定重、广纲、定高分别流放对马、隐岐、土佐,定重最后处以死刑,五名郎从处以狱禁。鉴于定纲父子确有罪错,源赖朝无法袒护。为保住定纲父子的性命,奉命上京的梶原景时等甚至提出可以用定纲的一半领地寄进寺院,以抵死罪。朝廷大臣的"减死罪一等"和院宣的流放决定,乃是镰仓方面力争的结果。

五月三日,源赖朝上书院厅。虽然上书中严词非难僧徒的上诉,以及无理欲置定纲父子于死地的请求,但其中也不乏拥护后白河院圣断的内容:其一,"赖朝苟以忠贞奉公,继家业守朝家",完全赞同对定纲处以流放,其下属予以禁狱的决定,"诚是明时之彝范也";其二,说御家人之辈,若违背敕裁,所犯罪行若与赖朝的规定相抵触者,则可"不顾先例可行斩罪,又可随众徒趣之处。背纶言企乱入,凡不辨是非之性,宛不异木石欤"。并说宽容评定源定纲之罪,"如蔑山之灵,可成众徒之郁愤";其三,纵使是我赖朝"有其咎之时",朝廷也可处罪。源赖朝对佛教界的事也从未忽视过,"云天台,云法相,虽有忠节,更无疎(疏)略",当年源义仲谋叛,诛杀明云座主时以及平重衡焚烧奈良佛寺、杀害僧众时,源赖朝是

---

① 『吾妻鏡』建久二年四月二十六日、五月一日条。

非分明,严加追讨惩办。自然,对源定纲、定重父子之罪,也不会姑息。

定纲事件后,幕府对守护、地头的行为加强管制,规定守护职责限于"大犯三条",即逮捕谋叛者、凶杀者和催促大番役等。在处理定纲事件过程中,源赖朝的慎重,以及尊重院厅圣断的态度,反映了他在政治上的成熟,终使朝幕关系得以稳固。

1191年(建久二)正月,源赖朝的新御所落成,并以东日本王者的姿态建立类似君臣关系的诸种礼仪。紧接着整顿政权机构,原来的公文所正式改名为政所,并重新任命相应的幕僚。政所是将军的政事机关,设别当、令、案主、知事家等职。别当仍由大江广元担任,藤原行政任令,藤井俊长为案主,中原光家为知事家。问注所设执事,由三善康信担任。侍所设别当、所司、公事奉行人等职,任命和田义盛为别当,梶原景时为所司,公事奉行人共有七人,即藤原亲能、俊兼、三善康清、宣衡、平盛时、中原仲业、清原实俊等。设京都守护和镇西奉行人,以一条能保为京都守护,藤原远景为镇西奉行人。上述任职者大多是曾在朝中任官者,或是文学之士。

与此同时,对幕府的文件形式实行统一。相当时期以来,镰仓方面的文件,基本上是两种形式:一是源赖朝亲自画押的"御制",另一是由政所下达的"政所下文",主要用于御家人的恩赏、所领安堵、地头守护任命等,两者之间常常相互交叉。为了统一,逐渐实施以政所下文为主要形式。政所作为将军府的事务机关,将军的旨意通过政所幕僚的润笔形成文字下达,反映了源赖朝的统治由武治开始转向文治。

正当镰仓方面加强政权建设时,1192年(建久三)正月底,传来后白河法皇病危的消息。二月初,源赖朝派大江广元上京,"奉秘藏御剑于石清水宫",祈祷法皇病愈。三月十三日,后白河法皇离世。对于后白河法皇之死,在表面上源赖朝以"重君臣之礼"表示哀悼,并在镰仓举行了佛事。

后白河法皇去世后,源赖朝企望的"征夷大将军"一职在朝中已无阻力,七月十二日,朝廷决定授源赖朝为"征夷大将军"。宣敕使于同月二十六日抵达镰仓,在御所西廊举行了隆重的接受任命书仪式,敕使在镰仓受到了盛情接待。二十九日,敕使归京,源赖朝以马十三匹、桑丝百十尺、越布千端、本绀兰摺布百端赏赐。八月五日,幕府将军正式宣布"今日政所始"[①],标志着镰仓幕府的正式确立。虽然在政权形式上镰仓幕府将军受命于天皇,将军也向朝廷称臣,但除官员任命依据幕府的要求依然由朝廷掌握外,镰仓幕府的政令在全国具有极大的权威性。表面上镰仓幕府成立后的日本进入双重政权时期,实际上,国家的实权基本上控制在幕府之手。

　　建立幕府政权,制约朝廷权威,是源赖朝异于其他武士群雄的创举。源赖朝毕竟出身于皇族门第,因此他最后的政治宿愿,摆脱不了回归皇族的企望,自被委任征夷大将军后,他开始策划其女大姬进入皇宫事宜。源赖朝一行在京都期间,参见天皇七次,会见后白河法皇妃丹后局二次,宣阳门院二次。在会见丹后局时,有其妻北条政子、女儿大姬在坐。赖朝夫妻的用意是企望通过丹后局的威望,实现大姬入住内宫。事实上,源赖朝与丹后局的联系早在1191年就已开始,这次会晤是为早已议宜中的事付诸实施,最终大姬入住内宫之事在丹后局的促进下顺利实现。丹后局的乐意协力是因为其女宣阳门院觐子的庄园曾经九条兼实之手被废除,为恢复七所庄园的所有权,必须要有源赖朝的支持。另外,源赖朝七次参见后鸟羽天皇,其目的不仅因为大姬的入宫,更主要是着眼于自己的继任者与皇室建立和谐的关系。

第二节　北条氏执政与专权

一、幕府内乱

　　1198年(建久九)十月,相模川新桥落成,源赖朝前往参加庆祝典礼,在返回镰仓的归途中,不幸从马上掉落,从此身体不振,于次年(正治元)

---

① 『吾妻镜』建久三年八月五日条。

正月十三日离世。关于源赖朝从马上掉落终至死亡的原因，史书均无详细记载，因此，有诸多的疑问和猜测。有的认为是患了急症，有的认为死得不寻常，暗示有不可明示的背景，有的则认为赖朝一生被其害者颇多，其死因是由于许多怨灵作祟。

赖朝死后，由其嫡长子源赖家继任家督，时年 18 岁。正月二十日，朝廷任命赖家为左中将，二月初由土御门天皇签署的任命敕书送达镰仓。让源赖家继承父亲源赖朝的事业，带领御家人守护诸国，保持全国的安稳。源赖家继承家督和左中将，掌握幕府权力后，试图对源赖朝时的人事任命进行改变。三月五日，剥夺了后藤基清的赞歧守护职，改由他人担任。后藤基清是源赖朝派驻京都的亲信一条能保的御家人，剥夺基清的守护职，其矛头并非仅指后藤基清，显然是幕府的宿老。三月二十三日，又宣布停止伊势神宫所领有的六处庄园的地头职，四月一日，以"诸人群集，成鼓骚，现无礼"为由，决定将掌武士诉讼的问注所（即裁判所）从将军御所迁出，另在城郭处建筑新的办公用房。源赖朝时将问注所置于御所内是为了便于了解御家人的问题与动态，源赖朝对御家人关心是其统治巩固的核心，赖朝在住所卧寝的墙壁上写有诸国御家人的名字，每朝必然一览。在客殿也写有住在镰仓的大名、小名的名字，每日必览，多日不见的人会遣使询问平安。所以大家都勤于执政，不轻易缺勤。

源赖家将问注所迁出御家之举，实际上是自己与御家人疏远之举。他只亲近五人，即小笠原长经、比企三郎、和田朝盛、中野能成、四野四郎。赖家宣称此五人之外的御家人不能参上御所，五人在镰仓城中行暴，任何人不得敌视。七月二十日雨夜，赖家命中野能成抢占御家人安达景盛之妾，将其安置在北御所。当时景盛正奉命外出。八月景盛外出归来，知其真相，怨恨不已。有人向赖家谗言，说景盛有谋逆之嫌，赖家迅即命小笠原弥太郎等人，聚集武士，前往诛杀景盛。十九日晚，"镰仓中壮士等争锋竞集"，内乱已箭在弦上。

源赖朝之妻北条政子得知消息，迅速派人至赖家处，对赖家传达以下意见：其一，虽然源赖朝已死，但死后不曾出现危机，今日之举，"好斗战是乱世之源"。其二,景盛是有功之臣,赖朝十分信赖之人,若有罪错,我可以予以处罚,然而今日你诛戮景盛,必定会招致后悔。其三,你若决意要追罚景盛,你先射死我。在北条政子的干涉下,赖家不得不停止行动。可是,此事在镰仓城中影响极大,"凡镰仓中骚动也,万人莫不恐怖。"①事件平息的第二天,北条政子召见安达景盛说,昨日事虽已阻止,但"我已老耄也,难抑后昆之宿意,汝不存野心之由,可献起请文于羽林(源赖家),然者即任御旨捧之。"②让景盛呈一文书于源赖家,以表示自己并无野心。北条政子很清楚此事的起因,并非安达景盛有"野心",而是源赖家以左中将之威,强夺部下爱妾,让景盛呈文书表达无野心之举,实是让景盛忍辱受屈,使夺妻之事不了了之。北条政子在劝导安达景盛之后不久,又再次遣使对源赖家指斥。指出其欲杀景盛是对有功之臣的不义之举,可以看出赖家疏于幕政"倦政道""不知民愁",且不顾颜面,一味乐于"倡(娼)楼"。北条政子还对赖家的用人提出批评,说赖家侧近是"非贤哲之辈,多为邪佞之属"。还说源氏一族、北条氏者等幕府元老,往昔大多是源赖朝的左右,可如今不但不受优赏,却不知辈分,直呼实名,怨恨之声时有所闻。

对源赖家的所作所为,首先感到不安的是幕府宿老们。为了防止赖家滥用御家人诉讼裁决权,在北条政子主持下,举行了宿老会议,决定停止御家人诉讼由将军独裁制,以限制赖家的裁决权。自 1199 年(正治元)四月以后,凡诉讼事宜,由十三名元老合议决定,十三人之外的人,不得过问诉讼事,史称"执权合议"。

对于以北条政子、北条时政为首的元老派制约,源赖家及其近侧采取种种对抗措施。一有机会赖家仍然亲裁庄园争议,如 1200 年(正治二)五月陆奥新熊野神社的坊领诉讼,未经十三人合议,赖家亲自裁决。又如六月,他裁令已故御家人梶原景高的妻子在尾张国内的所领庄园

---

① 『吾妻鏡』正治元年七月十九日条。
② 『吾妻鏡』正治元年七月二十日条。

"安堵"。同年十二月,赖家实施了一项直指源赖朝时期建立的支配御家人基础的恩给制度、触及众多御家人利益的政策,即命令政所搜集诸国的田文账籍,根据田文账籍所载计算出治承、养和(1177—1181)年间以来,赏赐给御家人的"新恩地",凡每人平均超过五百町的部分没收,颁给赖家的"近仕"。此事公布后,幕府上下哗然,"朝臣以下宿老殊周章"①。大家叹息说:"人之愁,世之谤,何事如之哉?"由于三善康信的力谏,幕府勉强应允延期到来年春天执行。

源赖家继任以后,御家人冲突最早的表现是 1199 年(正治元)十月开始的梶原景时与结城朝光之间的斗争。两人都是源赖朝的近臣,颇受器重。梶原在 1180 年(治承四)石桥山战役中救过源赖朝,当时源赖朝被平氏军所败,隐藏山间,平氏搜索山间,当赖朝有可能被发现时,景时果断地将敌军引开,自此一直被赖朝引为知己。梶原景时也有缺点,即好告密,他曾向赖朝密告源义经不义,致使源氏兄弟不和。梶原景时的告密行为早已引起众多御家人的不满,源赖朝在世时,大家慑于将军的威望,不敢正面与梶原冲撞。赖朝一死,大家对他的行为就不买账了。

1199 年十月底的一天,结城朝光在御所纪念赖朝之死,表示对源赖朝死后镰仓政权现状的不满。梶原景时密告给源赖家,并说结城朝光借"忠臣不事二君",怀念前将军,实际上是在诽谤当今。② 当结城朝光得知由于梶原景时的密告,自己即将因"逆恶"而受"诛戮"时,无比慌张和忿恨。结城找到挚友三浦义村,述及梶原景时密告之事。三浦义村对结城朝光说,事关重大,如无特别对策,很难避其灾。③ 派人请来和田义盛和安达盛长,将此事原委一一告之。和田义盛、安达盛长二人建议赶快召集御家人写一封连署状,向赖家申诉,先等赖家态度,如无裁许,则"可争死生"。连署状由中原仲业起草,次日,即二十八日,千叶常胤、千叶胤正、三浦义澄、三浦义村等 66 名御家人宿老,群集于鹤冈神社回廊,就梶

---

① 『吾妻鏡』正治二年十二月二十八日条。
② 「忠臣不事二君之由,令述懷,謗申當時,是何非仇敵哉」、『吾妻鏡』正治元年十月二十七日条。
③ 「縡已及重事也,無殊計略者,(曾)難攘其灾歟」、『吾妻鏡』正治元年十月二十七日条。

原景时诬告之事及中原仲业起草的连署状进行讨论。众宿老以"养鸡者不畜狸,牧兽者不育豹"的态度,誓死支持结城朝光。66人连署的状文由和田义盛、三浦义村等交给大江广元转递给源赖家。

大江广元收到连署状后,并未马上呈递,他认为源赖朝宠爱的御家人,若被科罪,确实不妥,他考虑用什么办法实现私下和解。在和田义盛等的催促下,大江广元于十一月十二日将连署状呈源赖家。看完连署状后,赖家马上将连署状交给梶原景时,让其陈述事实。梶原景时无法陈述,采取回避之策,于十二日带着家眷离开镰仓,到相模国一宫领地躲避。二十余日后,他以为御家人反对他的风头已过,便又回到了镰仓。众御家人宿老见梶原景时回来,便每日要求幕府批准连署状内容予以处置。十二月十八日,幕府合议决定将梶原景时逐出镰仓,押送回到相模国一宫领地。次年正月,梶原景时率一族,秘密逃出一宫领地,奔向京都。此事迅速传到镰仓,以北条时政为首的若干宿老紧急参见源赖家,要求源赖家派军追击,赖家不得已同意派军追讨。景时一行逃至骏河国清见关时,受到当地武士的阻击,在决战中,梶原景时一行被杀。

梶原景时事件的发生,固然是由景时的诬告引发的,但是其事件的扩大,应该说与幕府内部的权利斗争有关。源赖朝死后,梶原景时实际上与将军源赖家关系接近,众御家人置景时于死地,固然有景时本身的密告恶习的原因,但更重要的是要通过打击景时来削弱源赖家的势力,这一点源赖家自己并未意识到。梶原景时死后,幕府扩大了打击面,众多与景时有关系的御家人都受到牵连。如加藤景廉,"是与景时依为朋友",领地被收公。① 又如因听到传闻说武田有义应景时之约,欲秘密上京,武田有义受到追捕。据说在搜查武田住宅时,虽然室内空无一人,却有一封梶原景时写给武田有义的信。

源赖家虽然无才无能,却十分在意名分和地位,不停地请求朝廷封其高官、赐高位。1200年(正治二)十一月,应其要求,朝廷封其为从三位

---

① 『吾妻镜』正治二年正月二十三日条。

左卫门督。1202年（建仁二），应其请求，朝廷又赐其从二位，补任为"征夷大将军"。官职位阶提高了，但其政事并无起色，每天沉迷于蹴鞠。1201年八月，因狂风暴雨，各地农田遭损，五谷作物遭毁，粮库也因风雨遭到毁坏。千余船只沉没大海，无数渔民淹死。民众陷入贫困，社会上盗贼横行。在广大民众处于水深火热之时，作为幕府将军的源赖家不闻不问，仍沉迷在蹴鞠之中，御家人纷纷指斥和批评。源赖家就在这种昏庸的状态下，迎来了他的政治生涯的末日。

1203年（建仁三）七月，源赖家突然患病，"俄以御病恼，御心神辛苦"①。八月二十七日，幕府以赖家"遗言"的形式宣布，将赖家拥有的财产和权力实行分割，即关东二十八国的地头、守护职交给赖家长子一幡（时年6岁）掌管；关西三十八国地头职，交给赖家的弟弟千幡管理。此事表面上是赖家的"遗言"，实际上主要促进者是源赖家的母亲北条政子和外公北条时政。北条氏因支持源赖朝举兵讨伐平氏，帮助赖朝建立幕府，立有奇功。所以在镰仓幕府建立后，以功臣及外戚身份屡居要职。北条时政曾作为源赖朝的代表上京都与朝廷交涉重大政治事宜，如守护、地头的设置等。他还曾担任七国地头和京都守护职，为维护畿内近国的治安发挥过作用。源赖朝死后，北条时政支持女儿北条政子限制第二代将军源赖家的权力，实行"执权合议"，而且是其成员之一。梶原景时被逐出镰仓和被追杀，北条时政似是背后的重要操手。梶原景时事件后，御家人中不断有叛乱发生，与此同时，追随源赖朝创建幕府的老臣，如足利义兼、三浦义澄、千叶常胤等相继病故。在这种政治动乱中，北条氏依仗北条政子，以源赖朝嫡妻的旗号，笼络御家人，逐渐地扩展自己的势力。

第二代将军源赖家在疏远众多御家人的同时，在政治上主要依靠岳父比企能员一族。比企能员之女若狭局，与赖家所生的长子名一幡，比企氏认为一幡是理所当然的将军继承人。因此，当宣布赖家的全国地头

---

① 『吾妻鏡』建仁三年七月二十日条。

补任权二分之后,若狭局及其父比企能员颇为愤慨,认为这是北条氏要掌握幕府权力的行动。当时,各地御家人听说将军源赖家病重的消息,纷纷来到镰仓,"关东安否,盖斯时也。"①源赖家的岳父比企能员觉得形势似乎对己有利,若以北条氏蓄意篡权的名义进行声讨,会得到众多御家人的支持。病床上的源赖家也意识到时势的紧迫,便密召比企能员到病床前,进行打倒北条氏的秘密策划。比企能员追讨北条时政的计划得到赖家的"许诺",却被北条政子听到。"尼御台所隔障子,潜令伺闻此密事"②,当时北条政子隔着屏风正在监视他们的一言一行。获知密议内容的北条政子急忙写了一封书信派人送给北条时政。当时北条时政为修佛事正在前往名越的路上,送信者追上了北条时政,递交了北条政子的信。

读完信后,时政大为惊讶,急速返回镰仓,考虑用诱杀之策。于是,他派使者到比企能员宅,邀请他参加佛像供养仪式,并以此机会相互聚谈。比企能员答应了北条时政之邀。北条使者走后,比企氏一族一齐力谏不要赴约,说近日已有秘密计划,或许已被对方风闻其事,不可贸然前往,纵虽前去赴约,也应有甲胄弓矢的家子、郎从等相随从。比企能员认为如此装备,不但不能警卫,反而会引起对方怀疑,再则如果召集甲胄兵士,也会招致聚集在镰仓的各地御家人骚乱,此次赴约是为结佛缘,又可乘此机会协商地头职分配事。比企能员如期赴约,随身只有七名轻装的随从。北条时政却身着甲胄,由善于弓道的射手守卫大门,杀手天野远景、新田忠常穿着铠甲,隐藏在西南的旁门内。比企能员骑马抵达北条时政宅的大门口,下马进入大门内,沿回廊向开着的旁门走去,这里正是杀手潜伏的地方。天野远景、新田忠常见比企能员靠近旁门,便冲出来从左右两胁架着能员,随即砍下了他的首级。比企能员的随从,一见此情,慌忙逃回,禀报了事情经过。比企氏一族及其家臣、郎从等立即隐居

---

① 『吾妻镜』建仁三年九月一日条。
② 『吾妻镜』建仁三年九月二日条。

到赖家长子一幡所在的小御所,策划进一步反击。掌握比企氏一族动向的北条政子,于下午二时左右,任命北条义时、北条泰时为讨伐比企氏的大将军,率军包围了小御所。比企氏一族进行抵抗,但势弱不敌北条氏军,最终放火烧毁小御所,不少人葬身于火场,赖家之子一幡也难免此灾。

　　病中的源赖家得知岳父、嫡子被害消息,悲痛且愤怒。九月七日,为讨伐北条时政,派使者秘密送信给和田义盛和新田忠常,要他们应召背叛北条氏。得到密信的和田义盛,将信交给了北条时政,时政立即逮捕赖家的使者并予以处死,赖家的讨伐计划再次失败。至此,治政无术和病患之中的赖家,已无回天之力。依据北条时政的命令,赖家剃发出家,并由三百余骑兵押送至伊豆国修禅寺幽禁,不久被北条时政派人杀害。源赖家自 1199 年继任家督,至 1203 年出家,在幕府将军位上仅五年,而真正被任命为征夷大将军,仅一年零二个月之久便去世了,这标志着幕府政治进入了北条氏掌握的时代。

　　1203 年(建仁三)九月七日,在北条政子废黜源赖家将军的同时,京都的朝廷宣布任命赖家之弟实朝(即千幡)为从五位下、征夷大将军。如此巧合的一废一立,着实少见,从中不难看出北条氏的精心策划。十五日,实朝又被冠以"关东长者"之名。源实朝被任命为"关东长者"和征夷大将军时,年仅 10 岁[1],尚不懂世故。为方便扶政,源实朝移居北条时政邸宅。十月九日,新将军政所开始行政,北条时政为政所别当,因此,政务实权掌控在北条时政之手。新将军任职后,幕府采取了若干对策以抚平社会的不稳。首先,以"远州御书"的形式("远州",1200 年北条时政任远江守,故称远州殿),向各地御家人宣布"所领如元",以御家人原有领地不改变所有权,消除御家人的担忧。[2] 其次,派使者至京都,动员在京

---

① 『吾妻镜』建仁三年十月条载:其时实朝年十二岁,此记载是错的。实朝 1192 年,即建久三年八月出生,被任命为征夷大将军为 1203 年,即建仁三年九月,故应为 10 岁。

② 「今日,諸御家人等所領如元可領掌之由,多以被下遠州御書,是危世上故也」、『吾妻镜』建仁三年九月十日条。

都及畿内地区的御家人对新将军效忠,并向幕府提出忠诚不二保证书("起请文")。在各地武士表示忠诚中,尤其值得注意的是武藏国的武士团不向新将军表忠,却向北条时政表忠。① 第三,宣布减免关东知行国公领及相模、伊豆等国庄园、公领百姓的当年年贡,此举被称为"休民户善政"。第四,宣布诸庄园所务裁决听命"远州令下知"。也就是说裁定内容以北条时政的通知为准,显然庄园裁决权握在北条时政手中。幕府的上述措施的实施,使处于紧张状态的社会渐趋平稳。

第三代将军源实朝在社会基本稳定的背景下成长起来,史料记载表明,北条氏,特别是实朝之母北条政子不是以武者的模式,而是以政治家的模式培养源实朝,着力在实朝周围构筑京都皇族文化那样的氛围。首先在实朝的姻婚上,迎娶京都公卿家族的女子。实朝的婚姻原定对象是御家人足利义兼之女,但北条政子嫌弃足利氏门第,推翻了前已约定的婚约,通过皇族的联系渠道,与前大纳言藤原信清结成姻亲,信清之女即是后鸟羽上皇宠爱的西御方姐妹。信清之女远嫁镰仓将军,初次实现了"公武合体"。其次培养实朝勤读书,"将军家御书始",实朝开始读书是在 1204 年(元久元)正月十二日。侍读中有位名叫源仲章的人,曾是后鸟羽上皇的近习。实朝开始读的书是《孝经》,此外常读的书还有《贞观政要》等。第三,培养实朝喜爱和歌,养成儒雅而崇仰传统文化的素质。当时和歌名家辈出,藤原定家就是其中之一,实朝与藤原定家的学生内藤朝亲有一定联系,后鸟羽上皇曾命藤原定家等人编纂和歌《新古今集》。此和歌集于 1205 年(元久二)三月二十六日编纂完毕,四月呈后鸟羽上皇。新和歌集编纂完成后,始终没有公开披露。实朝耳闻此和歌集的完成,非常企望能详读,因为据说其中收录了源赖朝的歌。内藤朝亲因是藤原定家的门徒,对《新古今集》内所载和歌早已熟知,当他得知源实朝企望后,就偷偷地抄录《新古今集》全文,亲自送到镰仓。实朝喜出望外,殷勤款待内藤朝亲,赠送许多礼品,还将自己的和歌习作拿出来请

---

① 「武蔵国諸家之輩,対遠州不可存式之旨,殊被仰含之」、『吾妻鏡』建仁三年十月二十七日条。

内藤氏评判。

除喜吟和歌外，实朝还热衷于贵族盛行的蹴鞠、斗鸡。1213年（建保元）二月，实朝还设立"学问所"，选"艺能之辈"讲说"和汉古事"[1]。他继承源赖朝信奉神佛的传统，完善镰仓周边宗教环境，确立鹤冈八幡神社、永福寺、药师堂、阿弥陀堂、胜长寿院、法华堂等寺社奉行。每年年初必参拜鹤冈八幡神社，年末必参拜永福寺和胜长寿院。在其御所内设佛堂，安置文殊菩萨，挂圣德太子像。

源实朝不好武艺、酷爱贵族文化的行为，受到诸多的评议，说他以歌、鞠为业，武艺似废，以女性为宗，不如勇士。当时大江广元和北条义时曾多次进谏应重视武艺，说唯有武艺才是镰仓幕府的长久之基。但均未被实朝接受。

源实朝沉迷于贵族文化，幕府政务自然由北条氏掌管。北条氏对幕府实权的控制，引发御家人的不满，御家人与北条氏的纠葛时有发生。北条义时虽然身兼执权、侍所别当两个职务，但幕府诸重要事宜皆受到北条政子干预。而随着实朝年龄的增长，对北条义时的一些主张也有了自己的看法。因此，北条义时总是想方设法削弱实朝将军的权力和威信。

北条义时、大江广元等人力谏实朝辞去朝廷赐予的官职，因为在和田义盛家族1213年叛乱被灭后，朝廷接连向实朝任命官职。1216年闰六月任命为中纳言，八月加任为左近中将。实朝继幕府将军以来，已经位至正二位，先后任命官职有征夷大将军、右少将、右中将、左近中将、左近卫大将、中纳言、权大纳言等。1218年（建保六）又被朝廷任命为内大臣、右大臣。虽然实朝无军事才能，但众多的军职和朝廷职务不啻是一种权力和地位的象征，在武士中颇具影响力，这也是北条义时感到不安的根由所在。源实朝拒绝辞官，实是将军与执权之间不和之兆。

当时北条政子关心的问题则是源实朝的后继人问题。源实朝虽然

---

[1] 『吾妻镜』建保元年二月二日条。

沉迷于文化、游乐、女性，但一直未能生儿育女，一旦发生突发事件，就会出现将军的空位。从血统上看，有资格继承的人是二代将军源赖家之子公晓（幼名善哉）。公晓出生于 1200 年（正治二），其父赖家被幽禁，其兄一幡和外公比企能员被杀时已 4 岁。北条政子对公晓的态度较为矛盾，公晓是自己的孙子，且由于对其父赖家的最后被害怀有愧疚之心，但又不愿意由公晓来做实朝的接班人。就在这种矛盾的心态下，她在 1205 年（元久二）十二月安排让公晓拜鹤冈八幡宫寺别当尊晓为师，削发为僧。1206 年（建永元）十月，又决定公晓为源实朝的养子，后让其赴滋贺大津的园城寺（三井寺）明王院，成为僧正公胤的门弟。1217 年（建保五年）六月，因鹤冈八幡宫寺别当空缺，政子认为公晓可补缺，于是公晓返回镰仓。十月，公晓正式补任鹤冈八幡宫寺别当。

　　1218 年（建保六）二月，北条政子前往京都，同往的是兄弟北条时房和幕臣二阶堂行光。这次上京的目的名义上是参拜纪州的熊野山，实际上是与皇室贵族秘密协商事宜。《吾妻镜》载："（尼台所）在京之间有珍事等。"[①]《愚管抄》载："实朝母参熊野，上京。多次赴约卿二位。"[②]所谓"珍事"，应是与幕府有关的重要事宜。后来证实，"珍事"即是实朝无子，迎皇族为将军的事。所谓"卿二位"，是后鸟羽上皇的乳母，本名藤原兼子，一般称"卿二位"，在后鸟羽院政时期十分活跃，有"权门女房"之称，源实朝迎娶的前大纳言藤原信清之女，曾得到过卿二位的关照。正因为如此，政子在京期间，受到高规格的接待，后鸟羽上皇赐其从三位爵位。后鸟羽上皇还曾答应接见，政子以"边鄙老尼忸尺龙颜，无其益"[③]为由，未能进见。后鸟羽上皇的热情，与卿二位的应诺不无关系，此后后鸟羽院政和朝廷频频向幕府示好。十月，政子的爵位升至从二位，十二月初，实朝封为正二位右大臣，获得封官的源实朝决定"明年正月在鹤冈八幡宫寺举行大臣就任典礼"。

---

① 『吾妻鏡』建保六年四月二十九日条。
② 『愚管抄』卷第六。
③ 『吾妻鏡』建保六年四月二十九日条。

1219 年(承久元)正月二十七日是举行庆典的日子。大臣就任典礼从傍晚一直进行到夜深。当实朝从八幡宫寺内退出来,走到石阶处时,突然有一个包着黑布头巾的人从黑暗处冲出,从背后击倒实朝后,用剑砍下实朝的头,提着实朝的头匆匆逃走了,虽经四处搜查也不见凶手的踪迹。黑暗中用剑杀死实朝的人,就是赖家之子、八幡宫别当公晓禅师。与公晓杀害实朝的同时,有三四个人驱散了实朝护卫,并杀死了与实朝同行的源仲章。公晓逃到备中的阿阇梨雪下北谷宅,之后他派乳母之子弥源太兵卫尉去会见三浦义村,三浦义村迅速将公晓的所在报告给执权北条义时。北条氏、三浦氏等经过商议,虽认为公晓并非一般人,有武力、有勇气,也精于兵法,不易对付,但还是决定派遣以长尾定景为大将,率善战武士若干人,前往备中的阿阇梨雪下北谷宅。与此同时,公晓离开雪下北谷宅,登上鹤冈的后峰,朝着三浦义村邸的方向前行。途中正好与长尾定景相遇,在双方争斗中,定景用刀砍下公晓的首级。

镰仓将军的空缺,需要急速补任。同年二月,北条政子派二阶堂行光进京,与后鸟羽上皇商议迎皇子为镰仓将军事。当时幕府方面希望依据北条政子上京时秘密协定,迎后鸟羽之子冷泉宫赖仁亲王到镰仓任将军。可是,后鸟羽上皇出于如下考虑,推翻了秘密协定,不同意赖仁亲王东下镰仓:一是对北条氏不放心。三代将军可以随意被杀,赖仁亲王的安危也难以保证;二是三代将军死后,幕府很可能会发生内讧,因此,与其赖仁亲王继任将军,不如静待幕府内乱而亡。后鸟羽上皇拒绝送子任将军的消息很快传到镰仓,在此后的三月,院厅方面遣使要求幕府罢免摄津国长江、仓桥两处庄园的地头,理由是两处庄园的地头蔑视领主、后鸟羽的宠姬龟菊(亦称伊贺局)。院厅此举,其真实用意并非在于罢免地头,而是企图以此试探幕府内部是否团结。对此,三月十二日在北条政子宅邸,召集北条义时、北条时房、北条泰时、大江广元等商议对策。商议结果,大家一致同意以强硬的态度回复院厅,即幕府第一任将军源赖朝任命的地头,没有犯大罪,则不能轻易变动。

接着于三月十五日,北条时房以幕府使者身份率千骑武士前往京都,一方面向院厅显示军威,另一方面也望以武力促成亲王任将军之事。经多次交涉,后鸟羽依然不同意皇子东下镰仓。幕府方面只得放弃迎亲王为将军的打算,转而迎接与源氏有血缘关系的左大臣藤原道家儿子三寅(后称赖经)为新将军。藤原道家是藤原良经与源赖朝妹妹的女儿所生,道家的妻子则是源赖朝妹妹的另一个女儿,因此,从父、母双方的血缘看都与源氏有关系,迎其为将军,要比迎皇子更具正统性。在决定由三寅为幕府的继承人后,镰仓方面曾要求把三寅的姓由藤原氏改为源氏,但因朝廷的拒绝而未获成功。六月三日,朝廷下达了藤原赖经(即三寅)为将军的宣旨。七月十九日藤原赖经离京都,二十五日抵达镰仓。当时赖经仅 2 岁,一切政务由北条政子掌握。"政所始。若君幼稚之间,二品禅尼可听断理非于帘中"[1],垂帘听政后的北条政子被称为"尼将军"(源赖朝死后出家为尼)。新将军的确定和政子亲自主持政务,使由于源实朝被杀而引发的混乱状况得以迅速稳定。

藤原赖经虽然与源氏有着血缘关系,但是毕竟不是直系。因此,如何孕育源赖朝直系子孙继承人,成为北条氏不得不思考的问题。北条政子健在时,大权在握,以源赖朝之妻号令御家人,谁也不会产生异议,而北条政子死后,事情就不会那么简单了。因此,在北条政子死后的第五年,1230 年(宽喜二)北条氏将北条政子的孙女,亦即第二代将军源赖家的女儿竹御所嫁给了藤原赖经。成婚时,将军藤原赖经 13 岁,竹御所 28岁。他们之间所生的赖嗣,就是后来的第五代将军。

二、承久之乱

自源赖朝实行"肃清庙堂"之策后,朝廷内以九条兼实为首的亲镰仓势力占据优势。九条兼实的得势,除有镰仓幕府方面的支持外,还在于其女任子为后鸟羽天皇的中宫。九条兼实在朝中最大的政敌是源通亲,此人是后鸟羽天皇乳母卿二品的丈夫,其养女在子也进入后鸟羽天皇的

———————————
[1] 『吾妻鏡』承久元年七月二十五日条。

后宫。九条兼实和源通亲都期望自己的女儿与后鸟羽天皇间能生下皇子，以此进一步扩张势力。结果九条兼实之女任子生了皇女，而源通亲之女在子生了皇子为仁亲王。1196 年（建久七）十一月二十五日，源通亲发动政变，宣布停止九条兼实的关白职，并由藤原基通担任此职，此后源通亲倾力于扶植养女在子所生的为仁亲王。为使为仁亲王继承皇位，源通亲于 1198 年（建久九）正月七日，在后鸟羽天皇并不情愿的情况下使其让位于为仁亲王。当时有候补天皇资格的皇子，除为仁亲王（4 岁）外，还有赖仁亲王（3 岁）、守成亲王（2 岁）。源通亲却以"二三岁践祚，为不吉例"为由，力挺为仁亲王。为仁亲王继位是为土御门天皇，源通亲力挺为仁亲王，其用意在于"振外祖之威"。后鸟羽天皇让位之后，开院政，而源通亲又为院厅别当。

1199 年（正治元）正月，朝廷拟进行朝臣的叙位、除目（任命官职）仪式。如此重大事宜，源通亲竟不与摄政藤原基通商量，也不报告后鸟羽上皇，而是自己与位于末座的权中纳言藤原亲经二人商定。对此，朝廷诸臣愤怒地指斥其违背惯例，切齿怒喝："可弹指，可弹指！"[①]尽管源通亲的独断行为受到诸多批评，但权力的伸张并未停止。正月十三日，源赖朝死亡，亲幕府势力失去了强力的依靠，源通亲实行大清洗，亲幕派均被诬陷为阴谋刺杀源通亲的罪名而被处分。五月，通亲被任命为"内大臣兼宣旨"，正当他独揽朝政、政治上极为风光时，1202 年（建仁二）十月突然死亡。

源通亲的死亡，使后鸟羽上皇有了真正建立能按自己意愿实行院政的机会。后鸟羽从继任天皇位到让位成为太上皇的过程中，先是受到九条兼实的牵制，不能自由行政，后又受源通亲的控制，自己的意志难以推行。如今九条兼实、源通亲对政治的干预业已排除，摄政藤原基通也已力不从心，于是便在其乳母卿二品藤原兼子的辅佐下重开院政。在此之前，后鸟羽不关心政治，热衷于和歌，集文人编纂了《新古今和歌集》；生

---

① 『玉葉』建久十年正月五日条。

活上奢侈、好色,身边游女和阿谀奉承者云集;院厅官纪混乱,卖官、伪造任命书等盛行。但重开院政后,他开始关注政治,重视中央权力的集中。1210年(承元四),以二次彗星(九月、十一月各一次)的出现为借口,后鸟羽上皇强迫土御门天皇让位于自己最钟爱的三子守成,为顺德天皇,时年顺德只有12岁。作为"新政"的开始,后鸟羽上皇首先着手重建朝廷政务规范和仪式程序,1211年(建历元)七月二十日至二十四日,朝廷大臣举行"竖义",对"行幸""临时祭"等礼仪知识进行互相问答。① 九月举行"大飨习礼"实践②,同时举行规模较大的"大尝会"及"禊"的"论义"专题讨论会。参加讨论的大臣分为十组,每组二人,每组一题,以一问一答的形式进行讨论。在讨论会上,因为长期疏于政务,不少大臣对所问政务问题竟回答不出。

无能、昏庸的朝臣们狼狈、蠢状犹然可见。1212年(建历二)三月,公布了新制二十条,其内容主要是关于神社、寺院事务、诉讼程序以及禁奢侈等规定。1213年(建保元),顺德天皇的《禁秘抄》(亦称《禁中抄》《建历御记》《顺德院御记》)完成,全书三卷,记载了宫中行事、仪式、政务等九十二项,引用古例一一加以说明。后鸟羽上皇也在学习朝廷政务、仪式等礼仪知识后完成了《世俗浅深秘抄》,全书有285条。所有上述对朝廷、宫内诸杂事的梳理和整顿,其根本目的就是要重振皇权和朝廷的威望。

后鸟羽院的"新政",还表现在选拔了一批政治人才。1210年(承元四)有12人授爵三位,1211年有9人被提升为三位公卿。在九条兼实时期,朝中公卿人数受限制,建久年间(1190—1198)爵位为三位的公卿15人,1208年(承元二)则公卿人数倍增,而到了1211年(建历元)达到了40余人。有些人本是身份低下,不能胜任高官,如菅原在高、菅原为长等,父辈均为大学头或大学头长,后鸟羽上皇授他们三位爵,任命为参与

---

① 『明月记』建暦元年七月二十日—二十四日条。
② 『明月记』建暦元年九月二十四日条。

朝政的公卿,菅原为长在 1213 年(建保元)还专门负责后鸟羽上皇的《贞观政要》学习,成为侍读。

后鸟羽上皇在加强军事力量方面着力颇多,这是朝廷长期受到镰仓方面抑制所产生的逆反举措。加强军事力量从两方面入手,一是拉拢分化幕府的御家人,首要目标是 1203 年(建仁三)幕府派往京都担任京都守护的平贺朝雅。根据《吾妻镜》记载,平贺朝雅受命西进京都是"为京都警固",同时为了统领西日本的御家人,"西国有所领之辈,为伴党可令在京之旨"①。后鸟羽院为拉拢平贺朝雅,任命其为右卫门权佐,并成为后鸟羽上皇的近臣,利用他牵制京都及西日本幕府御家人。1205 年(元久二)闰七月,平贺朝雅因受北条时政、牧方夫妻策划谋害源实朝的事件牵连,被幕府诛杀后,后鸟羽院转而重用平贺朝雅的兄弟大内惟义。1206 年(建永元),在原有的守护院御所等的"北面武士"之外,又在院的西边置"西面武士"。大内惟义不仅守护宫城,而且赋以畿内近国广泛地区的支配权。这样,通过幕府派驻的京都守护大内惟义和在京御家人、西日本的各守护,使众多武士逐渐与幕府产生离心力,日渐受院厅的直接控制,蜕变为院厅反对幕府的武力。

就在后鸟羽上皇进行朝廷"新政"、积聚武力之时,1219 年(承久元)正月,发生了幕府将军实朝被杀事件。一直对幕府抱有敌意的后鸟羽,认为幕府将军的空缺必将导致幕府的内斗、分裂,乃至瓦解。因此,认为现时是倒幕的好机会,于是开始策划倒幕。最初的倒幕行动,就是前已叙及的毁弃前约,拒绝皇子赴镰仓任将军职,同时以院宣的形式,命令幕府罢免宠妾龟菊(伊贺局)所领摄津国长江、仓桥两处庄园地头,通过此事,以试幕府内部动静。但结果却出乎后鸟羽上皇的意料,幕府内部的核心层团结一致,对院厅的态度十分强硬,不听院宣,坚决拒绝罢免长江、仓桥两庄园地头的命令,此事成为朝幕间爆发"承久之乱"的导火线。

为了一致针对幕府,实现王权一统,后鸟羽上皇于 1221 年(承久三)

---

① 『吾妻鏡』建仁三年十月三日条。

四月二十日让顺德天皇让位于仲恭天皇，出现了三位太上皇同时并存的局面。二十三日规定院号，顺德天皇刚退位成为上皇，故称"新院"，原土御门上皇称"中院"，后鸟羽上皇为"本院"，朝廷诸事由本院掌控。事实上，三位上皇之中，后鸟羽、顺德二人是积极倒幕派，土御门上皇由于希望自己的儿子接替顺德天皇皇位，与后鸟羽发生分歧，对倒幕活动持消极态度。四月二十八日，后鸟羽在京都伏见离宫内城南寺，以举行流镝马（骑射）为名，集结各地武士，并将真实意图告诉自己的亲信坊门忠信、源有雅、叶室光亲、一条信能、高仓范茂、中御门宗行以及僧正长严、法印尊长等人。倒幕军的构成，一是以藤原秀康、山田重忠、仁科盛朝为首的院的北面武士、西面武士，二是被拉拢、收买的幕府京都守护和在京御家人，如大江广亲、大内惟信、三浦胤义、佐佐木广纲以及西日本的有力御家人等；三是以僧正长严、法印尊长为首的僧兵。至此，后鸟羽上皇倒幕的准备工作已告完成。

后鸟羽上皇于 1221 年（承久三）五月十四日开始实施倒幕计划，首先将矛头指向朝廷内的亲幕府大臣，将藤原公经及其子藤原实氏软禁在弓饬殿。之后命令藤原秀康讨伐坚不背叛幕府的京都守护伊贺光季，藤原秀康与三浦胤义商议如何才能讨灭伊贺光季的战术，二人一致认为强攻光季住处很难战胜，只有把他引出来，然后加以杀害才是最好的办法。十五日，后鸟羽上皇用院宣召伊贺光季到自己所在的高阳院，光季拒绝应赴。藤原秀康、三浦胤义、大江亲广等最后不得不率军强攻光季住处。光季早就获知院厅方面的动静，本有机会逃出京都，但意识到京都守护的职责，放弃了逃跑的机会，在院方军尚未攻击之前，他派信使急速赴镰仓报告京中的紧急形势。当藤原秀康等人率军来攻时，伊贺光季手下不足三十名武士。在千余骑院方军的围攻下，光季及其次子光纲遂放火烧宅自焚。

幕府方面获知京都政情的信息是在五月十九日，伊贺光季生前派遣的信使抵达镰仓，详细汇报了院厅"召聚官军"、软禁亲幕府朝臣、武力围攻京都守护的情况。与此同时，院厅方面也派遣间谍潜入镰仓，一个名叫押松的人,怀揣声讨北条义时的院宣,准备对幕府的有力御家人武田信光、小山朝政、足利义氏、小笠原长清、宇都宫赖纲、北条时房等进行策反。已叛投院厅的御家人三浦胤义也派了使者送书信给在镰仓的哥哥三浦义村,动员其叛变幕府,投靠院厅。三浦义村驱逐了使者,将策反信件交给北条义时,以示对幕府的忠诚。院厅的间谍押松也被拘押,由于有力御家人忠心于幕府,后鸟羽上皇在幕府核心层进行策反的计划失败。

在院厅倒幕活动步步紧逼之下,幕府的形势极为严峻,关键问题是御家人的向背。因此刻不容缓之举,就是统一御家人的意志和行动。为此,"尼将军"北条政子召集有力御家人商议时局。北条政子声泪俱下,悲壮激越,在场御家人无不感动。大多数御家人虽然对北条氏有不满情绪,但都认识到,代表他们阶级利益、维护他们既得利益的不是皇室、院厅,而是幕府。因此,经北条政子动员,思想很快得到统一。当晚,在北条义时邸,北条义时、义房、泰时、大江广元、三浦义村、安达景盛等讨论具体对策。会上有人提出固守关足柄、笛(箱)根,防御京都方面东进,保卫镰仓。与此相反,大江广元则提出守关防御必将成为失败之因,最佳之策是"早可发遣军兵于京都"。两种意见不能统一,北条义时将不同意见报告北条政子。政子听了汇报后说:"不上洛者,更难败官军欤。"[1]显然同意大江广元的意见,主张立即进军京都。根据北条政子的指示,北条义时派人向信浓、远江以东的东海、东山诸国,也就是远江、骏河、伊豆、甲斐、相模、武藏、安房、上总、下总、常陆、信浓、上野、下野、陆奥、出羽等东日本十五国传达幕府的决定,催促各地武士应征保卫幕府。二十一日,幕府再次举行军事会议。会上对北条政子确定的大江广元方案再度出现异议。大江广元说,目前业已确定的进军京都方案,只隔一天又出现异议,若如此累日议而不行,必然会产生动摇,影响军心,发生不测之事。因此,今夜即使是北条泰时一人出发,东国武士肯定会"如云之从

[1] 『吾妻镜』承久三年五月十八日条。

龙"那样积极响应从征。北条义时虽然与大江广元有同感,但还是请教了幕府宿老三善康信,得到的回答与大江广元意见完全一致。三善康信说:关东安否现在至为关键,当务之急是发遣军兵于京都,此事不能延误,延误数日,则会士卒懈怠,军情瓦解。可先派大将军一人,先行进发。① 至此,北条义时才决心派遣北条泰时率先进发京都,包括其子时氏在内仅十八骑。泰时出发后,北条时房、足利义氏、三浦义村也相继出发。正如大江广元所说,泰时出发,御家人门积极响应。根据《吾妻镜》记载,自二十二日至二十五日拂晓,除宿老和留守者外,"东士者悉以上洛",进京军力分东海、东山、北陆三路。二十七日,北条义时释放被拘押的院厅间谍押松,让其携带一封致后鸟羽上皇的信,作为对声讨义时院宣的回答。据《承久记》载,北条义时在信中责问后鸟羽上皇:每年二三次向朝廷贡纳染绢、金银、鹭羽、马匹等物,一切不缺,为何要出如此院宣? 在押松返回京都前,院厅方面已从别的渠道得知镰仓方面的军事行动情报,京都弥漫着紧张空气。

　　六月五日,幕府的东海道方面军到达尾张一宫,在此举行军事会议,决议分兵进攻木曾川、长良川沿岸渡口。鹈沼由毛利季光,池濑由足利义氏,板桥由狩野入道,摩免户由北条泰时、三浦义村,墨俣由北条时房、安达景盛分别负责担任主攻。与此同时,东山道军在东海道军的北方进至木曾川的大井户。五日夜,各线发动进攻,当晚及次日,幕府军首先攻破官军大井户、摩免户、墨俣防线,"官军不及发矢败走""秀康、广纲、胤义以下,皆弃警固地返洛"②。七日,幕府的东山道军、东海道军会合,军事会议就下一步进攻京都作了部署和分工,决定势多由北条时房,手上由安达景盛、武田信光,宇治由泰时,芋洗由毛利季光,淀由结城朝光、三浦义村分别负责进攻。

　　京都方面,八日,藤原秀康等回京向院厅汇报了与幕府军决战而大

---

① 『吾妻鏡』承久三年五月二十日条。
② 『吾妻鏡』承久三年六月五、六日条。

败的情况。幕府军即将兵临城下的战况，引起院厅、朝廷的惊恐。据载：
"一院（指后鸟羽）、土御门院、新院（指顺德上皇）、六条（雅成亲王）、冷泉
（赖仁亲王）两宫御登山，洛中贵贱，东西驰走。"①后鸟羽上皇逃入比叡山
避险，但次日又返回京都城内。十二日，后鸟羽上皇命藤原秀康、大内惟
信、三浦胤义等布防宇治、势多、芊洗、淀等战略要地，构成最后一道保卫
京都防线。十三日，幕府军发动全面攻击，其中以宇治、势多两处战斗最
为激烈。当日大雨不止，防守宇治的官军防备甚严，"官军发矢石如雨，
东士多以中之"。夜半北条泰时亲自到前沿阵地，因中箭死亡者颇多，决
定暂停战事，等天亮后再战。十四日，依据前一日经验，北条泰时认为如
不渡河，难败官军。于是组织渡河，但因前日大雨，宇治川河水大涨，"缘
水流浊，白浪涨落"。在急流中强渡，幕府军死伤惨重。北条泰时意识到
渡河是唯一出路，因为战士长途奔袭，已呈疲劳之状，再加上粮草补给一
旦不济，战局始将有失败之险。为此，一边派人探察河水深浅，一边激励
武士们说："吾众拟败北，于今者，大将军可死亡时也，汝（等）速渡河入
阵！"②自己也"乘筏渡河"，最终渡过了宇治川，官军闻风溃逃。与此同
时，北条时房率军突破势多桥防线，在幕府军即将入城之时，后鸟羽上皇
急派使者大夫史国宗于北条泰时军阵递交院宣。以"不起于睿虑"五字
把掀起朝幕战事的责任，完全推到追随他的朝臣身上，这种推诿，幕府方
面自然不会相信。十五日，北条泰时、房时率军进入京都，入住六波罗
馆。在大军压境的形势下，后鸟羽上皇宣布撤销讨幕院宣，并承诺自今
以后一切听从幕府的吩咐。至此，后鸟羽上皇策动的倒幕行动彻底失
败。朝廷与幕府的关系进入新阶段。

三、执权时代

"承久之乱"被平定后，幕府以六波罗府为基础加强对京都、近畿及

① 『吾妻鏡』承久三年六月八日条。
② 『吾妻鏡』承久三年六月十四日条。

西日本的控制。六波罗府原是源赖朝控制朝廷而设置的京都守护机构，建在京都的鸭川之东(今京都东山区松原町附近)六波罗地方，设有南波罗府、北波罗府。"承久之乱"后，幕府强化了六波罗府权力，分别任命北条泰时、北条时房为南北两府的"六波罗探题"，专事监督朝廷，和京都守护共同负责尾张(今爱知县)以西诸国的诉讼和行政权。六波罗探题下设机构是幕府机构缩影，设有评定众、引付众(主持裁判)以及维持治安、处理刑事犯罪的检断等，一直有"小幕府"之称。六波罗探题的职责是全权执行幕府对朝廷和西部日本的监督和管理。

"承久之乱"后，幕府首先通过六波罗探题进行战乱参与者的调查和处理。在政治上剥夺了后鸟羽上皇等人的皇权和一批朝臣的职务，然后根据各自的罪状，予以刑事惩罚。后鸟羽上皇流放隐岐，顺德上皇流放佐渡，后鸟羽之子冷泉宫赖仁亲王、六条宫雅成亲王分别流放备前、但马，仲恭天皇被废黜。土御门上皇并未参与叛乱，本可以不予以惩处，但他主动要求处以流罪，开始被流放土佐，后来幕府将其改迁至阿波(今德岛县)。后鸟羽上皇身边积极推动叛乱的公卿、僧侣，如中御门宗行、一条信能、高仓范茂、源有雅、坊门忠信、僧正长严等人，或处以流放罪，或处以死罪。其中还有一位后鸟羽上皇的宠臣叶室光亲也被处以死罪。然而据后来了解，叶室光亲虽是上皇宠臣，但他一直反对后鸟羽倒幕，认为倒幕是无谋之举，一再上谏书奏请终止倒幕行动，终未被上皇接受。六波罗探题北条泰时了解上述情况并得知尚存的叶室光亲数十份谏书时，非常后悔对其采取过酷的处罚。大概是由于这一错杀，在日后朝廷的重建中，叶室氏受到了幕府的器重。除上述直接参与战乱的皇室、公卿被惩处外，其他有关人员，如前内大臣源通光、权大纳言源定通、权中纳言源通方、参谋藤原亲定、藤原信成、前权中纳言藤原教成等，皆以"恐惧"之名，予以革职。至此，叛乱首要分子，除藤原秀康、大内惟信、僧尊长等人潜逃外(以后陆续被捕后处死)，倒幕势力基本清除殆尽。

清除倒幕势力后，幕府立即进行新朝廷的重建，扶植后鸟羽上皇之兄、一直对政治并不热衷的守贞亲王为太上皇，建立后高仓院政。守贞亲王之子、10 岁的茂仁亲王立为天皇,是为后堀河天皇,原亲镰仓的朝臣西园寺公经、近卫家实、九条道家等先后恢复了在朝廷的地位。作为院和朝廷的经济财源,幕府将后鸟羽上皇等领有的包括八条院领、长江堂领、七条院领等三百余处庄园,交给院方管理,但所有权属幕府。

新建的朝廷、院厅,在政治、经济上受到幕府严格的控制,国家大事必由幕府决定,朝廷、院政成为应幕府所需发布院宣和圣旨的机器。天皇的废立,朝臣的升贬,均依据幕府的好恶。1232 年(贞永元),后堀河天皇让位,九条道家的外孙年仅 2 岁的皇子即位,是为四条天皇。

由于幕府的控制,皇室无所作为,因此皇族的政治威信一落千丈,天皇不被尊重。以四条天皇为例,他在 12 岁时,即 1242 年(仁治三)正月,在撒有滑石粉的廊道上不慎摔倒在地。当时,身边的妃妾和近臣不仅不去搀扶,反而以天皇摔地而乐。实际上这一跤,因头部着地,天皇当场丧命。天皇和皇族不但政治威信衰落,而且经济拮据。四条天皇摔死后,根据幕府的指示,朝臣们又开始新天皇的选择。当时有望继位的人是顺德上皇之子忠成亲王和土御门上皇之子邦仁亲王,以西园寺公经、九条兼政为首的朝廷公卿主张忠成亲王继位。忠成亲王是九条兼政的外孙,他若继位,自然有益于九条氏,为了促成此事,九条兼政派专使前往镰仓,积极推荐忠成亲王。西园寺氏、九条氏认为幕府一定会赞成,甚至做好了即位庆典的准备。然而,幕府的看法与西园寺氏、九条氏的看法相左,幕府执权北条泰时认为,土御门上皇并未参与承久之乱,他的儿子邦仁亲王应是皇位的继承者。北条泰时派专使安达义景上京都,出发前,泰时对他的指示是:倘若你抵达京都前,忠成亲王已经即位,要断然废止,让邦仁亲王继位!幕府的强硬态度,引发公卿们的不满,但仍然遵从幕府的旨意,邦仁亲王即位,是为后嵯峨天皇。

后嵯峨天皇虽被立为天皇,但经济上却相当"贫困"。举行即位式时,他连合适的礼服也没有。无奈之下,欲借用西园寺公经为忠成亲王即位所准备的礼服。可是,后嵯峨天皇已是 23 岁的青年,借来的礼服尺寸太小未能用上。由于庄园领地和各国衙滞纳年贡,举行即位典礼的费用也难以筹集,最后还是靠幕府的献金,才解除了困境。

幕府对朝廷的控制,始终未能松动。1243 年(宽元元),因天灾后嵯峨天皇让位于 4 岁的久仁皇子,是为后深草天皇。后嵯峨以西园寺公相等人为近臣,开始院政。此期间,幕府对原亲幕朝臣九条道家没有了好感,解除了他的"关东申次"(幕府代言人)身份,改由西园寺实氏担任。为了控制院政,幕府任命土御门、德大寺、吉田、叶室等公卿为院评定众,即院政的事务由评定众合议决定。院评定众的设置及其议事方式,局限了太上天皇的权力,院政的大小事务,必须要与幕府协商,最终的决定权实际上掌握在幕府手里。

"承久之乱"后,幕府所做的另一件重要大事,就是按照惯例,对平乱过程中的有功之臣进行"恩赏"。在处理"承久之乱"过程中,幕府清查和没收参与叛乱的皇室、贵族、寺院、神社的庄园三千余所。作为对有功者的"恩赏",幕府任命有功御家人,分别到这些庄园去担任庄官、地头。"二品禅尼(北条政子)以件没收地,随勇敢勋功之浅深,面面省充之。"[1]任命是根据战功大小确定的,而且由北条政子亲自审定。

除这次没收的庄园任命新庄官、新地头外,在其他所有未曾设置地头的庄园内也新任命了地头。先前源赖朝曾经期望的在全国各庄园设置地头的愿望终于得到了实现。自此,镰仓幕府把自己的统治触角延伸到全日本的各个角落。接着,幕府在调查以往任命的地头所务和利益分配先例的基础上,又于 1223 年(贞应二)六月,通过朝廷发布圣旨,规定了新地头利益分配法("新率法"),即新地头管辖的范围内,每十町土地,地头享有免田(给田)一町,其余属于庄园领主、国司的法定收入,但允许地头从庄园领主、国司的法定收入中,不论丰歉,每段土地征收五升"加征米"[2]。七月,幕府又对新地头的职权范围作了更明确的规定。如若不从规定,"猥张行事",出现领主、国司不断诉讼,则将严厉惩处,撤销地头

---

① 『吾妻鏡』承久三年八月七日条。
② 佐藤進一、池内義資編『中世法制史料集・第 1 卷・鎌倉幕府法』、岩波書店 1969 年。

的任命。

正当镰仓幕府在专注处理"承久之乱"后的诸问题时,执权北条义时突然病倒,并于1224年(元仁元)六月十三日去世。"日者脚气之上,霍乱计会"①,似是夏季上吐下泻之病所致。北条义时一死,幕府体制再次面临动摇。

北条义时的后继者,具备竞争资格的有三人:一是长子泰时,京都六波罗探题;二是次子朝时,镰仓名越的有势力者;三是与后妻伊贺氏所生的政村。八月一日,北条政子在北条泰时宅,召集三浦义村等有力御家人元老,统一认识,确认泰时担任幕府执权。次日,北条政子又以"决定世上事"的姿态,再次召集有北条时房、大江广元等人参加的评议会,就伊贺氏谋叛事进行讨论。宣布革除伊贺光宗的政所执事职,没收所领庄园五十二处,流放信浓国,北条义时的后妻流放伊豆,护送一条实雅回京的伊贺朝行、光重两人,由六波罗探题直接从京都流放九州。与伊贺光宗合谋、企望担任幕府将军的一条实雅,于十月从京都被流放到越前国。

北条泰时执幕府之政后实行政治"民主",与大江广元、叔父北条时房组成最高领导机构,凡大政要事,联合商定,史称"联署"。1225年(嘉禄元)六月,幕府元老大江广元去世,七月,北条政子亡故,幕府历史转入了新的阶段,在父辈创造的幕府基业上,北条泰时开始施展政治才能。

北条泰时推行幕府改革,首先从整顿北条氏家规入手。北条氏自时政、义时以来,从未制定过家规,北条泰时为巩固执权家族的坚固基础,在任职之初,即闰七月二十九日制定《家令》。八月二十八日,即执权所开始运行的第一天,规定《家务条条》。北条氏嫡系被称为"得宗之家",而"得宗之家"的主人称为"得宗",是镰仓幕府主权的操纵者,《家令》《家务条条》的制定和实施,在相当长的时期内,对执政家族的行为有了法的规范,有利于政治的清明。

北条泰时担任执权期间,其幕政改革的核心就是建立法体制,将法

---

① 『吾妻镜』元仁元年六月十三日条。

规导入政治统治。据记载,他在同年十二月确定了自己的治政原则,即"显政道兴行之志,而以明法道目安,自今朝每旦一反可览之。"①泰时法体制的建设首先是设立评定众,实行集体领导。1225 年(嘉禄元)九月三日,泰时召见三浦义村、二阶堂行村,就"理世"事进行密谈。十月三日,就幕府御所重建及其选址问题,有力御家人进行"群议"。十二月幕府新御所落成,将军赖经迁入新御所。二十一日,由北条泰时主持,举行了首次评定众会议("评议始"),评定众制度正式确立。评定众是次于执权的重要职务,凡幕府政所、问注所掌管的重大事宜,财政和诉讼案子的裁判,都必须经评定众讨论通过。

　　评定众设置后的第七年,在幕府建立以来制定的法、惯例以及多年评定会议实绩的基础上,北条泰时着手幕府基本法的编纂。1232 年(贞永元)五月开始,八月完成,共五十一条,史称《贞永式目》,亦称《御成败式》。

　　《贞永式目》具体内容涉及面甚广,包括意识形态、行政、民事、诉讼等各个方面,通篇贯穿着封建统治阶级以法治国的思想。其中第一、二条强调人与神佛的关系,如在叙及神与人之关系时说:"神者依人之敬增威,人者依神之德流运",所以人们不要荒废例行祭祀。作为武士之法,《式目》对守护、地头的职责、权限作了明确规定,第三条重申守护的"大犯三条"的职责,指出催促京都大番役,防范谋叛、杀人(夜袭、强盗、山贼、海贼)的发生是幕府建立以后早已规定,然近年守护超出职权范围的行为屡有发生,出现"非国司而妨国务,非地头而贪地利",因此规定凡守护者,除遵守"大犯三条"职责之外,不得干预其他事务,"若背此式目,相交自余事者,或依国司、领家之诉讼,或依地头、土民之愁郁,非法之至为显然者,被改所带之职,可补稳便之辈也。"②第五条规定禁止地头的非法。对于地头滞留年贡,若查实,应尽速补齐。滞留数量过大的,也须在

① 『吾妻鏡』元仁元年十二月二日条。
② 佐藤進一、池内義資編『中世法制史料集・第 1 卷・鎌倉幕府法』,岩波書店 1969 年、4—5 頁。

三年补足。拒不执行者,予以革职处理。《式目》对御家人利益的保护也颇为明显,如第七条明确规定,自第一代将军源赖朝至北条政子去世期间,幕府承认的御家人领地和财产,今后一律禁止诉讼,即使递交诉讼文书也不予受理。此条被誉为"不易之法"。《式目》对于幕府曾经作出决定的事,一般都维持原有裁决,如第八条规定,有的领地幕府曾"下文不令知行",即不承认领有权。"不领知行"即使年限已过二十年也不能重新提出领有权争议,应继续维持原来裁决("不论理非,不能改替")。《式目》第九条规定对谋叛人的处理,第三十二条是关于藏匿盗贼、恶党罪的规定,第三十三条是对强盗、窃贼、放火者的处罪,规定犯此罪者均可以"且任先例,且依时议",不必受条文限制,任意予以惩处。

《贞永式目》最明显的特点是关注民生。当时民生的重点是粮食和生存,粮食和生存的依托则是土地。围绕土地所产生的纠纷,往往成为人间关系的主流,社会问题的源头。因此,《式目》中有二十一条涉及土地相关的问题,其中包括土地(所领)的继承、侵占、没收、买卖,以及农作物滞纳、侵夺等。另外,对于借贷也作了规定。

《贞永式目》的第二个特点是在道德价值中强调忠与孝,全篇贯穿着维护忠者、亲者、孝者的利益。例如父母与子女有不同意见,发生争议时,子女首先要考虑的是孝("不可不惮不孝之罪")。亲情是和睦的基础,亲情义绝,则敌对发生。因此,在父母所领让与问题发生矛盾时,子女要"竭忠孝之节",而父母也应持"慈爱之思"为子女着想,以此求得彼此和睦。第二十条则规定,得到父母让领的儿子,先于父母死亡,父母有权收回所领。以《贞永式目》为基础,幕府还陆续制定了一些单行法,以完善武士法体制。1232 年(贞永元)十一月制定《六波罗成败法》十六条。1235 年(嘉祯元)公布《六波罗条条》,对六波罗探题的职务作了具体规定。在幕府发展过程中,大江广元功勋颇大,尤其他执笔的不少文书,对于法律的建设很有参考价值。因此,北条泰时于 1232 年(贞永元)十二月命有关方面进行搜集整理,编成"大江广元目录"。1240 年(仁治元)三月,制定《关东御家人并镰仓祇候人俭约、任官条条》,指出万事不应过分奢侈,提倡俭约。1239 年(延应元)五月,禁止人身买卖。1243 年(宽元元)七月,实行"将军出行,供奉人值班制",规定每月上、中、下旬供奉人值班名单。1245 年(宽元三年)五月,制定《诸人诉讼法》等。

《贞永式目》的第三个特点是禁止武士纷争和私斗。自镰仓幕府建立至北条泰时任执权的近五十年间,御家人间常常发生私斗,遇事凭武力解决问题。一旦出现武斗,幕府常常派有力御家人前往制止,但被派的有力御家人也有一族、一党之私,在处理矛盾时,未必能公正。为解决这一武家社会长期存在的问题,《贞永式目》用"法"的条文加以规定,如《式目》第十条规定杀害、刃伤罪,第十二条规定恶口(谩骂)罪,第十三条规定殴人罪,第三十四条规定与他人妻私通罪,第五十条规定暴乱("狼藉")参与者罪等。这些条文,一定程度上遏止了个人间和多人间集团性暴乱的发生和扩大。

为严格事务官勤政,幕府还使工作日程规范化。如在记录所门口悬钟,为接应诉讼者撞钟;每月的前半月(十五日以前),有关事务官早上 6点就要到记录所上班,中午下班;后半月(十五日以后),正午出勤,至下午 4 点下班。每当诉讼者撞钟,听到钟声,值班室就要召见投诉者,听其诉言,并作笔录。每月十日、二十日、三十日是判案的日子,这一天评定众、引付众以《贞永式目》为基准,集体断案。

由上述可知,北条泰时从立法入手,发挥集体智慧建立评定众,提升镰仓在全国的城市地位,并强调事务官的道德修养等,使镰仓幕府从仅仅是一个武士的政府成为名副其实、文武并重、威倾全日本的政府。北条泰时任期内的日本,虽然仍有这样那样的矛盾和斗争,但基本上是安定的,是各方面都有长足发展的时期。

第三节　蒙元来袭与幕府衰败

一、得宗专制

前已叙及,自北条泰时接任幕府执权后,由于实行幕政改革,幕府政局稳定,经济、文化均有明显的发展,呈现一片太平景象。当然,繁荣情景并不意味着各种矛盾的消失,就幕府内部而言,由于执权掌控幕府大权,诸事必须通过评定众的集体议决,致使将军权力架空。因此,将军与执权之间一直潜伏着矛盾。这种矛盾,当北条泰时健在的时候,尚可以隐没而不爆发,一旦政治略有波动,潜伏的矛盾就会破土而出。

1242 年(仁治三)六月,北条泰时突患重病,进行各种治疗均未见效,最终于十五日辞世,享年 62 岁。北条泰时生有二子,长子北条时氏,次子北条时实,但长子时氏在 1230 年(宽喜二)28 岁时已经死亡,次子时实则早在 1227 年(安贞元)被人杀害。北条泰时系的后继者仅有时氏的儿子经时和时赖兄弟。当时,虽然竞争执权职位的人,还有北条泰时之弟名越朝时和时任六波罗探题的北条重时,但最终选择了泰时之孙 19 岁的北条经时。

1243 年(宽元元)九月,幕府将军藤原赖经访评定众成员藤原基经位于镰仓郊外大仓的家,执权北条经时及其弟时赖陪同前往。在藤原基经家,大家咏歌、管弦。藤原赖经从京都被迎来镰仓担任将军时年仅 2 岁,9 岁时被任命为征夷大将军,在职 18 年。1242 年北条经时担任执权时,时年 19 岁。赖经也是正当年富力强之时,他对北条氏嫡系的专权,心中怀有不满。执权北条经时上任伊始,继承其祖父北条泰时的传统,打出了振兴诉讼、裁判制度的旗号,并且将以前评定众的判决要旨("评定事书")呈送将军审阅的程序,改为执权审阅,裁判的主宰者由将军变为执权,由此将军权力进一步空洞化。面对北条嫡系的强势,赖经将军决定让位年仅 6 岁儿子若君(赖嗣)。1244 年(宽元二)四月二十一日,若君"御元服",同时赖经向朝廷提出让职请求。四月二十八日,朝廷发旨同意赖嗣为征夷大将军、从五位上右近卫少将。赖经则出家,法名行智。赖经让将军职的原因,当时世间传说是因为天灾频仍,为专心祈祷而让之。

赖经虽然辞去将军职而出家,但仍关注政事,赖嗣的活动,他常伴在侧,作为将军的保护人,史上称其为"大殿"。赖经的作为自然不会使执权高兴,他们期望年幼将军不要受"大殿"的影响。摆脱"大殿"的办法,就是让"大殿"离开镰仓,回到京都去,1244 年(宽元二)八月下旬,预定赖经次年春天回京都,然而接近回京的十二月下旬,"大殿"宣布推迟回京的日程。1246 年(宽元四)正月十日,在"大殿"的主持下,为幼年将军赖嗣举行穿甲胄之仪。此仪秘密举行,执权北条经时等北条系的人并不知此事。值得注意的是,"大殿"的这一行动,是在获知执权北条经时身患黄疸重病后实施的。

执权北条经时开始患黄疸是在 1245 年(宽元三)五月,至次年三月,病情危急。二十三日,为安排后事,北条经时在家中举行秘密会议,正式让执权职于胞弟时赖。让位后经时出家,法名"安乐"。二十五日,新执权北条时赖先后参见将军赖嗣、"大殿"赖经。闰四月一日,北条经时病亡,年仅 23 岁。从 1242 年担任执权至让位,仅在位 5 年。经时之死又使幕府处于危机时刻,镰仓内外政局不稳。

与此同时,将军方面和执权方面各自活动不断。五月十四日,将军方面以谨慎防备"天变"为名,分别在"大殿"居处、将军的政所和住处举行盛大的佛教祈祷仪式。执权方面则加强了对要道的控制,严令把守镰仓市内各条道路,特别是通向执权邸宅和将军、"大殿"邸宅的通道。二十四日,忠于北条氏的涩谷一族固守执权北条时赖邸宅正前方的下马桥,禁止一切人员通行,忠于将军方面的人很是不满。据《吾妻镜》载,当日有一名官职为大宰少式的人率数十骑人要通过此桥,前往将军所在邸宅,遭拒绝后,与涩谷一族发生争执。

镰仓城内纷乱之势越趋严峻,此时,执权北条时赖的叔伯名越光时决定乘势谋叛,企图夺取北条时赖掌控的幕府大权。北条时赖对形势早已洞察,一边警固宅邸四方,一边依靠家臣北条政村、金泽实时及外戚安达义景,并获得有力御家人三浦泰村的支持,在二十五日拂晓,抑制了名越光时的谋叛。事发后名越光时的越后国守被革除,所属领地被没收,本人被流放伊豆,相关人员也被流放。其弟时章、时长、时兼等向执权申诉并未参与谋叛,被免除处分。

　　名越光时之父系北条泰时之弟名越朝时，由于北条泰时嫡系掌执权要职，又是北条氏家督（得宗），名越家地位无法与之相抗。名越氏一直被排除在执权、联署、六波探题等要职之外，对此始终耿耿于怀。当北条时赖担任执权以后，名越光时更下毒誓："讨伐时赖，夺执权职，据权势于天下。"①因为名越氏一直是将军的近侧卫护，所以名越光时的行动受到了"大殿"和将军赖嗣的默许。事件暴露后，北条时赖对将军身边的人员进行清洗，首先把前将军、"大殿"赖经逐出镰仓，送回京都；其次解除多名御家人评定众职，并任命大田康持为问注所执事。这次以名越光时和前将军赖经推动的谋叛事件，史称"宫骚动"。

　　"宫骚动"的平定并未彻底解决执权派与将军派之间的矛盾，前将军赖经被逐，回京都时由十余名御家人同行。同行者分两部分：一部分是到京都后不回镰仓，陪伴前将军；一部分是送前将军到京都后即刻返回，后者之中有一名叫三浦光村的人。三浦氏是幕府的有力御家人，从源赖朝举兵开始，一直追随源氏，镰仓幕府成立后，成为幕府的栋梁。三浦光村是镰仓幕府御家人三浦泰村之弟。

　　为了强化执权势力，执权北条时赖主张让时任京都六波罗探题的叔祖父北条重时（北条泰时之弟）回镰仓辅佐执权，但时赖的主张遭到三浦泰村的否决。另一方面，追随前将军赖经的行止愈加明显。对此，安达景盛、义景、泰盛祖孙三代人防备意识愈强，暗地里准备与三浦氏作一武力较量。执权北条时赖虽然对三浦氏行为颇有不满，但还是希望化解矛盾，得到三浦氏对执权事务的支持。为此，他收三浦泰村的次男驹石丸为养子。为改善关系，1247年（宝治元）五月十三日起，时赖住进三浦泰村邸宅。三浦泰村一边表示忠心，一边却仍然从各地调集一族亲信。形势严重如此，执权时赖依然信其忠心，不愿看到干戈相见，遂于五日派使送信给泰村，提出释弃前嫌，实现和解。三浦泰村表示接受，而其兄弟光村等人不同意。

---

① 『北条九代記』卷八。

　　与此同时，安达氏也不同意时赖采取和解之策，认为如今是铲除三浦氏的极好机会，必须与之一战。安达氏集合三百余骑兵突击三浦氏，三浦氏五百余骑抵抗。由于安达氏为首的幕府军兵力不断增加，三浦氏难以抵御。在数万幕府军的包围之下，最终三浦泰村以下一族276人，部下、余臣260人皆切腹自杀。三浦泰村的妹婿千叶秀胤（时任上总权介）听闻三浦氏被围消息，集部下、家臣三百余骑，奔赴镰仓支持，途中得到"三浦一族已灭亡"的情报，只得返回千叶的居所，并袭击各村，掠夺粮食，准备与幕府军决战。执权北条时赖派军征伐，千叶秀胤一族最后焚宅自害。至此三浦氏叛乱结束，因此事发生在宝治元年，故史称"宝治之乱"。三浦氏一族的灭亡，消除了幕府统治的隐患。

　　"宝治之乱"后，北条时赖为巩固地位，采取了多项措施：

　　第一，从京都召回担任18年六波罗探题的叔祖北条重时，担任联署，辅佐执权。北条重时被召回镰仓时，年已50岁，从血缘上讲他是时赖祖父之弟，从姻戚关系上讲，他是时赖的岳父，因为时赖之妻是其女儿。北条重时的人生价值观特别注意自己在社会上的形象，他曾说过：尽管企望何等的利益，但不应损坏世间的声誉；纵然舍弃百千利润，也应维护良好的名声。北条时赖由于他的辅佐，执权地位日益巩固。

　　第二，宝治之乱发生在镰仓，而其背后却是已在京都的前将军赖经，朝臣九条道家是赖经之父。因此赖经的反执权活动，道家不可能不知。事实上，当时是九条道家之子良实向幕府告发了其父参与策划宝治之乱的事，因此，九条道家彻底失去了北条氏的信任。九条道家一直是幕府在朝中的代言人（"关东申次"），现在幕府则指名让西园寺实氏担任。1246年（宽元四）正月，后嵯峨天皇让位于后深草天皇，开始后嵯峨院政。后嵯峨上皇力图兴行德政，于是在西园寺实氏的支持下，在院厅设置了"评定众""文殿众"两个新机构。作为院厅政务运行机关的评定众，其官吏以亲幕府的贵族为核心，对此，幕府颇为满意。

　　第三，1252年（建长四）二月，北条时赖、北条重时秘密遣使京都拜谒后嵯峨上皇，提出欲迎后嵯峨上皇的皇子担任镰仓幕府将军。后嵯峨上皇自然愿意自己的皇子能下镰仓任将军职,京都与镰仓结亲,有益于地位的稳固。皇子中有二人可供选择,一是年仅 3 岁的皇子,二是年已 13 岁的第一皇子宗尊亲王。后嵯峨上皇的意见通过六波罗府传送给时赖和重时,经过紧急密商,决定选择宗尊亲王为幕府将军。三月十九日,宗尊亲王启程。四月一日抵镰仓。同日宣布圣旨,三品宗尊亲王为征夷大将军。三日,前将军赖嗣启程回京都,九条道家系的将军被彻底逐出镰仓和京都的政界。

第四,1256 年(康元元),北条重时辞联署职,由其子北条政村继任。同年十一月,执权北条时赖因身体不佳,辞去执权职务,由于当时其子北条时宗尚幼,便让北条长时(重时之子,政村之兄)继任,自己则从宋僧兰溪道隆受戒出家。

二、蒙元征日

忽必烈对日本的觊觎是从 1266 年(至元三)开始的,这一年的八月,忽必烈遣兵部侍郎黑的、礼部侍郎殷弘等人出使日本。十一月,黑的等人抵达高丽,向高丽国王元宗递交国书,要高丽派使陪同黑的等人赴日。高丽王派枢密院副使宋君斐、侍御史金赞陪同黑的等前往日本,但行进到巨济岛松边浦,因"畏风涛之险",不至而还。①

1267 年(至元四)六月②,忽必烈再次派使到达高丽,"委以日本事,以必得其要领为期"。高丽派起居舍人潘阜持蒙古及高丽国书前往日本,1268 年正月抵达日本大宰府。呈交蒙古国书。1270 年十二月,忽必烈又命秘书监赵良弼为遣日本使,到达九州,但交涉无果。1271 年,忽必烈改蒙古国号为元。1272 年赵良弼再次赴日,在大宰府滞留近一年,于1273 年五月归国。

蒙古国使的不断前往,促使幕府对海防警固的重视。1271 年(文永

---

①《高丽史》元宗世家·元宗八年春正月;《元史·日本传》。
②《元史·日本传》为六月,《高丽史》为八月。

（八）九月，当时的执权北条时宗和联署北条政村联名命令在九州地区拥有领地而居住在东部日本的御家人，尽速赶赴九州领地，与当地守护人一道，"异国之防御，且可镇领内之恶党者"①，并要求各地守护调查土地，在土地账（"大田文"）中记明所属境域内的庄园、公领的数目、规模、领主姓名等，目的在于掌控作为军役基础的土地所有状况。在幕府的指示下，丰后国守护大友氏率领域内的御家人，加固了筑前、肥前的防御点。以相模、武藏等国御家人为中心的东国武士团，也于1272年（文永九）春抵达九州的防御地。

1273年，赵良弼离日本归国。五月谒见忽必烈，汇报日本的国情，包括君臣爵号、州郡名称、风俗等。和平途径未能成功，忽必烈唯有武力征讨一途。忽必烈曾再三征询过赵良弼有关远征日本的事，但赵良弼并不赞成征讨。忽必烈坚持武力进攻，于1274年（至元十一）派遣总管察忽至高丽，监造战舰。除外，高丽人民还要应征兵役以及大量后备人员、军需物资。

在战争准备基本就绪后，忽必烈于1274年三月任命凤州经略使忻都为总帅、高丽军民总管洪茶丘为右副帅、刘复亨为左副帅远征日本。征伐军于十月三日从高丽的合浦启舰，总计大小战舰900艘（其中大船300，轻疾舟300，小船300），近4万兵力（其中忻都屯田军4500人，洪茶丘所属5000人，新征兵15000人，由金方庚率领的高丽军约6000人）。五日下午，元军船队驶入对马西海岸的西须浦。对马守护代官宗助国急率80余骑武士，从对马岛的东海岸严原（国府所在地）连夜翻山越岭赶赴佐须浦，与元军对阵拼战。由于兵力悬殊，宗助国及其子、家臣大多战死，对马岛失守。十四日，元军进军壹岐岛，下午4时左右驶抵该岛西岸的胜本、鲸伏一带。壹岐岛守护代官平景隆率一百余骑武士迎战，平景隆虽据城固守，但面对元军的强大攻势，难以阻挡，尤其是元军的弓矢射程远达200米左右，而日本武士的弓矢射程只能达到100米。平景隆坚

---

① 横井清ほか編集『史料大系日本の歴史・第3巻・中世2』、大阪書籍1978年、313頁。

守的城郭终被元军攻破,景隆自杀。占领壹岐岛后,元军又进攻松浦半岛沿岸的港浦和岛屿,如松浦、平户、五岛列岛等。

十月十九日上午,元军进至博多湾,战船从东边的箱崎到西边的今津海面上,首尾相连一字排开,军势威严。因为不断接到对马、壹岐、松浦等方面传来的战报,所以在元军来到博多前,九州的武士上自大宰府少式武藤资能、丰后守护大友泰直,下至松浦党、菊池、原田、小玉党以及神社神官、佛寺高僧,都各自集结,严阵以待。二十日黎明,元军开始陆续登陆。陆战从东边的箱崎、博多方面开始,日本方面以 29 岁的总大将武藤景资为首予以抵抗,战斗从上午 10 时进行到日没。与元军在东边登陆的同时,高丽军在西边的百道原至鹿原一带登陆。以洪茶丘率领的一部分元军在更西边的今津登陆,登陆的元军、高丽军均受到强烈的阻击,战斗极其壮烈。

在鏖战一日后,元军占领了博多湾多处要地,日军全面后撤。傍晚时分,元军左副帅刘复亨骑马指挥追击时,被日军前线总指挥武藤景资发现并搭弓射箭,刘复亨受伤落马。日军全部撤退至大宰府水城,因天已黄昏,元军并未追击。因刘复亨受伤,忻都召集其余将领研究军事部署,各将领发生分歧。由于日本武士的顽强勇猛,对元军造成了心理上的冲击,对日本武士产生了一定的畏惧。同时,对日军的人数无法准确掌握,元军将领以为日军数目数倍于自己。再加上经过一日的战斗,元军确实伤亡也很大,所带箭矢也已耗尽,于是失去了对形势的正确估计。次日黎明,以为元军会加强攻击的日军,却发现博多湾内已不见元军踪影。第一次元军远征日本的撤退似应是矢尽、伤亡巨大、官军内部意见不一和突遇大风雨等原因造成的。

在忽必烈看来,1274 年的征日结果并没有失败,只是战役的间歇。因此,在忻都、洪茶丘等返回尚未一个月,忽必烈于 1275 年二月派礼部侍郎杜世忠、兵部侍郎何文著、计议官撒都鲁丁为宣谕日本使。杜世忠等人于三月十七日到达高丽,然后由高丽使徐赞、上传等陪同前往日本。杜世忠一行绕过大宰府,四月十五日抵达长门室津(今山口县本浦町),

企图摆脱大宰府的限制,直接前往镰仓或京都。长门守护将杜世忠一行从长门送回大宰府。八月,大宰府又将他们送至镰仓。九月四日,幕府在镰仓西郊的龙口,将杜世忠一行全部送上断头台。

为鼓舞"文永之役"中有功武士的士气,幕府对 120 名武士进行了行赏。十二月,命令九州诸国和安艺国御家人做好异国前来征伐的准备。"若元军强攻九州,九州陷落,则东国军兵上京守护天皇和东宫,(太上天皇的)本院和新院则迁向关东。根据九州形势变化,南北两六波罗兵开赴九州,顽强反战有勋功者,当行恩赏! 天下大事即在此时。"①并把元军再次征伐日本的日期预定在 1276 年三月,让九州诸国集中兵力、船员组编远征军,以博多为据点,大宰大式武藤经资为总司令官。为此,要求各地截至 1276 年三月二十日,必须将能够动员的武士姓名、年龄和武具、船舶、橹、水手、舵手以及所领如实报告幕府。与此同时,在博多湾沿岸修筑石垒防御工事。

全长十余公里的石垒防御工事由九州各国负担,每一国负责一定的区域,劳役、费用由该国的御家人和非御家人承担,负担数根据所领有的土地数,按比例支付。如大隅国的石筑地役赋课文书记载,田一反负担一寸,一町负担一尺,百町则负担百尺(约三十米)。从现存石垒遗迹可知,石垒高约一丈,面海一侧成垂直状,陆地一侧成缓坡状,居高临下,便于对海上之敌射矢。这种石垒的建成,在后来抵御元军的战斗中发挥了极大的作用。

"文永之役"之后,幕府采取的另一政策是对九州地区及其附近和日本海一侧各国守护进行大规模调整,具体涉及的国有筑后、肥后、肥前、周防、长门、石见、伯耆、越前、能登等,新任命的守护主要是北条氏一族出身者和北条的亲信。这种大规模地将自己一族以及亲信派往面对大陆的重要地区,其目的显而易见,一是乘防御异国征伐为由,加强幕府"得宗"的权势;二是为了防御和抵抗异国征伐时,保证军事上的强有力

---

① 『北条九代记』卷十。

指挥权。

在幕府加紧备战的同时,元朝也在紧锣密鼓地做战争准备。杜世忠一行被杀的消息在1280年(至元十七,日本弘安三)二月传入元朝。前一年八月,跟随杜世忠赴日的高丽艄公、引海共四人幸免于难,辗转逃回高丽,高丽王遣使将消息禀呈元朝。忽必烈获知后立即举行廷议,商讨对策。为集中征日事务的统管,中央特设"征东行中书省"(亦称"日本行省"),由阿剌罕任右丞相,范文虎、忻都、洪茶丘为右丞、行中书省事,并封高丽忠烈王为开府仪同三司、中书左丞、行中书省事。廷议决定洪茶丘、忻都率蒙、汉、高丽四万军,从高丽的合浦出发,范文虎率江南军十万,从江南出发,"俱会日本壹岐岛,两军毕集,直抵日本"①。

1281年(至元十八,日本弘安四)正月,忽必烈召集东路军、江南军统帅会议,任命阿剌罕为此次东征总帅,确定六月十五日两军在壹岐岛会师。1281年(至元十八,日本弘安四)五月,忻都、洪茶丘及高丽的金方庆率东路军4万人、战船900艘,从高丽的合浦出发,前往巨济岛,等待范文虎的江南军。然而等待半月之久,仍未得江南军的启航信息,遂决定先行出击。五月二十一日,东路军进攻对马岛世界村大明浦,守卫日军顽强抵抗,但终因力量悬殊,大多战死,元军在岛上大肆杀掠。二十六日,元军转战壹岐岛,并迅速占领该岛。根据忽必烈廷前会议决定,六月十五日,东路军与江南军在此岛会师。东路军理应遵守约定,静候江南军的到来。可是忻都自认为有第一次征战博多的经验,怕等来江南军后,自己难抢占战功,于是不经协商和请示,擅自率军前往博多湾。

日本方面早已获知元军在对马、壹岐的状况,元军船只尚未驶抵博多湾,武士们已集结在箱崎一带候战。这次日军的军力除九州及其附近地区的武士以外,幕府还派安达盛宗率关东武士前往九州增援。当时日军方面的布防根据各国筑造石垒的地段确定,如守卫博多湾西端的是日向国和大隅国,其东邻的是丰前国,生松原一带是肥后国,姪浜一带是肥

---

① 《元史·日本传》。

前国,博多是筑前国和筑后国,筥崎宫附近是萨摩警固所。总指挥武藤经资,副帅大友泰赖,武士皆由各国守护统领。筑前、肥前、丰前由武藤经资,丰后由大友赖泰,筑后由北条宗政,肥后由安达成宗,萨摩、大隅、日向由岛津久经亲自率领。

六月六日,元军东路军船队进入博多湾。根据第一次征战的经验,以为博多湾东、西均可轻易登陆。然而驶近一看,沿岸石垒连垣,极难登陆。经过侦察部队的终日侦察,获知志贺岛、能古岛并无石垒建筑,防守也较弱,于是忻都命舰队在志贺岛附近停泊。观测到元军在志贺岛附近停泊的情报,以善于海战的松浦党御家人为首,日本武士乘夜色降临,驾小舟袭击元军。这一夜元军彻夜应付日军众多小规模偷袭,以大船作为船队外围,用石头、箭矢正面抵御,日军损失也颇重。

七日早晨,洪茶丘率军登陆志贺岛。元、日两军之间小规模的交战每日不断,八、九两日尤为激烈。登陆的元军企图从志贺岛突破日军防守,抄博多守军的后路,打开僵局。但大友赖泰之子大友贞亲率三十余骑阻击,元军不敌,溃退。九日以后,安达盛宗率领的关东武士全力支援志贺岛方面的日军,元军损失千余人。当时正是盛夏季节,天气炎热,淡水、蔬菜接济困难,再加上出征以来近一个月的疲劳,元军中疫病患者急增,病死者有数千。在此境遇下,忻都等撤离志贺岛,等待江南军的会合。

江南军主帅虽然是范文虎,但忽必烈决定东征军总帅阿剌罕坐镇江南军。江南军所以没有按期与东路军会师,就是因为阿剌罕到达庆元(今宁波)后,突然病死于军中。忽必烈任命阿塔海代替阿剌罕职,人事变动,造成了延误。在阿剌罕尚未病亡的五月,曾有日本船漂流江南,据侦查获知,大宰府附近的平户岛不是防备重点,有利于东路军和江南军会师。对此,阿剌罕曾呈报忽必烈,忽必烈接到报告后,宣布由阿剌罕全权决定。于是六月初,阿剌罕、范文虎派先遣队前往壹岐岛与东路军联络,告之以平户岛为会师地。但先遣队首至对马岛,未取得联系后至壹岐岛,此时东路军已开赴博多湾。日军获知有江南军抵壹岐,派兵袭击,六月二十九至七月二日,战斗相当激烈,日军伤亡惨重,败退。

范文虎未等先遣队的信息到来,于六月十八日,在新总帅阿塔海尚未到任(到任是二十六日,此时江南军已全部出海)的情况下,开始陆续启程征日。江南军总兵力 10 万,大小兵船 3500 艘。六月末七月初,江南军主力相继到达平户岛至五岛列岛一带。东路军与江南军主力遂在平户岛会合,两军进行了二十余天的休整。七月二十七日,两军主力又移至肥前鹰岛。进驻鹰岛的第一天,元军虽然受到日军海陆两方面的截击,有过激战,但此后再也没有大的军事行动。当时,元军势大力强,如若指挥得当,乘势进击,日军决难抵挡。但大批士卒缩居战舰,不事征战,结果延误了最佳战机。闰七月一日夜,台风袭来,元军船舰遭毁灭性破坏,船上将士大多溺水,元军大败。

三、幕府衰败

忽必烈两次征日期间,面临国家命运危亡,日本国内呈现一致对外的“团结”景象,原有的诸种矛盾被空前的“国难”所掩盖。但外来的侵扰结束后,被掩盖的矛盾重又复发,而且由于抗元之后,诸如恩赏之类引发的新矛盾,一起呈现在镰仓幕府面前。正当急需缓解新旧矛盾时,主持幕政的执权北条时宗却病倒了。病情日趋严重,使幕府上下为之不安。1284 年(弘安七)四月四日,时宗离世,时年 34 岁。

时宗死后至新执权确立间,有三个月成为执权空白期。在三个月内迟迟不能迅速确定新执权一事,反映了幕府内部的复杂矛盾。当时,除了北条氏一族中嫡系与旁系的矛盾外,还存在着将军与北条氏一族间的矛盾。自北条时宗主持幕政以来,幕府将军惟康亲王基本处于无权状态。时宗一死,年已 21 岁的惟康自然产生自己主持幕政的欲望。从原则上说,将军主政理所当然,谁也不能反对。可是谁主幕政,涉及太多的政治利益。惟康亲王亲政,北条氏显然不会乐意。在这种决定政治利益的关键时刻,亦即五月二十日,在新执权尚未产生的情况下,幕府颁布了《新御式目》三十八条。前十八条是对幕府将军和尚未成为执权的北条贞时的训诫,后二十条则是幕府的基本政策。[①] 究竟是谁在主导执权空白期幕政呢? 当时唯一具有慑服力的人是安达泰盛。时宗死后,他虽然为冥福死者而出家,将引付头一职让与嫡子宗景,但并未完全淡出政界,三十八条法令很可能在他的主持下制定,一是为训诫年轻将军和即将继任的执权;二是要保持幕府和社会的稳定,用法令统一人心。

当时,确定幕府执权固然重要,但元朝是否会第三次入侵,如何稳定国内局势,应对外来侵略,依然是头等大事。为了能使广大武士继续合力防备外来侵略,如何合理地、适时地解决抗元战斗中有功武士的恩赏成为关键。在安达泰盛主持下,幕府冷静地面对危机,通过发布法令的办法,力图一一解决难题。从执权北条时宗去世到第二年新执权确立前后,发布的法令多达七八十次。

对于九州御家人及有功武士的恩赏能否适时实行的关键,是战功的调查和恩赏土地的筹集。当时九州的御家人在元军到来前,不少人面临着家境的衰落,所有领地或当或卖,再加上元军征伐以来,由于轮番警卫("警固番役")、防御石垣工程的建造等,人力和经济上付出颇多,都希望幕府能早日实施恩赏。"弘安之役"之后,通过调查认定战功文书多达二千余份,全部实施恩赏,需庞大的土地,然而根据西日本各国可用来恩赏的土地,显然无法解决。"弘安之役"结束后的第三年,即 1284 年(弘安七)五月,幕府作出了重要决定:对神社在元军征伐时祈愿"降服敌国"的奖励,流失的领地皆无偿回归神社,确认御家人对原有所领的支配。

1284 年(弘安七)七月七日,在安达泰盛的护持下,北条时宗的嫡子贞时正式就任新执权。幕府在安达泰盛的实际主持下,开始实施诸项改革事务,诸如神社的振兴,幕府直属领地("关东御领")的充实;为加强经济流通,取消流通税;诉讼制度的完善,"引付责任制"的建立等。为了五月提出的九州神社领地和名主职及其所领安堵政策的贯彻,幕府从镰仓

---

① 佐藤進一、池内義資編『中世法制史料集·第 1 卷·鎌倉幕府法』,岩波書店 1969 年、250—253 頁。

派遣三名使者到九州，与当地的丰后守护大友赖泰、肥后守护代安达盛宗、筑前守护少式经资三人组成三个工作组，分别对九州诸国的神社、名主所领恢复的相关问题进行调查、裁决和颁发安堵下文等（称为"合议"，1286年改称为"镇西谈议所"）。在向九州地区派遣使者的同时，幕府也向其他各地派了使者，与各地守护一起议决，执行权力大大超过守护三条职责的事务。幕府为了治理"恶党"和罪犯，新发布"关于犯人在所需斟酌事"的条令，指出凡有犯人逃入的地方，即使是将军或嫡系北条氏的所属领地，各地守护皆可进入捉拿，越境潜逃者，两地守护应互相协力惩办。这一条令的实施，实际上等于长期以来不允许进入权贵庄园领地的禁令被打破了。

为了追求诉讼裁判制度的公平和完善，八月十七日，幕府制定了十一条新式目，特别规定了"引付责任制"。引付制建于1249年北条时赖执权时代，由幕府任命引付众，分成五个引付组（"五方引付"），以组为单位分别审理诉讼案件。每组引付成员由若干评定众、引付众构成，由其中的一名评定众任头人，具体事务由开阖、右笔等担当。每组引付经审判后做成判决草案，交评定众会议审定。旧的引付制由于责任规定不严，常有当事者不回避，或把矛盾上交评定众会议等情况。新的引付制则明确规定了回避制度，引付头或引付与案件有关系，必须回避，由其他引付负责审理。案件最终的判决草案，不能上交多份，只能一份，而且引付头和草案的起草者要承担全责。

随着幕政改革的推进，幕府政治日渐恢复正常。但由于推进幕政改革，安达泰盛及其子宗景的权势迅速扩张，引来不少批评。批评最激烈者是嫡系北条氏"得宗"的御内人（或称"内管领"）平赖纲。所谓"御内人"，系效忠于嫡系北条氏（"得宗"）的御家人，早在第三任执权北条泰时时就已出现。御内人大多是出身于伊豆、骏河地区北条氏领地内的名主层，以北条氏为权力的背景，逐渐进入幕府的政治机构，如评定众、侍所等，其中的有力者还得到推荐，受到朝廷的卫门尉、兵卫尉等官职的任命。随着嫡系北条氏（"得宗"）的专权，特别是随着蒙元的征伐，北条氏一族被大量补任为各地的守护，占据了播磨、备中、安艺、伯耆、丰前、肥前、肥后、筑后、日向、大隅等国的守护大权。源赖朝在世时，全日本的守护中，北条氏仅2名，而1284年（弘安七）达到26名。北条氏兼任守护职，而又无力实行亲自管理，于是任命有力御内人为守护代，对某一国实施管理。在镰仓幕府内，御内人头人又称为"内管领"或称"侍所头人"等。第五任执权北条时赖掌握幕府实权后，重大幕政不再通过评议众讨论，而是以自己的邸宅为据点，召集若干心腹的秘密会议，历史上把这种以执权为核心的秘密会议称为"御寄合"。第八任执权北条时宗时，这种"御寄合"成为执权专制的治政手段。参加"御寄合"者，除了外戚、亲信，还有忠于执权的有力御内人。御内人平赖纲，北条时宗在世时就参加了关于诸如六波罗探题的任命、向朝廷推荐任命御家人官职等人事安排的"御寄合"。

御内人平赖纲势力在1284年（弘安七）急速扩张。北条时宗死后，时宗的嫡子贞时在安达泰盛的扶持下继任执权。对此，平赖纲也是支持的，因为他是贞时乳母的丈夫。正是凭借乳母的丈夫这层关系，北条贞时就任执权的同时，平赖纲担任了执权的内管领要职。平赖纲是一个有强烈权力欲者，"一心篡政，诸人恐惧"。他深知依仗执权扩张势力，最大的障碍是安达泰盛父子。欲搞垮安达氏，唯有等待机会。

安达氏以外戚和有力御家人身份操纵幕政，将军、执权都得听从其旨意。泰盛对平赖纲也是有所防备的，但一朝权在手，便得意忘形。1285年（弘安八）十一月十七日，平赖纲以安达氏谋反之名，兴兵袭击安达氏。安达泰盛、宗景父子奋起抵抗，在镰仓各处，包括将军、执权的御所附近发生激战，将军御所被战火焚毁。在激战中，安达泰盛、宗景父子为首的五百余人或战死或自杀。这次争斗发生在十一月，故称"霜月之乱"。

"霜月之乱"一扫安达氏及其支持者的势力，内管领平赖纲一手掌握了幕政大权。平赖纲的统治采用多种阴险手段，平赖纲父祖的传统地位是嫡系北条氏"得宗"家的执事，在幕府机构中最高只是所司（次官）职，没有担任评定众、引付众的先例。安达氏消灭后,评定众、引付众这些重要职位仍然由有力御家人担任。在不能改变传统地位的情况下,平赖纲利用在幕府各机构中行动的正当性,将自己的子、弟及御内人安插在幕府各机构内,监督各级机关的官员,对其"不正"行为和"懈怠"随时提出弹劾,造成幕府上下人人自危。

平赖纲虽然对安达泰盛的政策没有完全改变,但对某些政策有所改变和修正,例如对 1284 年执行的九州地区的神社领地归还令、御家人的名主职的承认和领地归还令进行了修改。1291 年(正应四)八月二十日,幕府发布法令,凡寺院、神社及京都方面的诉讼,要优先审查,接到案件的五组"引付众"应迅速审理,如果延误审理,可应申诉人的要求,通过如下五人上递执权裁决,他们是饭沼资宗、大濑惟忠、长崎光纲、工藤杲晓、平宗纲。其中饭沼资宗、平宗纲是平赖纲之子,长崎光纲是其兄弟,工藤杲晓、大濑惟忠是御内人。名义上,京都的诉讼案件通过这五人转达执权北条贞时,实际上都由他们裁定。这样,在幕府公的审理机构之外,开辟了御内人审理的渠道,御内人从中谋取利益。诉讼者为了自己的申诉能够尽速地得到有益于己的裁决,纷纷委托御内人处理。

除了控制诉讼权外,平赖纲还将御内人派进京都六波罗探题府,以探题家人身份对探题及六波罗府的职员实行监督。平赖纲的傲慢和恶政不但引起幕府各机关职员的不满,也引起执权北条贞时的反感。安达泰盛扶持北条贞时为执权时,贞时 14 岁,第二年平赖纲杀安达泰盛一族,控制了幕政。平赖纲实际控制幕政七年半,期间北条贞时已由少年成长为 22 岁的青年,已经有了亲自掌控幕政的强烈欲望,对以平赖纲为首的御内人目无执权行为早已怀恨在心。1293 年(永仁元)四月十三日,镰仓发生大地震,大慈寺丈六堂毁灭,寿福寺倾倒,建长寺被焚,还发生了山崩,死者 2 万余人。由于大地震灾害的冲击,镰仓陷入混乱。就在这混乱时刻,同月二十二日,根据执权北条贞时的命令,平赖纲及其次子饭沼资宗被暗杀。此次事件,史称"平禅门之乱"。

平赖纲父子被杀,幕政大权重新回到嫡系北条氏执权贞时之手,掌握幕政的北条贞时对平赖纲实施的幕政进行纠正和改革。首先,发令停止对与"霜月之乱"有关人员的赏罚,其意即是说,平赖纲没收安达泰盛一族及相关御家人的领地、财产,并将其赏赐给御内人的行动立即停止。其次,对诉讼裁判制度进行改革。平赖纲被杀后的次月,即五月十五日,举行了评定会议,要求评定众、引付众、奉行人等精勤工作,迅速处理诉讼等事务。由于平赖纲时期诉讼裁判不公,有许多不服上诉的案子需要尽速处理,所以特别设立"越诉头"一职,由大佛宗宣、长井宗秀二人担任。十月,宣布废止引付制度,设置"执奏"制,设七名"执奏",其中三人是原来的引付头,即北条时村、名越公时、北条师时,二人是越诉头大佛宗宣、长井宗秀,二人是新增的金泽宣时、宇都宫景时。"执奏"只有审理权,没有裁决权,最终裁决归执权北条贞时。年轻的执权,精力旺盛,精勤执政,众多的诉讼案件得以及时处理,但毕竟精力有限,众多案件,难以每件必亲自过问。于是,1294 年(永仁二)十月,重又恢复五组引付制度,执权只过问重要事件。其三,加强对西部日本御家人的统制,1293年,设立镇西探题,派北条兼时、北条时家任首任探题。从源赖朝开始幕府就重视九州地区,1185 年(文治元),源赖朝派天野远景赴九州统率九州御家人,称为"镇西奉行"。1275 年(建治元),北条实政被派赴九州,准备抗击元军来袭。弘安之役之后,幕府派专使至九州,与当地的守护组成"合议"("镇西谈议所")。此次镇西探题的设立,标志着"得宗"对九州地区行政、裁判和军事的全面控制。1300 年(正安二),镇西探题府也和镰仓幕府、京都六波罗探题府一样,设置了评定众、引付众,协助镇西探题处理行政、裁判和军事事宜。其四,为了挽救御家人的贫困和衰败,宣布德政令。

北条贞时实行亲自过问重大幕政的政策,改变了执权政治初期建立的合议制度,这种政治模式学界称其为"得宗独裁"。1301 年(正安三)八月,时年 31 岁的北条贞时,让执权职于堂弟、女婿北条师时,出家为僧,但仍以得宗的地位掌握幕府实权。

尽管在蒙元征日之后为解决地头与领主之间的矛盾实施了"地头土

地承包制"和"领地中分法",使一批担任地头的御家人发展成为在地领主,靠剥削庄民过着富裕的生活。但并不是所有的御家人都有这样的机会,尤其是大量的中下层御家人,在抵抗元军过程中承担了沉重的军事、经济负担,又得不到幕府的补偿。自己原有的领地由于诸子的财产分割和庶子独立化倾向的发展越来越少,再加上货币经济的发展,追求奢侈的生活造成了货币支出的增加。传统的自给自足经济,显然已不可能支持货币经济发展环境下的生活,中下层御家人进一步没落。为了维持生活,御家人开始将祖传的领地和幕府的恩赏地或典当,或出卖给商人和高利贷者(有不少是神社神人和寺院僧侣)。失去领地和恩赏地的御家人如同"无足御家人",失去了生活的根本基础,像失去了双足一样。

御家人制是镰仓幕府的政治和军事基础,作为御家人,负有军役、京都大番役和关东御公事的责职。因此,御家人的稳定也就是幕府的稳定。现在,御家人陷入了贫困,自然危及幕府的基础。为保证御家人生存条件的稳定,幕府一直禁止御家人领地的买卖。在《御成败式目》中,虽然规定御家人的领地和财产要予以保护,若遇矛盾时,一律禁止诉讼,但其中也规定御家人急需用钱之时,"相传之私领"也可买卖("令沽却"),这条规定为御家人领地的流失提供了法律依据。御家人典当、出让领地事件不断出现,甚至有御家人将地头代的职务卖与高利贷者。幕府不得不一再追加条令,禁止御家人领地流失事发生。

1267年(文永四)十二月二十六日,幕府评定众会议决定了有关典当、买卖御家人所领事宜的条例。明确了御家人的一切所领,不论恩赏地抑或私领地不许买卖,而且典当的所领,只要归还本钱即可无息赎回。如果买主是非御家人,则必须无偿归还本主。1309年(延应二)五月二十五日,幕府又宣布了"凡下辈不可买领买地事"。所谓"凡下辈",即指商人、高利贷者、僧侣、非御家人等地位低下者。

御家人私领可以买卖,先前虽有明确规定,但自今以后,即使是私领也不许卖给凡下之辈和高利贷者,若有违背,按最近规定,出卖的领地一律充公。虽然是侍以上者,但非御家人不能叙用。又以山僧为地头代官者,应停止之。此后,幕府仍有相似内容的条令颁布。然而由于时代的发展,御家人生活的变化和消费的增大,幕府的禁令不但未能解除中下层御家人的贫困,御家人的领地和财产的丧失更趋严重。

1297 年(永仁五)三月,镰仓幕府实行对御家人更为彻底的保护政策,发布了"德政令"。主要内容是停止受理越诉、典当地和出卖的土地,无偿归还原主、停止受理高利贷诉讼,重点是保护御家人的利益。德政令以强制的命令督促全国实施,但由于实施细节考虑不周,实施过程中,混乱和骚乱层出不穷。其中主要有以下现象:(1)许多非御家人或凡下之辈,假借"关东御德政"的权威,冒充御家人,争夺无力寺院的领地,致使各地"恶党"性质的事件增多;(2)朝廷利益与幕府御家人利益的冲突。例如九州宇佐神社的一名叫大神贞行的神官,包括其在神社内的宅基地等,买有七笔土地。按照"德政令"必须归还原主。但大神贞行要求宇佐神社的"本家"予以保护。宇佐神社的"本家"是朝廷摄关家的氏长。同样在宇佐神社,有的神官曾把所属土地卖掉,1298 年(永仁六),依据朝廷的兴行神社领地的圣旨,神官对已经出卖土地实行大规模的回收。这时土地买主则依据德政令相关内容,予以抵制;(3)依据德政令,出卖的土地无偿归还御家人本主,但令文没有规定归还土地上的当年农作物归谁收割,为此买卖双方为农作物的归属发生对抗;(4)买主采取多种手段抵制德政令的实施。有的买主增加卖价,取得卖家的应诺,不归还土地。有的在土地买卖时,立下两份合同,即一份是卖地合同,一份是让与合同,借以应对日后的纠纷。

总之,"永仁德政令"招致诸多经济的、社会的混乱,御家人的贫困已根深蒂固,仅靠强制性"德政"已无法挽救,继续实施会引发更严重的社会危机,于是幕府于次年,即 1298 年(永仁六)二月二十八日,发布了关于土地买卖的新令。但新追加令文的内容自相矛盾,令文的前半部分规定除了持有"御下文""下知状",或已超过二十年领有年限的土地外,其他已归还本主的公私土地,以后不能再有改变;令文的后半部分却宣布,自此令发布日起,不再禁止所有公私领地的买卖,买卖双方应该遵照幕府此前发布的有关条文,实际上宣告永仁五年德政令的失败。解禁土地买卖的同时,高利贷的借贷也被解禁。"永仁德政令"的失败,标志着幕府权威的丧失。1333 年(元弘三),由于御家人的倒戈,镰仓幕府灭亡。

第三章　镰仓时代经济与社会

第一节　经济结构

一、农业、手工业

从自然史的视角可知，中世前期，日本的气候正是自公元开始以来的温暖期。温暖的气候，给日本的农业经济提供了良好的发展条件。一是温暖的气候造成了海平面上涨，海水向海岸推进，促进了干拓海边耕地事业，人们利用海进、海退的变化，用筑盐堤的方法，使大片沿海滩涂变成海边冲积平地，然后辟为农田；二是温暖气候有益于水稻品种的改良、旱地种植的拓展，以及山野果业的发展。

中世前期的农业技术有了明显的进步。在耕作技术方面，出现了干田技术。自水稻农耕出现以来，日本的农耕一直以湿田耕作为主流。湿田耕作技术虽然不断有所改进，但由于湿田的限制，技术改进受到了一定的局限。干田技术有益于两季作物的套种和施肥、耕土的改良，以及便于田垄的变更等。从中世农田条里调查可见，在中世的水田中，存在着不少简易挖掘的垄状小沟，似是简易的排水沟，或在水稻收获之后，种植旱作物时犁耕的沟。在《新猿乐记》一书中，曾记载田堵们擅长"堰塞、堤防、沟渠、畔畷之功",其中的"沟渠、畔畷",大概是耕地由湿变干过程中必不可缺的技术。

干、湿技术并用带来了粮食品种的多样化。首先是引进具有早熟、耐寒、耐水害和少肥的籼稻种。在一些佛寺和文学著作中,这种稻种被称为"太唐法师稻"和"法师子",似是从中国的华中或华南传入的品种。日本农民也在生产实践中培育了分蘖好、无芒的新品种,开始施行一年两熟或一年三熟种植法。如若狭国太良庄,每年种植的早稻占 20％,中稻占 65％,晚稻占 15％,以中稻占的比率最大。除稻之外,麦和杂粮也广为种植。关于麦的种植,早在奈良时代,朝廷就曾号召种植,其主要目的是防止灾年缺粮,可是当时人们对旱地种植的重要性没有足够认识。713 年(和铜六),朝廷就发诏书指出:"今诸国百姓未尽产术,唯趣水泽之种,不知陆田之利,或遭涝旱,更无余谷,秋稼若罢,多被饥馑。"[1]以后朝廷一再宣传此事,说"麦之为用,在人尤切,救乏之要,莫过于此"[2]。种植的品种,除大小麦之外,还号召种植大豆、小豆、荞麦、胡麻等等。如果说在奈良和平安前期,人们对麦等杂粮的种植尚缺乏足够认识的话,那么在中世前期,麦和杂粮的种植已相当普遍,麦已经成为主要的粮食作物之一,稻麦间作已相当普遍。1296 年(文永元),镰仓幕府执权曾发布通知("关东御教书"),禁止在地领主御家人额外征收农民的田麦,表明稻麦间作的普遍性:"诸国百姓苅取田稻之后,其迹蒔麦,号田麦。领主等征取件麦之所当。租税之法,岂可然哉。自今以后,不可取田麦之所当,宜为农民之依怙,(后略)。"[3]

朝鲜李朝时代的使者宋希璟在其《老松堂日本行录》中,也有对农耕状况的记载:日本农家秋耕水田,种大小麦,到次年夏天,苅完麦子,即刻裁稻,初秋割完稻,又种米麦,初冬苅之,一块水田一年三熟。除米、麦之外,当时种植的还有大豆、小豆、豇豆、粟、荞麦、瓜、牛蒡、莴苣、茄子、栗、

①『類聚三代格』卷八·農桑·和銅六年十月七日太政官符。
②『類聚三代格』卷八·農桑·養老七年八月二十八日太政官符。
③ 児玉幸多等編『史料による日本の歩み·中世編』、吉川弘文館 1958 年、151 頁。

柿、梨、胡桃、蜜柑等。

与粮食生产相适应，在肥料、水利和生产工具方面都有新的发展。两季或三季作物种植的推广，肥料的及时追施成为增产的关键。自平安时代以来，广泛使用草木肥料。镰仓时代除了继续施草木灰外，还运用人畜粪尿。说话集《沙石集》中，就记载了运粪施田已成为"田舍风习"的情况。农田灌溉因水源的不同，采取的方法和工具也不同。9世纪时，朝廷曾发布太政官符，要求各地仿中国的水利技术，采用水车："耕种之利，水田为本。水田之难，尤在旱损，传闻：唐国之风，堰渠不便之处，多构水车，无水之地，以斯不失其利。此间之民，素无此备，动苦焦损，宜下仰民间作备件器，以为农业之资。其以手转，以足踏，服牛回等，各随便宜。若有贫乏之辈，不堪作者，国司作给，经用破损，随亦修理，其料用救急稻。"[1]

水车应用的记事，多处可见，如《徒然草》中也有描述，说在大堰川上水车在不停地转动。在朝鲜的《世宗庄宪大王实录》中，载有使者朴瑞生的日本见闻报告，关于日本人使用水车事，有如下记载："日本农人有设水车，斡水灌田者。（中略）其造车之法，其车为水所乘自能回转，挹而注之，与我国昔年所造之车，因人力而注之者异矣。但可置于急水，不可置于慢水也，臣窃料之，虽慢水，使人踏而升之，则亦灌注矣。（后略）。"[2]

虽然朝鲜使者朴瑞生所反映的是15世纪初的情况，但文中述及日本水车与朝鲜水车的不同时，赞扬日本"为水所乘自能回转"的水车，实际上是9世纪时"太政官符"中推广的手转、足踏、服牛回三种水车的延伸和进步。因此，朴瑞生的记述，印证了日本水车技术发展的轨迹，而取得长足进步的基础，乃是平安末、镰仓时代初国家对水车应用的积极引进和推广。

在农业进步的同时，手工业也有明显的拓展。手工业的拓展和技术

---

[1] 『類聚三代格』卷八・農桑事・天長六年五月二十七日太政官符。
[2] 児玉幸多等編『史料による日本の歩み・中世編』、吉川弘文館 1958 年、333 頁。

的提高,是与农业发展、交通和城市的发展密不可分的。原有的京都、奈良、太宰府等仍然保持着手工业中心地位外,中世前期由于关东政治中心的形成,以及全国地方城镇的发展,地方手工业也迅速发展。金属冶炼、铸造、丝绢织、麻织、造纸、酿酒、陶瓷等手工业都有明显的技术提高和规模扩大,手工业者渐趋专业化,促进了技术的熟练和产品质量的更为精细。以冶炼业为例,考古学者在神奈川县横滨市北部的西谷,发现了古代末至中世初期的锻冶痕迹。这是一处时间延续很长的手工业生产地,遗址分前、中、后三期,中期遗迹中发现了沿东、北的水沟建有东西20米、南北 30 米的房基,是一座立柱形房宇;后期遗迹在中期屋宇的旁侧,又增建了面积为 9 间×2 间的长而大的立柱建筑。从遗址所在看,在其东边相距 700 米便是"镰仓道",交通相当便利。遗址中发现的遗物,主要是武具、马具、农具以及冶炼工具。遗物断面检查结果可知,有的碳素含量低,在 1%左右,有的在 2%左右,说明这里的手工业者已掌握用砂铁制作钢的技术。根据这一技术,表明东部地区已能够制造武士们防身的铠甲。铠甲制作中,除了铠的制作,还需要将铠穿连成衣的兽皮。因此,皮革业的存在也是可以想象的,而且遗址所在的武藏地区,自古就设有多处官牧场,皮革业的原料供应也有条件。[1]

随着手工业技术的迅速进步,出现了许多驰名全日本的地方特产,例如阿波的绢、美浓的八丈、常陆的绅、甲斐的斑布、备中的刀、能登的釜、河内的锅、出云的锹、伊予的手箱、武藏的铠、但马的纸、越后河陆奥的漆,等等。

二、庄园公领制经济

进入中世以后,黑田俊雄提出的"权门体制"逐渐形成。权门,即作为权力集团的世袭门阀,包括了以上皇、天皇为中心的天皇家(王家),以

---

[1] 坂本彰、伊藤薫「東国における古代末・中世初期の武具制作址——横浜市西の谷遺跡の鍛冶遺跡」,『日本考古学協会第 61 回総会研究発展要旨』1995 年 5 月、71—72 頁。

长期担任摄政、关白的藤原家为代表的公家，以幕府为顶点的武士家，以及兴福寺、延历寺等为代表的大寺社。权门体制指的就是这些权力集团并存下的状态，他们拥有各自的庄园或者公领，但分别只垄断某一领域的权力，需要互相依靠来维持支配。具体来说，天皇家与公家掌握着政务与朝廷礼仪，武家则掌握军事与警察权，寺社则负责宗教与国家意识形态，他们之间相互补充才使得日本作为一个国家整体上能够正常运转。

另一方面，权门内部及各个权门之间力量不断变动，龃龉、摩擦、斗争不断，社会的动荡较其他时期更为明显，名门豪强也因此可能旋起旋灭，世事无常之感充满着这个时期。在这样的时代氛围下，普通百姓无法依靠律令体制下公地公民制所提供的国家保障，只能转而选择依附庄园领主，庄园主又进而将庄园寄进给上述权门以求荫庇。在这种社会结构下，庄园逐渐成为权门的经济基础。

今天所称的庄园领主是指位于寄进制顶点的天皇家、摄关家等上层贵族及大寺社，他们居住在京都、奈良等城市，依靠从地方庄园获得的年贡、杂公事、夫役等经营生活。另一方面，则是生活在地方庄园居馆中的在地领主，多为中下级公家贵族、寺社僧侣、地方豪族或武士，负责庄园的直接经营。庄园领主与在地领主之间的关系，是赋予庄园合法性权威的存在与作为实际管理庄园的存在，这种关系构成了中世庄园的基本特征。[①] 不过虽然称中世为庄园制社会，但实际上在中世土地的生产关系形态并非仅是庄园，还残留有相当部分隶属于朝廷的公领，受国衙的管辖。从中世残留下来的土地册簿"大田文"来看，即使在庄园制已经成立的 12 世纪前半期，公领也仍占地方分国耕地面积的 40％ 左右，即使到了 13 世纪在多数分国也占 20％ 以上。[②] 因此，准确地说，作为庄园制社会的中世，当时经济生产关系的基本形态是庄园公领制。

---

① 黒田俊雄編『中世民衆の世界』、三省堂 1988 年、19 頁。
② 木村茂光『日本中世の歴史 1　中世社会の成り立ち』、吉川弘文館 2009 年、169—170 頁。

所谓公领，即平安时代的国有土地，由于征税愈发困难，朝廷逐渐将地方分国的统治下放委任给国司，由国司承包该分国的租税份额。作为交换，中央朝廷也不再对国司进行监督限制，身为地方政府的分国国衙的权力逐渐膨胀起来，开始直接支配地方，原来负责征收租税、制作文书的郡司相对削弱。在分国国司中处于最高位置的人被称为受领，他们将田地的耕作以一定期限承包给地方上被称为田堵的具有一定经济实力的农民，这些田堵农民被课以同过去租庸调等相当的租税、徭役，租税征收对象是被划分为以名为单位的田地，这一体制也被称为"负名体制"（请负制）。在负名体制下，国司只要向朝廷上缴足额的租税等，就能够在其分国内任意摊派租税而从中谋利，这些人带有很强的包税商性质。成为肥差的国司官职，自然也成为上层人所追求的，通过向朝廷典礼、寺社营造捐助相当的钱物，便可换取得到。作为国司最高位置的受领，逐渐也不再亲自到分国任职，而是居住在京都，通过遥任的方式，指派目代作为自己的代理人前往国司，同本地的在厅官人一道管理分国事务。作为包税商的国司，为谋取私利，时有出现过度压榨百姓的暴政，过重的负担自然就引发百姓的抗争，在这过程中村落的共同体也逐渐形成。

同公领的支配方式不同，庄园则是另一种形式。庄园早在8世纪随着垦田永年私财法的颁布就产生了，不过初期庄园以贵族、寺社的垦田地系庄园为主。到11世纪中期后，演变为上述提到的具有不输不入权的寄进制庄园。所谓不输，指的是上缴给国家的租税的一部分乃至全部得以免除的权利；所谓不入，指的是由分国国司委任的负责检查土地、核准征税负担的检田使无权进入庄园的权利，有的甚至扩展到行使警察权的检非违使也不得进入。镰仓时代的庄园就是类似于独立王国似的这种存在，其支配一方面由能够保证庄园不输不入权的中央贵族来保障，另一方面则依靠负责农地实际经营的地方豪强。一般而言，地方上拥有开垦土地的领主为避免受到国司的压榨，首先将土地寄进给中央贵族及寺社，这些贵族、寺社被称为"领家"；同时，这些领家为获得更稳定的保证，会将领有的这些庄园进一步寄进给上层的有力人物，多为摄关家或天皇家,位于寄进制顶层的"本家"。领家与本家中,拥有庄园实际权力的一方被称为"本所",在隶属于本所的土地上施行同律令体制的公家法所不同的本所法。另一方面,庄园的实际管理由庄官负责,最高级别的庄官是由本所任命的预所,由其指挥着地方上的下司、公文等下级庄官。

尽管支配形式不同,但不论公领还是庄园都处在"职的体系"中。所谓"职",即建立于土地所有关系上的职权,既包括公领中负责征收赋税的乡司职、保司职,也含有庄园中的本家职、预所职、庄官职、下司职、公文职等,其特点在于对土地支配权的重叠性,而这也正好成为庄园公领制下的矛盾根源。

在庄园的形成、发展过程中,由于公有土地所有制与庄园私有制的冲突,朝廷多次对庄园进行限制和整顿。但私有制庄园的发展趋势难以遏制。至平安时代末期,朝廷已不能有效地控制庄园发展进程。进入中世前期,庄园日渐成为普遍的土地占用形态,已经成为社会经济的基础。镰仓幕府在建久年间(1190—1198)以后曾多次令诸国调查公私田状况。各地的田账虽遗存不全,但日向、大隅、萨摩、淡路、丰后等地的田账尚能所见。《大日本史》根据遗存田账,对上述诸地的公私田大致情况作了如下记述:"(建久年间)日向田额凡八千六十余町,就中公领仅二十五町,没官田六十八町,而权家、社寺庄领有七千九百七十余町。大隅凡三千十七町余,国领仅二百五十余町,其中一百四十九町余为府社领及不输田,而八幡神领一千二百九十六町余,岛津庄一千四百六十五町余。萨摩凡四千余町,国领不过二百十余町,而诸庄领三千一百七十八町余,其余为没官田。贞应(1222—1223年)则淡路凡一千四百五十余町,国领乡保有四百余町,而一千五十余町皆为庄领。"[①]

引文表明,在十二三世纪时,全日本大部分公私土地皆为庄园领地,在日向,庄园领地占总土地面积的98%,大隅为96.4%,萨摩为79.4%,淡路为72.4%。日向、大隅、萨摩、淡路皆是边远地区。在这些地方,庄

———————

① 『大日本史』食貨志・十六莊園。

园占地状况如此，可以想象畿内地区和以镰仓为中心的关东地区的状况更为严重。

　　11世纪前后，庄园内出现"田堵"阶层。田堵又称田头、田刀、田都，最初只是表示土地的意思，后来才代指对庄园民中人身较为自由的一部分人的称呼。田堵与奴婢、浮浪的区别在于，他们原是当地的农民。他们与庄园领主之间，只是租佃（"请作"）关系，根据契约从庄领主或庄官那里租佃一定数量的耕地，每年交纳年贡。因与庄园领主、庄官没有依附关系，所以人身较奴婢、浮浪转变为庄民者自由。田堵自有的土地，也即拥有其耕作权的土地，在账籍上都冠以拥有耕作权者田堵的姓名，所以，其又称为"名主"，其土地成为"名田"。进入平安末及镰仓时代，"田堵"的称呼已悄然消失，代之以"名主"。平安末期，名田成为庄园土地构成的重要部分，如石清水寺所属的大野井庄、黑土庄，名田之数均超过庄园，前者由庄园40町、名田80町构成，后者由庄园30町、名田40町构成。进入镰仓时代以后，从遗存的土地调查账册记载可知，几乎所有的庄园都变为名田。如一乘院领大和国池田庄，共有庄地36町，除佃、给田，即交纳年贡、公事的庄地外，其他则由11个名田构成。值得注意的是，这些名田皆由三部分土地组成，即水田、旱地、宅地。各名拥有的名田数基本上相近，每名拥有水田、旱地约二町，宅地一段。这种名田的相近，学术界称之为"均等名"，由均等名构成的庄园称为"均等名庄园"。在畿内地区，均等名庄园为数不少。如大和国的乙木庄、出云庄、若槻庄等四十余庄园，皆是均等名庄园。在边远地区，名主拥有的名田数目远比畿内地区的名主要多。名田的构成也不完全一样，除了水田、旱地、宅地，还包含有未垦荒地和山林原野。在畿内地区的名主，虽然也有土地转租给他人耕作，但基本上是自耕农为主。然而边远地区的名主，由于拥有的名田数量大，显然无力自耕，就把名田转租给中小名主耕作。在镰仓时代的庄园名主中，特别是大名，往往是一身二任，或一身三任，即兼任庄官、名主，或御家人、庄官（地头）、名主。可以说，大名主实际上是庄园体系中最基层的剥削者。

　　庄园的耕种者是地位最底层庄民,包括小名主、小百姓、田夫、田民、作手、作人、下作人以及各种名称的雇农(间人、所从、下人等)。除小名主、小百姓自有少量土地外,其他人均无土地。他们或租种庄官的"给田""给名",或租种名主的名田。小名主、小百姓虽有少量自由土地,但不足以维持生计,因而主要的耕作地是向大中名主租佃来的名田。据史料记载,1074 年(延久元)二月,名主五师僧长深因"依有要用"出让三段名田于僧澄千,在出让土地的同时,名田的耕作者("作人")也一并被转让。在出让契约中,对"作人"予以明确载明:

合三段

此之内百八十步秦为友配了

此之内百八十步同友房配了　　九十步友房配了

此之内百八十步同仲子配了

此之内百八十步僧净庆配了

此之内百八十步僧公诠配了 ①

　　五名耕作者手中,除秦友房耕种 270 步外,其他四人每人平均 180 步,表明庄园的阶级构成和作人的人身依附性。

　　基层庄民的负担主要有三项,即年贡、公事和夫役。年贡根据契约按耕种田地数按比例交纳,以交纳米为主。年贡数量各庄园不尽相同,大致相当于收获量的三分之一,每段水田三斗、五斗、六斗不等。旱地年贡称"地子",多以交纳麦子为主。除了年贡,庄官、名主常以各种名目增加征收,如果年贡和加征两项加在一起,每年基层庄民所交的贡赋,几乎达到总收获量的一半,当时每段水田的收获量约为一石五斗。所谓公事,是用实物代替的劳役,类似班田制中的庸调。具体实物是根据领主、庄官需要而定。一般是庄园的生产品及生活、节日、祭祀用品、食品等。由名主从基层庄民中征集,定时、定物、定量上交。所谓夫役是无偿征用劳动力,从事领主、庄官的日常杂务,如警卫、运输、土木工程,以及无偿

① 『平安遺文』1097 号 · 延久元年二月十三月五師僧長深田地壳契。

耕作领主的直辖田等。

基层庄民不但在经济上受剥削,而且还要受庄规限制。例如西大寺订有《寺敷地四至内检断规式》,即寺属庄园的刑法,该《规式》载有对犯杀害、刃伤、拼斗、谩骂、盗窃、沽酒、放火等罪者的处罚条款。

三、转向双重管理的庄园公领

上述庄园公领的"职的体系"在平安时代后期就逐渐形成,进入镰仓时代则又加入了刚踏入历史舞台的武士政权,使得庄园的支配逐渐转变为既有领主力量与武士政权力量的双重管理。随着武士的兴起、政局的变化,许多有力武士成为庄园的领主。平氏、源氏以及其所属的有力武士常常凭着自己的武力功勋,没收谋叛者、政敌的庄园据为己有。如平氏势力盛时,平氏一族直接控制 30 余国,占日本全国 66 国的一半,占领的"庄园、田畠不知其数"。源氏建立镰仓幕府以后,幕府将军拥有庞大的庄园("关东御领"),还于 1185 年实行守护、地头制。在获得朝廷、院厅的敕许后,向全国的公私庄园派驻地头。虽然在实施初期阻力很大,派驻地头的庄园被限制在没收"谋反人"的庄园。但"承久之乱"后,随着幕府势力的增强,早年源赖朝的"五畿、山阴、山阳、南海、西海诸国,不论庄公,可宛催兵粮米"的企望,得以逐渐实现,全国的庄园都由幕府派御家人任地头职。幕府派驻的地头,其职权有三:一是庄园的治安,亦即维护庄园内的安全,取缔罪犯;二是征税。庄园内的征税,原本是归领主委任的庄官("预所""下司"等)负责,但自派驻地头以后,幕府将此权强行交与地头。1186 年(文治二)六月,源赖朝指示:"谋叛人居住国国,凶徒之所带迹(庄园),所领补地头也。然者,庄园者本家、领家所役,国衙者国役、杂事,任先例可令(地头)勤仕(收取)。"[1]表明地头拥有了原有庄园庄官和地方国衙官吏的征税权。地头拥有征税权后,常常拖欠所征税款的上交,这便是中世时期本家、领家与地头纠纷频繁的主要缘由。三是

---

[1] 『吾妻鏡』文治二年六月二十一日条。

拥有下地(指田地、山林、盐泽等)的管理权,幕府设置地头的主要目的就是要将全国的公私土地管理权收归幕府之手。"诸国庄园下地者,关东一向,可令领掌。"①这一关于下地管理权的规定随着全国范围地头的补任而被确立。

地头入驻后的庄园,在关东御领,即幕府将军家的私领庄园中,地头和庄官是由幕府决定的,"地头、领家皆关东御分也","领家、地头两职,皆以关东进止也"。由此可知,存在着地头与庄官合一的可能性。与关东御领不同,在其他所有派驻地头的庄园中,由于地头的进驻,出现了双重统治。即庄园的本所、领家委任的庄官(预所、下司等)为一方,镰仓幕府派驻的地头为另一方,共同对庄园实行管理。地头以幕府为强力背景,其势力日渐压倒本所、领家委任的庄官。其结果促进了庄官向地头靠拢,出现了"各地下司庄官以下人等,借御家人之名,不服从国司、领家之指令"的现象②。本所、领家为维护自己的利益,极力阻止庄官向御家人靠近,并竭力遏止庄官权益变为御家人的私领,为此展开撤废地头的斗争。以高野山寺院为例,其所属的备后国太田庄,原依据后白河上皇的院宣不设地头,但后白河上皇死后幕府就派御家人任地头进驻。高野山以不合法为由,要求幕府撤销该庄地头设置,幕府坚决不同意,双方就此事持续了三十余年的斗争。除太田庄之外,高野山寺院还在所属的纪伊国南部庄、阿氏川庄、神野真国庄等展开过撤废地头的活动。③ 庄园的双重统治状况一直延续到镰仓幕府灭亡。

"承久之乱"后,幕府清查和没收了参与叛乱的皇室、贵族、寺院、神社的庄园三千余所,作为对有功者的"恩赏",幕府任命有功御家人,分别到这些庄园去担任庄官、地头。如"二品禅尼(北条政子)以件没收地,随勇敢勋功之浅深,面面省充之"④。除这次没收的庄园任命新庄官、新地

---

① 『吾妻鏡』文治元年十二月二十一日条。
② 『御成敗式目』。
③ 安田元久『日本荘園氏概説』、吉川弘文館 1957 年、173—180 頁。
④ 『吾妻鏡』承久三年八月七日条。

头外，在其他所有未曾设置地头的庄园内，也新任命了地头。自此，镰仓幕府把自己的统治触角延伸到全日本的各个角落。

大量新庄官、地头的任命，随之出现的问题是有关地头的收益和支配土地的权力，与庄园领主、国衙方面产生的矛盾。新地头们常常"各超涯分，恣侵土宜"，国衙、庄园由于新地头的"滥妨"而不上交年贡，造成"是非相替，真伪互杂"，酿成许多纠纷，诉讼事件频频发生。幕府明确指出，"有限之公私领，不辨地利，天下之衰敝，职而斯由"[1]，新地头的作为，若不加以限制和规范，就会影响政局的安定。为此，1222年（贞应元）四月，幕府评议议定了"守护、地头所务条条"，具体内容有以下三条：

（1）除通知赐予的所领外不得任意侵夺近邻的他人领地，地头应遵守原来的地头或下司享有的权力和利益，非地头承包年贡（"地头请所"）的庄园必须停止任意驱逐预所乡司。

（2）在新任命地头的庄园、公领中，有关原地头、下司的利益分配，听从幕府派遣的使者指示，并将详情注明上报幕府。

（3）已被没收但尚未任命地头的庄园，听从幕府派遣使者的决定。承久兵乱时，追随京都叛乱者所职所领，虽然已基本清查呈报，但传说守护等私自拘禁庄公之事多有发生，各地国衙的官吏因害怕守护代，不敢呈报详情，因此，应查实真相据实呈报。若原来的下司并无追从叛乱的罪错，其所领却已被没收的，应查明具体所领庄园之所在，呈文送报。[2]

以上条条，若有"背禁制之旨，张行自由非法之辈者，云守护人，云地头职，可被改易也"。不论是守护，抑或是地头，违反上述规定，都要被剥夺已任命的职务。[3]

接下来，幕府在调查以往任命的地头所务和利益分配先例的基础上，又于1223年（贞应二）六月，通过朝廷发布圣旨，规定新地头利益分

---

① 儿玉幸多等编『史料による日本の步み・中世編』，吉川弘文馆1958年、128頁。
② 『吾妻鏡』貞应元年四月二十六日条。
③ 儿玉幸多等编『史料による日本の步み・中世編』，吉川弘文馆1958年、126—127頁。

配法("新补率法"),即新地头管辖的范围内,每十町土地地头享有免田(给田)一町,其余属于庄园领主、国司的法定收入,但允许地头从庄园领主、国司的法定收入中,不论丰歉,每段土地征收五升"加征米"①。七月,幕府又对新地头的职权范围作了更明确的规定:

(1)前述的新地头利益分配法,只限于过去完全没有规定利益分配的庄园。虽然是新任地头,但关于利益分配已有先例的旧庄园,应按照原有的规定执行;

(2)地头不得侵犯寺社、国司的职权;

(3)庄官(包括公文、田所、案主、总追捕使、有司等)职务,各庄园设置不一,或有或无,这些职务的设置由领主、国司负责,地头不可妨碍。即使"承久之乱"时,被认定与叛乱有关的庄园,地头兼任庄官职务,其职责也应遵从原有领主、国司规定的职务范围;

(4)山野、河海的收获物,领家、国司与地头"以折中之分",实施平分,原有规定按本法执行;

(5)犯罪者的庄园被没收后,该庄园的收益,按"领家、国司三分之二,地头三分之一"比例分配。②

幕府在上述五条规定之后指出,地头五条职权范围应严格遵守,如若不从规定,"猥张行事",出现领主、国司不断诉讼,则将严厉惩处,撤销地头的任命。尽管如此,地头仍然凭借幕府的权威,不断在所在的庄园内欺压百姓,蚕食庄园领主的权益,强迫庄官不从领主之命,听任自己的领导。庄官对领主的忠诚,是领主利益的根本,因此庄园领主一再警示庄官不要"容身于武家,号称御家人""不可与地头同心""不应违奉领家,寄事于御家人"等。

地头无视领主利益使领主遭遇严重损失,仅以不纳年贡米一例,地

① 佐藤进一、池内义资编『中世法制史料集·第1卷·镰仓幕府法·追加法第九条』,岩波书店1969年。
② 佐藤进一、池内义资编『中世法制史料集·第1卷·镰仓幕府法·追加法第九条』,岩波书店1969年。

头拖欠习以为常。如丹波国雀部庄,地头大宅光信每年应向领主缴纳年贡米 25 余石,但自 1221 至 1237 年的 17 年间,竟颗粒不缴,拖欠总数多达 420 余石[①]。地头不断地侵蚀领主利益,领主们为维护自身权益,只得向幕府提出诉讼,诉讼案件急升。虽然幕府一再宣称诉讼公平,但为地头的利益,幕府的裁决常常带有倾向性。再则诉讼费时、费钱,领主们得到的最终结果大多并不理想。因此,出现了领主直接与地头谈判的现象。通过矛盾双方的"和与",寻求私下解决矛盾的新途径。通过协商("和与"),当时采取两种和解矛盾的方法:

其一是"地头土地承包制"("地头请所"),经双方同意,领主方不再派任庄官,地头方承诺庄园事务由己方全部承包,每年向领主缴纳年贡,不论年景好坏,概不延误,双方订有协定。如备后国地毗本乡的庄园领主与地头签署了如下协议书:

永远结束诉讼,当乡土地事务,永为地头承包。有关领家年贡事宜,以领家不再向庄园派遣使者为条件,自延庆二年(1309 年)开始,不论收成丰歉,地头每年向领家缴纳钱四十五贯。分两次交清,当年内付二十五贯,次年二月付二十贯,不得延误,送达京都。但若逢全国性灾荒年,则由领家派遣特别使,到庄园检验,依据实情决定年贡。(略)若领家违犯此约,破坏承包,地头每年可从四十五贯年贡内扣除一半;地头违约,拖延年贡,不履行承包之职,则听任裁决,领家当派庄官进入庄园,执掌所务。[②]

这种土地承包制,镰仓初期已有出现,但其大量出现是在镰仓中期以后。庄园事务全部交给地头,结果导致地头的领主化("在地领主"),实质上,庄园领主丧失了对自己庄园的支配权。

其二是领地中分法("下地中分"),经领主、地头双方同意,领主将庄园土地的一部分划归地头,双方"永世不相违乱",这是庄园领主方企图一劳永逸地排除纠纷的办法。土地均分并不是绝对均分,分地由双方协

① 儿玉幸多等编『史料による日本の步み・中世編』、吉川弘文館 1958 年、140 頁。
② 儿玉幸多等编『史料による日本の步み・中世編』、吉川弘文館 1958 年、146—147 頁。

议实行,有的按土地的肥瘠划分,有的按地块一块一块平分。在划分的数量上也没有统一标准,有的二分法,有的三分之一、二法。如备后国神崎庄,经领主、地头协议,"田地、山河以下之下地令中分,各可致一圆所务矣"。庄园中土地平均划分,领家一半,地头一半,从此各自管理所属一半土地事务,互不相干。① 又如东寺领有的伊与国弓削岛庄,根据领主、地头协商,将土地分为三份,"三分之二者,一圆可为领家分,至三分之一者,一圆可为地头分矣"②。经由当事双方签署的领地均分协议,要上报幕府认可,待幕府下达"下知状"表示同意之后,双方即可打桩划分地界。领地均分的实施使地头领有庄园领地合法化,原来只拥有警察、征税权的地头,一跃而成为地头领主。原来的庄园土地,变成了原有领主、地头共同所有。这种土地关系的变动,受害者则是大多数庄民。领主为弥补自己的损失,加重搜刮,地头驱使庄民从事的劳役、杂税仍然不断。在领主、地头的双重压迫下,庄民的逃亡日趋增多。

第二节 都市与商品经济

一、京都与镰仓

对于日本的中世都市,学术界有多种见解,胁田晴子氏主张四种类型说,即以京都、镰仓为主的"巨大都市"型,以地方行政中心的国府和沿交通干线的中小城镇为主的"中继都市"型,以及"在町"型、"城下町"型。在中世前期,主要是"巨大都市"和"中继都市"两类型,"在町""城下町"则在中世后期较为兴盛。③ 义江彰夫氏在论述中世前期都市时,通过对中世都市空间结构、共同体状态、时政的分析,认为可分为两种类型,一是首都型,以京都、镰仓为代表。二是地方型:① 地方行政和领有据点的

---

① 児玉幸多等編『史料による日本の歩み・ 中世編』、吉川弘文館 1958 年、148 頁。
② 児玉幸多等編『史料による日本の歩み・ 中世編』、吉川弘文館 1958 年、150 頁。
③ 脇田晴子『日本中世都市論』、東京大学出版会 1983 年、70 頁。

国府、守护所、领主馆；② 宗教据点的寺院、神社门前；③ 交易据点的市、津、宿、关。① 松山宏氏则提出政治都市、门前都市、港津都市和宿驿都市等类型说。②

上述三位学者的分类虽然称谓上有所差异，但实质上基本一致。所谓"巨大都市""政治都市"是指京都和镰仓，"中继都市"是指京都、镰仓以外的地方城镇。本小节拟从经济的视角，循着首都型都市京都、镰仓以及地方型城镇的分类，作一简略的追溯。

与中央集权体制下的平安京相比，中世前期的京都已发生明显的变化。首先，京都的地位和作用在形式上依然保持着皇权为中心的政治地位，但由于院政、平氏政权、镰仓幕府的历史演变，京都成为领有众多庄园的公卿贵族、官吏们的集约地、武士集团（幕府）控制全国的中枢或据点以及全国性商贸、手工业中枢。③

上述京都的地位与作用的变化决定了京都城内居住者的构成。社会的上层是皇族、公卿贵族、各级官厅的官吏、武士等，社会的下层则是广大的庶民，其中手工业者占有相当大的比例。中世前期的京都手工业者，一部人是从农村到城内定住，自立地经营自己的产品，但是为了生存，他们的"自立"是通过附属权门势家实现的。在权门势家的庇护下，免除杂公事、临时杂役等课役的前提下，一边生产贡纳品，一边生产商品。如在院、宫及权门势家的家政机关所属御仓町、作物所、细工所中，就存在被雇用的院佛师、院细工、殿下织手、冠师、绘佛师等手工业者。据载，1161年（永历二），一个名叫村冈兼清的殿下织手被权门御仓町工房所雇，编织"御绫一疋"，受雇者不仅他一人，尚有多人。"被雇知人者，非兼清一□（人），先例□（也）。"④有的手工业者拥有自己的工作场所。

① 義江彰夫「中世前期の都市と文化」、歴史学研究会、日本史研究会編『講座日本歴史・中世3』、東京大学出版会1987年、209、224頁。
② 松山宏『中世城下町の研究』、近代文芸社1991年、215—267頁。
③ 義江彰夫「中世前期の都市と文化」、歴史学研究会、日本史研究会編『講座日本歴史・中世3』、東京大学出版会1987年、210頁。
④ 『平安遺文』3167号・永暦二年十一月殿下織手村冈兼清解状。

据《玉叶》载，1184 年（寿永三），后白河上皇曾亲访莳绘师的家，入户后见到了莳绘师的工具，观赏了称为"菱绳"的技艺。对于绘师作成的莳绘，上皇酷爱，但因"莳绘丸家贫，忽难得其物"[1]。

1048 年（永承三），朝廷发布一道宣旨，揭示京都的诸司、诸卫、诸宫、诸臣属下的召使、出纳、杂色人，私置织机，编织绫、锦的事，而这些私置织机的生产者，则是朝廷织部司的织手。[2] 可见织部司织手从官衙工房向权门势家私有工房的流动。其实，无论是私有工房，抑或是官衙工房，生产的产品，除了上交或自用外，剩余的则作为商品，上市贩卖和交流。权门势家的商业行为，在律令制时期是严禁的。《延喜式》中就规定禁止"皇亲及五位以上遣账内资人、若家人、奴婢等兴贩，与百姓俱争利"[3]。到了中世前期，虽然这种限制权贵商品买卖的禁令依然存在，但其严厉的程度已大不如前。从庄园收取的年贡，除了自用之外的剩余部分，以及私自设置手工工房、雇佣手工业者生产产品的一部分，都会汇入社会的商品交流活动之中。

与上述手工业者附属权门势家相似，中世前期也出现了商人从属权门势家的现象。商人依附权门势家的事，早在 9 世纪中叶就已存在。864 年（贞观元）九月，朝廷曾发布过一份太政官符，其中记载道："凡在市籍者，市司所统摄，而市人等属仕王臣家，不遵本司事。加召勘则称高家从者，要结众类，凌轹官人，违乱之甚，无由禁止，望请施严制惩治将来者。右大臣宣：奉敕，朝家之制，别置市籍者，专事商贾，不予他业也。而今如闻，去就任意，好仕势家，势家不加简阅，窃自容遇。假以威权，擅其奸滥，既忘司存，似无宪法，是而不肃，岂云善政。宜一切禁断，勿令更然。诸司诸院及诸家知而不纠，责其知事者，必科违敕罪。四位以下五位以上，如有隐仕者，同科违敕罪，仍须录其犯过，具状申官，但市人于职

---

[1] 『玉葉』寿永三年六月十七日条。
[2] 『平安遺文』665 号·永承三年八月七日宣旨。
[3] 『延喜式』卷四十一。

家决杖八十。"①

所谓"市籍者""市人"系指"专事商贾"的商人。上述的太政官符强调的是商人以商事为职,归属"市司所统摄",违背朝廷"专事商贾"规定,就是违敕,权门势家以及各级官吏,隐匿商人为"从者",必处以违敕罪。如果说 9 世纪朝廷尚能以一纸太政官符,禁止商人附庸权门的话,那么,进入中世前期以后,商人和手工业者附庸权门的情况已十分普遍,谁也无法阻止了。

当时,虽然手工业者在身份上依附权门势家,但在职业专业上,他们则是结成集团。《教业记》保延七年(1141)正月条载有这样一件事,即分别属于院织部和女御殿织部的二名织手,在织部町殴打町中长者而被捕的事。② 这条资料至少表明了两点:一是反映了手工业依附院、女御殿的背景,竟敢动手殴打町的长者;二是表明他们虽然是院、女御殿的织手,却居住在织部町,与专业集团们保持着一定的联系。在《新猿乐记》《今昔物语》《宇治拾遗物语》等书中,都能见到有关京都七条市町内居住着铜细工、箔打、银金细工、锻冶、铸物师的记载。

由于京都的地位和作用的变化,其城市空间的构成也发生了变化。自平安时代中后期开始,都城的对称格局渐趋改变。首先,由于官衙大多由右京迁至左京及其周边地区,致使右京衰落,左京及其周边地区繁荣,官衙集中的地方,相应地形成了多条官厅街。其次,京都郊外是大寺院、大神社所在地,因此,郊外便成为寺社势力的中心。京都东部的六波罗地方是武家的活动中心,平氏政权时,平氏在此建有政厅,到镰仓幕府时,则在此建将军宿所和六波罗探题政厅,称为"小幕府",是镰仓幕府对西部日本实行统治的据点。京都的这种空间结构变化,自然也影响到经济活动。

根据相关史料的记载,右京的衰落从 9 世纪 30 年代就已开始。平

---

① 『類聚三代格』卷十九・応禁断市籍人仕諸司諸家事。
② 豊田武「西陣機業の源流」、『社会経済史学』1948 年 10 月。

安时代中期的文人庆滋保胤(？—1002)在其著名的《池亭记》一文的前言中说："予二十余年以来，历见东西二京，西京人家渐稀，殆几幽墟矣。人者有去无来，屋者有坏无造。其无处移徙，无惮贱贫者是居。"①受西京衰落影响，西市也随之衰敝。为振兴西京、挽救西市，朝廷曾实行过货物由西市专卖政策，借以吸引顾客。这些专卖货物是锦、绫、绢、调布、系、绵、纻、染物、缝衣、绩麻、针、栉、染革、带、幡、油、陶器、绢冠、牛等。但由于东市方面的异议，专卖的贯彻艰难，其关键是货物专卖政策并未能阻止人们的东移，西市的衰敝在所难免。东市的货物交易虽然相当活跃，但由于庄园自给自足经济的影响，其繁荣程度也受到一定制约。公卿贵族、武家、神社和寺院都拥有庞大的庄园，他们生活的基本需要是依靠领有的庄园提供的。所以，公卿贵族、武家、神社、寺院是以自给自足经济为基。基本需要之外的用品，才需要从市场中获取。这些基本需要外的用品，并不一定要去东市购买，因为新出现的官厅街以及临时市场和行商的活跃，都给货物购买者提供了方便。

　　临时性市场在京都居民住处随处可见。从史书记载可见，在平安时代后期，有一种临时性的"虹市"，即见到天际彩虹的地方，商贩集聚，成为临时市场。"抑世间之习，虹见之处立市云云。"②这种"虹市"，不论是寺社门前抑或都市要道皆可设置。试举见诸史籍《百炼抄》的"虹市"的记载：

　　"高阳院立市，依虹霓立也。"③

　　"中宫厅前立市，依虹见也。"④

　　除了东市、虹市，尚有不少沿街叫卖的行商，被称为贩夫和市女。贩夫一般用马驮货，步行叫卖，市女则大多头顶货物叫卖。贩夫、市女，有的是远途运货至京都贩卖，有的是京郊的农民，自己生产之物运到京城

---

① 『本朝文粹』卷十二。
② 『中右記』宽治元年六月七日条。
③ 『百錬抄』宽治元年六月二十日条。
④ 『百錬抄』保延元年六月八日条。

内贩卖。关于贩夫、市女的形象,在不少史籍和文学作品中屡屡可见,例如《本朝无题诗》中,载有《见卖物女》和《见卖炭妇》两首诗,生动地描述了市女在京都城中卖物的情景:

见卖物女

法性寺入道殿下

可怜鄙服一疲女,夕日沈时卖物回。

增直砌前贪止住,唱名门外暂徘徊。

贫家虽招全无顾,润屋不唤强欲来。

秋月春花其意旧,此时题目与相催。

见卖炭妇

三宫

卖炭妇人今闻取,家乡遥在大原山。

衣单路险伴岚出,日暮天寒向月还。

白云高声穷巷里,秋风增价破村间。

土宜自本重丁壮,最怜此时见首斑。①

《日本灵异记》载有一个卖瓜人的事:"昔河内国有瓜贩之人,名别也。过马之力而负重荷,马不得往时,瞋恚捶驱,(马)负重荷劳之,两目出泪。卖瓜竟者,即杀其马,如是杀之为多遍。"②在《源氏物语》《宇津保物语》中也都有市女的记载。《空穗物语》中记载一个赐姓为"三春"的皇子的事,说他生性吝啬,长期不娶妻,年纪渐大,不想成为鳏夫,后娶卖绢的富有市女。结婚以后,皇子仍让妻子去市场卖货,总记挂着获利。后来,他辞官挂冠以后,在京都七条的豪华邸宅旁开了店铺,让妻子坐店卖货。

正是由于众多的贩夫、市女流动于京都的大街小巷,所以朝廷曾禁

---

① 西冈虎之助「平安時代の商業及び商人の生活について」、中世民衆史研究会編『中世の政治的社会と民衆像』、三一書房 1976 年、16 頁。

② 『日本霊異記』上巻第二十一。

止随意流动叫卖,尤其限制流动在京都的三条、四条、七条间的买卖活动,七条是东市的所在地。由此可见,朝廷指定的交易场所已从七条扩展到三条和四条。

与皇权衰弱相应,"承久之乱"后的京都陷入了极度的混乱和饥馑。混乱的具体表现就是盗贼横行、僧兵恶行、疾疫流行等,盗贼横行起因于叛乱之后的社会秩序的纷乱以及民众生活的贫困,史书上所见的盗贼作案对象大多是官僚贵族、富有者和官僚机构。据载,1225 年(嘉禄元)三月十五日,京都地区发生了两起拦路抢劫案。一件起发生在清晨,受害者是嵯峨洞殿姬君,她从广龙寺乘车出来,行至广泽池的地方,遇到了强盗,除抢劫物品外,还将姬君的侍从杀害,架牛车牛童的手被切断;另一起受害者是一位官职为左卫门的官吏,群盗入其宅劫掠。盗贼从官吏宅出来,在归路上又遇见了一辆女车,群盗驱散了侍从和赶车的牛童,把坐在车中的女人衣服剥光。同年十月四日,有 60 名盗贼闯入七条院的太泰御所作案,守护追捕不及,反有三四人受伤。[1] 也有袭击有钱人和仓库的事情,例如 1226 年(嘉禄二年)十月六日,一个名叫"通具"的富豪遭抢劫,"夜,窃贼穿通具卿之土仓,取所收置杂物,鹅眼(铜钱)三百贯,沙金一壶,浓州桑系元十疋,锄铁"等[2]。1231 年(宽喜三)二月二十五日,光天化日之下发生了袭击某位前大臣车的事件,而且此事发生在京都的鹰司河原地方,是京都的重要通道。某前大臣及某随从的遭遇颇为狼狈,"为盗被剥取主从衣装,裸形而归家。"[3]这种防不胜防的盗贼行为,颇使公卿贵族和富有者不安,他们哀叹"世间狼藉如此,盗贼公行"[4]。

造成京都社会不稳的,除了盗贼,还有寺院恶僧的种种扰乱社会的烧、杀、争斗。据史籍记载,这一期间,寺院之间对峙,屡有所见,互相焚

---

[1]『明月記』嘉禄元年十月四日条。
[2]『明月記』嘉禄二年十月六日条。
[3]『明月記』宽喜三年二月二十五日条。
[4]『明月記』嘉禄元年三月十五日条。

烧寺舍，"各拘城郭争雌雄"①。1228年（安贞二）四月间，兴福寺的人在多武峰旁割柴草，被多武峰的僧侣杀害，引发了南都众僧的报复行动，先后两次袭击多武峰。"南都众徒竞袭多武峰，及合战、放火，山门（多武峰）愤之，颇蜂起，洛中不静。"②南都众僧袭击多武峰时，烧毁僧房六十余间。多武峰众僧计划袭击焚烧清水寺予以报仇，此事震动朝廷和幕府。五月，六波罗探题专使镰仓，报告了事态的严重性："去月十七日，同二十五日两度南都众徒袭多武峰，合战之间，堂舍塔庙及火灾事，公家虽被宥，山门峰起犹以依不静谧，被下纶旨于武家。"③意思是说事件发生后，朝廷曾有处理，但不但没有停止，反而更加严重，因此，朝廷要求幕府出面干涉此事。接到六波罗的报告后，幕府召开专题评定众会议，作出解决纠纷的决策，并派专使赴京都，与六波罗探题一起处理此事。④

僧侣横行引起六波罗武士的重视，为社会稳定，六波罗武士对僧侣的非法行为进行惩治，由此产生众僧徒与武士的严重对立。1229年（宽喜元）三、四月间发生的对立就是典型一例：京都杨梅町边有一民户曾向日吉神社二宫法师借高利贷。三月二十五日，神社法师前来逼债，行为粗暴。六波罗武士前往干涉，双方发生冲突，一名逼债的法师被武士壹岐左卫门打死。消息传入比叡山后，山上众僧异常激愤，聚众合议，声称被杀者是宫主法师，决定上诉朝廷，要求惩办凶手。武士也不退让，愤恨地指责众僧徒非法，并指出被打死者并非宫主法师。僧徒、武士互不相让，山上僧徒"犹嗷嗷，逼带甲胄"⑤。对于僧徒、武士的对峙，朝廷只得让幕府处理此事。朝廷承认，除幕府外"实无他术欤"。朝廷让幕府出面处理，比叡山众僧很不满，他们派三纲、所司、社司为使进京，向朝廷指出杀死神人之事，所犯者是北条时氏（六波罗探题的郎从），此事无须由关东

---

① 『百錬抄』宽喜二年七月十六日条。
② 『吾妻鏡』安贞二年四月二十七日条。
③ 『吾妻鏡』安贞二年五月二十二日条。
④ 『吾妻鏡』安贞二年五月二十三日条。
⑤ 『明月記』宽喜元年四月二日条。

解决,只要北条时氏交出肇事者就可解决。只要有朝廷宣命,众僧徒即可返回。① 最终,此事以朝廷屈服,六波罗方面的让步,相关武士被流放而结束。"天下无艾安之隙,可悲世也"②,这是当时京都社会状况的真实描述。

对于京都社会治安的不良状况,镰仓幕府非常关注,也采取了各种强硬措施,指示六波罗探题收缴僧侣的武器。1228 年(安贞二)十一月,幕府向众寺院发布禁止僧侣收藏武器令,并由六波罗派遣实检使收缴。以高野山为例,收缴的武器,堆积在一起烧毁。受幕府指示,六波罗探题特别加强了夜间巡查,岗所设置增多,各巡查处或建小屋供武士利用,或通夜点燃篝火,借以警示盗贼。后来,在各交通道路旁建造固定的篝屋。这些措施在一定程度上吓阻了盗贼、恶僧们的活动,改善了社会环境。1230 年(宽喜二)六月,北条时氏在镰仓去世时,当时的六波罗探题北条重时欲回镰仓,朝廷担心重时离开京都,可能会出现夜间骚乱和争斗,故希望他不要离京。由于朝廷的再三要求,北条重时放弃了回镰仓的计划,但他说了一句话:"京中之安堵,何事过之者!"③京城的安全,哪有你们说得那么严重啊! 在六波罗探题的积极治理下,虽然京都的治安确实略有好转,但是天灾人祸不熄,治安终难根治。

当时的社会动荡,除了京都,全国各地大多如此,这种社会不稳的根本原因之一是连年的天灾人祸。自"承久之乱"以后,由于气候变化,农作物连续歉收,饥馑蔓延,与饥馑相伴疫病盛行,饿死、病死者无数。其中最严重的大饥荒发生在 1229 年(宽喜元)至 1231 年(宽喜三),史称"宽喜大饥馑"。1230 年(宽喜二),气象异常现象屡现,从春天开始直至夏天,变化无常,时寒时暑,尤其六月时节竟有出奇的寒冷天气。"今夜又凉气存外,临晓著棉衣";"朝阳快晴,未后风吹,犹有凉风,朝间凉气如

---

① 『明月记』宽喜元年四月六日条。
② 『明月记』宽喜元年四月二日条。
③ 『明月记』宽喜二年六月二十五日条。

秋,今年槐花皆落尽";"早朝凉气,薄雾如秋"①。在武藏(今东京周边)、美浓(今岐阜县)竟下了六月雪,使农作物皆冻死,"六月中雨脚频降,是虽为丰年之瑞,凉气过法,五谷定不登软,风雨不节,则岁有饥荒。"②八月又发生霜冻;"申刻,甚雨大风,及夜半休止,革木叶枯,偏如冬气,稼谷皆损亡。"③除了雪灾尚有水灾、风灾。根据《百炼抄》记载,1230 年(宽喜二),"不登之岁(略),诸国异损事,普有其闻,久雨不止,风灾过法。"粮食不收,米价腾贵。当时朝廷发圣旨:"以钱一贯文可值米一石。"④贫穷百姓挣扎在生死线上,"宽喜大饥馑"是半个世纪以来未曾见的最严重灾害。据载:"自去春天下饥馑,此夏死骸满道,治承(1177—1180)以来未有如此之饥馑。"⑤灾荒从宽喜年间延续到贞永年间。1232 年(贞永元)五月,在京都的鸭河平地,满目可见饥饿的人群。

京都在 12 世纪 80 年代初发生过"养和大饥馑",那时饿死者成千上万。著名随笔作家鸭长明在其《方丈记》中对"养和大饥馑"有这样一段话:"京都道路旁,死者的头髅多达四万二千三百余。若加上边远之地,其数实难胜计。"然而,"宽喜大饥馑"的程度,远比"养和大饥馑"严重。

对于灾害、饥馑、死亡,朝廷和公卿贵族并未采取有效政策和措施。与朝廷相比,镰仓幕府则更为关注民生。幕府首先禁止御家人奢侈,幕府的领导者自动缩减日常的膳食。1226 年(嘉禄二)正月,禁止赌博和高利贷,指出双六、博戏以及私人放贷利息超过一倍、借贷钱币利息 50%者一律禁止。⑥ 赌博和高利贷常常是偷盗和社会斗争的起因,因此,幕府此举颇符合民情。1231 年(宽喜三)三月,北条泰时签署一道命令,以"今年世间饥饿,人民饿死"为由,令伊豆、骏河两国的放贷高利贷粮食的债主

---

① 『明月記』宽喜二年六月十五、十六、十七日条。

② 『吾妻鏡』宽喜二年六月十六日条。

③ 『吾妻鏡』宽喜二年八月八日条。

④ 『百錬抄』宽喜二年六月二十四日条。

⑤ 『百錬抄』宽喜三年六月十七日条。

⑥ 『吾妻鏡』嘉禄二年正月二十六日条。

开仓施救饥饿民众，并说若有"对捍"不行之辈，则备注上报幕府，等候处置。[1] 北条泰时自印券书，借富家之粮。对出借者约定：待明年半熟还本，其利也当赏代，至期有极贫者不能还者，泰时则代为奉还。美浓国发生大饥荒时泰时也加以调恤，免赋税；浮浪过境，量日给粮，愿留住者，命庄园安置。"承久之乱"后的镰仓幕府，就是在京都与全国的灾害、病疫和动乱不安中重新确立统治地位的。

与京畿地区相比，东部日本，即三河、尾张以东诸国，包括相模、武藏、安房、上总、下总、常陆、上野、下野、美浓等国，相对落后，存在着文化上的差异，一直被京畿贵族视为未开化、野蛮地区。但在日本历史上，这一地区在很早以前就以军事力量强而著称。许多政治家就是依靠东部日本豪族的军事支持而崛起。例如大化革新时，由于朝廷迅速派遣八位东国国司掌握了该地区，使新政权得以稳固。7 世纪 70 年代，天武天皇在"壬申之乱"中得到东部豪族支持，才能由弱势转变为强势，成功登上皇位。进入律令制国家时期以后，东部日本的武士更成为朝廷统治稳固的重要支柱。日本历史上驻守边疆的"防人"，主要是从东部日本征集的。9 世纪末，随着赐姓皇族子孙定居东国，东部武士势力的发展和壮大更成为朝廷、院政赖以确保安全和统治的军事支柱。尽管如此，镰仓幕府建立以后，人们仍然能够在京都贵族们所写的日记中看到称东部为"夷地"、东部人为"夷人"的记载。镰仓幕府的建立，使东部日本的地位和东部日本人的形象逐步得以提升。

镰仓的地形是东、北、西三面靠山，南面临海，形成天然要塞。出入或翻越山岭，或通海。海路可通近处的伊豆、房总，远处可通东北和九州，陆路与东海道各处可通。最早移住镰仓的源氏，是源赖朝的父亲源义朝，他在镰仓建筑了军事性质的"楯"馆，真正开始建设镰仓的是源赖朝。在赖朝的主持下，昔日的渔村日渐成为东部日本的政治、文化中心。赖朝进入镰仓后，对原有的道路进行整治，以鹤冈八幡宫为核心整治东

---

[1] 『吾妻鏡』寬喜三年三月十九日条。

西二条道路和南北三条道路,尤其是神宫前的"若宫大路"成为镰仓城的主干道路,以此为基线,筑了若干支路,道路旁构筑御家人的邸宅等。城的内外还配置一些大寺院,如永福寺、胜长寿院、大慈寺、大佛寺、建长寺、圆觉寺等。

尽管源赖朝、北条政子时期镰仓有明显的发展,但它并没有成为全国性的中心城市,与京都、奈良、大宰府等相比,发展明显地滞后。这种滞后一是由于长期的历史原因,与京畿地区的文化差异,在短时间内无法迅速改变;二是与幕府当政者个人的眼界缺乏有关。虽然源赖朝、北条政子都到过开放的京都,但时间都比较短,且在京都期间,着重政治交涉,忽略了作为政治中心城市基础建设的考察。再加上幕府建立之后,与皇室、贵族的争斗,御家人之间的矛盾与纠葛不断,使当政者穷于矛盾的处理,影响了对镰仓城市建设的思考。源赖朝、北条政子亡故以后,进入北条泰时执政时代。北条泰时在京都担任六波罗探题多年,虽然在"承久之乱"后京都日渐衰败,但作为全国性的政治中心的地位并未改变,城市整体面貌,即历史的文化传统和外来文化因素依然可见,这些对泰时的影响是深刻的。他执权幕府大政以后,在推行幕政改变的同时,也把镰仓城的建设放在重要位置,表明他已意识到政治中心城市的构建与幕府统治稳固之间的密切关系。

北条泰时的镰仓市政建设,首先从幕府的新御所建设开始。旧的镰仓幕府御所在大仓(今镰仓雪下附近),是 1180 年(治承四)十二月源赖朝所建。在旧御所北门外的丘陵上建有祭祀观音的持佛堂,源赖朝认为观音是自己的守护佛,赖朝死后埋葬在北门外的丘陵上。1225 年(嘉禄元)十月,泰时正式向评定众们提出新御所选址问题,当时有各种不同的意见。有人认为原来的御所地址是"四神相应最上地",没有必要迁址,原御所的西边地方宽广,在那里就可以建筑新御所。也有人认为原御所所在地的主要问题是丘陵上故将军的墓。墓居高临下,不利于子孙的繁衍。最后由七名阴阳师占卜确定在八幡宫参道"若宫大路"处,即面朝若宫大路的宇都宫辻子的地方,理由是"若宫大路者,可谓四神相应胜地

也，西者大道南行，东有河，北有鹤岳，南湛海水，可准池沼"，是风水宝
地。① 新御所十一月初动工，十二月筑成，并举行了盛大的迁移仪式。新
御所的规模，据《吾妻镜》载，东西256丈（似是56丈之误），南北61丈。

　　除了建造新御所，还完善市政的基础建设，特别是完善交通道路。
原通过鹤冈八幡宫前的六浦道是通向东京湾良港六浦的道路，幕府对此
进行了整修，并新建了通向朝比奈的延长路段；整修了从鹤冈八幡宫西
通向武藏的道路，新避小袋坂道路；镰仓的由比浜是"数百艘船只相连，
与大津相似"的繁忙港口，为便于商船靠岸，幕府在此建筑防波堤。总
之，镰仓整修、新辟了七条与外界联系的进出口通道。据发掘调查，七条
通道除朝比奈、名越通道外，五条集中在西边，具有重要的军事价值，主
要是防备来自西边的攻击，以及和京畿方面的联络。

　　在整修交通道路和海港的同时，对镰仓城的行政管理制度进行整治
和完备，即导入京都的基层管理制。在京都左京的横大路与横大路间，
设有"保"的行政官。幕府引入此制，1235年（嘉祯元）在镰仓推行"保"制
度。1240年（仁治元）颁布《镰仓中保保奉行可存知条条》，共八条，包括
"盗人""旅人""恶党""买卖"以及各街道的管理等。② 1245年（宽元三），
又公布《保司奉行人可存知条条》，具体规定"保司奉行人"的五项事务，
即禁止下列有碍镰仓观瞻的事："不清扫道路卫生（"不作道事"）；住宅的
屋檐伸出，影响道路通畅（"差出宅檐于路事"）；建筑町屋，造成道路狭窄
（"作町屋渐渐狭路事"）；在城中水沟上建造家屋（"造悬小家于沟上
事"）；不夜行等。"③

　　为规范镰仓城内的商业活动，专门设立商业区，此前镰仓没有划定
专门的商业区域，所以出现"镰仓中在在处处小屋町及买卖设之"的现
象。1251年（建长三）十二月，宣布允许设置商铺、摊坊的区域，共有七
处，即大町、小町、米町、龟谷辻、和贺江、大仓辻、气和飞坂山上等，同时

---

① 『吾妻鏡』嘉禄元年十月二十日条。
② 『吾妻鏡』仁治元年二月二日条。
③ 『吾妻鏡』寛元三年四月二十二日条。

指出设置商铺、摊坊的小路不可放牛,小路应扫除等。①

　　经过北条泰时主持下的幕府对镰仓城的建设,使镰仓确立了全国中心都市的地位。尽管镰仓在规模和繁荣程度上与京都无法相比,但作为武士政权的所在地,其地位和作用也必然有别于京都。前已叙及,自源赖朝入据镰仓以后,幕府对镰仓的市政进行了建设,以鹤冈八幡神社、若宫大路、幕府政厅为架构进行了武家政治城市的布局。因为城市的主要居住者是武士,在八幡宫、幕府政厅附近,以及若宫大路、小町大路等主要道路两边,建有无数御家人的宅邸。北条氏一族,集中居住在镰仓城东南的名越地方;商贩、手工业者主要散住在由比浜附近,即东西走向的大町大路两旁。镰仓幕府及其御家人,随着政权的巩固,经济实力也渐趋增强。就御家人而言,除了原有的领地,还依战功大小,从幕府将军那里受赐新恩地,加上或被派为守护,或派为地头,既拥有众多领地和庄园,又拥有干涉地方行政和庄园事务的实权,为御家人的丰实生活提供了稳固的保障。基于御家人的基本生活必需品大多由自己的领地和庄园提供,所以镰仓幕府的经济基本上是自给自足的。当然,在基本必需品之外,御家人还需要从市场上获取不能自给的物品,这就为镰仓城内的商品交易提供了空间。从总体上看,镰仓的商品交易依存度不及京都。在镰仓幕府初期,幕府对商人的发展不采取鼓励性的措施。1215 年(建保三),幕府公布了商人定员政策,“町人以下镰仓中诸商人,可定员数。”②但随着农业、手工业发展,其限制势必日渐放宽。1248 年(宝治二),幕府发布了如下政策:“镰仓中商人等,可定其式数之由,有其沙汰,外记大夫伦长奉行之。”③文中的“式数”,似是有关商人法和人数方面的规定。此条史料,虽然不能说明幕府对商品交易已完全放开,但也可表明幕府开始对商人阶层的重视。

　　镰仓幕府为了镰仓城的有效管理,专门设置了幕府地奉行和保奉行

---

① 『吾妻鏡』建長三年十二月三日条。
② 『吾妻鏡』建保三年七月十九日条。
③ 『吾妻鏡』宝治二年四月二十九日条。

两职,并规定了各自的职责。据 1239 年(延应二)二月幕府《镰仓中保保奉行可存和条条》相关规定,保奉行的职责有八项:"一、盗人事;二、旅人事;三、辻捕事;四、恶党事;五、町町辻辻买卖事;六、成小路狭事;七、辻辻盲法师并辻辻相扑事;八、押买事。"①在八项职责中,第五、第八是关于商品交易的事,所谓"町町辻辻"是指镰仓城内的街道和居住区域。虽然不清楚有关买卖管理的具体规定,但从第八条"押买事"推知,实行平卖平买,反对强卖强买是其重要内容之一。幕府既强调买卖的合法性,又反对买卖中的"奸谋"和欺弱行为。1232 年(贞永元)十二月,幕府发布"和市令",指出"和市卖买之间,奸谋之辈,横行所所,可加惩肃"②。

实际上,幕府对镰仓城内的商品交易的态度较为矛盾,一方面由于经济的发展,无法抑止商品交易的活跃,也不能过分地限制商人活动;另一方面,商业的活跃必然引发御家人的奢侈,所以为防止御家人的过度消费,幕府的商贸政策总是以维护御家人利益为前提。1253 年(建长五),幕府制定"利卖值法",规定了五种生活必需品的价格:

薪、马苫值法事

炭——驮 代百文　薪三十束 三把别百文

萱木——驮 八束代五十文

蒿——驮 八束代五十文

糠——驮 俵一文代五十文 ③

炭、薪是生活用燃料,萱、蒿、糠是马的食料,五样东西都是武士们每日不可缺的。幕府对这五样东西作出限价规定,据称是因为这些"杂物,近年高值过法",不断涨价,危及武士利益,所以要作出规定,"下知商人者"。但是,这一规定并没有完全得到贯彻,以至次年,即 1254 年(建长六)十月,幕府再次发布命令,重申必须执行炭、薪、萱、蒿、糠等杂物的限价:"高值过法之间,依为诸人之烦。先日虽被定下(降)值,于自今以后

---

① 『吾妻鏡』仁治元年二月二日条。
② 『吾妻鏡』贞永元年十二月二十九日条。
③ 『吾妻鏡』建长五年十月十一日条。

者,不可有其仪,如元可被免交易。但至押买并迎买者,可令停止也。"①

由于史料的局限,关于中世前期镰仓商业状况无法予以更为具体描述。但可以肯定,随着镰仓的都市化进程,商业交易似已达到相当的水平。幕府发布的一些禁令,从另一个侧面反映了镰仓人的消费状况。例如1252年(建长四)九月,幕府曾发布了《禁酒令》。此令发布,目的在于提倡御家人生活的节俭,但也反映了镰仓城内酒业的兴盛。《禁酒令》全文如下:"镰仓中所所,可禁制沽酒之由,仰保保奉行人等。仍于镰仓中所所民家,所注之酒壶三万七千二百七十四口云云。又诸国市酒,全分可停止之由云云。"②

当时镰仓的人口,日本学者多有研究,如石井进氏著有《从文献探索人口》、河野真知郎著有《从发掘试算人口》等文。根据他们的研究,镰仓的人口约在6.4万至10万余人之间。若以最低的6.4万人计,那么1252年镰仓住家注册的酒壶,几乎全城58%的人每人拥有一把酒壶;若以最高的10万人计,也有37%的人每人拥有一把酒壶,其酒业之兴可想而知。

二、地方都市多元化

中世前期的地方都市,首推各地的地方行政中心所在地的国府。虽然由于有关国府的整体结构的资料的局限,很难精确勾画出其具体面貌,但依据有限的资料,如常陆国遗存的《总社文书》《税所文书》等,仍能了解国府的大致结构。国府的领域,一般继承了律令时代的国厅、诸官衙的范围,其中心部一般建有留守所("国厅")、在厅官人的居住地("所"),在国府的周边则是由市、津、宿构成的区域。相对于国府的中心部而言,市、津、宿区域具有一定的自主性。随着时代的推移,尤其是到了南北朝时代,国府日趋衰落,而市、津、宿区域日渐繁荣,遂代国府而成为地方政治、经济中心,史称"府中"。

①『吾妻鏡』建长六年十月十七日条。
②『吾妻鏡』建长四年九月三十日条。

中世以后,除作为朝廷的一国行政中心的国府之外,尚有镰仓幕府派驻的具有军事、警察、行政权力的各国守护所。据松山宏所著《中世城下町的研究》一书统计,在镰仓时代确有史料载明,设置守护所的地方大致如下二十例:

畿内地区	河内、摄津
东海道	伊势、三河、远江
东山道	信浓
北陆道	越中、越后、佐渡
山阴道	出云
山阳道	备后、安艺、周防、长门
南海道	纪伊、淡路、赞岐
西海道	筑前、丰后①

一般情况下,守护所建立在与国府衙厅有一定距离的地方,形成独自的空间,但也有特例,如筑前、丰后。

中世前期的寺、社门前是参拜者集聚地,成为人与人、物与物的交流地,有学者将其称为"门前都市"。门前都市大都建有储备物资的仓库和贩卖货物的商铺,据《醍醐寺在家账》载,山城国醍醐寺门前有三处御仓町,町内住家有 750 余户。御仓町内仓库并列,显示了物资的储存、交流的兴盛。山城国石清水八幡宫门前,设有专卖绢、布、绵、绀、盐、药的店铺,面条的买卖颇为活跃。据《石清水文书》记载,面条的买卖是神社的神官祢宜专营的,祢宜在境域内设面室,独占面条的买卖,曾引起神社境域内乡民的不满。大和国法隆寺从平安末期开始,就建有南仓町、藏町,储藏各种物资。1261 年(弘长元)时,门前有东乡、西乡,居住的乡民中有大工(建筑师)、佛师等手工业者和神职人员。上野国长乐寺是荣西法师的弟子荣朝于 1221 年(承久二)在上野世良田地方建立的。随着寺的建立,其门前出现了"宿"。宿中有市场,初有四日市场,后又有六日市场。

---

① 松山宏『中世城下町の研究』、近代文芸社 1991 年、215—267 頁。

因为寺院位于武藏与镰仓之间的交通要道上,所以十分繁盛。

中世前期的港、津是地域之间人物往来和交流的中继站。大都市、国府等的物资大多是经过港、津的中继运输而得以保障供应的,所以无论是朝廷,抑或是幕府,对港、津的倚赖度很大。例如山城国淀津是京都西南外港,位于桂川、宇治川、木津川汇合的淀川之岸,长期以来是包括年贡物在内的供应京都的生活物资的登陆地。自平安前期开始,淀津便是京都的门户,各地来的船只集聚,颇为繁荣。又如山崎津,其与淀津一样,也是京都对外交通的重地。早在奈良时代起,山崎就已十分繁荣,它不但是海上通道,也是陆路要冲。据《延喜式》载,山崎是重要的驿站,设有驿马 20 匹。9 世纪中叶,山崎的人口增多。855 年(齐衡二)十月发生的一次火灾中,该地被烧的住家就有 300 余家。进入镰仓幕府时代,此地除了盐、木材、米等商品交易活跃外,油料和油的买卖也相当红火。油料和油的经营是由石清水八幡神宫的神人垄断的,他们以神宫内殿灯油的储备为由,独占了制作灯油的荏胡麻原料和油的制作、贩卖权。因此,神宫的神人也被称为"大山崎油神人"。灯油的专卖活动,波及山城、近江、和泉、美浓、尾张等十余国。

与山崎相近的河阳也是淀川沿岸的水陆要津。《本朝文粹》中说,"河阳介山、河、摄三州之间,而天下之要津也,自西自东自南自北往返之者,莫不率由此路。"河阳之地的繁荣之状在日本古籍《朝野群载》中也有鲜明记载:"自山城国与渡津,浮巨川西行一日,谓之河阳,往返于山阳、西海、南海三道之者,莫不遵此路。江河南北,邑邑处处,分流向河内国,谓之江口。盖典药寮味原牧,扫部寮大庭庄也。到摄津国,有神崎蟹岛等地,比门连户,人家无绝,娼女成群。棹扁舟,着旅舶,以荐枕席。声遏溪云,韵飘水风,经回之人,莫不忘家。洲芦浪花,钓翁商客,舳舻相连,殆如无水,盖天下第一之乐地也。"[1]

上述引文中的江口、神崎也是当时繁华的港津,位于淀川下流,大约

---

① 『朝野群載』卷三·文筆下·"遊女記"。

在难波的近郊,是联系京都与濑户内海的通道。引文表明,河阳、江口、神崎三地,"比门连户,人家无绝",人口颇众,由于商船和旅舟聚集,以至"棹扁舟,着旅舶(略),舳舻相连,殆如无水",不但是商贸交易之地,且是"钓翁、商客"的娱乐之城,"娼女成群",使"经回之人,莫不忘家"。

重要的港口城市,尚有摄津的兵库、近江的大津、筑前的博多、肥前的唐津、北海道的敦贺等。大津是东日本的年贡运往京都的中继城市,自古以来是东海、东山、北陆三道必经的交通要冲,是上京旅者的最后宿泊地,也是从京都到各地去的最初宿泊地。镰仓幕府将此地作为直辖地,设置了大津代官一职。据《名所图会》载,大津有96町,其中多有各地有势者的藏屋铺。1180年(治永四)五月发生的一次火灾中,被毁房屋2853宇,足见当时大津的兴盛。如果说以上数港津是国内交易要津的话,那么兵库与博多则是以外交流而著称的名城,自11世纪以后,成为与中国宋人交流的门户。兵库也自12世纪开始,由于兵库岛的整治,成为以濑户内海为中心的西日本商人的聚集地,以及大陆航路的重镇。博多是北部九州的商港,自9世纪以来,一直是对外贸易的繁华之地,当时上下贵贱,皆爱好进口的货物,外国商船抵达这个港口时,私自交易颇兴。"愚暗人民倾复柜匣,踊贵竞买,物是非,可韬箧弊,则家资殆罄,耽外土之声闻,蔑境内之贵物。"①

私自交易者除北部九州的当地富豪外,也有京都贵族。"唐人商船来着之时,诸院、诸宫、诸王臣家等,官使未到之前,遣使争买,又畿内富豪之辈,心爱远物,踊直贸易。"②私贸易的盛行,致使朝廷不得不屡下禁令:"蕃客货物私交关者,法有恒科,而此间之人必爱远物,争以贸易,宜严加禁制,莫令更然,若违之者,百姓决杖一百;王臣家遣人买,禁使者言上;国司阿容及自买,殊处重科。不得违犯。"③再次规定"宜下知大宰府严施禁制,勿令辄市,(唐)商人来着,船上杂物一色以上,简定适用之物,

---

① 『類聚三代格』卷十八・天长八年九月七日太政官符。
② 『類聚三代格』卷十九・延喜三年八月一日太政官符。
③ 『類聚三代格』卷十八・天长五年正月二日太政官符。

附驿进上，不适之色，府官检察，遍令交易，其直贵贱，一依估价，若有违犯者，殊处重科，莫从宽典。"①

朝廷虽然设置了限制，但对于朝廷不需的物资（"不适之色"），依然允许大宰府估价之后，"遍令交易"，私贸易仍然不得禁止。随着武家的兴起，朝廷权威的衰弱，九州地区的私自交易进口货物之事，更是有增无减，博多的繁华可想而知。

肥前国的唐津与博多一样，是与大陆交易的前沿港口，常有大陆的船只抵达和返航，商贸活动活跃。11 世纪 70 年代来宋的日本僧侣成寻就是从唐津出航的。当时宋人商船停留在壁岛，成寻等与宋商船头密商后，得到船头的资助，才得以上船来宋求法。据载，宋商船停靠的岸边，经常有当地人前来买卖，繁杂之声曾使成寻等人不能安心诵经，不得不闭户绝声："海边人来，时诸僧皆隐入一室内，闭户绝音，此间辛苦不可宣尽"；"海边男女频来卖买，终日闭户，极以难堪"；"辰时，（海）边人来集，闭户绝声"②。

各地的国府、寺社门前、港津的繁华，各种地域特色的农产品、手工业品的流通，与地域间的交通通畅密切相关。日本四面环海的环境，海运成为交通的主要工具。以北陆道为例，海上交通既是北陆道与畿内、京都、镰仓之间的交通，也是北陆道与中、西部日本各地联系的要道。东北地区境内的中世遗址中，曾发掘出了 12 世纪产的素烧陶器，大多是今爱知县和石川县的渥美、常滑和珠洲生产的，表明了在物资交流中海运的作用。

除了海上交通，还不能忽略日本列岛内的陆上交通，许多内陆地区主要依靠陆路进行交流。如陆奥出产的马、金、桑丝等供应京都的特产，大多是通过东海道的陆路运输的。自律令时代以来，畿内、七道各地之间都有交通干线相通，干道沿线设有驿站。当时的交通工具是马（牛）与

---

① 『類聚三代格』卷十八・天長八年九月七日太政官符。
② 『参天台五台山記』延久四年三月十五、十六、十七日条。

车。因此,各驿站均备有驿马(牛)和传马(牛),供中央、地方使者和运送官物者使用。据统计,在 10 世纪初,交通要道设置的驿站及备有的驿马、传马的情况,大致如下表:

畿内四国	驿站 9 处	驿马 93 匹	传马 0 匹
东海道十三国	55	55	170
东山道八国	86	831	221
北陆道七国	39	190	66
山阴道七国	36	222	75
山阳道七国	57	974	0
南海道六国	22	110	0
西海道九国一岛	97	605	165

从上表可知,当时总共有驿站 401 处。①

尽管驿传制度在镰仓幕府成立以后继续沿用,但也有变化。当时因为幕府在镰仓,朝廷在京都,两地之间的往来十分频繁。为了保证使者的速达,幕府制定了海道、宿驿之制。凡镰仓使者、杂色人等上京,自伊豆、骏河以西至近江间,其所用马匹和粮食等,皆可征课民间,即使是权门的庄领也不例外。1194 年(建久五),为因公乘驿马或运官物者的需要,还规定每驿站设驿夫,大驿站("大宿")设夫八人,小驿站("小宿")二人。在宿驿制度的实施过程中,中央和地方的使者,常以紧急为名,除使用驿站的马、车之外,还任意"夺路次之马,恣意乘用",屡苦人民。对此,虽幕府多次禁令,仍难杜绝。

当时,马匹是最被青睐的交通工具,不但武士团以精良马匹构成,朝廷、幕府的使者往返于中央和地方以及商贾货运也都依赖于马匹。因此,马匹买卖从律令时代以来,一直长兴不衰。据载,在平安时代对马匹的买卖是严格控制的,为的是要保证军用马匹的供应。9 世纪时,朝廷曾

---

① 『大日本史』食货志四·駅伝馬牛。

多次强调，民间对马匹的搜求影响军马供应："军团之用，莫先于马，而权贵之使，豪富之民，互相往来，搜求无绝，遂则托烦吏民，犯强夷獠，国内（陆奥、出羽）不肃，大略由之，非唯马直（值）踊贵，兼复兵马难得。（中略）宜强壮之马，堪充军用者，勿出国界。若违此制（者），罪依先符，物则没官。但驮马者不在禁限。"①

从引文中可知，当时朝廷禁止"强壮之马"流入民间，而"驮马"则不在禁止之例，所谓"驮马"即是驮货之马。这种限制马匹交易的禁令随着中央集权的衰弱也日渐松弛，贩马商人更趋活跃。有关马商人的形象，在古典文学，如《今昔物语》中多有描述。

三、商业流通的发达

自 12 世纪开始，商品流通日益发展，促进了社会的激烈变化。

首先是货币的流通和农民被卷入商品交易。12 世纪中叶，由于货币交易兴盛，日本曾从宋输入铜钱，《百炼抄》载，当时"天下上下病恼，号称钱病"。可见货币的盛行对人们的冲击。虽然朝廷或幕府曾多次禁止，但货币流行不但不止，反而更趋扩大。最初在畿内地区盛行，后来扩大至广大农村和边远地区。1239 年（延应元）正月，北条时房曾就陆奥国郡、乡、所的货币流通问题，给幕府执权北条泰时提出如下建议："以被止准布之例，沙汰人百姓，私忘本色之备，好钱货所济之间，年贡、绢布追年不法之条，只非自由之企，已公损之基也。自今之后，白河关以东者，可令停止钱流布也，且于下向之辈所持者、商人以下慥可禁断，但至上洛之族所持者，不及禁断。"②

文中的"以被止准布之例"系指 1226 年八月宣布的停止准布施行铜钱令。自宣布铜钱流通以后，陆奥地区的农民（"百姓"）出现了忘记本业、年贡及绢布也不能交纳的现象，严重影响了公家的收入。因此应禁

① 『類聚三代格』卷十九・禁制事・貞观三年三月二十五日太政官符。
② 児玉幸多等編『史料による日本の歩み・ 中世編』、吉川弘文館 1958 年、173 頁。

止陆奥地区钱币流通，由中央到关东地区的"下向之辈"和商人禁止携带钱币；由东部地区到京畿地区的"上洛之族"则可暂不禁止。北条时房的建议是否被施行，情况不清，但从这一建议似可看见钱币流通之广之深。随着货币流通的广深，执政者企图予以禁止已经不可能了。更严重的是各地庄园领主、庄官、地头、豪富都要求农民用货币缴纳年贡、杂役、杂税等，以至于农民陷入了官府的实物征收和领主、庄官等的货币征收的双重压力。《高野山文书》载有1275年（建治元）十月该寺所属的寂乐寺领纪伊国阿氏川庄上村百姓等，控诉地头恶行的十三条"言上书"。其中说，当地农民正应寂乐寺命令上山砍伐木材时，地头则强迫征发农民往京都的"人夫"，并对农民的"卧田"、薄田按面积增征税款，责令用钱币支付。阿氏川庄下村在家农民24人中，有11人被强迫征收"草刈役"，并要用钱币相抵。[①] 面对超强度的负担，农民们除了用剩余农产品换取货币，还出现卖地、出卖或典当家财、借高利贷获得货币的情况。农民为了获得货币而不惜卖地、典当财物、借高利贷的情况，在高野山领地神野、真国、猿川三庄庄官的一份文书中有记述：

当庄狼籍事

押买事、押入智事、犯他妻事、野取马牛事、号凭支（系指高利贷者）乞取百姓钱事

右此五条，自今以后，可令停止，若有违犯之辈，应速速注进寺家。又庄官等不可置若罔闻，科怠者，可临时予以评定也。[②]

上述引文中的"号凭支乞取百姓钱事"，说明货币使用的普遍化。

其次是庄园市场的出现。前面叙述的中世前期京都、镰仓以及各地行政中心国府的发展和大神社、寺院门前市的状况，这种城市格局和市场交流状况并无根本的改变。国府之间、国府与京都、镰仓间的交通和商贸更趋发达，各地间的物资交流由于货币的流通而愈加活跃。镰仓幕

① 儿玉幸多等编『史料による日本の歩み・中世編』，吉川弘文馆1958年、139—140、174页。
② 儿玉幸多等编『史料による日本の歩み・中世編』，吉川弘文馆1958年、174页。

府中期以后，一个突出的现象就是交换市场在广大农村地区的出现。过去自给自足的农村经济，由于市场的发展日渐衰弱。当时，最基层的市场就是"庄园市场"，大致从 1300 年（正安二）开始，增加趋势较为明显。

庄园市场基本上是定期开放的，以每月三次（二日、十二日、二十二日）最为普遍。市场开设地点，大多在庄园领主馆附近，或庄园范围内的寺社门前、道路要地。贩卖的主要是本地农产品，如米、杂谷、粟、芝麻、苎麻、蔬菜、水果等，庄园手工业者的桶、杓、锹等日常的生活、生产用品。也有从远处运来的货物，如布、绫、腰刀之类。

庄园市场的规模，大致有二十余间店铺。这些店铺是一些简陋的小屋，一般不住人，但也有一些专事商卖的小本生意的人定住市场小屋，称为"市场在家"。据《东寺百合文书俱》记载，该寺所属备中国新见庄设有市场，是月三次的定期市，1271 年（文永八）二月该庄园做过一次调查，其中涉及庄园市场。据调查，该庄园市场有"市场在家"十余家。①

庄园市场也设有管理者（"市场沙汰人"），负责市场事务，如开市、闭市、物价等，市场在家每年要向庄园地头缴纳大约 200 至 300 文的市场税（"市课料"）。

第三是商业、手工业和交通运输业的专业组织的出现。进入镰仓时代以后，商业的繁盛以及流通的加速促进了商业、手工业者分工的细化，专业组织也应运而生并迅速增加。这种专业组织称为"座""问丸"。

"座"的最早出现大约在 11 世纪末和 12 世纪初，如东大寺的锻冶座等。进入镰仓时代后，在大都市和经济发达地区增加十分明显。"座"的起源是朝廷、幕府等公家机关、大神社、寺院以及贵族等所属的手工业者随着商业发展，生产不同专业的产品，并与贩卖、交通运输等流通环节相结合，以原有的生产地为据点，构成同业集团。据现知的资料，同业集团座大多为寺院系统所属，如延历寺的带座、吴服座、纸座、伯乐座，四天王寺的筵座、纸座，兴福寺的盐座、油座、木绵座、土器座。神社系的有如石

---

① 児玉幸多等编『史料による日本の歩み・中世編』，吉川弘文館 1958 年、175—176 頁。

清水八幡宫的大山崎油座,北野神社的酒曲座,春日神社的素面座、唐笠座,祇园神社的绵座、绢座、材木座,日吉神社的盐座。另外还有京都附近服务于官僚机关所属的集团,如绀灰座、宿纸座、大舍人座、驾舆丁座、直垂座等,以及伊势的水银座、河内丹南专门供应藏人所灯笼等物的铸物师集团。所属贵族的专业集团有如西园寺氏家的盐合物座(鱼座)、近卫氏家的箔屋座、三条西家的青苎座等。

　　"座"在特定的地域不但拥有免除营业税、市场税和关税的特权,而且还拥有特定的垄断权。如 1226 年(嘉禄二)九月以及 1304 年(嘉元二)八月,大宰府守护所先后下达官府文件,宣布对笥崎八幡宫的油座实施保护,其在大宰府范围内的诸国间往返,"津津关关不可有其烦",即油座在九州地区贩卖、交易等,均免除一切税收①,当然不是所有的座都可以享受"不可有其烦"待遇。例如 1303 年(嘉元元),石清水寺八幡宫为修缮骏河三昧塔,将所属的座和商人分成十组,轮流提供人夫,且不得懈怠,十组座和商人分别如下:

　　　一组堂达座、绢座、引入座;

　　　二组六位俗官座、布座;

　　　三组山城方祢宜座、新绵座、古绵座;

　　　四组宫守座、染物卖座、鲜卖座;

　　　五组巡检众座;

　　　六组轻物座、绀座;

　　　七组卖上座、盐座;

　　　八组皮染座、和布座;

　　　九组果子座、生鱼座;

　　　十组药座、盐鱼座。②

　　以上十组的座名,不但说明各座对石清水八幡宫有应征夫役的义

---

① 児玉幸多等編『史料による日本の歩み・中世編』、吉川弘文館 1958 年、178 頁。
② 児玉幸多等編『史料による日本の歩み・ 中世編』、吉川弘文館 1958 年、179 頁。

务,而且也说明一座神社其所设座的专业的广泛性,包括了生活必需的各个方面。

"问""问丸",是从事物资管理和中间交易的商人。由于他们在物资流通中的重要作用,各庄园领主大多任命商人作为自己的"问职"。"问""问丸"的主要经营内容是物资的运输,其中主要是年贡的运输。高野山延历寺于 1286 年二月为了年贡的输送,专门发布"问宛状",任命"问职":"纪伊国南部庄高野山年贡输送之问职事,以圆泷房所补任彼职也,仍御状如件。"①

除了年贡外,作为商品的各地特产运输也很繁忙。运输工具一是船,二是马。专门运货船《长秋记》中称为"储船"。除储船水路运输外,陆路的马驮货物也至关重要。但陆路马驮的费用合理与否,对运输物的损失大小关系甚大。以驮米为例,如果运费合理,则运输途中米很少损失,相反则会有所损失:"若减驮赁,则马借丸令损御米。驮赁价高,本米于海津,请取御米之间不损米也。马以十三匹为一类。"②

有时物资的运输需要海、陆路配合进行。如运往比叡山的"劝学讲米",从产地藤岛庄海运开始,途中在敦贺登陆,保存在问丸的仓库内,再从仓库运输入山。

到镰仓幕府末期,随着交换经济的扩大,问丸摆脱原有的隶属关系,开始独立,成为专门的货物中介业者、运输业者、商品委托贩卖者。

第四是货币汇兑业以及典当业的出现。货币的汇兑、存贷业("为替")和典当业("土仓")的出现是货币经济发展的产物。汇兑、典当之间互为促进,汇兑业者为保证贷款的安全回收,要求贷者用实物抵押,抵押物被保管在"土仓"内,逐渐地"土仓"便成了高利贷的代名词。当然因急需用钱,贷者用实物抵押外,还用黄金、土地等抵押。如祇园神社所属备前国可真乡感神院免田五町,因该院法师私自急需用钱被抵押,贷得铜

---

① 児玉幸多等編『史料による日本の歩み・中世編』、吉川弘文館 1958 年、178 頁。
② 児玉幸多等編『史料による日本の歩み・中世編』、吉川弘文館 1958 年、177 頁。

钱十贯文。1272 年抵押贷钱,至 1276 年尚未赎出。为此,京都土仓组成
"寄合众",就感神院借贷事的处理进行协商,一致意见是若赎出抵押,则
归还土地,若无力赎回,则悉数没为土仓所有。[1] "土仓"业就是通过抵押
获取高利,致使贷者无力赎回抵物,日渐发达。"土仓"业在京都尤为兴
盛。《明月记》对此有一段详细的记载:"一昨日火事实说,乌丸西、油小
路东、七条坊门南、八条坊门北,拂地烧亡。土仓不知员数,商贾充满,海
内之财货只在其所云云。黄金之中务为其最,自翌日皆造作云云。商贾
富有之同类相访(仿)者,如山岳积置,先隔大路各引幔,居其中境,饭酒
肴不可胜计。"[2] "海内之财货只在其所",足见京都城南一带土仓、商贾
之盛。

第三节　社会生活

一、武者之世的展开

慈圆在《愚管抄》中将保元之乱(1156 年)作为"日本国之乱逆"的发
端,这场借助武士力量发生在天皇与上皇间的权力斗争,被认为是日本
历史进入"武者之世"的标志。[3] 虽然现在日本史学界并未采用这一原则
作为中世开始的标志,但将中世称为"武者之世"的说法却沿用了下来。
在各个权门并存的镰仓时代,武士社会进一步发展起来,武士的支配影
响力逐渐超过其他权门,成为政治、经济、社会各方面的支柱。

关于武士的形成,主要有安田元久的"在地领主论"、石井进的"国衙
军制论"、高桥昌明的"武士职能论"等观点[4],但讨论的焦点并不在于武
士出现的过程,而在于其身份被社会所承认、接纳的形式。安田一说侧
重于武士的自立合法性,即武士出现后以其实力而自成一家;石井一说

---

[1] 儿玉幸多等编『史料による日本の歩み・中世編』、吉川弘文館 1958 年、180—181 頁。

[2] 『明月記』文暦元年八月五日丁未条。

[3] 慈円『愚管抄』卷第四、日本古典文学大系。

[4] 王玉玲:"日本中世史研究综述",《南开日本研究》2015 年。

认为武士身份的合法性在于其参与到国衙军制中,进而作为"国之兵"而获得社会性的承认;高桥一说某种程度上则是对石井的回应,指出武士身份并非在国衙得到承认,而是在京都由天皇权力所认定的。

尽管对武士身份的成立方式存在认识分歧,不过一般看来,武士是伴随着平安时代中后期土地开垦而出现的阶层,这一点少有质疑。由于耕地时而荒废,时而复垦,良田较少,各地出现了不少以水田开发为中心的"开发领主"。他们在自己所在地方的要地构建居馆,进一步推进垦田开发。按照平安时代公家法,这些新开垦的土地属于开发者所有,并可作为财产被其后世继承。但成为私有财产的庄园土地逐渐扩展,与国司的支配产生交叉重叠,庄园与庄园之间也出现土地利益的争斗,为此开发领主开始对自己领有的庄园武装化,武士及武士团也就产生。因而最初的武士,就是地方上的开发领主,他们一般以自己所领有的地方作为自己的姓氏,如北条氏、足利氏、三浦氏、千叶氏、小山氏等,他们的原始领地也因此被称为"名字之地"①。根据 14 世纪初编写的幕府法制、诉讼制度入门书《沙汰未练书》,拥有"根本私领""本领",并获得将军赐予的御下文,其对领地的支配也被承认,这些开发领主即御家人。除此之外,即使拥有官位"侍",但不奉仕将军、不知行土地的则是非御家人。这两部分,就构成了镰仓武士的主体,拥有领地的御家人毫无疑问是镰仓幕府的统治支柱。②

不论御家人还是非御家人,作为武士,他们首先被认为是拥有军事技能的职能阶层。11 世纪中叶,被称为"武者""武士""兵"的军事专门阶层的活动开始活跃,以此作为"家业","武勇之家""兵之家"等家系就成立起来。12 世纪初编写的《今昔物语集》中,在谈到以平将门、平良文、平维茂、源赖信、源赖义、源赖家等为首的武士会战时,就有很多"继承家业之兵""兵之家"的用例,可见在当时武士已经作为家业被社会承认。在

---

① 石井進『鎌倉武士の実像』、岩波書店 2005 年、65 頁。
② 石井進『鎌倉武士の実像』、59 頁。

11 世纪前半期活跃的文人藤原明衡著成的《新猿乐记》中描写的"天下第一之武者",是披戴甲胄,以弓矢、太刀武装,指挥兵士,进行合战、夜袭、流镝马等的名人。这大致反映出当时乘在马上、手持弓箭或太刀,作为军事专门家的武士"弓马之士"的形象。[①]

这些"弓马之士"中被称为"武家栋梁",也是开创镰仓幕府的清河源氏,无疑是位于武士社会顶点的人。在石井进看来,源氏的发迹在于,首先在被任命为东国的国司之时,便积极拉拢组织隶属于国衙的"国之兵",然后通过接受朝廷的任命,对东国、奥羽地区大规模叛乱的镇压,获得了东国诸国的军事指挥权,进一步动员分国国司军队与地方豪强军队,同自己建立起私属性的主从制,这就构筑起了源氏"武家栋梁"的地位。至于源氏政权起于东国,也并非偶然性的。一方面东国是远离首都的边境,平安初期以来的奥羽两国对虾夷的征服运动中反抗与战斗这种军事紧张感深植于此;另一方面,当时这一区域大多还是未开发的原野,也盛产优良马匹,且用于制作武器与开垦农具原料的铁在各地都有分布和冶炼。在这种情况下,东国就为武士团的成长提供了地盘。[②] 在一系列的征伐中,支持源氏的东国开发领主便成为后来的御家人,他们直接效力于幕府。经过源平之争,镰仓幕府建立以后,逐渐将自己的势力扩展至全日本,不过对派至西国的御家人,采取了与东国武士不同的管理办法,即在西国,幕府要求各分国国衙制作分国内武士及御家人的名簿。

同近世武家社会不同,中世的武士是居住在所属领地的在地领主,到近世则被幕府统一要求居住至城下町与江户。继承了开发领主系谱的镰仓时代武士,扎根在从先祖继承下来的土地上,致力于不断扩大领地。通过上文提到的新补率法,被任命为庄园地头的御家人享有一系列经济特权,包括每十一町田地中划拨一町作为地头的免田,不用向国司缴纳租税;对于免田之外的田地,地头则享有每反田征收五升加征米的

---

① 石井進『鎌倉武士の実像』、65 頁。
② 石井進『鎌倉武士の実像』、68 頁。

权力,并且山野、河海的产物地头与国司均分收益,从犯罪者没收而来的财产则以二比一的比例在国司与地头间分成。除此之外,在为幕府的征战中,立下功勋的御家人还可以获得幕府给予的土地等恩赏,这些构成了御家人经济生活的基础。

御家人如何在自身领有土地上生活,石井进比作两个同心圆。其圆心是御家人自身的居馆,内圆是作为地头职获得的免田,外圆则是被任命负责管辖的庄、乡、保或者其他村落地域单位。[1] 作为圆心的武士居馆,不仅担任地头的御家人住在里面,由庄园领主任命的下级庄官、非御家人也住在里面,一般建在较高的台地或交通要冲,以利于对农村的支配。[2] 居馆一般为四边形,边长 100 到 200 米,面积规模从一两町起,大至十余町,一般以壕沟或土垒环绕起来作为军事防御,因此也称为"堀之内"或"土居"。尽管是戒备森严的要塞,但在居馆内生活设施一应俱全,既有领主及其家人、从者居住的家屋,还有下人的小屋,此外还包括养马的厩、冶炼锻造铁器的手工作业场所、储藏谷物的仓库等。居馆不仅是军事性据点、城郭,也是农业经营的基地以及地方的手工业中心、交通中心、交易中心,因此,这里自然也就成为武士领地开发事业的核心。

作为居馆的内圆是武士领有的直营田地,即免于向国司缴纳租税的免田、免税地,当时称为"佃""正作""御手作"等。由于位于居馆门前的位置,因而也称为"门田""门地"。这些直营田由下人、从者耕作,抑或是领地内的农民以夫役的形式劳作。这片土地一般被认为是附属于领主居馆的存在,经常和居馆所在的地基一并称为"堀之内"。在一些文书中写道:"就堀之内,先祖以来,检注之际,马鼻亦未曾敢相向",即国司或位于上层的庄园领主派遣来核定年成租税的检注使所骑乘的马也从不敢把鼻子对着堀之内的田地,意即作为开发领主的御家人的这片土地享有不输不入权。[3] 因此,这个内圆被武士视为自己的绝对私领,置于"名字

[1] 石井進『鎌倉武士の実像』、62 頁。
[2] 佐藤信ら編『詳説日本史研究・改訂版』、山川出版社 2008 年版、145 頁。
[3] 『鎌倉遺文』、第六一八七号。

之地"的中心位置上。在镰仓时代的地方社会,门田的大小反映着所有者的身份高低,如果内圆范围面积较大,显出该武士领主的身份较高。

居馆内圆往外扩展则是外圆,这里是作为开发领主、地头所能支配的地域范围。在其范围内一般有数个村落,众多住民,甚至还有别的武士团或者较小规模的开发领主。为保证对所在领地的支配,地头会将自己一族的子弟四散分封到所领的各个要地,让他们在那里建筑居馆,对地方进行监视与管理,地头则作为一族之长的惣领来对其进行支配。另外,村落中较有实力的农民,以及其他武士团的成员,会被吸纳为新的从者,然后地头作为主人来对他们进行支配。通过这样的努力,地头就对外圆的这个广域的范围实现了实质性的经营与管理。①

通过将自己的族人子弟分散到领地各处定居驻守,起到了与分封制相似的屏卫功能,保障了在地领主对整个庄园的管控。与此同时,这也是一种分割继承的办法,即作为地头的御家人将自己领有的土地细分开来分予自己的子弟,这些被分离出去的子弟被称为"分家",而留在核心的居馆中的则被称为"宗家"(本家)。在血缘关系与封赐土地的双重条件下,分家遵从于宗家的命令,由宗家与分家构成的整体被称为一门或一家。在一门当中,作为首长的宗家之长被称为惣领抑或家督,惣领之外的子弟被称为庶子。惣领在战时率领一门作战,平时则执行对先祖与氏神的祭祀,同时也是一门的利益与意见的代表人。再者,如果惣领为御家人,则同时肩负一门的军役负担。如京都大番役、镰仓番役等,幕府一并向惣领课一门的军役,再由惣领向庶子们进行任务的分配。这种以惣领为中心的武士团的存在方式被称为惣领制,以这种组织形式为基础,镰仓幕府对御家人进行统制。② 以分割继承制为前提的亲缘集团武士团对幕府的军役承担,以及镰仓中期抵抗元军征日带来的巨大负担,使得各地的御家人等武士较为贫困,其生活也就较为简朴。

---

① 石井进『鎌倉武士の実像』、63—64 頁。
② 佐藤信ら編『詳説日本史研究・改訂版』、146 頁。

从武士的实际生活来看，进入武士居馆的门首先是下人、随从居住的小屋或者马厩，在中央位置的则是主人居住、作为正房的母屋。其修建是以寝殿造为模本，然后进行简化，一般称为"武家造"。正面设有玄关，左右有较大的绿地，房顶是以木板盖的人字形屋顶。每栋房屋分开修建，并没有像寝殿造一样用廊桥将各处连接起来。房屋内部铺设木地板，只有在入座的地方才敷有榻榻米。武士一般穿着方领、敞袖、没有花纹的直垂礼服，这是平安时代一般庶民的服装。原本作为内衣的窄袖小袖服也变成平时的便装，男子用袴带、女子用细带系小袖服。正式的场合则一般着用作为贵族便装的丝绸服装"水干"。同公家相比，可以说武士的装束相当朴素。在饮食上，武士也很简朴。每天只有早餐与晚餐两顿，主食是糙米，日常食物一般为鲍贝、海蜇、梅干、盐、醋、米饭等。此外，尽管有杀生禁断令，但狩猎所得的鸟、野猪、鹿等也作为兽肉来食用。

日常生活中武士进行自身武艺的修炼，尤其是视为武士根本技能的射弓、骑马从小便严加训练，居馆内外经常举行犬追物、笠悬、流镝马、卷狩等兼具武艺训练的游戏活动。由于武士过着这种时刻准备战斗的生活，京都式的文化与游乐很难渗透到他们之中，因此，一般武士的知识水平也停留在非常低的阶段。但另一方面，融合武士的生活形成了武士独自的道德，这种道德在当时被称为"武士之习""兵之道"等，以作为主从关系基础的"忠"与维持一门团结的"孝"为根本理念，具体而言，则重视武勇、礼节、廉耻、正直、俭约、寡欲等。这些道德在武士每天严格的生活中自然产生，但这时还没形成理论体系，将这些整理概括为武士道这一思想体系是江户时代以后的事情。①

完成于1300年左右的《男衾三郎绘卷》是了解镰仓时代武士生活的生动史料，它描述的是居住在武藏国（今东京及周边地区）的男衾三郎与吉见二郎兄弟两人的故事。弟弟三郎是以武勇著称的豪者，哥哥二郎则过着风流的生活，但二郎在去京都的途中遭到山贼袭击，不通武艺、过于

① 佐藤信ら編『詳説日本史研究・改訂版』、146—147頁。

脆弱的他毙命于此。绘卷在描写到轻视武勇者之末路的同时,突出了三郎"既生于武勇之家,却钟爱花月,精通咏歌管弦,有何益处? 我家之人必骑驯烈马,不得怠于拉引强弓之训练"的主张。可以看出在镰仓时代,武艺被武士尊奉为自己的天职,怠于武艺修炼的人不会有好的结果,同时抛弃武士的简朴生活方式,追求京都贵族式的风雅生活也不被武士所看好。作为弟弟的三郎,无疑就是镰仓武士在生活方式、武艺修炼、道德实践上的典范。

为了追求三郎式的理想形象,除了通过实际生活中的训练与砥砺,在中世这个宗教的时代,武士们也透过他们对军神的信仰来为自身祝福、祈愿。在后白河法皇集录的《梁尘秘抄》中,就有"关(逢坂关)东之军神,鹿岛、香取、诹访之宫"这一首流行在平安末期京都的歌谣。其中提到的位于信浓国(今长野县)的诹访神社本社——诹访大社,在镰仓时代每年的春夏秋三个季节会举行四次入山狩猎的节庆祭祀活动,被称为"四度御狩"。其中最有名的是在农历七月末最后五天举行的御射山祭,诹访大社上社、下社分别以八岳南麓的原山、雾峰南边的山腰为目标地,众多参加者一齐爬上山,用杉木盖起临时的简易小屋作为山宫,进行祭典活动。然后在大明神面前,穿着华美武装的武士在山林中进行为期三天的大规模狩猎,把每天的猎获都奉献给神明,并与神明共饮酒食。从信浓国内赶来参加御射山祭最鼎盛时有一百多骑武士,热闹非凡地举行笠悬、相扑、竞马、骑马排列等活动,从其他各地赶来的参拜者也聚集到山间。对这一祭典活动,镰仓幕府也有支援,命令信浓国内的武士、地头等幕府御家人轮流负责奉仕该活动。尽管这给御家人们带来很沉重的负担,但能够参加于代表一国的一之宫(信浓国即诹访大社)举行的祭典活动,并在众多来访者面前展露武艺,对于武士、御家人而言是很高的荣誉。①

然而实际上,起源悠久的诹访神社最初以蛇、龙等水神与以雉镰作

---

① 石井進『鎌倉武士の実像』、312 頁。

为神器的风神为祭祀对象,原本是供奉祈求丰收的农业神神社,然而在镰仓时代逐渐与武神、军神联系起来,其中既有传统的关联,也有当时武士社会的背景。虽然没有明确的证据,但很早开始日本列岛农业神与狩猎神在农耕礼仪中就联系起来了,即在进行农业丰收祈祷之时,人们会献上狩猎而来的动物肉食,尤以鹿为代表。在《播磨国风土记》中就记载道,太古时期,神捕捉到鹿后,剥开其腹部,将鹿血洒向稻田,一夜之间禾苗催长。这样的神话,其实反映的是人类第一次劳动分工——原始狩猎与耕作农业相互独立后仍保持关联,而原始狩猎的技巧与武艺的技能又存在着相通性,因此,农业神与武神、军神的关联也并非不能理解。另一方面,在中世,武士的主流是骑着马、以弓战斗的骑兵队,以"日本屋脊"著称的信浓国正好有很多牧场,培育出不少良马,因此成长起来众多有实力的武士团,他们将信浓国一之宫——诹访大社作为军神、武神来信仰,在执行御射山祭等祭典活动的同时,也将这种信仰传播到了信浓国的其他地方。与此同时,诹访地区的豪族武士诹访氏,当时成为执掌镰仓幕府中后期实权的北条氏家臣,在北条氏的有力支援下,诹访氏的诹访信仰也逐渐扩散到日本全国其他地区。比如岛津氏在镰仓时代曾被任命为信浓国盐田庄、太田庄的地头,自然也在此期间负担、奉仕过诹访大社的相关祭典活动。回到萨摩国后,岛津氏在其"名字之地"岛津庄各地设立新的诹访神社的分社,这样就将诹访信仰传播到了今天的鹿儿岛县。

二、民众的生活

与武士的生活不同,处于社会另一端,作为被支配阶层的普通民众,其生活则是另一番光景。所谓普通民众,指的是对领主没有人身依附关系的自由民,其中的大部分是生活在庄园中的农民。他们需要承担上述各种租税徭役负担,在镰仓时代主要包括年贡与公事两部分。在幕府制定的法律《御成败式目》中,年贡的注解是"年年奉献"之物,强调的是下层民众向上层统治阶层缴纳之物;作为赋役的公事则与此相反,是由上层的朝廷、幕府分配给下层的民众徭役负担。

中世农民上缴的实物年贡，公领一般称之为"官物""正税"，在庄园也相似，另外上缴交给神社的叫作"上分"或"御初穗物"，大米在年贡品中的比例没有达到压倒性多数。在畿内、濑户内海周边、九州等西日本地区，征收大米作为年贡的庄园、公领占多数，但在美浓、尾张以东的东国地区基本是以绢、布、丝等衣料纤维制品作为年贡，比如美浓国的18个庄园、公领无一例外都是征收八丈绢作为年贡，"美浓八丈"是当地的著名产物。另外和美浓国一样，各个分国的年贡具有统一性，例如常陆的国绢、信浓与甲斐的布、但马的和纸、周防的槫、陆奥的黄金与马匹等，而且这种统一性在相邻诸国所在的地区也具有一定的共通性，如濑户内海上各个岛屿多以盐为年贡，在山阳道、山阴道靠近中国山脉的地区则多以铁等矿物为年贡，如安芸、备中、石见、出云、伯耆、隐岐等。[1] 总的来说，年贡不仅具有显示统治者支配意识的强制性外，还是代表当地生产结构、物产特色的象征。实际上，这也反映出中世时期在农业生产形态上，水田农业之外旱作农业仍占有相当比例。

如果说年贡相当于律令制下的租的话，那么公事则相当于庸和调，指的是在朝廷、幕府等举行公共仪式、活动时，百姓需向国家提供的义务劳役与地方特产等。其中主要为三类公事。第一类是在年中行事等节庆活动时，一般平民应奉上相关的准备物资。如在正月元旦时向领主奉上年糕，在五月五日端午及七月十五的盂兰盆时向领主献上瓜、茄子等。奉纳的对象除了庄园的地头、预所以外，也包括经常举办法事、祭典的寺庙与神社，变相地使平民也分担了庄园进行节庆活动时的部分必要费用；第二类是到地头、庄官的直营田上进行义务性的农业奉仕劳动，直营田是指位于武士居馆前的门田。奉仕劳动的内容一般包括插秧、除杂草、收割稻谷等，一般被认为是劳动性地租。围绕这一点，在地头、庄官与平民之间常发生纠纷，主要问题在于奉仕劳动时间的长短。因为在地

---

[1] 網野善彦『中世の民衆像』、岩波書店 2009 年、18—23 頁。

头、庄官的直营田劳动时,也正是农民需要在自己田地里劳作的农忙时节,如果奉仕时间太长,则会耽误自家田地的耕作。为此,针对一些地头、庄官恣意征发民力为其自身的田地耕作,农民也通过一定的形式来表达抗议与不满,因此大多数情况下,在插秧、除杂草、收割稻谷三个时节时,每个成年男子劳动力都须赴门田劳动三天,称为"农作三日";第三类公事是在庄园迎接从京都或镰仓派下地头、预所的代官、检注、劝农等庄官时,为宴会帮厨以及接送、送客等夫役,一般称为"境迎""三日厨"等。① 总体上,年贡与公事就构成当时普通平民需要为统治阶层所负担的义务,在完成这些义务之后才能够安心地经营自己的生活。

由于中世时期的农业生产仍然是"靠天吃饭",抵御暴雨、洪水、干旱、蝗灾等灾害等的能力较弱,生产稳定性难以得到保证。在灾害发生时,年贡与公事等百姓负担就变为难以完成的任务,这时作为年贡承担者的成年男子就会逃散。但这种逃散并不全是逃避租税的非法行为,而是在满足一定程序的情况下是被允许的。在平安末期、镰仓初期,这种逃散还比较少,但到镰仓中期以后就逐渐变得多起来。在逃散前村落中的男子集合起来举行协商,针对庄官、领主的压榨等进行讨论,根据多数意见做出裁决,并制成称为"百姓等申状"的檄文,同意者须联署压印,然后递交副本给庄官、领主。之后会在当地的镇守神社门前进行"一味神水"的仪式,即在檄文纸上盖上寺院等制作的神符宝印,将其烧为灰烬后与水混合,分与众人饮下,同时敲击钟、鳄口、钲等打击乐器,以这种咒术性的行为祈求神佛的护佑。如果庄园不满足"百姓等申状"中提出的减免年贡、纠弹地头及代官的非法行为等要求,成年男子便可以逃散至山野或其他庄园去另谋生路。②

逃散还有一大前提,即需要完成当年的年贡,只有在这一情况下,男子一旦逃散,其留下来的妻儿和财产才不会被庄园侵占,这在幕府颁布

---

① 網野善彦『中世の民衆像』、48—54 頁。
② 青木美智男・入間田宣男ら編『一揆・1・一揆史入門』、東京大学出版会 1981 年、41—45 頁。

的法律《御成败式目》中有如下明确规定："诸国住民逃脱之时,其领主称之为逃毁,抑留其妻儿,夺取其资财",这种行为的"企图与仁政大相背离",如果有未缴纳完成的年贡应补交,但"去留应任民意所好"①。这种"百姓等申状""一味神水"的农民斗争,可以视为室町时代兴盛的一揆前身,不过在规模上远不能与后者相提并论,也大致反映出中世以来农民自立性的提高,以这种自立性为背景,村落内部逐渐形成庄规、村约。在这一过程中,与寻求来自上层庄园的荫庇不同,为求生存而从基层内部团结衍生出的中世村落共同体逐渐形成。

　　作为一个村落共同体的成员,百姓在平常生活中还是具有相对的稳定性。在中世,成为独立的社会人,男子是以 15 岁为界限,15 岁之后意味着在违法犯罪之时将会接受刑罚的制裁,不再有对少年的宽宥。另外,成人也意味着拥有了参加村落集体会议——"寄合"的权利,成为村落共同体的一员。再者,作为一个独立的社会个体,也拥有参加一揆等社会运动的权利,面对天灾人祸时也可以自主决定卖身为奴与否,进而在人身依附关系中得以延续生命。在 15 岁这一重大的生命节点自然也不会缺少成人礼仪式,首先是"乌帽子成",与中国古代的"弱冠"仪式相似,男子束发为髻,盘在头上,由仪式前指定好的村中有威望的人(被称为"乌帽子亲")为其亲自授予并戴上乌帽子。在当时的社会生活中,佩戴乌帽子就是独立成人的象征,如若被人看到未戴乌帽子则认为是自己的耻辱。在"乌帽子成"后还有另一个叫做"官途成"的仪式,即在男子从小一直使用的假名名字(如"太郎""次郎"等通称)前加上"左卫门""右卫门""大夫""权守"等官职名,如"太郎左卫门"。这一寓意成年男子能够取得功名的仪式在缺乏社会流动性的当时,普及程度存在一定疑问,因为能够出仕的一般仅限于社会上层。不过佩戴乌帽子,在当时则是无论天皇、贵族,还是武士、手工业者、村民都要遵循的民俗,只是乌帽子的规格、样式存在不同。在通过"乌帽子成"与"官途成"等仪式后,成年男子

①『御成败式目』四十二条。

作为一名独立的社会人身份才得到确立。这些仪式需要在村落的组织"宫座"举行,并由其他的村民共同见证,以表示其作为村落共同体一分子的身份得以承认,这一过程又被称为"入座"①。

宫座是当时村落共同体的核心,不仅是村落日常管理的中枢,还负责组织农耕仪式,以祈求风调雨顺、保证农业生产。宫座一般由被称为"众座"的村庄上层农民构成,一般设在村落中的神社或寺庙。在村落管理方面,宫座会制定村落共同体所有人必须遵守的村规、村约,这被称为"村掟"。如弘长二年(1262)近江国奥嶋庄十五名百姓联署达成的"庄隐规文"②,里面包括成年男子若中伤、诽谤他人,将被驱赶出庄园,若是妻子、儿女的话则会被关在小屋中处以火刑。通常认为这是最早的村规,大致到13世纪中期形成了基于村落内不同阶层达成契约基础上的"惣掟"。之所以会对这一行为采取严厉的惩罚,是因为中伤、诽谤经常会带来纠纷、争执,在镰仓幕府的武家法律《御成败式目》中也有规定,情况严重者将被处以流刑。③

另一方面,宫座还会根据一年四季的农业活动安排相关的农业祭祀,反映出当时农业生产力较低、抵御自然灾害能力较弱的状况。一般说来,首先在农历正月会举行修正会,是模仿京都朝廷的修正会形式,于一年开始之时祈祷国家安康、五谷丰收。紧接着在正月十五前后进行"游田"的活动,这是预祝丰收的农耕祭祀活动。百姓聚集在镇守神社前,模仿各种农业耕作的动作,配合着笛、太鼓等表演。表演的具体内容因地区而异,稻作地区一般以起田、插秧、除草、割稻等动作为主。同修正会具有较强的国家色彩不同,游田则是根植于村落生活的祭礼活动。除此之外,二月有祭田神,四月有祭家神,十一月有庆祝丰收、感谢神灵的神祭等。④ 这些活动在祈祷农业丰收的同时,也潜移默化地增强了村

---

① 木村茂光『中世社会の成り立ち』、吉川弘文館 2009 年、92—93 頁。
②『鎌倉遺文』八八八一号。
③ 木村茂光『中世社会の成り立ち』、192—194 頁。
④ 木村茂光『中世社会の成り立ち』、194—196 頁。

落的凝聚力,同村规一起共同促进着村落共同体的形成,某种程度上可以被视为中世后期战国时代惣村的雏形。

在百姓的租税负担与村落共同体的环境下,百姓个人的生活才得以展开。不过由于史料的匮乏,尽管近年来民众史有所进展,但要窥探这一时期民众的具体生活仍是十分困难。目前最直观的便是通过当时遗留下来的绘卷来进行考察,例如以时宗僧侣一遍传教沿途风土人情为主题制成的《一遍上人绘卷》,被认为较为写实地反映了镰仓时代的社会风貌。从服装来看,当时普通百姓衣着以小袖为主。男子以两部形式为主,上半身着小袖,下半身着袴,头上则戴有标志成人的乌帽子;女子则流行一部形式的小袖,除了巫女,少有穿着男子衣裳。当然,不同阶层百姓服装的质地、纹样、款式有不同,不过大体说来到中世后期朝鲜半岛传来棉花之前,日本平民服装衣料仍是以易于旱地种植、吸水性良好、质地较为结实的苎麻为主。①

从文献资料来看,随着土地开垦、庄园开发,在饮食上以大米为主食的生活习惯在中世开始逐渐形成,不过多为麦饭等与杂粮混合搭配的形式。对这一时期饮食史关注较多的在于肉食问题,即由佛教传入日本而带来的禁止杀生及对肉食的否定。在六道轮回思想下,出于对众生的怜悯,佛教主张不食肉,传入日本后"杀生戒"日益得到社会上层信众的支持,自天武天皇在 675 年公布《杀生禁断令》以后一直维持至近代。因此,原则上牛、马、犬、鸡等动物肉禁止食用,普通百姓的饮食生活也只能在这一制度下进行。但在镰仓时代,饮食中也并没有完全排除肉食,甚至仍有容许食肉的声音。首先,作为武士的时代,镰仓时期武士精于狩猎,食肉对于他们也是比较平常之事,但受制于佛教意识形态,这一习惯也逐渐发生变化,在较为偏远的山林中食肉的习俗仍有所保留。另外,虽然佛教禁止杀生食肉,但在镰仓时代兴起的新佛教却提出新说法,净土宗开山祖师法然认为吃鱼、鸟、鹿肉虽是罪孽,但和喝酒一样,是在这

---

① 原田信男『中世の村のかたちと暮らし』、角川文芸出版、2008 年、153—161 頁。

个世上不得不做的无奈之举。其弟子、开创了净土真宗的亲鸾在之后更是区分出十种不净肉和三种净肉，并主张若非本人亲手杀死的动物肉，在一定条件下便可以食用。而且进一步亲鸾倡导恶人正机说，认为只要通过认真念佛，即使是从事屠杀之业的猎师、从事交易的商人也可以得到永生，因此，亲鸾自己也食肉。正是在这样相对宽松的环境下，尽管存在对肉食的污秽、歧视观念，但也并不像室町时代以后那样严格，因此，这一时期肉食还并未完全消失。①

可以看到，无论是对食肉的禁止还是容许，都未脱离佛教的影响，由此可以窥探在"宗教的时代"中宗教信仰对民众生活的渗透力量。在当时佛教各宗派中，对民众影响较大的主要是被称为"念佛三宗"的净土宗、净土真宗、时宗，这三个宗派是镰仓新佛教的代表。其兴起背景是镇护国家的平安时代旧佛教信众多为实力强大的贵族，寺庙卷入了政治、经济等现世利益的争夺，在这种情况下，产生了更加关心拯救苍生的三宗，因而也具有更强的草根性。与旧佛教的复杂教义、严格戒律相比，念佛三宗不仅在动机、目的上一新，还在信仰方式上更为贴近底层百姓，并不需要艰难的修行，各个宗派均从庞杂的佛教经典中选取一部作为教谕来传布，并倡导只要专修此经便可得到精神上的拯救，这一简单易行的传教方式使武士与庶民竞相皈依。

例如，净土宗的法然主张只要口头上不断重复"南无阿弥陀佛"，无论是谁均可达到通往极乐净土的往生；净土真宗的亲鸾也主张只要怀有对阿弥陀佛的信仰，在念佛的那一瞬间便可得到极乐往生，加之他在东国向农民传布自己的教谕，因而获得了很多农民信众；时宗的一遍更是主张不论是否信仰佛祖，只要唱诵"南无阿弥陀佛"的名号，不管是谁都能实现极乐往生，而且在传布过程中他还兴起了念佛舞这一信仰形式，为数众多的民众也都加入这一狂热的念佛舞中。② 尽管这三个宗派在教

---

① 原田信男『中世の村のかたちと暮らし』、171—173 頁。
② 佐藤信ら編『詳説日本史研究・改訂版』、161—163 頁。

谕上有所不同,但在信仰实践方面都具有"易行"的特点,即通过以念佛为主的信仰形式便可获得佛祖的拯救、通往极乐世界,对于普通民众而言,不会带来较大的时间成本与经济负担,因而简单易行。与从宋元传入日本的禅宗构成对比,相对于需要个人内力进行修悟的禅宗,念佛三宗更重视借助形式上的外力,使得佛教在信众上区分不同的社会阶层,作为有闲阶层的贵族多信奉平安时代及之前传入的佛教宗派,代表新兴武士力量的幕府则将契合武士精神的禅宗作为自我的意识形态,而普通民众则多信仰简单易行、借助外力的念佛三宗。

　　面对这样的情况,旧佛教在借助朝廷、幕府的政治力量打压新佛教的同时,其内部也出现提倡革新的僧侣,如华严宗的高辩、法相宗的贞庆就致力于整肃戒律、肃正风气。与此同时,切实关注苍生、救济社会弱势群体的行动也在旧佛教中产生,如忍性(1217—1303)。忍性出身律宗,主要从事救济穷人、病人的社会事业,在后世为其编写的年谱中将其概括为:

　　马衣并帷与非人,都合三万三千领。

　　水田一百八十町,寄进圣迹三十二。

　　亘桥一百八十九,作道七十一箇所。

　　三十三所堀井水,六十三所杀生禁。

　　浴室病屋非人所,各立五所休苦辛。[①]

　　尤其是忍性在 25 岁左右,数年背负行路不便的奈良坂麻风病人去他们乞讨的集市町街,被传为美谈,极乐寺藏《性公大德谱》就写到"修悲田院济乞白,不堪行步疹癞人。自负送迎奈良市,所有衣服施非人"[②]。具体则包括在奈良建立了收养设施北山十八间户,在镰仓担任极乐寺住持时建立了收容病患者并帮助治疗的疗病院,收容无家可归者与年老之

---

① 『性公大德譜』、紙本墨書、明治一四年(1881)版、奈良西大寺所蔵、奈良国立博物館「生誕 800 年記念特別展:忍性—救済に捧げた生涯—」(2016)。

② 『性公大德譜』、極楽寺所蔵、奈良国立博物館「生誕 800 年記念特別展:忍性—救済に捧げた生涯—」(2016)。

人的悲田院,提供简易住所的癫宿等。① 在被收容的人当中,有一大部分是属于当时受到歧视的非人,他们一般是从事处理尸体、刑吏、扫除、皮革等被认为与污秽之物有关的工作,另外也包括病患者、囚徒等从事乞讨的人,多集中于京都、奈良、大阪、镰仓等地,他们构成了当时社会的最底层。

像非人这样的受歧视的社会底层,一般生活在城市中靠近墓地的地方,如作为抛尸场所的河滩地带,搭盖起简单的木制棚户作为居所,因而也多被成为"河原人",这样河原就成为与正常世界隔离开来、为非人等提供栖身之所的"无缘"之地。② 但每当夏季暴雨洪水来临时他们也是最先罹难者,大雨之后河滩往往横尸遍野。从社会功能来看,非人由于出身低贱,承担了处理污秽的"清目"功能,以此作为其职能而获得免缴租税,成为职人中的一个组成部分。③ 但由于污秽观念的加深,非人也逐渐受到社会的歧视,因而生活处境艰难,也正是这样才有了忍性等的社会救济活动。

在镰仓时代,非人所归属的职人群体开始出现,这也体现出中世以后社会的多样化。当时的"职人"原本指称以特定技能来负责庄园管理的名主、庄官、下司、公文、田所、总追捕等下级庄官,按照其奉仕对象的不同有着不同的称呼。如奉仕天皇的职人一般称为"御供人",奉仕摄关家时多称为"殿下细工""殿下赞人",奉仕寺院时被称为诸如"山门西塔释迦堂寄人",奉仕神社时则是"石清水八幡神人""春日社神人""日吉神人"。虽然也有以其艺能加以称呼,如酒曲卖、铸物师、桧物作手、绵卖、鱼贝卖等,但在正式文书中仍以御供人、寄人、神人等称呼为主。他们凭借自己的手艺为社会上层进行奉仕活动,但并不是一对一的从事关系,

---

① 张睿麒:《镰仓时代僧侣的非人救济活动——以忍性为中心》,浙江工商大学东方语言文化学院日语语言文学专业硕士学位论文,2011 年 12 月。
② 網野善彦『増補 無縁・公界・楽——日本中世の自由と平和』、平凡社 1996 年、145—147 頁。
③ 網野善彦『中世の非人と遊女』、明石書店 1994 年、30—39 頁。

而是同一职人可以奉仕不同的权门,叫作"诸方兼带"。但职人与其他的社会成员不同,一方面不需像农民一样缴纳年贡与公事,另一方面则不同于人身依附于庄园领主、贵族的下人、所从,他们作为自由民,可以在全国各地巡游奉仕。正是通过他们的活动,京都、镰仓的文化也逐渐地传播到了地方,某种程度上促进了日本列岛文化的趋同。①

三、女性与家庭

在 14 世纪及之前,社会上层的女性被作为工具,她们的婚姻常被贵族间、武士间的政治、经济利益捆绑在一起,著名的藤原家族为了稳固自身的摄政、关白地位便不断地将自家女子嫁给皇室。与此相同,进入中世后,公家仍然重复着相似的联姻,另一方面这也扩展到新兴起的武士阶层,这样来看上层女性生活在男权控制的世界当中。② 但实际上,处于古代与近世之间的中世,其特点之一包括女性社会地位的转变。在镰仓后期 14 世纪之前,女性在日本社会中还是占有较高地位的,不论是神话故事中扑朔迷离的女性形象,还是考古文物中形态各异的女性土偶,抑或是现实政治中迭出不穷的女性天皇,以及创作出被视为日本国风文化重要部分"物语"的女性贵族。有学者统计,在奈良时代的 85 年间,真正由男性掌权的时间仅为 14 年,不足五分之一。③ 这种女性占有较高社会地位的状况一直维持到中世前期,包括院政时期及镰仓中前期。

在院政期之前,所谓"女院"已经出现,将院号赐予太后、后妃、公主等天皇的近亲女性,给予她们特别待遇的一种办法。最早的女院是一条天皇生母东三条院(962—1001),但到院政期以后,女院的对象逐渐变成上皇的母后、后妃及女儿等,其享受的优待也扩展到拥有大量的寄进庄园。如在平安时代后期,鸟羽上皇向其女儿八条院(1137—1211)赠送约

---

① 網野善彦『中世の民衆像』,岩波書店 2009 年、64—81 頁。
② [美]威廉·E. 迪尔著,刘曙野等译:《探寻中世和近世日本文明》,商务印书馆 2010 年,第 176 页。
③ 杨雯雯、汤美佳:"论日本女性地位从古代到近世的变化",《安徽文学》2011 年第 12 期。

一百余处庄园,后白河法皇寄进给长讲堂寄的庄园群到镰仓时代初期甚至达到了约一百八十余处。① 女院拥有大量庄园,一方面说明女性在当时具有继承财产的权利,另一方面基于庞大财力的女院成为院政的经济支柱之一,通过将部分庄园集聚到未婚内亲王(公主),防止寄进给天皇家的庄园外流,同时在政治上女院也起到拱卫王权的作用,而且她们自身也有较为活跃的宫廷文化活动,对和歌的发展也有一定贡献。可见,最晚到中世前期,在贵族这一层面,女性还是活跃于经济、政治、文化活动中,拥有较高社会地位。

即使进入镰仓时代这一特征也有所保留,如源赖朝去世后,其妻北条政子虽然出家,但在幕后左右幕政,因而有着"尼将军"之称。此外,在社会上层,不论公家还是武士家,此时都盛行由乳母来哺育幼子,一方面乳母年老后,已成人的乳子会通过赐予其庄园、免除课役等方式来担负起照顾乳母的部分责任。同时,以乳母为终结,乳母的儿子会成为乳子的乌帽子亲,见证其成人的仪式,从而缔结成主从关系与拟制亲子关系,乳母整个家族便为乳子奉仕,间接地获得社会地位的提升。但从源实朝开始,对乳子的养育与教育在乳母、乳父之间发生分离,即乳父更多地担负起了"傅"的角色,对乳子进行后天的教育,某种程度上这也意味着男女社会地位的转变。②

仅从文献史料来看,对于上层社会之外的女性世界所知更为有限。仅供窥探当时普通女性生活的主要是创作于当时的绘卷等图像资料,但主要局限于这些女性的职业活动。如在日本历史教科书中,大多会提及将炭薪顶在头上游走贩卖的"大原女"、在京都售卖桂川里捕捞起的香鱼的"桂女"等。在完成于镰仓时期的绘卷《直干申文》中描绘的小摊棚和《一遍圣绘》中福冈集市的风景里面,都毫无例外地能看到售卖货物的女性身影。在《今昔物语集》中有将蛇涂上盐腌制后作为鱼肉出售给下级

---

① 佐藤信ら編『詳説日本史研究・改訂版』、124 頁。
② 田端泰子『乳母の力:歴史を支えた女たち』、吉川弘文館 2005 年、205 頁。

官吏的女性(卷三十一第三十一话),还有将醉酒之人的呕吐物混入香鱼寿司来售卖的女性(卷三十一第三十二话)等。[①] 对于女性在这一时期自由进出职场的状况,网野善彦指出:"值得注意的是,在金融、商业领域,女性的活动非常突出。女性在这个时代从事养蚕,生产丝、棉布和绢,用苎麻织布,等等,也亲自到集市上进行买卖。在窄袖便服和棉布等纺织制品商人中,广泛可见祇园社的绵座神人那样有着正式的神人和供御人称号的女性。此外,生鱼和贝类、精进物(蔬菜)、柴炭等的商人也和六角町供御人、桂女、精进供御人、大原女等一样,都是女性。这一时期,女性对钱币及其他动产拥有独自的权利,进而成为借上、土仓,不少女性以钱为资本富裕起来。一般认为其背景在于女性是家中"涂笼""纳户"的管理者。而且,当时城市的房主中女性非常多。[②]

上述状况至少到中世后期也大体得以维持。胁田晴子在对完成于明应九年(1500)的"七十一番歌合"考察后指出,战国时期"与基本生活部分相关的工商业,男女共同从事,如果要说哪一边比重大的话,则是女性这一方";但"要求较高技术的手工业,除开服装、扇子以外,大多由男性主导,食在专门化后,厨师也为男性",此外"在宗教、艺能相关的职业也一样,与支配体制相关联的部门中,男性变多起来"[③]。

在世俗生活之外,佛教、神道教等宗教的看法也一定程度上左右着女性的社会地位。传统的平安旧佛教一般重男轻女,对女性持消极的态度,比如天台宗比叡山、真言宗高野山都较为严格地限制女性踏入这两处佛家圣地,并声称女性不能达到佛教修行的最高境界。与之相对,镰仓新佛教在秉持拯救苍生的观念下,扩大了信众基础,其中也包括女性信徒,如净土宗认为女性也可以参加到佛教活动中,并能够得到佛陀的

---

① 木村茂光『中世社会の成り立ち』、126 页。

② [日]网野善彦著,刘军、饶雪梅译:《日本社会的历史(修订版)》,社会科学文献出版社 2012 年,第 223—224 页。

③ 胁田晴子「中世女性の役割分担——勾当内侍・贩女・劝进比丘尼」、総合女性史研究会編『日本女性史論集・6・女性の暮らしと労働』、吉川弘文館 1998 年、58 页。

救赎,其开山祖师法然也欢迎女性加入。此外,以尼姑庵为代表的部分佛教寺庙在保护受家庭伤害的女性这一方面,也开始发挥着比较积极的作用,这些寺庙一般被称作"切缘寺"(緣切り寺),如镰仓的东庆寺。所谓"切缘"指的是切除、斩断原有的不好姻缘,这些切缘寺为逃出家庭的女性提供了避难之所,丈夫一般不能随意将她们带回。这种情况称为"无缘",因为它为女性提供了一个可以保全自我的自由空间,免受社会秩序伦常的束缚。[①] 日本的本土宗教神道教对女性的态度也比较暧昧,一方面神道教尊奉的神灵中不少为女神,包括处于神阶最高位置的太阳神——天照大神,重要的神社如伊势神宫的神官也由女性皇室成员出任;另一方面,出于对血液的污秽观念,不少地方神社却不允许女性进入神山灵场,乃至不允许参加神社活动。[②]

总的来说,直到中世前期,女性在日本社会中的地位与自由程度并非今天对日本女性的刻板印象那般。美国学者阿尔伯特·克雷格也指出,生长在镰仓时代这一武家社会中的女人与后来相区别开来,"武士家族出生的女儿和儿子一样接受箭术及其他军事技能的训练","女子可以继承一部分家族庄园,可以拥有自己的财产,还可以继承地头的职位"[③]。可以说当时较高的女性社会地位,某种程度上建立在其对财产的继承与拥有权上。然而到镰仓幕府后期,这一情形就开始发生变化。

"文永之役""弘安之役"元军两次征日,他国铁骑虽并未登上日本本土,但也着实给日本带来较大的影响。在社会方面,幕府为应对可能再度袭来的外来威胁,加强了九州地区的防卫,在博多设置镇西探题,并将战时的异国警备的轮流军役常态化,加重了御家人的负担,不少御家人陷入了经济上的穷困。再加上本来在镰仓中期以后御家人生活日益穷困,因没有战事,也就不可能有新的恩赐土地,也就无法补充因分割继承

---

① 網野善彦『無縁·公界·楽:日本中世の自由と平和』,平凡社 1978 年。

② [美]威廉·E.迪尔著:《探寻中世和近世日本文明》,第 315—316 页。

③ [美]阿尔伯特·克雷格著,李虎、林娟译:《哈佛日本文明简史(插图修订版)》,世界图书出版公司北京公司 2014 年,第 43 页。

带来的领地细碎化。作为应对，原本给予女性的继承财产首先遭到削除，使得女性地位相对下降。之后，为防止家产分配产生的小规模兄弟家系难以为继，逐渐地惣领将家督的地位及全部领地都传给一个继承者，出现单独继承制。这时，即使将土地分配给女性，也仅限她本人这一代，一旦去世，按照约定，土地必须归还给娘家，逐渐成为惯例。[1] 在这个过程中，根本性原因在于平安时代以后封建土地所有制的变化，即从公地公民制向庄园公领制转变，私有财产的增加衍生使得男性在生产、创造财富当中发挥着越来越大的作用，因此带来了男性社会地位的提高。[2]

　　作为男女社会地位变动的结果，不光是女性财产继承权的丧失，还包括婚姻形态从招婿婚向嫁娶婚的转变。招婿婚，是在武家社会形成前在日本占据主导地位的婚姻形态，将男方招赘入女方一侧，其中妻子一方的父亲作为婚主享有较高的决定权；然而嫁娶婚是女方嫁入男方，丈夫一方的决定权突显起来。但在承久之乱（1221年）到南北朝开始（1336年）之间，婚姻的主要形态却是拟制招婿婚，虽然同后世一样是在丈夫家迎娶妻子，但丈夫家的宅第却仍与平安时代及以前一样被视为应为妻子领有，因而一旦迎娶进妻子，丈夫一方的同族族人就必须退出宅第，不能一起生活。大体说来，拟制招婿婚有两种形式：一种是在婚姻开始时，丈夫一方的父母便率领自己的族人避居他处，其后再迎娶妻子进入家门，举行招婿婚礼；另一种是招婿婚礼在妻子一方举行，等待相当一段时间，丈夫一方的父母、族人避居他处或自然死亡后，妻子再移居到丈夫家中。在这一婚姻形态下，一方面，可以看到在日本社会中"家乃女人之物"的传统意识，女性财产权在镰仓时期仍有延续；另一方面，看似婚姻主导权仍在女方一侧，但女方被男方一侧迎娶进家门在日本社会出现还是首次，这被认为是招婿婚原理"最后的抵抗"，自室町时代以后嫁娶婚便在日本社会逐渐普及开来。[3]

---

① 佐藤信ら編『詳説日本史研究・改訂版』、154頁。
② 李卓著：《家族制度与日本的近代化》，天津人民出版社1997年，第19页。
③ 高群逸枝『日本婚姻史』、至文堂1963年、175—176頁。

随着婚姻形态的转变,除了女性地位的下降外,家庭的观念与形式也发生变化,例如家格、家业意识的强化。在上层社会贵族中,10、11 世纪时,宅邸、领有庄园由女性继承并不少见,甚至连父辈、祖先的日记也可以传给女性,藤原师辅的日记《九历》就经由孙子藤原行成传给了女儿。对于需要从事政务的贵族们而言,祖先的日记、文书、仪式书等弥足珍贵,但并非只传给男性。不过到了 12 世纪后,这些历代传下的日记被认为是男系子孙的所有,是象征家族的存在,因而被称为"家记"或"家文书"。在这种情况下,"家记""家文书"也逐渐仅传给男性。在这个过程中,家族内的后代晋升位阶、就任官职就有了一条可供模仿的既有路径,各家族间的向上流动机制也固定下来,所谓"家格"也就逐渐形成。①

在贵族继承朝廷公家各官职形成家业的同时,武士也以自身的军事技能形成自己的立身之本,服侍贵族、武士而形成的职人阶层也依靠自身的手艺来获得特殊的身份认同,在社会横向流动较少的当时,各个阶层、家族的所谓"家业"也同时固定下来。以史料较为丰富的贵族社会为例,在 11 世纪以后,小槻氏逐渐垄断了左大史的地位,以这一官务为家业,到 13 世纪后半期分为了壬生流、大宫流两大家;大外记也从 11 世纪开始被中原、清原两氏垄断,阴阳道也被贺茂氏、安倍氏的嫡系后世代代相承。镰仓时代开始,由于幕府建立带来的朝廷实权旁落,作为贵族实务的家业受到较大冲击,艺能也逐渐成为一些贵族家庭的重要支撑。如藤原定家在日记《明月记》中就有较强的作为"和歌之家"的自我认同,在朝政中占有重要政治地位的西园寺家,某种程度上也通过"琵琶之家"的身份,客观上维持了家族地位,而对于其他不再担任公职实务的中下级贵族而言,艺能更是成为获得"治天之君"赏识的重要手段之一。②

如若在家族继承人上出现意外,为维护家格、继承家业,常通过收领

① 大津透・桜井英治・藤井譲治・吉田裕・李成市『岩波講座日本歴史・第 7 巻・中世 2』、岩波書店 2014 年、227—228 頁。
② 大津透・桜井英治・藤井譲治・吉田裕・李成市『岩波講座日本歴史・第 7 巻・中世 2』、岩波書店 2014 年、231—232 頁。

养子这一办法来解决。收领养子早在平安时代便已经兴起,当时的收养圈一般限于有血缘关系的亲族,不论辈分,其目的在于"在继承家业名义下","扩大自己的政治势力,迅速将氏人纳入律令国家官僚体系",实质在于"巩固其经济实力","以获得世代实利"。在这种背景下的"家""不是以夫妇为中心、以生儿育女为功能的血缘集团",而是"以冠位、官职及其运营为其主要功能的'公'的机构"。到镰仓时代以后,收领非血缘的异姓养子兴盛起来,在武士当中通例养子、婿养子、顺养子、急养子等各种形式的养子出现。养子与养父间结成"养子缘组"的关系,关系的成立需要向养父的上一级领主递交"养子愿书",解除也同样需得到同意,并且幕府制定了相关法度,以确保养父之家能够得到继承,使封建体制下的下层支配者能够为上层支配者稳定地履行义务。成为镰仓时代以后异姓养子的不少是被单独继承制排除出的庶子、次子等,他们突破血缘关系被吸纳到新的家庭中,某种程度上却也是一种社会流动的方式,不过多为俸禄接近的阶层内部的流动。这种收领养子的行为不仅在上层社会,在平民中也能见到,二者的目的也都是相同的,即继承家业。这种养子文化的背后映衬出日本社会衍生出的坚固家业传承观念——家不是宗祖血缘基本社会构成,而是"拟血缘的、经济的、永续的经营体"①。这样一来,13 世纪后半期后日本社会开始从之前的氏族性、血缘性、母系制遗留较突出的社会转变为地缘性较强的家父长制社会。②

---

① 官文娜:"日本历史上的养子制及其文化特征",载《历史研究》2003 年第 2 期。
② 田端泰子「中世における女性の地位と役割——婚姻形態を通じて」、総合女性史研究会編『日本女性史論集・4・婚姻と女性』、吉川弘文館 1998 年、109—110 頁。

第四章 镰仓时代对外交流、宗教与文化

第一节 对外交流

一、对华民间贸易

自 9 世纪末停止派遣遣唐使以后,日本对外政策发生明显的变化,即消极主义。一方面是因为东亚诸国形势的动荡,另一方面日本自身也处于内乱状态之中。自 10 世纪 30 年代以后,地方上叛乱不断盗贼盛行,皇室内部争权夺利,院厅与朝廷的对立,武士阶层的兴起和武士集团之间的拼斗等,都是致使日本无暇推进外交的根本原因。即使外国使节到达日本也只是消极对应,对外国商人更是多加限制。

宋也有过表示两国结好之意愿。宋神宗在来宋僧成寻一行归国之际,曾托他们给日本天皇带过礼物。对宋皇帝的赠物一事,日本朝廷颇为重视,朝臣们一再讨论如何回应的问题,但直到五年后才决定给宋朝回复书信,装入"螺钿筥",以及赠送给宋皇帝的礼物,派通事僧侣仲回搭乘宋商孙忠的船前往宋朝。仲回抵达中国后,宋朝赐以"慕化怀德大师"封号。1078 年,宋皇帝通过商人赠日本朝廷信牒和礼物。经过多次讨论,日本朝廷决定这次不作回应。但到 1082 年(永保二)十一月,又突然

决定由左中弁大江匡房起草《遣大宋返牒》，交宋商带回。1118年（元永元），宋朝廷通过商人孙俊明、郑清向日本国呈递了国牒，明显地表达了宋朝希望日本继承历史传统，保持友好往来。接到此牒文后，日本朝廷对于文体是否符合旧例，命令有关官员进行调查。当年的四月二十七日，式部大辅藤原在良把隋唐以来中日间国书格式的调查报告递交朝廷。但是否返牒并方物事，朝廷经过了多次讨论，最终予以否决。

日本的对外政策由积极转向消极，与周边国家断绝了政府间的往来，但是民间交流却没有断绝，相反比过去更加频繁。尽管日本朝廷对民间商人运载而来的异国商品表现出极高的热情，但对商人的往返时间加以限制，赴日交贸必须有若干年的间隔，有时又开例外。如1012年（长和元）宋商周文裔抵日，因违期提前到来，理应逐回，但正适天皇交替，是新天皇继位后首次赴日的宋商，所以被允安置。福州商人陈文祐在1027年秋天离日，1028年秋重新抵日，时间只隔一年，显然违犯规定，当在令其返回之例，然而在审查陈文祐的文书后，却作出允其滞留的决定。1070年（延久二），宋商潘怀清违期抵日，也在逐回之例，但因其在叙述赴日交易的动机时，表示羡慕皇化而被允安置交贸。

当时商船的航路，大多自吴越地区的明州为主要航地，横渡中国海，经肥前国松浦郡值嘉岛，然后抵达福冈的博多津。船只往返主要利用季风，一般夏季赴日，秋季返回。12世纪20年代以后，由于对商人贸易期限的限制放松，出现了宋商长期滞留在博多进行贸易的现象。有不少宋商在博多置房，甚至娶妻。如1027年八月赴日的宋商刘文祐的父亲承辅就是娶日本妻留居博多的典型。刘文祐申报入境理由之一，就是"父承辅老迈殊甚，起居不合"，"母又日本高年之老妪"而来探视。大宰府向朝廷的报告中也说，刘文祐此次是"为访父母所来"[1]。

宋朝建立以后，中日民间交流进入新的高潮期。这种民间交流高潮的形成，一方面是由于中国统一以后，宋王朝致力于经济复兴，国内产业

---

[1] 『小右記』万寿四年八月二十五日条。

和商业日趋发展。由于商业资本的积累,一部分富商开始热衷于海外贸易,再加上宋朝廷也积极奖励民间贸易。为加强管理,相继在杭州、明州、广州等地设立市舶司,北宋末期在泉州也增设了市舶司。在此背景下,在北宋存在的 160 余年间,几乎年年有宋朝商人船只往返于中、日之间,涌现了一批与日本社会各界广泛联系的宋朝民间商人,如郑仁德、朱仁聪、周文德、杨仁绍、周文裔、陈文祐、孙忠、李充等人。他们大多是屡次入境日本的人物,朱仁聪一人就 8 次赴日。商人们运往日本的商品大多是日本贵族们非常青睐的中国名特产,主要有锦、绫等丝织品以及瓷器、香料、药材、书籍、文具等等。从日本运回的货物是砂金、硫磺、水银、木材、工艺品(日本扇、日本刀、金银蒔绘、螺钿器皿等)。关于日本人对中国名特产的喜好,1072 年(宋熙宁五)十月,来宋僧成寻受到宋神宗接见时,皇帝曾专门问及此事:"一问:本国要用汉地是何货物? 答:本国要汉地香、药、茶、碗、锦、苏芳等也。"①

当时,香、药不但被贵族阶层追求,而且也受寺院追求,因为寺院举行佛事仪式时,就需要五香、五药。五香即熏陆、白檀、苏合、龙脑、安息;五药即人参、茯苓、天门冬、甘草、白芥子。据《法隆寺伽兰缘起并流记财账》载,该寺在养老六年和天平六年,接受内宫捐赠的香料数量颇多,计熏陆 715 两,沈香 96 两,浅香 788 两,青木香 219 两,白檀香 1533 两,丁香 84 两,安息香 70 两,松香 96 两,枫香 96 两,苏合 12 两②,这些香料大多是从大陆输入的产品。北宋时代正适日本上层贵族极度奢侈,庄园领主追求豪华生活的时代,中国的名特产品成为朝野上下索求的珍品,这也是宋朝商人经常往返的原因所在。11 世纪以后,除了大宰府管理下的贸易外,九州地区的庄园领主或庄官,利用庄园"不输不入"的特权,开展与宋商的秘密贸易,吸引商船在自己庄园内的港口靠岸。在今福冈县的那珂川的东部,博多、箱崎、香椎等地,自平安时代开始,就有许多皇室、

---

① 『参天台五臺山記』熙宁五年十月十五日条。
② 竹内理三編『寧楽遺文・中巻・宗教編』、東京堂出版 1981 年、344—365 頁。

贵族、寺院、神社领有的庄园。在博多的博多庄是皇室的庄园,在箱崎有八幡神社、观世音寺、安乐寺、大山寺、宗像神社等领有的庄园。由于庄园与宋商私贸易的开展,庄园内的港口日渐繁荣,朝臣近卫家领有的萨摩岛津庄内的坊津,鸟羽上皇、春日神社所领的沿有明海沿岸的港津,仁和寺领有的庄园港今津,以及日本海侧的敦贺津等,渐渐成为贸易港口。

南宋存在的150余年间,正是日本院政和武家政权兴盛的时期。特别是平清盛掌握朝政以后,对开展与南宋之间的贸易表现出极大的兴趣。平清盛对南宋贸易的关注,受到父亲的影响。其父平忠盛在平定濑户内海的海盗中,确立了平氏在西部日本的地位,开始对海外贸易的注意。在1133年(长承二)八月发生了一件事,即南宋海商周新的货船在肥前国(今佐贺县)神埼郡的神埼庄园靠岸。对此,大宰府认为按照管辖权,应由自己处理此事,包括对货船的检验和货物的交易。但是,神埼庄是太上天皇鸟羽院的庄园,平正盛以鸟羽院院司的身份直接干涉,以院宣的名义下文说,南宋周新船在神埼庄园内靠岸,大宰府官员不能入内检验。商船的检验、贸易概由庄园方面负责。此事反映平氏对贸易利益的关心。前已叙及的保元之乱后,平清盛打败了后白河上皇的政敌,受到重用,成为大宰大式,开始掌控大宰府的权力。其后,其弟平赖盛任大宰大式职,平氏在九州地区的地位更为巩固。

1166年(仁安元)十一月,平清盛任内大臣,翌年(1167)又升任太政大臣,开始了平氏政权时期。在此期间,平清盛对于与南宋的贸易,有三件事具有开创性。其一,允许南宋海商船进入濑户内海。长期以来,外国商船以博多为贸易港,濑户内海极难进入,政府在门司设关,严禁驶入。平清盛却冲破历来的禁令,更是开凿音户——濑户水道,即联结安艺滩与广岛湾的濑户内航路。同时修筑大轮田泊(今神户港),南宋海商被引入港,京都人便可以与之直接进行贸易,无须遣使远赴博多,获最大利益的自然是平氏一族。其二,在大轮田港附近的福原构筑别墅,并一度以福原为都城,企图以此进一步推进与南宋的贸易。其三,力图促进与南宋王朝的关系。据载,1172年(承安二)九月,南宋孝宗皇帝有礼物与国书送与后白河太上天皇、太政大臣平清盛。宋皇帝的两封国书引起了朝廷公卿的议论，有的认为"赐日本国王"的"赐"字不当，有违惯例，实为非礼；有的认为"今度供物，非彼（南宋）国王，明州判史供物也。"①为此，主张应将礼物和国书送回。身为太政大臣的平清盛全然不顾诸公卿的反对，决定于1173年（承安三）三月给南宋皇帝复信，起草复信者藤原永范；同时决定回赠礼物，作为后白河太上天皇的回赠礼物是"莳绘厨子一具，彩色革三十张，彩色手箱一只，内装砂金一百两"。作为平清盛的回赠礼物是"剑一把，内装武具的手箱一只"②。回复书信以及回赠礼物的行为，又引起公卿们的一番议论，认为一是后白河的回信中署"太上天皇"称谓不妥，因为当时后白河已辞去"太上天皇"，成为一心修行佛法的"法皇"。二是皮革和武器不可携带出境外。尽管反对意见颇多，但平清盛坚持己见。最后，后白河法皇的复书署名"太上天皇"，而平清盛的复书署名为"日本国沙门静海牒"。平清盛曾出家，法名静海，故有"日本国沙门静海"的称谓。

在决定给南宋皇帝复信和回赠礼物期间，平清盛还邀后白河法皇到福原，并向法皇引见南宋的商人。载《玉叶》嘉应二年（1170）九月："今日，城南寺竞马。其事完了后，法皇令向入道大相国（平清盛）之福原山庄，是为睿览抵达的宋人。"③不少公卿不满地说："我朝延喜以来未曾有事也，是天魔之所为欤。"④平清盛及其家族热心于对南宋的贸易，目的在于满足自己的奢侈生活。其所拥有的"扬州之金，荆州之珠，吴郡之绫，蜀江之锦，七珍万宝"，皆得益于对南宋商人的贸易。除了奢侈的财物外，平清盛还从南宋海商中获得珍本书籍。据《山槐记》治承二年（1179）二月十三日条载，平清盛曾将获得的《太平御览》二百六十帖献给了后白河法皇。"此书未被渡本朝也"。

---

① 『玉葉』承安二年九月二十二日条。
② 『玉葉』承安三年三月十三日条。
③ 『玉葉』嘉応二年九月二十日条。
④ 『玉葉』承安三年三月十三日条。

　　镰仓幕府建立后，幕府将军继续承认日本与南宋的民间贸易。幕府的上层不但喜爱宋朝物品，而且羡慕宋朝文化。镰仓幕府第三代将军源实朝曾做有一梦，梦中他到了南宋"京师能仁寺"，并从僧侣处获知，该寺长老南山宣律师寂灭多年，但"现再诞日本国，实朝大将是也"。源实朝由此梦而"怀渡宋之志"，便命工匠造船。由于有人阻挠，尽管所造之船推入海中，却不能启动，最后源实朝以"不祥之兆"而放弃亲自渡宋，仍然派遣12人使团，带着"金银货财，载材木、器用，遂达大宋国京师能仁寺，相通梦中事，金银施僧众，材木修殿宇"。12人使团从能仁寺迎"佛牙舍利，供与一年，持还本国"①。源实朝欲赴宋一事，是否真实无从可考，但是这也从一个侧面反映了镰仓幕府愿与南宋交流的态度。

　　日本与南宋的交流，在经济贸易方面，除南宋海商频繁往来外，日本商船也加入了交流行列。这是此前不曾出现过的现象。日本商船加入日本与南宋贸易行列，其背后自然是利益的驱使。许多具有"不输不入"特权的沿海庄园，为了追求经济利益，常常绕过大宰府的管理，私自筹划商船赴南宋。与此同时，当时由于平清盛掌政，撤销了禁止日本商人出境的禁令，促进了日本商船的发展。实际上，解禁之初，也不是没有限制。据《吾妻镜》载，建长六年（1254），日本朝廷决定唐船事，规定员数，并命令即刻施行："唐船者以五艘为限，超此限之船，应速令毁弃。"②然而实际航南宋之船远超5艘。《开庆四明续志》卷八曾这样形容日本商船之多："倭人冒鲸波之险，舳舻相衔，以其物来售。"

　　输出、输入日本的货物，依然是两国的传统物品。日本输出至南宋的货物，以砂金、真珠、硫磺、水银、螺钿、莳绘、日本刀、日本扇等为主；南宋输出至日本的货物，则以绢、绫、锦、香料、陶瓷、药品和书籍为主。12世纪以后，由于日本国内商品的通行和商业发展，作为交易手段的铜钱需要量大增。日本自8世纪初至10世纪中叶的250年间，虽铸过12次

---

① 『善鄰国宝記』卷上・順德院条。
② 『吾妻鏡』建长六年四月二十九日条。

钱币,但钱币的通行也是时行时断。由于供应的钱币质量差,且数量不足,日本商人看到了商机,便用日本砂金从南宋采购大量铜钱,运入国内广泛流通。外来铜钱成了民间通用的货币,冲击了原有的正常法定价格制度,引起了日本朝廷的重视。公卿中有人认为,"输入宋钱,随意卖买",似同私铸,必须责令停止。① 1193年(建久四)七月,后鸟羽天皇发布了永远禁用宋钱令,指出如果不予以制止,就难以稳定物价。

同样,大量铜钱的流出也对南宋造成了危害。自北宋伊始,宋朝廷就严禁铜钱外流。至南宋也不例外。《宋史·食货志》关于此事,有如下记载:"自置市舶于浙、于闽、于广,舶商往来,钱宝所由以泄,是以自临安出门,下江海,皆有禁。淳熙九年,诏广、泉、明、秀漏泄铜钱,坐其守臣。嘉定元年,三省言:'自来有市舶处,不许私发番船。绍兴末,臣僚言:泉、广二舶司及西、南二泉司,遣舟回易,悉载金钱。"②

由于各市舶司的监管不力,致使"遣舟回易,悉载金钱",到了不得不严禁的程度。1244年(南宋淳祐四),右谏议大夫刘晋之再次提出"严漏泄之禁":"巨家停积,犹可以发泄,铜器钛销,犹可以上遏,唯一入海舟,往而不返。"③ 1248年(淳祐八),监察御史陈求鲁也说:"蕃船巨艘,形若山岳,乘风架浪,深入遐陬。贩于中国者,皆浮靡无用之异物,而泄于外夷者,乃国家富贵之操柄,所得几何,所失者不可胜计矣。"④ 禁令虽严,但铜钱走私依然不绝。

二、对华人文交流

与民间经济贸易相比,北宋时期的文化交流也值得重视。文化交流在两个方面是应该特别注意的:一是以宋商为桥梁,两国僧侣文化人进行的学术探讨;二是日本僧侣来宋,加深了中日两国国情的了解。学术交流的典型事例,是日本高僧源信与北宋高僧之间对佛教往生思想的切

---

① 『玉葉』治承三年七月二十五日条。
②③④《宋史·食货下二(钱币)》。

磋与探讨。源信是天台宗僧侣,师从延历寺良源,13岁得度。成年后,在比叡山横川隐居,专心著述,985年(宽和元)完成《往生要集》一书。1004年(宽弘元)被委任为权少僧都,但因厌恶名利,次年请辞退隐。1006年(宽弘三)完成《一乘要诀》。自完成《往生要集》后,一直盼望能将这一著作送给北宋高僧,倾听对自己主张的意见。《往生要集》的著述目的和主要内容,源信在该书首页开宗明义作了叙述:"夫往极乐之教行,浊世末代之目足也。道俗贵贱谁不归者,但显密教法,其文非一,事理业因,其行惟多。利智精进之未为难,如予顽鲁之者岂敢矣。是故,依念佛一门,聊集经论要文,披之修之,易觉易行,总有十门,分为三卷,一厌离秽土;二欣求净土;三极乐证据;四正修念佛;五助念方法;六别时念佛;七念佛利益;八念佛证据;九往生诸业;十问答料简。置之座右,备于废忘矣。"①

988年(永延二),源信巧遇正准备回国的宋商朱仁聪,托他将《往生要集》带往宋朝,同时托送的书籍还有延历寺高僧先师良源的《观音赞》以及儒学者庆滋保胤的《十六观赞》《日本往生传》等。源信还写有一信,附赠宋朝天台学的高僧②,信中这样写道:"佛子源信,暂离本山,头陀于西海道诸州名岳灵窟,适唐远客着岸之日,不图会面,是宿因也。然犹方语未通,归朝各促,更对手札,述以心怀。侧闻法公之本朝,三宝兴隆,甚随喜矣。我国东流之教,佛日再中当今,刻念极乐界,皈依法华经者,炽盛焉。佛子是念极乐,其一也。以本习深故,著《往生要集》三卷,备于观念,夫一天之下,一法之中,皆四部众,何亲何疏,故以此文,敢附舨帆,抑在本朝,犹惭其拙,况于他乡乎。然而,本发缘一愿,纵有诽谤者,纵有赞叹者,并结共我往生极乐之缘焉。又先师故慈惠大僧正讳良源作《观音赞》,著作郎庆(滋)保胤作《十六观赞》及《日本往生传》,前进士源源为宪作《法华经赋》,同亦赠欲令知异域之有此志。嗟乎,一生苒苒,两岸苍苍,后会如何,泣血而已,不宣,以状。"

---

① 石田瑞麿校注『日本思想体系·6·源信』,岩波书店1970年、342页。
② 『朝野群载』、卷二十。

　　两年后的 990 年(正历元),宋商周文德抵日本,有一信寄给源信,其中说:"唯大师撰择德《往生要集》三卷,捧持参诣天台国清寺,附入既毕,则其专当僧,请领状予也。"①此书在宋朝佛教界流传,婺州七佛道场的行讪和尚,曾就《往生要集》给源信写过一信,《日本纪略》九月二十一日条载:"大宋云黄山僧行进(讪之误)送经教于天台源信",其中的"经教"似是行讪读了《往生要集》的心得和意见。正因为行讪的"经教",所以 992 年(正历三)源信又将自己的《因明论疏四相违略注释》一书托宋商人带给行讪,并转赠慈恩寺的高僧。他在此书的跋中这样记载说:"正历三年壬辰春三月,更写一本,付大宋国商杨仁绍传婺州云黄山行讪和尚,赠慈恩寺弘道大师门人,盖是欲令详定是非,以披愚蒙而已。"②1001 年(长保三),源信又将《因明义断纂要注释》一卷托人带入宋朝。源信这种请求异国学者对自己著作提出批评的态度,反映了当时日本佛界的自信心态,同时也是对中国佛教界同仁的信任和看重。

　　在北宋时期,前来中国巡礼的日本僧侣的人数,有名可考的有 21 人。人数虽不及入唐僧,但作用颇大,不可小视。来宋僧中最为著名的是奝然、寂昭、成寻三人,奝然 983 年(永观元)搭乘宋商船来宋,随行五六人。21 年以后的 1004 年(宋景德元),寂昭携弟子 7 人来宋。距寂昭来宋 48 年,即 1072 年(宋熙宁五),成寻来宋。来宋后皆受到宋朝礼遇,宋太宗"召见奝然,存抚之甚厚,赐紫衣,馆于太平兴国寺";寂昭来宋,真宗皇帝"诏号圆通大师,赐紫方袍";宋神宗继位第 5 年成寻来宋,"神宗以其远人而有戒业,处之开宝寺,尽赐同来僧紫方袍。"③

　　尽管奝然、寂昭、成寻来宋的时间先后不同,但他们在中日文化交流史上却占有极为重要的地位,因为他们使宋朝朝野第一次全面了解了日本的历史和民情。奝然来宋时,送给宋皇室的礼物有铜器及《职员令》《王年代纪》各一卷,《宋史·日本传》依据奝然所献文献以及其与皇帝的

①『朝野群载』、卷二十。
②［日］木宫泰彦著,胡锡年译:《日中文化交流史》,商务印书馆 1980 年,第 291 页。
③《宋史·日本传》。

应答记录,详细地记述了日本自开天辟地的神话传说至圆融天皇止的天皇系谱、朝廷官职的设置、中央和地方的地域划分、中日文化交流的状况等。获知日本情况后的宋太宗听了日本天皇一族相传 64 代、朝臣多为世官后,颇为感慨,他曾对中日皇室政治作了比较:"此岛夷耳,乃世祚遐久,其臣亦继袭不绝,此盖古之道也。中国自唐季之乱,宇县分裂,梁、周五代享历尤促,大臣世胄,鲜能嗣续。朕虽德惭往圣,常夙夜寅畏,讲求治本,不敢暇逸。建无穷之业,垂可久之范,亦以为子孙之计,使大臣之后世袭禄位,此朕之心焉。"①

奝然的《职员令》《王年代纪》对中国文人编撰日本国史颇有影响。宋代文人杨文公对此深有体会:"雍熙初,日本僧奝然来朝,献其国《职员令》《年代纪》。(略)予在史局阅所降禁书,有《日本年代纪》一卷及奝然表启一卷,因得修其国史,传其详。"②

关于日本的历史和现状,不但奝然作了详细的介绍,而且后来寂昭、成寻也都向宋人作了描述。如寂昭来宋后,具体介绍了当时日本的现状。此事载于《杨文公谈苑》:"景德三年,予知银台通进司,有日本僧入贡,遂召问之。僧不通华言,善书札,令以牍对,云:'住天台山延历寺,寺僧三千人,身名寂昭,号圆通大师。国王年二十五,大臣十六七人,群寮百许人。每岁春秋二时集贡士,所试或赋或诗,及第者常三四十人。国中专奉神道,多祠庙,伊州有大神,或托三五岁童子降言祸福事。山州有贺茂明神,亦然。"③

成寻进入汴京,朝见宋神宗前,朝廷就日本国情向成寻提出了十六个问题,问得相当仔细,回答也十分详细。反映了宋朝朝野对日本历史、现状的关心。成寻的回答,简明扼要地叙述了当时日本的国情和民情。这一问一答,达到了双方的沟通。

来宋的日本僧侣还推进了佛学研究成果的交流。前叙源信《往生要

---

① 《宋史·日本传》。
②③ 《宋元笔记小说大观》第一册,上海古籍出版社 2007 年,第 480 页。

集》等著作的交流通过宋商人，奝然等人的来宋则直接推动了中日僧侣间面对面的切磋研究。宋朝时期，中日僧侣自著佛学书籍的交流，除前叙的源信的《往生要集》等之外，还有中国僧侣送著作到日本请求批评的。995年（长德元）杭州奉先寺沙门源清，把自己著的《法华示珠指》二卷、《龙女成佛义》一卷、《十六观经记》二卷和同寺院的僧鸿羽著《佛国庄严论》一卷、僧庆昭注《心印铭》一卷，托人带到日本比叡山延历寺，引起了日本佛教界的关注。源清在寄赠自己的著作时，还希望延历寺的大师能帮助搜集在中国已经失传的智者大师的著作，其中包括《仁王般若经疏》《弥勒成佛经疏》《小弥陀经疏并决疑》《金光明经玄义》等。对其要求，日本天台座主觉庆专门抄录了上述诸经，回赠给奉先寺源清。

奝然、寂昭来宋也都携有佛经经典，奝然在献《王年代纪》《职员令》之外，还献《越王经新义》等。寂昭则向宋真宗献无量寿佛像、金字《法华经》、显密法门六百余卷。寂昭来宋时，曾受其师僧源信之托，带来了天台疑问二十七条，请天台四明高僧法智尊者释疑。他也随身带了不少典籍，如《大乘止观》《方等三昧行法》，这些经典在中国都已散佚，受到宋僧的重视，并请求寂昭刻印。

根据《参天台五台山记》所载，来宋僧成寻随身带入了不少经籍，如其参拜五台山华严寺真容菩萨院圣容殿文殊时，供奉了日本皇太后呈献的五部佛经，即《妙法莲华经》一部八卷、《观普贤经》一卷、《无量义经》一卷、《阿弥陀经》一卷、《般若心经》一卷。[1] 成寻在巡礼过程中，与众多宋朝僧侣和信徒接触，在彼此的接触中，互相借阅佛典，共同研读佛典的事屡有所见。

宋熙宁六年五月二十六日，成寻巡礼杭州灵隐寺和天竺寺。天竺寺百余名僧侣向其"学问天台教"，席间有问有答。次日，天竺寺僧正惠弁遣使送给成寻一信，对成寻巡礼天竺寺表示致谢说："昨辰蒙道驭临山寺，幸奉慈相。但愧迎候疏漏，本拟侵晨请谢，忽值二三官员入寺宿霄，

---

① 『参天台五臺山記』熙寧五年十二月一日条。

故不及至,容别择日上谒。"①

从成寻的日记可以得知,他入宋时,随身所携许多佛典,宋僧们常向其借阅。这些佛典有《天台大师遗旨》《南岳七代记》《行愿品疏》《天台教目录》《往生要集》《阿弥陀大咒句义》等。成寻带入宋朝的日本书法,也曾向宋高僧显耀,如在汴京时,他向汴京诸佛院高僧出示了带来的《梵字不动》《梵字文殊真言》《尊胜真言》等书法,宋高僧们看后"皆以感观'梵''汉'两字共以称美"②。成寻也曾向高僧们提出欲借阅的书目,其中有《大日经义解》二十卷、《金刚顶经疏》七卷、《苏悉地经疏》七卷、《最胜王经文句》十卷、《法华论记》十卷、《安养集》十卷等,共有六十四卷之多。在太平兴国寺,成寻看到许多新译佛典,如法贤翻译的《佛说一切佛摄相应大教王经圣观自在念诵义轨》、施护翻译的《普善曼陀罗经》、法天翻译的《妙臂菩萨所问经》,以及《帝释所问经》《嗟韈曩法天子受三归获免恶道经》《息净因缘经》《净意优婆塞经》《初分说经》《毗婆尸佛经》《护国尊者所问经》《无量寿庄严经》《如幻三摩地无量印法门经》等。③ 在巡礼的路途上,成寻所遇到的各种人物,因他是外来和尚,大家皆同他探讨佛学知识。对此,成寻都会一一作答。如在台州时,台州管内的僧判官曾向成寻提出如下问题:"凡夫如何眼见三千界?""修行法华方轨?"成寻都予以回答。又如在台州时,成寻曾与台州一位道教老道士共餐,期间两人就佛教、道教事进行了共同探讨。

来宋僧巡礼期间,收集了许多未曾传入日本的经典携回日本。奝然来宋正是宋太平兴国八年,这一年在中国文化史上占有重要位置的一件事,就是花了 12 年时间刻印的全部《大藏经》完成。在宋太宗接见奝然时,奝然不失时机地要求皇帝能赐以新刻本的《大藏经》全部。《大藏经》外,成寻还恳请朝廷能够赠予大量新译佛典,以补奝然之后没有传入日本的新佛典。成寻的请求也得到了宋神宗的敕准。

---

① 『参天台五臺山記』熙宁六年五月二十六日条。
② 『参天台五臺山記』延久四年十月十八日条。
③ 『参天台五臺山記』熙宁六年三月二十日条。

　　来宋僧除携回大批经籍外，自然还有佛教用具和佛教艺术品，如十六罗汉画就是其中之一。最早带入十六罗汉画的人是奝然，现在尚存，藏于清凉寺。来宋僧还将日本的平安文化带到中国。日本在平安中期以后，通过吸收、消化、创新唐文化后而形成"国风文化"，这种具有日本特色的文化向中国传布，应该说始自奝然等来宋僧。奝然来宋时向宋朝廷"献铜器十余事（件）"，成寻献给宋朝廷的"银香炉、木槵子、白琉璃、五香、水晶、紫檀、琥珀所饰念珠及青色织物绫"①，都是反映当时日本所产的手工业精品。

　　奝然离宋回日本后的第二年，即988年（永延二），为感谢宋皇帝的"重蒙宣恩""仰皇德之盛"，特派弟子嘉因专程来宋致谢，带来一批礼物，其内容载《宋史·日本传》："（奝然）又别启，贡佛经，纳青木函；琥珀、青红白水晶、红黑木槵子念珠各一连，并纳螺钿花形平函；毛笼一、纳螺杯二口；葛笼一、纳法螺二口、染皮二十枚；金银莳绘筥一合，纳发鬘二头、又一合，纳参议正四位上藤佐理手书二卷，及进奉物数一卷、表状一卷；又金银莳绘砚一筥一合，纳金砚一、鹿毛笔、松烟墨、金铜水瓶、铁刀；又金银莳绘扇筥一合，纳桧扇二十枚、蝙蝠扇二枚；螺钿梳函一对，其一纳赤木梳二百七十，其一纳龙骨十橛；螺钿书案一、螺钿书几一，金银莳绘平筥一合，纳白细布五匹；鹿皮笼一，纳貂裘一领；螺钿鞍辔一付，铜铁镫、红丝鞦、泥障；倭画屏风一双；石流黄七百斤。"②

　　寂昭在宋期间，为天台山大慈寺的重建，曾派徒僧念救以大宋国名僧使者的身份回日本募集捐赠，据《御关白记》长和四年七月十五日条载，当时的左大臣藤原道长捐赠了木槵子念珠、螺钿莳绘盖厨、莳绘筥、海图莳绘衣箱、屏风形软障、貂裘、七尺发、砂金、火真珠等物。大纳言藤原实资也捐了东西，《小右记》有记载："大宋国知识使僧念救珠来，请知识物大螺钿鞍，以倭织物为表敷，散物镫也。件物等，呆左相幕府注一纸

可被送者。"①

　　上述礼物中所记录的金银错、螺钿都是平安时期日本高水平手工业技艺的体现，其他的如琥珀、水晶、念珠、扇子、屏风、铁刀等也都是代表性的工艺品，在中国颇受欢迎。其中日本扇、刀受欢迎的记载屡有所见，《皇朝类苑》卷六十《风俗杂志》中，对日本扇有一段生动记述："熙宁末，余游相国寺，见卖日本扇者，琴漆柄以鸦青纸，如饼擫为旋风扇，淡粉画平远山水，薄傅以五彩，近岸为寒芦衰蓼，鸥鹭伫立，景物如八九月间，舣小舟，渔人披蓑钓其上。天末隐隐有微云飞鸟之状。意思深远，笔势精妙，中国之善画者或不能也。"

　　除了工艺品外，日本人的装束也备受宋人注意。据《参天台五台山记》载，宋皇帝曾派使向成寻索要僧侣装束。成寻即刻呈上"纳袈裟、横被、枦甲一具，三重繁文绫、桧皮色袖、竖纹织物绫表裤。（中略）指合裤锦一裘"，供皇帝"御览"。

　　日本僧侣在宋巡礼期间，或者托赴日商人，或者派弟子回国，及时地把宋朝国情传回国内，使日本朝廷对当时的中国有新的认识。如寂昭在宋期间，曾给皇室、左大臣、治部卿等写过书信。收到他的书信后，这些上层贵族自然也写了回信。寂昭在宋期间，与宋真宗时掌朝廷内外制的翰林杨亿（大年）私交甚深，所以，寂昭的行事，杨文公都有略知。在《杨文公谈苑》中就记载着寂昭收到过由宋商捎来的日本朝臣贵族三封来函。一封是"国王弟"的来函，其信末说："嗟乎！绝域殊方，云涛万里。昔日芝兰之志，如今胡越之身。非归云不报心怀，非便风不传音问，人生之限，何以过之？"一封是左大臣藤原道长的来函，主要内容是："商客至，通书，谁谓宋远？用慰驰结。先巡礼天台，更攀五台之游，既果本愿，甚悦。怀土之心，如何再会。胡马独向北风，上人莫忘东日。"另外一封是治部卿源从英的信函，函中说："所谘《唐历》以后史籍，及他内外经书，未来本国者，因寄便风为望。商人重利，唯载轻货而来。上国之风绝而无

_____

① 『小右記』长和五年六月十九日条。

闻,学者之恨在此一事。"①"上国之风绝而无闻,学者之恨在此一事",反映了日本上层贵族对了解中国情况的渴望。

来宋僧侣还增进了与宋朝僧俗的情谊,在中日民间交流史上写下了浓重的一笔。无论是奝然、寂照抑或是成寻,他们在宋的巡礼过程中,处处受到宋朝僧俗的关照和帮助,个人之间建立了深厚的情谊。寂照与三司使丁谓的友情就是一例,据《元亨释书》载,寂照受到朝廷的厚遇,待为上宾。丞相丁晋公非常喜欢寂照,钦佩其德义,得知寂照欲归日本时,为了挽留,便以苏州的山水之美劝其滞留。寂照听后果然爱苏州之秀美,决定暂不归国,进住苏州吴门寺,其生活费用皆由丁晋公负担,"分月俸给之"。为答谢丁晋公的"披襟厚遇",寂照将随身的黑金水瓶赠丁晋公,并附有一诗随赠。寂照在吴门寺修学多年,渐通苏州方言,"持戒律精至,通内外学",以至"三吴道俗以归向",拜其为师。寂照的挚友还有翰林杨亿(大年),寂照离开汴京前往苏州时,杨亿赠印本《圆觉经》并赋诗相送,其中有"身随客槎远,心学海鸥亲"的句子,两人不断有书信往来。

成寻在天台山国清寺时,与全寺上下关系甚为融洽。在他即将赴汴京前,该寺72岁老僧如日专门作诗赠送:"乡国扶桑外,风涛几万程。人心谁不畏,天道自分明。鹏起遮空黑,鳌回似海倾。到应王稽首,宠赐佛公卿。"②

日本与南宋的民间交流,在人文方面主要是日本僧侣来宋和南宋僧侣渡日。关于来南宋的日本僧侣人数,日本学者木宫泰彦氏根据史籍记载整理出的达100余人。③ 木宫泰彦氏把日本僧侣来南宋的目的分为三类:一是巡礼佛迹,消除自己的罪障,谋求来生能成菩提;二是为学习律宗;三是为学习禅宗。1168年(仁安三)和1187年(文治三)两次来南宋的明庵荣西就是为了学习禅宗;1199年(正治元)来南宋的俊芿则是禅、律兼学。

---

① 《宋元笔记小说大观》第一册,第481—482页。
② 『参天台五臺山記』延久四年六月八日条。
③ ［日］木宫泰彦著:《日中文化交流史》,第306—334页。

尽管禅宗从唐代时就已传入日本,但始终未能兴盛。而在中国,禅宗历经唐、五代、北宋,至南宋时已达盛期。因此,来南宋的日本僧侣,自然以学禅宗者为最多。荣西第一次来南宋,1168 年四月抵明州,参拜天台山、育王山,九月携"所得天台新章疏三十余部六十卷"回国。19 年以后,1187 年的三月,荣西再次来南宋,意欲从南宋去印度求法,但因"关塞不通",未能如愿。于是在天台万年寺,从禅宗传人虚庵怀敞学禅四年,学有所成。临别时虚庵怀敞语重心长地说:"相从老僧,宿契不浅,志操可贵",并说禅宗始自释迦,以摩诃迦叶,经二十八传传至达摩,又经六传传至曹溪,六传至临济,八传至黄龙,再八传至虚庵本人,"今以付汝,汝当护持,佩此祖印,归国布化,开禾众生,继正法命。"①荣西接受师嘱返归日本,此后在日本传布禅学供献诸多。

俊芿入南宋前,已有一定的佛学基础,他认为在显、密、戒三学之中,"戒惟为地,若不精持,岂为佛仪乎"。他负笈日本各地,广泛接触佛界"诸名宿",深感大多数名宿"于大小戒律篇聚,开遮不通者多矣",于是产生了赴南宋求法的想法,他明确说:"我思赴异域求胜法,若不精励,岂堪传授。"②1199 年四月,俊芿携安秀、长贺两名弟子,搭商船来南宋求法。先登天台山,然后"到(明州)雪窦中嵒,咨受禅要",又"入临安,登径山,见蒙庵兵禅师"学禅。翌年(1200)春天,返回明州,从"景福寺如庵了宏律师习律部",时达三年。1203 年(嘉泰二)离明州,至台州赤城寺。在赤城寺期间,常遇浙西僧侣,盛赞"北峰之道誉",便慕名前往秀州华亭县超果教院,向该院的北峰宗印学天台学,时达八年,因此"天台教观精习无遗",以至俊芿"就律部出五十三问,时之律匠皆为难答"③。1210 年(嘉定三),俊芿乘寻找回国便船的间隙,到温州,从德广律师学"七灭诤"。次年(1211),由明州归国,携带物有佛舍利 3 粒,律宗经书 327 卷,天台章疏 716 卷,华严章疏 175 卷,儒书 256 卷,杂书 463 卷,以及图画、碑帖、

---

① 『元亨釋書』卷二。
②③ 『元亨釋書』卷十三。

器物等等。① 入南宋日僧较有名者尚有净业、圆尔、湛海等人。总之,100余名来南宋的日僧,每个人都有一段巡礼、求学、交谊的佳话。

来南宋的日本僧侣从南宋携回日本的大量典籍中,最重要的是《大藏经》。南宋时有多版寺院私刻的《大藏经》,如福州东禅寺版、开元寺版、浙江湖州思溪版、湖南平江碛沙版等,这些版本的《大藏经》相继被运入日本。现存于宫内厅图书寮的藏本和京都知恩院藏本都是以福州开元寺版为主,阙本由东禅寺版补充;京都东寺藏本和醍醐寺藏本则以东禅寺版为主,开元寺版补其不足;奈良唐招提寺藏本,以思溪版为主。②

除了经卷、典籍、佛画、碑文、法语、偈颂、顶相赞等外,还有对其后日本影响极深的茶种,带入茶种的是荣西。据《吃茶养生记》载,他推广种茶和饮茶目的是为养生增寿。

南宋僧侣赴日人数不多,仅十余名,但影响不小。其中以兰溪道隆、兀庵普宁、大休正念、西涧士昙、无学祖元、一山一宁等人最为有名。他们大多是禅僧,东渡日本前,在国内佛教界已有一定的名声,因此,他们的东渡自然对禅宗在日本的传播产生影响,特别是在武士中。他们抵达日本后,首先受到镰仓幕府执权北条氏的高度重视。1248 年(宝治二),兰溪道隆受镰仓幕府执权北条时赖之请到镰仓,时赖为其建立禅宗道场,并修建了建长寺,以道隆为开山祖。兀庵普宁、大休正念也都受到北条时赖的礼遇,以后的西涧士昙、无学祖元等则受到执权北条时宗的礼遇。

东渡的南宋僧侣虽带去佛典以及禅刹建筑技术等,但影响最深远的仍然是他们的禅宗思想。兰溪道隆至镰仓以后,北条时赖常在"军务之暇,命驾问道",并构筑大禅苑,"请道隆开山说法,东关学徒,奔凑仁听"。不但武士爱听他的宣教,皇族、公卿也很欢迎。后来道隆从镰仓到了平

① 『元亨釋書』卷十三。
② 〔日〕木宫泰彦著:《日中文化交流史》,第 349—350 页。

安京的建仁寺,期间受到后嵯峨上皇的召见。

兀庵普宁 1260 年(宋景定元)东渡日本,自博多转至京都,又至镰仓,所到之处均受欢迎,"京师缁素奔波瞻仰",在镰仓也受到"喜慰劳问",住建长寺。在普宁的主持下,建长寺"禅规整齐,号令缜密",声名大振,以至"经岁学徒益盛"①。参谒东渡南宋僧侣的大多是武士,仅兰溪道隆、大休正念、无学祖元三人的语录中,提及姓名的武士就达五十多人。②武士热心参禅,是因为禅学精神符合武士们的价值追求,如无学祖元所渲染:"若能空一念,一切皆无恼,一切皆无怖,犹如著重甲入诸魔贼阵,魔贼虽众多,不被魔贼害。掉臂魔贼中,魔贼皆降伏"思想③,与武士们的战斗实践和生活理念完全吻合。

三、对朝鲜半岛交流

10 世纪以后日本官方对朝鲜半岛的态度也比较冷淡。922 年(延喜二十二)六月,后百济的甄萱遣使对马岛,表示结好之意,但遭到拒绝。④929 年(延长七)五月,后百济人漂流至对马的"贪罗岛",对马岛守派通事长岑望通、检非违使秦滋景等送漂流者回国。在全州,长岑望通、秦滋景受到甄萱的会见,再次表达结交之意。据《扶桑略记》的记载:"三月廿五日,滋景独还来,申云:全州王甄萱击并数十州,称大王。望通等到彼州之日,促座缓颊,殷勤语曰:萱有宿心,欲奉日本国。前年不胜丹歇,进上朝贡,而称陪臣贡调被返却也。一日欲称寡者,且为奉本意。本意已遂,装船特进朝贡之间,汝等幸过来。"⑤

紧接着五月十七日,甄萱派遣以张彦澄为首的 20 人使团到对马岛,向大宰府和对马岛守递交文书和信物等,再一次表达"如古欲进调贡,为

---

① 『元亨釋書』卷六。
② 〔日〕木宫泰彦著:《日中文化交流史》,第 374 页。
③ 仏书刊行会编纂『大日本仏教全书:塵添壒囊鈔』、仏书刊行会 1912 年。
④ 『扶桑略記』延喜二十二年六月五日(里书)条。
⑤ 『扶桑略記』延长七年五月十七日条。

蒙大府仰"。对马岛守不敢应承，对使者说，将按朝廷规定执行。使者张彦澄再三恳求说："本国之王深存入觐之情，重致使信之劳。空从中途归去，身命难为存。"①于是，对马岛守将此情报告大宰府，大宰府又上报太政官。五月二十一日，太政官符送达太宰府，中央的态度是"资粮放归"，并分别以大宰府牒、对马岛牒等名义，由文章博士起草的回函交使节张彦澄。其中大宰大式的返信说："纳贡之礼，番王所勤，辉喦先来，已乖□例，彦澄重至，犹可塞违，纵改千万之面，何得二三其词，所赠方奇，不敢依领，人臣之义，已无外交。"对马岛守返信则说："且绝私交，不受赠物"②，谢绝了后百济甄萱的缔结国交之求。

高丽统一朝鲜半岛后，也曾遣使日本，要求建交。927 年（天禄三），高丽国也曾遣使日本。经大宰府送到中央的"高丽国牒"，朝廷众臣进行了讨论，最后决定"宰府可赐封符者"③。依然不同意建立国交关系，但同意由大宰府与高丽直接对应。《日本纪略》有如下记载，一是 937 年（承平七）八月五日条载："左右大臣以下着左仗，开见高丽国牒等"；二是 939年（天庆二）三月十一日条载："大宰府牒高丽国广评省，却归使人。"两条史料表明，高丽国曾多次遣使，朝廷虽对高丽国递交的文书进行研究，并议论对策，但结果如后百济国一样，朝廷通过大宰拒绝了建交要求，让高丽国使节返国。

1079 年（承历三），高丽国王文宗患"风疾"，请求日本支援治疗风疾病的名医，也遭断然拒绝。高丽礼宾省的求援书内容："高丽国礼宾省牒　大日本国大宰府当省伏奉圣旨访闻，贵国有能理疗风疾医人。今回商客王则贞回舣故乡，因便通牒，及于王则贞处说示风疾缘由。请彼处选择上等医人，于来年早春发送到来。理疗风疾若见功效，定不轻酬者。今先送花锦及大绫、中绫各一十段，麝香一十脐，分附王则贞赍持将去知大宰府官员处，且充信仪，（中略）当省所奉圣旨，备录在

---

① 『扶桑略記』延長七年五月十七日条。
② 『扶桑略記』延長七年五月十七日、二十一日条。
③ 『百錬抄』天禄三年十月二十日条。

前,请贵府若有端的能疗风疾好医人,许容发送前来,仍收领匹段、麝香者,谨牒。"①

收到高丽国礼宾省来牒后,大宰府即刻上报朝廷,"异国之事为蒙裁定"。朝廷经公卿议定予以拒绝,理由有二:一是高丽牒书的用词,在表述高丽国王之意时,采用了"圣旨"一词,日本方面认为"颇睽故事",违反惯例,因为"圣旨"之词,"非番王可称";二是高丽牒书由商人转来,不符礼仪,"诧商人之旅艇,寄殊俗之单书。执圭之使不至,封函之礼既亏,双鱼犹难达凤池之月,扁鹊何得入鸡林之云?"②高丽所赠礼物亦全部被退回。

如果说日本与高丽之间的国家关系,由于日本的消极而未能实现的话,那么高丽与九州地方政府之间的交流却并未断绝。据史籍所见,日本大宰府及其所属的壹岐、对马岛,以及萨摩等地,都与高丽国保持着使者的往来。相互往来的目的,一是经济方面的物资交流,即土特产品("方物")的赠送;二是关于海贼防御和镇治;三是日本人和高丽漂流民的互相遣送。例如"壹岐岛勾当官,遣藤井安国等三十三人,亦请献方物东宫及诸令公府,制许由海道至京"③;"日本国萨摩州遣使献方物"④等,是为物资交流的记载。"是岁,遣及第朴寅聘于日本,时倭贼略掠州县,国家患之,遣寅赍牒谕以历世和好,不宜来侵。日本推检贼倭诛之,侵掠稍息"⑤;"日本国寄书,谢贼船寇边之罪,仍请修好互市"⑥等,是为防御、镇治海贼的记载。"日本对马岛官,遣首领明任等押送我国(高丽国人)飘风人金孝等二十人到金州,赐明任等例物有差"⑦;"获海贼八艘,贼所掠日本生口男女二百五十九人,遣供驿令郑子良押送其国(日本)"⑧等,

---

① ②『朝野群载』卷二十。
③《高丽史·文宗世家》·文宗二十七年七月丙午条。
④《高丽史·文宗世家》·文宗三十六年闰九月庚子条。
⑤《高丽史·高宗世家》·高宗十四年是岁条。
⑥《高丽史·高宗世家》·高宗十四年五月乙丑条。
⑦《高丽史·文宗世家》·文宗三年十一月戊午条。
⑧《高丽史·显宗世家》·显宗十年四月丙辰条。

是为互相遣送漂流民等的记载。

日本九州地区各地方官吏与高丽的互动，并非出自政治的需要，而经济利益使然，因为 11 世纪后叶，高丽王朝进入盛期的文宗时代，不但对内巩固了中央集权政治统治，而且积极展开对外关系，解决了与辽的边界问题，还与宋恢复了国家关系，每年都有宋商船进入开城的外港礼成港。中国的货物运入高丽，高丽便成为日本取得中国国货的中继地。

与地方政府的互动相并行，日本的私人商船前往高丽贸易也十分兴盛，高丽国对于日本商船，平常是"岁常进奉一度"为原则，一次船不过两艘①，但日本商船并不按约通商。为了减少阻力，很多商人常常打着"献礼""献物"的旗号，以博得高丽朝廷和地方官吏的欢心，达到网开一面、允许交易的目的。在 11 世纪的《高丽史》记载中，这一类日本商人颇多，如："日本国人王则贞、松永年等四十二人来，请进螺钿、鞍桥、刀、镜匣、砚箱、栉、书案、画屏、香炉、弓箭、水银、螺、甲等物"②，"日本商客藤原等来，以法螺三十枚，海藻三百束，施兴王寺，为王祝寿"③，"日本国筑前州商客信通等，献水银二百五十斤。"④

因为是打着"奉献"而来，所以高丽把这些商船称为"进奉船"。关于11 世纪至 12 世纪前半期日本商人对高丽国民间贸易兴盛的原因，有学者认为，九州地区的庄园主、商人，在对宋商的交贸中获利颇丰，仅等待宋商的来航已不能满足日益增强的欲望，便产生自己造船直接出海贸易的意欲。然而，当时日本的造船技术比较落后，建造的船经不起风浪，船上的帆柱稳定性差，顺风时尚可行船，逆风或无风时，只得用人摇橹。再加上非常缺乏远航必需的季风知识。有基于此，对横渡东中国海，自然缺乏信心，只能把高丽国作为出海贸易的对象国。⑤

---

① 《高丽史·元宗世家》·元宗四年四月甲寅条。
② 《高丽史·文宗世家》·文宗二十七年七月丙午条。
③ 《高丽史·文宗世家》·文宗三十三年十一月己巳条。
④ 《高丽史·宣宗世家》·宣宗元年六月戊子条。
⑤ 森克己、沼田次郎編『体系日本史叢書·5·対外関係史』，山川出版社 1978 年、62—63 頁。

12世纪前半期以后,高丽国政治腐败,军阀掌控中央权力,废立国王,官僚腐败,地方上社会不稳,叛乱、群盗纷起。在这种背景下,日本商人常常被视为海盗,人被拘押,货被没收。日本与高丽之间的民间贸易因而衰落。这时,南宋奖励海外贸易,又由于技术的进步,航海经验的积累,日本商人遂转向直接与南宋贸易。

第二节　宗教

一、镰仓幕府的宗教政策

镰仓幕府的宗教政策自源赖朝举兵之初就提到重要的地位,在进行军事斗争的同时,神佛之事也受到源赖朝的特别重视。在军事活动过程中经常会遇到与神社、寺院相关的问题,需要及时予以解决。在具体处理众多神社佛寺问题过程中,构成了镰仓幕府的宗教政策。

1180年(治承四)八月,源赖朝声讨平氏。在其举兵之前,投奔源赖朝的人群中,除武士之外,也有神职人员。其中有四名与神道有关的人物,于起义的前夕,即七月二十三拜见赖朝。四人是筑前国住吉神社的祠官佐伯昌守、昌助和住吉小大夫昌长、伊势神宫祠官后裔赖隆。佐伯昌守1178年(治承二)正月被流放到伊豆,昌助1179年(治承三)五月配流伊豆,昌长是昌助之弟,四人都表示"奉为源家"的意愿。会见后,昌长、赖隆被聘为赖朝身边的随军神职者,负责"御祈祷事"[1]。1180年(治承四)八月十六日,源赖朝举行"战胜祈祷",仪式的主持者就是昌长和赖隆。

源赖朝在征战平氏以及建设镰仓幕府的过程中,为确保自己的正统形象,始终保持着对神道的尊重和扶植,其具体表现可归纳为如下三点:

第一,对作为国家宗庙神的伊势神宫,始终保持虔诚和崇敬。1180年八月,源赖朝军在相模国的石桥山与平氏军遭遇战中惨败。处于极度

---

[1] 『吾妻鏡』治承四年七月二十三日条。

危险的赖朝,经箱根山逃出敌军包围,渡海进入安房国(今千叶县)。安房国有源氏的庄园丸御厨,这处庄园本是赖朝先祖源赖义平定东夷之后朝廷赐给的。后来传至赖朝之父义朝,为祈求赖朝能早日升进官位,义朝于1159年(平治元)六月将丸御厨寄进伊势神宫。正因有此关系,赖朝到安房国后,首先去巡看丸御厨庄园,并当即写下愿书:若安房国中新立御厨,定当重以寄进。①

赖朝对伊势神宫的崇敬与平清盛蔑视神灵的行为形成鲜明对比,1182年(寿永元)二月,源赖朝以"私领相模国大庭御厨,永奉寄神宫"时发布了向伊势神宫寄进御厨的御愿书,其中斥责了平清盛的乱政、祸国;同时痛批熊野恶僧"滥入皇太神宫,破损御殿,犯用神宝";并表示要"奉崇神事如在,令继正法遗风","罚不义,赏赐忠臣,兼访古今例,新加御领申立二宫",且神宫在关东的原有庄领,一律不变。并说"上始自政王,下迄百司民庶,安稳泰平,令施惠护",乃是赖朝祈愿。② 1184年(寿永三)正月,以"为公私祈祷""天下太平"之名,将武藏国崎西、足立两郡内的大河土御厨寄进伊势神宫的外宫。五月,赖朝又分别向伊势神宫的内宫和外宫寄进庄园,以武藏国饭仑御厨寄进伊势内宫,安房国东条御厨寄进伊势外宫,寄进之愿是"奉为朝家安稳,为成就私愿,殊抽忠丹"③。1186年(文治二),又将骏河国(今静冈县)方上御厨寄进伊势神宫。除经济上以寄进的形式支援伊势神宫外,还多次下令保护神宫的权益。1187年(文治三)六月,因伊势国新补地头屡屡到神宫领域内滥行,幕府发布了《伊势国御神领内地头等迅速停止无道狼藉》令,指出:自今以后,"纵虽地头,何烦神人怠神役乎?宜停止此等狼藉,若犹令违背者,愲注交名,应予上奏。"④源赖朝对伊势神宫的特别崇敬,成为镰仓幕府恒久不变的传统。如因地头对伊势神领庄园权利的侵犯,第二代将军源赖家在1199

① 『吾妻鏡』治承四年九月十一日条。
② 『吾妻鏡』寿永元年二月八日条。
③ 『吾妻鏡』寿永三年五月三日条。
④ 『吾妻鏡』文治三年六月二十日条。

年三月下令停止六处伊势神宫所属庄园（御厨）的地头职。

第二，建设作为源氏氏神的鹤冈八幡宫。鹤冈八幡宫的建立最早是在 1063 年（康平六），源赖朝先祖源赖义劝请石清水八幡宫的神器，在相模国由比乡创立，称下若宫，后又经赖朝的曾祖父源义家的修缮。源赖朝于伊豆举兵后不久，即 1180 年十月率军进入相模国境内时，第一件事就是"遥拜鹤冈八幡宫"，接下来"为崇祖宗，点小林乡之北山，构宫庙，奉迁鹤冈宫于此所"①。十六日，源赖朝又向鹤冈神宫发愿："始长日勤行，所谓法华、仁王、最胜王等镇护国家三部妙典，其外大般若经、观世音经、药师经、寿命经等也，供僧奉仕之。以相模国桑原乡为御供料所。"②将佛教的经典作为神社的经典，用佛经中的"镇护国家"思想，作为鹤冈八幡宫的理念。为保证八幡宫的经济来源，以桑原乡作为神宫人员的财政基础。

自赖朝开始，每年正月幕府将军最重大的政事之一就是参拜鹤冈八幡宫，成为定例。在赖朝主持下，鹤冈八幡宫建筑不断完善。1181 年（养和元）五月，决定重新营建若宫，派御家人土肥实平、大庭景能为奉行，负责此事。六月，筹集的宫材木料，包括柱、虹梁等，运抵由比浦。然而，镰仓没有好工匠，赖朝亲自决定聘请武藏国的浅草大工。七月，若主殿上栋时，赖朝亲自参加典礼。新若宫完工后，八月十五日举行了迁宫仪式。不久，又规定了鹤冈若宫及伊豆、筥根等地神社的祈祷定式。根据规定，镰仓及附近诸国的神社，长日祈祷时，应诵念大般若经、仁王经。同时，在给伊豆、筥根两地神社的祈祷下文中，更作了祈祷的日期、诵念的佛经和祈祷人数的规定。

源赖朝对鹤冈八幡宫的虔诚程度，一般人难以相比。1191 年（建久二）三月，镰仓城发生大火，民房、御家人住宅、幕府、八幡宫若宫皆被殃及。事后，赖朝颇叹息，并在巡视灾后的若宫时流下眼泪。建久五年

---

① 『吾妻镜』治承四年十月十二日条。
② 『吾妻镜』治承四年十月十六日条。

(1194)十二月,幕府实行"御愿寺社奉行人制",任命将军近侧的御家人担任各寺社奉行,如鹤岳八幡宫的奉行人是大庭景能、藤盛长等;胜长寿院是大江广元、梶原景时等人;永福寺是三浦义澄、畠山重忠等人;永福寺的阿弥陀堂、药师堂也分别任命了奉行人。① 由此,幕府对御愿社寺的管理更趋规范,成为日常行政事务。

第三,维护各地的神社利益。除伊势神宫、鹤冈八幡宫得到幕府特别崇敬和维护外,幕府对各地的神社也颇为重视。在战争进行过程中,武士们的行动往往会损害神社、寺院的财物,引起社寺不满。如伊豆有一名叫走汤山的圣地,源赖朝起兵之初,许多相模国武士都要经过此山去谒见赖朝及北条氏。"以走汤山为往返路,仍多见狼藉",引发山上众徒不满,愤愤然向赖朝提出诉讼。赖朝获知之后,亲笔书信答应待"世上属无为之后",将伊豆、相模各一庄园奉寄当山,并说将在关东地区发扬"权现御威光",博得众徒的欢迎。② 不久又下令"禁止彼山狼藉",指出"彼山是新皇(以仁王)并兵卫佐殿(赖朝)御祈祷所也,乃乱恶之辈不可乱入"③。1181年(养和元)二月,再次发布免除安房国须宫神社的"万杂公事"④。当时,因"诸国未静谧",前途未卜,赖朝为祈求反平氏战争胜利,在各神社都有许愿。同年三月,赖朝首先将常陆国的盐滨、大洼、世谷等处庄园寄进鹿岛神社。为保证神社不再发生被侵害事件,推荐鹿岛政干为该神社的总追捕使。⑤ 十月,又将常陆国的桔乡寄进鹿岛神社,因该社之神是"武家维持之神","为心愿成就",将此奉寄。⑥

源赖朝时期,幕府经常扶持的关东地方神社多达十余处。1182年八月,北条政子生下长子源赖家时,源赖朝派使者去朝拜的神社有伊豆山、筥根、相模一山、三浦十二天、武藏六所宫、常陆鹿岛、上总一宫、下总香

---

① 『吾妻鏡』建久五年十二月二日条。
② 『吾妻鏡』治承四年八月十九日条。
③ 『吾妻鏡』治承四年十月十八日条。
④ 『吾妻鏡』養和元年二月十日条。
⑤ 『吾妻鏡』養和元年三月十二日条。
⑥ 『吾妻鏡』養和元年十月十二日条。

取杜、安房东条庌、洲崎社等。①

　　源赖朝所以对神社如此重视，是基于日本是神国的思想。1184 年（元历元）制定的《镰仓条条》共有四件大事：一是朝务事，二是追讨平家事，三是诸神社事，四是佛寺间事。神社、佛寺就占了两件，可见在源赖朝的心目中，神社、佛事之事与朝廷之事、征讨平氏之事同等重要。在诸神社条中，开宗明义就说："我朝者神国也"，因此神领是不能变动的，不但不能变，而且现在各神社的神领应该予以增加。诸神社若遭破坏、倒塌，应予以修复；恒例神事，应"守式目，无懈怠"，按恒例勤行。正是由于源赖朝对神社的保护和扶持，他得到了神社和神道信奉者的支持，促进了军事上的胜利进程，树立了政治和军事两方面的权威形象。

　　镰仓幕府对佛教的崇信也同神道一样，从源赖朝伊豆举兵时就开始了。据《吾妻镜》记载，起兵之初，源赖朝及其妻北条政子已是虔诚的佛教信徒。伊豆国的伊豆山有一位号为法音的尼姑，是北条政子的经师。②关于源赖朝最早与佛的关系，《吾妻镜》记述他在石桥山一战失败后，逃入杳无人迹的山中，在艰难之中，赖朝取出头鬓中的银观音像，藏于岩窟之中，待他日杀敌之后再来尊奉此像。

　　1180 年十一月，当源赖朝从伊豆进入武藏国后，听到人们乱入武藏国内寺社、扰乱狼藉清净地时，马上下达了停止狼藉寺社令。③ 1182 年（寿永元）五月，相模国金刚寺住僧状告乡司滥行，课公事于山寺，召僧侣山狩、养蚕，致使僧众外逃，精舍破坏，强烈要求将军亲裁，停止乡司的非法行为。赖朝接到诉状的当天，连夜秉烛处理，发文通知乡司立即停止对寺院的滥行。④ 1184 年（元历元）十一月，南都奈良的园城寺（亦称三井寺）派专使带着众僧徒的牒状到镰仓，要求赖朝能将没收平氏的官地寄进该寺，"绍隆当寺佛法"。

---

① 『吾妻鏡』寿永元年八月十一日条。
② 『吾妻鏡』治承四年八月十八日条。
③ 『吾妻鏡』治承四年十一月十二日条。
④ 『吾妻鏡』寿永元年五月二十五、二十六日条。

　　十二月一日,源赖朝召见园城寺使者,交给使者两份文件。一件是十一月二十八日赖朝签署的文件《奉寄三井寺御领事,在若狭国玉置领壹处》,文中说玉置领是没收平氏归公的领地,本是院厅赐给赖朝的,"今为崇当寺佛法,所令寄进也"。第二件文件是十二月一日当日签署的《奉寄寺领式所事》,从内容可知,这是在前一文件的基础上,再增加一处寄进领地。文中明确写道:"为平家之逆徒,及寺院之破坏。自尔以来,未知住僧之有无,不达蓄怀之案内,(略)牒状忽到来,旨趣尤甚深也。乃寺领二个所近江国横山,若狭国玉置领,相副寄文,所令寄进也。"①由文中内容可知,在未看到圆城寺牒文前,赖朝并不知该寺的严重困境,然而牒文读后,才深感情况之严峻,于是有寄进二处领地之举。

　　源赖朝不但对圆城寺扶持,而且对东大寺的重修也十分关心。曾就东大寺重修事致函负责东大寺修复的大劝进重源圣人,决定奉献"八木一万石,砂金一千两,上绢一千尺"。说东大寺的修复营造,可以镇护国家,"王法佛法共以繁昌欤"②。由于源赖朝对南都佛寺的关心和扶持,他与南都僧徒之间,常有文书往还。在往还文书中,赖朝常常表露自己对佛的虔诚。"每思佛德,信仰尤深"③,便是他的肺腑之言。

　　南都是佛教圣地,佛教显宗的基地,争取南都僧众对幕府和自己的支持,也是其与圆城寺、东大寺积极沟通的目的之一。正因为如此,源赖朝平定奥州之后第二次上京都时,安排了参拜神社、佛寺的日程。1190年(建久元)十月六日夜抵京,九日参拜石清水八幡宫,也称石清水八幡护国寺,是一座神佛一体的宫寺。源赖朝的先祖源义家是在此宫寺神前元服的,并取名八幡太郎,所以这座佛教色彩颇浓的宫寺成为清和源氏的氏神。赖朝入京不久,携北条政子等前往参拜,乃是情理中的事。次日,即十日,为了供养东大寺,源赖朝一家从石清水直接前往奈良,中途抵达南都的东南院。十一日,除前已叙及的向东大寺捐赠八木一万石、

①『吾妻鏡』元曆元年十二月一日条。
②『吾妻鏡』文治元年三月七日条。
③『吾妻鏡』文治三年十月十九日条。

砂金一千两、上绢一千尺外,再次捐赠马千匹。十三日,赖朝与北条政子等参拜东大寺大佛殿。

源赖朝及其后继将军、幕府执权,不但扶持众多寺院,而且还在镰仓及其周边建造新的寺院,胜长寿院、永福寺与鹤冈八幡宫并称为镰仓三大寺社。随着宋朝禅宗的传入,中国的五山禅寺制也传入日本,净智寺、建长寺、圆觉寺、寿福寺成为镰仓五山的名寺。

源赖朝在征战过程中,除不断扶持寺院外,还重视原有寺院建筑的保护,即使这些建筑是政敌所建。最典型的事例是征讨奥州时,为防止平泉城内寺院的损坏,对诸寺院特别是政敌藤原清衡、基衡、秀衡等所建寺院下达了保护令。明确指出所有平泉城内寺领,一切按先例维持原来的寄附关系。有的堂塔虽已荒废,但仍是佛性圣地,地头等不许妨碍,其中藤原清衡建造的关山中尊寺有塔四十余座,禅坊三百余宇;藤原基衡建造的毛越寺,堂塔四十余宇,禅房五百余宇;藤原秀衡建造的无量光院,业已注册,需予以保护。

保护令还对平泉城内诸佛寺的年中"法会""问答讲"的时间、名称、人数作了详细规定。年中恒例法会有二月的常乐会;三月的千部会、一切经会;四月的舍利会;六月的新熊野会、祇园会;八月的放生会;九月的仁王会等,各法会的人数,"讲读师、请僧,或三十人,或百人,或千人,舞人三十六人,乐人三十六人也"。"问答讲"有长日延命讲、弥陀讲、月次问答讲,以及正月、五月、九月的最胜十讲等。[1]

虽然幕府对佛教各宗采取积极扶持的政策,但对扰乱社会治安、有碍佛祖形象的行为,始终持反对态度。典型事例是 1191 年(建久二)三月和 1235 年(嘉祯元)六月比叡山延历寺僧兵两次反武士强诉事件中幕府的态度。第一次事件发生的原因是幕府御家人近江国守护总追捕使佐佐木定纲所辖佐佐木庄园不及时向延历寺供纳米粮。佐佐木庄园是每年向延历寺纳米粮的庄园,由于佐佐木定纲未能及时供给米粮,延历

---

[1]『吾妻鏡』文治五年九月十七日条。

寺所属的日吉神社宫仕到定纲宅邸抗议，其间发生冲突，造成宫仕受伤事件。为此，延历寺僧众强烈要求院厅和幕府严加处置佐佐木定纲父子。源赖朝虽然从大局出发，服从院厅对佐佐木定纲父子的处罪，但他对延历寺众僧徒的态度则是针锋相对，决不妥协。延历寺僧众要求将佐佐木定纲、定重父子引渡给寺院方处理，幕府则以"无召渡其身于敌仇例"为由，坚决予以拒绝。同时，源赖朝从这一事例中认识到，虽然定纲父子有罪过，但众僧徒的言行明显地反映了比叡山佛徒的反幕性质。实际上延历寺僧众的反对目标不仅仅是佐佐木庄园的佐佐木定纲，而是近江国内的守护、地头。延历寺座主向朝廷申诉书中说："凡近日，山上饥馑之间，近江国中无道事件充满，虽频加禁止，敢不承引，遂及此大事了。"①对此，源赖朝在五月三日给院厅的上书中作了严厉的指责，声称自己无论是对天台宗抑或是对法相宗都是忠诚信徒，对显密二宗并无疏忽，源义仲谋反杀死明云座主，以及平氏焚烧南都佛寺诛杀僧侣，都是我源氏追杀除害的。对此南都僧众都表示欢迎和感激，唯有比叡山僧众并无一言表态，不唯如此，现在更以宫仕被刀伤为由，骚扰公家。义仲行恶时不知所措，也不出门上京诉讼，然而源氏诚心崇仰之时，你们却企谋滥诉。

嘉祯元年(1235)六月，幕府对延历寺"恶僧"再度蜂起采取了非常强硬的措施，以压制"恶僧"们的恶行扩张。事件起因是近江国高岛郡内有66名散在的"驾舆丁神人"，其中7人被日吉神社解除神人资格，变为"公役勤仕百姓"。对此，高岛郡田中乡地头佐佐木高信与神社方进行交涉，提出停止对7名"驾舆丁神人"的身份改变，应维持原状。地头佐佐木高信所派的使者与日吉神社交涉时发生争斗。日吉社人抬着神舆上京，受到守卫京都武士的阻拦，神社人受伤。比叡山僧众乘此蜂起，要求严肃查处佐佐木高信及有关武士。朝廷接受僧众要求，很快作出决定，佐佐木高信被处以流刑。朝廷于七月二十六日将此决定通知延历寺，未征求

① 『玉葉』建久二年四月三日条。

幕府意见。二十九日,幕府北条泰时和北条时房联署文书,以将军的御教书形式表明态度,如果流放佐佐木高信和有关武士,必须抓出僧众祸首,以便警示后人。[1] 但朝廷只远流了佐佐木高信,而对僧众祸首未加惩处。同年十二月,幕府指令京都六波罗将延历寺僧众中的祸首押送镰仓,寺院方坚决抵制,不交一人。次年(嘉祯二年)二月,六波罗将一部分祸首僧侣带到镰仓。为此,延历寺僧众举行会议,决议派代表赴镰仓,请求幕府对捕者予以宽容。同时,延历寺也奏请朝廷予以宽容。延历寺僧众代表到达镰仓,但幕府态度强硬,绝不宽容。其后六波罗重又追捕祸首僧利玄、暹寻、定兼、静圣等人,延历寺将他们隐藏在日吉神社内,于是幕府召见隐藏"恶僧"的日吉神社祢宜成茂。到1237年(嘉祯三)六月,在幕府的强烈要求下,朝廷发布"衾宣旨",即处以死刑的圣旨。

当时,除比叡山延历寺所属僧众闹事外,佛教僧徒闹事案各地多有发生,《吾妻镜》嘉祯元年七月条有如下记载:"称念佛者,著黑衣之辈,近年充满都鄙,横行所部,宣旨虽及度度,未被对治。"朝廷的命令,已不能抑制恶僧,可见问题之严重。在延历寺僧徒蜂起的同一时间,在南都也发生争斗事件,即兴福寺领大住庄园和石清水寺八幡宫领薪庄园因用水问题发生争执,朝廷准备遣使调解之时,兴福寺僧徒闯入八幡宫领,毁烧薪庄园,烧毁房屋有60余家,并杀害庄内的神人。对此,武士奉命开赴八幡宫薪庄园,一则维护八幡宫领庄园,二则压制兴福寺僧徒,武士当场逮捕了兴福寺大住庄庄官。[2]

幕府方面认为"就无道之滥诉,浴非分之朝恩者,诸山诸寺滥行,依不可断绝,为世为人,始终不快事"[3],因此,用强硬手段阻压滥诉是幕府的方针。《六波罗条条》中规定:"为夜讨、强盗张本,所犯无所遁者,可被断罪;枝叶辈者,召进关东,可被遣夷岛。"[4]1239年(延应元)四月,幕府

---

① 『吾妻鏡』嘉禎元年七月二十九日条。
② 『百錬抄』嘉禎元年六月三日条。
③ 『吾妻鏡』嘉禎元年七月二十四日条。
④ 『吾妻鏡』嘉禎元年七月二十三日条。

制定《六波罗条条》,其中第一条规定"僧徒兵杖禁制事",屡下圣旨,仍
"自由滥吹"者,可依法制裁①。神社的神人在京城行为"狼藉",影响社会
治安,其肇事元凶,可押解关东。从中可见幕府力图通过正当的法制度,
解决"恶僧"这一社会矛盾,以维护国家和幕府的权威。

　　镰仓幕府在以镰仓为中心的关东地区推行扶植寺社政策的同时,对
寺社加强了统制,建立了与南都、北岭相对的镰仓寺社体制。镰仓寺社
体制主要表现为如下三点:

　　第一,1194 年(建久五)十二月,幕府对直辖的寺社设立"奉行人制",
任命 17 人分别担任鹤冈八幡宫、胜长寿院、永福寺的阿弥陀堂和药师堂
的奉行人。被任命为奉行人者都是源赖朝的亲近御家人和幕府高官,如
各寺社的首席奉行大庭景能(鹤冈八幡宫)、大江广元(胜长寿院)、三浦
义澄(永福寺)等。

　　第二,建立幕府护持僧和佛教祭典。"护持僧"是为幕府和将军祈祷
安泰的高僧,开始于 1227(安贞元),当时疫病流行,"赤斑疮流布,人庶多
以病死",将军也被染病。为祈平安,幕府实行了护持僧、阴阳师轮番制。
护持僧共九人,每月上、中、下旬,每旬三人值班祈祷灾消人安。阴阳师
六人,轮流寻求阴阳平衡,社会安稳。护持僧由密教僧构成,除了护持僧
为中心的护持幕府、将军的祈祷外,还以鹤冈八幡宫为核心,包括幕府直
辖的御愿寺在内的诸社寺,构成幕府的祈祷组织,每当天灾、战争时,组
织集体祈祷法会,以求消灾和战事胜利。

　　在祭典、修法方法,一方面引入朝廷的祭典、修法,如五坛法、如意轮
法等;另一方面根据现实需要,设置新的祭典、修法。1127 年(安贞元)四
月,幕府举行祈祷祭典、修法,分为内典和外典,共有十九项。内典为修
法,其中包括佛眼护摩、尊星王护摩、药师护摩、北斗护摩、金刚童子护
摩、正观音法、千手法、不空羂索法、延命供、大威德法;外典为祭典,包括
三万六千神祭、属星、天地灾变祭、泰山府君祭、咒咀祭、灵气、疫神祭、灶

――――――――――

① 『吾妻鏡』延应元年四月十三日条。

神、土公祭。① 除上述祭法外，尚有一字金轮法、八字文殊法、七曜供、太白星祭、十一面护摩、马头护摩、月曜祭、岁星祭、荧惑星祭等。祭式之外，还经常有法会，一切经会、心经会、佛生会、放生会、涅槃会等。某经典的问答讲也颇盛，如仁王讲、观音讲、最胜王经讲、大般若经讲等。1231 年（宽喜三）五月，幕府为"天下太平，国土丰稔"，在鹤冈八幡宫举行《大般若经》问答讲，集中关东地区的 9 位高僧进行了连续 10 天的讲座和问答。

第三，控制镰仓僧侣与朝廷的接近。从源赖朝时代起，幕府御家人接受朝廷官位必须由将军推荐，擅自接受官位被视为背叛。同样，幕府御愿寺的僧侣，其官位的升迁也必须经由幕府的推荐才能行。幕府明确规定："禁止镰仓中僧徒，恣争官位。"②幕府推荐，由朝廷任命僧官，如1241 年（仁治二）僧道庆被任命为大僧正，1245 年（宽元三）僧尊澄被任命为法印。但也有幕府先许以僧官，然后朝廷追认者，如 1252 年（建长四）鹤冈八幡宫（若宫）别当隆弁，因祈祷将军康复有显效，作为奖励，幕府经评定众议定，授其为权僧正，并将美浓国岩泷乡赐予他。朝廷对此加以追认，显示幕府掌握镰仓僧侣官位升迁的主导权。

二、镰仓新佛教

镰仓时代新佛教包括法然创立的净土宗、法然弟子亲鸾创立的净土真宗、一遍创立的时宗、荣西创立的临济宗、道元创立的曹洞宗、日莲创立的日莲宗等。净土宗、净土真宗属于净土教系统，临济宗、曹洞宗为禅宗系统，日莲宗为法华宗系统。

1．法然与净土宗

净土宗创始人法然（1133—1212，原名源空，法然是号）出身武士之家，9 岁丧父，13 岁登比叡山，先后师从源光、皇圆两法师，学习天台宗。

---

① 『吾妻鏡』安贞元年四月二十九日条。
② 『吾妻鏡』延应元年四月十四日条。

学习中产生不少疑问，又师从当时具有广泛学识且主张"融通念佛"的黑谷青龙寺睿空。但仍然不满足，于是下山至南都奈良拜师求教，先后拜访了法相、三论、华严、密、律等宗的名师，其后再次回到比叡山的黑谷青龙寺，闭门攻读佛典。在南都期间曾接触过不少持净土教学说者，如著有《往生拾因》的永观、著有《决定往生集》的珍海等。因此，归山之后，研究源信的《往生要集》，接着又钻研中国净土宗的始祖善导所著的《观经疏》，颇有所悟。法然弟子源智曾在其著《净土随闻记》以及弟子信阿新撰《知恩讲私记》中都有法然入门净土思想领域的记载，法然曾经这样说："予故《往生要集》以为先导，入净土门，而窥此宗奥旨，取善导和尚释（指《观经疏》）再读"；"披阅兹典（指《观经疏》），组织素意，立舍余行，云归唸佛。（略）当知善导和尚证定疏，正是净土宗之滥觞。"①自此，法然决意要创立日本净土宗，并再次下山至京都东山，以一般民众为对象，进行"专修念佛"的布教活动。皇族和朝廷贵族也逐渐皈依净土宗，其中高仓天皇、后白河上皇、后鸟羽上皇均从法然受菩萨戒。朝廷贵族的皈依以摄政九条兼实最为典型，除其本人与法然有佛事往来外，其妻子和女儿（后鸟羽天皇中宫）宜秋门院也与法然有交往。九条兼实及其家族请法然的目的，一是讲佛经、佛义，教授念佛；二是授戒；三是通过授戒，医治病痛。因为九条兼实认为"近代名僧等，一切不知戒律事。至禅仁、忠寻等之时，名僧等皆好授戒，自其以后都无此事。近代上人（系指法然这样的僧侣）皆学此道，又有效验，仍不顾傍难，所请用也。"②

　　法然的佛学思想，用一句话归纳，就是他在《选择本愿念佛集》中开宗明义所说的："南无阿弥陀佛——往生之业，念佛为先"，这一思想在中国净土宗善导大师的《观经疏》等著作中早有阐述。善导主张"一切众生平等往生"，男女贵贱，不论行住坐卧，时处诸缘，只要念佛，就能临终往生。法然虽然也对皇族、贵族及富贵者宣教，但他认为富贵者少，贫贱者

---

① 杨曾文著：《日本佛教史》，人民出版社 2008 年，第 220、221 页。
② 『玉葉』建久二年九月二十九日条。

多;智慧者少,愚痴者多;多闻多见者少,少闻少见者多;持戒者少,破戒者多。正因如此,重点放在贫贱、愚痴者的宣教上,让众多的社会下层把"念佛一行"作为本愿,争取往生净土。善导指出即使犯"五恶""十逆"大罪的人,都可以通过念佛往生。法然也说"五逆重罪之人""十恶罪人","唯有念佛之力,堪能灭于重罪","临终一念,罪灭得生"。在传统佛教中,对女性诸多歧视,但净土宗重视女性的往生,把女性作为社会的一部分,积极吸收女性参加净土宗。他进入后鸟羽天皇中宫的居所,给中宫授戒就是典型一例。

净土宗的不论贵贱、专修念佛皆可往生的思想很快得到上自皇族、贵族、武士,下至平民百姓的信奉,势力日渐扩大。因此,也引起了旧有教派的敌视。1204 年(元久元),比叡山延历寺僧徒集会,决议应禁止宣传"专修念佛"。1205 年(元久二),奈良兴福寺僧众起草《兴福寺奏状》上呈朝廷,指斥法然的净土宗有"七失",说法然新立宗派不合法,"专修念佛"有违佛理,不敬神明,妨碍各宗佛业发展。若不禁止,将会"乱国土",国家不能安定。对于延历寺、兴福寺等的反对和指责,法然很快作出回应,起草《七条起请文》,让僧徒署名,连同自己的信件一同送交天台座主真性,强调日后本宗僧徒在宣教中奉行的行为规范:其一,僧徒在宣教中,不批评天台宗、真言宗,不毁谤其他各宗的佛、菩萨;其二,本宗弟子不同外宗人发生教义的争论;其三,不劝解外宗人改宗信仰净土宗;其四,不再宣传"念佛门无有戒行";其五,停止未辨是非,恣立私义,妄致争论;其六,禁止不知正法,好致倡导,宣传诸邪法,迷惑无知道俗;其七,不能把自己妄偏的邪说伪称是师说。

尽管法然的诸项措施使净土宗获得暂时平静,但由于奈良旧宗派的施压,1206 年(元久三)二月院厅发布院宣,将法然弟子行空、遵西处以流放罪。罪名就是"恣谤余佛""毁破余教"。不久,由于摄政九条良经(兼实之子)病亡,法然失去了上层贵族的保护,再加上其弟子住莲、安乐与宫女私通事件,反对净土宗者乘机进行排斥。1207 年(承元元)二月,朝廷宣布禁止专修念佛,并处住莲、安乐等 4 名法然弟子死刑,法然也被流放到赞岐国的盐饱。1211 年(建历元),法然从流放地返归京都,翌年亡故,享年 80 岁。其后净土宗与旧教派的斗争并未停止,1224 年(贞应三),比叡山延历上奏朝廷,要求取缔净土宗。1227 年(嘉禄三),延历寺僧众甚至到京都东山大谷,捣毁庙宇,挖掘法然墓地。在延历寺僧众的强力诉讼之下,朝廷又对净土宗进行了新一轮的镇压。法然的 3 名弟子被流放,46 名净土宗僧侣和 22 名信徒被拘捕。

2. 亲鸾与净土真宗

净土真宗(又称一向宗)是法然弟子亲鸾(1173—1262)创立的新教派。亲鸾(又名范宴、善信、绰空)俗姓藤原氏,4 岁丧父,8 岁丧母,9 岁投奔天台宗慈圆僧正门下,学习天台宗教义。后登比叡山,成为在"常行三昧堂"不断念佛修行的"堂僧"。其间,对天台宗净土念佛思想有较深了解。在修研中遇到不少疑问,1201 年(建仁元)正月,带着疑问离开比叡山,到圣德太子信仰灵场——顶法寺六角堂闭门静修。得到救世观音的梦告:"行者宿报设女犯,我成玉女身被犯,一生之间能庄严,临终引导生极乐"[1],有所省悟。当时听说法然的念佛易行法门已经传布,于是拜谒法然,进而成为法然弟子,大约 1201 年至 1207 年间,一直在法然身边专心念佛。后来,法然受到比叡山延历寺和奈良兴福寺为首的旧教派的反对,因而遭到朝廷的镇压。法然被流放,其弟子或被杀,或被远流。亲鸾是被流放者之一,被革除僧籍,以藤井善信俗名流放越后国,时年 35 岁。

亲鸾在越后国流放期间与当地武豪三善为教之女惠信尼结婚,1211 年(建历元)底,亲鸾被赦免,当时法然也被允返京。因此,亲鸾决定回京都,但在赴京途中得知师父法然已去世,又返回越后。1214 年(建保二),携妻等前往关东,经信浓、上野、下野,最后抵达常陆国笠间郡一个名叫稻田的地方,向农民、渔民、武士和商人传播净土真宗,其弟子散布于关东、陆奥等地。净土真宗再度迅速发展,使旧教派十分不安,1227 年(安贞元),延历寺僧众又要求朝廷禁止,朝廷再次下圣旨禁止专修念佛。镰

---

① 星野元豊、石田充之、家永三郎校注『日本思想大系・11・親鸞』、岩波書店 1973 年、479 頁。

仓幕府虽推崇佛教,但倚重旧教派的上层僧侣对面向下层民众,且主张破戒、娶妻、食肉的净土念佛教持反对态度,实行驱逐。在此背景下,亲鸾遂离开关东,返回京都专门从事著作,在平静之中度过余生。1262 年(弘长二)十一月病逝,享年 90 岁。

亲鸾有多种著作遗存,主要有《显净土真实教文类》(又称《教行信证》)、《净土文类聚抄》、《愚秃钞》等,其中《教行信证》是具体阐述净土真宗思想的著作。《教行信证》一书开头明确提出净土真宗的本义包含两个方面:一是往生净土,二是往生净土后,又返回现实世界,教化其他众生归化佛道。净土真宗教义由教、行、信、证构成,其理论依据是《大无量寿经》。中国以善导的《大无量寿经》《观无量寿经》《阿弥陀经》及世亲的《往生净土论》作为净土宗的根本教旨,史称"三经一论",法然的净土教义也是以"三经一论"为依据,亲鸾只依"三经"中的《大无量寿经》为经典。

亲鸾的教义体系分为教、行、信、证等,"教"是指传教方法。亲鸾强调以《大无量寿经》为净土真宗根本教旨的指导思想,"释迦出兴于世,光阐道教(指佛道教法),欲拯群萌,惠以真实之利,是以说如来本愿,为经宗致,即以佛名,号为经体也。"[1]"诚是如来兴世之正说,奇特最胜之妙典,一乘究竟之极说,速疾圆融之金言,十方称赞之诚言,时机纯熟之真教也"[2]。"行"是指净土真宗的修行,"往相"和"回向(相)""有大行,有大信"。"大行者,则称无碍光如来名(指不受任何阻碍仍然放光的阿弥陀佛)。斯行即是摄诸善法,具诸德本,极速圆满,真如一实,功德宝海,故名大行。"[3]亲鸾认为"念佛成佛是真宗",只有念佛才是净土真宗的修行之法。坚持念佛,即便是"十恶五逆至愚人,永劫沉沦在久尘,一念称得

---

① 星野元豊、石田充之、家永三郎校注『日本思想大系・11・親鸞』、岩波書店 1973 年、265 頁。
② 星野元豊、石田充之、家永三郎校注『日本思想大系・11・親鸞』、岩波書店 1973 年、267—268 頁。
③ 星野元豊、石田充之、家永三郎校注『日本思想大系・11・親鸞』、岩波書店 1973 年、269 頁。

弥陀号,至彼还同法性身"①。"信"是指往生本愿的信心,"大信心者,则是长生不死之神方,忻净压秽之妙术,选择回向(相)之直心,利他深广之信乐,金刚不坏之真心,易往无人之净信,心光摄护之一心,希有最胜之大信,世间难信之捷径,证大涅槃之真因,极速圆融之白道,真如一实之信海也"②。"证"则是指修行最终达到的境界,"真实证者,则是利他圆满之妙位,无上涅槃之极果也。"③"释迦指劝一切凡夫,尽此一身,专念专修,舍命已后,定生彼国者,即十方诸佛,悉皆同赞、同劝、同证。(略)又劝一切凡夫,一日七日,一心专念弥陀名号,定得往生。(略)十方各有恒河沙等,诸佛同赞,释迦能于五浊恶时、恶世界、恶众生、恶见、恶烦恼、恶邪、无兴盛时,指赞弥陀名号,劝励众生称念,必得往生,即其证也。"④"若有见菩萨,修行种种行,起善、不善心,菩萨皆摄取。"⑤

3. 一遍与时宗

时宗的创立者是一遍智真(1239—1289),俗姓河野,伊予(今爱媛县)人。河野氏原是四国地区有名的豪族武士,一遍的祖父及父辈在"承久之乱"中因支持朝廷对抗幕府而遭到制裁,祖父被流放,伯父被杀,父亲出家为僧,家财尽失。一遍自幼就有出家之志,因而10岁时受父命出家学习天台宗教义,取名随缘。13岁时远赴九州大宰府,从净土宗西山派的圣达上人学习。圣达是法然弟子证空的门人。后为提高一遍的研读佛典的能力,经圣达推荐,到肥前(今佐贺县)清水的僧人华台门下,专门研读净土教典,此时改"随缘"名为"智真",因为华台法师认为"随缘杂善恐难生"(中国善导《法事赞》中语),随缘不利于往生净土,故为其改名。约一二年后,一遍阅读能力提高,又回到圣达门下。此后12年,在圣达的指导下,学净土教门,对净土教义深有所得。

---

① 星野元豊、石田充之、家永三郎校注『日本思想大系・11・親鸞』、岩波書店 1973 年、286 頁。
② 星野元豊、石田充之、家永三郎校注『日本思想大系・11・親鸞』、岩波書店 1973 年、304 頁。
③ 星野元豊、石田充之、家永三郎校注『日本思想大系・11・親鸞』、岩波書店 1973 年、346 頁。
④ 星野元豊、石田充之、家永三郎校注『日本思想大系・11・親鸞』、岩波書店 1973 年、308 頁。
⑤ 星野元豊、石田充之、家永三郎校注『日本思想大系・11・親鸞』、岩波書店 1973 年、424 頁。

　　1263 年(弘长三),忽闻父死,一遍还俗,返还故乡。在俗居期间家族发生纠纷,为逃避而再次出家,1271 年(文永八)入信浓国善光寺静心修行。其间依据中国善导《观无量寿经疏》中,以水、火比喻众生的贪爱、瞋恚,以水、火两者中间喻为通向极乐净土的"白道"的理论(通称"二河白道"),绘制了一幅本尊图。然后回到故乡伊予国洼寺地方建造一座柴庵,庵内供奉自绘的本尊图,专心修炼名为念佛的教行。在修炼过程中,颇有感悟,作一颂,名为《十一不二证》,并将其书写在本尊图的旁边:"十劫正觉众生界,一念往生弥陀国。十一不二证无生,国界平等坐大会。"[①]颂文具体揭示了一遍的众生与佛等同思想,也就是说,阿弥陀佛是经过漫长的时间("十劫")修炼成佛的("正觉"),如今众生欲往净土境("弥陀国"),只要念佛("一念")也可往生;众生坚持修炼,最终到达净土境界,则是脱离生死轮回,与佛一起平等地参加法会。

　　在《十一不二证》的思想指导下,一遍于 1274 年(文永十一)开始周游日本各地,深入民间宣传净土念佛,向信奉者授予念佛牌("赋算")。偕同周游的弟子有超一、超二、念佛、圣戒四人,先前往摄津参拜了四天王寺,登高野山后到纪伊参拜熊野神社。一遍在熊野神社虔诚地祈祷了近百天,静静地反省了自己在宣教过程中的经验和教训。一天,他说自己得到熊野神的亲口托言,说众生的往生早在阿弥陀佛修炼成佛时,"南无阿弥陀佛"名号就已经决定。因此,众生中不管信者还是不信者,是净者还是不净者,均可往生。在传教中向信者授念佛牌、不信者不授牌的做法要改,一切众生都应授念佛牌,并赠偈一首:六字名号一遍法,十界依正一遍体,万行离念一念证,人中上上妙好华。[②]

　　这首偈显然是一遍借神之名表达自己的思想,"六字名号"系指"南无阿弥陀佛","十界"又称"六凡四圣"。佛教把佛和众生分为十大类:地狱、饿鬼、畜生、阿修罗、人、天为"六凡夫"(简称"六凡"),声闻、缘觉、菩

---

① [日]村上专精著,杨曾文译:《日本佛教史纲》,商务印书馆 1981 年,第 168 页。
② [日]村上专精著:《日本佛教史纲》,第 169 页。

萨、佛简称"四圣",皆是已经解脱苦难的圣者。偈中的"一遍"系指念佛的次数,全偈的意思为:在往生净土的路上,十界众生是平等的,修行的方法是简单的,大声念诵"南无阿弥陀佛",就会得到正果,到达"妙好华"佛境。此后,"智真"之名便改为"一遍"。

一遍的思想境界由此得到升华,由原先劝化信奉者,转变到劝化一切众生,又开始了新的巡行路程。在巡行中,他带着两件东西,一是劝进账(化缘名册),一是举着念佛札,上写"南无阿弥陀佛,决定往生六十万人"。札上的"六十万人"是由上述神赠四句偈的每句字头组成的,代表一切众生往生之意。一遍先到九州,然后回到四国,后又渡濑户内海到安艺、备前、京都。离开京都后,经北陆道抵达信浓。在信浓的佐久郡小田切地方开始,一遍及其弟子在宣教中采用了舞踊念佛等方法,吸引了众多信徒。自此,舞踊念佛成为时宗的行仪,颇受信徒欢迎。之后,一遍从上野、下野至奥州江刺郡祭扫祖父之墓,然后经常陆、武藏,进入东海道的伊豆、相模、镰仓,再至三河、尾张、美浓,然后回到京都、近江地区传教。不久到山阴道、山阳道的丹波、丹后、因幡、伯耆、美作、播磨、摄津、河内、大和等地巡行宣教,其足迹遍及日本六十余州。从熊野神社受神托言之后的 16 年间,不疲倦地步行宣教,据说在其"劝进账"上留下姓名和接受念佛牌的信徒多达 25 万余众。①

时宗的信徒分为三类:一是教团所属的僧侣,称"道时众";一是跟随一遍巡行各地宣教的僧侣,称"游行时众";一是不出家愿意念佛往生的信徒,称"在家时众",或称"俗时众"。由于长期奔波宣教,一遍身体极度虚弱,染上重病。1289 年(正应二),再次辗转赞岐、阿波、淡路、播磨等地,最后进入兵库和田岬观音堂。八月二十三日病逝,享年 51 岁。在去世前焚烧了自己的书文:"一代圣教皆已尽,唯有南无阿弥陀佛",充分表现出一位不注重理论、只以实际为宗旨的圣者形象。

---

① [日]村上专精著:《日本佛教史纲》,第 169 页。

4. 日莲与日莲(法华)宗

日莲(1223—1282)出生于安房国长狭郡东条渔村,俗姓贯名氏。12岁时就在家乡的清澄山寺出家,从道善法师学习天台、真言经典。16岁受戒后,改名"是圣房莲长"。后离开清澄山寺,先后到镰仓、京都、高野山、四天王寺、奈良、比叡山等佛教圣地巡访。在十余年间,对当时日本流行的佛教各教派教义进行了研究与考察,对各宗的优点与不足均有深刻的认识。他认为各宗均以自己的需要解释佛教经典,各有局限性,必须由一种观点来统一包摄佛法,现有的各宗,无论是三论、法相、华严诸宗,抑或是天台、真言二宗的教义都不能胜任此任。他对此进行了较长时间的思索,并在《妙法比丘尼御返事》著述中说:从12、16岁至32岁二十余年之间,至镰仓、京都、比叡山、园城寺、高野山、天王寺等各国各寺游学期间,开始对佛法的统摄的思考,历时很久。思考的结果认为,唯一最优的佛法是《法华经》。1253年(建长五)他回到故乡安房国后,已基本形成独自的理论。同年四月二十八日一大清早,日莲登上清澄山峰,面向东方,大声地诵唱"南无妙法莲华经"七个字。同日在清澄山寺举行法席,再次阐述《法华经》是释迦佛真实"本怀",是统摄诸宗佛法的妙法,引导一切众成佛。另外还说诵唱《法华经》的经题,或"妙法莲华经"五字题,或"南无妙法莲华经"七字题,即可解脱成佛,因为经题本身就具有一切佛法功德妙用。在法席上,他攻击了净土、禅、密、律等宗说,念佛是无边的地狱之业,禅宗是天魔的作为,真言是亡国的恶行,律宗是国贼的妄说,史称日莲的"四条格言"。日莲唯一没有批判的是天台宗,与其出身于天台宗、一再声称自己是最澄大师门人、"天台沙门日莲"等有关。

日莲的传教活动颇为坎坷,其根本原因在于树敌太众。1253年四月,在清澄山寺法席上宣布日莲宗的思想后,招致包括其入门师长道善在内的僧众的愤怒,道善宣布与其断绝师徒关系。清澄山寺所在地的地头东条景信是净土宗信徒,听到日莲贬斥净土宗后,也为之愤慨,将其驱逐出山。在此期间,改法名"莲长"为"日莲"。

离开安房国的日莲,转至镰仓。此后,生涯中的多次遭难都与镰仓幕府密不可分,前后与幕府有三次直接交涉。第一次交涉是在 1260 年(文应元)。日莲进住镰仓以后,适逢关东地区灾害连连,民不聊生,社会不安。日莲亲自体验了灾害和民间的痛苦,认为天灾连连主要是净土宗等背离佛法所致,这些背离佛法的宣教都是"邪法""恶法"。为此,他于 1259 年(正元元)写了《守护国家论》,1260 年(文应元)写了《立正安国论》,并上呈前幕府执权北条时赖。《立正安国论》的核心内容有二:集中攻击净土宗、宣扬日莲宗为佛教的"正法",北条时赖收到日莲的《立正安国论》以后,并未予以理睬,但呈书幕府攻击净土宗之事很快被净土宗僧侣和信徒得知。净土宗僧众袭击、焚烧日莲的住处,使日莲无法在镰仓安身,不得不潜逃至下总国。一年后日莲又回到镰仓,在街头公开抨击净土宗等。净土宗僧众向幕府上告日莲,于是幕府以妨碍治安为由,于 1261 年(弘长元)五月将日莲流放伊豆。

第二次交涉是在 1268 年(文永五)。日莲被流放二年后的 1263 年(弘长三)三月,执权北条长时赦免日莲的流放罪,其重回镰仓。当时忽必烈正积极向东北亚地区扩展势力,蒙古使节 1268 年(文永五)正月抵达日本。同年四月日莲向幕府呈递《安国论御勘由来》一文,述说蒙古使节和蒙古国书表明日本面临着"他国将破此国"的危机,又一次指责诸宗高僧及其同道者,认为能知救国之难者,除比叡山天台宗外,唯有日莲一人。十月,日莲又分别向当时的幕府执权北条时宗等上层武士及建长寺、极乐寺等寺院领等致信,重申自己历来的观点,直接攻击佛教诸宗。由于他不仅攻击诸宗,而且最终还直指已故幕府执权北条时赖、北条重时已堕入地狱,并要求焚烧幕府所建的建长、寿福、极乐等寺院,九月十日受到幕府侍所的传讯,十二日幕府以托事佛法、屡乱国家罪将其流放佐渡岛。

第三次交涉是在 1274 年(文永十一)。同年二月,幕府赦免日莲的流放罪,三月日莲再次回到镰仓。不久,幕府有关方面曾召见日莲,询问蒙古第二次征伐的时间。尽管日莲无法确定,但利用召见的机会再度攻击净土、禅、真言等宗,说蒙古征伐,若幕府用真言宗等僧侣祈祷,"调伏蒙古"，必将使日本国家灭亡。幕府对其谏言未加理睬，日莲颇为伤感，同年五月离开镰仓，移住甲斐国巨摩郡身延山隐居。在当地武士帮助下，建造身延山久远寺，成为早期日莲宗教团的据点。日莲在此修行、著述、传教，后来患病，1282 年（弘安五）九月病情渐恶，遂离开久远寺，前往武藏国池上本门寺，十月病重身亡，享年 61 岁。

日莲的著作主要有五部，即《立正安国论》《开目钞》《观心本尊钞》《撰时钞》《报恩钞》，其基础为《法华经》。日莲倡导的思想大致有三：《法华经》是一切佛经中最优秀的佛典，此经的核心（"肝心"）是经题"妙法莲华经"五字（或"南无妙法莲华经"七字）；"妙法莲华经"五字或"南无妙华莲华经"七字是日莲宗尊奉的"本尊"（即释迦佛），也是本宗唱念的内容。一唱"妙法莲华经"五字或"南无妙法莲华经"七字，亦即含有天台宗的"一念三千"法门；提出现世即是佛国净土，现时是末法时代，《法华经》所坐之处，行者所住之处，道俗男女、贵贱上下所住之处皆是寂光，"所居既是净土，能居之人岂非佛耶！"不论男女老幼，善人恶人，贵人贱人，"唯唱南无妙法莲华经"，皆可现世成佛。

5. 荣西与临济禅宗

早在奈良时代禅宗已传入日本，唐僧道璇东渡日本，曾向个别日本僧侣传授过禅法。平安时代，最澄入天台山求法时，也受过禅师的传教，入唐的园仁、园珍回国时也带回一些禅宗著述。其后有一名叫慧萼的僧侣，受朝廷橘太后之命入唐聘请禅师，结果义空禅师受邀前往日本，橘太后建檀林寺供其修法。其后慧萼又入唐，在苏州开元寺拜谒该寺沙门契元，请其撰刻《日本国首传禅宗记》碑运回国，立于京都罗城门侧，后因门楣倒塌，把碑压碎，残碑被置于东寺讲堂东南之隅。虽然日本朝廷对禅宗引起注意，但至平安时代末，禅宗尚未能在日本广泛传布。12 世纪五六十年代，不少僧侣搭乘宋朝商船到中国寻求禅宗之教，荣西就是其中之一。

荣西第二次入宋在天台山从虚庵怀敞禅师修禅数年后，于 1191 年（建久二）七月回日本。首先抵达九州户岛，并在九州地区传教，"始行禅规，才十数辈，不几海众满堂。"①声名远振，遂转移京都，但在京都传布禅宗并不顺利。佛教界有人直接指责荣西。如筑前筥崎地方僧良辩，"嫉(荣)西之禅行，诱叡山讲徒，诉朝窜逐"，策动比叡山僧众上诉朝廷，驱逐荣西，禁止传授禅宗。②受比叡山僧众上诉的影响，朝廷于1194年（建久五）七月发布禁止令。第二年，朝廷命大舍大头高阶仲资、尚书左丞藤原宗赖召见荣西，并耐心地听取了荣西的申辩：如果禅宗不能成立，那么最澄法师学说也不能成立，若此天台宗也无以存在之理。天台宗僧众拒我、诬我，实是他们缺乏对自己始祖教义的认识。

经过这次申辩，不但朝廷对荣西的临济宗有了新的认识，而且比叡山的天台宗僧众也不再与其对立，其中"台宗有识之者，以西言为善，因是睿众辅西禅化"③，致使"西之道行盛都城"。1199年（正治元）九月二十六日，幕府举行供奉不动尊法会，主持人是荣西。次年（正治二）正月十三日，源赖朝去世周年祭，幕府执权以下"诸大名群参成市"，有百余名僧侣举行"百僧供"，主持盛大祭典的导师也是荣西。为方便荣西传法，北条政子拨土地建造金刚寿福寺。1200年（正治二）七月，北条政子让人在京都画了一幅十六罗汉像，送荣西在寿福寺开眼供养。④ 1202年（建仁二），将军源赖家将京都一块土地施给荣西，建造建仁寺。此后相当一个时期，幕府的重要法会常以荣西为主持人。如1204年（元久元）五月十六日北条政子为追善祖父母，在寿福寺举行法会；同年十二月十八日，政子举行供养七观音像的法会；1211年（建历元）十月十九日，将军源实朝在永福寺供奉宋版一切经五十余卷和曼荼罗举行的法会等，京都的建仁寺后来也被升为官寺。

随着荣西声誉的提高，1206年（建永元）东大寺大劝进重源死后，朝廷任命荣西继任大劝进职，担起重源未竟的东大寺重建之责。在任职四年间，东大寺佛殿、九重塔建成，朝廷因功授其为权僧正。1215年（建保

①②③『元亨釋書』卷二。
④『吾妻鏡』正治二年七月六日、十五日条。

三），荣西因患痢病去世，享年75岁。

荣西的思想在其所著的《兴禅护国论》《出家大纲》《日本佛法中兴愿文》等中均有阐述，其中以《兴禅护国论》最有代表性。荣西在《序》中说，著述此书的目的是为回答那些不明禅宗而批评的人："有谤此之者，谓为暗证禅。有疑此之者，谓为恶取空，亦谓非末世法，亦谓非我国要；或贱我之斗筲，以为未罄力；或轻我机根，以为难兴废，是则持法者灭法宝，非我者知我心也。非啻塞禅关之宗门，抑亦毁睿岳之祖道。慨然悄然，是耶非耶，仍蕴三箧之大纲，示之时哲，记一宗要目，贻之后昆。跋为三卷，分立十门也，名之《兴禅护国论》，为称法王仁王原意之故也。"①

禅宗注重"心法"，荣西也特别对此有深刻的揭示。在《兴禅护国论》序言中，开宗明义就阐述"心"在禅宗中的核心地位："大哉心乎。天之高不可极也，而心出乎天之上；地之厚不可测也，而心出乎地之下；日月之光不可踰也，而心出乎日月光明之表；大千沙界不可穷也，而心出乎大千沙界之外。其大虚乎，其元气乎，心则包大虚，而孕元气者也。天地待我而覆载，日月待我而运行，四时待我而变化，万物待我而发生。大哉心乎！"

关于禅宗的基本思想，荣西解释说"禅宗，离文字，离心缘相"，亦即"不拘文字，不系心思"，认为"若人言佛禅有文字言语者，实是谤佛、谤法，是故禅师不立文字，直指人心，见性成佛，所谓禅门也。"②荣西在《兴禅护国论》中特别强调禅兴国安的主张："镇护国家门者，《仁王经》云，佛以般若付嘱现在、未来世诸小国王等，以为护国秘宝，其般若者禅宗也。谓境内若有持戒人，则诸天守护其国。"③

也即是说，禅宗是护国的秘宝。坚持信奉禅宗，诵持众生，"火不能烧，水不能溺，乃至心得正受，一切咒诅，一切恶星，不能起恶"，诸恶灾障，永不能入国。"慈觉大师（圆仁）在唐之日，发愿曰：吾遥涉苍波，远求

① 『日本思想大系・16・中世禅家の思想』，岩波書店1972年、99頁。
② 『日本思想大系・16・中世禅家の思想』，岩波書店1972年、113頁。
③ 『日本思想大系・16・中世禅家の思想』，岩波書店1972年、100頁。

白法,倘得归本朝,必建立禅院,其意专为护国家利群生之故。愚亦欲弘者,盖是从其圣行也,仍(乃)立镇护国家门矣。"[1]

6. 道元与曹洞禅宗

曹洞禅宗的创始者是道元,于 1200 年(正始二)诞生于京都的贵族名门,父亲是内大臣久我通亲,母亲是摄政藤原基房的女儿。虽然家境显贵,道元也有仕途的前程,但由于父母早亡,自幼便有出家为僧的想法。13 岁时,他登上比叡山请求出家。1213 年(建保元)正式剃度,受菩萨大戒,法名为佛法房道元。在比叡山道元勤学显、密二教教义,虽收获颇多,但也产生不少疑问。为释解疑问,到处请求高僧。曾向三井寺(圆城寺)的公胤僧正请教疑问,公胤也无法回答,要解决这些疑问,"宜入宋求觅"。广求无果之后,道元又到京都建仁寺投奔荣西,但入门不久荣西去世。

1223 年,道元随荣西的高徒明全来南宋,滞宋五年间,专心学禅。最初两年在天童寺师从临济宗的无际了派,但仍感不能满足,于是离开天童山,相继到明州阿育王寺、杭州的径山寺、台州翠岩寺、平田万年寺等地寻求高师。后来听说曹洞宗宗匠长翁如净禅师,受敕请住天童寺,急忙重回天童寺拜见如净,并被收为门徒。道元跟随如净学禅三年,获曹洞禅宗嫡传,于 1227 年(安贞元)归国。归国后先在京都建仁寺,三年间著《普劝坐禅仪》一书,阐述正确的坐禅法。因为道元主张自释迦以来传布佛教的唯一正法是禅宗,因而遭到比叡山僧徒的反对,被迫离开建仁寺。1230 年(宽喜二),居移京都南部宇治深草极乐寺旧址旁的安养院,在此完成了《辨道话》《护国正法义》等,并开始布教活动,信徒渐多。后在信徒的支持下,在极乐寺旧址上建造"观音导利院",1233 年(天福元),道元从安养院移居此院。其后"观音导利院"依据中国禅寺的结构进一步扩建,改名为"兴圣宝林寺"。道元以此为基地,集结信徒,制定禅林清规,实施坐禅修行。

---

[1] 『日本思想大系・16・中世禅家の思想』,岩波書店 1972 年、101 頁。

道元在传教过程中,一再批评日本佛教界的现状,否定念佛、加持祈祷等世俗化的修禅法,提倡坐禅,认为专心坐禅就能到达悟的境界。道元的言论激怒比叡山僧徒,1243 年(宽元元),比叡山僧徒对兴圣宝林寺进行冲击和破坏,并驱逐了道元。当时,越前国豪族波多野义重慕名邀请道元,并捐献自己的领地越前志比庄建造大佛寺,道元应邀成为大佛寺的住持。1246 年(宽元四),道元以佛教传入中国时的东汉"永平"年号作为大佛寺的寺名,即改"大佛寺"为"永平寺",并以此寺作为日本曹洞宗的总本山。永平寺深藏山林,杉木繁盛,是非常寂静之地,种种规戒、典礼,完全仿照天童寺。道元一直恪守远离政治、远离世俗的训诫,除1247 年(宝治元)受镰仓幕府执权北条时赖之请,赴镰仓最明寺为时赖授菩萨戒外,直至去世前一直没有离开过永平寺。1252 年(建长四),道元患病。因病情渐趋严重,于同年八月赴京治病,次年八月病故,终年54 岁。

道元的著作除《普劝坐禅仪》《辨道话》《护国正法义》外,尚有《永平广录》《永平清规》《正法眼藏》等。特别是《正法眼藏》,原计划 100 卷,因病终没有实现,后由其弟子怀奘续编至 75 卷。

三、伊势神道的成立及其思想

伊势神道的成立标志着日本神道开始摆脱佛教的影响,力图创建独自的理论体系,主要体现在《御镇座传记》《御镇座次第记》《宝基本记》《御镇座本纪》《倭姬命世记》五部书中。由于这些书出现在平安末镰仓初,因而作为新神道的伊势神道也在这一时期渐趋形成。另一方面,伊势神宫由内宫和外宫构成,内宫祭祀皇室祖神天照大神,外宫祭祀粮食神丰受大神。因为外宫是从地方神社升格后成为伊势神宫的一部分,所以外宫的地位一直低于内宫。为求地位平等,内宫与外宫的神祠官一直存在着矛盾和争斗,并成为伊势神道形成的基础,但除此之外,还有三方面因素不能忽略:

第一,镰仓时代思想文化的多元化,尤其是幕府的建立以及宗教、思想界的变化,迫使神道必须进行变革。佛教界出现了"镰仓新佛教",思想界则有宋代新儒学的传入。在这种情况下,神道面临着两大威胁:一是如果神道继续生存在佛教"本地垂迹"的阴影下,不进行变革,不但将进一步丧失独立性,而且会使许多信徒转向;二是镰仓幕府建立后,采取扶植神道的政策,原有的以伊势神宫为核心的皇室神道服务于以天皇为首的国家,如何适应朝廷、幕府双重政权的需求,成为神社必须应对的问题,如果不改变原有的形象,思想理论上毫无创新,无疑是难以获得幕府长期重视的。

第二,佛教无视神道的存在。"本地垂迹说"强调的是佛本神从,神是佛的应身,无佛即无神。镰仓时代的新佛教各宗对佛学理论上虽有诸多创新,但它们的神道观依然继承传统看法,并无新意。如日莲宗的创始人日莲在其著作《谏晓八幡抄》中,公开宣称日本神道中八幡神的"八幡",意指张开的八瓣莲叶,其中央坐着释迦佛,八幡神是侍奉释迦佛的守卫者。净土真宗的莲如则主张唯一可信的是阿弥陀如来,日本诸神是包含阿弥陀如来的功德之内的,毫无自己的独立性:"自余之一切佛菩萨并诸神,我皆不信也,未必不能轻之。弥陀一佛之功德内,确实包含着一切诸神也。"[1]在神道严重地有被佛教湮没的背景下,神道界的有志者,当然会自觉地寻求摆脱依附佛教的方法和理论。

第三,当时社会各阶层中已出现排斥佛教的现象。这种排斥佛教的倾向,为伊势神道的形成提供了社会基础。排斥佛教的现象,首先在上层贵族中出现,如朝廷公卿九条兼实在日记《玉叶》中,对佛事抑制神事表示不满时有如下记载:"杂务多像佛事,混合与神事。朝臣(疑为"廷"字之误)大事,莫过神官。我朝之习,以伊势事为本。"[2]

有些朝臣在举行神斋时也作了"念诵事,一切停止之";"僧尼事,总以不入家中"。时任左大臣藤原经宗也曾说过:"宿老之者,可为先修善,

---

① 村岡典嗣『日本思想史研究・第4巻・日本思想史概説』、創文社1961年、563頁。
② 『玉葉』承安五年五月十二日条。

而依佛事,不与佛事。"①以往大家以佛教之义、佛教仪式渗入神道为荣,现在却开始拒绝佛事进入神道祭祀之中。随着这种情绪的增强,要求神道确立自身教义的愿望也愈益强烈。伊势神宫的外宫神祠官度会氏首先顺应时代的变迁,开始了建立新神道的探索。

伊势神宫外宫的神祠官度会氏首先着手伊势神道的理论构建,在前述五部书基础上,度会行忠又撰写了《古老口实传》《伊势二所太神宫神名秘书》,度会家行撰写了《类聚神祇本源》《瑚琏集》《神道简要》,度会常昌撰写了《皇字沙汰文》等。在多种伊势神道的经典中,《类聚神祇本源》被认为是伊势神道理论的集大成者。

依据伊势神道的著作,其基本思想大致可归纳为六点②。第一,主张排佛,明确指出神佛不同道。《宝基本记》记载说,"神道则出混沌之界,归混沌之始"。意为神道从无形的混沌世界开始,故神道始于"道";佛教则不同,"三宝则破有无之见,拂实相之地",是违背宇宙法则的宗教。神道倡导"罚秽恶,导正源",佛教破坏了神道所追求的理想和愿望。正由于神佛形成和道德的相背,所以,"神人守混沌之始,屏佛法之息"③,"屏息佛法,再拜神祇"④。同时禁止使用佛教用语,不让僧侣参与宫中和神宫的祭典。《类聚神祇本源》"禁戒篇"明确宣布神道独立于佛教的决心:"诸祭斋日,不触诸秽恶事,不行佛法言。忌僧尼事,神祇式第三曰:祈年、贺茂、月次、神尝、新尝等祭前后散斋之日,僧尼及重服夺情从公事之辈,不得参入内里。虽轻服人,致斋前散斋之日,不得参入。自余诸祭,皆同此例。被行神事之内里,犹以不被入僧尼,何况伊势大神宫者宗庙中之大庙也。任神宣敕语,不可不忌僧尼,争致内院参入哉。僧尼则着释尊服之故也云云,此外犹有深义哉。"⑤

---

① 『玉葉』承安五年六月四日条。
② 王金林著:《日本神道研究》,上海辞书出版社 2008 年,第 161—170 页。
③ 『日本思想大系・19 ・中世神道論』、岩波书店 1977 年、290 页。
④ 『日本思想大系・19 ・中世神道論』、岩波书店 1977 年、263 页。
⑤ 『日本思想大系・19 ・中世神道論』、岩波书店 1977 年、292 页。

第二,与佛教的"佛国土"思想相对,提出"日本神国论"。佛教宣传日本是佛国:"从是东方,过八十亿恒河沙世界,有一佛土,名云大日本国。神圣其中座,名曰大日灵贵。当知受生此国众生,承佛威神力,与诸佛共游其国。"①然而,伊势神道则针锋相对地指出:"天照大神,共日月,照临寓内;丰受大神,共天地,幸守国家。(略)天降镇座,凡伊势二所皇大神宫,则伊奘诺、伊奘冉尊崇者,宗庙社稷神,唯群神宗,唯百王祖也,尊无与二。自余诸神者,乃子乃臣,孰能抗诏;吾闻,大日本国者神国(也)。依神明之加被,得国家之安全;依国家之尊崇,增神明之灵威。"②不仅指出日本是神国,还提出了对日本的天照大神等神必须"尊无与二",因为他们是"群神宗""百王祖",其余的神都是"乃子乃臣",态度鲜明地批判了佛教释迦统御日本神的观点。

第三,确立外宫的丰受大神与天照大神同具"无上极尊"的地位。为改变长期以来外宫神低于内宫神的地位,伊势神道首先从原始传说入手,把从混沌世界中最早产生的天御中主尊、国常立尊和丰受大神糅合在一起,创立了天御中主尊——国常立尊——丰受大神的新神话。说国常立主尊是天御中尊的"形",而丰受大神又是国常立尊的"露"。三神一体,只不过是一神的三种形态。正因为丰受大神与天御中主尊神为一体,所以其地位当不亚于天照大神。"天照大神与天御中主,则是天孙之大祖也。"③既然天御中主尊与天照大神同为"大祖",那么作为天御中主尊一体的丰受大神自然也是"大祖"了。

第四,确立日本天皇的"神胤"体系,提出"天孙"(天皇)的治国道德标准。伊势神道在确立外宫丰受大神与天照大神对等地位的基础上,进一步依据神话传说,对日本皇权的神统提出独自的主张。"始元神"天御中主尊的"长子"高皇产灵尊有一个女儿叫栲机千千姬,嫁给了"皇祖神"天照大神的儿子正哉吾胜,生了琼琼杵尊,此后延续的神孙都具有"帝

---

① 『日本思想大系・19・中世神道論』、岩波書店 1977 年、268 頁。
② 『日本思想大系・19・中世神道論』、岩波書店 1977 年、263 頁。
③ 『日本思想大系・19・中世神道論』、岩波書店 1977 年、314 頁。

王""人臣"两性。传说中的日本第一代天皇是神日本磐余彦,亦称"神武天皇",这位"天皇"即是天照大神的第五代神孙。由此引申出日本天皇一脉相承于"天子天位"的"神胤"思想。源于"神胤"的天皇,必有"神胤之德",亦即治国、治民之德。伊势神道提出八项"神胤之德":"一、皇位继德;二、人王崇神;三、特尊伏敌;四、顺惠群民;五、法能治世;六、政必禁费;七、奉斋持国;八、神态任元。"①

"皇位继德"的要害如《老子经》云:执大象天下",坚守天下之道,不可有私心。"人王崇神",除了崇祭天照大神、天御中主尊外,还要崇祭神话中的其他神;"特尊伏敌"是指为政者必须"武禁暴戟",才能稳定大局,国安民和,财政殷实。"为政有邪,不可不伏;为善有恶,不可不断";所谓"顺惠群民",即指政以民为本。"宗庙之本在于民,民之治乱在于司",所以为王者应"从四家为家,以万姓为子";所谓"法能治世",强调以法治国,而其核心是以礼治国、治人;"政必禁费"即是提倡节约开支,严禁铺张;"奉斋持国"是要求为政者要把祭祀作为重要的国事,"凡朝家固者,尊神镇坐,宗庙安则天下亦稳";"神态任元"中的"神态",是指天地开辟之初,即"天神未至地时"的"清净""正直",保持、恢复元初的清净、正直乃是为王者的职责。

第五,提出以祈祷为先、正直为本的"神道风俗"。《类聚神祇本源》指出,"祈祷"为祭神敬祖的祭祀行为,"正直"为神道的道德行为,二者构成"神道风俗"。在神代,"人心正直",并无歪心。"正直"是伊势神道的道德之本,为弘扬"正直",必须倡导"清净"。清净的关键是心神静,"心神乃天地之本基"。要做到心神清净,必须目不妄视、耳不妄听、鼻不妄香、口不妄言、手不妄持、足不妄行、精不妄施,如此才能达到正直、清净之德的境界。

第六,建立神道戒规。佛教有明确的戒规,神道的戒规在奈良、平安时代的一些神道文献中已有所见,如《神祇令》《延喜式》《类聚三代格》中

① 『日本思想大系・19・中世神道論』,岩波書店 1977 年、310 頁。

均有所涉及,但在神佛融合期间,神道的禁忌、戒规被淡化或忽略。伊势神道将分散的禁忌、戒规重新汇集,予以强调,显示神独立于佛,自有一定的戒规。

伊势神道典籍中载有内外两宫祭祀洁斋之日的禁忌,史称"六色之禁":"不得吊丧、问疾、食宍;不判刑杀;不决罚罪人;不作音乐;不预秽恶事;不散失其正,致其精明之德;左物不移右;兵器无用;不闻鞴音;口不言秽恶;目不见不净。"①

除"六色禁忌事"外,还对平常的祭祀用言等作了新的规定。《类聚神祇本源》说:"祭宗庙之时,改常言。汉家、日域其例如斯。熊野参诣之时,亦改常言者欤。""改常言"的具体内容,包括五个方面,一是"内七言",对七个佛教名词改称:"内七言:佛称中子,经称为染纸,塔称阿良良伎,寺称瓦葺,僧称发长,尼称女发长,长斋称片膳。"②

二是"外七言",对相关名词的改称:"外七言:死称奈保留,病称夜须美,哭称盐垂,血称阿世,打称抚,宍称菌,墓称垠。"③"七言之外的忌词",还有两个词均与佛教有关,也必须改,如"堂"改称"香燃","优婆塞"改为"角筈"④。

三是"忌佛法事"。其内容虽然与前叙的"六色禁忌事"相近,但它特别强调,所规定的戒规是针对佛教的。《伊势二所皇大神御镇座伝记》曰:高贵神讬宣,又诏,神主部物忌职掌人等,诸祭斋日,不触秽恶事;不见不闻、不吊、不言,佛法言忌。亦不食宍。迄神尝会日,不食新饭,斋身谧心,慎摄掌,以敬拜祭矣。"⑤

四是"忌僧尼事"。主要是规定神道祭祀时,禁止僧尼参与。

伊势神道的基本思想除继承日本固有传统以外,更多地吸收了中国的思想。以《类聚神祇本源》一书为例,在其中的"天地开辟篇"有三分之二篇幅引录了中国的典籍,有《古今帝王年代历》《周子通书》《老子道德

---

① 『日本思想大系・19・中世神道論』,岩波書店 1977 年、290 頁。
②③『日本思想大系・19・中世神道論』,岩波書店 1977 年、291 頁。
④⑤『日本思想大系・19・中世神道論』,岩波書店 1977 年、292 頁。

经《博闻录》《列子》《律历志》《周易》《五行大义》《三五历纪》《老子述义》《淮南子》等。很显然,中国道家、阴阳、五行思想的影响尤深。

　　伊势神道创立者所以重视吸收中国道家等思想,其缘由主要有二:一是道家等思想中的许多观点与日本神道传统有相似之处,用中国的思想诠释神道的神事,并构建自己的"神明之道"观,既便捷又在理论上有说服力。二是在"神佛融合""本地垂迹说"的强势观点面前,由于自身没有系统的思想和理论,无力与之抗衡。但为了摆脱佛教的阴影,必须构建自己的神道理论,以抗衡佛教。要建立与佛教抗衡的神道思想,仅根据《古事记》《日本书纪》中的神代传说是不可能实现的,因为神代传说只有故事,却缺少思辩的哲理。当时,唯一可以达到事半功倍的途径,就是用中国的学说和思想,作为构建伊势神道思想体系的重要元素。日本学者深刻地指出:伊势神道站在神佛严格区别的立场上,构筑神道学说时,因为自己本没有独立的系统的思想,因此不得不借重于其他系统化了的思想,即佛教思想、五行思想、道家思想,其中道家思想影响最大。①

第三节　文化

一、史学

　　这一时期的历史著述不少,较为重要的有《扶桑略记》《愚管抄》《吾妻镜》等。

　　1.《扶桑略记》共 30 卷,编年体史书。作者是谁,学界有不同看法,但以僧侣皇园著作说较有说服力。全书内容以佛教关系的记事为中心,上起神武天皇,下至堀河天皇时的 1094 年(嘉保元)止。该书不仅引用了《日本书纪》等史籍的原文,也吸收了诸如《善家秘记》《将门诛害日记》《纯友追讨记》等逸文,资料信用性强。现仅存 17 卷,其中七至十九卷已散佚。

　　2.《愚管抄》,慈园著,成书于 1220 年(承久二)。慈园出身于贵族之

---

① 野口鉄郎責任編集『選集道教と日本・第 3 卷』,雄山閣出版 1997 年、41 頁。

家,父亲藤原忠通、兄长九条兼实皆是朝廷重臣,九条兼实还与镰仓幕府关系密切。慈园曾入室青莲院觉快法亲王,其慈园之号便是此时所取,此后曾四次补任为天台宗座主。出生和出家后的地位对其史学思想的形成影响很深,具有独特性。慈园以独自的立场叙及日本的时代变迁,其中特别重视藤原氏在历史演变中的作用。《愚管抄》由六卷和附录构成。其目录如下:

第一汉家年代

皇帝年代记起神武天皇,尽醍醐天皇

第二皇帝年代记起朱雀天皇,尽后堀河天皇

第三起神武天皇,尽一条天皇

第四起一条天皇,尽后白河天皇

第五起后白河天皇,尽后鸟羽天皇

第六起后鸟羽天皇,尽顺德天皇

附录

"附录"是作者充分阐述个人历史观的重要卷页。在此,慈园表达了如下思想:

其一,强调历史事实。尊重历史发展过程中的"物之道理",为达到尊重"物之道理"(或称之为"世之道理""正意道理"),必须广泛阅读各种书籍、日记等资料:"若有内外典籍,必应阅读之。而且也应阅读《宽平遗戒》《二代御记》《九条殿遗戒》,或名誉职人之家家日记,内典中的显密(两宗)先德的抄物。"[1]"世之道理"就是佛法和王法,"一切法即道理二字也,其外无他。"

其二,赞扬藤原氏在历史上的功绩。慈园认为藤原氏在古代日本历史进程中所起的作用甚大,在诸多藤原氏朝臣中特别推崇三人,即中臣镰足、藤原永手、藤原基经。认为"藤氏有三功之事。所谓三,乃是大织冠(中臣镰足)诛杀入鹿事;(藤原)永手大臣和(藤原)百河(川)宰相拥立

① 黒板勝美編輯『古今著聞集·愚管抄』、吉川弘文館 2000 年、206 頁。

光仁天皇事；昭宣公（藤原基经）拥立光孝天皇事，此谓三也。"①

　　其三，力主贵族、武士合力辅助朝廷。慈园对"保元之乱"后其兄九条兼实任摄政、关白期间与幕府将军源赖朝的合作殊为赞赏，认为将军是一位古今超群的"器量人"，在后白河上皇去世、后鸟羽天皇执政之时，兼实和赖朝相见商谈国政。慈园还认为实现贵族、武士合力扶植朝廷是最理想的事，摄政、将军制是当时处于"近代末世"期，符合时代"道理"的必然结果，顺应历史潮流。然而，后鸟羽上皇及其近臣排斥九条兼实的政策和讨伐镰仓幕府的计划是逆历史必然的行为，对此，慈园进行了强烈的批判。

　　关于慈园在《愚管抄》中反映的史学观，日本学者石田一良曾分析道："慈园的政治史论由五方面构成，即由于武家出现的'近代末世意识'；藤原氏延续的'摄关家意识'（此时最为强烈）；以武家、摄关家协力体制为近代相应的政治形态的'时处机相应伦理'；以近代末世意识为形而上学基础的'佛教终末论思想'和以摄关家意识为形而上学基础的'祖神冥助思想'。"②

　　在《愚管抄》中，慈园对中国的历史也多有涉及。其第一卷主要是记述日本皇室年代记的，然而在"皇帝年代"之前，亦即此书的开宗，却是"汉家年代"，序列了远自盘古、三皇、五帝至大宋十三帝的历史。每个朝代，有几个皇帝、统治了多少年都有记载。在"附录"中也谈及中国的思想和历史。说"汉家有三道，皇道、帝道、王道也。由此三道推知日本国帝王。"③还叙及秦孝公、秦始皇、唐太宗，称秦始皇为"霸业之君"，唐太宗之事是明《贞观政要》。作为忠臣者，提及卫鞅、蔡泽、范叔等，称他们为"汉家圣人、贤人。"

　　3.《吾妻镜》是记述镰仓幕府史事的编年体史书，记录了自 1180 年

---

① 黒板勝美編輯『古今著聞集・愚管抄』，吉川弘文館 2000 年、298 頁。
②『日本の古典名著・総解説：誰でも知りたい・誰でもわかる』，自由国民社、1978 年、24 頁。
③ 黒板勝美編輯『古今著聞集・愚管抄』附録。

（治承四）四月以仁王起兵至 1266 年（文永三）七月间的幕府历史，全书共 52 卷。有关记述前三代将军史事的各卷，成书于文永年间（1264—1275），以后各卷成书于正应、嘉元年间（1288—1306）。全书资料来源于幕府的文书、记录以及公家（朝廷、重臣）、寺社记录，是研究武士社会和镰仓幕府的极为重要的史料，具有极大的信凭性。全书的文体具有自身的特点，被称为"吾妻镜体"，日用文体与武家用语交杂而成。该书虽为编年体，但在其正文第一卷之前，专门设置了"吾妻镜卷首"。卷首包括如下内容：

目录

帝王系图

执柄系图

关东将军次第

清和源氏、足利氏系图

关东执权次第

桓武平氏、北条氏系图

或记自元弘三年三月至建武元年三月

吾妻镜年谱

卷首内容有两点应该特别指出：其一，在记述幕府历史之前，对后白河上皇以后的皇系，以及藤原良房以后的朝廷摄权、关白的系谱作了交代，表明了幕府对京都皇权的尊重；其二，在镰仓幕府的系谱中，把源赖朝之妻北条政子列入将军名单，反映了北条政子在幕府发展中的地位和作用。

二、文学

1. 物语文学

《平家物语》是中世纪武家物语的最高杰作。该书越出宫廷贵族文学所局限的男女爱情的主题范围，以武士平清盛的兴衰为线索，描述了武士阶层和民间世俗人情。人物性格的刻画，战争场面的描绘，以及文

245

字的精炼，都达到了新的水平。

关于《平家物语》的作者和写作年代的资料，最早且最具体的记载是《徒然草》。《徒然草》第 226 段记载说，后鸟羽院的时候有个名叫中山行长的人，有"稽古之誉"，一次宫廷举行"乐府论议"，这位行长也参加了，可是在论议中，有"稽古之誉"的他却忘了二段"七德之舞"，并将其异名为"五德之冠者"。对此严重的错误，行长自感耻辱，耿耿于怀。最终决定舍弃学问，遁世为僧。后得到天台宗座主慈园的帮助，创作了《平家物语》。中山行长创作的《平家物语》原为 6 卷，由民间盲僧艺人（琵琶法师）编成曲调传唱，内容不断增加，被增补到 12 卷，至镰仓时代末期，则演变为 48 卷的《源平盛衰记》。该书以平清盛政治、军事活动为基本素材，所叙述的史事又与史书可以印证，所以被学术界视为研究平氏政权和源平争斗史的重要参考书。

《平家物语》描述的主题着重在三个方面：其一是战争。书中的战争包括个人间的武力角斗，氏族间的斗争、地方性的暴动，以至举国内乱等各类战争。从战争的描写中，可以看到武士在会战中的技术以及物质的、精神的和社会的各种形态；其二与佛教关系密切。是中山行长削发为僧后，得到天台宗座主慈国的帮助完成的作品，因此，书中内容与佛教关系密切是可以理解的。在书中可以看到以比叡山延历寺为首，包括东大寺、兴福寺、三井寺等寺院，倚仗政治势力展开的种种活动对社会的广泛而强力的影响；其三是爱情描写。这虽然是物语的传统主题，但它与《源氏物语》不同，描写爱情，着重于揭示政治婚姻背景下的苦恼，隐含着内在的宿命的恐慌。男女的情爱带来欢悦，以至政治地位的上升，但是也是苦恼和命运降临的开始。

《平家物语》卷首鲜明地揭示了平氏政权必亡的哲理："祇园精舍之钟声，是诸行无常之响，娑罗双树之花色，现盛者必衰之理。奢侈者必不久，恰如春夜之梦。即使猛醒遂免灭亡，也如同风前之尘。"①

---

① 『平家物語』卷一。

2. 说话文学（故事集）

故事集之类的文学作品,虽在平安初期就已出现,但大量作品出现则是在平安末期,其著名之作是《今昔物语集》。保元、平治乱后,战乱频仍,人们对生死、灵魂的不安日渐严重。在该背景下,出现了大量的有关遁世、往生的说话集,例如鸭长明的《发心集》、平康赖的《宝物集》、无住的《沙石集》、安居院的《神道集》等。镰仓时代前期有《宇治拾遗物语》,中期有《十训抄》《古今著闻集》等,都是各具特色的故事集。

(1)《今昔物语集》,完成于 12 世纪前半期的院政时代,被誉为日本文学史上空前绝后的"大说话集",共有 30 卷,现存 28 卷,收录 1000 余故事,故事按地域分为天竺(印度)、震旦(中国)、本朝(日本)的佛法、世俗三部。其中天竺卷为卷一至卷五,震旦卷为卷六至卷十,本朝卷为卷十一至卷三十一。关于《今昔物语集》的编纂者是谁,学界意见纷纷,莫衷一是,但编纂者是有僧籍的人,则是一致的认识。有关编纂此书的意图,有人认为是白河太上皇为教育臣下而编纂的。从全书所收故事内容看,将近三分之二是佛教故事,不少宣传往生极乐思想。以该书的卷十五为例,内中共有百余个故事,虽然内容不尽相同,但愿生者、修行者每日念佛,诵念《法华经》积聚善根,往生极乐则是共同的结局。由此认为编纂目的在于教育群臣和百姓去恶积善,以保社会安稳的观点也有一定道理。

(2)《宇治拾遗物语》大约成书于 13 世纪初(1210—1220 年间),作者未详。全书共 15 卷,收录 197 个故事。包括怪异、滑稽、哀伤等广泛的内容。除了一部分故事与《今昔物语集》《古本说话集》有重复外,大多是该书独有的故事。佛教故事、世俗故事或两者相混杂的故事,丰富多彩,具有明显的庶民性、平俗性。

(3)《十训抄》成书于 1252 年(建长四)。其作者一直以来有橘成季说、菅原成长说等,但流行本里页记着"六波罗二﨟左卫门入道"的字。左卫门入道确有其人,深受儒、佛影响,曾供职于六波罗探题北条长时、北条时茂门下,晚年在京都东山之麓结草庵隐居。《十训抄》的序文说作者自己是"望莲台和西土之云翁,念佛之暇,记是(事)为终",因而左卫门入道似乎是《十训抄》的作者。从严格意义上说,《十训抄》是一本修身书,它是从日本、中国等的佛教书籍以及口碑传说中,精选有益于教育幼童的故事编纂而成。全书设10个德目,约280个故事。10个德目是:

第一,可施人惠事(异本:可定心操振事);

第二,可离骄慢;

第三,不可侮人伦事;

第四,可戒人上多言等事;

第五,可撰朋友事;

第六,可存忠直事(异本:可存忠信廉直旨事);

第七,可专思虑事;

第八,可堪忍于诸多事;

第九,可停恳望事(异本:可停怨望事);

第十,可庶几才能事(异本:可庶几才能艺业事)。

可见,作者企图通过本书的教训和启蒙,使青少年能够积善戒恶,成为有益于社会的人。

(4)《古今著闻集》,完成于1254年(建长六)十月。作者橘成季,曾是贵族九条道家的随身,经历了贵族社会的繁荣和衰落,因此,《古今著闻集》中充溢着作者对往昔的追忆和叹息。该书取材广泛,作者在序文中说:"或探访家家记录,或搜求处处绝胜",书中的出处都是一一明示。如果说《今昔物语集》是以佛教思想为基础的故事集的话,那么《古今著闻集》则是以世俗价值为准则的世俗故事集,收录了许多庶民们喜闻乐见的故事,当然其中记述贵族社会的内容也不少。书中既有诸如政道、忠臣、公事、文学、和歌、管弦歌舞、能书、画图、蹴鞠、祝言、哀伤、游览等王朝贵族生活故事,也有武勇、弓箭、马艺、相扑、博弈、偷盗、争斗、好色、饮食、鱼虫禽兽等反映庶民社会的人事、自然等故事。另一点与《今昔物语集》不同的是,它没有将印度、中国等外来故事收入其中,全部故事取材于日本古典作品和民间。

自《古今著闻集》问世以后,带有贵族性质的说话集事实上终结了,所以说它在日本文学史上是说话文学划时期的作品,与《今昔物语集》《宇治拾遗物语》并称为三大说话文集。

3. 随笔

《方丈记》是与《枕草子》《徒然草》齐名的日本的三大随笔之一,成书于 1212 年(建历二),作者鸭长明。鸭氏世代奉仕贺茂御祖神社,长明早年丧父,曾盼望能担当神社的祠官,但未能如愿,遂出家遁世,后移居日野山的方丈庵,《方丈记》之名源于此。鸭长明曾拜歌林苑的俊惠为师,学习和歌,所以曾受后鸟羽上皇之召,成为和歌所的寄人,在《千载和歌集》《新古今和歌集》中都收录了他的和歌。《方丈记》是鸭长明一生中所遭遇天灾人祸的记录,他经历了安元年间(1175—1176)的火灾、养元年间(1181)的大饥荒、寿永元年(1182)的疫病流行、元历元年(1184)的大地震等,无数的死体,贫病的百姓,使他感到人生的诸行无常,这种人生诸行无常思想贯穿《方丈记》的始终。从编目就可知大概,其前半部有地狱编、厌离秽土编;后半部则有极乐编、祈求净土编。

除《方丈记》外,鸭长明还有《鸭长明集》、歌论书《无名抄》(亦称《长明无名抄》)、《无名秘抄》、佛教说话集《发心集》等著作。

4. 汉诗文、和歌及歌论

日本汉诗的兴盛始自奈良时代,具有浓厚的宫廷色彩。从奈良时代至平安时代中期,著名的汉诗集有《怀风藻》(奈良时代),《凌云集》《文华秀丽集》《经国集》(平安时代的三部敕撰诗集),《遍照发挥性灵集》(空海),《菅家文草》《菅家后集》(菅原道真)。和歌发源于原始歌舞,随着汉字的传入和日本假名字母的产生,开始出现记录“歌”的和歌集,《万叶集》是现存的最早的和歌集。10 世纪初出现敕撰和歌集,有《古今和歌集》《后撰和歌集》《拾遗和歌集》《后拾遗和歌集》《金叶和歌集》等。进入中世纪以后,汉诗、和歌进一步发展,其作者范围超出了皇族和上层贵族,歌颂主题也日趋广泛。作为中世前期的汉诗集,较为重要的有《本朝文粹》;主要和歌集则有《梁尘秘抄》《千载和歌集》《新古今和歌集》《金槐和歌集》等等。

作为歌论书，则有《古来风体抄》《无名抄》《每月抄》等。

（1）《本朝文粹》是集日本汉诗文精粹的诗文集。从书名可知，它与北宋姚铉编纂的《唐文粹》相仿。从结构、内容看，也受到中国六朝梁朝《昭明文选》的影响。作者不详，成书于 11 世纪中期，收录了嵯峨天皇至一条天皇共 17 代天皇期间的汉诗文。全书 14 卷 427 编，分为 39 目：

赋、杂诗、诏、敕书、敕答、位记、敕符、官符、意见封事、对册、论奏、表、致书、奏状、书状、序、词、行、文、赞、论、铭、记、传、牒、祝、起请、奉行、禁制、怠状、落书、祭文、咒愿、表白、发愿、知识、回文、愿文、讽诵文。

诗文的作者多达 69 人，其中不乏诗文大家，如小野篁、大江匡衡、大江朝纲、菅原文时、纪长谷雄、菅原道真、源顺等人。诗文内容大量运用中国的典古、史事。诗文形式也多有模仿中国名家之作，其中白居易的影响尤深。有的公开注明模仿，如卷一杂诗目中载有《忆龟山二首》，作者"前中书王"直接书写：《忆龟山二首效〈江南曲〉》。诗全文：

忆龟山，

龟山久住还。

南溪夜雨花开后，

西岑秋风叶落间，

岂不忆龟山。

忆龟山

龟山日月闲。

衡山清景栈关远，

要路红尘毁誉斑，

岂不忆龟山。①

完全是模仿白居易《忆江南》而作的。

---

① 『本朝文粹』。

（2）《梁尘秘抄》是一部平安时代后期搜集流行于民间的"今样"作品。"今样"是相对于过去的神乐歌、催马乐等歌谣而言的当代歌谣。从广义说是新流行歌曲，狭义而言则是具有特殊曲调的歌谣，一般由四句七五调构成。在平安后期，"今样"不但在民间流行，而且受到宫廷贵族们的喜欢。由于后白河上皇年轻时特别爱好"今样"，所以在他主持院政期间，亲自搜集编纂流行的"今样"，这就是《梁尘秘抄》。完成于1169年（仁安四）三月，共20卷，其中歌谣集10卷，口传集10卷。现今大多散佚，歌谣集仅存卷一的一部分和卷二的大部分，口传集仅存卷一的一部分和卷十的全部。

（3）《千载和歌集》是平安后期编纂的敕撰和歌集，编者藤原俊成（释阿）。从受命编纂到编成费时五年余，即从1183年（寿永二）二月开始至1188年（文治四）五月完成。全书共20卷，收录和歌1288首，作者人数达235人之多。编纂此歌集时，正适源平争乱，政局动荡，但歌集并未烙下时代的暗影，忘却战乱，沉于和歌的古典叙情诗的世界。当然也不可否认和歌中充溢着没落贵族阶层的伤感和悲凉。

（4）《新古今和歌集》是继《千载和歌集》后敕撰的和歌集。与《万叶集》《古今和歌集》并称为三大和歌集。全书20卷。1201年，后鸟羽上皇指名由源具通、藤原定家、藤原家隆、藤原雅经、寂莲编纂此书。在上皇住所二条殿的弘御所内设立了和歌所（亦称"撰和歌所"），由编纂者选出拟收入的和歌，然后呈后鸟羽上皇精选，经上皇精选的和歌退回编者分类定案。1205年（元久二）三月二十六日编成呈上皇，并举行了庆贺完成的宴会。书稿虽然完成，但上皇仍让藤原定家反复修改多次，直至1216年（建保四）才正式定稿。全书收录和歌1978首。歌集卷首有汉文序、和文序。在学术界，一直对新和歌集予以极高的评价，认为它是开在王朝末期的妖艳之花，达到了极致的艺术水平，语言极度精炼。新和歌集选录了不少当时代诗人之作，如有歌人西行的直率的富有人情味的歌，有后鸟羽上皇、藤原定家等的作品。新和歌的编纂，对日后日本和歌的发展，特别是对和歌艺术性的影响很大。

(6)《金槐和歌集》是镰仓幕府第三代将军源实朝创作的和歌集。实朝自幼向往宫廷文化,蹴鞠、和歌是其喜好。自12岁继任将军职,14岁开始诵歌,还屡屡召开歌会。精读《古今和歌集》《新古今和歌集》,并模仿习作。18岁时,将自己创作的30首和歌送给当时歌坛名人藤原定家,请求指导。藤原定家阅后,表示愿意指导实朝,并赠送《近代秀歌》歌论书,以后彼此作为师徒关系,有过多次通讯。该歌集现在有"定家所传本"、"群书类丛本"、贞享四年(1687)刊本等三个版本,前者所载和歌数为663首,群书类丛本所载653首,贞享本为719首(内中有3首是他人之作,实为716首)。这是以定家本为基础,增加了新发现的53首而成,所收和歌均是源实朝22岁以前(包括22岁)的作品。源实朝所作和歌,虽然大多是《古今和歌集》《新古今和歌集》的模仿之作,但是反映其自由、奔放的气魄与想象力的和歌也屡有所见,"大海矶头轰然响,波涛碎裂迸四方",歌风充溢着王者的气息。

(7)和歌理论书。有关和歌的理论书,值得注意的是《古来风体抄》《无名抄》和《每月抄》。《古来和风抄》的作者是藤原俊成,是藤原俊成84岁时受式子内亲王之求执笔书写的,成书于1197年(建久八)。该书的内容,一是以鉴赏的眼光评价历代和歌中的优秀之作;二是阐述和歌的起源和发展本质;三是以独自的和歌史观、歌道观对《万叶集》《古今和歌集》以来至《千载和歌集》等止的敕撰歌集进行了评价。《古来和风抄》是日本和歌史上具有划时代意义的作品。

《无名抄》是鸭长明所作,成书于1212年(建历二),全书约80章。以随笔形式对和歌本质、题咏法、技巧、歌人逸话等进行了阐述。

《每月抄》系藤原定家所作,成书于1219年(承久元)。全书对和歌的"有心""幽玄""事可然""丽"进行了论述,认为以上四点应是和歌作品是否优秀的最重要要素。

三、医学与养生

在医学、养生方面,虽然在中世时期,日本学者的著述不多,但从平安时代开始，受中医药的影响，也陆续可见若干著作的诞生。如 10 世纪初成书的《本草和名》是以《新修本草》为基础，对汉名药物作注，并标上"和名"。实际上是一部汉和对译的药名辞书，共上下两卷。

《医心方》是另外一部重要医学书，作者丹波康赖，984 年（永观二）成书，共 30 卷。对隋唐时代的医书，如病源论、素问经、千金方、针灸经、脉决经、医门方、养生要集、产经、眼论、急药方、煎药方、杂酒方等的出处、要点都——注明和阐述。全书结构大致如下：

第一卷 总论、治疗方针、药物调整、汉和药名对照；

第二卷 针灸的经穴位置、主治和刺激量；

第三—十四卷 内科疾患；

第十五—十八卷 外科；

第十九卷 炼制和剂制法；

第二十卷 石药；

第二十一卷 妇人科；

第二十二—二十四卷 产科（其中二十二卷插有女王妊娠图）；

第二十五卷 小儿科；

第二十六卷 延年法；

第二十七卷 养生；

第二十八卷 房内；

第二十九—三十卷 食疗法。

其中第二十八卷房内，专供皇家、贵族阅读，不在民间流行，普通百姓禁止阅读。书中所引隋唐医书，有的在中国已经散佚。因此，可以说这也是了解隋唐医学著作的宝库。

在镰仓时代则有和文医书《顿医抄》问世，编者梶原性全，全书 50卷。编纂目的是基于佛教的救世精神，企图实现医疗庶民化。

养生方面的书籍有众所周知的荣西编著的《吃茶养生记》二卷。初稿完成于 1211 年（建历元）正月，1214 年（建保二）正月修定。书中大半内容系依据《太平御览》卷 867 饮食部的"茗"项所载，提倡饮苦味茶，因为它有益心脏，力说茶是养生仙药，饮茶是延年妙术。书中叙述的茶的调制和饮茶方法，则是荣西在入宋时亲身体验的基础上写成的。

在中世前期，除了上述文学、药学等外，在美术方面出现了具有浓厚日本民族生活气息的"大和绘"，其中以取材于《源氏物语》的《源氏物语绘卷》最有名。《信贵山缘起绘卷》也是风格独特的"大和绘"。在建筑方面，受宋代佛寺建筑的影响，日本寺院出现了两种风格的寺院建筑，一种称大佛样（又称天竺样），一种称禅宗样（又称唐样），前者造型优美，后者细腻纤巧、精致美观。大佛样的典型是重建的东大寺，禅宗样的典型是镰仓幕府建立的建长寺、圆觉寺等。在幕府支持下，还仿南宋的五山十刹制，分别在镰仓、京都建立日本的五山十刹，建筑和布局，都表现出宋代禅寺建筑的影响。

第五章　建武中兴与室町幕府

第一节　反幕与新政

一、后醍醐天皇亲政

镰仓幕府武家政权成立后,以天皇为中心的公家政权不甘心大权旁落,后鸟羽上皇曾在 1221 年发动讨幕的"承久之乱",结果兵败被流放荒岛。朝廷仍然是上皇主持院政,但幕府决定皇位的继承以及主持院政的上皇。围绕皇位及皇室所属庄园的继承,皇室逐渐分为持明院系及大觉寺系两派。1317 年(文保元),在幕府的劝告下,两派协商决定轮流出任天皇,幕府也表示不再干预皇位的继承。1318 年(文保二),大觉寺系的后醍醐天皇即位,正值 31 岁大好时光,身体健壮。据《本朝皇胤绍运录》记载,其共有 17 个皇子和 15 个皇女。人多势众,欲望自然就大,而且深受宋朝朱子学"大义名分"的影响,渴望恢复天皇直接统治天下的大好局面。

后醍醐天皇践祚之初,朝政大权掌握在其父后宇多法皇之手。为实现亲政,经过与幕府多次协商,1321 年(元亨元)十二月,终于得到幕府的同意,停止后宇多法皇的院政,后醍醐天皇开始亲政,马上开始推行诸多

"新政"。首先提出的新政方针是"恢复旧仪"。1322 年(元亨二)正月,宫内举行"后七日修法会",后醍醐天皇在参加此次佛事的僧侣名册的背面写了这样一句话:"今上理世之始,欲万机政务复旧仪。"关于"旧仪",后醍醐天皇并无具体指明,但元亨二年(1322)八月完成的虎关师炼所著《元亨释书》中有所暗示,说后醍醐天皇"禀上圣之姿,膺中兴之运","复延、天之至和"。所谓"延、天",即指平安时代的延喜(901—922)、天历(947—956)年间的朝廷"德政"。延喜年间醍醐天皇执政,天历年间是村上天皇执政,都有值得后世天皇学习的政绩。

"新政"之二是宣布敬神为第一要事。1319 年(元应元)正月,朝臣万里小路宣房谏言说:对伊势神宫及诸神的奉币(祭祀)皆已被废,神社也遭损坏,盗贼竟盗伊势月读宫的神宝。由于信佛而忘敬神,因此改革首应敬神。宣房的意见得到后醍醐天皇的同意。

"新政"之三是任用一批有思想有才干的人为自己的近臣,其重要者有吉田定房、万里小路宣房、北畠亲房、日野资朝、日野俊基等,定房、宣房、亲房三人称为"后三房",重大决策皆出自此三人。吉田定房在后醍醐的东宫时代就是太子傅,继位后定房常为御使往还于京都、镰仓间,斡旋公武间政事。日野资朝、日野俊基均是新潮思想青年,精通宋学,思虑天下政事。他们与世间儒学者交往甚广,如住在京都北小路的玄慧法印,通宋学,在后醍醐亲政后的二三年间,日野资朝、日野俊基、玄慧法印等人,经常聚会讨论学问。由于后醍醐器重之人大多精通学问,所以皆主张以儒学治政。对此,退位的花园天皇在其日记中十分感慨地说:"近日朝臣多以儒教立身,尤可然,政道之中兴又因兹欤","近日风体以理学为先。"[1]

"新政"之四是恢复"记录所"的建置,亲自裁决诉讼纠纷。

后醍醐天皇的一系列"新政",带来了多年未见的皇权自立倾向,连他的政敌花园天皇也不得不承认说:"近日政道归淳素,君已为圣主,臣

---

[1] 『花園天皇宸記』元亨三年七月十九日己酉条。

又多人欤。"①尽管如此,后醍醐天皇也清楚地意识到,要真正实现皇政一统,改变百余年来皇权旁落的政治局面,最大的障碍是镰仓幕府,幕府不倒,自己恢复"旧仪"的理想难以实现。因此,倒幕始终是他最大的心愿,自登祚以后,一直在暗地里筹划倒幕之事。

后醍醐天皇的倒幕计划主要依靠五人,即日野资朝(民部卿)、日野俊基(藏人)、四条隆资(中纳言)、藤原师贤(大纳言)、平成辅(参议)。武士方面,主要吸收了住在京都的美浓国土岐赖贞(亦称土岐赖兼)、多治见国长二人。此二人皆是清和源氏的后胤,皆是武勇之辈,与日野资朝颇有深交。为了统一认识,坚定倒幕决心,他们常以酒宴、文谈等形式聚会,借以研究对策。所谓"无礼讲"(又称"破礼讲")就是他们集会的重要形式之一。关于"无礼讲",《参考太平记》记述为:(无礼讲)其交会游宴之体,惊见闻耳目。献杯无上下,男脱乌帽子,散鬓披发,法师不披袈裟,着白衣。眉目清秀,肌肤清滑,年十七八之少女二十余人,着绢织单衣,斟酒之时,透出雪白肌肤,与出水的太液芙蓉无异。尽山海珍物,湛如旨酒泉,游戏,歌舞。其间,除企谋灭东夷(指幕府)之外,无他事。②

《花园天皇宸记》则是如此记述:近日或人云,资朝、俊基等结众会合乱游,或不着衣冠,殆裸形,饮茶之会有之,是学达士之风欤。嵇康之蓬头散带,达士先贤尚不免其毁教之谴,何况未达高士之风,偏纵嗜欲之志,滥称方外之名,岂协孔孟之意乎?此众有数辈,世称之无礼讲之众云云。缁素及数多,其人数载一纸,去比落六波罗,此内或有高贵之人(指后醍醐天皇)。③

在这种世人视为淫乱、奢侈游宴活动的掩护下,谋划着"灭东夷"之事。除游宴外还有"文谈"。所谓"文谈",即是借学习汉儒古典为名,密议倒幕之策。《参考太平记》记载:"为寄事于文谈,请才学无双之称者玄

---

① 『花園天皇宸記』元亨二年十二月二十五日戊子条。
② 儿玉幸多等编『史料による日本の歩み・中世編』、吉川弘文館 1958 年、253 頁。
③ 『花園天皇宸記』元亨四年十一月甲申条。

慧法师,行《昌黎文集》之谈义。"①为了募集倒幕武士和僧兵,并策动幕府御家人倒戈,日野资朝等人还亲自到处活动。如 1323 年(元亨三)冬,日野资朝扮成修验者到东部地区游说;日野俊基以为养生到纪伊温泉为名,在南畿内地区活动,游说勤王之士。

经过精心策划,一项倒幕计划终于议定。计划决定在 1324 年(正中元)十月二十三日北野天满宫祭祀当日,由与日野资朝、日野俊基有"刎颈之交"的幕府武士土岐赖贞、多治见国长率倒幕武士进攻六波罗府,然后,借南都、北岭僧兵,严防宇治、濑田防线,进而派军讨幕。此项计划比 1219 年(承久元)"承久之乱"时后鸟羽上皇的计划要严密得多,但还是为幕府方面侦知。获得情报的六波罗府曾多次派人召国长、赖贞到府查询,但遭拒绝。于是六波罗府在 1324 年(正中元)九月十九日清晨,派兵分别包围了锦小路的多治见国长住宅和三条堀河的土岐赖贞住宅。据《花园天皇宸记》载:"京中有谋叛者,于四条边合战,死者数多。"②最后国长、赖贞不敌幕府军,均自杀。紧接着,六波罗派使者见后醍醐天皇,要求带走日野资朝和日野俊基,二人被捕并押送镰仓。为摆脱责任,后醍醐天皇急派万里小路宣房带着告文赴镰仓。

所带天皇告文内容多有传闻,花园天皇根据自己所获文本作记载和评论:"今度重辅自关东持参物一卷书之,是今度为敕使宣房卿下向所持云云。其文体非诏非宣,又作名也。关东者戎夷也,天下管领不可然,率土之民皆荷皇恩,不可称圣主之谋叛,但有阴谋辈,任法可寻沙汰之由被载(裁)之。多被引本文,其文体如宋朝之文章,不可说,不可说。此上者,日来讴歌之说无子细欤。但此书犹难信用,若为实事者,正是可被诛罚之由诏书欤。勿论勿论,世间怖畏外无他,所被书遣为实者,君臣皆是狂人欤,非言词之所及者也。"③

从花园天皇所获文本记载,后醍醐天皇文告中有"关东者戎夷也,天

---

① 儿玉幸多等编『史料による日本の歩み・中世編』、吉川弘文館 1958 年、253 頁。
② 『花園天皇宸記』元亨四年九月十九日条。
③ 『花園天皇宸記』元亨四年十一月十四日丁酉条。

下管领不可然,率土之民皆荷皇恩,不可称圣主之谋叛,但有阴谋辈,任法可寻沙汰之由被裁之"的内容。在倒幕计划被幕府发觉,有关朝臣被拘押的情况下,以这样的语气与幕府交涉,不但不可能摆脱倒幕干系,诚如花园天皇所说,此文告即是一封可以被诛罚的诏书。在此政治背景下写这样一封文告,如果真实,后醍醐"君臣皆是狂人"也。从万里小路宣房在镰仓的表现以及幕府接受后醍醐天皇事件与己无关的申辩来看,上述文告内容似是假的,"犹难信用"。后醍醐即使有此想法,也不会留于文字。

实际上,后醍醐天皇以"事件是日野的谋略,自己并不知晓"为由,把责任推得一干二净。幕府大概也未掌握天皇参与其事的十足证据,故未对天皇深加追究。最后,日野资朝以谋叛罪流放佐渡,日野俊基虽为谋叛疑犯,但因证据不足却被释放,至此事件基本结束。因这一年正是甲子年,十二月改新年号为"正中",故称此事件为"正中之变"。

"正中之变"虽已落幕,却唤起皇家两统间的争斗。持明院统原以为此次事变后,后醍醐天皇必然会被废黜、远流,然而最后却平安无事,大出意外。于是积极做幕府的工作,望皇太子邦良亲王能早日即位,这样一来,持明院统的量仁亲王便可以立为太子。

1326年(嘉历元)三月,镰仓幕府执权北条高时出家,执权之职让与金泽贞显。一周后,在京都的皇太子邦良亲王病死,新立太子问题骤然紧张。后醍醐天皇一心想立自己的长子尊良亲王或次子世良亲王为皇太子,持明院统则力主量仁亲王补任皇太子。与此同时,邦良亲王的遗族要求立康仁王子为太子。幕府支持持明院统一方,七月,持明院统的量仁亲王立为太子。为此,后醍醐天皇更加仇恨幕府,再次筹划倒幕计划。策划者除日野俊基外,尚有尊云法亲王(亦称护良亲王)、尊澄法亲王、藤原藤房、源具行等。征集兵力的主要目标是南都、北岭的僧俗大众和畿内地区非御家人、反幕府的武士。为拉拢神社、寺院势力,后醍醐天皇频繁参诣神社、寺院,如南都奈良的春日、东大寺、兴福寺,近江的日吉神社、延历寺等。同时,在延历寺、园城寺、兴福寺、仁和寺等寺院,不断举行"调服关东"(意为降服幕府)的法会,同时先后任命尊澄法亲王、尊云法亲王为天台座主,控制寺社势力,日野俊基等则深入畿内诸国招集武士。

后醍醐天皇的讨幕活动受到近臣吉田定房的反对。1330 年(元德二)六月,后醍醐天皇收到一份谏言,内容共有十条,力说不可讨伐幕府。谏言指出现在不是国家草创时期,纵观天下形势,以畿内之兵力,难以战胜关东之兵;讨幕将造成百姓悲苦,而且一旦失败,皇统将会断绝;对待关东幕府,用兵马干戈难以推翻,唯有静待其时运衰弱。后醍醐天皇不听谏言,一意孤行。因此,1331 年(元弘元)四月二十九日,吉田定房向幕府密告宫中谋反事。密告文书说天皇有乱世之意,谋叛计划的主谋者是右中弁日野俊基以及天皇近侧的僧侣文观、圆观、忠圆等人。幕府立即召开评议会,决定派两名使者上京。五月五日,幕府逮捕日野俊基及文观、圆观、忠圆等人,六月送往镰仓。文观、忠圆受到残酷拷问,招供一些所知情况。最后,幕府将文观流放琉黄岛,忠圆流放越后国,圆观流放奥州,阴谋主犯日野俊基和已被流放的日野资朝处以死刑。幕府对天皇没有马上采取制裁手段,只是加强了对皇宫的禁戒。八月,身在比叡山的天台座主尊良亲王得到消息,幕府将对天皇实施逮捕。他急速将此情报转达后醍醐天皇。二十四日夜,后醍醐天皇男扮女装,带着象征天皇权力三神器中的剑、玺,乘舆车逃出皇宫,直奔比叡山。但途中改变计划,自己的舆车转逃南都奈良,让花山院师贤变装乘舆车逃上比叡山。山上的僧兵以为天皇到来,群情激昂,与追赶来的六波罗军在东坂本会战,比叡山僧兵大胜。逃至南都的后醍醐天皇先进入东大寺东南院,后又逃至山城的金胎寺,最后进入笠置寺。

笠置寺所在的笠置山是险要的岩山,急流断崖,森林茂密。天皇抵达山顶的笠置寺是在八月二十七日,当时山上并无武力。后因比叡山僧兵打败六波罗军的消息广泛流传,许多对幕府不满的周边地区武士纷纷前来投奔,逐渐集聚不少兵力。获知天皇在笠置山聚兵讨幕情报的六波罗府,于九月二日派数万兵力向笠置寺进发,三日一早发起对笠置寺的总攻。但笠置山峻险，久攻不下。在六波罗军进攻笠置寺的同时，在镰仓，幕府发布了向京都派遣大军的布告，任命大佛贞直、金泽贞冬、足利高氏（即以后的足利尊氏）为总大将。同时派安达高景、二阶堂贞藤为特使，筹划持明院统量仁亲王即位和新立皇太子事。幕府军总兵力号称二十余万骑，于十八日前后到达京都附近。安达、二阶堂两位使者进入京都，筹划新天皇践祚仪式。二十日，持明院统的量仁亲王举行即位式，是为光严天皇，后伏见天皇开院政。按照"两统迭立"原则，立大觉寺统的康仁亲王（邦良亲王之子）为皇太子。由于后醍醐天皇带走剑、玺，所以光严天皇的即位式没有三件神器。

从镰仓上京的幕府军，由足利高氏、大佛贞直等率领，发动对笠置山的围攻。九月二十八日，一部分幕府军在风雨夜攀上悬崖，笠置山被攻破，笠置寺被焚毁。后醍醐天皇在混乱中逃出笠置山，奔向河内国赤坂城，途中被幕府军逮捕，十月四日被送回京都软禁。后醍醐天皇在幕府的压力下，于六日将象征天皇权力的剑、玺两神器交给光严天皇。

笠置山被攻陷后，忠于后醍醐的河内国土豪楠木正成以赤坂城为据点讨幕，幕府军遂向赤坂城发动攻击。赤坂城是一座小城，数万幕府军从四面实施围攻。楠木正成进行顽强的反击，但最终城破，伤亡众多。楠木正成和后醍醐之子护良亲王（尊云法亲王）幸免脱逃，遂潜入地下进行讨幕活动。1332年（元弘二）三月七日，幕府以流放罪处置后醍醐天皇，流放隐岐岛，尊良亲王流放土佐，尊澄亲王流放赞岐，静尊亲王流放但马。继"正中之变"之后，后醍醐天皇的第二次讨幕计划也彻底失败。因此次讨幕活动发生在元弘年间，史称"元弘之乱"。

二、镰仓幕府灭亡

尽管"元弘之乱"结束，但讨幕活动仍在进行，分别以后醍醐天皇之子护良亲王和楠木正成为核心展开。护良亲王脱险之后，先后在大和十津川、吉野、纪伊熊野一带活动，受到各地不满幕府土豪的欢迎。期间，他向各地皇族领地武士及各寺院发送"令旨"，招集勤皇军。与此同时，楠木正成则在河内、和泉和摄津一带秘密集聚兵力。1332 年（元弘二）十二月，招募了众多兵力，夺回被幕府军占领的赤坂城。次年一月，驱逐和泉守护、河内守护代、和泉地区的地头御家人，进军摄津，与摄津守护军在四天王寺会战，取得大胜，一举控制了纪伊、河内、和泉、摄津四国。护良亲王和楠木正成讨幕活动的进展，鼓舞了各地的反幕者，纷纷起事。1333 年（元弘三）正月，播磨国的赤松则村、大和国的高间行秀、高间快全兄弟、筑后国的原田种昭、二月伊予国的土居通增、忽那重清相继起兵讨幕。

楠木正成利用军事胜利的有利时机，加固根据地。在葛城山建上赤坂城（今大阪府南河内郡千早赤坂村，赤坂城有上、下两山城），在金刚山筑千早城，在两城之间的扇状高地上建十余座支城，建成可攻可守的阵地。楠木正成势力的壮大成为幕府的心腹之患，幕府遂于 1333 年正月末，派号称"百万"（实际兵力在二三十万间）大军，分三路进剿。三路大军分别是：从河内进攻赤坂城，为此次进剿的主力军。大将军为阿曾沼治时，军奉行为长崎高贞；经奈良进攻金刚山，大将军为大佛家时，军奉行工藤高景；进攻吉野山，大将军名越元心，军奉行安东圆光。三路军出发前，还发布了如下布告：

（1）会战前线，不服从指挥，争冲头阵者，视为不忠；

（2）主从相协，坚持战斗，有忠节者，恩赏；

（3）兵粮由六波罗供应，有强买、乱捕者，按罪科处置；

（4）凡逮捕或诛杀大塔宫（指护良亲王）者，赐近江国麻生庄；

（5）诛杀楠木正成者，赐丹后国船井庄。[①]

进攻吉野山的幕府军在二月中旬抵达吉野山麓。由于该山险峻，即使是不顾生命的关东武士也是久攻不下，双方弓矢相射，死伤众多。最后，幕府军中有一名熟知吉野山地形的武士率领轻装步兵（"足轻"）从金峰山迂回至吉野山，混入护良亲王阵地中心的藏王堂。护良亲王由于替

---

① 佐藤進一『日本の歴史・9・南北朝の動乱』、中央公論社 1965 年、471—472 頁。

身的帮助,逃出吉野山,直奔高野山。

攻击楠木正成所在赤坂城的幕府主力军于二月二十二日开始攻击,起初幕府军死伤惨重也未能占领赤坂城。后来发现了向赤坂城供水的水管,幕府军将水管切断,赤坂城陷落。楠木正成所辖大小城池陆续被攻陷,最后退守金刚山的千早城,幕府三路大军一齐合围。千早城南北与金刚山相连,故亦称金刚山城。山城周围四公里,四面深谷,山势巍然峻险。幕府军数度强攻,也无法攻破山上防护。在久攻不下的情况下,幕府军中有人向将军提议说,赤坂城的攻陷是由于切断敌人汲水管所致。现在虽没有发现汲水管,但是敌人也许会在夜里下谷底取水,应派兵力把守,切断水源。于是,幕府军派三千骑武士驻守山下谷川。楠木正成在构建山城时,已考虑到用水问题,在山峰内秘密地建了五处蓄水池,平时用水并无困难。考虑到作战时,要用火攻,会口渴,所以用大木水槽把水引至战屋内,供战士饮用。驻守山谷的幕府军不见山上有人下山取水,日久士气消沉,最后只得撤离。之后又几度发起强攻,但城中守军用横木从山上向下滚落,使幕府军不断损兵折将。军奉行长崎高贞提出,强攻只能损兵,现在只有采取中止战斗,围而不攻,等待山上粮尽。

镰仓幕府见幕府军围而不攻,战果全无,遂于三月四日派使送信军中,严厉斥责说:不能停止战斗虚度时日,诸将领间应联合商议作战方案。遵奉幕府指令,幕府军经商议决定建筑渡桥,以图跨过峻险的城濠。于是从京都召来五百名木工,制作长二十丈、宽一丈五尺的梯子,搭筑了连接敌我两边的渡桥。五六千兵卒争先恐后拥向渡桥,楠木正成军先用水弹(唧筒)向渡桥投射油,然后投掷松脂火把,油、火相遇,经山谷风一吹,渡桥着火,前面的幕府军不能进,后面的继续涌进,渡桥中部断裂,数千兵卒坠落谷底。与此同时,受护良亲王之命,有七千余讨幕武士潜伏在吉野、十津川、宇陀、宇智一带的山峰和山谷,阻塞幕府军的后勤供给。苦于粮食断绝的幕府军,开始撤退回本国。在撤回途中时,遇讨幕武士的埋伏,原称"百万"的幕府军,最后只剩十余万人。

千早城保卫战充分体现了楠木正成的战略、战术思想:(1)以近待远。在敌人尚未袭来时,认真做好迎敌的准备;(2)兵不厌诈。在强势敌军面前,巧妙运用诈术,阻止敌军前进,如在阵前树立稻草人,幕府军信以为真,不敢妄动;(3)扬己之长。千早城居高易防,以逸待劳,避实击虚。同时利用山间的木、石、松明作为武器,用滚木、滚石、火攻战术,杀伤众多敌军。

楠木正成、护良亲王积极讨幕的同时,远在隐岐岛的后醍醐天皇仍然怀着东山再起的心愿,等待时机的到来,与护良亲王之间保持着秘密联络。1333 年(元弘三)闰二月,隐岐岛的判官佐佐木清高集结隐岐附近各国的地头、御家人,加强了对后醍醐天皇的护卫。同月下旬,富士名判官佐佐木义纲悄悄地对后醍醐天皇讲述西部日本勤皇倒幕势力的兴起,并说天皇的幸运之时已临近,表示愿协助天皇逃出住所,从千波湊乘船逃向出云(岛根县)、伯耆(鸟取县)方向。闰二月二十四日夜,佐佐木义纲联络值班的判官盐谷高贞等人和当夜值守后醍醐住所的朝山六郎,找到随天皇一道来隐岐的千种忠显,表达了忠于天皇的心愿。在义纲等人的帮助下,当夜后醍醐逃出幽禁地,乘船到达伯耆国的名和湊,受到当地土豪名和长年的欢迎。名和长年一族集一百五十骑兵力,储备五百余石军用米,在附近船上山建造了可攻可守的城郭,让后醍醐天皇据此指挥讨幕。后醍醐登上山后,立即向诸国武士发布"圣旨",号召勤皇倒幕。响应者除隐岐地区武士、僧侣外,还有出云、伯耆、因幡、石见、安艺、美作以及四国、九州的反幕势力。

在楠木正成、护良亲王、后醍醐天皇从事讨幕斗争的同时,播磨国的赤松则村(又称赤松圆心)在正月起兵后,于二月占领了摩耶城(今神户摩耶山)。在摄津西北地区与六波罗军多次交战,迫使参加围攻千早城的播磨国兵力撤回应战。三月,赤松则村进一步东进,在京都西南山崎、八幡等地建立据点,直接威胁京都,使京都朝野颇为惊恐。赤松则村的军队主要由摄津、播磨、美作、备中等国的小土豪、山贼、海贼等"恶党"和寺院僧众构成,其中不乏神射手、刀枪手。赤松则村的战术以步兵为主,作战时分别组成"步兵"(足轻)、"射手"、"刀枪('打物')众"等分队,战果显赫。

与赤松则村军的活动相呼应,伊予的土居通增、忽那重清等人在濑户内海沿岸打击幕府势力。同年闰二月,在石井浜(今爱媛县温泉郡)打败幕府长门探题北条时直的军队,并攻击备后国守护宇都宫贞宗,占领鞆津,成为濑户内海海上讨幕的武装。在九州则有肥后的菊池武时举兵,攻击博多的九州探题馆,虽然最终失败,菊池武时战死,却使幕府颇为震动。

在幕府方面,千早城久攻不下,赤松则村军势发展至京都附近,并不时闯入京都,以及伊予、博多等地讨幕势力蜂起等消息不断传入镰仓时,幕府很是着急,召集紧急会议,决定以名越高家为大将军,并集二十名大名率军进京,其中就有足利高氏。当时足利高氏丧父不久,自己又有病,幕府方面一日二次来催其出征,他非常不满。关于当时足利高氏的所思所想,《太平记》有如下的记载:足利治部大辅高氏,有所劳之事(意指有病),起居未快,又入上洛其数,频频催促,足利殿为此心中愤然思之:"我居父丧未过三月,悲叹泪未干,又身患疾病,负薪之忧未休,却频催随从征罚之役,遗恨也。时移事变,贵贱移位,彼(指当时的执权北条守时)乃北条四郎时政末孙也,下人臣年久。我为源家累叶之族也,出王氏不远。若知此理,则曾存君臣之仪。事及今日决定,皆因身之不肖故也。若再度催促上洛,则要举家上洛。参见先帝(指后醍醐天皇),攻陷六波罗,乃可确保家之平安者。"①足利暗下决心,外表不露。

从上述引文中可以看出:其一,足利高氏出身源氏血统,其祖辈与源赖朝关系颇近,在整个镰仓时代,足利家是非常有力的御家人,与北条氏、源氏、上杉氏都有姻戚关系。据说第一代足利义康之妻与源赖朝母亲是姐妹,第二代足利义兼之妻是北条时政的女儿。足利氏势力及至足利高氏的祖父足利家时开始发生变化,1285 年(弘安八)十一月,幕府内部以安达泰盛为首的御家人与北条氏内管领平赖纲为首的御内人发生

---

① 『太平記』卷九·足利殿御上洛事。

冲突,结果安达氏被灭。由于足利家时倾向于安达氏,所以事变后不久切腹自杀。因此,足利氏颇受北条氏的警戒,这就是足利高氏感叹"时移事变,贵贱移位"的原因所在。其二,足利内心里已有投奔后醍醐天皇进行倒幕的决定,产生这种念头的根由,一是他自己所说,"我为源家累叶之族也,出王氏不远";二是在与讨幕势力的正面对峙过程中,察觉到民心的向背和幕府衰落之势已不可挽救。

足利高氏考虑好自己的进退后,在幕府再次催他上京时,向执权提出了要一族、部下和妻儿全部一起上京的要求。这一举动引起执权北条守时的怀疑,尽管足利高氏一再申明无谋反之心,也不能得到允准。执权派使者对足利高氏说:"东国尚未世闲,应当心安。幼稚子息,皆应滞留镰仓。其次,(北条氏、足利氏)两家一体,似同鱼水。"①显然幕府并不放心足利高氏,要留其子、妻为人质。对此,足利高氏非常不快,遂向其弟足利直义商量。其弟直义对他说,你的妻子是北条久时之女,你的孩子足利义诠是北条久时之外孙,一旦发生事变,北条氏不会舍弃不管的。因此,你要留下一部人,以便事变发生时,能够及时隐蔽你的孩子。现在,你首先要解消执权对你的怀疑,马上去京都,到了京都后,再计划奉仕先帝大义。② 听从足利直义的建议,足利高氏将妻、子托付于妻兄、执权北条守时,并呈递"誓约状",请缨上京。

足利高氏从拒行到主动请缨出征使执权北条守时非常高兴,不但解除了怀疑,而且在足利高氏出发前加以召见,并取出自己收藏的一面白色旌旗:"这是先祖代代相传的白旌,是八幡殿(指源赖朝的先祖源义家)以来传至家督的重宝,故传至赖朝的后室二位禅尼(北条政子),当家(指北条氏)所持至今也,稀代之重宝。"③然后授予高氏以表示自己的信任和期望。足利高氏率其弟直义以及吉良、仁木、细川、上杉、今川等 32 人与名门出身者 43 人,所率武士共 3000 余骑,于 1333 年(元弘三)三月二十

---

① 『太平記』卷九·足利殿御上洛事。
② 『北条九代記』卷十二。
③ 『太平記』卷九·足利殿御上洛事。

七日从镰仓出发，四月十六日抵达京都，名越高家所率军已早三日抵达。抵达京都的次日，足利高氏下定了勤皇讨幕的决心，悄悄派心腹细川和氏、上杉重能秘密赴后醍醐天皇所在的船上山联络。不久细川、上杉二人带来后醍醐"召集诸国官军，追罚朝敌"的"圣旨"。

进入京都后的足利高氏表面上仍和名越高家、六波罗探题日日会商，商议征讨船上山方案。最后确定名越高家为主力，率军7000余骑，从摄津经播磨、备前，通过山阳道正面攻击船上山；足利高氏率军5000余骑，从丹波、丹后通过山阴道背面攻击船上山。四月二十七日，名越、足利分别率军出发。听到幕府军进军消息，占据山崎、八幡的讨幕势力赤松则村军埋伏阻击。当名越高家军浩浩荡荡开至久我绳手地方与赤松则村军遭遇，发生恶战。当时名越高家骑在马上，十分耀眼，成为讨幕军的袭击目标。赤松则村军属下有一名叫佐用范家的武士是一位强弓手，他从正面瞄准，向名越高家放了一箭，箭矢正好射入名越高家的前脑双眉间，名越高家顿时脑骨开裂，坠马而亡。幕府军大乱，7000余骑兵卒或战死或逃回京都。此时足利高氏军开抵丹波国篠村地方（今京都府南桑田郡篠村）后，停止不进并宣布倒戈。

倒戈的足利高氏与后醍醐天皇近臣千种忠显军会合，五月七日足利高氏、千种忠显、赤松则村分三路进攻京都，以足利军为主力，在京都的嵯峨至大宫二条一带与六波罗主力军对峙，赤松军与东寺一带的敌军对峙，千种军在竹田、伏见一带与敌军对峙。各路战斗于午前辰时（约8点）打响，其中以足利军与六波罗主力的战斗最为激烈。经过几个回合，六波罗军渐渐败退，最后退入六波罗构筑工事，力图顽抗。赤松、千种两军也冲入京城，入夜六波罗的武士纷纷脱逃。在讨幕军围困、军卒脱逃的情况下，六波罗两探题北条仲时、北条时益和光严天皇、后伏见上皇、花园上皇等数百人于深夜舍六波罗府向东逃窜，但一路上遭到"恶党"的伏击。九日，疲惫不堪的六波罗探题一行来到伊吹山下，准备翻越番马峠（今滋贺县坂田郡米原町），又有数千讨幕武士伏击在前。在进退无路的状况下，北条仲时以下400余人集体自杀，光严天皇、后伏见和花园两

267

上皇被讨幕军捕获,不久押回京都。

当北条仲时一行逃出六波罗后,六波罗府即被讨幕军焚毁。六波罗军全军覆灭的消息三日以后(即十二日)传到船上山。十七日,后醍醐天皇宣布废光严天皇,重新即位,并废"正庆"年号,恢复"元弘"年号。五月八日,上野国的豪族新田义贞率领一族讨幕。新田义贞与足利氏一样同出于源氏,也受北条氏执权的冷遇。新田义贞曾于三月参与围攻楠木正成的千早城,因久攻不下,便托病回到上野国新田庄。在围攻千早城期间,曾得到后醍醐天皇号召讨幕的谕旨,所以回到上野国新田庄后秘密聚集力量倒幕。幕府为支援围攻千早城的幕府军,决定派北条泰家率10万军卒上京,为此向关东各国征调临时劳役和租税,以备军粮,新田义贞的新田庄也不例外。幕府命令新田庄在五日之内交出6万贯钱。新田义贞大怒,杀死幕府派来的使者,幕府执权获知后命令武藏、上野军讨伐新田义贞及其弟胁屋义助。新田义贞遂率一族150骑于五月八日举兵,甲斐、信浓两国的源氏集5000余骑声援。新田军越过利根川,直指镰仓。在进军途中,新田军得到关东各地武士团的响应,军势大振。幕府军最终不敌,退守镰仓,新田军追击幕府退军,进入相模,经世谷原(今大和市濑谷),于十七日兵临镰仓西北部的藤泽。幕府军分三路,即武藏路、中道、极乐寺通道设防,阻挡讨幕军的进攻。新田义贞军从正面攻击,突破极乐寺坂、稻村崎一线,进入镰仓的前浜,镰仓城内一片混乱。战斗从十八日开始,连续不断,幕府倾其所有力量拼杀,但终难抵挡。二十二日讨幕军进入镰仓市中心,幕府执权北条氏一族数百人切腹自尽。

在九州,少式贞经和大友贞宗也改变以前的暧昧态度,于五月二十五日攻占幕府的镇西探题馆,探题北条英时自杀。期间,幕府的长门探题北条时直为支援六波罗,曾率兵船从濑户内海东行,在途中获知六波罗府和镰仓均已陷落,于是返回驶向九州,期望与镇西探题合流,但抵达九州时,镇西探题馆已经被灭,最终向少式贞经等投诚。至此,镰仓幕府势力全部被灭,延续150余年的镰仓幕府终于寿终正寝。

三、建武新政

京都、镰仓幕府被攻占的消息很快传到后醍醐天皇所在的船上山，五月二十三日，后醍醐天皇动身，五月三十日抵达兵库，受到赤松则村父子及濑户内海众多土豪的欢迎。在兵库暂住时还受到楠木正成的迎接，新田义贞也派使者报告了战胜镰仓幕府之事。天皇六月四日到达京都东寺，受到隆重迎接。后醍醐天皇废皇太子康仁亲王，立自己的儿子恒良亲王为皇太子，再次开始"新政"。

后醍醐天皇第二次"新政"从 1334 年（建武元）一月开始，因而史称"建武中兴"。其新政主要有如下几方面：

其一，改年号。1333 年（元弘三）七月，宣布改元为"建武"。关于年号，《太平记》记载："元弘三年七月，改元建武。是年号是后汉光武，治王莽之乱，再续汉室佳例也。模仿汉朝年号也。"①

其二，宣布"公家一统"："其（元弘）二年之夏，天下一时评定，赏罚法令，悉出公家一统之政，群俗归风，若披霜而照春日，中华懼轨，若履刃而戴雷霆。"②

其三，建立一统政治管辖下的中央、地方统治机构。在中央，取消院政，不设关白、摄政，一切大事由天皇亲裁，下设机关除太政官外，另设五个办事机构，即记录所、杂诉决断所、武者所、注所以及"恩赏方"。

太政官的设置延续了律令时代的官僚制度，由大臣、大纳言构成的太政官，担当辅佐天皇之责。太政官属下的八省长官，虽担任者皆为公卿，但并不直接策划国政，只执行具体事务。

记录所为行政办事机关，"有大议，则记录所裁许之"③，是由天皇最终亲裁的最高行政单位；杂诉决断所是裁审土地矛盾的诉讼机关。最初

①『太平記』卷十二·広有射怪鳥事。
②『太平記』卷十二·公家一統政道事。
③『梅松論』上。

设四局,后增至八局。各局由头人(长官)、寄人(合议官)、奉行人(审理官)构成。其构成人员虽说皆为"才学优长之卿相、云客、纪传、明法"等有学问者及事务官吏,但实际上是官吏、武家奉行人混杂,无能之辈也不在少数。构成人员分为三组("三番"),一个月定为六个裁定日,每组的长官("头人")由公卿担任;洼所、武者所是武士机关,两者的权限、职责没有明确区分,主要担任戍卫。从洼所的"众中"成员看,似是负责后醍醐天皇的护卫。武者所则负责京城卫戍,实行"结番制",即卫戍者分番轮流执勤,共分六番,按子日、午日、丑日、未日轮值,武者所的头人为新田义贞;恩赏方为论功行赏而设,下设四局。恩赏方的"上卿"由公卿担任,先后担任"上卿"者有洞院实世、万里小路藤房、藤原光经等。

在地方统治方面任命新的国守和守护,与镰仓幕府时期不同的是将国守、守护的职责合并,"国司、守护人"并称。在幕府时期两者互相掣肘,代表不同的政治利益,后醍醐天皇将两者职责融合一体,被任命为国守者兼有守护之责,被任命为守护者兼有国守之责,常有一人兼任国守、守护者。新国守任命公卿、武将担任,除任命国守、守护外,还在镰仓、奥州设置将军府(镇守府),作为皇室的派出机关,以成良亲王为镰仓将军府将军,足利直义为执权,以北畠显家为奥州镇守府将军。

其四,对倒幕过程中的有功之士进行"恩赏"。后醍醐天皇重新执政后,混乱的政局渐趋"平静",各地起兵响应讨幕勤皇的势力纷纷请功,要求恩赏的呼声甚高,史书记载:"东国、西国已静谧,自筑紫,少式、大友、菊池、松浦之者,乘七百余艘大船参洛。新田左马助、舍弟兵库助七千余骑上洛。此外,国国武士,一人不残齐集上京,充满京白河,王城之富贵,日来百倍。"①

面对着盼求恩赏之众,朝廷无法一一满足,但必须考虑诸大将的恩赏。因此,朝廷首先实行"先大功之辈"抽赏,首先予以恩赏的大将是:足利高氏赏武藏、常陆、下总三国;足利直义赏远江国;新田义贞赏上野、播

---

① 『太平记』卷十二・安鎮国家法事付諸大将恩賞事。

磨二国;新田义显赏越后国;新田义助赏骏河国;楠木正成赏摄津、河内二国;名和长年赏因幡、伯耆二国;其外,公家武家之辈赏与二国、三国。①

其五,建造以大极殿为中心的皇宫。京都以大极殿为中心的诸多宫殿"承久之乱"时被烧毁后一直未能重建,1334年(建武元)正月,朝中热议重建事。翌年(建武二)正月十二日,诸卿奏议曰:"帝王之业,万机事繁,百司设位,今凤阙仅方四町内,分内狭调,礼仪无所,四方宛广一町,建殿造宫,是犹及古之皇宫,应造大内里。"②取得一致意见后决定所需的费用从安艺、周防二国征收,同时命令全国地头、御家人上交领地年贡的二十分之一作为建宫经费。造皇宫的同时,还修复皇家花园神泉苑等。

其六,实施多项财政政策。首先在左右京重开东西两市,最初任命中原氏职掌事务,后任心腹名和长年掌控。其次,建武元年三月十八日发诏书宣布"铜、楮并用"货币政策,即铜钱和纸币同时流通。通过发行铜钱("乾坤通宝")和纸币构建币制。但此意能否实现很难预料,因为朝臣们也清楚:"我朝未用作纸钱。"③三是为了保证中央财政,专门设置了"御仓"。将地头、御家人上交所领年贡二十分之一的规定扩大到全国的庄园、乡、保,并责令限期上交"御仓",到期不纳者,加倍交纳。

其七,构建以天皇为核心的权力集团。除了建立上述的政权机构外,后醍醐天皇特别注重构筑亲近的权力集团,这个集团由"后三房""三木一草"构成。在平安时代后期,后三条天皇依靠"三房"重臣,即藤原伊房、藤原为房、大江匡房三臣行施朝政。后醍醐天皇也重视"三房"、即万里小路宣房、吉田定房、北畠亲房。万里小路宣房自龟山天皇以来就奉仕大觉寺统,建武政权建立后被任命为杂诉决断所头人、传奏,是天皇与诸官僚之间的联络人。吉田定房虽然在"元弘之乱"时向六波罗府密告天皇讨幕阴谋,但动机出于对天皇、对皇统的爱护,被视为忠臣,建武政权建立后得以重用,被任命为内大臣、恩赏方头人、杂诉决断所头人、传

---

① 『太平记』卷十二・安镇国家法事付诸大将恩赏事。
② 『太平记』卷十二・大内里造营事付圣庙御事。
③ 『太平记』卷十二・大内里造营事。

奏等。北畠亲房在持明院统伏见上皇的院政时期曾任检非违使别当,后来转向接近大觉寺统,后醍醐天皇亲政后,委任为检非违使别当,管理京都市政,也是后醍醐天皇钟爱的世良亲王乳父,后因世良亲王死亡,出家离开政治舞台。建武政权建立后,重出政治舞台,任准大臣。其子北畠显家被任为陆奥守和奥州镇守府将军后,北畠亲房奉成良亲王同赴陆奥多贺城。其父子是日后"南朝"的支柱。

"三木一草"系指结城亲光、楠木正成、名和长年、千种忠显四人。结城、楠木、名和三人姓名中有"城""木""长"三字,有树的含义,故称三人为"三木"。同样,千种忠显中的种含有草意,称为"一草"。"三木"皆是武士,在后醍醐讨幕勤皇中皆功勋卓著,是实现"建武中兴"的功臣。"一草"出身于村上源氏,因有武功得后醍醐天皇重用,在"元弘之乱"中被六波罗逮捕,后随后醍醐天皇流放隐岐,一直在天皇身边,建武政权建立后任朝中参议,颇为得宠。

后醍醐天皇对自己实行的新政颇为自傲:"朕之新仪,当是未来之先例。"但从新政实施的结果看并不理想,有的"新政"宣布后不久即被取消,如"所领个别安堵法",有的则议而不决,造成了社会新的混乱。

如关于恩赏。前已叙及,建武政权建立后,朝廷成立了"恩赏方",专事"军势恩赏"。首任"恩赏方"的上卿是洞院实世,据载,当时申请恩赏的各国武士很多,但"恩赏方"办事不公,未能公平恩赏:"捧申状望恩赏辈,何云千万人,不知其数。实有忠者凭功不谀,无忠者媚奥求灶,掠上闻问,仅数月内二十余人被恩赏,事非正路,不久被召返。"①

有功者不阿谀,无功者则献媚于权贵,以至数月之间由天皇裁定的恩赏有二十余人。为此,不得不罢免洞院实世上卿职,改任万里小路藤房为上卿。藤房上任后调查发现,有不少受恩赏者通过后宫秘密上奏天皇裁定,以至"朝敌者也赐予安堵,更有无功辈也给五处、十处所领。"藤房上谏要求后醍醐天皇纠正,天皇不纳谏言。藤房称有病辞掉"恩赏方"

---

① 『太平記』卷十二·公家一統政道事。

上卿职。走后门的状况不但未能禁止，而且日益严重。接替万里小路藤房职的是藤原光经，执行更趋不正、不公。为献媚于天皇，将大批没收的镰仓幕府北条氏等的领地分配给皇族。

再则，对有功大将的恩赏，通过"抽赏"对足利氏、新田氏、楠木氏、名和氏等予以恩赏，或一国，或二国、三国，但唯有功大将赤松则村只赐予一处庄园，而其播磨国守护职却无故被收回。为此，赤松则村恨之入骨，如此不公平的行赏，使皇室与讨幕勤皇武士集团之间十分脆弱的关系岌岌可危。

又如关于诉讼。朝廷成立"杂诉决断所"的目的在于及时处理众多土地所有权的诉讼，但杂诉决断所建立后并未实行"理世安国之政"，由于通过"内奏"求得胜诉之风盛行，造成众多混乱。一件诉讼，原告通过朝廷后妃关系"内奏"天皇，直接圣裁获得胜诉，而被告则诉理于杂诉决断所，被裁定胜诉，得到所领"安堵"。同时，又通过"内奏"，将这一领地"恩赏"给另一个人。"如此错乱间，一处所领，领主之所有权属于四五人"，由此，"国国动乱，更无休止。"①

"建武中兴"诸政策重公卿、轻武家，酿成的矛盾朝臣万里小路藤房看得十分清楚。他曾向后醍醐天皇进谏揭示问题的严重性，并望及早纠正，后醍醐不听。万里小路藤房的进谏所揭示的问题，根据《太平记》所载，似可归纳为如下几点：

（1）君臣淫乐，王业衰，国不治。新政权建立后，天皇、公卿渐生奢侈，沉于淫乐之中，例如千种忠显，据功受赏"大国三个国，阙所数十个所"，其生活"其侈惊目"，每日巡酒，"其酒肉珍膳之费，一度万钱尚不可足。"万里小路藤房针对君臣之奢侈，指出："由来尤物是非天，只荡君心则为害。"并说，"大乱之后，民敝人苦，天下未安，执政吐哺，闻人愁，谏臣上表，可正主之误"②。

① 『太平記』卷十二・公家一統政道事。
② 『太平記』卷十三・竜馬進奏事。

（2）赏赐不公，立忠望赏之辈恨之。藤房谏言明确指出："元弘大乱之始，天下士卒举属官军，事更无他，只以一战之利，求勋功之赏故也。"讨幕成功之后，"立忠望赏辈，其数不知几千万。"然而，除恩赏公家官吏之外，并未赏给有功望赏之辈，致使大批有功武士"舍申状止讼，恨忠功不立，政道不正，皆已返归本国。"①

（3）大造皇宫，抽调全国地头年贡，广招怨恨。为造皇宫，建武元年十月"杂诉决断所"发牒全国，命令地头以下所管的田数如实奏上，责令按田数所纳年贡的二十分之一，纳进御仓，并每町出仕丁一人。谏言指出，这一政策，无疑是增加人们的负担，"兵革之弊之上，悲此功课（指造宫之事）"，引起怨恨。

（4）天皇圣旨易变，为天下之士所痛。谏言举赤松不受重视为例，指出后醍醐天皇如今所以能"定天下，休宸襟"，关键是有足利高氏、新田义贞、楠木正成、赤松则村、名和长年诸将的忠诚。忠节并无高低之分，恩赏也应平等。但"圆心（指赤松则村）一人，仅全本领一所安堵，其守护恩补之国被召返，其咎何事？"曾经以圣旨应诺的事，轻易改变，无疑招致天下之士"含恨猜政道"。为政者若言而有信，则"赏中其功，则有忠之者进，罚当其罪，则有咎之者退。"②

后醍醐天皇的"新政"，引发了社会矛盾的激化，天皇的威望和尊严日渐减弱。许多人把不满化为行动，社会动荡不安。以京都为例："目前京城流行的是夜间抓人、盗窃、假传圣旨、囚犯、快马和无事惊扰。"③

在皇族内部，对后醍醐的政策也有不协调的声音，在倒幕过程中颇有功勋的护良亲王就是其中之一。当满朝群臣都在为皇权的恢复而陶醉时，护良亲王则在招集兵马准备战争。社会上也传说，"其势颇尽天下大半。"后醍醐天皇对此十分不放心，怕护良亲王另有所图，便派右大辨宰相藤原清忠为敕使面晤亲王，传达天皇之意：现天下已平静，正是施善

①② 『太平记』卷十三·竜马进奏事。
③ 儿玉幸多等编『史料による日本の歩み·中世编』，吉川弘文馆 1958 年、261 頁。

政、敷皇德之时,"犹动干戈,被集士卒之条,其要何事乎?""世已静谧,急归剃发染衣姿,事门迹相承之业。"

护良亲王强调,一是今日四海暂时平静,陛下能够登祚,是由于我护良"筹策功矣",没有我的"筹策",哪有父皇的"休(修)明德"之时;二是足利高氏有野心,应该乘其势力尚弱讨伐之,我方的势力一定要强于高氏以及镰仓幕府的北条氏残余势力;三是当今表面上天下无事,然逆徒随时在伺机反扑,决不可轻视,必须以文、武两道治世;四是关于重披袈裟事。如若微臣返回高野山,今后有谁来保护皇朝呢。敕使返回,一一禀告天皇。虽然后醍醐天皇对护良亲王的所言所行并不完全同意,但也无充分理由加以阻挠。为了维护皇室的利益,1333 年(元弘三)六月,后醍醐天皇还是将"征夷大将军"一职授予护良亲王。

由此,护良亲王和足利高氏之间的对立日渐加深。足利高氏为打击亲王势力,以"为镇狼藉"为名,逮捕了护良亲王的亲信殿法印良忠手下的二十余人,并在京都的六条河滩将其斩首。护良亲王闻此愤怒至极,在未征得天皇同意的情况下决定发信各地召兵抗击高氏。足利高氏得此情报,便通过后醍醐天皇的宠妃、护良亲王的继母藤原廉子,向天皇诬告护良亲王谋反:"兵部卿亲王奉夺帝位,召诸国兵也,其证据分明。"①

后醍醐天皇听信宠妃藤原廉子和足利高氏的诬告,以清凉殿有御会为由,诈骗护良亲王出席并予以逮捕,关押在禁庭的马舍中。朝廷决定要将其远流,护良亲王不堪悲伤,写了一封信,申诉心中之怨。信中说自己为皇权的恢复"昼终日卧深山幽谷、石岩敷苔,夜通宵出荒村远里,跣足蹈霜,抚龙须销魂,践虎尾冷胸几千万矣。遂运策于帷幄之中,亡敌于铁钺之下,龙驾(指后醍醐天皇)方还都,凤历永则天,恐非微臣之忠功,其为谁乎"。但"今战功未立,罪责忽来"。所诬罪状,无一件是自己所为。"仰而将诉天,日月不照不孝者;俯而将哭地,山川无载无礼臣。父子义绝,乾坤共弃,何愁如之乎?"最后引中国的历史教训说:"君不见乎,

<hr>

① 『太平記』卷十二·兵部卿親王流刑事。

申生(指晋献公长子)死而晋国乱,扶苏(秦始皇长子)刑而秦世倾,浸润之谮,肤受之诉,事起于小,祸皆逮大,乾临(指天子的处置)何延古不鉴今,不堪恳叹之至。"①

此信交给传奏转达天皇,但传奏害怕祸及己身,未将信件上呈天皇。最后,护良亲王被押送镰仓,由镰仓将军府执权足利尊氏之弟足利直义监押,被关押在黑暗的土牢内。1335年(建武二)七月,被足利直义杀死。后醍醐天皇听信谗言,排斥亲子,无疑是一件亲者痛仇者快的事。足利高氏借助天皇之手,铲除朝中有力的对抗势力后,其所言所行更加有恃无恐。

北条氏的残余势力,不断掀起反乱。从1334—1335年(建武元、建武二)间,奥州、关东、九州、纪伊、长门、伊予等地,都有企图夺回失地的军事暴动。1335年七月,幕府最后的得宗北条高时遗子北条时行得到高氏亲信诹访赖重的拥立,在信浓起兵,越中国的名越时兼等与之呼应。北条时行之势,达到五万余骑,从信浓入武藏,直指镰仓。当时镰仓将军名义上是后醍醐天皇之子成良亲王,实际上是由足利高氏之弟足利直义掌控。北条时行率兵直逼镰仓之际,足利直义率军迎战,在武藏国井出泽一战中,直义军取胜,随后返回镰仓。由于担心在押的护良亲王被北条时行势力所利用,因而杀害了护良亲王。北条时行重整兵力,再次分兵三路进攻镰仓,足利直义不敌,便维护千寿王(足利高氏子、后称义诠)、成良亲王,退兵西走至三河国矢矧(今爱知县碧海郡)。七月二十五日,北条时行军进入镰仓。

北条时行为首的北条氏残余势力反乱,史称"中先代之乱",因为原镰仓幕府的北条氏称"先代",足利氏为"后代",处于两代之间,故称为"中先代"。逃至三河国的足利直义派人护送成良亲王返京,同时给足利高氏通报关东情势。对于一直伺机东山再起的足利高氏来说,幕府北条氏残余势力的反乱为其提供了机会。

---

① 『太平記』卷十二·兵部卿亲王流刑事。

　　镰仓幕府灭亡后，重新回归京都的后醍醐天皇，十分清楚足利高氏的存在对其巩固统治的重要性。因此，一直对高氏采取怀柔政策。1333年六月天皇归京之日，便允许高氏内升殿，委任为镇守府将军职。不久，又授其从四位下、左兵卫督，高氏之弟足利直义也被任命为左马头。其后，后醍醐天皇虽然在"恩赏"中对高氏予以重赏，授予武藏、下总、常陆三国守护和国司职，在护良亲王与足利高氏的尖锐矛盾中，后醍醐天皇不惜牺牲护良亲王以讨得高氏对皇权的"支持"，但后醍醐天皇对高氏的戒备心始终不忘，建武新政诸中央机关中的高职一直未让高氏担任。高氏期望的"征夷大将军"一职，后醍醐天皇一再拒绝。

　　对于后醍醐天皇对自己的不信任，足利高氏虽然心知肚明，但也十分清楚，为实现自己的政治抱负，天皇这杆大旗不能丢。如果有朝一日举兵，得到天皇的圣旨，那么自己的行动就有正当的名义。挟天子而号令天下，这是他所期望的结果。因此，他不动声色地等待着时机的来临。1333年（元弘三）八月五日，位阶升为从三位、武藏守时，足利高氏改名足利尊氏。"尊"字取自后醍醐的"尊治"名字中的一字，其含义既可视为对天皇的忠心，也可视为对天皇的藐视，反映了自尊、自重、自信的心态。

　　镰仓幕府北条氏残余势力的兵变，无疑是足利高氏等待已久的良机。北条时行叛乱军进入镰仓后，诸朝臣奏请天皇派足利尊氏前往征讨，天皇同意群臣意见让尊氏出征。此时，高氏提出两条要求：

　　第一，要求授予自己"征夷大将军"职位。足利认为"元弘之乱"伊始，由于尊氏拥护天皇，天下士卒皆归属官军，奠定胜利大局，今日之一统，完全是依仗我尊氏之武功。征夷大将军之任，皆由代代源氏有功之辈者居其位。"此一事，为朝为家，尤所深望也。"[1]

　　第二，要求授予关东八国官领作为赏有功士卒的土地。足利说镇乱致治以谋，士卒有功之时，需要及时行赏。如果按照惯例，呈文上报恩

---

[1] 『太平記』卷十三·足利殿東国下向事。

赏，皇上会有上报材料是否真实之疑。向皇上面荐士卒之功，又由于道远无暇实现。因此请上皇圣裁，将关东八国的官领作为"军势恩赏"，由我尊氏直接执行。并说"如若上述两条不蒙敕，关东征罚之事可委派他人"。对于足利尊氏的要求，后醍醐天皇均未应允。关于"征夷大将军"事，只是说此任命需看"关东静谧之忠"，也就是说要看在镇压镰仓叛乱过程中的表现；关于关东八国官领事，天皇也以"暂不细议"搪塞。1335年（建武二）八月一日，天皇任命不久前从镰仓逃回京都的成良亲王为"征夷大将军"。无望得到"征夷大将军"任命的足利尊氏，只得于八月二日启程出征，由于在京都的武士大多随尊氏而去，天皇不得不于九日授尊氏为"征东将军"。

足利尊氏军与其弟直义军会合，很快于八月十九日攻入镰仓。占领镰仓后，尊氏自称"征夷将军"，成为镰仓之主，开始依据自己意愿行事，宣布兴行神社、寺院祭祀；向有功士卒行赏；并派斯波家长为奥州官领，明目张胆地与天皇派遣的奥州镇守府的义良亲王、北畠显家相对抗。尊氏的作为颇使后醍醐天皇不安，八月三十日，天皇宣布，尊氏有功，特叙从二位，并催促尊氏返京。尊氏应允返京，但受到其弟直义的阻止，最终止而不归。十月，尊氏移住在旧幕府遗址上新造的官邸，并设立侍所，处理政务。事态表明，足利尊氏开始完全脱离与皇室的关系，与建武政权分道扬镳了。

失去足利尊氏支撑的后醍醐天皇重用新田义贞对抗尊氏，对足利尊氏不从朝廷命令，后醍醐天皇很愤怒："纵虽其有莫大忠功，但不重义，勿论可为逆臣，则可下追伐宣旨。"但朝臣中多人建议："尊氏不义，虽圣上有闻，但未知其实，以疑罪而弃功之诚，是非仁政"，应派人前往查实，再做决断。天皇接受众臣建议，正欲派人前往镰仓时，足利尊氏的使节送来题为"请速诛罚（新田）义贞朝臣一类，致天下太平"的奏状。奏状说新田义贞"忘下愚望大官，世残贼，国蠹害也。不可不戒之。今尊氏再为镇先亡之余殃，久苦东征之间，佞臣在朝谗口乱真，是偏生于义贞阿党里，岂非（秦）赵高谋内章邯降楚之谓乎？大逆之基可莫甚于是焉"。要求天皇"早下敕许,诛伐彼逆类,将致海内之安静,不堪恳叹之至"①。

在尊氏上书天皇声讨新田义贞时,其弟足利直义向各地发布追讨新田义贞的檄文,并占领新田氏的领地上野国。获悉尊氏兄弟举动的新田义贞,也向天皇呈递了"请早诛伐逆臣尊氏、直义等,徇天下状",状文列举尊氏兄弟八大罪状,说:"斯八逆者,乾坤且所不容其身也,若刑措不用者,四维方绝,八柱再倾,可无益噬脐",请求赐旨征讨尊氏兄弟。② 接到足利氏、新田氏两份上书,朝臣们不知所以,大家闭口不言,唯有朝臣坊门清忠发言说:两方奏折,各叙各理,新田义贞诉尊氏八逆,事事其罪不清,就中杀害护良亲王一事,如果属实,尊氏、直义罪责难遁。但依一面之词,匆忙裁判,于事无补。因此还是待调查核实,再处罚也不迟。为此,朝廷召回在镰仓一直照料护良亲王的女官进行查问。女官回答说,自己全然不知尊氏、直义等反逆之事。

不久,传来尊氏势力有向四国、西部日本扩展之势,同时看到尊氏向各地催促军力的数十封令旨,于是朝廷痛下决心声讨尊氏兄弟。任命中务卿尊良亲王为"东国御管领",新田义贞为大将军,率军东下,同时奥州的北畠显家受命南下,与新田义贞军联合夹击镰仓。听说新田义贞东下讨伐,尊氏并无出阵对抗的打算,却在镰仓建长寺出家。其弟足利直义率军在骏河国手越河原、武将高师泰在三河国矢作相继抵抗新田义贞军的进击,但皆战败,新田义贞军进击伊豆。连续的失败使足利直义感到危机,极力反对尊氏出家,促其出阵迎战。最终,尊氏决意出战。十二月八日,率军出镰仓。十一日在骏河国足下(今静冈县小山町)击破新田义贞军。同时,足利直义军也在箱根(今神奈川箱根町)打败了新田军,新田军被迫西退。尊氏与直义两军在骏河国府中(今静冈市)会师,向西追击,途中得到各地武士集团的响应,军势大振。1336 年(建武三)正月进入京都。后醍醐天皇仓皇逃入比叡山。尊氏军占领京都后,陆奥的北畠

---

① 『太平記』卷十四·新田、足利确执奏状事。
② 『太平記』卷十四·新田、足利确执奏状事。

显家军、河内的楠木正成军分别与新田义贞军会合,与足利军展开巷战,足利军最终不敌,只得退出京都。在播磨,足利军受赤松则村等人的支持,队伍重整。在摄津国,与楠木正成军会战中,尊氏又不利,退守兵库。此时,赤松则村建议士卒疲惫,难能成功,不如暂退西国,休息养锐,伺机再战。尊氏欣然赞同,率军西退。后醍醐天皇重又返归京都,三月,天皇任义良亲王为陆奥太守,亲王与北畠显家重回奥州,新田义贞委以征讨西退尊氏的重任。

　　足利尊氏在退居九州的途中遇到熊野三神社(本宫、新宫、那智)的别当法桥道有,后者对尊氏说:这次京都会战,你每次都被打败,完全不是战事的过失,是因为你为朝廷的敌人之故。因此,无论如何应该取得持明院统上皇的院宣,这样就不是你与朝廷的战争,而成为君与君的天下之争了。听说持明院统上皇近侧有日野资明大纳言,可通过他取得持明院统上皇的院宣。

　　听取忠告,足利尊氏通过日野资明,与持明院统取得联系。一直企图重振持明院统皇权的光严上皇,对尊氏的乞求欣然应允,很快下达命尊氏"诛伐新田义贞与党人"的院宣。得到光严上皇的院宣,使尊氏反对大觉寺统后醍醐天皇的举动真正成为"君与君"之间的斗争,有了合法性和正统性。1336 年(延元元)二月,尊氏一行抵达长门国赤间关(今山口县下关市),受到九州少式赖尚的迎接。三月一日,渡海进入筑前国。二日,在多多良浜(今福冈市)与菊池武敏所率官军决战。据《太平记》载,当时,菊池军有四五万骑,尊氏军不足三百骑。面对兵力悬殊的状况,尊氏认为以此兵合彼大敌,与蚍蜉撼大树、螳螂遮流车无异。然而,其弟足利直义态度十分坚决:"合战胜负,必不依大势小势。异国汉高祖出荥阳之围时,才二十八骑,遂讨胜项羽百万骑而保天下。吾朝近比,右大将军(源)赖朝在土肥的杉山会战中失败,隐藏在卧木之中时,仅有七骑。最终亡平氏一类,累叶久续武将之位。以二十八骑,突出百万骑之围,以七骑隐伏树下,全非胆小舍命,只恃天运之保护也。今敌势诚如云霞,我方仅有三百余骑,但我等见前途,若以一骑当千勇士,一骑也可退敌。三百骑同志,则必能追拂敌军。"①

　　最终尊氏、直义军以少胜多,击败菊池武敏军,占据了大宰府,并得到九州有力豪族大友氏、岛津氏的支持。正当尊氏军在九州立足之时,新田义贞军受命西征,但受到赤松则村的阻击。义贞军围则村所在的白旗城,久攻不下。赤松则村则派三子赤松则祐由播磨急赴大宰府,劝尊氏从大宰府出发,东下征讨官军:从京都西征官军已充满备中、备前、播磨、美作,军粮不足时,大将军应率大军上京,若延误时机,白族城被陷,自余城池也将不保,备中、备前、播磨、美作四国要害,将被敌军占领皆为敌城。② 受赤松则祐的进言,尊氏决定率军东下。四月二十六日从大宰府出发,五月一日抵安艺国的严岛,三日参拜严岛神社,五日离严岛,继续向东进发。行至备后国鞆津(今广岛县沼隈郡鞆町)后分兵进击,水路由尊氏亲自率兵船 7500 余艘,陆路由直义率 20 余万骑,直逼摄津国兵库。五月十三日,新田义贞率官军退至兵库,当时兵力仅 2 万多人。面对尊氏的强势进攻,新田义贞派使向朝廷求援。后醍醐天皇召楠木正成,要他"急往兵库,与义贞合力可致会战。"此时,楠木正成提出如下战略方针:尊氏既已率筑紫九国之众,向京都进发,势若云霞。我方以疲惫之少量兵力同来势汹涌之大兵力周旋,倘采用常规战法,必败无疑。应召回义贞,如上次所为,陛下临幸山门(指比叡山),正成则仍下河内,以畿内之兵封锁淀川河口,从两翼进攻入京之敌,使敌军粮枯竭。如此,敌必将疲惫不堪,乘此机会,我方渐积聚兵力。彼时义贞从比叡山,正成从后方夹攻,则朝敌一举可灭。③

　　楠木正成这一战略的核心是变被动为主动,即义贞扼守比叡山,可断敌军从北陆方面补充粮食的通道,正成封锁淀川河口,则可扼制濑户内海方面的尊氏船队,构成尊氏军腹背受敌的态势,但楠木正成的战略构想遭到宰相藤原清忠等人的反对,未被天皇采纳。其实,楠木正成与

---

① 『太平记』卷十六·多之良浜合之战事。
② 『太平记』卷十六·将军自筑紫御上洛事。
③ 『太平记』卷十六·正成下向兵库之事。

后醍醐天皇意见相左，早在二月，足利尊氏败退九州时就已出现过。当时天皇和满朝文武皆欢庆打败尊氏，只有楠木正成郑重地向天皇提出诛杀义贞、召还尊氏的建议，并说自己可以充当使者，与尊氏交涉，使"君臣和睦"。其理由是天皇所以能够灭北条氏，打倒镰仓幕府，主要功劳是尊氏。虽然新田义贞攻陷镰仓也有功，但现在天下武士追随尊氏，连在京都的武士也都随尊氏西去九州。显然，义贞无吸引武士之德。尊氏、直义在九州休整以后，必将来攻京都，那时我们没有防御战术。

尽管建议遭到否决，楠木正成最终还是奉命急赴兵库与新田义贞会合。行前他对其弟正季说：此次之战，必败无疑。其证据是自己奉命后在和泉、河内两国征集军兵，国人反应冷淡，仅召集 500 骑。此即天下背离君王之佐证。五月二十五日，尊氏的船队和直义的陆军相继接近兵库。新田义贞官军分三路布防：一路以 5000 余骑，布控经岛；一路 3000 余骑，布控灯炉堂南滨；一路由楠木正成军为主，布控凑川西宿。新田义贞为总大将，指挥所设在和田御崎。

在凑川，足利直义军与楠木正成军交战非常激烈，但由于军势相差悬殊，楠木正成兄弟得不到新田义贞的支援，虽奋力战斗，但最终不敌。楠木正成、正季及一族 16 人、相随兵 50 余人退至凑川之北一村庄，一行人皆切腹自杀。

足利军水陆两军会合，集中兵力强攻新田义贞军。五月二十五日，兵库会战，新田军不敌，数万骑兵力，仅剩 6000 骑逃回京都，京中贵贱上下一片慌乱。为防叵测，后醍醐天皇及朝臣在新田义贞护卫下，逃出京都，再次上比叡山避难。二十九日，足利直义等先遣队进入京都。六月三日，足利尊氏率主力部队进入八幡，受到持明院统的光严上皇、丰仁亲王的迎接。从六月五日至二十日间，足利直义率军攻比叡山延历寺，虽未攻下，但后醍醐天皇的忠臣千种忠显战死。三十日，尊氏军与官军在京都发生激战，结果官军大将名和长年战死。损失千种忠显、名和长年两将，后醍醐势力遭到重创。

第二节　室町幕府与南北朝

一、室町幕府的建立

持明院统的光严上皇在八幡迎接足利尊氏后,于八月十六日随尊氏军进入京都,暂居东寺。十八日受尊氏支持,丰仁亲王(光严之弟)举行元服之仪,接着光严上皇宣布"传国宣命",丰仁亲王践祚,是为光明天皇,光严上皇开院政。因象征天皇权威的三件神器(镜、玉玺、剑)在后醍醐天皇之手,所以光明天皇在没有三件神器的状况下即位,人称光明天皇是幸运之君,无一战之功,由(尊氏)将军授予皇位。

重开的持明院统皇权首先改年号为历应,同时举行封官授爵。足利尊氏授正二位阶、大纳言官职,任命为"征夷大将军"。足利直义授正四位阶、参议,任日本副将军。自日本历史上设置将军一职以来,兄弟同时被授予将军职并无先例,足利尊氏的亲信也皆受到重用。

为了实现皇权统一,巩固持明院统光明天皇的皇权,足利尊氏向在比叡山延历寺的后醍醐天皇开展和平攻势。派使者进行多次谈判,促后醍醐天皇回京都。经过谈判,后醍醐天皇最终答应下山,可能有如下协定:后醍醐天皇下山议和,其所属公卿贵族、投奔之辈免于问罪;大觉寺统皇族、公卿官复原职,所领安堵;皇族统一,武家事务听任尊氏处置;驱逐新田义贞等。后醍醐天皇下山事公开后,新田义贞极力反对。为此,后醍醐天皇下山前将皇太子恒良亲王托付给新田义贞,让他扶持皇太子远走北陆,建立朝廷,伺机再度振兴。

足利尊氏迎后醍醐返还京都。表面上奉为上皇,实际上是让他交出三件神器。十一月二日,举行了三件神器让渡仪式,后醍醐将"三件神器"交给了光明天皇,同时光明天皇奉后醍醐天皇为太上天皇,实现了皇权的"统一",足利尊氏达到了他所期望的目的。十一月十四日,立后醍醐之子成良亲王为皇太子。在完成神器让渡仪式后,后醍醐上皇实际处于被软禁状态,后醍醐对形势和自己地位一目了然。身处禁围,却无时不在思索突围,以图东山再起。据说,让渡的三件神器是假的,真的三件神器仍在他手中,后来他在吉野建立南朝,显示南朝正统性的标志。

同年十二月二十一日,后醍醐天皇避开尊氏的耳目,秘密逃出被幽禁的花山院,出京都,经河内,直至吉野(今奈良县吉野町)。在吉野宣布恢复自身的皇位和延元年号,呼吁全国声讨足利氏。后醍醐天皇此举宣告与足利尊氏关系的永久性断绝,也标志着日本皇室的南北朝对峙时代的开始。一般称后醍醐天皇在吉野恢复的皇权为南朝(又称"吉野朝"),足利尊氏控制的京都光明天皇为北朝,两朝对峙长达 17 年。南朝经历了后醍醐、后村上、长庆、后龟山四代天皇,北朝经历了光明、崇光、后光严、后圆融、后小松五代天皇。

在 1336 年(延元元)十一月七日,足利尊氏公布《建武式目》,足利幕府正式成立。历史上又把足利幕府称为室町幕府,因为 1378 年三月第三代将军足利义满移居京都花御所室町殿而得名。

《建武式目》被誉为足利尊氏的施政方针,实际上是武士的道德行为规范。在当时战乱的时代,切实可行的道德规范比之无人尊奉的法典和方针,更具有实际意义。关于制定《建武式目》的指导思想,主要制作者是圆在后记中这样写道:"方今诸国干戈未止,尤可有踟蹰欤。古人曰:居安犹思危,今居危盍思危哉。可恐者斯时也,可慎者近日也。远访延喜、天历两圣之德化,近以义时、泰时之行状,为近代之师,殊被施万人归仰之政道者,可为四海安全之基乎。"①

显然,《建武式目》的核心理念以平安时代延喜、天历的醍醐、村上两天皇和镰仓时代北条义时、泰时为楷模。虽然尊氏对镰仓末期的北条氏极为不满,并举反旗讨灭之,但他对幕府和北条氏执权初期的政道,清廉、秉公的政治作风却是肯定和崇尚的。所以在征战之余,开始思索有别于末期幕府和后醍醐天皇朝政的独立政治路线和新的政权形式。为

---

① 佐藤進一、池内義資編『中世法制史料集・第 2 卷・室町幕府法』、岩波書店 1969 年、7 頁。

此，尊氏召集文人、硕学，特别是在镰仓幕府时期有过从政经历的人，向他们咨询未来政权的构想。《建武式目》的制定者有原镰仓幕府的"评定众"是圆（原名二阶堂道昭）及其弟真惠、奉行太田七郎左卫门、明石氏部大夫行连、布施彦三郎入道、儒学者日野腾范、玄惠法师等。从上述《建武式目》制定者的成员可以清楚地看出尊氏对镰仓幕府的经验和教训的重视。

《建武式目》实际上是尊氏与咨询者（也即制定者）之间问答内容的汇集。全篇内容分为两个部分，第一部分是幕府建在何地的问题；第二部分是幕府政道运营的要点。

第一，关于新幕府所在地的咨询。《建武式目》开头写道："镰仓如元可为柳营欤，可为他所否事。"幕府所在地（"柳营"）是选在镰仓，还是选在其他地方（"他所"）好？针对这一咨询，《建武式目》载道："政道之善恶"远比幕府所在地之选择更为重要，并列举了中国和日本历史上幕府和王朝兴衰的史事：

（1）日本的案例。"汉家、本朝，上古之仪，迁移多之，不遑罗缕。迄于季世，依有烦扰，移徙（徙）不容易乎，就中镰仓郡者，文治右幕下（指源赖朝）始构武馆，承久（指'承久之乱'）义时朝臣并吞天下，于武家者，尤可谓吉土哉。爱禄多权重，极骄恣欲，积恶不改，果令灭亡了。纵虽为他所，不改近代覆车之辙者，倾危可有何疑乎！"①对武家来说，镰仓是"吉土"，可是由于政道失廉，"积恶不改"，还是灭亡了。即使所在地选择别处，但如果不接受前人政道失败的前车之鉴，无疑也会遭到覆辙的命运。

（2）中国的案例。"夫周、秦共宅崤函也（指崤山和函谷关），秦二世而灭，周阐八百而祚；隋唐同居长安也，隋二代而亡，唐兴三百之业矣。然者，居处之兴废，可依正道之善恶，是人凶，非宅凶之谓也，但诸人若欲迁移者，可隋众人之情欤。"②不同的王朝选择同一地点为都城，但王朝存在时间却长短不一，其原因"是人凶，非宅凶之谓也"，关键是"正道之

---

①②佐藤進一、池内義資編『中世法制史料集・第2巻・室町幕府法』、岩波書店1969年、3頁。

善恶"。正是依据上述思想,足利尊氏的新建幕府没有设在镰仓,而是选择了京都。

第二,关于政道事,既然日本和中国的历史经验表明政权的兴衰关键是在人,因此,"政道事"就成为新幕府特别关注的重点。《建武式目》指出,适应时代需要,建立法律制度,无论在日本抑或是在中国都有许多可资参考的经验,其中"武家全盛之迹"尤其值得重视,并说古典曰:"德是嘉政,政在安民。""德""政"便是《式目》的核心内容。共提出了十七件"德政"①:

(1)节俭和防奢侈(第一、二条)。《式目》第一条指出爱好珍奇,过于奢侈,以及绫罗锦绣、精好银剑、风流服饰,皆可谓之"物狂"。这是"富者弥夸之,贫者耻不及,俗(指民间)之凋敝无甚于此,尤可有严制乎。"奢侈是造成贫富差别和民间经济凋敝的根由,应当予以禁止。以提倡节俭相对应;第二条提出"制群饮佚游"。指出耽好女色、赌博等是社会不安的不良因素。

(2)加强社会治安,安堵民众(第三、四、五条)。第三条规定,严禁杀人、强盗、拦路抢劫;第四条规定不要抢占贫弱百姓用有限资力建造的私宅,以免成为无家可归的浮浪;第五条规定"京中空地方应归还本主"②。这些都是安定社会、安定民生的举措。

(3)为活跃经济,提倡"兴行无尽钱、土仓事"(第六条)。所谓"无尽钱",类似于中国民间的"摇钱会",是一种百姓自愿结合,按期平均交款,按急需分期轮流使用所集款额的互助组织,"土仓"即是当铺。《式目》指出人们或为交课赋,或有急用,一时无法筹钱,兴行"无尽钱""土仓"则可解急用之危,"可为诸人安堵之基。"

(4)赏廉抑贿(第十、十一、十四条)。《式目》对从政人员的清廉殊为注重。第十条规定"严禁贿赂",指出此条规定并非现在才有,而是历史

---

① ② 佐藤進一、池内義資編『中世法制史料集・第 2 巻・室町幕府法』、岩波書店 1969 年、4—7 頁。

上早有规定。凡受贿赂,即使仅仅百文,也要永不叙用;"为过分者,可被失生涯乎",受贿特别严重的可处死罪。第十一条是禁止赏玩珍奇物品的规定,说"上之所好下必随之",为官者应行"精廉之化",即要心清无私欲。对于中国输入的珍奇物,也是"殊不可有赏玩之仪"。在严禁贿赂、玩物丧志的同时,提倡赏廉。第十四条规定说:"有廉义名誉者,殊可被优赏事,是进善人、退恶人之道也,尤可有褒贬之御令钦。"

(5)启用政治练达者担任守护职,提倡诫"公人缓怠"(第七、八、九、十二条)。第七条特别规定"守护"一职安定地方统治的重要性,强调"国中(指地方上)之治否,只依次职。尤补器者(指法治练达者),可叶抚民之仪乎。"因此,当前应"幕募军忠"者担任守护。第八条规定禁止权贵、女性、禅僧干预政治。第九条规定,"诫公人(指幕府官吏)缓怠,并可能有精撰。"也就是说,官吏懈怠,应行清理,精选勤政且近政务者担任之。第十二条,特别对将军身边的护卫武士作了明确规定,说将军的护卫应是将军形象体现,"不知其君见其臣,不知其人见其友。然者,君之善恶者,必依臣下即显者也。"对那些结党、斗乱、玩物、恶口诋毁者且不可召仕身边。

(6)应行礼节(第十三条)。第十三条规定说:"理,国之要,无过好于礼。君可有君礼,臣可有臣礼。凡上下各守分际,言行必可专礼仪乎。"

(7)诉讼事(第十五、十六、十七)。关于诉讼事,第十五条强调关心贫弱辈诉讼,指出关心贫弱辈是"尧舜之政以之为最"的事,如"尚书者,凡人所轻,圣人所重",所以切不可轻视,把"彼等之愁诉放在第一位"。第十六条强调对寺院、神社的诉讼要有取舍,因为寺社的诉讼常常与强诉和打着神、佛的诳言之类混杂在一起,正当诉讼与无理要求应有明确区分。第十七条强调诉讼审理要有效率。"诸人之愁,莫过缓怠"。在强调效率的同时,也强调慎重。《式目》也指出,虽要求尽速办案,但对于案件理非、原委不清的,也不能随意审决("有寄事于早速,不究渊底者不可然")。

足利尊氏于1336年(建武三)相继建立了政所、侍所、问注所等幕府机构,三所的组织结构基本上仿效镰仓幕府,在具体职能上略有变化。

政所是将军的家政机关,在镰仓幕府时期,政所是幕府事务的总揽机构,但室町幕府政所的职责主要是负责足利氏家领管理等财政方面的事务,包括"利钱、出举、替钱、替米、年纪地、本物返、质券地、诸质物、诸借物、诸预者、诸放券、沽却田畠、勾引人"等事。① 政所长官称"执事人",初期执事人,相继由佐佐木氏、京极氏、二阶堂氏担任。

问注所在镰仓时代是处理"诸人诉讼对决事"的机关,即是进行纠纷的调解和裁决。室町幕府问注所的职责是:"当所事,为武家之记录所。仍古今之记录,细粗之证券等被纳置于此文库云云。是故,文书纰谬、谋实论纷失证文等于当所被评判之。"②可知问注所是保管审问诉讼当事者记录之处,为幕府将军作出判决,提供材料。

侍所,镰仓时期侍所的职责平时管理御家人,战时管军务,室町幕府的侍所却成为社会的治安机关。"凡侍所者,致公武之警固,行路边之检断,随分之重职务也。"其官吏范围较为广泛,主要是对"谋叛、夜讨、强盗、窃盗、山贼、海贼、杀害、刃伤、放火、打掷、蹂躏、追落、刈田、刈地,路次狼藉,路边捕女,或为博戏论,或切牛马尾,如斯事等事;又斩罪、绞罪、流刑、禁狱、拷讯、着枷以下刑法,皆有当所之沙汰(执行)也。"③因为侍所有"公武之警固"和社会治安之责,所以该机关的"头人"由足利氏亲信高师泰担任。高氏是足利氏时代相传的家臣,师泰之兄师直是足利尊氏的贴身近臣,职掌尊氏的事务,包括幕府官吏、武士的管理。高氏的地位类似镰仓幕府中的北条氏。

除上述三机关外,还有"安堵方""禅律方""引付众""官途奉行"等机构,分别负责武士的安堵、诉讼、寺社事务和武士封官事务。此外,还设置了评定众,为将军的政治咨询,评定众由政所、侍所、问注所的所司(执事人或头人)组成。有名的所司是山名氏、一色氏、京极氏、赤松氏,史称"四职"。幕府还设"管领"(原称"执事")一职,辅助将军处理具体事务,

① 児玉幸多等编『史料による日本の歩み・中世編』,吉川弘文館 1958 年、292 頁。
②③ 児玉幸多等编『史料による日本の歩み・中世編』,吉川弘文館 1958 年、291 頁。

但无实权，一切事情由将军亲自抉择。著名的管领有畠山氏、斯波氏、细川氏，史称"三管领"。地方行政机构，在镰仓设立镰仓府，其长官称为关东公方，由足利尊氏之子义诠为首任公方，其后由义诠之弟基氏继任，此职为足利氏子孙世袭。镰仓府管辖关东十国，即武藏、相模、伊豆、甲斐、上野、下野、安房、上总、下总、常陆等国，因而府的建置一如幕府，公方之外设"执事"（又称"管领"），由上杉氏代代继任，同时设有评定众、问注所、政所、侍所、关东守护等。除镰仓府外，还设有奥州管领、九州探题、羽州探题、中国探题，作为幕府的派出机构，各国则任命守护统治。

室町幕府机构设置有两个特点：第一是幕府的中央和地方机构设置基本上是沿袭镰仓幕府，只是在职能上更细化、更务实；第二是幕府的最高领导无疑是足利尊氏，然而其弟足利直义也具有不弱于将军的实权。尊氏签发的文书主要涉及恩赏分配状、守护职任命状等，直义签发的文书主要涉及所领诉讼的裁决书，承认所领继承的安堵状等。由此推断，尊氏直接掌控幕府家政机关政所、统帅从者的侍所、支配主从关系的恩赏方，直义则掌控评定众、引付众、问注所、官途奉行、禅律方等。即以军事指挥为核心的权力掌握在尊氏之手，有关"民事裁权，所领安堵权"掌握在直义之手。[1]

足利尊氏、直义兄弟共掌幕府权力的情况，除了从他们签发的文书分类可以佐证外，也可以从足利尊氏挟持光明天皇登祚后两天，即建武三年八月十七日，参拜清水寺时奉纳的一篇愿文获得佐证。其愿文大意："此世如梦。赐尊氏道心，欲早日遁世。修行来世后生，故请赐予道心。报答今生果报，护佑来世。请赐今生果报于直义。保佑直义平安。"[2]反映了他的退隐思想，乞求来世的平安，同时也表达了对弟直义的信任和关爱。基于这种自己欲遁世、寄望弟弟平安的意愿，在室町幕府内减少自己的管理权，赋予直义更多的实际权力是必然之事。

① 佐藤進一『日本中世史論集』、岩波書店 1990 年、217 頁。
② 横井清編『史料大系日本の歴史・第 3 巻・中世 2』、大阪書籍 1978 年、45 頁。

二、南北朝对立

室町幕府的生存和发展在众多的矛盾和斗争中实现,不但面对与之抗衡的后醍醐天皇为首的南朝,而且更要面对幕府内部的不和,后者则是严重影响幕府统治的主要因素。足利直义和管领(执事)高师直之间的矛盾和斗争,实际上反映了足利氏的内讧。在室町幕府建立伊始,出现这种内讧的原因很多,但主因是幕府权力由尊氏、直义兄弟分掌,各自构建的人脉不同,导致政见的差异以至对立。

室町幕府建立不久,幕府内部发生了严重的对立。对立的双方是足利直义和高师直。在室町幕府建立前,足利尊氏有远离政治遁世思想。因此,创立幕府的事务委于足利直义,新幕府的政治理念更多体现了直义的思想,其思想基本点是以"延喜、天历"、"(北条)义时、泰时"时代为榜样,恢复社会秩序。但在推翻镰仓幕府的进程中,军事上的主力则是有别于旧幕府的武士团,是一家一族为主体的新兴武士。他们追求的并非旧秩序的恢复,而是旧秩序的破坏,代表这一新兴武士利益的人物就是足利尊氏的管领高师直。

室町幕府建立后,高师直被委以执事(总管),高师泰成为侍所的头人,二人成为足利尊氏的贴身近臣,尊氏负责的军事指挥权和恩赏权实际上也掌控在高师直、高师泰之手,确立了其对武士的指导性地位。高师直、高师泰依持足利尊氏的信任和对武士掌控的实权,不断地与直义相对立,在诸多政策上产生分歧。例如守护的职责问题,高师直以守护是军事指挥官,因此要选有"军忠"之辈胜任,其职责首先在于军事和治安;而足利直义认为,守护是"国中之治"的关键,应以"商贾之吏务"为本职。又如,为了求得社会的安定,直义多次下令禁止侵犯寺社所领庄园,规定侵犯者以罪犯论处,高师直、师泰则认为,首先应考虑军事方面的需要,由守护自身独立判断,以调配兵粮米为由予以征集。为此,侵占田地或作物的事不断发生。政策的分歧导致矛盾的扩大和深化,幕府内部以旁系足利一族的畠山直宗、与足利氏有姻戚关系的上杉重能以及受直义信任的禅僧妙吉等人，于1349年（北朝贞和五）闰六月，联名向直义进言排斥高师直、师泰。直义接受进言，遂向足利尊氏提出罢免师直的执事职。足利尊氏迫于直义的强烈要求，但又不想得罪高氏兄弟，于是撤了高师直的执事职，同时委任师直之侄高师世接任。紧接着直义策划驱逐和流放高师直，向光严上皇请求讨伐师直的院宣。八月中旬初，高师直得到直义正在进一步谋划消灭自己的消息，紧急集兵，抢先袭击直义，直义逃入尊氏府邸，师直率军包围尊氏府邸。尊氏与师直交涉，最后达成如下条件：其一，直义的近臣上杉重能、畠山直宗处以流放罪；其二，停止直义负责一切幕府政务，由义诠（足利尊氏嫡子）担任。虽然后来由于禅僧梦窗疏石的调解，直义恢复政务权，但实际上自义诠从镰仓返回京都接任政务后，直义已有隐退之意。十二月，直义出家。

在高师直声讨直义时，身任"中国探题"的足利直冬（尊氏的庶子，直义的义子）曾欲率兵进京，声援义父直义，但受到赤松则村的阻止，滞留在备后国鞆津。高师直进一步迫使尊氏声讨足利直冬，直冬远走九州。高氏兄弟的嚣张，显然得到足利尊氏父子的默认。逃入九州的足利直冬受到九州大豪族的欢迎和支持，先是肥后豪族河尻氏，后有少式氏、大友氏等，中部日本也有许多声援直冬的势力。

1350年（北朝观应元）十月，直义逃出京都，经大和至河内，受畠山国清的迎纳，同时向南朝联络，得到后村上天皇的圣旨，举兵"诛伐师直、师泰"大旗。直义的行动立即得到直冬的呼应。在直义宣布诛伐师直、师泰前，足利尊氏将京都留守的事务交给义诠，自己亲自率军西征在九州的直冬。然而，听到直义举兵消息后，立即停止西征，返回京都。直义与高师的矛盾和斗争演变为直义、直冬和尊氏父子、高氏间的矛盾。

各地响应足利直义的兵变不断发生，关东管领上杉宪显声援直义。和泉国守护、伊势国守护石塔赖房等也举兵响应，形势日趋紧迫。1351年（北朝观应二）初，足利尊氏出兵讨伐直义。二月，在京都、摄津的交战中，尊氏军皆败，不得不请求和解。在议和谈判中，直义声明自己举兵不是与将军尊氏作战，而是为讨伐高师直兄弟，尊氏也表示对弟弟并无敌意,最后以师直、师泰兄弟出家为条件达成和解。和解之后,尊氏率师直、师泰等返京,中途与等待尊氏归来的上杉能宪会合。经上杉能宪的说服,遂将师直、师泰兄弟在归途中杀死。此后,足利直义重回幕府,作为足利义诠的辅佐,掌管政务,直义派的细川显氏、石塔赖房等也成为引付众的成员。足利直义举兵讨伐高师直以及足利尊氏与直义的战争和议和,因为事件发生在观应年间,史称"观应之乱"。

足利氏兄弟的和解并未从根本上解决业已形成的分裂痕迹,直义虽然重掌幕府政务,但是推进政务困难重重,幕府内部形成了尊氏党和直义党,彼此之间的纠葛不时发生。1351年(北朝观应二)三月末,直义派的奉行人斋藤利泰被杀,真相不明。五月,直义亲信桃井直常拜访直义后,在归途中遭遇袭击。实际上,高师直兄弟死后,在幕府内部公然与直义对立者是尊氏之子义诠,直义与义诠之间时常发生政务间的不同主张。七月十九日,直义向尊氏提出辞退政务的请求,理由是与义诠不和。七月下旬,形势不稳,义诠方面的武士纷纷离开京都备战。二十八日,尊氏以征讨与南朝有关系的近江佐佐木氏为由率军开赴近江,紧接着义诠也以征讨播磨的赤松则祐叛乱为名率军出京。得知尊氏父子率军出京的直义认为这可能是尊氏父子的军事计谋,目的是从东、西两侧夹攻京都,企图消灭自己。于是当机立断,率亲信迅速撤离京都,从京都的北方,经若狭,进入越前。随行的人员有斯波高经、畠山国清、桃井直常、上杉朝定、山名时氏、吉良满贞、石塔义房等武士以及日野有范、日野言范、二阶堂行纲等学者和众多的幕府奉行人。

尊氏得知直义离开京都的消息马上返京,他认为必须避免战争,事实上是没有决胜的自信,于是再次谋求和解。虽然兄弟之间最终达成和解,但在直义属下强硬派的反对下,和解终成泡影。直义绕行北海道,于十一月十五日进入镰仓,与京都的幕府形成对峙之势。为在与直义的斗争中无后顾之忧,尊氏、义诠策划与南朝议和,从七月开始协商,至十月达成和解。南朝发布了讨伐直义的圣旨,作为交换条件,尊氏同意(1)废北朝的崇光天皇、皇太子直仁亲王;(2)废北朝"观应"年号,统一使用南朝"正平"年号，南朝取代北朝成为正统政权。其后尊氏让义诠留守京都，自己率军东征镰仓。1352 年(北朝文和元)一月五日，尊氏军进入镰仓，直义投降。二月二十六日，直义在镰仓延福寺突然死亡，《太平记》记载直义是被尊氏毒杀的。直义死后，其属下的近臣或投靠尊氏，或战死，石塔义房、桃井直常、吉良满贞等人投靠南朝。

足利直义死后，九州的足利直冬在各地集积反对尊氏的势力，南朝则在北畠亲房的指导下，乘幕府内讧，攻击留守京都的足利义诠，而且曾一度夺回京都。实际上，当时形成了以尊氏、义诠父子为一方，南朝为一方，九州足利直冬为一方的三大势力鼎立局面。1358 年(北朝延文三)四月十五日，尊氏背部突生恶痈，治疗无效，15 天后溘然而亡，享年 54 岁。

室町幕府自成立之初起，就不断利用朝廷皇权的正统性，操作政治的进退。幕府与朝廷的关系，实际上反映了幕府性质的二重性，即幕府既是足利家的家政机关，又是公家(朝廷)政务的具体执行机关。[1] 虽然在幕府成立之初，仿照镰仓幕府的"关东申次"模式，在幕府与朝廷间设置了"武家执奏"，沟通朝幕关系。但由于镰仓幕府时，镰仓与朝廷之间地理空间远隔，通过"关东申次"代言人制度，可以正确地传达朝幕彼此的意志和信息。然而，室町幕府与朝廷同在京都，没有远隔的地理空间，朝幕的联系和接触，实际上直接而紧密。室町幕府的朝幕关系，由于当时存在着南朝与北朝的对立，以及皇室正统论的存在更趋复杂，南朝的存在成为室町幕府初期半个世纪的主要政治焦点之一。

1336 年十二月，后醍醐天皇逃出足利尊氏控制的京都，在吉野山建立南朝以后，以大和、伊势、纪伊三国为据点，与高野山、熊野山的各寺院、神社联结，并派诸皇族成员奔赴各地，也就是派遣五辻宫(镰仓将军久明亲王之孙)赴日向、顺德天皇玄孙宫三位中将赴九州、宗良亲王赴伊势、明光宫赴越后，同时敕书陆奥、关东、北陆、九州，号召支持者纷起对抗尊氏和北朝。支持南朝的武士大多是"承久之乱"中被没收领地者的

---

① 新田一郎『日本の歴史・第 11 巻・太平記』、講談社 2001 年、140 頁。

子孙，以恢复先辈的领地为目的。南朝在其存在初期，无论其所在的地理条件，抑或军事力量的基础，均不弱于尊氏掌控的北朝。但后醍醐天皇的政策一味关注皇族的利益，不能采取有效的措施，满足武士以及民众的现实利益，致使南朝势力不能取得明显进展。晚年的后醍醐天皇情绪颇为低沉，1339 年（延元四）八月十六日，因病亡故。临终前说自己一生的妄念，只是想消灭所有朝敌，实现四海太平。[①] 为未能实现夙愿而伤感，特地交待死后埋葬在吉野山，以便自己的魂魄能够经常遥望"北阙"（指京都的皇宫）。

后醍醐天皇死后，由第七皇子义良亲王继位，是为后村上天皇，此后南朝的经营日趋惨淡。不久，南朝在关东地区的北畠亲房、显时因不敌幕府军而由海路经伊势逃回吉野，1341 年（兴国二），在北陆道的南朝军和四国地区的南朝军相继失势。以摄津、河内地区为据点而活跃的楠木正行（楠木正成之子）也于 1348 年（正平三）正月在河内的四条畷与幕府军的决战中战死。幕府军直捣和泉、河内、大和并占领飞鸟的桔寺，幕府军离吉野已是近在咫尺。形势骤紧，后村上天皇紧急避难贺名生。同月二十八日，幕府军在高师直率领下占领吉野，最后由于大和地区武士和僧兵的声援，打败了高师直率领的幕府军，才解除了南朝的困境。

其后，幕府内部矛盾激化，南朝成为矛盾双方可以利用的筹码。先是足利直义为反对高师直与南朝议和，讨得后村上天皇声讨高师直、师泰的圣旨。后有足利尊氏为讨伐兄弟直义与南朝议和，南朝则成为正统政权。南朝依据与尊氏的议和，开始进行政权接收。首先撤销北朝的关白等官员职务，任命自己的朝官。接着派敕使入京，收缴后醍醐天皇让渡给北朝的"三神件器"，并明确表明后醍醐让渡给北朝的"三件神器"是"伪物"，北朝的光严、光明、崇光三位上皇作为人质被软禁。1352 年（正平七）二月，南朝与幕府间矛盾再次严重化，后村上天皇命北畠亲房率南朝军进入京都，留守京都的足利义诠被逐出京都。同时，拥护南朝的关

---

① 『太平記』卷二十一 · 先帝崩御事。

东武士新田义兴、新田义宗也一度攻入足利尊氏所在的镰仓。被逐出京都的足利义诠遂在近江动员武力，于三月十五日夺回了京都，关东的足利尊氏也于三月十二日夺回镰仓，南朝势力大损。在义诠的支持下，北朝重建。由于原北朝的三位上皇均在南朝之手，而且都已表示过永远企望皇位，所以立光严上皇的次子弥仁继嗣，为后光严天皇。

南朝军队于 1353 年（正平八）、1355 年（正平十）、1361 年（正平十六）三次攻进京都，南北两朝就这样一进一退地围绕着京都的控制权展开拉锯战，但总的趋势是南朝更趋衰弱。1358 年（正平十三）四月三十日，足利尊氏病亡后足利义诠继任第二代幕府将军。虽然义诠继续不断地征伐南朝，但仍不能剿灭南朝势力。1367 年（正平二十二）十二月，足利义诠死亡，其子足利义满继任第三代幕府将军。

义满继任后把解决南朝问题作为重要的政务之一，一方面加强武力的攻伐，另一方面寻求和平解决。此时的南朝自 1368 年（正平二十三）三月后村上天皇死后，虽然相继有长庆、后龟山两天皇延续皇权，但由于忠诚之将或战死，或降北朝，以及不少朝臣也陆续返归京都归降北朝，其势更趋虚弱。1392 年（元中九）十月，足利义满向南朝提议"和睦"，得到南朝响应。幕府派吉田兼熙，南朝派吉田宗房、阿野实为代表进行谈判，谈判的仲介者是和泉、纪伊守护大内义弘。谈判依据足利义满提出的三条建议为基础展开：

（1）以让位的形式，后龟山天皇（南朝）将三件神器授予后小松天皇（北朝）；

（2）今后皇位的继承实行"两统迭立"（轮流执政）；

（3）诸国国衙领的庄园、领地全部归大觉寺统（南朝）支配，分散各地的皇族领有的长讲堂庄园、领地归持明院统（北朝）所有。①

三条件中的第一条实际上承认了南朝的正统性，北朝接受三件神器传授后才具有了正统性。第二条的轮流执政的规定，表明了镰仓末期的

---

① 儿玉幸多等編『史料による日本の歩み・中世編』、吉川弘文館 1958 年、306 頁。

"两统迭立"制再现。义满的条件显然使南朝没有理由拒绝,和议很快达成。同年闰十月三日,南朝后龟山天皇返归京都,入住嵯峨大觉寺。五日,后龟山天皇将三件神器传授给北朝的后小松天皇,至此南北朝合一,经历了半个多世纪的南北朝对立和战乱基本结束。但南北朝统一后,足利义满并未彻底执行三条协议,除了南朝让渡三件神器外,义满答应的轮流执政以及庄园、领地的许诺未能兑现。

三、足利义满政权

足利尊氏死后,其子足利义诠成为足利氏的家督,并继任第二代将军。义诠统治下的幕府依然是南北朝战乱不断,由于政治和经济利益的原因,不断出现武士的投诚和离叛。1360年(正平十五)五月,伊势、伊贺守护、幕府侍所头人仁木义长背叛幕府,投降南朝。继仁木之后,尚有细川清之、畠山国清等有力武将投奔南朝,南朝方面也不断有人投靠幕府,如1363年(正平十八)南朝方面的大内弘世、山名时氏等投诚幕府。有力武将的背叛常常影响双方武力的对比,因而在此期间,南朝与幕府军或此胜彼败,或彼胜此败,频繁占领和退出京都。

在应付与南朝方面的战争的同时,义诠也进行了一些有益于巩固幕府统治的措施。1362年(正平十七)七月,为填补仁木义长背叛后执事的空缺,任命斯波义将担任。随着管理足利氏家政的执事逐渐转向幕政,"执事"也转变为"管领","管领制"也随之确立。幕府日常事务中,武士间所属庄园领地的矛盾和纠纷是最为繁杂的政务,涉及社会和武士的稳定。因此,室町幕府早在1346年(正平元)公示了《故战防战法》。"故战"和"防战"意思是在发生纠纷时,禁止私自行使武力,违者以罪论处。义诠继任将军后诉讼手续也加以改进,即对一些特殊的诉讼,如要求被强制扣押所领返还的诉讼,只要当事人提供有力的证据,可以简化程序予以裁决。另一项重要的举措是"守护领国制"的形式,对于地方统治,足利尊氏承袭镰仓时期的守护制,对守护的社会作用予以高度的重视。在《建武式目》条中,特别强调"募军忠"者补任守护,并规定"守护者上古之吏务也，国中之治否，只依此职。尤被补器用者，可叶抚民之义乎"①。
在实施过程中，虽然一再强调选"军忠"者胜任，但由于足利尊氏并无一
大批始终忠诚于己的御家人或有为武士，因此如何构筑有利于足利氏守
护制成为尊氏、义诠所面临的难题。从室町幕府建立之初任命的守护
看，主要有如下几种人：一是足利氏一族出身者和一直奉仕足利氏的谱
代近臣，如细川氏、仁木氏、畠山氏、桃井氏、今川氏、斯波氏、一色氏、高
氏和上杉氏等；二是镰仓时代的守护，如下总的千叶氏、萨摩的岛津氏、
甲斐的武田氏、丰前和丰后的大友氏、筑前和肥前的少式氏等；三是不曾
担任过守护职的地方豪族，如常陆的佐竹氏、信浓的小笠原氏、越后和上
野的宇都宫氏等。

以上三种类型的守护（区别于镰仓时的守护，室町时期又称为"守护
大名"）也不是一成不变，尤其是"观应之乱"和战争过程中，有的衰落，有
的发展，以足利氏一门和谱代近臣为例，桃井、高、石塔、仁木、高桥等氏
都衰落了，而参与幕政的畠山、斯波、细川、一色、今川等氏不但确保了管
理的领国，而且势力进一步增强。

室町幕府基于诸国守护大名的具体状况，关于守护的权限，采取了
与镰仓幕府不同的办法，即扩大守护的权限。据《太平记》的记载："前代
北条高时治天下时，诸国守护大犯三条检断之外事，不得干预。然如今
大小事皆由守护裁夺，任意裁定一国事务，召仕地头御家人如同召仕郎
从，甚至管理寺社本所所领，以此为兵粮料所。其权威，如同旧六波罗、
九州探题。"②

"如今大小事皆由守护裁夺"解释了室町时期的守护大名完全兼任
守护、国司的双重职责，但这种双重职责是逐步形成的。1346（正平元），
在"大犯三条"之外，增加了两项权力，即有权调查、处理刈田的非法行为
和贯彻执行幕府关于诉讼案件的裁决。这两项新增权力，为守护大名随

① 横井清编『史料大系日本の歴史・第 3 卷・中世 2』，大阪書籍 1978 年、65 頁。
② 『太平記』卷三十三・公家武家栄枯易地事。

意进出庄园赋予了合法性。1352 年（正平七）八月，幕府为征集"兵粮米"，对近江、美浓、伊势、志摩、尾张、伊贺、和泉、河内八国，实行"当年一作（指年贡）可令均分"的"半济制度"，即每年庄园上交给领主年贡的一半由守护大名征收，上交幕府。这种"半济制度"后来从上述八国扩大到畿内、九州等地区，由战时的临时税发展到固定的税收。到了足利义满执政时，又进一步强行推广到全日本。

1367 年（正平二十二），足利义诠因病卧床不起，十一月，义诠召见细川赖元，委以总管一职，并将爱子足利义满托付于细川："吾送汝一子"，对义满说："给汝一父"，不久便去世。受托的细川赖元，担当起幕政大权，并精心抚育义满。当时，义满仅 10 岁。1368 年（正平二十三），足利义满继任将军职。为了不使义满受到不良影响，细川赖元专门制订"内法三条"，明文规定不许因私欲向幼主"假借公事，花言巧语，笼络幼主"；不许以不善之人向幼主荐为善人，或善人诬为不善；不许隐大善，言小恶；隐大恶，言小善等。应该说，细川赖元使义满受到了良好教育。

细川赖元主政期间，幕府对"守护领国"制进行了进一步完善，加大了守护大名的权力范围。1368 年（正平二十三，北朝应安元）六月十七日，发布《应安半济令》（亦称《应安大法》）。其主要内容：

（1）朝廷、院厅、寺社神佛领所领以及摄关等贵族所领有别于其他领地，其年贡不实施"半济之仪"，武士决不可以侵犯；

（2）上述所领外的其他诸国本所领，凡已经实施"半济制"的可继续实行，如果征收量超过年贡一半，要将超过部分返还给本主；

（3）未曾实施过年贡半济法的领地不再采用按年贡征收兵粮米的半济法，实施新的规则，即按土地面积计算，一半归领主，一半作为兵粮米的征收地。这种二分土地的征税制被称为"半济之地""下地半济"，或称"下地中分"。这种半济法显示原来以年贡量为基础的兵粮米征收转化为以土地为基础的兵粮米征收，使守护侵蚀庄园更加合法化，对守护领国制的确立起到重要作用。

1372 年（文中元），足利义满年已 15 岁，开始亲自过问幕政。其时，虽然南北朝之间的战争渐次减弱,但幕府内部,特别是足利氏一族的细川氏和斯波氏的争斗却日趋严重。1379 年(天授五,北朝康历元)斯波义将、土岐赖康、京极高秀等守护大名举兵包围足利义满府邸,要求将军罢免总管细川赖元,义满被迫罢免细川赖元,任命斯波义将为管领。细川赖元返回自己的四国领地。此事史称"康历政变"。

幕府内部斯波氏、细川氏之间的争斗,反而有利于义满权威的提高和权力的巩固,因为两派都企望他能支持自己。足利义满便在这一背景下构建自己的强势统治,首先建立直属的亲卫队;其次,派亲信管理幕府的直辖领地,赋予特权,以牵制守护大名;第三,幕府各机关任用富有事务经验的官吏,保证日常事务的稳定性。

义满在 1385(元中二)至 1390(元中七)年间,陆续巡察各地,考察各地武士、寺社实力。通过巡察,发现各地有力武士尤其是守护大名势力过大,是对幕府的极大威胁,于是开始寻机削弱有力武家的工作。拥有美浓、尾张、伊势三国守护职的土岐赖康是有力守护大名之一,1387 年(元中四)土岐赖康死亡,为足利义满削弱土岐氏提供了良机。土岐赖康养子土岐康行继承家业,其亲子土岐满贞不满,义满乘此任命土岐满贞为尾张国守护,引发土岐氏养子和亲子之间的对立。1388 年(元中五)土岐满贞与土岐康行的女婿诠直发生武斗,康行支援诠直。乘此机会义满下令追讨康行,并最终将其灭亡。康行所任美浓国、伊势国的守护职分别任命他人担任。

此后,足利义满采用挑拨、离间的手段削弱了山名氏、大内氏等有力守护大名势力。山名氏是拥有丹波、丹后、因幡、伯耆、美作、但马、和泉、纪伊、出云、隐岐、备后等十一国的守护大名,民间称其为"六分一众",其意系指全日本六十六国,山名氏一族占了六分之一。1389 年(元中六)山名氏一族发生内讧,史称"明德之乱"。义满认为是好机会,最初他支持非嫡系的山名氏清、满幸攻打嫡系的山名时熙、氏幸。当双方攻防多时、互有损伤时,义满反过来支持嫡系的时熙等。最后,山名氏十一国守护职只保留了但马、因幡、伯耆三国,其余九国义满任命其他氏姓武家担任。大内氏是拥有周防、石见、长门、丰前三国守护职，"明德之乱"后又拥有和泉、纪伊两国守护职。所辖领国皆是沿濑户内海要地，而且大内义弘私自与李氏朝鲜有联系。对大内氏的动向，义满十分警戒，为削弱大内氏势力，义满策动九州地方势力对抗大内义弘，并试图收回和泉、纪伊两国的守护职，借以刺激大内义弘。大内义弘果然上当，1399 年（应永六）十月，一边申述自己经营九州的功绩，一边联络对足利义满不满或反感的地方有力武家，其中包括原九州探题今川了俊、镰仓公方足利满兼以及旧南朝守护桥本氏、菊池氏等武力反对幕府。在与幕府军的激战中，大内义弘战死，其弟大内弘茂投降，史称"应永之乱"。最终，周防、长门两国守护职由大内弘茂担任，其余石见、丰前、和泉、纪伊四国守护职收回转任给其他武家。

在构建武家社会稳固地位的同时，足利义满还在贵族社会内确定了自己的至尊地位，义满在朝中的官职爵位晋升相当顺利，其晋升的情况：1366 年叙从五位下（其时 9 岁）、1373 年任参议左中将、1375 年叙从三位、1378 年任权大纳言兼右大将、1380 年叙从一位、1381 年任内大臣、1382 年任左大臣、1383 年宣布为准三宫、1394 年任太政大臣等。

从足利义满的官途可以看出，其政治待遇达到朝官的最高层，经济待遇也达到摄关、皇族才能享受的"准三后"（太皇太后、皇太后、皇后）标准。既是武家的最高统治者，又是朝廷中呼风唤雨的顶层官僚，在此前日本历史上不曾有过。足利义满所以能够武家、公家大权一肩担当，其主要原因是当时的皇权依赖幕府而生存，没有幕府的支撑，皇权难以延续。谁当天皇、太上皇的决定权在室町幕府将军，这在北朝时期如此，南北统一以后也是如此。其次，还应看到义满本人与皇族的血缘关系。其母亲亦即足利义诠的妻子纪良子是顺德天皇（1211—1219 在位）的第四代（或第五代）孙，与南朝后圆融天皇（1372—1382）的母亲崇贤门院藤原仲子是堂姐妹。这种特殊的关系拉近了义满与皇族之间的关系，使得他在公家的官途的晋升更为顺畅。足利义满统握幕府与朝廷权力的意义在于幕府与朝政的合一，保证了中央政策的统一。正是因为有了这种公武一统，使长达半个多世纪的南北朝纷战得以结束，全日本出现了五十余年难得的社会安定时期。

　　升任太政大臣的足利义满更高的企望是成为天皇或太上天皇，曾狂言自己要成为帝王，波斯、畠山（皆幕府管领）为摄（关）家，上杉（关东管领的执事）、仁木等为清华（指朝中大臣、大将），镰仓管领氏满为将军，废除朝廷。① 南北朝统一后，义满开始以太上天皇自居。南北朝统一约五年后，即 1397 年（应永四）四月，义满命令在西园寺家的北山庄内建造华丽宫殿——北山殿（也称鹿苑寺，今称金阁寺）。对北山殿的建筑，有力守护大名大内义弘表示反对，谏言说："吾士以弓矢为业而已，不可役于土木。"但义满没有听从谏言，依然建造豪华程度远胜于皇宫的北山殿。关于北山殿建造的费用和其豪华程度，僧瑞溪周凤的日记《卧云日件录拔尤》中记录："经营未毕时，略令考其费，则二十八万贯也。然则至于毕功，则殆百万贯乎。隆楼阁，画栋雕梁，东西南北，棋布星罗，如自天降，如从地涌。"②

　　在足利义满的掌控下，朝廷犹如傀儡。1371 年（建德二）三月，在义满支持下，后圆融天皇继承皇位，但在 1382 年（永德二）四月，义满又让后圆融天皇退位，立后圆融之子干仁亲王继位（后小松天皇），后圆融开院政。受到义满的扶持，无论天皇抑或太上天皇都感激义满的扶植之情，当然也不敢对义满有违规的行动。一旦有针对义满的言行，其安危便难以保障。例如 1383（永德三）二月发生了后圆融上皇斩杀爱妾上臈局、流放爱妃按察使局的事件，斩杀、流放的原因是两女与义满的暧昧关系。义满得知后大怒，立即放言要把上皇流放远地。后圆融上皇惊恐不已，逃入持佛堂，欲自杀，后经朝臣二条良基的劝解才放弃自杀，义满也未处上皇流放罪，但此后上皇处境可想而知。1406 年（应永十三）底，后小松天皇之母通阳门院三条严子病危，义满则通过关白二条经嗣，让天

————————————

① ねずまさし『天皇家の歴史』、三一書房 1976 年、61 頁。
② 横井清編『史料大系日本の歴史・第 3 巻・中世 2』、大阪書籍 1978 年、105 頁。

皇认义满的后妻日野康子为"准母",天皇便于 1407 年(应永十四)三月五日发布诏书:"从二位藤原朝臣康子乃朕之准母",并封院号为"北山院"。二十三日,天皇之母通阳门院病亡,日野康子从"准母"变成了"国母。"作为"国母"之夫,义满自然成了"国父"。

足利义满为了成为太上天皇,早在 1394 年(应永元)十二月十七日就让将军职于其子足利义持。次年元月三日,又辞太政大臣职,二十日出家,法号道义。让位、出家的真正动机是模仿院政,实现朝廷、幕府政务的全面掌控。义满出家时,一大批朝、幕官吏也随同出家。出家的义满于 1397 年(应永四)四月移居新建的北山殿(鹿苑寺),该处成为其政务中心,随从出家的官吏以及后圆融上皇院厅中的中下级厅官,大多为义满服务。义满掌握了朝廷官职的任免权,皇族、贵族和武士所领的安堵权,幕府管领、重要幕臣、守护的任命权等等。为了表达自己高于天皇、太上天皇的权威,在天皇诏书、太上天皇的院宣两种文书形式之外,创用了"传奏奉书",作为自己对国家政务的指示文书。在当时,"传奏奉书"的权威性远超天皇的诏书和上皇的院宣。自 1393 年(明德四)四月后圆融上皇死后,义满便成了名副其实的太上天皇了。

足利义满在构建朝幕无上权威的同时,对外恢复了与明朝的国交关系;在日本文化方面建树也颇多。正当足利义满踌躇满志总揽朝幕大权之时,却于 1408 年五月初突然患病,不久不治而亡。死后虽然朝廷赠其"太上法皇"尊号,但被其子足利义持坚决谢绝,但在禅宗界仍然保持着他的称谓,如相国寺的籍账中称其为"鹿苑院太上天皇",在临川寺有"鹿苑寺太上法皇"的牌位等。足利义满死后,室町幕府日渐衰弱。

第三节　守护大名与应仁之乱

一、政局混乱

足利义满去世,其子足利义持亲政。当时足利义持面临两大问题:

其一是后南朝问题,其二是关东镰仓府问题。后南朝问题,起因于南北朝统一时,足利义满提出的南北朝和解条件之一就是统一后,皇权继续奉行"两统迭立",轮流执政。然而,当南朝的后龟山天皇将三件神器移交给北朝后小松天皇后,虽然后龟山被赋予太上天皇之名,但备受冷落,尤其是足利义满食言,并未推行"两统迭立"政策,使南朝的皇族、公卿、将士异常愤慨,受到冷落的后龟山太上皇也深感上当。1410 年(应永十七)十一月,后龟山以"穷困"为由逃离京都,返回吉野,重建南朝,史称后南朝。虽然后南朝的力量已无法与昔日相比,但它一直是京都室町幕府的一块心病,尤其是当关东地区的反幕势力兴起时,颇有使幕府腹背遭遇夹击之感。

室町幕府对关东诸国的安稳颇为重视,因而在地方机构设置上,特别设立了镰仓府作为幕府的派出机关。镰仓府设关东公方和管领两职,关东公方是幕府的代表,管领协助公方工作。镰仓府负责处理关东地区的事务,关东公方由足利氏一族世袭,管领基本上由有力守护大名上杉氏一族担任。在镰仓府的发展过程中,其内部公方和管领之间,由于各自利益或政见的相异,常会出现矛盾,严重时甚至发生武力斗争。镰仓府与京都幕府之间,也不断出现矛盾和对抗。

关东公方和管领之间的矛盾最典型事例是 1416 年(应永二十三)前管领上杉禅秀(氏宪)与关东公方足利持氏的矛盾与斗争。事情的起源是关东公方持氏的叔父足利满隆未能继任管领一职,对持氏表示不满,遂与前管领上杉禅秀联合反对持氏,并得到幕府将军义持弟弟足利义嗣的支持。义嗣是足利义满的爱子,义满生前曾计划以义嗣代替义持的将军职,为此,义满死后兄弟反目。义嗣支持上杉禅秀等反对关东公方时身在京都,义嗣的行动引起了将军足利义持的警觉。

上杉禅秀积极纠合不满关东公方持氏的地方有力武士和中小领主,其中包括千叶氏、那须氏、新田岩松氏、武田氏、小田氏等,中小领主涉及信浓、上野、武藏、相模、常陆、伊豆、下野等国。1416 年(应永二十三)十月二日起,上杉禅秀、足利满隆率军突袭关东公方持氏的住宅,持氏抵抗失败逃离镰仓,经小田原、伊豆向越后方向败退。败讯传入京都以后,幕府召开有力守护大名参加的评定会议(又称重臣会议)作出支援持氏的决议,并命令今川范政(骏河国守护)、上杉房方(越后国守护)分别率征讨军讨伐上杉禅秀等叛军,在京都的足利义嗣被捕幽禁。由于幕府态度坚决,参加上杉禅秀叛乱的关东将士纷纷投降关东公方,1417年正月,上杉禅秀最终自杀,叛乱失败。

上杉禅秀之乱对此后的政局影响颇大。关东公方足利持氏虽然恢复镰仓府,并对叛乱者进行了严厉的处置,但其权威大为失落。同时,乱后的幕府也加强了对关东的警戒,为牵制关东反幕势力的发展,在北关东地区组织了直属幕府的大武士团,史称"京都扶持众"。幕府对关东的监视举动自然引起镰仓府的不悦,关东公方足利持氏是义持的亲侄,一直怀有继任幕府将军的企望。1423年(应永三十)四月,足利义持辞将军职出家,将军职让于儿子义量。将军义量于1425年(应永三十三)二月病亡,退隐的足利义持并未推举持氏,而是重新执政。1428年(应永三十五)一月,义持因臀部长一肿物,生命垂危,仍拒不推荐将军的继嗣者。自义量死后至义持患病,实际上将军一职有四年处于空位状态。幕府管领畠山满家为在义持生前解决此事,拜访义持的御持僧满济,两人认为有必要召集有力守护大名举行评定会议。原以为评定会议可以明确继任者,但评定会议参加者一致提出应由义持指定。义持拒绝,主要原因是亲子义量死后,已无后续的嫡系子孙,自己有四位兄弟,但很难确定继嗣。御持僧满济建议采取抓阄的办法,从四位兄弟中确定一人。管领畠山满家紧急召开有力守护大名会议,当庭做成四个阄,各书四个兄弟名字封入四个信封。由畠山满家亲持四个信封急往石清水八幡宫神社,在神前抽取。一月十八日义持亡故,评定会议开启神社中签信封,结果足利义教中签,是为第六代幕府将军。

从义量将军、义持重新执政开始,关东公方持氏一直对义持不但不重视自己,反而依靠"京都扶持众"严加监视镰仓表示极度不满。为消除威胁,持氏率兵攻打幕府在北关东的直属军"京都扶持众",幕府与镰仓府的不和公开化。足利义教任将军职后对立更趋尖锐,镰仓府不派祝贺使,文书中年号依旧使用旧年号,对镰仓五山寺院主持的任命不通过中央,擅自决定等。对关东公方持氏目无将军的行为,义教甚恨。1432 年(永享四)九月,将军义教以游览富士之名东游,至骏河国府中守护大名今川范政邸。骏河国与镰仓府所在的相模国相邻,这次东游显然不是单纯的出游,而是一次对关东政情的探寻。镰仓府管领上杉宪实为持氏的前途着想,代行前往骏河国府中谒见义教,就两者的关系从中周旋,并无结果。1434 年(永享六)三月十八日,关东公方持氏向镰仓鹤冈八幡宫奉献血写的愿文:"大胜金刚尊等身造立之意趣者,为武运长久,子孙繁荣,现当二世安乐。殊者,为攘咒咀怨敌(指足利义教)于未兆,荷关东重任于亿年,奉造立之也。"①

愿文表示以镰仓为据点与幕府将军义教决战到底的决心,获此消息的义教,立即发兵征讨持氏,但由于管领畠山满家和僧满济等元老的阻止未能付之实施。1433(永享五)畠山满家、1437 年(永享九)满济相继去世,已无人能阻止义教的行动。关东管领上杉宪实一直在将军和关东公方持氏之间周旋和解,但持氏不听上杉氏谏言,决意对抗。1438 年(永享十)八月,上杉宪实离开镰仓,退居上野国。九月,将军义教任上杉禅秀之子上杉持房为大将,同时命东海道、东山道的守护大名今川氏、一色氏、波斯氏、土岐氏、武田氏、小笠原氏等向镰仓发动进攻。1439 年(永享十一)正月,镰仓陷落。二月十日,持氏退入镰仓永安寺,并在寺内自杀,镰仓府问题至此结束。关东公方足利持氏反幕府的事件,史称"永享之乱"。

室町幕府将军足利义持和足利义教的治政手段不同,足利义持的手段可概括为"专制与合议",而足利义教的手段则是"专制与恐怖"。足利义持时期的"合议"具体就是评定会议制。凡幕府大事皆由幕府管领和有力守护大名讨论、认定。评定会议的具体参加者是义持治政时代评定

---

① 横井清编『史料大系日本の歷史・第 3 卷・中世 2』、大阪書籍 1978 年、183 頁。

会议基本成员，例如幕府管领畠山满家、有力守护大名细川满元、斯波义教、斯波义淳、一色义范、今川范政、山名时熙、赤松义则等。① 从表面上看，“合议”似乎反映了足利义持政治的“民主”，实际上是将军专权的手段之一。义持在每次评定会议前，对会议主题都有自己的主张，召开评定会议的目的只是期望得到有力守护大名的赞同、认可。例如上杉禅秀之乱和关东公方足利持氏率兵攻打幕府直属军“京都扶持众”时幕府都举行了评定会议，在讨论上杉禅秀之乱的对策时，起初有力守护大名无一人表态，最后将军义持的叔父足利满诠发表将军的主张，说应该支援关东公方足利持氏，镇压上杉禅秀。有力守护大名一听将军已有主张，便一致赞同了将军的方案。再如在讨论如何对待关东公方足利持氏攻打“京都扶持众”时，将军义持的代言者僧满济主张支持“京都扶持众”、反对足利持氏，其他参加者立刻表示完全赞成，将军义持十分高兴地说大家的意见完全与本意相吻合。

足利义持的集权还表现在对皇权的掌控。自足利义持继任将军职后，曾反对朝廷将其父追认为“太上天皇”，自己在朝廷的官职也超过内大臣界线，表面上似乎采取了尊重朝廷的低姿态，实际上继承了义满对朝廷的强势控制，其主要表现是朝廷有关任命官吏、叙位等人事大权，均需由其决断。在遗存的当时朝廷任官、叙位的敕文中，发现文书的右侧余白处有义持的花押。一般情况下文书右侧余白的花押称为“袖判”，表示该文书的实际签发者，或是地位高于签发者的最后批准者。

足利义持表面上做一些“民主”、尊重朝廷的言行，足利义教则是赤裸裸的暴戾和恐怖。具体事例颇多，其一是对延历寺僧徒的弹压。在南北对立末期，幕府为统制延历寺的僧徒，从延历寺的下级僧侣中挑选一部分有力者组成称为“山门使节”的组织，通过他们监督僧徒们的行动。1433 年（永享五）七月，延历寺僧徒对幕府监视政策的不满发展成为骚

① 安田次郎『全集日本の歴史・第 7 巻』、小学館 2008 年、236 頁；榎原雅治：『一揆の時代』、吉川弘文館 2003 年、29 頁。

动,骚动领头人却是"山门使节",幕府派军镇压,双方抗争长达一年半之久。1435 年(永享七)二月,将军足利义教采取残忍手段,把骚动领头人"山门使节"金轮院、月轮院、圆明坊、坐禅院、乘莲等人诱骗到京都,将他们一一杀死,引起社会舆论的批评。其二是将军足利义教之妻日野重子于 1434 年(永享六)二月生了长子千也茶丸(即以后的义胜),因所领问题,日野重子的哥哥日野义资被足利义教贬斥,并被软禁在家中。当得知日野重子产子后,朝臣、武将、僧侣等竞相向日野氏家表示祝贺。义教为此十分不悦,暗地里派人到日野氏家,将前往祝贺的人的名字一一记下,然后予以严厉的处分,被处分者多达六十余人,日野义资也被诬"行盗贼勾当"遭杀害。其三是对幕府内部男女密通事处理颇酷。1437 年(永享九)十一月,义教发现自己的侧室玉川殿御女与人私通,立刻将私通者处以刎首刑。类似事件发现多起,私通者悉被罪科或被命切腹。不久有一名发狂的女性曾闯入义教所在的室町御所,当面骂义教是恶将军,人们每天都处在恶将军的恐怖政治之中。其四,作为牵制守护的手段,屡屡介入守护家庭的内部事务。例如 1433 年(永享五)十二月,尾张国守护斯波义淳死亡,斯波氏一族家业的继承人最合适人选是义淳之兄斯波持有,但将军义教下令让义淳之弟、已出家的斯波义乡继承家业。又如 1439 年(永享十一)正月,出云守护京极持高死去,其家业继承者最合适者是其弟京极持清,将军却让其叔父京极高数继任。再如 1440 年(永享十二)五月,三河、若狭、丹后三国守护一色义贯及伊势守护土岐持赖二人奉将军义教之命,率兵前往大和制止地方武士之间的争斗。两人忠于幕府,并无违规行为,义教却派人对两人予以谋杀。类似上述事件举不胜举。朝幕上下人人自危,憎恨将军义教的情绪日益增长。

憎恨和恐惧情绪的结果最终导致了赤松氏暗杀将军足利义教的"嘉吉之乱"。事件发生在 1441 年(嘉吉元),但祸根可追溯到 1427 年(应永三十四)十月,拥有播磨、备前、美作三国的守护赤松义则死亡时,将军义持强行将播磨国收回,作为幕府的直辖地,并交给赤松一族中的赤松持贞管理,这一举动引发赤松一族、尤其是赤松义则嫡子赤松满祐的强烈不满。将军义持对赤松持贞的偏爱,据说是因为持贞是将军的"男色之宠"。为抗议将军义持随意割让赤松领国,赤松满祐亲自烧毁在京都的住宅,搬到原领国播磨国,义持马上下令讨伐满祐。正当此时,赤松持贞因丑闻暴露,切腹自亡,满祐终于保住了领国。赤松氏与义持将军的怨恨延续至义教将军,义教将军对守护大名的政策实行严控。社会上流传将军义教要重新收回赤松氏的领国,并转赐予非嫡系赤松氏伊豆守赤松贞村,并将征伐满祐等。赤松满祐听到传闻后,感到形势严重,自己已无退路,"先则制人,后则制于人"[1],暗下决心刺杀将军义教。

1441 年(嘉吉元)六月二十四日,将军足利义教、幕府管领以及诸大名受赤松满祐之子教康、其弟则繁邀请,在京都二条西洞院的赤松邸举行酒宴,其间还有猿乐(一种带有歌舞、乐曲的滑稽戏)表演。宴会开始,献酒三巡之后,猿乐开场。演戏正兴,突闻宅内有轰鸣声,将军义教问身边的人:"发生什么事?"身边的人回答说:"大概是雷声吧?"这时从背后的屏障内有数名武士闯入,刹那间将军义教首级落地,随从者或死或伤或逃。事件发生之后颇为奇怪的现象是一起参加酒宴而逃出现场的大名中并无一人自责而切腹的,而且在相当一段时间内也未见有大名站出来声讨赤松氏。当时就有怀疑暗杀是"诸大名同心欤",惊叹将军义教"自业自得,果无力事欤。将军如此犬死,古来不闻其例事也"[2]。

关于讨伐赤松氏的事,直到七月六日才有大名议及。在当日的幕府评定会议上决定,赤松氏的备前、美作两国守护职以及播磨国守职将按征伐功绩授予有功者。十一日,伊豆守赤松贞村、赞岐守细川持常、伯耆守护山名教之等率军从京都出发,经摄津直向播磨,二十八日,山名持丰(后称山名宗全)等经丹波、但马进征播磨。八月一日,应幕府要求,朝廷发布了追讨赤松满祐父子的圣旨,赤松满祐在播磨迎战幕府军。九月五日,幕府军攻占坂本堀诚,满祐退据木山城。不久木山城陷落,满祐

---

① 横井清编『史料大系日本の歴史・第 3 卷・中世 2』,大阪書籍 1978 年、190 頁。
② 横井清编『史料大系日本の歴史・第 3 卷・中世 2』,大阪書籍 1978 年、191 頁。

自杀。

　　赤松满祐虽死，但社会舆论却倾向赤松氏。当时社会上流言甚多，"如此事，天下浮说更不静谧。天魔之所为欤"①。有人说将军义教被杀是因为大菩萨憎恨义教的治世，有人说讨伐赤松氏的武将必将受到神罚等，流言表明了民心所向。

二、守护大名

　　如前所述，由于足利氏没有像镰仓幕府源氏、北条氏那样的御家人群，所以在任命守护大名时，重点任命足利一族和忠于自己的有实力旁系武士，另外还任用了一批镰仓时代的守护和地方豪强势力。但在幕府的发展过程中，足利氏着力扩充自己一族的实力或扶植忠于自己的守护大名，以至于到了足利义满时代，足利氏一族的守护大名领有国达到29国，旁系守护大名领有国有14国，两者相加约达到日本全国领国的70％。尽管这种状况增强了足利氏的势力，但由于守护大名拥有领国内行政、经济、军事的全面管理权，各守护大名的独立趋向却日益严重，尤其是足利氏一族和旁系守护大名中出现了势跨数国的守护大名，例如细川氏拥有具有经济、军事均有重要意义的赞岐、阿波、土佐、淡路、摄津、丹波、备中七国，畠山氏拥有能登、越中、河内、纪伊四国，斯波氏拥有越前、尾张两国，一色氏领有丹后、若狭、三河三国等。旁系守护大名中的山名氏领有石见、伯耆、因幡、备后、安艺等五国，大内氏领有周防、长门二国，赤松氏领有播磨、备前二国。守护大名势力越扩张，独立性越强，反过来对幕府的威胁也越大。因此，幕府各代将军都对守护大名的扩张势头予以抑止，其采取的主要手段有：

　　第一，确立守护大名所领皆是幕府委任的观点。在室町时代，守护也称大名，其所属领国称分国，守护（或大名）分国是指大名领国来自幕府的委任，守护一职也是幕府任命。因此，守护大名一旦不服从幕府或

---

① 横井清编『史料大系日本の歴史・第3巻・中世2』、大阪書籍1978年、193頁。

背叛幕府,幕府有权收回其所领分国。

第二,室町时代地方武士团称为国人,大多数是镰仓时代拥有地头职的御家人后代,这些拥有相当实力的武士是幕府和守护大名都想争取的力量。幕府将军为了控制守护大名,直接接近有力国人,使其成为将军的奉公人,组成直属武力——奉公众。奉公众中有不少是守护大名的非嫡系亲属,如佐佐木氏庶家、赤松氏庶家,也有足利氏一族管家的家臣,如伊势氏、高氏等。从足利义满时代开始至义教时期,一共编成了五队奉公众,轮流保护京都将军御所和皇宫。奉公众对各国守护大名具有牵制作用,奉公众分布的范围东至远江,西至周防,北至越中,几乎包括了京都为中心的广泛地区。

面对幕府的制约,诸守护大名则采取进一步巩固和扩大势力的措施,在自己的分国内完善统治制度,主要采取如下措施:其一,委任守护代。室町时期,近畿及京都附近各国的守护大名大多居住在京都参与幕政,分国的事务皆交给自己的亲信或当地有力国人管理,这些人史称"守护代";其二,在分国内与愿意臣服的国人结成主仆关系,委任他们管理一郡或一庄。如细川氏、山名氏、大内氏等守护大名就在分国内实行郡代制,赋予他们在一郡一庄内执行守护的权力。

幕府限制守护大名扩张的措施和守护大名进一步巩固扩张势力的措施构成室町时期地方统治体制的特点,史学界称其为"守护领国制",也有人认为"幕府—守护体制"更为贴切①,这种结构是幕府—守护大名—守护代—郡代—农民。在"幕府—守护体制"中,守护大名与国人之间构成的主从关系是守护大名赖以生存和扩展的基础。在中世后期,社会上广泛出现了各阶层结成集团的风潮,这种集团被称为"一揆"。不仅农民、市民,而且武士、僧侣、神官各个阶层都有一揆,其目的也不仅仅是与统治者对立,也有为了统治或者统治者联合的一揆,即各地武家领主

---

① 榎原雅治『一揆の時代』、吉川弘文館、2003 年、43 頁。

为领域内的统治,结成相互对等的同盟——"一揆"①。一般分为如下几种:军事编成型(包括临时性军队组编和近臣团)、国人一揆(包括一族一揆、地缘一揆)、反对权力的惣国一揆。②

　　一揆的结成是以某种目的为基础的,因此不同的目的,形成性质各异的组织。例如均实编成型一揆是守护大名与地方中小武家领主主从关系的家臣团,在这一主从关系中,由于家臣团的编成以独立意志而建立,往往立有契约。如九州丰后的 67 名中小领主,曾结成为"角违一揆",其契约规定以支持大友氏为主要目的,约定在战争时相互帮助;如果成员中病死或战死,一揆组织应帮助抚育他们的幼子;如果与一揆组织以外人员发生纠纷时,及时向大友氏报告,由大友氏提出解决办法。一旦大友氏提出办法和主张,一揆成员要予以支持;如果一揆同士之间发生纠纷,要努力促使其和解等。家臣团一揆常常参与主君的家族内部事务,如每遇主君的废立时,家臣采取联名的形式提出自己的主张,并强力予以执行。国人一揆是面临地域危机时结成的一揆。如幕府为了镇压与"应永之乱"中被灭的大内义弘关系密切的安艺国国人,派来新守护大名,并开始没收国人的领地。为此抱有危机感的 33 名安艺国国人结成一揆进行抗争,这种一揆随着紧张关系的解除而自然消亡;为地域利益结成的长期性地域一揆,如水利的保持,或山林的权益,或土地、渔场的权力等。西部九州地区的松浦党一揆,就是当地沿海中小领主组成的维护农、渔权利长期一揆集团;农民反对幕府赋役、取消债务的土一揆或德政一揆。最早的土一揆发生在 1428 年(正长元)九月,根据史籍的记载:"(正长元年)九月□日,天下土民蜂起,号德政,令捣毁酒屋、土仓、寺院等,杂物等恣取之,借钱等全部废除。官(管)领成败(处置)之。凡亡国之基莫过于此。日本开辟以来,土民蜂起以此为始也。"③明确土一揆攻击目标是酒屋、土仓和寺院,酒屋是放高利贷者,土仓是典当仓库,百

① 久留島典子『日本の歴史・第 13 巻・一揆と戦国大名』,講談社 2001 年、91 頁。
② 朝尾直弘など編『岩波講座　日本通史・第 9 巻・中世 3』,岩波書店 1994 年、107 頁。
③ 横井清編『史料大系日本の歴史・第 3 巻・中世 2』,大阪書籍 1978 年、195 頁。

姓的典当物均藏于土仓内,寺院也成为攻击目标是因为寺院也是放高利贷者。

首发于近江国的土一揆,很快得到大和地区民众的响应,大和土一揆波及京都近郊和奈良。首先针对寺院的债务等,要求寺院实施德政。寺院方面对土一揆的态度初期比较强硬,如兴福寺曾与土一揆民众发生武装斗争,但最终兴福寺方面接受要求,实施德政。其德政有七条,主要是抵押、借款、借米一律按三分之一偿还;会钱和拖欠的年贡一律废除;五年以上的借款全部作废。同样的土一揆在近江、大和以外的诸国也陆续兴起,民众袭击酒屋、土仓,烧毁借债的证书,抢回抵债实物,致使不少债务持有者宣布放弃债权等,土一揆获得胜利。这些胜利并不是幕府方面发布"德政令"取得的,而是民间债主方面宣布的,所以被称为"私德政"。

在大和国一揆的鼓舞下,吉野、伊贺、纪伊、河内、播磨等国也相继掀起农民斗争,其中播磨国一揆规模最大,并提出"国中不许有武士"的口号,直接打击武士和庄园代官。虽然斗争被镇压,但守护大名宣布"买卖土地不满二十一年者,一律归还原主。"室町幕府严厉禁止土一揆,在"私德政"取得进展的 1428 年(正长元)十一月二十二日,幕府发布了禁制令:"近日,号为德政土一揆等,捣毁酒屋、土仓,夺取质物,乱入狼藉事右此条,应坚决停止,若有违犯之辈,可以罪科处之由,通知如件。"[1]

此后土一揆一度消沉,但从 1441 年(嘉吉元)八月开始,土一揆又在近江国陆续出现,再次扩展至京都近郊,史称"嘉吉一揆"。与前次正长年间的一揆不同,这次一揆民众行动具有组织化特征,多以农村自治组织"惣""惣村"为基本单位。九月三日以"惣"为单位的民众数万人包围京都,城内满巷溢郭贴着一揆的告示:"不交出债券,可放火焚烧!""依照先例,改朝换代之始发布德政令。"幕府采取在京都城外打击土一揆的方针,派军队进行镇压,结果幕府军被打败,一揆民众占领京都南部的东福

---

① 横井清编『史料大系日本の歴史・第 3 巻・中世 2』,大阪書籍 1978 年、197 頁。

寺。幕府不得不放弃在城外击退土一揆的计划,命令京都郊外嵯峨地方的土仓转移到城内。四日,京都北部的北白川一带发现土一揆民众,五日,京都南部有二三千人的一揆民众包围东寺,西冈也有二三千人包围太秦寺。土一揆在京都城外建立了十六处阵地,所有通往京都市内的道路全部控制在一揆手中。对京都形成包围的土一揆,一边不断地袭击城内的酒屋、土仓,一边强烈要求幕府发布德政令。幕府迫于形势,于闰九月十日发布了包括"永代沽却地"在内的"天下一同德政"令,土一揆获得胜利,蜂起民众退出京都。但"天下一同德政"令受到寺院方面的强力抵制,幕府又于十八日重新发布一份德政令,规定神社神物、超过二十年的永代沽却地、捐给寺院的祠堂钱等不在德政令范围内。

一揆民众虽然因公、私德政令的发布,在"德政"名义下可以取回原属自己的土地、典当物、债务契约等,但大多数情况下取回的是支付"本金"和"利息"。如赎回土地、房屋需将出卖时取得的钱(本金)退给买方;质地券物、债务契约等当事人须支付"利息"。1428 年(正长元)土一揆时,要支付债务的三分之一,1454 年(享德三)、1457 年(长禄元)土一揆时,要支付债务额的十分之一。

尽管这一时期的土一揆取得胜利有限,但意义极大。其一,显示了民众斗争的组织化趋势,为此后发生的一揆斗争提供了经验和教训;其二,显示了社会下层对幕府统治的有力冲击,幕府对民众斗争的蜂起,手段无力,政策摇摆,表明了幕府统治的衰弱。

三、应仁之乱

1467 年(应仁元)五月,兴福寺门主大乘院寻尊和尚曾有"世道要变"预言:"本朝代终,百王尽威,二臣(细川、山名)论世,兵乱无穷。"果然不久发生"应仁大乱",又称"应仁、文明之乱",因其发生在应仁(1467—1468)、文明(1469—1486)年间。

"应仁之乱"的起因应追溯到"嘉吉之乱"。在"嘉吉之乱"中,足利义教被赤松氏暗杀后,幕府和守护大名的关系发生很大变化,赤松氏丧失播磨、美作、备前三国和摄津国西成的分郡。讨伐赤松氏有功的山名持丰(宗全)却发展成为领有但马、因幡、伯耆、石见、播磨、美作、备前、备后八国的大守护大名,与细川氏势均力敌,细川胜元当时拥有丹波、摄津、和泉、阿波、土佐、淡路、三河、备中八国的大守护,另一名可以与细川氏、山名氏并驾齐驱的是管领畠山持国。另一个变化是将军义教的侧室日野重子与大守护大名的联合,其目的是让自己所生的义教之子足利义胜或义政能登上将军位。义教被杀后,幕府举行宿老(细川氏、畠山氏、山名氏等)会议,确定义教长子义胜(千也茶丸)继任将军。但 1443 年(嘉吉三)义胜得痢疾而亡,年仅 10 岁。有力守护大名在管领畠山持国邸召开会议,同意由义胜的同母弟义政继任,当年义政才 8 岁。义政正式"亲政"是在 12 年后的 1455 年(康正元),期间表面上幕府由管领为首的有力大名会议决定,但实际上义政之母日重野子的幕后作用不可忽视。幕府管领一职由细川氏(持之、胜元)、畠山氏(持国)交替担任。1455 年义政开始"亲政",但整日沉湎于酒色、淫乐之中,不顾民众之苦,聚诸国巨木奇石,修建豪华的"银阁"邸宅,政事由日野重子主持。如加贺国守护大名富樫氏家因继承权问题发生富樫教家、泰高兄弟之争,后两者以加贺分国兄弟各一半为条件,实现和解。然而,幕府强夺富樫教家一方的一半分国给别的大名,此决策的决定是日野重子主宰有力大名会议作出的。

"嘉吉之乱"后的另外一个变化是幕府利用朝廷之力增加幼少将军的权威。据载,从嘉吉元年(1441)到长禄二年(1458)的 17 年间,朝廷发布十五道圣旨,内容是包括追讨政敌、大名家领、关东管领等,都是应幕府之需发布。但随着幕府权威的衰弱,各有力大名乘机扩充势力。与此同时,各有力大名家族内部却内讧不断,如畠山氏,波斯氏各自内讧的结果,导致一族之亲成为日后"应仁之乱"中对立的仇敌。

在足利义政期间发生的重大事件莫过于水灾、蝗虫、风灾等灾后的特大饥荒,《碧山日录》一书记载了当时的社会惨景:"(宽正二年)正月十二日。去年蝗潦风旱相继为灾,国家凋耗、敝亡。兹年正月,天下杀礼

（指停止一切礼仪活动），减食饥馁者多，充饱者少。"①

当时的京都城内惨相更甚："（宽正二年）二月晦日辛丑，以事入京，自四条坊桥上见其上流，流尸无数，如块石磊落，流水壅塞，其腐臭不可当也。东去西来为之流涕寒心。或曰自正月至是月，城中死者八万二千人也。"②

饥荒和幕府的荒淫激发了社会的动荡，一度平息的土一揆再度复燃。此次土一揆的目标不再局限于寺院、酒屋、土仓，明显地直接指向幕府，将军义政命令侍所头人京极持清及若狭、安艺守护大名等率军镇压，幕府军与一揆民众的战斗相持了十天左右，土一揆最终退出京都。在这种政治混乱中，幕府内部守护大名间为争权夺势发生分裂，形成了两大对立集团，最终发生武力冲突。

"应仁之乱"的导火线是将军的继嗣问题。将军义政面对混乱的政局，无心执政，心有退隐之意。1464 年（宽正五）十一月，让已出家的弟弟义寻还俗，作为自己的养子，改名"义视"，准备让将军职于义视。当时义政身边的重臣是细川胜元、波斯义廉、伊势贞亲等，义政欲让将军职于义视得到细川胜元的积极支持，却受到伊势贞亲、山名持丰（后改名为山名宗全）的反对。1466 年（文正元）九月，为拥立义政刚出生不久的幼子义尚为将军，伊势贞亲企图暗杀义视。暗杀未成，伊势氏因此失脚，结果幕府形成了以细川胜元为一方、山名宗全为另一方的两大集团。细川胜元和山名宗全分别笼络有力守护大名，搜集力量，最终形成以细川胜元为首，包括畠山政长、波斯义敏、京极持清、赤松政则、富樫政亲、武田国信等有力守护大名支持足利义政、义尚的军事集团，以及以山名宗全为首，包括畠山义就、波斯义廉、畠山义统、六角高赖、一色义直、土岐成赖、河野通春、大内政弘等有力大名支持足利义视的军事集团。

从上可知，畿内、北陆、四国、中部日本的守护大名多倾向细川胜元，

---

① 横井清編『史料大系日本の歴史・第 3 巻・中世 2』，大阪書籍 1978 年、215 頁。
② 横井清編『史料大系日本の歴史・第 3 巻・中世 2』，大阪書籍 1978 年、216 頁。

山阳、山阴、东海、东山偏远地区的守护大名多支持山名宗全。当时正适大饥荒,大批逃入京都的饥民成为两大集团的兵源。细川氏集兵 10 万之众,山名氏集兵 11 万。细川氏占据兵京都东北部的将军邸,故称东军,山名氏占据京都西部幕府所在地,即细川氏邸,故称西军。两军交火,如箭在弦上。将军足利义政怕京都成为战场,向双方下达命令:"先战者罪之",但战事已无法制止。1467 年(应仁元)五月二十六日,东西两军全面开战。六月,细川胜元挟持将军足利义政,八月又挟持后土御门天皇、后花园上皇,打着幕府、皇室的两面大旗,声讨山名宗全为首的西军。1468 年(应仁二)十一月二十三日,足利义视离开京都,经比叡山,进入西军阵营,受到西军诸大名的欢迎。西军尊足利义视为将军,并以斯波义廉为管领,设置了政所、奉行人和守护等幕府机构,由此出现了东西两个幕府,两个将军,东为足利义政,西为足利义视。战事从京都开始,迅速扩展至京都之外的畿内、近国,甚至北九州的大内氏分国也发生战斗。战事互有胜负,成拉锯状态。

　　1472 年(文明四),东西两军首领细川胜元和山名宗全开始讲和谈判,细川与山名之所以能坐到一起谈判,主要是属下家臣不愿意再战,希望和平。和谈虽最终达成协议,但未及实现,1473 年(文明五)细川胜元、山名宗全相继死去,西军兵卒战意大失,加上各守护所领分国内大多政局不稳,军心开始动摇。1477 年(文明九)九月,西军的畠山义就率军返回河内,十一月大内政弘退出京都,其他西军将领土岐成赖、畠山义统等放火烧了自己的住宅,也离开京都,至此西军不宣而散,从 1467 年开战至 1477 年,长达十年之久的战乱基本结束。

　　"应仁之乱"使支撑幕府政治的守护大名联合体制解体,原来守护大名大多居住京都参与幕政,而分国事务委派守护代执行,但"应仁之乱"后守护大名纷纷回到自己的分国亲自经营,致使幕府对守护的统治权几乎完全丧失。相关史料记载:"天下事,更无值得高兴之事。于近国者,近江、三乃(即美浓)、尾张、远江、三川、飞驒、能登、加贺、越前、大和、河内,此等悉皆不应幕府命令,年贡等均一向不进上国也。其外,纪州、摄州、越中、和泉等国中乱，年贡等事，实无办法进上也。"①

上述所列各国原本是室町幕府支配权直接控制的范围，现在连幕府附近的地区也丧失了控制，其他各国可想而知。各地守护大名凭借自己的实力，乘乱世之危，抢夺诸权门庄园领地。近江国守护大名六角高赖抢占权贵、寺社的领地，使权贵断绝生活来源，陷入贫困，幕府命令归还抢夺领地，六角氏不听。1487年（长享元）九月，将军足利义尚率兵讨伐六角氏，1491年（延德三）八月继任的新将军足利义稙再次率兵征讨。两位将军先后出征的理由是六角氏抢占权贵领地不还，但幕府从六角氏手中夺回被抢占领地却窃为己有，并不归还原主。对此，管领细川政元反对，与足利义稙发生矛盾。1493年（明应二）四月，乘足利义稙率兵出征之时，细川政元发动政变，废义稙将军职，立义稙叔父之子义澄为将军，史称"明应政变"。这一政变的结果造成将军家的分裂，自此围绕将军职位的继承问题，开始了足利氏家的二统争斗，即足利义稙系（义稙—义维—义荣）和足利义澄系（义澄—义晴—义辉—义昭）的争斗，两派成为各有力守护大名争权夺势的政治筹码。

"明应政变"之后，细川氏掌握了幕府实权，足利义澄将军住在细川氏私宅内，视同软禁，一切政务听命于细川氏的决断。细川政元利用掌握的权力扩大势力范围，除原有的分国外，又增加了对山城、河内、大和等国的实际领有权。

"明应政变"最深刻的影响是开创了战国时代下克上的政治模式。从"明应政变"过程中，细川氏并无自立为将军的企望，只是以幕府将军家督的身份扶植将军为名，达到控制幕府实权的目的。"明应政变"后，室町幕府虽然尚存，但实际上已消亡，此后战国大名登上历史舞台。

① 横井清编『史料大系日本の歴史・第3卷・中世2』、大阪書籍1978年、228頁。

第六章　从室町到战国

第一节　室町后期

一、室町时代经济

　　室町时期的经济主要以农业为基础,而这一时期的农业技术有了很大提高,各种新式农具、设备的使用以及农作物新品种的引进与培育、肥料的发展都使得单位产量得到大幅度提高。1420 年 6 月,朝鲜使节宋希璟一行来到兵库县尼崎市,只见这里的农家"秋耕畲种大小麦,明年初夏刈大小麦。种苗种,秋初刈稻。种木麦,冬初刈木麦。种大小麦一畲,一年三种,乃川塞则为畲,川决则为田。"[①]可见当时濑户内海沿岸一带,农业已经存在一年三熟制,即初夏收割大小麦,初秋收割水稻,初冬收割荞麦。表明农业技术有了很大提高,尤其是灌溉和施肥取得了较大进步,灌溉技术的进步带动了新田的大量开发。同时,西日本一带已经开始栽培外来品种的大唐米,原产中南半岛的占城(今越南),属早稻系列,耐寒

---

① 宋希璟著、村井章介校注『老松堂日本行録・朝鮮使節の見た中世日本』、岩波書店 1987 年、221 頁。

抗病,出饭量多,因此深受西日本农民喜爱,经由中国移植日本,应永年间(1394—1428)已经作为年贡来缴纳。

为处理同村或邻村之间的纠纷,成立以有力农民为中心包括中小农民也参加的村落自治组织"惣"。惣是全村的最高权力决议机构,拥有裁判权、检察权和自治权,制定各种规章以维持村落的正常生活。除自主管理灌溉用水外,惣还拥有山林、田地等公用土地,从中产生的经济利益用于集会、村落活动等费用。从琵琶湖北岸深山处一个名叫菅浦的小山村发现的史料表明,村民成立称为"宫座"的组织,由其负责神社的祭祀。出现纠纷时,全村人员集合至神社,一起饮用宣誓文烧成的灰水,以示团结一致对外,也称为"一味神水"。

到中世后期,庄园制逐渐衰落。南北朝时代地方领主势力迅速增长,守护纠集武士化的名主组成武士团,强化其对邻国的一元化统治,向新的大土地所有形态(守护大名)转化。地方庄园内部的庄官和地头侵蚀庄园领主权,向新的一元领庄园转化,过去的庄园领主的权力大大衰弱。与此同时,名主制从南北朝时期开始走向解体,其主要表现是:一个名的内部出现了多个名主职(庄园制下的土地用益权)持有者,那种"一名一名主"的体制开始瓦解。另外,名田买卖的现象也屡屡出现,买田的名主成为被出售土地的佃耕者,卖方则变为从佃耕者那里得到一定地租的类似地主的身份,买方需交年贡,夫役仍需由卖方交纳,因而名主职已经具有一定经济收入的个人权利,庄园领主对土地所有权失控。这种名主职的分化和名田的买卖使名主制发生了巨大的变化,名田的经营也发生分解,主要表现为四个方面:一是家长制家族内部的名主分别独立,家长制家族开始解体;二是整个农民阶级内部出现了大幅度的阶层分化,过去的名主有的沦落为作人,过去的作人则上升为名主,自由农民间的身份差别开始消失;三是依附农民纷纷自立,获得自己占有的土地;四是下人、所从等奴婢获得解放,并对名田进行分割占有。

在名主制的分解过程中,地方领主成长起来,分为国人领主和乡村小领主,其区别是前者领地较大且分散,后者则仅具有一村或一庄的领地。后者多是在前者的统领下加入幕府和守护的军事组织中,他们一方面拥有祖传的领地,另一方面又保有地头职以下的庄官诸职和领地,有的甚至还在原领地外拥有分散的庄职,并将其委以族人。他们和庄园领主一样致力于积聚名主职以下的各种土地占有权,迫使直接生产者与土地占有权分离,并通过控制用水和市场等手段,尽力使庄园领主对庄园的领有权和经营权相分离,扩大自营地的经营,通过预支种子和代交年贡等手段直接介入生产过程,加深农民的隶属程度。这种地方领主的成长是庄园制社会中成长起来的异己因素,不断地侵蚀庄园领主的权限,其途径有以下四种:一是役使农民在自己的领内和住宅内服劳役,或课以各种搬运夫役;二是以罚金的形式强夺农民的稻谷、钱财、家畜或住房;三是压迫或放逐名主,没收名主、寺社或庄官的土地,分给自己的依附农民耕种;四是拒交或扣压庄园的年贡。

这样一来,地方领主实际上便成了名符其实的庄园领主,庄园制社会中的本家职—领家职—预所职的等级所有体系便消失,不同等级的领主在身份上趋于平等,庄园制社会土地所有关系和占有关系以及社会关系逐渐解体。在这一过程中,守护的变化对庄园制社会的解体起到极大的作用。守护本来的职务是执行"大犯三条",并不支配土地,但在南北朝内乱时期,依仗其所掌握的一国军事指挥权,加强了对国内地头等地方领主的影响力,其权限扩大为任国内的警察和裁判、土地分配和税收等权限,随着任国的固定化,这些有关土地管理的权限成为守护支配土地的契机,一方面通过全面掌握国衙的职能,实际上将国衙领变成了守护领。另一方面,以半济或守护请为契机将领内的庄园尽置其统治之下,甚至还加税收和年贡。15 世纪以后,开始独立征收守护段钱和守护夫役,于是与地方领主相结托,确立了与庄园制社会结构所不同的"守护领国制",庄园制社会中的本家—领家—预所(庄官和地头)—名主体系被幕府—守护大名—守护代(即守护的代理人)—农民的体系所取代,该体制的形成标志着庄园体制社会的消亡。①

在中世后期,手工业也发展很快,出现了以独特产品闻名的地区,例如美浓、播磨、越前、但马、赞岐、大和等地的造纸业,河内、备前、尾张的制陶业,河内、大和、摄津、京都地方的酿酒业,山城的榨油业以及濑户内海沿岸的制盐业,中国地方的漆制品,河内、大和、相模、京都为中心的金属铸造业,加贺、丹后、美浓、尾张、常陆为中心的纺织业。博多、山口、堺这些对外交流频繁的新兴城市开始了高级丝织品的生产,其中天鹅绒的生产技术世界领先。

农业与手工业的较快发展推动了商业的发展,在各地市场和城镇中出现各种行会,即"座",是指从事特定商品生产和贸易的商人和工匠所组成的团体,其目的是垄断这些商品的生产和贸易权力,作为回报,行会向保护自己的领主、宗教组织和大家族支付税款。商人经济力量增长的同时,商人和手工业者所在的町镇开始萌发自由城市之芽。如堺市、宇治山田、平野、博多、桑名、大凑等地,出现了"会合众"这样的机构来领导地方自治,尤其以堺市最为著名。

商人聚敛大量的财富后,往往谋求政治权利,如16世纪时期拥有人口3万多的大阪堺市就是其中杰出代表。这所被西方传教士赞誉为自由都市、共和政治、威尼斯第二的港口城市,早在南北朝时期就已是双方争夺的要地之一。自古以来,这里就有铸工生产的各类金属器具,濑户内海生产的海盐也通过堺市流入奈良等重要城市。真正给堺市发展带来最大机遇的是"应仁之乱",为躲避京都的战乱,纺织技师们纷纷移住堺市,加之因勘合贸易中国大量便宜的生丝源源不断涌入其中,于是堺市成为日本的纺织重镇。除此之外,堺市商人还与朝鲜、琉球进行海外贸易,它成为全

---

① 祝乘风:"论日本庄园制社会的解体及其历史地位",《辽宁大学学报(哲学社会科学版)》,2008年第2期,第75—81页。

国经济龙头之地,成为仅次于京都、奈良的第三大商业城市。[①]

　　经济的富裕为自治创造了基础,同时自治也为富裕提供了保障。堺市获得自治权可以追溯至室町时代的初期,由惣町负责承包年贡,拒绝了领主代官的统治,同时还取得了独立行使警察审判权。为了防卫,在城市四周建造了护城河。之后铁炮传入日本是堺市取得又一大发展的良机,堺市商人橘屋又三郎从种子岛习得了铁炮的制造技术后,使得堺市从著名的贸易港口摇身一变为铁炮的生产基地,再次享誉全日本。堺市繁荣的景象持续到织田信长征服此地为一个分界线,成为信长的直辖地之后,堺市虽然被赋以苛刻的纳税制度,但并没有因此一蹶不振,仍作为一个经济都市发挥着其强大的功能。[②]

　　当时堺市的管理主要由一群年长者来实施,这些管理者的身份则大多是商人。九州地区的福冈得益于海外贸易,因而也繁荣异常。但获得自治权的商人和城市毕竟凤毛麟角,更多的是这种经济增长和城市发展只是为封建领主们提供一种新型的税源。

　　在室町幕府时代,随着经济的发展,货币流通也活跃起来。纵观 16 世纪的货币史,主要有三个特点:第一,以渡来钱为中心的中世货币体制开始解体。第二,大米作为货币的一种支付手段再次复活。第三,确立了金银的货币地位。也就是说,16 世纪主要的货币有金、银、米、铜钱。[③]

　　在室町时代,类似现代金融业的土仓一度十分活跃,同时一些酒坊即酿造业者也积聚了大量的钱财兼营土仓。日本高利贷业的历史到室町时期有了新的发展,把借贷与典当结合起来,以抵押品“质物”为借贷条件,抵押品除田地外,也可用日用家具、衣服粮食等。保存抵押品的“土仓”便成为高利贷业不可缺少的组成部分,并且代替镰仓时期的“借上”而成为高利贷的代称。当时的酒坊多兼营典当,到室町时期,习惯地

① シャルロッテ・フォン・ヴェアシュア著、河内春人訳『モノが語る日本对外交易史・七——一六世紀』、藤原書店 2011 年、229 頁。
② 文芸春秋編『エッセイで楽しむ日本の歴史・下』、文芸春秋 1997 年、38—42 頁。
③ 峰岸純夫編『日本中世史の再発現』、吉川弘文館 2003 年、303—323 頁。

把高利贷业统称为"酒坊土仓"。酒坊、土仓的早期保护者是寺社的封建领主,之后朝廷分得了部分收税权。幕府建立后,日益加紧对酒坊、土仓税收权的争夺。幕府通过保护土仓来征收税金,而土仓由于受到幕府保护获得了信用,由此扩大并聚集了大量的合钱(土仓储蓄)。另外,不断壮大的町众有着旺盛的资金需求即需借钱。这种贷款与合钱之间的利息差年毛利润高的竟达 36％ 左右。

永享元年(1429),朝鲜使节朴瑞生来到日本,令他吃惊的是只要有钱,什么都不用带就可以到日本各地旅游。也就是说,当时日本的货币经济已经渗透到社会各阶层,货币已经成为稳定的流通手段。当时流通的货币主要是"渡来钱",自从长宽二年(1164)平清盛不顾周围反对决定输入宋钱后,日本经济由此获得发展,进而又产生了更大的货币需求,这样的情况反复循环。直至宽永十四年(1637),在约 470 年的时间里,在日本流通的都是宋朝钱币和明朝钱币。

在商品经济发展的基础上,幕府财政也逐渐倾向于流通领域。尽管幕府主要依靠直辖地的收入,必要时也向各地课税,但守护与地头多不纳税。因此,分散于各地的二百余处御料所成了最重要的来源。为筹措资金,幕府在畿内交通要道设置关所,征收关钱。对京都内外的"土仓"和"酒坊"也征收"仓役"与"酒坊役"等税,同时也向商人征税。

室町时期寺社的修缮以及佛事之费用占据最大份额,幕府支付两项开支的主要财源一是临时向各国按照田数征收的税金即"段钱",二是五山禅寺奉献的钱物。比如伊势神宫二十年一次的"式年迁宫"所要的费用,乃是征自全国田赋,起初是稻米,后来改为货币,也称为"役夫工米"。京都、镰仓五山禅寺所需的巨额修缮费,一是来源于中日勘合贸易,二是上述的段钱,还有一个重要财源是五山禅院平时贡献的钱物,也即很大一部分是取之于禅寺而用之于禅寺。另外,朝廷的许多费用,尤其是一些临时支出也需要幕府筹措。

实际上,幕府经常性开支的财源一是众所周知的酒坊、土仓上缴的税收,二是五山禅院的收入。根据明德四年(1393)发布的《洛中边土散在土仓并酒屋役条条》的规定,幕府一年从土仓、酒坊中收取的税金只有六千贯,有时还发生拖欠、不足等现象,更有甚者如发生了德政一揆,这项收入更是减少。因此,此项收入实际很难维持幕府的经常性开支。幕府主要通过保护五山经济利益(免除段钱、不缴关税、禁入庄园、护卫伽蓝等)而从中得利、滥发住持公帖甚至是空头公文即"座公文"、向五山禅寺借款等,还有重要一项就是五山的献金、贡物。

其实,还有一种现象值得关注,即在室町幕府经济趋于崩溃的情况下,将军频繁巡幸大名官邸以收掠唐物,这种巡幸也成为将军的主要经济活动。因为在唐物泛滥的背景下,各大名官邸在迎奉将军巡幸时都要用珍奇的唐物装饰馆舍,同时还要向将军进献唐物。将军把从大名手里掠到的唐物分两类处理,一类是作为东山御物的收藏品,被保存在幕府的宝藏库(公方御仓),另一类是作为回赐品。由于这些唐物当时具有假性货币的功能,而经幕府宝藏库收藏过的"东山御物"其价码会成倍高涨,所以"将军巡幸""公方御仓""东山御物"在室町时代起到了经济流通的枢纽作用。[①]

二、末代将军们

文明五年(1473),西军首领山名持丰和东军首领细川胜元相继病死,应仁之乱暂告一段落,京都也终于迎来一丝安宁。身藏东军阵营的足利义政决定让位于幼小的义尚,但政权实际上掌握在生母日野富子、外戚日野胜光以及隐退的足利义政手中。文明八年(1476),室町殿遭受火灾,义政和义尚暂避小川殿,之后义尚入住位于北小路室町的伊势贞宗家。文明十五年(1483),义政移居东山山庄,即银阁寺,之后义政被称为"东山殿",而亲政的义尚称为"室町殿"。

长享元年(1487)七月,以恢复寺社本家领地为名,义尚宣言征讨六角高赖。九月十二日,义尚率领大军声势浩大地向近江开拔。二十四

---

① 滕军编著:《中日文化交流史》,北京大学出版社 2011 年,第 256—266 页。

日,大军一举攻破六角氏的根据地,六角高赖出逃至甲贺郡。为彻底消灭六角和伊庭,义尚率领大军驻扎滋贺县的钩(栗东市),但战事陷入僵局,义尚不得不在阵中长住。

尽管细川政元的家臣安富、上原等人散布传言说六角和伊庭已经逃走,但义尚屈于细川的权势没能处理他们。长享二年(1488)六月,因"尚"的字音反切不吉利,义尚改名"义熙",并邀远在周防国的大内氏出兵解燃眉之急。十月,大内氏率军1000人抵达钩。不料年关一过,义尚病重,长享三年(1489)三月二十六日,病死在近江阵营,年仅25。义尚在亲政前后邀请当时的著名学者为其讲解为政之道,如一条兼良(1402—1481)曾为义尚讲述《文明一统记》,并应义尚之求献上《樵谈治要》,著名神道家卜部兼俱也为义尚讲解过《日本书纪》等。

足利义尚去世后,隐匿在美浓土岐氏的足利义视与其子足利义材马不停蹄来到京都,名义上是为了参加义尚的葬礼,实际上是希望足利义政同意义材出任新的幕府将军。但有人推选义政的弟弟足利政知的儿子清晃(1480—1511,当时是天龙寺香严院的喝食沙弥)为候选人,因此,义政碍于反对意见,没有立即作出决定,而是由自己继续掌控幕府政务。直到翌年(1490)正月义政去世,义材才以义政义子之名得以继任幕府第十代将军。七月出任征夷大将军,晋升参议兼右近卫权中将。与义材同岁的细川政元当时作为管领出席了征夷大将军的宣旨仪式,但第二天就辞去了管领一职。

为建立自己的威信,义材决定效法义尚领兵讨伐六角氏,不料六角氏避而不战,班师回朝的义材却卷入了畠山兄弟的内讧。明应二年(1493)闰四月,留守京都的细川氏趁将军出征在外之际,与日野富子发动了政变,史称"明应政变",另立义澄为将军,并派4万精兵冲入义材和畠山政长的阵营里,出其不意把政长杀死,同时俘虏义材,将其囚禁在山城龙安寺。义材出逃至越中国的放生津,明应七年(1498)易名足利义尹。饱尝颠沛流离之苦的足利义尹在永正五年(1508)七月复辟,永正十年(1513)十一月易名足利义稙。

　　"明应政变"的背后操纵者是足利义政的夫人日野富子。五月六日，被幽禁在龙安寺的义材险遭日野富子的毒杀，在上原元秀的帮助下，得捡一命。明应二年六月，在亲信的帮助下，义材逃至越中射水郡放生津，投靠神保长诚，并在正光寺建立了临时幕府，历史上称之为"越中公方"或"越中御所"，也有"放生津政权""放生津幕府"与"越中幕府"之称。

　　明应七年，义尹（义材）和政元的和谈破裂。义尹决定同朝仓贞景、畠山尚顺（政长之子）以武力进军京都，延历寺、根来寺、高野山的僧兵也纷纷响应。但在近江败给了六角高赖，无奈逃至河内，不料在此又输给了政元，义尹只得西下周防，投奔大内义兴。永正四年（1507），细川政元惨遭暗杀，细川家族陷入分裂。义尹认为复辟的时机到来，翌年在大内家族的支持下，并得到细川高国的响应，六月占领京都，驱逐了将军足利义澄和管领细川澄元，七月再次就任将军之职。

　　义尹政权建立在管领细川高国与管领代大内义兴的军事力量基础之上，非常不稳定和危险。永正十年（1513）三月，与细川、大内以及畠山诸氏矛盾不可调和的义尹离开京都，逃至甲贺，身患重病，险些丢命。病愈的义稙（义尹），因对立双方和解一时返回京都。但大内义兴回归自己的领国后，义稙与高国之间的对立越发加深，大永元年（1521）三月，义稙再次出走和泉堺，后逃至淡路，试图与高国决一雌雄，无奈回天乏术。大永三年（1523）四月九日，这位被称为"流浪公方"的义稙在阿波去世，享年58岁。

　　这位居无定所、颠沛流离的足利义稙在将军职位前后达三十多年，看似积贫积弱的幕府政权，其实发布了不少针砭时弊的法令，表现出积极治世的一面。延德二年（1490）八月至十月，将军直接发布命令，将征收日野富子下辖酒坊的特种行业税金；同年闰八月，下令严查一揆肇事者居所，即使其位于大寺社所领，也一样强制没收，如有抵抗，斩首示众，并对执行者进行奖励；明应九年（1500），为维护通货秩序，幕府首次颁布撰钱令，对贩卖品相恶劣铜钱者一律处以死罪，该法令在永正二年（1505）、五年、九年都一再重申；永正六年（1509）四月，下令凡是进入京都的大米必须在专门的"米场"(大米市场)出售，为稳定米价起到一定的作用；永正六年五月，发布了审判有关的七条法令。①

　　足利义澄，出生于文明十二年(1480)十二月十五日，父亲堀越公方足利政知是足利义政的同父异母哥哥，有兄弟茶茶丸和润童子，因茶茶丸被指定为堀越公方的继承人，所以在文明十七年十二月，因叔父义政的意向，5 周岁的义澄被指定为天龙寺香严院的继承人。两年后的文明十九年(1487 年)六月，正式出家继承香严院，取法名为"清晃"。但在"明应政变"中，清晃被管领细川政元、日野富子和伊势贞宗等拥立为第十一代幕府将军，当时只有 14 岁，并改名为"足利义遐"，幕府政治由细川政元把持。后又两度改名，初为"义高"，终称"义澄"。

　　明应五年五月二十五日，日野富子去世，享年 56 岁，戒名"妙善院从一位庆山大禅定尼"。义澄的妻子是叔母日野富子的外甥女，随着富子的去世，义澄也逐渐有亲政之意，但与细川政元产生对立，政元以辞去管领之职相要挟，义澄则躲进岩仓金龙寺不出。在伊势贞宗的要求下，义澄复出，但条件是必须杀掉前将军义材的同父异母弟足利义忠。因为义忠是有力的将军候选者，杀了义忠的政元，暂时失去了牵制义澄的有效政治手段，义澄与政元之间迎来了暂时的权力平衡。

　　永正五年(1508)四月，得知拥立前将军义材的大内义兴率军挺进京都，义澄出逃至近江以及朽木谷、蒲生郡水茎冈山城。七月，义澄的将军位被废，义材复辟成功。之后，义澄的拥戴势力与将军义稙曾有多次战争，但均以失败告终，重登将军宝座之梦一再落空。永正八年八月十四日，在"船冈山之役"开战前夕，义澄在近江国水茎冈山城病死，享年只有32 岁。从永正五年义尹入京至永正十五年(1518)大内义兴返回领地的十年多时间里，京都的治安主要由大内义兴的军队负责维持，因此，历史上也把此时期称为"大内时代"。

　　永正十八年(1521)三月七日，和细川高国在政见上出现不可调和的

---

① 久留島典子『日本の歴史・第 13 巻・一揆と戦国大名』，講談社 2001 年、53—56 頁。

矛盾后,将军义稙离开京都暂避淡路。细川高国决定迎接前将军足利义澄的遗孤来京都出任将军,当时足利义澄一家寄靠在播磨的赤松义村处。七月六日,年仅11岁的足利义澄次子龟王丸乘舆在数十骑武士的簇拥下入京,七月二十八日改名足利义晴,官至从五位下。十一月二十五日,朝廷任命义晴为左马头(左马寮长官),十二月二十四日举行成人仪式,二十五日被补任为幕府第十二代将军。足利义晴于永正八年(1511)三月五日出生于近江朽木,父亲义澄在义晴出生后的当年八月十四日去世。义稙复辟成功后,永正十一年(1514),义晴来到播磨,投靠赤松义村。

大永六年(1526),细川高国杀害家臣香西元盛,引起细川氏家族的内讧。和高国对立的细川晴元在三好元长的援助下,挟义晴的弟弟足利义维与高国作战,波多野稙通、柳本贤治等也与高国反目。在大永七年(1527)的"桂川之战"中,细川高国战败,掌握实权的阿波国人三好元长以及细川晴元入京,义晴随同高国、武田元光逃往近江。从永正五年八月大内义兴返回领地到大永七年二月桂川之战的十年左右时间里,京都的局势基本由细川高国控制,历史上把此时期称为"细川高国时代"。

享禄四年(1531),高国在"中岛战役"中惨败而自杀,但内讧并没有因此而结束,细川晴元与三好元长开始对立。天文元年(1532)晴元被元长打败后,连同幕府一起撤退到了近江观音寺城山麓的桑实寺境内,长达三年。

自天文三年(1534)至十二年(1543)的十年时间里,足利义晴与细川晴元时分时合,在京都与近江之间来回奔波。天文十六年(1547),义晴入居北白川的瓜生山城,在与晴元的"舍利寺之战"中战败,再次避难至近江坂本,把将军一职让位年幼的儿子足利义辉。之后随着与晴元的和好,义晴父子曾一度返回京都。但天文十八年(1549),晴元与家臣三好长庆开战,在"江口之战"中晴元败北,义晴和义辉再度逃亡至近江朽木谷。天文十九年(1550)五月四日,义晴在近江穴太去世,享年40。

足利义辉,幼名菊童丸,绰号"剑豪将军"。天文五年(1536)三月十日出生于东山南禅寺,出生后过继给外祖父近卫尚通做养子。童年时期跟随父亲义晴在京都和近江的坂本或朽木来回避难,天文十五年(1546)十二月,年仅 11 岁的菊童丸成为室町幕府第十三代将军,就职仪式也在避难地近江坂本的日吉神社举行,并改名义藤。

天文二十一年(1552)一月,义藤与三好长庆议和,条件是细川氏纲出任管领一职。回到京都的义藤实际上是长庆及其家臣松永久秀的傀儡,二十二年(1553),在细川晴元的协助下与长庆决战,不料战败,再次逃亡至近江朽木,在此地度过五年时间。二十三年二月十二日,改名义辉。

永禄元年(1558)十一月,在六角义贤(承祯)的斡旋下,义辉与长庆达成议和,五年之后终于得返京都。同年十二月二十八日,迎娶伯父近卫稙家的女儿为正室,但幕府政权仍由长庆所把持。期间,长庆遭遇几次未遂暗杀,据称是受义辉所指使。

为重振幕府将军之权威,义辉努力与各国大名修好,调停大名间的纷争,例如天文十七年(1548)的伊达晴宗和稙宗、永禄元年(1558)的武田晴信与长尾景虎、永禄三年(1560)的岛津贵久与大友义镇以及毛利元就与尼子晴久、永禄六年(1563)的毛利元就与大友宗麟等。另外还通过怀柔政策笼络人心,把自己名字中的“辉”字赏赐给多位大名。因此,义辉得到各大名的承认,织田信长、上杉谦信等还亲自上京拜谒义辉,大友宗麟献上铁炮以示忠心。

永禄元年(1558),畠山高政和六角义贤在畿内造反,反对长期把持幕府政权的三好长庆。结果,三好义贤战死,三好家族开始败落。永禄五年(1562),一直和长庆联手垄断幕府政权的政所执事伊势贞孝宣布与长庆反目,义辉瞅准时机,马上更迭政所执事一职。被激怒的贞孝起来造反,结果被长庆镇压。因此,政所执事一职长期被伊势氏霸占的历史拉上帷幕,将军开始掌握政所之政务。永禄七年(1564)七月,义辉最大的政敌三好长庆病死,重振幕府权威迎来大好时机。

义辉原以为三好长庆的死是重振幕府权威的天赐良机,不料却是黄雀在后。在一直想执掌幕府政权的松永久秀和三好三人众的眼里,此时的义辉已经是他们的绊脚石。因此,久秀和三人众为了彻底排除义辉,决定另立足利义荣(义辉的堂兄弟)为新将军。义辉的靠山近江六角氏自永禄六年(1563)的"观音寺骚动"以后已无法脱身领国近江而来助义辉一臂之力。永禄八年(1565)五月十九日,久秀和三好三人众联合主君三好义继(长庆养子)拥立足利义荣而起兵谋反。义辉率军奋战,终因寡不敌众而被战死,享年 30 岁,得知噩耗的生母在庆寿院自杀。

永禄十一年(1568)二月,足利义荣在三好势的拥戴下就任幕府第十四代将军,同年九月,织田信长奉仕义昭入京,义荣意欲在摄津富田进行围堵,不料病死,因而称为"富田公方"。

永禄八年,当将军义辉及其母亲因战败相继而亡之际,义辉的弟弟觉庆被细川藤孝、一色藤长等人所救,隐居于琵琶湖畔的矢岛地方。第二年,觉庆还俗,改名足利义秋,并向朝廷上书奏请继承第十四代幕府将军,不仅未能得到目的,还遭到仇敌追杀。永禄十一年(1568),足利义秋成人,再次改名足利义昭,并致信织田信长请求帮助。织田信长见天赐良机,欣然应允。同年七月二日,足利义昭与织田信长在岐阜会面。九月二十六日,织田信长护送足利义昭开赴京都,并将三好一族和将军足利义荣逐出畿内。十月十八日,足利义昭就任征夷大将军,继任室町幕府第十五代将军。

元龟元年(1570),织田信长向将军提交了"五条事书",夺取了室町幕府所掌握的军事指挥权、恩赏权等重大权力,足利义昭成为傀儡。但足利义昭对织田信长的野心并不甘心忍受,在未征得信长的同意下,大肆分封畿内守护,以强化自己后盾。同时,织田信长也加快分化将军亲信的工作,同时密切监视足利义昭的行动。

元龟三年(1572)九月,织田信长向将军提出"异见十七条"以示谴责,双方的矛盾彻底白热化。十月,武田信玄响应足利义昭的号召,率军 3 万杀向京都,准备向织田信长、德川家康联军开战。十二月二十二日,史称"三方原合战"开始,结果联军大败。德川家康使用空城计得以躲过一劫。翌年四月,武田信玄病死于行军途中的信浓驹场,反织田信长势力受到重挫。

天正元年(1573)四月三日,织田信长包围了二条城,在朝廷出面干涉下,足利义昭与信长达成誓约,织田信长暂时退兵。第二年七月,撕破誓约的足利义昭在宇治举兵,结果被织田信长活捉并将其流放至河内国若江城,其年仅2岁的儿子也被押作人质。室町幕府正式寿终正寝。

但是,失去自由的足利义昭并不甘罢休。天正二年(1574)三月二十日,足利义昭下书武田胜赖,请其为恢复幕府出力。第二年五月二十一日,著名的"长筱合战"拉开战幕,仍然是武田军对抗织田、德川联军,但这次幸运之神没有再次降临武田方,结果武田军几乎全军覆灭,其主要原因是织田信长军队使用了3000多人组成的火枪队。天正十年(1582)六月二日,发生日本历史上著名的"本能寺之变",信长被迫切腹,儿子信忠也自杀身亡,据说足利义昭曾参与明智光秀的阴谋造反活动。①

三、土一揆与下克上

"明应政变"后,日本正式进入战国时代,这一时代的特征是旧有秩序和权威受到严重冲击。各地民众和国人(地方中小领主)团结反抗暴政(土一揆),在领主阶级内部,大名不把将军放在眼里,家臣又背叛大名,攻杀主家,同族之中互相残杀,子弑父、弟杀兄、父子兄弟反目习以为常,学术界称这一时代为"下克上"时代。当时影响广而深的两次民众和国人反抗暴政的是山城国一揆和一向宗一揆。

山城国一揆的发生,起源于畠山氏家的内争。畠山氏是室町幕府的管领,自足利义教被暗杀后,畠山持国是幕府的主导者。在个人生活上,畠山持国直到40岁也未能得子,所以就以弟弟持富为养子,但不久后妾

①　关于"本能寺之变"的真相,一直是日本历史之谜。迄今为止,对明智光秀为何要杀织田信长存在多种观点,主要有怨恨说(被织田当众辱骂、强制更换领地等引起不满)、野心说(防备织田)。

生了个男孩,取名义就,于是决定废养子持富的财产继承权,立亲子义就为嫡子继嗣。不久畠山持富含恨而亡,畠山家的家臣椎名氏、神保氏支持畠山持富之子弥三郎,弥三郎与持国、义就父子之间爆发激烈的抗争。畠山持国对家臣神保氏支持弥三郎不满,于1454年(享德三)杀害了神保氏父子,弥三郎为此袭击持国、义就父子邸宅,持国被迫同意弥三郎为畠山氏后嗣。由于幕府将军足利义政支持畠山义就,弥三郎逃出京都。不久畠山持国和弥三郎相继死亡,弥三郎之子畠山政长与畠山义就继续对立。后来在"应仁之乱"中,畠山政长属于东军,畠山义就属于西军。

"应仁之乱"后,义就与政长之间的战斗依然不断。畠山义就在河内、大和、山城的南部攻击畠山政长势力,政长退居山城国南部,义就军紧追至山城国南部,两方布阵对峙达两个月之久,战事一触即发。1485年(文明十七)十二月十一日,山城国国人(中小领主)不愿山城国成为战场,举行国人一揆。据相关史料载:"十二月十一日。今日,山城国人集会,上自六十岁,下至十五六岁。国中土民等群集,今度就两阵(撤出)时宜议定之故,可然欤。但又下极(克)上之至也。(略)(十二月十七日)两阵之武家众,各引退了。山城一国中之国人等合议决定故也。自今以后者,两畠山者不可入国中。庄园归还原主,新关等均不可立之。"①

史料表明,国一揆(自称"总国")的领导人员是山城的国人,"国中土民群集"即指广大民众积极响应。在十一日国人集会上作出的决定共三项:其一,畠山氏战斗的双方均撤出山城国;其二,庄园归还原主;其三,不许设立新关卡等。

在国人一揆的强力要求下,畠山氏双方军队撤出山城国境。在畠山氏军兵撤出的1485年至一揆最后失败的1493年(明应二)的八年间,国人实际统治了山城南部地区。1486年(文明十八)三月,国人又举行了一次集会,会上制定了"国中掟法"(法令),决定以"集会"为一揆决议机关,轮流主持政务的"月行事"(每次两人)为执行机关,财政则通过向久世、

---

① 横井清編『史料大系日本の歴史・第3巻・中世2』、大阪書籍1978年、244—245頁。

缀喜、相乐三郡内的庄园实施"半济法"征集。行政完全排除守护大名的干预,实行国人自治。应该注意的是,山城国一揆中作为领导者的36名(或38名)国人,大多是隶属于幕府管领细川政元的武士。因此,从根本上说,他们只不过是幕府或守护的代理而已。在两畠山氏军撤出山城国以后,国人与农民、商人和运输者之间因各自的利害关系出现对立,国人之间也互有竞争,因此,维持团结日趋艰难。

幕府政所执事伊势贞宗在"明应政变"中与细川政元结盟,所以其子伊势贞陆被任命为山城国的守护。伊势贞陆又任命原畠山义就属下的古市澄胤为山城南部地区的相乐、缀喜两郡的代官,因而古市澄胤以代官的身份于1493年(明应二)九月率军进入山城国,围攻一揆民众据守的稻屋妻城。至此,原属细川政元之下属的山城国人们被主人抛弃,陷入孤立无援的境地。被围的国人一揆,进行了顽强抵抗,但最终稻屋妻城陷落,山城国人一揆彻底瓦解。

一向宗是佛教净土真宗的俗称,其始祖是亲鸾。该宗主张在佛面前无老少、善恶、贵贱之别,只是有无信心之不同,主张现世"恶人"可以往生。由于教义简朴,吸引众多农民信徒,到第八代弟子莲如时,一向宗发展更广泛。一向宗在传教过程中,建立了一套完整的组织系统:本山本愿寺—末寺—道场—讲。"道场"是各村信徒集会的场所,集会又称"讲",一个"道场"至少有一个"讲",多的可至四五个"讲"。每一"讲"的门徒一般在几十人乃至几百人之间,原是互相交谈对弥陀本愿信仰之心的"讲",后来成为门徒们发泄对现实不满的集会,实际上演变为以宗教为外衣的农民群众团体。[1] 在一向宗盛行的地区,常常与村落自治体"惣""惣村"结合在一起,农民利用这一宗教组织,开展反对统治阶级的斗争。

一向宗一揆主要发生在近畿地区、北陆地区和东海地区,其中最活跃的地区是加贺、越前、越中、能登、越后、佐渡、三河、飞驒等国,有名的

---

① 张玉祥:"关于日本中世纪加贺国一向宗门徒起义的几个问题",载《日本研究》总26期。

加贺一向宗一揆发生于 1474 年（文明六）。加贺国豪强富樫政亲、富樫幸千代兄弟两人因加贺国守护职问题发生对立，加贺国国人、地侍和农民利用豪强内部矛盾，打着一向宗的旗帜举行武装起义。起义之初，加贺一向宗一揆支持富樫政亲，攻灭富樫幸千代，使政亲继任加贺国守护职。但在守护的地位巩固后，政亲深感一向宗势力的强大，有意加以抑制，对原来应允的减免年贡、杂役事，不但不执行，反而实行武装镇压。一向宗众徒以村、乡为据点进行反抗，使村、乡成为自治村、自治乡，成为幕府、守护势力不敢深入之地。1481 年（文明十三），越中国也爆发了一向宗一揆，促使加贺国一揆更增强信心。至 1482 年（文明十四），加贺国实际上已经控制在一向宗众徒的手中，统治者颇为惊恐："近年加贺政情，国务重职被逐，已成无主之国，土民之徒，横行乡里，挟持武将，权同守护，此乃下克上之基也。"[1]

1487 年（长享元），守护富樫政亲受幕府之命，征讨近江国守护六角氏。政亲向加贺国民众征收兵粮米和夫役，加贺国国人、地侍、农民在一向宗旗号下联合抵制。1488 年（长享二），一向宗众徒更以武装围攻富樫政亲的守护所所在地高尾城。越前守护朝仓贞景闻讯率军前往救援富樫氏，但一揆之众多达 20 万人，势不可挡。六月初，一揆军攻陷高尾城，富樫政亲因弹尽粮绝，于六月九日自杀。一向宗一揆众徒奉富樫氏一族的泰高为新守护，而实际权力掌握在一揆手中，加贺国被称为"（一向宗）本愿寺领国"或"百姓掌权之国"，幕府也不得不承认这一事实。1493 年（明应二）以后，幕府赋予一向宗本愿寺拥有加贺国的执行权。

加贺国一向宗一揆发生后，在摄津、近江、越前、能登、甲斐、安艺、阿波、长岛、越中等国也都出现一向宗一揆。一向宗一揆断断续续持续百年之久，几乎与战国战乱相伴而生。在 16 世纪中叶以后，一向宗开始败落，最终被镇压。关于一向宗一揆失败的原因，除统治者用武力进行残酷镇压的外部因素外，其内部因素也不容忽略。内部因素主要表现在如

---

① 稻垣泰彦、户田芳实编『日本民衆の歴史・2・土一揆と内乱』，三省堂 1975 年、388 頁。

下两点:其一,一揆领导者的摇摆和动摇。一揆虽然以宗教为旗号,但实际领导者是国人和地侍,他们是地方的有势力者,当着守护大名和守护代不法,侵蚀和损害他们的利益时,便和农民结合,积极展开斗争。然而,斗争取得胜利后,他们便会夺取胜利果实,在一揆内部制造分裂。1531—1537 年间,一揆内部发生的多次武装冲突皆是这些人所为。其二,一向宗教主抑制信徒参加斗争。一向宗教主莲如出于保护一向宗和信徒的目的,自始至终不支持一揆运动,一再要求信徒不要轻蔑守护、地头,对于规定的租税、夫役要尽力缴纳。1473 年(文明五)制定了十一条教规,其中有念佛者应听从守护、地头,不可轻侮的内容。1474 年(文明六),又进一步动员信徒尊重守护、地头,按时缴纳年贡。1475 年(文明七)在原有教规之外,又增加了三条教规,其中有一条,特别强调"不可疏慢守护、地头"。莲如宣传要"以王法为本,以仁义为先",建立他力信心,不论善、恶,皆可往生,日常行动切不可随意。进入战国时代后,对不从教规者逐出教门,开除教籍,丧失法的保护。莲如教主的言行,虽然并未阻止一向宗一揆的兴起和发展,却起到了牵制作用。对信徒来说,一边是使自己陷于贫困的守护、地头,为生存必须起来抗争,可是另一边是寄托精神的教主,要求他们忍耐,回到静心念佛的囚笼中去。信徒们陷入了两难的境地,必然分化和削弱斗志。

除山城国一揆和一向宗一揆外,在其他地区也爆发了许多一揆,例如"应仁之乱"结束后,满目疮痍的京都表面上开始平静,但挣扎在死亡线上的人层出不穷,民众聚集在一起希望能够消除至今为止欠下的债务和粮食。文明十七年(1485),京都爆发了要求施行德政的土一揆,幕府出于无奈答应起义民众的要求,废除所借的物品合约。但以马帮为中心的一揆冲进了大和地区,奈良市中心也一时引起骚乱,兴福寺只好拿出铜钱 1000 贯用于镇压一揆,最后是国人古市澄胤出兵才强行镇压下去。

"应仁之乱"后,室町幕府已无力维持其对全国的统治,原有的维系幕府统治的守护大名体制也土崩瓦解了,代之出现的是战国大名。战国大名与守护大名的根本区别在于,守护大名是幕府任命的,受幕府统制,他们统治的分国(领国)虽然也具有一定的独立性,但不能超越幕府规定的权限。战国大名则不同,是以军事实力为后盾的、独立于幕府体制以外的地方霸主。战国大名,初期大约有200人。随着各个战国大名势力的消长,弱者或者臣服或消亡,强者益强,逐渐出现了地域性战国霸主。

正是在上述一揆频发、社会混乱、幕府权威急剧下降的背景下,统治阶级内部也出现争权夺利、下层剥夺上层权力的越位现象。文明九年(1477)正月十八日发生的"长尾景春之乱"可以说奏响了战国时代"下克上"的号角。

长尾景春是长尾景信之子,祖父长尾景仲和父亲都是山内上杉家的"家宰"(家老)。文明五年(1473),父亲景信去世,景春本应继承家业和上杉显定家老的地位,但其希望未能实现。因此,对显定和出任上杉家家老的叔叔忠景怀恨在心。文明八年(1476)六月,景春在武藏国的钵形城举起反旗,但此时显定并没有给予重视,而在五十子阵营中的上杉方武将却对长尾景春早有所闻,结果私自逃匿者不在少数。文明九年(1477)正月,景春率军袭击五十子阵营,显定军大败,越过利根川逃至上野。

景春军的形势开始相当顺利,但目的看似唾手可得之际,扇谷家(上杉氏分支之一)的家老太田道灌(1432—1486)出现。其实,道灌早就对长尾景春有所戒备,因此,在镇压反乱军的过程中节节取胜。四个月后,长尾景春被逼回钵形城。文明十年(1478)正月,古河公方通过篆田持助与山内上杉家家老长尾忠景议和,"长尾景春之乱"因道灌的大显身手而宣告结束。文明十八年(1486)七月二十六日,道灌被扇谷上杉定正的手下谋害于相模糟屋(神奈川县伊势原市)。得知父亲被害,道灌的儿子太田资康投靠山内家的上杉显定,伺机以报父仇,山内家和扇谷家的倾轧之戏开始上演。

尽管战国大名在"下克上"的风潮中产生,但其出身各不相同,归纳起来大致有如下几种情况:一是原幕府的守护大名,乘战乱或幕府权威衰弱宣布独立,例如甲斐的武田氏、萨摩的岛津氏、丰后的大友氏、周防的大内氏、骏河的今川氏、近江的六角氏、能登的畠山氏等；二是守护代转化为战国大名，例如越前的朝仓氏、越后的长尾（上杉）氏、出云的尼子氏、备前的浦上氏、阿波的三好氏、陆奥的伊达氏等；三是守护代家臣转化为战国大名，例如备前的宇喜多氏、尾张的织田氏等；四是朝廷的国司成为战国大名，如伊势的北畠氏、飞骑的姉小路氏、土佐的一条氏等；五是国人（地头、土豪）出身者，如安艺的毛利氏、三河的松平氏（德川氏）、近江的浅井氏、土佐的长宗我部氏等；六是浪人和商人出身者，如相模的北条氏、美浓的斋藤氏等。除第一、第五种类型外，其他几种类型均带有浓厚的下克上的色彩，特别是浪人出身的北条氏和商人出身的斋藤氏。

延德三年（1491），即"明应政变"发生的前二年，关东地区的伊势新九郎长氏从骏河攻入伊豆，袭击了继任堀越公方不久的足利政知儿子茶茶丸，攻陷了韭山城，从而控制了整个伊豆地区。这位伊势新九郎长氏就是后来的北条早云，也是首位战国大名，袭击事件也成为战国时代的开端。北条早云原是伊势氏的一族，当时投靠于骏河守护今川氏亲，据守兴国寺城，乃一介武士而已。因此，其此次举旗反抗实属下克上的典型事例。

占领伊豆之后，北条早云首先的工作是抚慰民心。他在伊豆半岛遍立布告牌，宣布三条纪律，坚决禁止如下事件发生，即进入无人之家，取其器物；即使掠取一钱之事；闯入伊豆国中侍及土民住处。以上各条如有违犯者，予以严处。同时，北条早云实行"四公六民"的租赋政策，农民可以留下收成的六成的轻赋税举措，使农业迅速恢复。对于当地的武士，只要顺服，皆可保持原有领地。

北条早云的这些措施用心在于取得民心，壮大势力，伺机将自己的势力扩展到临近的相模国。当时控制关东地区的是镰仓府管领上杉氏，北条早云要从伊豆进入相模国，第一道屏障就是位于箱根山东麓的小田原城，被称为"箱根之险"。据守小田原城的是上杉氏的名将大森氏赖，从小田原的地势以及大森氏的防卫看，北条早云要强取是极不容易的，因此，北条早云采取与大森氏结为挚友的方针，以便等待时机。1494 年

（明应三），小田原城主大森氏赖患病而亡，其子大森藤赖继嗣。藤赖年轻且昏愚。对此，北条早云则暗喜，他一面继续与大森氏保持友好情谊，一面设计智取小田原城。1495 年（明应四）二月，北条早云遣使至小田原城，向藤赖要求说：近来狩猎，因野兽都逃到了箱根山了，所以猎物很少，是否请你允许我进入你的领地，把野兽赶回到我的领地来。凭着自父辈以来的友情，藤赖爽快地应诺了。据此，北条早云派数百名武士，装成猎人，潜入小田原附近隐藏。一天深夜，数百名武士驱赶千余头头上燃着松明的牛，攻入小田原城，城主大森藤赖不战而败。北条早云终于闯进箱根之险的小田原城，为控制关东又迈前了一步。此后自 1512 年至 1516 年间，他又攻灭了三浦氏，将镰仓西北筑玉绳城作为称霸关东的据点。1519 年（永正十六年），88 岁的北条早云去世，其子北条氏纲、氏康相继攻占相模、下总、武藏等国，成为战国最有实力的一霸。

如果说北条早云是东国下克上的代表，那么西边的典型人物就是斋藤道三。道三原是山城国西冈的一名地侍，幼时入京都妙觉寺为僧，后还俗，经营灯油，行商到美浓国。该国的守护大名是土岐氏，守护代是斋藤氏，斋藤氏的家老（总管）是长井氏。移居美浓的斋藤道三，因为多闻博学，又善辩才，得到长井长弘的宠遇，并经长弘推介，结识美浓守护土岐盛赖之弟赖芸。1530 年（享禄三）正月，斋藤道三暗杀了长井长弘，投靠土岐赖芸。赖芸在政治谋略方面并不擅长，因而十分听从斋藤道三的主张。道三从自己的野心出发，首先怂恿土岐赖芸驱逐兄长盛赖。驱逐兄长后，赖芸成为美浓国守护大名，道三称为重臣。1542 年（天文十一），斋藤道三驱逐了土岐赖芸，掌握了美浓国的实际控制权。被驱逐至尾张国的土岐赖芸，投靠占有半个尾张领土的织田信秀（信长之父）。织田信秀为此与斋藤道三多次交火，但互有胜负，最终议和，并结为姻亲，道三之女嫁给了织田信长。在织田信秀的努力下，斋藤道三相继迎回被驱逐的土岐盛赖、赖芸兄弟，自己成为信浓之雄。道三以其阴险毒辣的手段不断取得成功，所以历史上称其为"蝮蛇"。

由于斋藤道三有意将美浓国让给有才能的女婿织田信长，引起长子义龙的不满。弘治二年(1556)四月二十日,长子义龙率领的 1.2 万名反军与 300 名道三军在长良川开战,结果道三死在儿子手上,享年 63。

为维持自己的生存和扩展,建立适应战乱状态的社会结构,对于各战国大名来说,是殊为重要的事,这种组织结构的特性就是军事性。战国大名主要是通过"家臣制",把臣服的中小领主纳入自己的统治体制。对于被纳入自己统治体制的中小领主,战国大名则对他们的领有土地、财产实施保护,原有的一切权力不予以剥夺。随着战国大名统治的稳固,所有家臣的领地名义上变为大名的直辖地,虽然家臣仍然管理自己原有的领地,但它却成为大名恩赏给他的封地。

家臣制的编成,尽管其名称和形式各战国大名不尽相同,但基本结构相近。家臣可分为上层家臣和下层家臣,上层家臣称"寄亲",下层家臣称"寄子"。"寄亲""寄子"在奈良、平安时代早有出现,当时称"寄口""寄人",与主人是保护和被保护关系。由异地迁居来的人,需要保证人,保证人称"亲",被保证人称"子"。后来"亲""子"成为隶属关系。"寄亲"有事,如插秧、割稻、盖房等,"寄子"均要无偿出力服役,战国大名将这种主从关系引入家臣团的建制。

上层家臣主要由三种人构成:一是战国大名一族,即有血缘关系的部将。当时家业有嫡长子继承,次子、三男降格为家臣,成为战国大名家臣制中的核心,称为"一门众";二是战国大名在进入战国时期以前任守护大名或守护代的家臣,其地位与"一门众"相当,被称为"谱代众";三是新臣服于战国大名的国人领主,称为"国众",亦称"外样众"。这种由"一门众""谱代众""国众"("外样众")构成的上层家臣,其人数、名称是不尽相同的,如武田氏有"武田二十四将",后北条氏有"家老众二十人",朝仓氏有"大身辈"等等。

下层家臣("寄子")实际上由上层家臣的臣属者组成,他们主要是地侍、土豪,拥有自己的田地,有姓("有姓农民")。他们与"寄亲"结成主从关系,在战时从军出战。下层家臣的人数多寡不一,由于资料的局限,不能对每一名战国大名的"寄子"作出确切的估算。据《土佐国蠹箭集残

编》收入的"松井八郎奏者人数"推算，今川氏的"寄亲"松井宗垣拥有 58
名"寄子"①。战国社会最基本的阶层是广大农村的百姓，他们分别与作
为下层家臣的"寄子"，也即地侍、土豪发生关系，大多是地侍、土豪的租
佃农。

　　与上述社会构成相适应，形成了本城（大本营）—支城—小支城—乡
村的战国城町结构。本城是战国大名的居住地，是一个战国大名领域内
的政治中心。支城则是上层家臣（"寄亲"）的居城。小支城则是下层家
臣（地侍、土豪）所在地。支城围绕本城，小支城围绕支城，广大农民包容
小支城。这就是一个战国大名的社会城町的基本结构。

　　除上述的军事性社会结构外，战国大名还置有行政事务机关。这种
机关继承了战国以前守护大名属下的政所机能。根据今川氏的有关资
料可知，今川氏属下设有"宿老""评定众""政务奉行人"等职。"宿老"
"评定众"通过评定众会议，议决"诸公事"，其中诉讼就是其主要公事之
一。政务奉行有管理战国大名家产的台所奉行，征收税赋的检地奉行、
段钱奉行；军事方面有兵粮奉行、铁炮奉行、官吏境域内寺社的寺社奉
行、营造奉行等等。大名直辖领地置代官，郡设郡司或地域奉行等。实
际上，战国大名设置了具有地域国家所需的行政建制。

第二节　战国大名

一、主要战国大名

　　从 1549 年（天文十八）三好长庆入京到 1560 年（永禄三）织田信长
取得桶狭间之战的胜利为止是战国的全盛时期，也是整体局势达到地域
化、分极化的顶点。具体地说，1549 年（天文十八）入京的三好长庆以摄
津越水城为据点，率摄津、山城的国人势力与室町幕府将军义辉作战，至
1553 年（天文二十二）已将义辉的势力从京都一带清除出去。1558 年

---

① 小和田哲男「戦国大名戦闘集団の編成」、『歴史と人物・4』1979 年第 4 期。

(弘治四),义辉借助近江守护六角义贤的援助重新夺回京都,虽然得以由此恢复了幕府的部分机能,但对于室町幕府的统治而言,三好长庆入京是一个巨大的打击。三好长庆否定幕府、否定管领——管领代制,组织摄津、河内、阿波、赞岐的国人建立畿内近江至阿波等广大地域领国支配权,并在京都一带尝试向町屋课征地子钱,向农村课征段米,进而在洛中洛外发布撰钱令以建立独立的财政系统,其一系列举措是在畿内建立战国大名政权的具体步骤。①

在三好长庆于 1550 年(天文十九)将义辉由山城中尾城驱逐至近江的同时,室町幕府权威急剧衰落,诸地区的情势也发生剧烈变化。在关东地区,守护大名北条氏开始实施税制改革,以增加财政收入。② 越后地区情势更加复杂,守护上杉定实死后,长尾景虎继任守护一职。毛利元就也以攻杀吉川兴经为契机,结成毛利、小早川、吉川的三方同盟,通过讨伐井上元兼一族获得福原以下 239 人的起请文(契约),在家族中确立了成败权(处罚权)。③

关东地区除北条氏外,还有甲斐的武田氏和越后的上杉氏,称为"东国三强"。甲斐的武田氏原本就是守护大名,武田信虎时期统一领国,为称霸关东地区不断对外征战,先与骏河的今川氏、相模的北条氏相战,后又转战信浓国。不断的战争增加了民众的负担,每次出征兵卒都要自己携带约半月的军粮,再则参战者或死或伤,遂使民心不稳,民怨上升。武田信虎为人凶狠,对不满自己的家臣、部将和奉行众实行抑制,致使不少奉行众远走他国。武田信虎有二子,长子晴信(即武田信玄)、次子信繁,武田信虎喜欢次子,准备让次子继承家业,遭众重臣反对。重臣举行秘密会议,决定驱逐信虎。1541 年(天文十)六月,武田信虎进攻信浓获胜,凯旋途中休息时,重臣板垣信方、甘利虎泰一同进入信虎账内,对他说今川氏迎接您的车子在外面等着,请上车吧! 信虎问:今川氏为什么要派

---

① 今谷明「室町幕府最末期の京都支配」、『史林』五八卷三号、193—210 頁。
② 佐脇栄智「後北条氏の税制改革について」、『日本歴史』163 号。
③ 『毛利家文書二』、401 頁。

车来迎我？重臣回答说：自今日开始，武田家的头领是晴信了，请您隐居骏河，过静养的日子吧。武田信虎听了非常生气，大声叫喊："这是反叛！"然而家臣团的决议已无法改变。最终，武田信虎被逐出甲斐国，当时继承家业的武田晴信（信玄）21岁。

在武田晴信主持下，实行富国强兵之策，甲斐国迅速强大。1543年（天文十二），开始入侵信浓国，先与信浓的村上义清、后与信浓守护小笠原长时作战。1550年（天文十九）七月，在盐尻峠战役中打败小笠原长时后，其势力挺进信浓中原。败退的村上义清、小笠原长时相继逃入越后，寻求长尾景虎（即后来的上杉谦信）的庇护。长尾景虎原是信浓名族，接受村上氏、小笠原氏的请求，誓要与武田晴信决一雌雄。

越后上杉氏原来世袭越后国守护的辅佐之职守护代，长尾为景为掌控越后国的权力与守护上杉房能和幕府管领上杉显定进行了多年征战，直至离世也未能实现夙愿。为景死后，长子晴景继承家业，最小的儿子景虎（上杉谦信）才17岁，在家寺——菩提寺长大。长尾晴景虽然继承家业，但病弱、无武略和斗志，长尾氏一族中有人策动景虎代之。1543年（天文十二），景虎受守护上杉定实之命，讨伐黑田一党，获得胜利，名声大震。兄晴景嫉妒弟弟景虎，兄弟间产生间隙，导致武力对峙。最终在守护上杉定实的调解下，兄弟和解，弟景虎代兄成为越后国守护代，入居春日山城，是年景虎19岁，之后与幕府管领上杉宪政关系密切。上杉宪政因与北条氏康战争中大败，威力渐弱。1553年（天文二十二）一月，上杉宪政找到景虎，对他说：我让关东管领职于你，你用你的武力讨灭北条氏，一统关东。景虎颇感惊讶，问道：你为什么不传嫡男？我会尽力帮助他的。上杉宪政说，他的嫡子已投靠北条氏。景虎听后答应了宪政的要求，成为宪政的养子，改名上杉谦信。宪政将上杉家历代的大刀、朝廷颁给的锦旗、任命关东管领的圣旨、家族的系谱、家纹一并让与上杉谦信。得到京都的朝廷、幕府认可后，上杉谦信（景虎）迈上了一统关东的征途。

东国三强时而联盟，时而战争，势力相互基本均衡。在上杉谦信与武田信玄之间的战争中最著名的就是"川中岛之战"。川中岛位于千曲

川与犀川的汇流处,在长野县长野市。战争从天文二十二年(1553)开始
到永禄七年(1564),历时十二年,大战五次,最后两军平分秋色而告终。

川中岛之战后,上杉谦信为取得关东管领之职,出兵讨伐关东的后
北条氏。1578 年(天正六)出兵关东达十多次,但仍无结果,同年谦信死
于脑溢血。武田信玄为平定北信浓一带和后北条氏结盟,以向西扩大势
力。1572 年(元龟三)率军攻打远江国时,遭遇守军德川家康的强烈抵
抗,结果在"三方原之战"中吃了败战。无奈欲往三河、尾张国前进时,又
受到织田信长的威胁,病魔缠身的武田信玄最终死在返回领地的途中。

出云的尼子氏、周防的大内氏、安艺的毛利氏被称为"西国三雄"。
尼子氏家族出身守护代,尼子经久时打败守护大名京极氏,成为战国大
名。以富田城为根据地,辖有出云、隐岐、伯耆、因幡等山阴诸国,同时领
有但马、美作、备前、备中、备后等动中国地区。因领地内储藏丰富的铁
矿资源,在山阴一带拥有强大的实力。

周防的大内氏原为周防、长门的守护大名,"应永之乱"后势力一时
衰败,但通过与中国、朝鲜的海外贸易积聚了大量财富,使得山口成为文
化中心而繁荣一时。义兴时期领有周防、长门、石见、丰前、筑前、肥前以
及从东中国到九州甚至部分四国地区。

毛利元就原是安艺国一庄园的地头,起初从属于尼子氏,在其 29 岁
(1525 年)时转向大内义隆,颇受义隆器重。此后凭借大内氏的权势,着
手统一安艺、备后两国的土豪割据势力,通过怀柔、威吓、武力等手段,最
终平定安艺、备后。与此同时,尼子氏也不断地向备后、安艺扩张,与毛
利元就发生冲突,导致武力拼战。1540 年(天文九)六月,尼子晴久率军
攻入安艺国,两军在青山土取场决战中,尼子晴久大败。此后战事仍然
不断,但在大内氏重臣陶晴贤的支援下,毛利元就最终击退尼子氏军。
元就和晴贤皆是大内的属将,因此击退尼子军实是大内氏的胜利。大内
义隆决定乘胜追击,远征出云国,以图彻底消灭尼子氏。但出征失败,大
内义隆意志消沉,沉迷于艺能和游宴,大内氏家内出现文治派和武断派
内讧,特别是义隆重用新来的家臣相良武任,而轻视了旧臣陶晴贤等人。

1551年（天文二十）九月一日，陶晴贤杀死主人大内义隆，驱逐相良武任，此时毛利元就持观望态度。1554年（天文二十三）五月十二日，毛利元就突然举旗声讨陶晴贤，当时陶晴贤在周防、长门两国能够动员的兵力有二三万人，毛利元就的兵力不过三四千人。但在严岛一战中，毛利元就战胜强势的陶晴贤军，陶晴贤及其从臣走投无路，切腹自尽。至此，毛利元就成为中国地区的霸主。

在北九州地区，本来大友氏最具实力，担任萨摩、大隅、日向三国守护的岛津氏最后压倒大友氏，统治九州一带。以"基督教大名"一名而被广为人知的大友宗麟从一位丰后守护大名开始起家，最后曾一时统治全部的九州地区。父亲大友义鉴是大友家二十代家主，作为长子的宗麟本应顺利继承家业，但父亲偏爱当时才3岁的宗麟异母同父弟盐市丸，遭到家臣反对。1550年（天文十九）二月，义鉴授意部下暗杀反对自己的家臣，不料躲过一劫的家臣们斩杀了盐市丸及其生母，义鉴也身负重伤。弥留之际，义鉴决定让位于宗麟。之后通过联盟陶晴贤等手段，一时成为九州北部到中部统领六国的战国大名。1559年（永禄二），将军足利义辉任命宗麟为九州探题，但1578年（天正六）在与岛津氏久的"耳川合战"中遭受惨败，此后一蹶不振。1586年（天正十四），亲赴大坂城向丰臣秀吉请求援兵对付岛津氏久。战胜岛津氏久的秀吉只给了宗麟丰后一国，不久宗麟病死。

"耳川合战"之前，49岁的宗麟接受洗礼，成为一位名符其实的基督教大名。1551年（天文二十），宗麟在府内亲自款待传教士方济各沙勿略，向其请教基督教理，并在领国内大兴教会，成为日本宣传基督教的据点之一，府内也成为葡萄牙船只的定期航路地。在1550年代，葡萄牙船只至少五次来到府内，1560年以后更是络绎不绝[1]，有力地促进了"南蛮文化"在日本的传播。

---

① 坂本嘉弘「朝鮮三浦と対馬の倭人」、小野正敏、五味文彦、萩原三雄編『考古学と中世史研究・3・中世の対外交流・場・ひと・技術』、高志書院 2006年、33頁。

  岛津家族之祖岛津忠久据说是源赖朝的私生子,在镰仓两人之墓紧邻,目的是向世人强调岛津家族的显贵,但进入战国时代的萨摩岛津家族四分五裂,担任萨摩、大隅、日向守护的岛津本家也面临消亡的危机。十四代家主岛津胜久为挽回家族颓势,大胆将家业让给伊作岛津家的贵久,此后作为战国大名的岛津家得以重振雄风。岛津氏本宗第十五代家主岛津贵久有四个儿子,都非常骁勇善战,为统一九州立下汗马功劳,尤其是次子义弘一生经历了 52 次大战。岛津义弘初战是在天文三年(1552)的"岩剑城合战"、元龟二年(1572)的"木崎原合战"中打败伊东义佑,平定大隅和南日向。天正六年(1578)在"耳川合战"中,运用奇袭战法击败大友宗麟,使岛津氏的势力范围扩大至日向全域。

  另外值得一提的是近江的浅井氏和四国的长宗我部氏。浅井家族从亮政时已经是近江湖北(琵琶湖北部)的有力领主,不过与湖南崭露头角的六角家时有冲突发生。到儿子久政时期浅井家一蹶不振,以致沦为六角家的下属。浅井长政就是在六角家的居城观音寺城下诞生的,因为当时其母亲阿古御料是浅井家留在六角家的人质。

  1559 年(永禄二),长政改名贤政。旋即与六角承祯的重臣平井定武之女结婚,但婚后三个月,长政将新娘子退还给了娘家。翌年八月,在近江野良田与六角义贤展开激战,一举大胜,浅井氏获得独立,是年长政 16 岁。1561 年(永禄四)二月,突然出兵美浓,其理由据说是为了配合织田信长的行动,此时长政与信长可能就开始结盟。

  织田信长于 1570 年(元龟元)四月攻打朝仓义景之时,妹夫长政突然倒戈,与朝仓联手反击信长,因此信长陷入困境,只好暂时退出美浓,伺机报复。不到两个月,信长率军与长政在姊川河畔开战,结果长政惨败,史称"姊川合战"。之后的三年里,长政联合足利义昭等势力不遗余力构筑反信长的包围圈,但反信长阵营的急先锋一个接一个相继失势。信长瞄准时机,于 1575 年(元龟五)八月发起总攻,二十日,朝仓义景在越前大野自杀,九月一日,长政也兵败自杀。市姬以及幼小的三姊妹投奔信长,年仅 10 岁的儿子万福丸于十月十七日在关原被处以极刑。

在当时的四国地区也诞生了一位风云人物长宗我部元亲,是土佐小领主长宗我部国亲的长子,出生于冈丰城,5岁时祖父兼序因受到本山茂宗等周围领主的围攻而自杀,父亲落荒而逃,寄宿在土佐大名一条房家门下。十年后在一条房家的支持下收复失城冈丰城。因此,元亲出生之际正值长宗我部东山再起之时。

元亲年幼时体弱多病,被戏称为"娘娘腔公子"。1560年(永禄三)五月,22岁的元亲出征长浜城和潮江城,首战告捷,极大地树立了自己的威信,人们改称他为"鬼公子"以示敬畏。六月,父亲去世。之后,元亲用了八年时间统一了土佐。1575年(天正三),开始与信长接近。在得到信长的首肯下,元亲出兵阿波、赞岐和伊予,但以迅雷不可及之势席卷全国的信长部队也开始瞄准四国地区,1581年(天正九),元信与信长之间全面对决。不料翌年发生了"本能寺之变",信长被杀,元亲侥幸躲过一劫。

与此同时,在东海、关东地区崛起的还有尾张的织田氏、三河的松平(德川)氏等。三河国原是细川氏的守护之国,后参与京都的战乱逐渐退出对三河的统治,三河遂成为当地有势力者争夺之地。西三河被松平氏一族占据。东三河由牧野氏、户田氏占据。临近的骏河国的今川氏亲于1506年(永正三)与舅父北条早云合力,入侵三河国,破牧野氏占领了东三河。今川氏亲后因专心平定远江战事,无暇在三河国进一步扩展,因此,西三河的松平氏(德川)势力日益扩大。1535年(天文四),松平清康在出征尾张时,被近臣杀害,致使松平氏损失颇大。此后虽然尾张的织田氏曾进攻三河,但由于尾张国受到外力威胁,所以织田氏不能全力染指三河,三河仍然是松平氏的势力范围。

骏河国的今川氏,1526年(大永六)今川氏亲死后,就继承人事族内发生分歧。在北条氏帮助下平息分歧,由氏亲之子义元继承家业。1537年(天文六),义元与北条氏同盟关系破裂,转而与甲斐国战国大名武田氏结成姻戚。北条氏立即进攻骏河,占据了富士川以东地区,形成了今川氏、北条氏、武田氏对峙局面。

与关东、东海地方战国大名崛起的同时,在陆奥地区有芦名、南部、相马、白川等豪族存在，出羽地区则有秋田、最上、伊达诸氏，其中势力较强者是伊达氏，16 世纪中叶以后逐渐制服其他大名。

战国大名经过多年的或征战或采取合纵连横之策，至 16 世纪中叶以后，逐渐出现地域的统一趋向，称霸某一地域的战国大名业已显现，大致情况是奥羽地区伊达氏，关东地区北条氏，越后、越中、加贺、能登等地上杉氏，甲斐、信浓、骏河等地武田氏，三河、远江等地德川氏，中国地区毛利，四国地区长宗我部氏，畿内及周边地区织田氏，九州地区是岛津氏、大内氏、龙造寺氏鼎立。

二、治国之策

战国大名为了争夺霸主，纵横捭阖，拼杀疆场，血流不绝。那么，他们的领国是否一片萧疏呢？其实际并非如此。战国大名们既是武将，又是善于文治者，十分清楚领国的安稳和繁荣是对外扩展的基础，如毛利氏曾提出"保家""治国"的主张。因此，战国大名在谋划战事的同时，却精心地治理着领国，这也是日本战国时代经济、文化发展的原因所在。

战国大名治国之策的第一项是签订主从之间的契约书。如同前述，战国大名实施"家臣制"，是把臣服的"一门众""谱代众"和"国众"（中小领主）纳入自己的统治体制。确立大名与臣服者的主从关系，其最大益处是可以保证领国安稳。对外实现"全民一致"，对内则能"一味同心"，团结在大名周围，实现政治协调，安稳民生。所以大小战国大名，大多热衷此道，采取的方法就是主从联署，签订"起请书"。

尽管"起请书"的形式不尽相同，但基本上有两种形式较为普遍，一种是一族内的契约，另一种是大名与国众之间的契约。一族的契约主要是防止一族的分裂，因为一族的分裂常常是领国、领地分裂的祸源。战国大名为防止一族的分裂，采取一族联署的例子很多。

1480 年（文明十二）十月，岛津武久与六家族亲连署"起请文"，其内容强调合力、和谐。"起请文"开宗明义第一条就是要"一味同心"，听从族主岛津武久的指示,要抛弃以往亲族间的种种敌意,今后要同心协力。要协助族主,防止境界相争、百姓逃亡、山贼等扰乱治安的事情发生,同时也规定了族主要言行有理,若发生族主言行无理,亲族可表示不满和抗议。

毛利元就继嗣家业以后,首先着力于构建以自己为中心的“家中”组织。纳入其“家中”的成员,不但有毛利氏一族的庶子诸家,而且包括从属于自己和庶子家的家臣、武士以及居城周边的中小领主,将这些人纳入“家中”通过或纵向或横向的“起请文”实现。1532 年(天文元)七月,毛利元就与 32 名家臣(“旁辈”)签署起请书,其内容包括水利设施的修复、债务的处理以及各家的管家、用人等不能随意留用,若有此类情况发生,立即送回原主等。

战国大名与国众之间签订契约,其目的就是实现领国上下的意志统一,增强对外的抗衡能力。以毛利元就为例,自元就继嗣之后,虽然通过契约将一族和家臣纳入“家中”,但并非所有“家中”人诚服于他。对此,元就采取了严厉的惩治手段。1550 年(天文十九)七月,以不纳段钱、不响应建城、侵犯佛寺、神社领地等罪名,诛杀 30 余名有力家臣,示明家臣不能随意违背主君的意旨。在诛杀 30 余名有力家臣之后,立刻有 238 名家臣与毛利元就签署“起请文”,其中就有明确表明家臣服从“上意”(指毛利元就)的文字,如坚决听从上意决定(“成败”)、示意(“下知”)、裁决等。在严岛战役后,毛利氏与安艺国国众联军向周防、长门扩展势力,但在进军过程中,不断发生“狼藉”(暴行)事件,毛利元就多次命令制止,也不能完全杜绝。于是,1557 年(弘治三)毛利氏一族,包括自己及三个儿子隆元、元春、隆景、女婿宍户隆家、平贺、天野、熊谷氏等集聚誓约,禁止在军事行动过程中发生狼藉事件,同时还与 242 名家臣签署了起请文,严禁狼藉时间,遵守军阵纪律。

战国大名为了稳定领国的统治,除上述的签署起请文外,还采取与其他大名家族结成“缘约”(或称缘组)。所谓“缘约”(缘组)有两种形式,一是将自己的儿子送到没有继承人的有力领主家当养子,二是把自己的女儿或姐妹嫁入别的领主家,结成姻戚。送子入有力领主家当养子和婚嫁事颇为普遍,例如陆奥地区的伊达植宗有21个子女,其中2个儿子当了养子,6个女儿嫁与其他领主家。石见国的尼子氏送自己的儿子到盐治氏家当养子,最典型的还是毛利元就,将自己的两个儿子分别送给中国地区的两个有力家臣,一是其三子隆景送给竹原地方的小早川家当养子,一是其次子元春成为日野山城城主吉川氏的养子。越后的上杉谦信有两名养子,一是原来的敌人,即后来臣服的重臣长尾政景之子,一是北条氏康的末子北条景虎。

战国大名治国之策的第二项是实施土地整理,即调查土地的所在、面积、交纳年贡的数量以及负担年贡者的姓名等。在庄园制时代,庄园领主早就进行过类似行为,目的是决定年贡和公役的数额,但其调查的范围只是庄园领主所属庄园。但战国大名"检地"的范围则是领国,即不仅包括自己的直辖领地,也包括领国内家臣、寺院、神社所属庄园以及新征服地。

战国大名的检地由大名委派的检地责任人(检地奉行)和乡村的百姓代表(案内者)共同进行,检地的形式有两种:一是申报检地(指出检地),二是丈量检地。丰臣秀吉实施太阁检地时,采用的是丈量检地,此前的检地,大多是申报检地,亦即将家臣、寺社、乡村百姓的耕地、宅基地面积、年贡量、负担者姓名等记录在册。

检地的目的:一是确定领域内的土地规模和年贡总量,建立大名及家臣们的财政基础。同时根据所领土地规模,确定相应的年贡、军役、赋课及其缴纳者;二是通过检地能够发现大量隐瞒的田地、新开垦的地和未垦荒地,实现对领国土地的统一掌控;三是解决土地纠纷和收益、承担公事等方面的矛盾。

检地以后形成的土地账大多采用"石高""贯高""刈高"来表示田地数。石高是按田地的肥、瘠折算成每段土地的产值,贯高是按肥瘠、以钱表示每段土地的价值,刈高则按水稻的收获量表示每段土地的价值。例如北条氏的检地账采用贯高,田一反基价是五百文,地是一百六十五文。

除了征收年贡、公事外，还要征收"公事免"（领国的公事）、"井料"（水利灌溉管理费）、"代官给"（现地管理者的报酬）等。公事有夫役、杂公事，夫役大致是每二十贯文年贡量出一人，按一人一年役十日计。再如武田氏在检地账中不记载土地面积，田地等级、收获物均用贯文表示。除征收年贡外，还征收户税（"栋别钱"）和段钱作为领国的杂役费用。而陆奥地区的伊达氏在土地账中以刈高表示田地面积，征收栋役、段钱、诸公事等。

战国大名治国之策的第三项是制定家法，以法治家、治国是战国大名的特征。战国家法的类型有两种，一种是家族内部的，特别是对子女的训戒条文（家训），另一种是治理领国的条文，其中包括君主与家臣之间的关系和家臣必须遵循的法规。家训类，如北条早云制定的《壁书二十一条》。其内容大至信仰、为人品德，小至言行细节。信仰方面，提出"信佛神为第一"（第一条）；要求家人要为人诚恳，"对上下、万民，不可有一言半句虚言"（第十四条）；交友要慎，"求善友则为手习学文之友"，交恶友乃是"虚度光阴"，并说"人有善恶之友也。三人行必有师，择其善者随之"（第十七条）；要求不忘文武之道，说"常记文武弓马之道，左文右武是自古之法，应兼备之"（第二十一条）。在生活方面，明确要求早睡早起，说晚上应早睡，"夜间盗贼必在子、丑时刻（夜十二时至次日二时）偷偷进入。在晚间无用闲谈，子、丑时就会沉睡，招致家财损失。闲聊不睡，徒费薪灯。"还说应依"古语所言，子（十二时）睡寅（四时）起"，如果"睡到辰（八时）、巳（十时）"，则什么事也干不成了（第三条）；生活上要注意小节，平时用水要节约，洗脸、手的水可以洗厕所、马厩和庭院。咳嗽时不要大声，也不好听，应有顾忌，悄声地咳。这些都是"跼天踏地的事"（第四条）。[1]

与北条早云的《壁书》类似，毛利元就也有家训《毛利元就教诫状》，

---

[1] 日本アート・センター編集『人物日本の歴史・9・（戦国の群雄）』、小学館 1974 年、70—72 頁。

这是给隆元、元春、隆景三个儿子的遗训,共有十四条。成书于 1557 年 (弘治三)秋,是元就死之前的遗训。全文反复嘱咐三个儿子要为毛利氏的今世与未来着想,遗训告诫治世秘诀,如"毛利家要永世传承,吉川、小早川两家日趋繁荣昌盛。隆元、元春、隆景三子自不待言,毛利、吉川、小早川三家要相互提携、协力。这是至为重要的事";"元春继承吉川家,隆景继承小早川家,而你们的祖宗家是毛利家,这一点片刻也不要忘记。"遗训中还叙及元就自己的一生经历,表明霸权得来不易,要三个儿子好好守护:"毛利家仅靠安艺国吉田庄三千贯土地兴起,不久之间,成了安艺、周防、长门三国领主,完全是出乎意料的幸福。但也必然招来其他大名、豪族的嫉妒,你们三人更应协同一致,为保卫毛利一家而尽力。"遗诫中还特别指出信仰神明的重要性:"元就自幼虔诚信仰神佛,自十一岁至六十一岁,每天早上拜太阳,唱念佛经,特别崇信严岛明神。受神明加护,多打胜仗,因此,(你们)要继续不怠信仰和崇敬。"[①]现知立有这种家族内部家法的战国大名除北条早云、毛利元就之外,尚有近江国六角义贤的《条目二十三条》、越前国朝仓孝景的《朝仓孝景条条》、京都板仓胜重的《板仓氏新式目》、土佐国山内忠义的《定法度条条》等。

治理领国的战国家法,现知有十部:

肥后国相良氏的《相良氏法度》(1493—1555 年);

周防国大内氏的《大内氏壁书》(1492—1500 年);

骏河国今川氏的《今川假名目录》(1526 年);

陆奥国伊达氏的《尘芥集》(1536 年);

甲斐国武田氏的《甲州法度之次第》(1547—1554 年);

下总国结城氏的《结城氏法度》(1556 年);

近江国六角氏的《六角氏式目》(1567 年);

阿波国三好氏的《新加制式》(1558—1569 年);

---

① 日本アート・センター編集『人物日本の歴史・9・(戦国の群雄)』、小学館 1974 年、233—234 頁。

土佐国长宗我部氏的《长宗我部氏掟书》(1596 年);

吉川氏的《吉川氏法度》(1617 年)。

战国大名的治国家法条文有详有略,条文多者如《大内氏壁书》181条、《尘芥集》171 条、《吉川氏法度》187 条,少者则只有几条或一二十条。这些战国大名的治国家法都详细地规定了领国内的经济、政治等方面的规定,以武田信玄的《甲州法度之次第》为例,共 57 条,其中涉及面颇广,其中包括禁止地头非法;禁止家臣私自与他国结缘和契约;年贡、公事、军役、裁判、诉讼;借贷、典当;宗教;田地事;洪水;养子、奴婢及斗殴、吵架等等。在繁杂的条文中,特别以田地、借贷方面的条文最多,田地条文有 10 条,借贷有 11 条,仅这两项就占了总条文 57 条的 36%,可见经济和民生问题在战国大名治国中的地位。

作为战国家法,对军事方面自然不会忽略,但《甲州法度之次第》中,仅有一条半涉及军事。所谓一条,即指第二十条:"耽乱舞、游宴、野牧、河狩等,不可忘武道。天下战国之上者,抛诸事,武具用意可为肝要";所谓半条,系指第十四条:"亲类、被官,私令誓约之条,(可为)逆心同前(也)。但于战场之上,为励忠节,致盟约欤。"[①]前一条是说,当你在欢愉、游猎时,要时时不忘武道之事。因为在当今天下最重要的事,就是准备好武器,没有比这更重要的事了。后半条是说,亲族、家臣私自聚集誓约,是不允许的,但在战场上为了表示忠节,鼓励士气而誓盟是好事。仅此一条半规定,足见其分量相当重。

在《甲州法度之次第》中,武田信玄特别撰写了与自己相关的条文,即第五十五条:"于晴信形仪,其外之法度以下,有旨趣相违事者,不撰贵贱,以目安可申讼,依时宜可其觉悟者也。"[②]意思是说,我武田晴信(信玄)的举止,若有超越法度规定,违反法度精神("旨趣")时,不论出身贵贱,皆可状告,使我能依时宜,及时有所觉悟和改正。这种在战国家法面前人人平等的规定,反映了战国大名认识到获取民心的重要。武田信玄

---

①② 『甲陽軍鑑』品第一・甲州法度の次第。

曾说："大细事共,不可御违背下知事。语曰:水随方圆之器。"①事无巨细,决不可违背已经确定的规矩或上级的指示,尤其是主君,因为无方圆之器,百姓("水")就无法控制。这种思想,不少战国大名皆有,如毛利氏的家臣志道广良就曾对主君毛利隆元说过:"君是船,臣是水,水涨船行,水涸船难行。"②

战国家法由于地域不同,内容上也常有反映地域特色的条文,如中国地区的周防国,商业比较发展,所以家法中有麻、布尺寸的规定,对金银的成色也都有详细规定。尽管各家法有各自的不同规定,但其基本方面有不少是相同或相近的内容,如禁止领有土地的买卖、转移,实行长子继承法,婚姻和财产继承应得到主君的允准,家臣不能相争,违法者予以严处等。

战国大名的治国家法确保了战乱时代的社会稳定,李卓的《日本家训研究》客观、准确地总结了战国家法的特点:第一,战国大名家法的"实用主义政治观",这种实用主义政治观主要表现在"经验的合理性和实用性""文道的实用性及道德的功利性"。政治上的一切措施,包括"富国强兵"策、整顿行政组织、发展经济、强化兵力、重用人才,以及儒家道德的强调,均着眼于"战胜敌手,保存自家"。第二,战国大名家法的"文武两道观"构成战国武士思想的重要内容。家法中的"不知文道,武道终不能得胜"的规定是战国大名对文道价值的肯定,但"文道的价值虽然得到肯定,但弓马之道依然是武士的本业,追求武道的胜利是武士的最高目标,相比之下,文道是辅助性的、实用性的,这与中国习文做官的文道为人生最高目标截然不同"。第三,战国大名家法的"民政意识"是"战国武家思想中的重要内容",其具体表现一是"取信于民,执法公正",二是"爱惜民力,政在养民"。战国大名提出的抚民养民政策,其最终目标决不是为了民众的福祉,其实质不过是为了实现家的繁荣的一种手段和强化大名统

①『甲陽軍鑑』品第二・古典厩子息長老異見九十九箇条之事。
② 小和田哲男「戦国大名戦闘集団の編成」、『歴史と人物・4』、1979 年第 4 期。

治地位的有效方法。①

　　战国大名治国之策的第四项是重视农业,因为农村是战国社会稳定的基础,战国大名无不重视农村的建设,首先严格控制土地的买卖和典当。土地是农民赖以生存的基本,也是战国财政的基本来源。因此,战国大名除通过"检地"掌控领国土地量外,还一再强调不许侵犯百姓的田地,特别对地头的非法提出警告。"国中地头人(等),不申子细,恣称罪科之迹,私令没收条,甚(以)自由之至也","名田地,无意取放之事,非法之至也"②。对土地买卖实施严格控制,"私领名田之外,恩地领,无左右令沽却事,(令)停止之"③。私领名田虽允许买卖,但须详细报告("言上子细")且经过批准后才能处置。对已卖土地规定可以赎回:"定年期田地,限十年,以敷钱可合请取。彼主依贫困于无资用者,犹加十年可相待,过其期者,可任买人心。"④即出卖土地者在二十年内有权赎回已卖土地,超过二十年的则失去赎回权。

　　其次是防止农村人口的流失。自镰仓时代末期、室町幕府初期以来,由于租赋沉重和战乱,农民逃亡甚多。战国大名对此颇为注意,如今川氏亲于1566年(永禄九)实施了《召返令》,号召离开农村的农民返归家乡("欠落百姓归村"),返乡者,免除一切债务。农民的自由迁移也受到限制,对于逃亡奴婢,明文规定应送回原主,如武田信玄的《甲州法度之次第》就有如此规定:"奴婢之逐电(逃亡)以后,自然于路头见合,欲纠当主人,本主带回私宅召连事,非法之至钦。先当主人方可返置。"⑤也就是说,发现逃亡奴婢,首先应查明其原主人,并尽速送回,私自带回私宅是违法的事。北条早云之孙北条氏康曾于1550年(天文十九)四月宣布,对百姓"赦免借钱、借米"⑥。

　　另外,战国大名比较关心民间疾苦,注重减轻农民负担。长期以来,统治者关心民间疾苦者极少,而战国时代,不少战国大名却在这方面颇

① 李卓著:《日本家训研究》,天津人民出版社2006年,第103—117页。
②③④⑤『甲阳军鑑』品第一·甲州法度之次第。
⑥ 横井清编『史料大系日本の歴史·第3卷·中世2』、大阪書籍1978年、270頁。

有作为。以北条早云为例，他在扩展势力的过程中，时时关心百姓，把抚慰民心放在重要地位。北条还经常巡视乡村。有一次巡视村落发现民家均有病人，到处是呻吟之声。村长对他说现在疫病流行，国人患病者不少，一旦患病，高烧不止，十人之中有七八人无治而亡，因为怕传染，许多人逃避到他乡。北条早云听了后既惊讶又同情，马上命令医生准备药物，并调拨 500 名兵卒，挨家挨户送粮、投药、护病。如此数日后，病人日渐病愈，竟再也无人死亡。此事传布，民心齐向早云。① 北条早云占领伊豆半岛后，还实行租税改革，宣布除年贡外，不再加征公役，若有违背者，百姓可以上告，地头违法则处以免职，租税改革一直延续到北条早云的子孙。其孙北条氏康在 1550 年（天文十九）宣布"所有诸公事，全部停止"，并以"反钱"（每反地纳钱）代替杂役，"每百贯之地，交纳六贯"，即每反土地抽其产值的 6％，于每年的"六月、十月两次交纳"，又以"悬钱"代替杂捐（"万杂公事"）②，"悬钱"的税率是产值的 4％。虽然年贡、"反钱"、"悬钱"相加农民负担仍然不轻，但比以往则要轻多了。这种改革的意义，在于统一的赋税制代替了繁多的苛捐杂税，抑制了乱征乱役。同时，固定税率和固定交纳日期，使农民能安心生产，提高劳动积极性。

　　战国大名关心农业的另外一个举措是不误农时。战国大名之间一般情况下在农忙季节不进行战争。从"应仁之乱"直至德川家康建立江户幕府，有名的大小战役有数百次，但大部分是在农闲时节，即主要在一月、八月、十二月进行的，这在日本历史上是极少见的。在战国时期的战例中，也有战国大名利用农忙不战的规则，相互之间展开谋略战。其谋略之一就是抢收成熟和尚不成熟的庄稼，以造成对方战粮储备的缺乏。例如三月至五月之间的"麦薙"、七月至九月间的"稻薙"，龙造寺隆信的"抢麦"、长宗我部元亲的"青苗等刈扫"、织田信长的"麦悉薙捨"等就属于此种谋略。1554 年（天文二十三）三月至五月，大内氏与陶晴贤围绕下

① 日本アート・センター編集『人物日本の歴史・9・（戦国の群雄）』小学館 1974 年、66—67 頁。
② 横井清編『史料大系日本の歴史・第 3 巻・中世 2』、大阪書籍 1978 年、第 260—270 頁。

濑城,双方展开攻防战。陶氏方面曾致书给大内氏方的守城的农民,督促他们赶快下城,因为现在正是农忙季节,麦子需要收割,秧田需要整理,秧苗也要插了,借以动摇对方军心。[①]

还有一项重要举措就是兴修水利。战国大名关心农村水利的实例颇多,如上杉谦信的养子景胜在越后国刈羽郡的鲭石川建筑藤井堰,北条氏房在武藏国井草村建荒川堰,陆奥的伊达政宗开贞山渠,最上义光在出羽国开凿北楯大学堰。尤其是武田信玄治水成效颇为有名,其统辖的领域内有笛吹川、釜无川两条河流,每年洪水泛滥,造成莫大损失。武田信玄为根治河患,大胆启用有土木技术的人作堤修河,其在釜无川建造的堤(名为"信玄堤")现在尚存,当时创设的水利技术,如"圭角堤""将基头"等技术用语影响至今,当时采用两条河流的水流相碰撞的技术,也是影响颇广的技术创新。这项技术是在暴雨倾泻的时候,为防止釜无川和御敕使川两河会合处洪水溢出,采取了让御敕使川的河水变向,直接冲击釜无川上游的岩石,造成两河水相抵,以减缓流速。由于兴修水利,使大批沼泽地和荒地有了辟为新田的条件,耕地面积显著增加。在室町幕府建立之初,全日本的水田面积约为94万町步,但到16世纪末却达到163万町步,约增长了73%,足见战国时代开垦农田的业绩。[②]

战国大名治国之策的第五项是发展手工业商业。战国时代城下町随着军事性家臣团的编成日趋发展。城町结构由于地域不同,形成了各自不同的特点。概言之,当时的城町结构可分为三种类型,即东国(包括陆奥)型、畿内型、西部日本(包括九州)型。东国型基本是二重结构,山上建筑具有军事防御性的城郭,山下则是以大名居馆为中心的生活区。越前国大名朝仓氏的一乘谷城较为典型,城町以朝仓氏的居馆为核心,在居馆的近处是朝仓氏一族近亲的住宅群和马场等,然后与大名居馆有一定距离的谷底的上方和下方,各建有上城户、下城户,

---

① 有光友学编『戦国の地域国家』、吉川弘文館 2003 年、117 頁。
② 北島正元編『体系日本史叢書・7・土地制度史 2』、山川出版社 1975 年、28 頁。

是家臣、手工业者、商人居住区（城下町）。战国大名朝仓氏的居馆是一边长约 120 米的方形遗构，四周用土墙相围。馆域内设有庭园、花坛，有 15 栋建筑群，后来在其遗址出土了许多日本陶器和从中国输入的瓷器。在家臣的居住区，则有锻冶用的风箱残物、半成品珠玉、木工用具等出土。每一住居遗址内，大多配备了水井、厕所等设施。一乘谷遗址反映了战国大名的居馆设计，模仿了京都幕府将军的邸宅，显示了大名自身的权威及权力的正统性和军事力。居馆周边配备水井、厕所的住居，有可能是手工业者、商人租借的房屋。① 如一乘谷这样的山城与山下居住群的城町结构，基本成为东部战国城町的模式。类似于一乘谷上城户、下城户的城下町，有美浓国的大桑、"四国堀""越前堀"，常陆国结城的"左前""后前"等。

畿内型城町有两种：一种是城郭与城下町相结合的模式，一种是无城下町模式。前者如摄津的池田城、河内的高屋城，两座城町的军事性主城郭都建在台地上。池田城的主城郭建在台地的前端，主城郭之后是第二城郭、第三城郭，主城郭可俯视从台地至猪名川沿岸城下町全域。高屋城的主城郭建在台地北端，其南方相继有第二城郭、第三城郭，主城郭的北侧是低地，其中有自古以来就已存在且交通发达的古市。无城下町模式，典型例子是摄津的芥川城和河内的饭盛山城，两城皆是战国后期制霸畿内的三好氏的主城，皆在山上。1553 年（天文二十二）三好长庆占据芥川山城，1560 年（永禄三）又移居饭盛山城，均未建城下町。选择无城下町的原因，一是山城与周边的京都、堺以及寺院的街町，保持着密切的流通渠道，无须设置城下町；二是避免繁杂而困难的城下町管理。②

西部日本型城町与东日本和畿内型不同，呈"开放式"结构。如九州大友氏丰后府，在东西 700 米、南北约 1000 米余的范围内，有 3 条南北方

① 久留島典子『日本の歴史・第 13 巻・一揆と戦国大名』、講談社 2001 年、261—262 頁。
② 有光友学編『戦国の地域国家』、吉川弘文館 2003 年、284—285 頁。

向、5 至 6 条东西方向的街道。其中有一边约 180 米的方形领主居馆,其四周也无土墙和沟等设施,领主居馆也未见武士家臣的专门区域,领主居馆的东侧和西侧有手工业者的工房和住房。这种开放性结构之所以产生,其原因主要是西部日本与大陆、朝鲜半岛和南亚国际交流的存在,导致对职业和身份多样性的承认。

随着城下町的迅速发展,作为城市机能的商业、运输、手工业生产等也日趋兴盛。由于商业、运输以及手工业产品的生产和销售,都可以为领国创造财政收入。为此,战国大名们对城下町的手工业发展十分关注,例如北条氏组建了职人集团(“职人众”),其成员包括锻冶、木、采石、制纸、经师等 26 名工匠,把他们纳入家臣,给予较好的待遇,并免除诸役;又如九州的大内氏也有“细工所方”“木屋方”等职人组织,设置职人组织的管理者(“细工所申次”“木屋奉行”);甲斐国有黑川金山,武田氏控制了金矿,矿工组成“金山众”集团,集团由一名“亲方”带领数名“子方”组成。同时,武田氏把矿工集团纳入了他的军事编制,因为矿工的挖坑、排水技术在进攻时颇为重要。同样,今川氏的安倍金山、德川氏的中山金山,都把矿工编入职人集团。

战国大名对商人和运输业者也十分重视,因为商业的兴盛,不仅可以收取各种名目的商品税,而且商品的流通能够为大名、家臣和武士提供必需的日用品和奢侈品。运输业者在商品流通中发挥了积极作用,同时陆路运输的马匹和海路运输的船队,无论商品运输,还是操船技术,是战争所不可或缺的。战国大名的家臣中,有的与运输商关系密切,有的家臣本身就是海上商人出身。例如北条氏的家臣梶原氏被招为水军,利用商船培养善于操作航船的人才,今川氏、德川氏、武田氏等甚至招海盗商人为水军士卒。例如毛利氏在占领中国地区的宫岛、二十日市等流通据点后,利用瀬户内海的大商人堀立直正等,为自己筹集和调运大量米、钱、建筑材料,在其与九州大友氏发生战争时,通过关门海峡往返运送战略物资。1552 年(天文二十一)二月,陶晴贤在严岛宣布了七条“掟书”,试图振兴严岛商业,鼓励商人到严岛从商。1549 年(天文十八)十二月,近江国的六角氏宣布"乐市令",免除市场税,取消"座"和"座人"特权,允许非"座"商人可以自由商贸。[①] 有的领主为了吸引商贾,例如山城国宇治乡在《每月六度,市场课役案》中明文规定:"于盗卖辈者,押置商卖物,可令注进"[②],盗卖者只要交纳入市费("市场课役")每人拾钱,也允进市交贸。

当时,在物资集散都市京都、濑户内海的堺等地,出现专卖市场,如米市、鱼市等。商品的流通迅速而繁忙,大批行商往来于京城、堺及各国城下町之间,促进了各地农产品和手工业品的生产与交往。战国时代的经济,在战乱的背景下,呈现了难以想象的发展。

第三节　相互征战

一、典型战例

战国时代的战争无数,但具有典型性的大战役还是屈指可数,主要沿战国时代发展脉络选取有重要意义的三次战役,即川中岛战役、严岛会战、桶狭间战役。

川中岛战役是越后战国大名上杉谦信(原名长尾景虎)和甲斐战国大名武田信玄争夺信浓国的战役,发生在 1553—1564 年间。该战役爆发的背景是 1550 年(天文十九)三好长庆将室町幕府将军义辉由山城中尾城驱逐至近江,使得各国的局势发生剧烈变化。关东地区的北条氏康也于当时开始进行税制改革,扩充财政实力。1551 年(天文二十)大内义隆被家臣陶隆房(晴贤)所败,自杀身亡,由此产生日后严岛战役的端由。1552 年(天文二十一)斋藤利政击败守护土岐赖芸。长期蟠据于南关东及伊豆地区的北条氏康父子掌握着从房总、伊豆至伊势的海上交通,其后力图北上越后地区,争夺东国地区的统治权。于是北条氏康在 1552

---

① 横井清編『史料大系日本の歴史・第 3 巻・中世 2』、大阪書籍 1978 年、276 頁。
② 横井清編『史料大系日本の歴史・第 3 巻・中世 2』、大阪書籍 1978 年、274 頁。

年(天文二十一)将关东管领上杉宪政由上野平井城驱逐到越后地区,由此种下了北条氏与上杉氏日后多年对抗的种子。上杉定实死后,守护一职由长尾景虎(上杉谦信)继任,上杉谦信在力图南下与北条氏激烈对抗的同时,也表现出西进越中、能登的意图,从而与以甲斐为据点、想要掌握横断日本列岛中部通道的武田氏发生冲突。1553 年(天文二十二)信浓守护家的小笠原长时及村上义清被武田晴信(武田信玄)攻击,投靠上杉谦信。同年上杉谦信上洛后,从后奈良天皇处受赐杯与剑,并取得讨敌尽忠敕命,从而获得讨伐武田及北条的名分。为应对上杉谦信可能的讨伐,1554 年北条氏、今川氏及武田氏结成同盟。于是在上野、武藏及信浓地区,上杉氏与北条氏、武田氏的敌对态势最终演变成川中岛战役的局势,川中岛战役的一大影响是关东地区及中部地区的军事、外交的集团化、组织化的进程急剧加速。

甲斐的武田信玄势力 1550 年(天文十九)七月进入信浓中原地区,在信浓问题上与上杉发生利益冲突。上杉谦信每年都要入侵信浓国的川中岛地区,“因越后雪国之故,二月末至十月半,共八个月间,是景虎的活动期。”“自天文二十一年三月开始,景虎占领上野国东部三分之一领土,随后景虎又指向信州川中岛,与信玄公相争,在越中、能登与椎名、神保及其他各氏相争,无雪期间,自三月至十月,与三方作战。”①

川中岛位于长野盆地的中央,是千曲川和犀河会合地域(今长野县长野市东北部)。当时,上杉谦信的居城是越后的春日山城。从春日山城可直达川中岛,而武田信玄从甲斐的府中到川中岛则比较远。为了对付上杉谦信的入侵,武田信玄必须缩短府中与川中岛之间的距离,为此专门开辟一条横断八岳山麓的军用道,沿道建设狼烟台。从川中岛到府中,通过狼烟台,只要一小时消息就可传到。

川中岛战役断断续续延宕了 11 年,前后进行了 5 次较大的会战,即1553 年(天文二十二)、1555 年(弘治元)、1557 年(弘治三)、1561 年(永

---

① 『甲阳军鑑』品第三十一・景虎関東発向。

禄四）、1564 年（永禄七）等，其中第四次（永禄四年）的会战规模最大。

1553 年（天文二十二）四月的第一次会战，起因于武田信玄军进攻川中岛南部，实施屠城之时，上杉谦信军出来干预，武田军被迫撤退。八月，武田军再次进入川中岛，上杉军迎战。后上杉军因军粮供应不上，只得后撤。武田军也自感战机尚不成熟，遂撤回甲斐。1555 年（弘治元）七月的第二次会战，虽然两军对阵达数月之久，但因骏河国的战国大名今川义元居中调解，双方于闰十月达成和解。1557 年（弘治三）三月的第三次会战是武田信玄挑起事端，因为这一年冬天，越后国雪大，直至进入三月，越后的上杉军仍不能展开军事行动，乘此机会，武田军接连攻占了葛山城、饭山城。对此，上杉谦信方面军等待雪融化以后，占领武田方面控制的福岛、山田两城，以示报复。1559 年（永禄二）由天皇处取得征讨北条、武田两氏名分的上杉谦信，1561 年（永禄四）攻占北条氏康、氏政两父子的小田原城，并于鹤冈八幡宫的社头由上杉宪政授予关东管领职并继姓上杉，改名上杉政虎。同年与武田晴信（信玄）于川中岛再次发生激战，并取得胜利。将军义辉从京都向政虎发出贺信，并以辉字下赐，政虎改名辉虎。

1561 年（永禄四）的第四次大会战是八月十四日开始的。这一天，上杉谦信出兵信浓。十八日，武田信玄得到上杉军行动的情报，迅即率军从甲斐国出发前往川中岛。当时上杉军占据川中岛南的妻女山，从山上俯视川中岛平原一览无遗。上杉军的军事目标是要攻占海津城，而此城早已在武田军之手。听到上杉氏入侵信息后，武田氏迅即出兵的重要目的之一就是要固守海津城。武田军于八月二十四日抵达川中岛，二十九日渡过广濑渡，进入海津城，将约 2 万的总兵力中，抽出 1.2 万人作为攻打妻女山的主力，其余约 8000 人则布阵在川中岛的八幡原，一旦上杉军下山进入平原，便形成夹击之势。从九月八日夜里开始，沿千曲川一带的川中岛地区出现浓雾。武田军乘浓雾开始向妻女山方向移动。其实武田军的行动上杉军方面了如指掌，得知武田军已进入妻女山中，上杉军一方面处处点燃篝火，造成仍在山上坚守的假象，一方面乘浓雾全部悄悄下山，并渡过千曲川，向武田信玄所在的八幡原突进。

正当上杉军在伸手不见五指的浓雾中深入武田军防区时，进剿妻女山的武田军从雾中隐隐约约地见到了篝火，加紧摸上山去。武田军攻入山上后只见篝火，不见敌军人影，方知敌人已以金蝉脱壳之计下山。山下八幡原方面也传来了铁炮（鸟铳）的声音，于是武田军紧急下山，救援八幡原，只是浓雾不散，行动迟缓。布阵八幡原的武田信玄突然遭到上杉军进攻，颇感惊讶，仓促应战，两军陷入血战。在兵力上武田信玄防守兵仅 8000，上杉氏全军万余人压阵，气势凶猛，武田军显然不利。血战中武田信玄之弟信繁及多名勇将战死，信玄也多处受伤。直到九日上午 10 点左右，进攻妻女山的武田军返回，且浓雾也渐渐散去，形成两面夹击上杉军之势，武田军才慢慢逆转形势。

上杉谦信在武田军的夹击之下，陷入危险之境，迅即采取了突围战术。冲出包围的上杉军，退回越后国。武田军险中获胜，在八幡原举行了庆祝胜利的仪式。这次战役双方损失惨重，大约各有近 2000 人战死，伤者无数。因为有这次伤亡惨重的教训，所以在 1564 年（永禄七）第五次会战中，上杉谦信军虽然到达川中岛，但最终并没有与武田军发生大规模冲突，很快撤退了。

上杉谦信的扩张举动，使诸战国大名产生联盟合纵的倾向，其中北条氏康、氏政与武田结盟，武田又与越中神保结盟，上杉则与常陆佐竹义重结盟。1565 年（永禄八）上杉、北条及武田三方为争夺上野展开军事行动。同时石山的本愿寺光佐与武田氏联动，对上杉辉虎的北陆西进进行牵制。至 1567 年（永禄十），武田与今川的同盟破裂，局面演变成为针对武田的南进，北条氏与今川联手结盟的态势。川中岛战争在三大战役中开始的最早，结束的最晚，持续的时间也最长，对其后发生的严岛战役、桶狭间战役的各方都有很大影响。其中上杉氏与北条氏、武田氏的矛盾及武田氏、今川氏与织田氏、德川氏的矛盾缠绕在一起，呈现出战国时期特有的复杂政治态势。

严岛会战是战国大名毛利元就和陶晴贤之间争夺中国地区霸权的

战争,发生与 1555 年(弘治元)十月。其背景是 16 世纪初便已经存在的细川氏与大内氏的斗争,双方在控制畿内地区以及室町幕府将军人选问题上展开激烈争夺,结果两者最后都成为输家,细川氏的势力被其家臣三好氏所侵吞,出现了三好长庆入京驱逐幕府将军的一幕,大内氏借尼子氏 1540 年(天文九)攻打毛利元就的机会出兵攻击尼子氏,却于 1543 年(天文十二)战败,结果使得夹在尼子氏与大内氏之间的毛利氏乘机壮大实力。1551 年(天文二十)大内义隆被其家臣陶晴贤杀害,其家势也为其所侵吞。至 1555 年(弘治元)严岛会战结束,毛利氏攻灭陶晴贤,继而攻灭尼子氏,控制了中国地区一半以上的地方并占领了石见银山,巩固了自身的经济基础,最终成为战国大名中最有实力的一极。

毛利元就、陶晴贤皆是中国地区名族大内氏的家臣,两人在大内义隆命令下,曾共同协力征讨出云国的战国大名尼子晴久,彼此私交也不错。但 1551 年(天文二十)陶晴贤弑灭主君大内义隆后两人产生间隔。在主君被害后的前三年时间里,因陶晴贤掌握了大内氏的实权,毛利元就仍然按照作为家臣的规矩,遵照陶氏的安排辗转征战。毛利元就之所以隐忍负重三年,是因为按当时的实力,自觉尚不能与陶氏相抗,积聚力量尚需时日。时过三年,毛利元就审时度势,依然与陶晴贤决裂。1554 年(天文二十三)五月十二日,毛利元就偕隆元、元春、隆景三个儿子,率 3000 人向陶晴贤军发动攻击。陶晴贤派主将宫川房长率 7000 人迎战,在安艺国的折敷畑山一战中,陶氏军战败。

首战得胜的毛利元就自知兵力与陶氏相比仍处于劣势,战胜陶氏除军事实力外,还必须善于谋略。他曾对儿子说:兵书上说,谋略多则胜,少则败,因此应专注于武略、计略和调略。多次战斗中,毛利氏靠谋略弥补了其军事力量的不足。在陶氏军中,毛利元就最不好对付的人就是武将江良房荣。其时,房荣正布阵于周防国的岩国(今山口县的岩国市)等待迎战毛利军。如果强硬进攻,毛利氏损失必大。为此,在战前毛利元就采取了强大的离间攻势,派出多名间谍,潜入岩国,广泛散布谣言说江良房荣憎恨晴贤虐杀主君大内义隆,秘密暗通毛利元就,欲征讨陶晴贤。

这一谣言在岩国城中满天飞,传入陶晴贤耳中,起初并不相信。然而就在此期间,江良房荣从敌我双方势力对比分析之后,向陶晴贤建议应与毛利氏议和,陶晴贤开始怀疑江良房荣叛变。与此同时,在岩国发现一封署有"江良房荣"名字的密信,信是写给毛利元就的,其中表示在安艺、周防两国边境毛利元就与陶晴贤交战时,江良房荣将会投降毛利军一方,条件是作为恩赏,毛利元就赐周防国给江良房荣。陶晴贤至此完全相信江良房荣已叛,遂派人暗杀。实际上,密信是毛利氏伪造,陶晴贤中计。毛利元就还用土地为诱饵,收买了多名陶晴贤的家臣。

毛利元就不但在陆军方面力量弱于陶晴贤,在水军方面亦然。安艺、周防、长门三国皆临濑户内海,控制海域支配权,对于自己势力的伸展,无疑至关重要。为了既能消灭陶晴贤的陆军势力,又能削弱其水军势力,并借以夺得濑户内海的广岛湾西部制海权,毛利元就设计了一场海战,这就是严岛会战。

严岛是濑户内海广岛湾西部的一小岛,长约 10 公里,宽约 4 公里,与安艺国最近的洋面距离 600 米。在毛利元就与尼子氏作战时,陶晴贤曾以严岛为据点支援毛利氏。为此,毛利氏认定严岛必是陶晴贤攻击自己的要地,毛利氏决定与陶氏在严岛决一死战。1555 年(弘治元)五月,毛利氏在严岛的军事险要地建立新城——宫城,建造之初毛利氏的家臣都持反对态度,认为筑城引敌是徒劳之举。宫城建成后,毛利氏一方面让两名从陶氏军投降过来的武将进驻,以引起陶晴贤的注意。另一方面故意对反对建造新城的家臣们说在严岛筑城,是元就的失败,防州(指周防的陶晴贤)有军船 600 艘,与其相比,我方不过是百艘内外的小船,对方大举进攻时,我方渡海也无法救援,但愿神保佑,在宫城加固以前,陶氏大军不要来攻。

毛利元就的这一番话实际上是要以严岛的宫城为诱饵,把陶氏的 2 万大军引到岛上,一举予以消灭。尽管毛利元就的话很快传入陶晴贤耳中,但陶氏并无动静。接着,毛利氏命老将桂元澄伪装暗投陶晴贤,向陶送去一封"密信"。其内容提示:如果陶军若渡海严岛,攻击宫城,毛利元就必然亲自救援。其时自己（元澄）从严岛逃出，攻占元就的居城郡山。得到"密信"的陶晴贤半信半疑。为了验证真假，曾进行二三次佯攻严岛宫城的战斗，探视虚弱。陶氏的佯攻果然受到顽强抵抗，陶氏对毛利元就所言信以为真。1555 年（弘治元）九月二十日（亦有说是二十一日），陶晴贤的 2 万余兵力分乘 500 余艘战船渡海登陆严岛，布阵在宫城南方的塔冈。得知陶氏军登陆严岛后，毛利元就率 3500 余兵力从居城郡山迅速前进到严岛对岸的草津。

毛利元就军的战船仅有百数十艘，严重不足。因此，战前派使者到四国地区伊予国的河野氏一族借用军船。伊予河野氏一族的水军，以村上武吉、村上通康率领的水军最强，远近闻名。毛利氏的使者首先得到村上通康的支持，并通过通康说服武吉，通康与武吉是养父子关系，应诺借给 300 艘战船。九月二十八日，毛利元就率军从草津移到海边等待伊予水军船的到来。三十日夜风雨交加，毛利元就认为这是天赐良机，全军分乘 300 艘伊予水军船，兵分两路直指严岛。一路由毛利元就亲自指挥 2000 人在严岛东北岸鼓浦登陆，并由此越过博奕尾峰，绕到陶晴贤主力所在的塔冈；另一队由毛利元就之子隆景率 1500 人，伪装成从九州赶来支援陶氏军的宗像水军，从岛的正面登陆，与宫城内的毛利氏守军会合，两军实行腹背夹击。当晚毛利军的口令是"胜"，回答口令是"胜、胜"。晚 10 点元就亲率军在鼓浦顺利上岸，并很快绕到陶氏军主力所在塔冈的背后，等待天明。另一队驶至岛正面后，以"九州宗像援军"之名，也顺利登岸。

十月一日，天刚刚放白，总攻开始，陶氏军腹背同时遭袭。同时在海上的伊予水军也向陶氏军停在海上的船只发动攻击，射弓矢、砍断缆绳、放火焚烧，致使陶氏军大部分船只严重损坏，不堪使用。遭到突然袭击的陶氏军一片混乱，尽管陶晴贤高喊是小股敌人进攻，坚守阵地。但在狭窄地区，布阵的 2 万余军兵已慌不择路，四处奔散。陶晴贤及其主将向严岛神社西北的大元浦退逃，到达海边，不见船只，再至西岸，仍然不见船只。陶晴贤在走投无路之下，知自己寿数已尽，便在严岛海边切腹自尽,毛利元就获得大胜利。这场决战陶晴贤败在强势自傲,而毛利元就明知自己势弱,精心研究敌人兵力、心理等情况,巧妙设计,胜在智谋。

1555年(弘治元),毛利元就在严岛战役中击败陶晴贤并使之自杀后,通过镇压周防各地的农民一揆,并在1557年(弘治三)通过讨伐大内义长,确立了对周防、长门两国的有效控制。1557年(弘治三)12月,元就与隆元、吉川元春、小早川隆景等11人以伞连判的形式,共同宣誓约定禁止军势狼藉及擅自撤退的举动,当月福原贞俊以下241人连署同样趣旨的起请文。① 与此同时,毛利家内部也制定了相同内容的契状及起请文。② 1557年(弘治三)11月,毛利元就给隆元等三个儿子写信,告谕他们协力一致,共谋毛利家的隆盛。③ 通过使用起请文等誓约的形式,同时以各种手段加强对家臣的控制,从而形成毛利、吉川、小早川三家以毛利家为中心的毛利两川体制,确立了毛利氏的权力中心地位。

严岛战役后,毛利隆元于1560年(永禄三)任安芸守护,1562年(永禄五)补任备中、备后、长门、周防的守护职。虽然隆元于1563年(永禄六)暴毙,但无碍于毛利氏在中国地区的霸业,元就于1567年(永禄十)出征出云,夺取富田月山城,攻灭尼子氏,完成中国地区的统一。

桶狭间战役是战国后期骏河国战国大名今川氏和尾张国战国大名织田信长间的战争,发生在1560年(永禄三)五月。今川氏实际上出身于足利将军家族,其先祖足利国氏领有三河国幡豆郡今川庄。自今川氏始祖今川范国至今川氏亲、义元父子,一直控制着骏河、远江、三河等国。今川氏亲死后,今川义元在北条早云的支援下获得家业的继承权。今川义元掌权后在域内推行改革,政绩斐然。首先,为确立财政基础,实施检地,开发安倍奥金山,振兴海岸制盐业;在国府所在地骏府,推行宽松的民众的文化生活。境内名刹,高僧集聚,佛学交流、古典、汉学的讲演、研讨频繁,能乐、连歌、茶汤、香道盛行,在战火纷纭时期骏府被称为"小京

① 『毛利家文書二』、402頁。
② 『毛利家文書一』、224—225頁。
③ 『毛利家文書二』、405頁。

都"。今川义元也因国内改革成效显著,确立了控制骏河、远江、三河三国的地位。

织田氏的远祖是越前国丹生郡织田庄的庄官,后来,织田氏一族中有人成为尾张国守护斯波义重的家臣,并逐渐侵蚀主君的权力,最后取代斯波氏掌握了尾张国。织田信长的父亲织田信秀在扩展势力过程中,与新崛起的斋藤道三发生利益冲突,多次交战,但最后双方达成和解,结为姻亲,斋藤道三之女嫁与织田信长为妻。织田信秀死后,信长继承家业。因织田信长自幼行为放纵、粗暴,继承家业后仍然不改旧习。对此,家臣很是担忧,屡屡加以谏言。在多次进谏无效的情况下,家臣平手政秀切腹自杀,以死谏促主君省悟。此时,织田信长才幡然省悟,立誓痛改前非。此后思考国事,增加武装,平定威胁自己的族内对手,确立了在尾张国的强势地位,入居清洲城。此后又与相模的北条氏康、甲斐的武田信玄结成三国军事同盟。

尾张国与今川义元控制的骏河、远江、三河相邻,今川义元自巩固对骏河、远江、三河三国的控制之后,一直对尾张国怀有野心,并企谋通过尾张进入京都,称霸天下。对此,织田信长保持着高度的警惕。1560 年(永禄三)五月一日,今川义元发布出兵大号令,亲率 2.5 万(号称 4 万)兵力,直指尾张国。十八日,主力部队进驻尾张国的沓挂城。当时三河国冈崎城主德川家康臣服今川义元,后者命家康为前阵,首先将军需运至大高城和鸣海城。为了监视,织田信长在接近上述两城的地方设置丸根、鹫津、中岛、丹下等据点。十九日,德川家康率军攻占织田军的丸根、鹫津据点。

在今川义元军大举西上的情况下,织田信长在清洲城内召开军事会议,商讨对策,会上发生慎重派与主战派的争执。虽然大家一致认为尾张国不能遭遇蹂躏,但从兵力对比看,今川氏有 2.5 万人,自己只有三四千人。慎重派认为抵抗的话没有胜算的希望,不如暂时乞降,主战派认为只有抵抗才有生路,会议并无结果。其实织田信长自有主张。首先,加强情报工作,并极力扰乱敌人的谍报活动。今川义元曾派一个名叫户部新左卫门的部下潜入尾张,随时把尾张的情报报告给今川氏。为了打击这一谍报员,织田信长让自己的右笔(录事员)练习户部新左卫门的手迹,以户部名义写了一封秘密假情报送给今川义元,结果户部被今川氏杀死,敌方的情报系统遭到打击。与此同时,织田信长构建自己的情报体系,除专门情报员外,还将各村的农民纳入情报网,使今川氏的军事行动无法逃避民众的眼睛,今川军进入桶狭间的情报就是民众发现并提供的。

当织田信长得知今川义元亲率的万余军兵向桶狭间行进并正在田乐狭间休息时,情绪兴奋,感到天赐良机,以少制胜的机遇来临。田乐狭间离桶狭间有 2000 米的距离,实际上所谓的"桶狭间战役"在田乐狭间展开。田乐狭间或桶狭间的"狭间"系指一狭窄的洼地,素有"桶狭之上山磊磊,桶狭之下海灌灌"的说法,可见地形的险奇。今川军进入长窄洼地,两边是山与海,难以施展威力,正好给织田信长提供奇袭的机会。

织田信长立即命令 2000 余兵卒以急行军的速度,插到田乐狭间北部的太子岭。当时狂风暴雨,正好掩护织田军的行动。今川军毫无发觉,全军正因连日来军事上的屡战屡胜而饮酒欢庆。暴雨一停,织田军以迅雷不及掩耳的速度,从太子岭上扑向今川军营,杀声震天。今川义元起初以为是自己的部将叛变,当他发现是织田军时,不禁大惊失色,仓促应战。织田军持长枪左奔右突,今川军仓皇四逃。今川义元也在遁逃时被织田信长的家臣毛利新助抓获并被砍下头颅。今川军的幸存者逃回骏河国,此后今川氏一蹶不振。

桶狭间战役,使织田信长的名声大扬,威望骤增。在这次战役开始前,27 岁的织田信长曾唱起平日喜爱的谣曲:"人生五十如梦幻,岂有长生不灭者",抱着不畏死亡的心态走上战场。现在,战胜了势及骏河、远江、三河三国的强敌,织田信长增强了征伐列强,统一全日本的信心和勇气。桶狭间战役后,织田信长施展了频繁的外交攻势,首先于 1562 年(永禄五)与德川家康结成同盟关系,后与武田信玄结成姻戚,1564 年(永禄七)与近江的浅井长政结成姻戚。在与德川、武田、浅井建立友好关系后,1567年(永禄十)攻占了美浓国,为进入京都铺平了道路。

以织田信长攻讨今川义元的桶狭间会战为开端,战乱以及伴随着的外交关系都呈大规模化发展,群雄间的分化组合也呈现复杂化倾向,更为重要的是各大名都出现建立统合各自地盘地方政权的趋势。由于1560年(永禄三)冬尼子晴久离世及北条氏康的隐居,这个时期诸国中最有实力者是上杉氏、织田氏及毛利氏。因此,桶狭间之战后至1568年(永禄十一)信长入京为止的八年被认为是战国乱世的末期。

桶狭间之战的一大后果便是德川氏的崛起,本来处于今川氏压制下的松平元康在战后便作出战略决断,于1562年(永禄五)赴清洲与信长结盟,翌年即断绝与今川氏的关系,改名家康。1567年(永禄十)信长之女与家康之子信康结婚,双方结成姻亲关系。信长在1565年、1567年两次同武田结成姻亲关系,经与德川、武田的联姻,解决了后顾之忧后便出兵攻陷斋藤龙兴的稻叶同城,进而掌握美浓地区,开始使用天下布武的印玺。

二、战略战术特点

战国大名间的大小战争无数,形式、规模各异,但从战役的战略、战术考虑则有其时代特点。现就1568年(永禄十一)前,即织田信长入京都以前时期,战国大名的战略、战术特点作一粗略论述。

第一,战略、战术思想中的中国因素。在战国大名的战略、战术思想中不乏中国古代军事思想家的影响。以武田信玄为例,出阵时打的军旗必定是两面,一面写着"疾如风,徐如林,侵掠如火,不动如山",一面写着"毗"字的旗。前者的"疾""徐""火""山",显然来自《孙子》。这种写有"疾如风……"的旗子在前述的川中岛战役中应用最多,多达十二面。据载:"此旗,信玄公御代,自永禄四年,川中岛合战开始,就已施行。(略)御据旗共十二面,插于值勤的旗奉行马骑之腰。"[1]

---

① 『甲陽軍鑑』下卷・九品之五。

　　日本战国时代的重要史籍——《甲阳军鉴末书》《信玄全集末书》等篇是记述武田信玄战略、战术的著作，其中随处可见中国古代军事思想家的影响。例如在叙述军阵布局时，首先介绍了"黄帝丘井之法"："黄帝始立丘井之法，因以制丘，故井分为四道、八家处之，其形井字，开方九焉。五为阵法，四为闲地，此所谓数起于五也，虚其中大将居之。"①

　　另外还以图画形式列举了古代中国的其他 17 种阵法：黄帝握奇营卫，太公开放教阅五行阵，管仲内攻阵，太公增五行为三戈阵，司马握奇之营，八阵开门、分四正四奇四冲，诸葛亮鱼复江八阵，马隆扁箱车营，诸葛亮八阵为六旧法，晋四军阵，李靖十二辰阵，晋五军阵，诸葛亮方阵，诸葛亮圆阵，诸葛亮曲阵，诸葛亮直阵，诸葛亮锐阵。②

　　在具体战略、战术叙述中，武田信玄常常以"异本曰"的形式引录《孙子兵法》等的内容，然后根据当时日本的实情加以发挥。武田在其征伐生涯的前期即攻占信浓时期还处于对孙子兵法的简单应用上，所用战略战术都有很深的模仿痕迹。在 1541 年（天文十）武田信玄刚刚流放其父武田信虎，威信未立、根基未稳之时，信浓国的小笠原长时、村上义清等四方势力便联合起来准备进攻甲斐。得知消息的武田信玄马上向信浓方向派出了密探，从由信浓国招来的间者（野武士、忍者之类）70 人中选出 30 个脚力出众、身手敏捷者，将他们的妻子 30 人分别交由甘利备前、饭富兵部、板垣信形三人看管，当作人质。然后分别派往村上领地 10 人、诹访领地 10 人、小笠原领地 10 人以侦查状况，每次两人为一组回来报告情况。③ 武田所派出的密探是《孙子兵法》中所强调的五间中的"因其乡人而用之"的"因间"。对于信浓四方联合的强大气势，武田又运用了《孙子兵法·九地》中的背水一战、主动出击的原则。在出击之前，武田晴信对家臣说："信州是个大国，敌人有一万六千大军，是我军的两倍，

---

① 『信玄全集末書』上卷之八・陣取上。
② 『信玄全集末書』上卷之九・陣取下。
③ 腰原哲朗訳『名将・原本現代語新訳「甲陽軍鑑」一』、株式会社ニュートンプレス 2003 年、324 頁。

但我们是在自己的国土上作战,在这里我们身经百战。只要我们击垮谄访与村上,木曾小笠原必将望风而逃。"①武田信玄的主动出击使信浓四方联军措手不及,武田自始便掌握了战场主动权,据《甲阳军鉴》记载,"这场战役自早上八点开始到下午两点结束,双方交战九次,武田方一共消灭敌人一千六百二十一名。"②

但是,武田在川中岛会战时期便掌握了孙子兵法的精要,将战争视为达到目的的最后手段,尽量应用外交谋略及外交手段,减少不必要战争对自己产生的消耗,充分体现了孙子兵法中上兵伐谋、其次伐交、其下攻城的精神。1554 年(天文二十三)在上杉谦信第一次出兵川中岛的第二年,北条氏乘隙进攻今川氏的骏河,武田利用上杉谦信这个外部威胁的存在,成功地促成了二者的和谈,并拉近与北条氏的关系,彼此联为姻亲,达成甲、骏、相三国同盟。基于此同盟关系,武田便有了对抗上杉谦信的稳固后方与盟友,同时又煽动加贺与越中的一向宗门徒在上杉国内制造混乱,成功地在川中岛地区赢得了战略优势地位,使得上杉谦信五度发动川中岛会战却无法赢得战争,是武田信玄精妙运用《孙子兵法》的典例。

对于外交手段无法达到目的的局面,武田则灵活运用战术果断地发动战争摧毁敌人。1560 年(永禄三)今川义元在桶狭间兵败身死,织田信长迅速崛起,原今川氏部下的德川家康于 1562 年(永禄五)与织田结成同盟,控制三河国的大半地区。今川氏真不具备统治领国的能力,招致武田对其领国的觊觎,武田为此不顾身为今川氏女婿的儿子武田义信的反对,于 1565 年(永禄八)软禁义信,并将其手下全部处死,开始进行战争准备。一切准备就绪后,1567 年(永禄十)赐死义信,甲、骏、相同盟解体,并于次年与德川氏达成两面夹攻今川氏、瓜分骏河、远江两国的协

① 腰原哲朗訳『名将・原本現代語新訳「甲陽軍鑑」一』、株式会社ニュートンプレス2003 年、326 頁。
② 腰原哲朗訳『名将・原本現代語新訳「甲陽軍鑑」一』、株式会社ニュートンプレス2003 年、327 頁。

议。其后在 1568 年(永禄十一)至 1570 年(元龟元)的骏、远、三河三国作战时期,武田在准备充分的情况下迅速扫平骏河地区,并于 1571 年(元龟二)撕毁与德川的协议,侵入远江并经信浓入侵德川家康的本国三河,其势锐不可当,次年便于三方原大败德川织田联军,兵锋直指德川家的主城——滨松城,充分体现了《孙子兵法》中兵以利动的精神。另外,武田对于远交近攻战术的运用也相当纯熟,不为联盟所牵绊,当今川氏衰败时便弃之如敝屣,转而与德川氏协议瓜分之,继而再乘势攻击德川氏,若非病死阵中,武田氏的军事成就会更加辉煌。

第二,夜战、奇袭、以弱胜强。在战国时代以前,日本的军法回避夜战,即使已准备就绪也要待天明时才战,双方战争的时间一般都安排在上午 10 时至下午 4 时。但进入战国时代以后,由于情报信息的及时获得,夜战的成功机会大大增强,夜战便成为各战国大名屡屡采用的主要战法之一。前述严岛战役、川中岛战役、桶狭间战役皆是夜战的典型战例,与夜战相应的战术是奇袭,夜战为奇袭提供了隐蔽、神速的有利条件,因此夜间发动的奇袭,常常为势弱者创造了战胜势强者的奇迹。

第三,频使外交政略。战国大名间除了血腥的战争外,还有频繁的外交策略。在战场上无法得到的利益通过外交手腕获得,外交同盟的结成主要手段就是彼此建立政略婚姻,例如 1554 年(天文二十三)实现的骏河、甲斐、相模三国联盟就是从联姻开始的。相模的北条氏与骏河的今川氏为争夺东部骏河的领有权互相斗争多年,因为甲斐的武田氏与今川氏有姻戚关系,武田信玄的女儿嫁与今川义元,结成甲模联姻。由于武田信玄的调停,今川氏与北条氏签订了休战协定,今川义元的妹妹嫁给了北条氏康,甲相骏三国联盟正式形成。三家的子女继续结亲,武田信玄的女儿嫁与北条氏康之子氏政,今川义元的女儿嫁与武田信玄之子义信,北条氏康的女儿嫁与今川义元之子氏真。此后大约十年间,今川氏与北条氏间虽有若干冲突,但基本上和睦相处,三者之间子女的婚姻维系了和平,各自经营着各自的领国。通过政略婚姻结盟的例子颇多,如美浓国的斋藤道三将女儿浓姬嫁与尾张的织田信长,织田信长的养女嫁与武田信玄的四男胜赖，武田信玄的女儿阿松嫁与织田信长的嫡子织田信忠。

除政略婚姻，作为外交策略，还有利用室町幕府将军的调停来为自己服务的事例。幕府对于各大名相互争伐的活动进行调停是幕府的一项基本职能和权力，但这种调停由于幕府的权威下降，对冲突双方而言并没有多少约束力。例如 1564 年（永禄七）义辉派遣大觉寺义俊调停上杉辉虎与北条氏康、武田信玄的冲突时便遭到辉虎的拒绝。将军的调停固然有其本来机能的一面，即禁止私战的作用，但与此相关，利用调停为手段，使各大名在有求于将军的调停以获得喘息时机的情势下对将军进行物质上的报答，从而充实将军财政的作用也不可忽视。例如足利义辉在调停尼子与毛利之战时从毛利处收取公料 1000 贯的土地及 2700 贯的钱财，调停已经成为幕府补充财政的重要手段之一。义辉向各大名所下达的调停指令已经演变成索要经济援助的手段，将军禁止私战的职能已经变质。① 尽管如此，愿意支付幕府调停费用的毛利氏无疑是推动调停的主要方面，利用调停达到自己的目的，或利用调停得到喘息之机，或利用调停取得幕府支持。

除政略婚姻外，作为外交策略还采取"质子"（人质）的方法。战国时代，大小领主遣送自己的妻子、孩子等亲族到其他领主那里做人质的行为十分盛行。在叛衅无常、信义难寻的时代，口头乃至书面的约束都无法博得他人的信任，似乎只有奉上自己的家人，特别是继承人，才足以安抚对手的疑心。因此，确立隶属关系时，"质子"是极为常见的环节，在外交上发挥着十分重要的作用。以至于江户幕府开创之后，为防天下大名作乱，德川家仍然要求各藩藩主交出自己以及手下重臣的家人，将他们集中到大阪、江户与京都加以"照顾"，称为"大名证人制度"。宽文五年（1665），重臣递献人质的制度废除，但直到幕末，大名的妻室与世子仍要留居江户，即著名的"参勤交代"制度。

---

① 宫本義巳「足利将軍義輝の芸豊和平調停」、『政治経済史学』102 号、103 頁。

战国时代最著名的人质当属日后的征夷大将军德川家康。德川家康出身于三河的小豪族之家,身受势力强大的今川氏庇护。因此,在德川家康 6 岁的时候,他的父亲为表达对今川家的从属而将其送往骏府,结果却在半路上被护送的武将出卖,转手给了与今川对立的织田家作人质。两年之后,通过人质交换的方式被带到了今川家。德川家康在今川家的照看下渡过了元服之年,并迎娶了今川义元的侄女做妻子,也即后来的筑山殿。15 岁的时候,德川家康生平首次上阵,参加了今川家与织田家的战斗。可以说,德川家康人生早期的重大经历——元服、结婚、初阵都发生在他寄人篱下的时代。直到 1560 年(永禄三),17 岁的德川家康才终于趁着桶狭间之战后今川家的混乱脱出掌控,自立一方,开始创立日后的功业。

同样是人质,相比德川家康,真田幸村的生涯更为悲惨。真田家也是小豪族出身,因而必须寄身于大势力的伞下才能生存。原本属于武田家系的真田氏在武田胜赖败亡之后,转为织田家所控制,因此,真田幸村不得不前往织田大将泷川一益处做人质。本能寺之变后,泷川一益强携真田幸村同返京畿,但中途又将他转给木曾义昌。从木曾义昌处脱回的真田幸村日后又曾在上杉景胜的越后与丰臣秀吉的大阪两处做过人质,居留大阪期间,迎娶了丰臣家臣大谷吉继的女儿为正室。

此外,毛利元就也曾在自己实力弱小之时,送自己的嫡子毛利隆元到周防的大内氏做人质,以表达服从之意,换取大内氏的支持。毛利隆元在大内家也广结人脉,成为日后毛利家外交战略重要的执行者。

由此可见,“质子”行为对于递献人质的一方而言,其利益除了能够换取强大实力的支持,人质也可以借助寄主家广阔的平台,结交各路人士,拓展见识,为自己与本家今后的发展铺好道路,所以很难说是一种单纯的屈辱。尽管如此,“人质”毕竟是实力微弱的代名词,“质子”行为中也带有强烈的臣服色彩,所以,当德川家康在大阪之阵前作为化解兵戈的条件之一提出要淀殿当人质时,以淀殿的性格自然大怒。

另外,需要补充说明的是,有时地位相同的两者之间也会有“质子”

情况出现。比如曾与德川家康同在今川家为质的北条氏规,其身份乃是北条家当主氏康的第五子。北条家世代雄踞关东,实力绝不逊于今川义元。因此,北条氏规前往骏府一事很难说是臣服之意,更像是表达信任的一种方式。而今川义元也确实极为重视北条氏规,曾将之作为仅次于嫡子今川氏真的次子养育。值得一提的是,北条氏规由于在为质期间结识了德川家康,因此日后就成为德川家康接触北条家时的窗口,再次证明了"质子"行为所具有的外交深意。丰臣秀吉主动将母亲送到德川家康那里做人质以迫使后者上洛来朝见他的故事,则更表明在老谋深算的一流政治家那里,"质子"甚至可以发挥出更为绝妙的功用。

三、武器改良与进步

在战国以前,战争的武器主要是弓矢,军队主力是骑兵,但进入战国时代后,无论是武器,还是军队均有了明显的改进。首先在武器方面,有两点是必须重视,一是武器的多样化,不但有传统的弓、刀、鑓(枪),而且有改良武器,如将枪装上长柄,成为长柄枪(或称"长枪")。原有的短枪改变为长枪,扩大了作战的空间,增强了杀伤力。二是新武器"铁炮"(鸟铳枪)的使用。

关于铁炮(鸟铳枪)的传入,传统的说法是根据 1606 年(庆长十一)萨摩国的禅僧所著《铁炮记》的记载,1543 年(天文十二),葡萄牙人将铁炮(鸟铳枪)带入日本。但也有学者认为,传入铁炮(鸟铳枪)的葡萄牙人搭乘中国海商王直的船抵达种子岛,时间是 1542 年(天文十一)。第二年,即 1543 年(天文十二),葡萄牙人再次乘坐王直的船抵日,传授制造铁炮(鸟铳枪)的技术。[1] 首先学习制枪技术的人是种子岛领主种子岛氏的家臣,最早将这种新式武器用于战争的是岛津氏,时间是 1549 年(天文十八)。丰后国的大友宗麟在 1559 年(永禄二)受幕府之命,担任了丰前、筑后守护,期间他将铁炮和火药调配的书《铁炮放药方并并调合次第》作为礼物

---

[1] 村井章介『海からみた戦国日本—列島史から世界史へ』、筑摩書房 1997 年、125 頁。

献给幕府将军足利义辉。后来上杉谦信上京时,足利义辉又将关于火药调配的书赠予谦信,制作技术先后传至堺、纪州、近江等地,出现了一批日本本土的工匠。再加上商人的贩运,铁炮受到各大名的注意,并购置配备于军队。如上杉氏在 1567 年(永禄十)要求家臣应配置的装备有枪 15 支、小旗 2 面、铁炮 1 挺。根据其 1575 年制成的军役账,上杉氏所属武将拥有武器总量是枪 3409 支、铁炮 300 挺、旗 348 面等。又如武田信玄于 1562 年(永禄五)规定枪 30 支、弓 5 张配铁炮 1 挺。再以织田信长为例,前已叙及 1553 年(天文二十二)四月,斋藤道三的女儿浓姬嫁给织田信长。浓姬进入织田家已过 5 年,道三与信长翁婿二人还不曾面晤过。斋藤道三要求一见,信长应诺赴约。为显示威武,信长赴约时,带了近千人士兵,其中持长枪者 500 人,持弓和铁炮者 500 人。虽然不知铁炮数目,但无疑铁炮已作为军队的武器配备。

虽然在 16 世纪中叶,各战国大名的军队配备了传入的新式武器铁炮,但是在整个军队的武器中尚未成为重要的兵器,只是传统的枪、弓、刀的辅助兵器。在战场上成为主要武器是在 1575 年(天正三)织田信长组织铁炮队,在长篠战役中,将 3000 名铁炮手分成三个梯队,创造三梯队轮番射击法,即三梯队分成前后三层,当第一梯队在前面发射完毕后,立即退至最后安装火药,二梯队升为一梯队发射,三梯队升至二梯队,准备发射。如此轮番作战,确保了射击的连续性,达到最强的作战效果。

铁炮传入初期未能广泛应用的原因主要有三点:一是由于装填与点火方式的限制,发射间隔较长,铁炮弹药的装填采取当时流行的前装方式,即铁炮手要先将火药从枪口倒入枪管中,之后再将弹丸塞入枪管,并且为保证火药、弹丸与枪管之间不留下空隙,以减少射击时发生炸膛、跳弹等意外,装弹完成后还需要用通条将火药与弹丸捣实。同时,由于火药引燃后产生许多残渣,如果不及时清理,会阻塞引火孔和枪管,导致枪械故障,因此在装填前还要首先要清理火药残渣。就点火方式而言,铁炮属于火绳枪一类,也即通过扣动扳机,使引燃的火绳接触火皿中的少量引火药,而引火药在引爆后又透过引火孔来引爆枪管内的火药,最终将弹丸推射出去。因此,铁炮手在每次射击前先要调整好火绳,还要预先在火皿中洒入少量引火药。因此,铁炮一次发射之前要大概经历五个大步骤:清理残渣;调整火绳,注入引火药,关闭火盖;装入火药与弹丸并捣实;打开火盖,举枪瞄准;扣动扳机发射,射击速度的缓慢显而易见。

二是精准度较低,有效射程也有限。铁炮射击从扣动扳机到枪管内的火药引爆之间有延迟,虽然时间不过零点几秒,但在这短暂之间如果持枪者无法稳住身体的话,枪械难免会产生晃动,进而导致弹丸偏离目标。另一方面,铁炮射击会产生大量的烟雾,导致数次射击之后,战场上的能见度十分低。最后,由于当时的枪械一般都是滑膛枪,弹丸不免会在枪膛内跳动,出膛后的运动轨迹并不稳定。以上几点都极大地影响了铁炮射击的精准度。因此,传入之初,铁炮的有效射程大部分只有30余米,而用强弓,杀伤距离可以达到30至40米。所以,铁炮的射程不及强弓,其灵活性不及持长枪的骑兵,当时的长枪的柄有三间半长,约6.4米。

三是可靠性差。铁炮的点火依赖于暴露在外的火绳,一旦遭遇阴雨天气,火绳及火药受潮的话,就很难引燃;而且铁炮手身上携带有大量火药,点火后四溅的火星与被爆炸击飞的火绳对他们的生命安全都构成很大的威胁。另外,铁炮引燃时的闪闪火光也难以胜任夜袭的要求。

尽管如此,铁炮在传入日本后,由于威力较大、准确性较高的特点而迅速被各国大名所青睐,在日本广泛且大量地生产出来。日本人基于自身体型特点及使用习惯对其进行了大量改进,相应地在制造工艺上也产生了很多新技术。针对日本雨水天气多的特点,日本人造出涂有防水漆的盒子来保护枪身,避免火药受潮从而影响射击,还改进了枪支的螺旋弹簧及其他零部件,以使枪支更加具备适用性。

因此,铁炮以其可观的破甲能力、相对低廉的训练成本以及隆隆巨响带来的威慑力成为战国时代重要的远程武器,为弓箭所无法替代。战国时代不少大名纷纷采用铁炮战队,并对铁炮的运用战术加以改进。其中上文提到的北九州之雄大友家就发明了名为"早合"的弹药包,将定量的火药与弹丸封入木、竹、革乃至纸制的筒中，以便发射前快速地完成装填等动作，提高射击速率。"早合"堪称是定装子弹的雏形。而以善使铁炮出名的纪伊国佣兵集团杂贺众、根来众则发明了一人射击、数人辅助的独特战术，每个人明确分工，负责装填、射击等环节，形成流水线般的操作，提高了射击的频率。靠此战法，杂贺众、根来众协助本愿寺一方使前来进攻的织田信长蒙受了极大损失。然而，历史上最为著名的铁炮战术是最终攻下石山本愿寺的织田信长。织田信长创造的三梯队轮番射击法后来被岛津家继承，并加以改进，形成了可以一面前进一面射击的强力战法，在关原之战中大显神威。

铁炮、长枪的应用也促进了战争兵种的变化。进入中世以来，穿着铠甲的步兵和骑兵是战场上的主角，但进入战国时代以后，一种不穿铠甲的士兵成了战场的主角。这类士兵被称为"足轻"。虽然类似足轻的士兵在源平之争时已有所见，当时称为"足白""疾足"等，但是真正成为主角是在"应仁之乱"以后。从《甲阳军鉴》一书中可以看到，战国时代的兵种，以"足轻"为主体，呈现多样化，例如有足轻、弓足轻、长柄枪足轻、铁炮足轻、甲骑、长枪骑等。

铁炮的传播极大地改变了步兵足轻与武士骑兵的优劣对比，铁炮的射程及精准度极大地遏制了骑兵的优势，但铁炮也有其装填速度慢及装填过程中防卫能力弱等弱点。各大名在扩充足轻铁炮的数量及质量的同时，也在针对这些弱点进行战术上的改进。在战国时期，铁炮基本上都是与弓箭充当先锋，以其射程优势作为先导对敌方进行攻击，其后在两军距离缩短至几十米时，由长枪队及骑兵进行攻击。

足轻作为步兵集团的出现与火器的应用自然是分不开的，但足轻作为军事兵种逐渐取代骑兵的趋势，并不是以热兵器先进性及战术先进性为主要原因。足轻发迹于应仁之乱，以京都为活动中心，主要作战兵器为长枪。"该军团继承了过去的恶党的传统，以京都及其周边地区的流动性城市民、城市性百姓为基础，其活动对两军的战斗产生了巨大影响。此后足轻成了各地战斗中必不可少的力量，他们在战争的混乱中大肆掠夺、横行。"①足轻兵力的来源主要是京都周围的城市人口,缺乏传统武士的正规军事训练与骑兵装备,因而足轻的步兵形式与兵器的选择具有在最大程度上适应自身的条件特点。另外,相对于传统武士有自己的知行地,很难长时间远离本地域在外作战的特点,作为城市人口且被组织起来的足轻拥有长时间离开本地域、依靠掠夺维持自身战斗力的特点。足轻在战乱中由于自身相较于骑兵所拥有的战略机动性及数量优势为各战国大名所重视,加上 16 世纪传入的热兵器使得较于骑兵战斗力不足的弱点得到弥补进而逆转,足轻成为战国时期的决定性兵种力量。

铁炮的应用进一步加深了战争的残酷性,同时也加速了国家的统一进程。"如果没有铁炮的出现,战国动乱或许没有那么容易平息,当时以反封建为目的风起云涌的类似于一向一揆的农民运动或许没那么容易镇压。"②因为战国时期大名间的频繁战争使得大名对提升自己军队战斗力的措施格外重视,铁炮正是在这种广泛的需求下变成主要兵器,并最终对历史的走向发挥了重要作用。尤其是到了战国后期,足轻依靠改良后的铁炮取代了骑兵,成为各大名的决定性主力兵种。织田信长、丰臣秀吉、德川家康无一不是应用足轻的专家,尤其是丰臣秀吉,自从 1575 年(天正三)组建铁炮队后,其数量和地位一直是丰臣军中的翘楚。

---

① [日]网野善彦:《日本社会的历史(修订版)》,第 271 页。
② 洞富雄『鉄砲伝来記』、白揚社 1939 年、192 頁。

第七章　室町时代对外交流

第一节　中日交流

一、称臣入贡

　　1339 年(历应二)十月五日,后醍醐天皇逝去 49 日,著名僧侣、园艺大师梦窗疏石和足利尊氏、足利直义兄弟商议,决定建造寺院,名义上是为了祈祷天皇的冥福,实际上主要为了镇魂。寺址选定在后嵯峨、龟山、后宇多三代天皇离宫的龟山殿,寺名初曰"历应资圣禅寺"(简称"历应寺"),但遭到延历寺的反对而改为现名"天龙资圣禅寺"(简称"天龙寺")。动工仪式上,尊氏亲自挥锹破土。

　　建造如此规模的寺院,必定需要大量的资金。除各地的捐赠外,以直义为中心的幕府首脑决定派遣船只到中国进行贸易,征收其中部分利润以资建寺,这就是著名的天龙寺船。在是否派遣天龙寺船的问题上,幕府内部存有分歧。在梦窗疏石的力荐下,由直义最终作了决定。从决定文书来看,应该是两艘,但结果只有一艘,估计是资金周转有问题,也就是只能筹措到一艘船只的钱。1342 年(历应五)秋,以商人至本御房为纲司的天龙寺船顺利起航,据《太平记》的记载,当时的对中贸易利润高达百倍,本次贸易幕府与至本签订的条约是不管利润多少,上交幕府铜钱 5000 贯。天龙寺船的成功出发,背后还有一位人物在发挥作用,那就是入元僧古先印元。日本正中二年(1325),为营建建长寺,日本派出建长寺船。贸易船只回国时,船上乘坐了北条高时力邀的元代高僧清拙正澄,而担任清拙正澄向导的正是古先印元。起初担任天龙寺营造的总负责人,即"大劝进职"的人是梦窗疏石,但迫于反对势力的攻击而辞职,梦窗推荐的后任者正是古先印元。

搭乘天龙寺船一同入元的求法日僧不在少数,大约有 60 余人[1],与渡日僧竺仙梵仙相关者达 25 人之多,其中有著名的禅僧愚中周及。1342 年 10 月,贸易船只驶入明州港,但元朝政府误以为天龙寺船是贼船,不准其靠岸。愚中周及上书明州钟万户未果。第二年,元朝政府允许与商人进行贸易,但还是禁止禅僧登岸。根据愚中周及的年谱记载,某夜在当地一位商人的帮助下,他来到明州曹源寺,敲开月江正印的门。但更多的是不幸者,渡日僧清拙正澄的 17 名日本弟子偷渡上岸,结果全被卫兵捕获,钟万户一怒之下全部杀死,船上的 30 多名日僧听此噩耗,全部回国。[2]

尽管迂回曲折,但翌年夏天龙寺船获得预期利益平安归来。梦窗亲自诵偈感谢至本,从末句的"满船官货孰私商"可以看出,天龙寺船带回大量商品和铜钱,预期目标取得圆满成功。康永四年(1345)八月二十九日,在天龙寺举办盛大的后醍醐天皇供养法会,可见寺院的建造进展非常顺利,作为营建事业有功的至本也专程从博多赶往京都参加大会。

除天龙寺船外,民间贸易也很兴盛。据统计,从 1336 年至 1392 年的 57 年间,元日间的商船往来达到 19 次之多[3],其中大多是因私贸易,但也有经过幕府批准的。批准的船只一方面能够得到幕府保护,同时回

①② 村井章介『分裂する王権と社会』,中央公論新社 2003 年、97 頁。
③ 江静:《元代中日通商考略》,《中日关系史料与研究》第一辑,北京图书出版社 2002 年。

国后需负担一定的义务。此外,还有一点值得注意的是众多日僧随着商船来到元朝,他们在中国参禅问道、巡礼圣迹、观览名胜之外,为寺社采办货物、经营贸易也是他们的一个重要使命。

1368 年朱元璋建立明朝,此时日本仍然处在南北朝对立时期,九州地区控制在南朝后醍醐天皇之子怀良亲王手中。同年(明洪武元)十一月,明朝派使臣携带国书前往高丽、日本、安南、占城,宣布明朝成立,望各国奉正朔,恢复以往国交关系,四国中只有日本没有回音。1369 年(明洪武二)三月,朱元璋又派杨载赴日本,指责其一是纵容倭寇扰边,二是不应明朝之召前来通好。国书中有"宜朝则来廷,不则修兵自固。倘必为寇盗,即命将徂征耳,王其图之"字样。[①] 怀良亲王不受指责,一怒之下斩杀使团五名成员,拘禁正使杨载等二人,三个月后才放回。1370 年(明洪武三)三月,朱元璋又派第三次使节赴日本,正使莱州府同知赵秩继续指责日本不通好,不禁倭寇。起初怀良亲王也甚反感。从正使姓赵想起忽必烈派遣的使节赵良弼,指责道:"吾国虽处扶桑东,未尝不慕中国,惟蒙古与我等夷,乃欲臣妾我。我先王不服,乃使其臣赵姓者誘我以好语,语未既,水军十万列海岸矣。以天之灵,雷霆波涛,一时军尽覆。今新天子帝中夏,天使亦姓赵,岂蒙古裔耶?亦将誘我以好语而袭我也。"对此,赵秩则严辞回答说:"我大明天子,神圣文武,非蒙古比,我亦非蒙古使后。能兵,兵我!"[②]

当时日本南朝形势甚恶,在北朝和幕府的强势下,南朝将领相继降于北朝,尤其是南朝军事支柱楠木正仪投降北朝,直接影响到怀良亲王重返京都的企望。在此背景下,怀良亲王态度一变,对赵秩颇为友善。在赵秩尚在九州滞留期间,明朝廷又遣送回被俘的倭寇和嫌疑僧侣 15人,更使怀良亲王感到明朝的诚意。

1371 年(明洪武四)十月,怀良亲王派使僧祖来等九人随赵秩来明,奉表入贡,进献马匹、方物及被倭寇所掠的 70 余名明州、台州人。朱元

[①][②]《明史·日本传》。

璋对怀良亲王遣使前来,自然十分高兴,对来使招待甚盛。1372 年(明洪武五)五月,祖来等归国,朱元璋特派明州天宁寺僧仲猷祖阐、南京瓦官寺僧无逸克勤为正使,赴日兼送祖来回国。为了使此次遣使成功,朱元璋对祖阐、克勤在日行动明确指示:"尝闻古帝王,同仁无遐迩。蛮貊尽来宾,我今使臣委。仲猷通洪玄,倭夷当往至。于善导凶人,不负西来意。尔僧使远方,毋得多生事。入为佛弟子,出为我朝使。珍重浦泉经,勿失君臣义。(中略)行止必端方,毋失经之理。入国有齐时,齐毕还施礼。是法皆平等,语言休彼此。尽善化顽心,了毕才方已。归来为拂尘,见终又见始。"①

　　明朝使团中还以元末来到中国的日本僧侣椿庭海寿、权中中巽二人为通事(翻译)。祖阐等人于五月二十日从宁波出发,经五岛,二十五日抵达九州博多。此时正值今川氏率北朝军与菊池氏的南朝军在九州征战,博多已被幕府的九州探题今川了俊控制,怀良亲王已被逐出大宰府。祖阐、克勤等在筑紫的圣福寺滞留一年余,期间对日本的政情有了详细了解,得知当时日本有两个朝廷,一个幕府,大权掌握在幕府将军之手,时任将军为足利义满,于是祖阐、克勤企望能与京都的北朝、幕府直接联系。九月一日,他们秘密地给日本天台宗座主尊道写了一封信,希望得到帮助。密信介绍了朱元璋崇信天台等宗、专心内治及对日本通交的愿望:"大明皇帝神圣威武,驱群胡而出境,复前宋之故土,中原既平,边境亦靖。时则游神内典,思欲振之,故于今春正月望日,诏天下三宗硕德一千余员,建普度会于京之蒋山寺,帝自斋戒一月,禁天下屠杀,率文武百官,诣坛设拜;又敕制乐章,命乐师奏以献佛,众见庙(瑞)光烛天,夜雨五色之物,状如珠玑,时帝大悦,天界白庵禅师以吾宗耆宿,而数召对经论称旨,乃奏。复瓦官为天台教寺,众即推某(指无逸克勤)主之。盖前两年,皇帝凡三命使于日本,关西亲王皆自纳之,于时以祖来入朝称贺,帝召天宁禅寺住持祖阐、瓦官教寺住持某,命曰:朕三遣使于日本者,意在

---

① [日]伊藤松辑,王宝平、郭万平等编:《邻交征书》,上海辞书出版社 2007 年,第 83 页。

见其持明天皇(指北朝的后圆融天皇),今关西之来,非朕本意,以其关禁非僧不通故,欲命汝二人密以朕意往告之,曰:中国更主,建号大明,改元洪武,向以诏来故,悉阻于关西,今密以我二人告王知之,大国之民,数寇我疆,王宜禁之,商贾不通,王宜通之,与之循唐宋故事,修好如初。(后略)"①

天台座主接到此信后立即转呈足利义满,1373 年(明洪武六)六月允许使节上京。二十九日入京后,克勤、祖阐一行居住在京都嵯峨的向阳庵,滞留两个月后启程回国。将军足利义满派僧宣闻溪、净业、喜春等为使,随克勤、祖阐同来明朝,是幕府与明王朝的最初通使。使者于 1374 年(明洪武七)七月抵达明都,据《明史·日本传》载:"其大臣遣僧宣闻溪等赍书上中书省,贡马及方物,而无表,帝命却之,乃赐其使者遣还。"此后,日本南北两朝均有使者前来明朝,但大多因无国书而遭拒绝。1376 年(明洪武九)四月,幕府派僧圭廷用为使赴明"贡且谢罪",但因其"表词不诚,降诏戒谕"。1380 年(明洪武十三),幕府遣僧明悟等人使明,持有《征夷将军源义满奉丞相书》,但由于言辞倨傲无礼,被拒绝进贡。1381 年(明洪武十四),怀良亲王遣使来贡,朱元璋又以无国书为由拒绝其纳贡,并命礼部起草回信予以质问。回函言辞严厉,明示若不改正,拟将派兵远征日本。

怀良亲王接到明朝回函后,也写了一封回信,用词颇尖刻:"(前略)盖天下者,乃天下之天下,非一人之天下也。臣居远弱之倭,褊小之国,城池不满六十,封疆不足三千,尚存知足之心。陛下作中华之主,为万乘之君,城池数千余,封疆百万里,犹有不足之心,常起灭绝之意。(略)臣闻天朝有兴战之策,小邦亦有御敌之图。论文有孔孟道德之文章,论武有孙吴韬略之兵法。又闻陛下选股肱之将,起精锐之师来侵臣境。水泽之地,山海之洲,自有其备,岂肯跪途而奉之乎? 顺之未必其生,逆之未必其死。相逢贺兰山前,聊以博戏,臣何惧哉? 倘君胜臣负,且满上国之

---

① 『善隣国宝記』卷上、99—100 頁。

意；设臣胜君负，反作小邦之羞，自古讲和为上，罢战为强，免生灵之涂炭，拯黎庶之艰辛（后略）。"①朱元璋接读怀良亲王此信，甚是愠怒，但远征之事不再提起。

此后不久，因明左丞相胡惟庸谋叛事件，致使明与日本的交往受到严重影响。胡惟庸颇受朱元璋器重，权压群臣，结党营私，阴谋叛反，但不掌军权，无谋叛兵力，故欲借倭寇之力夺取皇位，于是胡惟庸与宁波卫指挥林贤勾结。两人计划让胡佯奏朝廷称林贤有罪，免其职，然后林贤密渡日本，广泛结交，借兵谋变。林贤抵达北九州后与怀良亲王一派联系，在得到日方答应借兵后，林贤报告胡惟庸。得到报告后，胡又奏请朱元璋恢复林贤官职，林贤得到胡惟庸密令迅速回国。同时，怀良亲王派僧如瑶率兵四百余人随行，"诈称入贡，且献巨烛，藏火药、刀剑其中。"②在日僧如瑶抵达之前，胡惟庸谋叛事已经暴露，已被朝廷诛杀，如瑶一行以无国书为名，被拒"入贡"。数年后，林贤借日兵助胡惟庸谋反事，终被揭露，林贤被斩杀，株连一族。但是，国内外学者对胡惟庸勾结日本以图谋反之事多有质疑。朱元璋借此对日本因此深恶痛绝，将日本列为"不征之国"，断绝交来。

1392 年南北朝统一，两年后足利义满任太政大臣，授"准三后"（即享受太皇太后、皇太后、皇后的待遇）位。虽然辞去幕府将军职务，但仍然掌握实质权力。从明朝回国的九州筑前博多商人肥富向其进言，与明朝通交有益两国，力劝使者赴明。足利义满接受肥富之说，于 1401 年（应永八）五月，任肥富为正使、祖阿为副使率团向明朝皇帝称臣纳贡。肥富一行于当年秋到达明都，呈送由足利义满签署的国书："大明皇帝陛下，日本国开辟以来，无不通聘问于上邦，某幸秉国钧，海内无虞，特遵往古之规法，而使肥富相副祖阿通好献方物：金千两、马十匹、簿样千帖、扇百本、屏风三双、铠一领、筒丸一领、剑十腰、刀一柄、砚筥一合、同文台一

---

① ②《明史·日本传》。

个,搜寻海岛漂寄者几许人还之焉。某诚惶诚恐,顿首顿首,谨言。"①

　　当时明朝第二代皇帝惠帝在位,虽然惠帝对日本派使来朝并不热忱,但仍然接受了足利义满的称臣纳贡,并于次年,即 1402 年(明建文四,日应永九)二月,在肥富一行归国之际派禅僧道彝天伦、一庵一如为使赴日。明使所携诏书以"兹尔日本国王源道义"开头,将足利义满视为日本国国王,指出:"朕都江东,于海外国,惟王为最近,王其悉朕心,尽乃心,思恭、思顺,以笃大伦,毋容遁逃,毋纵奸宄,俾天下以日本为忠义之邦,则可名于永世矣。"②回赠礼物是《大统历》、锦绮二十匹。上述两国使的往返和国书的交换,表明了幕府与明朝的关系正式确立。

　　明使道彝天伦、一庵一如于七月初到达九州博多,八月初进至兵库。八月十一日抵达京都,住法住寺。九月五日,足利义满在北山第新邸举行盛大仪式接受明皇帝诏书和欢迎明使节。参加仪式者均着盛装,足利义满在正屋之前,置有一高桌,上置明皇帝诏书。义满先烧香,三拜,然后又跪拜之。义满的此举,表达了他对明皇帝的尊重,同时也是发自内心地接受了明皇帝的"日本国王"称号的册封。足利义满对明朝皇帝诏书的接受礼仪,也引起了不少反对者的批评。在日本学术界中,有人甚至认为这是日本外交史上未曾有的"污点"。尽管有如此严厉的批评和评价,但应当承认,足利义满却是促进两国关系正常化以及促进有益于当时日本经济发展的两国贸易的有功之臣。

　　明使道彝天伦、一庵一如在日本滞留期间,明朝廷发生皇权转移。燕王朱棣以武力夺取皇位,是为明成祖。明朝政变情况很快传到日本,当明使归国时,足利义满派遣僧坚中圭密为正使,率三百余人的使团,随明使赴中国。当时使者携有两份国书,视具体情况再决定呈递。坚中圭密一行于 1403 年(明永乐元)九月九日在宁波登陆,此时明皇帝任命左通政赵居任、行人张洪、僧禄司右阐教道成为使,准备赴日本召谕入贡,

---

① 『善隣国宝記』卷中、108 頁。
② 『善隣国宝記』卷中、110 頁。

预定同月十四日起航。突闻日本使随明使节到来,皇帝非常高兴。日本使团抵宁波后,经查验,日本使节有违犯"番使入中国,不得私携兵器鬻民"的规定,为此礼部尚书李至刚奏明成祖皇帝,请求"敕所司核其舶,诸犯禁者悉籍送京师"。对此,明成祖不同意礼部意见,指示说:"外夷修贡,履险蹈危,来远,所费实多,有所赍以助资斧,亦人情,岂可概拘以禁令。至其兵器,亦准时直市之,毋阻向化。"①

十月,日本使者坚中圭密等到达明都南京,向明成祖呈国书,贺成祖即位。成祖读此国书,喜出望外,热情款待。明朝约定日本十年一贡,人止二百,船止二艘,不得携带军器,违者以寇论;同时规定贸易船以勘合为凭,立日字勘合一百道,日字底簿二册,本字勘合一百道,底簿二册留明朝礼部保存;同时将本字勘合一百道、日字底簿一册交日本使用,本字底簿一册交浙江布政司收存。其后日本船入贡需持本字勘合,所载货物、人员等皆载入日字底簿。

1404 年(明永乐二)四月,明成祖任命赵居任为送日使,与日本使节坚中圭密一行赴日。明使团分乘五艘大船,五月三日其中三艘驶入兵库港,十二日使团一行近 80 人入京都。五月十六日,足利义满在北山第接见赵居任等人。赵居任呈国书,献礼物,国书中写道:"咨尔日本国王源道义,知天之道,达理之义,朕登大宝,即来朝贡,归响之速,有足褒嘉,用锡印章,世守尔服。(中略)朕守帝王之道,仰承天地之仁,尔坚事大之心,亦有无穷之福,永惟念哉,毋替朕命。"②所献之物主要是龟钮金印(即"日本国王印")、冠服及锦绮纱罗、本字勘合一百道、日字底簿一册。此后两国使节往来颇为频繁。1408 年(应永十五)足利义满死亡,其子足利义持嗣将军职,明成祖派使者周全等前往日本,其使命有二:一是吊唁义满之死,二是封义持为"日本国王"。《明史·日本传》记载:"(明永乐六年)十二月,其国世子源义持遣使来告父丧,命中官周全往祭,赐谥恭献,

---

① 《明史·日本传》。
② 『善隣国宝記』卷中、116—118 頁。

且致赙，又遣官赍敕，封义持为日本国王。"

周全等吊唁使以及敕命足利义持"嗣日本国王使"，受到足利义持的接见，但由于义持对保持与明朝的关系并不积极，因而其后义持不曾再接见过明朝派来的使节，彼此正式交往也被中断。明成祖曾数次遣使，责问足利义持断绝朝贡的行为，义持则一直回避明使。1419年（应永二十六）六月，明使吕渊等抵日，义持不见，派鹿苑院的元容周颂赴兵库福严寺会见明使。元容周颂行前，足利义持给他下指示，要他向明使解明不接见的原因，即将自己断绝日本与明朝正常关系的责任推给"神"谕和死者足利义满的"遗诚"，其实质却是"自古不向外邦称臣"，故不能"受（外邦）历，（外邦）印"的神国思想作怪。其后明朝多次主动遣使推动正常关系的恢复，均被义持拒绝。

1428年（应永三十五）正月，义持去世，其弟义教继任幕府将军职，义教全面恢复了父亲的对外政策。其时，明朝正适宣宗皇帝在位，是一位积极推进对外交流的君主，在其主政期间，曾遣宦官郑和第七次远渡南洋。宣宗对日政策积极的主要原因是倭寇活动急增，恢复与日本的关系使倭患平息是紧急要务。因此，1433年（明宣德八），宣宗通过琉球王传达了恢复的意愿，在此之前，足利义教曾托朝鲜向明传达复交的意愿。

大约从1431年（永享三）开始，足利义教着手直接派使遣明。1432（永享四）八月十九日派天龙寺僧龙室道渊为正使，率五艘船从兵库出航来明。1433年（明宣德八，日永享五）五月二日，日本使团到达北京，向明宣宗皇帝呈送表文和方物。宣宗宴请日本使节，并赠苎、丝及铜钱等。足利义教此次表文中的署名用的是"日本国臣源义教"，落款的年号是"宣德七年八月十日"，表文要点则是"复治朝旧典"。明朝再次约定日本十年一贡，人毋过三百，舟毋过三艘。

六月十一日，日本使节携明宣宗的敕书离开北京，宣宗以内官雷春为正使，裴宽、王甫厚为副使与日本使团一起赴日。明使团成员和随行者有五六百人，分乘五艘船，与日本使团的五艘船一起，十艘船一字排开,舳舻相接,颇为壮观。在明使所携国书中,称足利义教为"日本国王源义教",对其恢复国交一事表示赞许。明使于1434年(永享六)五月到达兵库,六月初进入京都,住六条法华堂。五日,足利义教将军接见明使,礼仪似同足利义满时那样,颇隆重。明使抵达时,有二名公卿迎于总门。接国书,焚香三拜,然后将国书置于高桌之上。义教接读时,焚香二拜。这次明使所携物品,尚有新勘合,即宣德本字号勘合一百道、日字勘合底簿一册。八月二十七日,明使离京都,启程回国。义教派恕中中誓为正使同行,遣船六艘。使者携带义教致明宣宗的表文,以及剩余的永乐年号的勘合五十七道,永乐勘合底簿一册。日本使者在明期间,正适宣宗亡故,英宗即位。1436年(明正统元)二月,日本使者奉英宗敕书归国。此后,日本再次纳入明王朝的册封体制,所遣使节被称为"遣明使",同来的贸易船被称为"遣明船",一律凭勘合入境。

二、勘合贸易

日本派遣的遣明使团也称为"朝贡使团",使团的结构一般是由正使、副使、居座、土官、通事、从僧、从仆、纲司、船头、副船头、水手及搭乘私商构成,正使至通事一般情况下是幕府任命的使团正式成员。正使、副使各一人,既是幕府的使节,又是使团的主管,掌握遣明船队的全局和一切涉及政治性的任务。正、副使的担任者多是京都五山中的名僧,出自天龙、相国、建仁、东福等著名寺院。在出使明朝前,正使、副使都要亲谒将军,举行辞行仪式,将军授以"遣明表",接受勘合等。正使、副使进入明朝后,首先觐见明皇帝,呈表文、献进贡品、归还旧勘合和底簿、领取新勘合及底簿等政治性事务。同时,正副使还监督日、明之间在北京、南京、杭州、宁波的商品交易,甚至与明朝官吏协商商品价格。据《明史·日本传》记载,1453年(明景泰四),前来朝贡的日本使团,除朝贡品外,还携载大量私物。在交易时,在私物价格上,双方主张不同。由于使节与明朝官方的协商,私物所值增加不少。从政治经济使命看,日本的正使、副使既是政治官,又是商务官。

居座、土官是实际经管遣明船的代理人，是掌管全船及载货负责人。《荫凉轩日录》延德二年四月二日条说："以西堂为土官事，不可有先例，于大唐，授土官衣裳皆俗服，大略俗人为土官者也。"据此，可知俗家任此职称土官，僧侣称居座，任务是一样的，但这种名称上的区别，也只限于初期，后来任土官的也多是僧人。①

通事每船都配有数名，从资料所记载的姓名来看，通事大多是侨居日本的华人。纲司是掌管贸易实物的责任者，其中包括掌管航行、船务等。勘合贸易船中人数最多的是水手，由船长、水手长掌管。水手是遣明船成员中重要组成部分，占每条船总人数三分之一以上。例如在1464年（宽正五）派遣使团中的一号船中，正使以下至从僧、从仆54人，水手52人，搭载客人35人。又如在1539年（天文八）遣明使团中的一号船中，有职员15人，水手58人，搭乘商人112人；二号船有职员5人，水手40人，搭乘商人95人；三号船职员6人，水手35人，搭乘商人93人。水手所占比例，一号船为45.6％，二号船为40％，三号船为35％。搭乘的私商人越到后期人数越多，几乎成为每条船的主体，甚至发展到由商人承包船只的程度。

下面列出的是日本与明朝进行的勘合贸易②基本情况，从中可以看到中日官方交流的一些基本情况。

---

① ［日］木宫泰彦著：《日中文化交流史》，第552页译者注。
② 关于明代中日之间勘合贸易船的次数，从16次到19次中日学者诸说纷纭，即使主张的次数相同，但在时间上也有出入。具体可参考陈小法、郑洁西《历代正史日本传考注·明代卷》（上海交通大学出版社2016年，第86—88页）。

表　遣明勘合船派遣一览表①

次数	日方俗称	派遣将军	正使姓名	使船构成	登陆时间	抵京时间
1	应永十年度（1403）	义满	坚中圭密	不明	1403	1403
2	应永十一年度（1404）	义满	明室梵亮	不明	1404	1404
3	应永十二年度（1405）	义满	源通贤?	不明	1405	1405
4	应永十四年度（1407）	义满	坚中圭密	不明	1407	1407
5	应永十五年度（1408）	义满	坚中圭密	不明	1408	1408
		义满	猷仲昌宜	不明		
		义持	不明	不明		
6	应永十七年度（1410）	义持	坚中圭密	不明	1410	1410
7	永享四年度（1432）	义教	龙室道渊	① 公方船 ② 相国寺船 ③ 山名船 ④ 大名寺社十三家组合船 ⑤ 三十三间堂船	1433	1433
8	永享六年度（1434）	义教	恕中中誓	① 公方船 ② 相国寺船 ③ 大乘院船? ④ 山名船 ⑤⑥ 三十三间堂船	1435	1435

① 本表主要参考（日）村井章介主编《日明关系史研究入门》（勉诚出版社2015年，第32—33页）以及郑舜功的《日本一鉴》做成。

次数	日方俗称	派遣将军	正使姓名	使船构成	登陆时间	抵京时间
9	宝德度	义成（义政）	东洋允澎	① 天龙寺船 ② 伊势法乐舍船 ③ 天龙寺船 ④ 圣福寺船 ⑤ 岛津船 ⑥ 大友船 ⑦ 大内船 ⑧ 多武峰船 ⑨ 伊势法乐舍船 ⑩ 天龙寺船	1453	1453
10	应仁度	义政	天与清启	① 公方船 ② 细川船 ③ 大内船	① 1468 ②③ 1467	① 1469 ②③ 1468
11	文明八年度 （1476）	义政	竺芳妙茂	① 公方船 ② 嵯峨胜鬘院船 ③ 不明	1477	1477
12	文明十五年度 （1483）	义政	子璞周玮	① 公方船 ② 内里船 ③ 公方船	1484	1484
13	明应度	义高（义澄）	尧夫寿蓂	① 细川船 ② 细川船 ③ 公方船	1495	1496
14	永正度	义澄	纲司： 宋素卿	细川船	1509	1509
		义澄	了庵桂悟	① 大内船 ② 细川船 ③ 大内船	1511	1512
15	大永度	义稙？	谦道宗设	大内船三艘	1523	不明
		义晴	鸾冈省佐	细川船		
16	天文八年度 （1539）	义晴	湖心硕鼎	大内船三艘	1539	1540

续 表

次数	日方俗称		派遣将军	正使姓名	使船构成	登陆时间	抵京时间
17	种子岛渡唐船	天文十三年（1544）	种子岛氏	寿光（春芳灵光）	大友船？	1544	不明
		天文十四（1545）	相良氏	御侏	相良船	1545	不明
		天文十五（1546）	大友义鉴	清梁（梁清）	大友船	1546	不明
18	天文十六年度（1547）		义晴	策彦周良	大内船四艘	1548	1549
19	弘治度（1556）		大友义长大友义镇	德阳、清授	大内、大友组合船一艘	1557（舟山）	不明

　　虽然"遣明船"与"勘合贸易船"有时混用，皆指日本室町幕府或以幕府名义派遣的官方船只，但从严格意义上来说，两者有差异。遣明船的派遣可以追溯至1401年，但那时日本还没有从明朝得到贸易许可证即勘合，所以真正持有勘合的遣明船应该从1403年开始，这也是上表区别一般观点的关键所在。而"天文十三年度"与"弘治度"的派遣，虽然没有通过幕府，但船只确实持有明朝颁发的正规勘合，所以也一并计入在内。

　　从上表可知，从1403年到1410年之间，足利义满主持幕政，幕府具有较强的权威和实力，所以对明的贸易完全掌控在幕府手中，派遣的勘合贸易船可想而知应该是以幕府船为主，但是否全是幕府船只，具体不明。1432年到明应年间（1492—1501），是足利义教、义政、义澄相继为将军时期，幕府实力日衰，各地大名势力日盛，尤其是1467年"应仁之乱"之后，战国大名崛起，幕府权威衰弱，经济实力锐减，已无法筹集全部勘合贸易船的实力，所以这一时期勘合贸易船基本上由幕府、寺院、神社和部分有力大名山名氏、细川氏、大内氏的船只构成。16世纪初以后，幕府基本退出对明贸易，勘合贸易权被大内氏、细川氏掌控，偶尔也有大友氏的力量参与。自1557年后，日本与明的勘合贸易不见踪迹。断绝的原

393

因,主要是日本国内战国动乱,战国大名间战争不断,已难以组织对明贸易船只。再则在日明往来的航路上,倭寇与海盗盛行,难以保障海上安全。

勘合贸易基本上有三种贸易形式,即朝贡贸易、公贸易、私贸易,前二种属于政府间的贸易,后一种随船而来的日商则在官方指定地域,如宁波、杭州进行交易。具体地说,带入中国的物品一是幕府将军的贡品,二是正副贡使的贡品,三是随行人员的搭载物品,随行人员多为商人。这些称为"附至番货""附进货物"或"附至货物"的搭载物品数量往往超过"正贡"的十倍乃至几十倍。[①] 重要的是,明政府对这些搭载物品,原则上除一小部分外均加以购买,而且价格高出数倍。另外,由于朝贡使节团成员在中国的食宿费、搬运费均由明朝承担,因而获利甚大。[②]

朝贡贸易系指幕府将军向明皇帝进献贡品,明皇帝向幕府将军回赐礼物,这种以君臣名义下的交易、贡品与回赐物是不作价的。献者以贡品的精、量表示臣对君的忠诚;赐者则以赐物的精、量显示君对臣效忠的嘉奖和王者之威。因此,这种交易常常是不等价的,赐物价值远超贡品价值。有关幕府将军进献的贡品和明皇帝的赐物,一般在国书和表文的附书中载明,有的则直接载入表文内,下面是几次典型的幕府将军贡品和明皇帝赐物:

1403 年(永乐十)朝贡船进贡品:生马二十匹、硫磺一万斤、马脑(玛瑙)大小三十二块,计二百斤,金屏风三副、枪一千柄、大刀一百把、铠一领并匣、砚一面并匣、扇一百把。[③]

1433 年(明宣德八,日永享五),明宣宗嘉奖足利义教将军来贡,回赐众多礼物,据《满济准后日记》永享六年六月五日条记载,这批赐物用 60 个中国大箱子装载,堆积如山。其中赐物分为"颁赐日本国王"和"(颁

---

① 李云泉著:《朝贡制度史论——中国古代对外关系体制研究》,新华出版社 2004 年,第 96 页。
② 陈小法、郑洁西著:《历代正史日本传考注·明代卷》,第 88—89 页。
③ 『善隣国宝记』卷中、112 頁。

赐)王妃"两类,颁赐"日本国王"的物品有:白金二百两、妆花绒棉四匹(四季宝相蓝一匹、细花绿一匹、细花红二匹);苎丝二十匹(织金胸背麒麟红二匹、织金胸背狮子红一匹、织金胸背海马青一匹、织金胸背白·绿二匹、晴花骨朵云青一匹、晴细花绿四匹、晴细花红一匹、晴细花青一匹、素青三匹、素细二匹、素绿三匹);罗二十匹(织金胸背麒麟红一匹、织金胸背狮子青一匹、织金胸背虎豹绿一匹、织金胸背海马蓝一匹、织金胸背海马绿一匹、素红五匹、素蓝三匹、素青三匹、素柳绿二匹、素柳青一匹、素砂绿一匹、素茶褐一匹);纱二十匹(织金胸背麒麟红一匹、织金胸背狮子红一匹、织金胸背白·青一匹、织金胸背海马绿一匹、织金胸背虎豹绿一匹、晴花骨朵云红一匹、晴花骨朵云青二匹、晴花骨朵云蓝二匹、晴花骨朵云柳青一匹、晴花骨朵云绿二匹、晴花八宝骨朵云绿一匹、素绿一匹、云绿一匹、素红一匹、素青一匹);彩绢二十匹(绿七匹、红七匹、蓝六匹)。

颁赐"王妃"的物品有:白金一百两,妆花绒锦二匹(细花红一匹、四季宝相花蓝一匹),苎丝十匹(织金胸背犀牛红一匹、织金胸背海马青一匹、晴花八宝骨朵云青一匹、晴细花红一匹、晴细花青一匹、晴细花绿一匹、素青一匹、素红二匹、素绿一匹),罗八匹(织金胸背狮子青一匹、织金胸背虎豹红一匹、素蓝二匹、素红二匹、素青一匹、素柳一匹);纱八匹(织金胸背狮子绿二匹、织金胸背犀牛红一匹、暗花骨朵云蓝一匹、暗花骨朵云青二匹、素红二匹);彩绢十匹(红三匹、绿三匹、蓝三匹)。①

这些回赐成为日后明朝范例,大多以此为基础进行加减。根据《善邻国宝记》《续善邻国宝记》载,除上述白金、棉、丝、麻纺织品外,赐物品种杂多,如金交椅、床、伞、银器、象牙雕物、金器、纸张、动物和动物皮、香料等。幕府将军有时甚至在表文中明确乞求某种赐物,特别是乞赐铜钱和书籍。1454年(明景泰五)二月,将军足利义政遣使上表乞要铜钱和书籍,其理由是:"书籍、铜钱仰之上国,其来久矣。今求二物,伏希奏达,以满所欲,书目见于左方。永乐年间,多给铜钱,近无此举,故公库索然,何

①『善隣国宝记』卷下、208—210頁。

以利民,钦待周急。"①"永乐年间多有此赐"是指永乐五年,明成祖赐给足利义满的物品中似有铜钱1.5万贯。这部分铜钱在(遣明)正使天与清启归国途中,遭到大内氏的袭击,全部被掠夺。②

对于足利义政的乞赐铜钱,明朝廷既无正面答复,亦无赐给。于是1478年(明成化十四),幕府又派遣明使上表乞赐铜钱和书籍。其时足利义政已让将军职与足利义尚,但仍过问幕政。所以,此次遣使也是出于足利义政之意。此次表文中乞赐铜钱的理由和数目是:"抑敝邑久承焚荡之余,铜钱扫地而尽,官库空虚,何以利民。今差使者入朝,所求在此耳。圣恩广大,愿得一拾万贯,以满其所求,则赐莫大焉,谨录奏上,俞容惟望。"③对于日本幕府的这一乞赐,明朝廷专门进行了查证,认为无颁赐之例,未予答应。后经遣明使的再三请求,明朝廷才专门特赐铜钱5万文。此后,幕府虽然曾再次乞赐铜钱,但明朝终未应允。

关于乞赐书籍事,足利义政在1469年(明成化五)的上表文中申述的理由是:"又书籍焚于兵火,盖一秦也,敝邑所须二物(指书籍与铜钱)为急,谨录奏上,伏望俞容。"④所乞书籍,1464与1475年表文所载数量不同,前者为15种,后者为12种,其中有9种是两次表文中皆有列入。对于日方所乞求的书籍,明朝廷并未全部予以满足,根据《明史·日本传》载:"(成化)十三年九月来贡,求《佛祖统纪》诸书,诏以《法苑珠林》赐之",可见仅回赐了《法苑珠林》一书。

所谓公贸易系指进贡品之外、附搭幕府将军名义的贸易物品,包括幕府、大名、著名寺社通过遣明使携入的物品。万历《大明会典》卷二百一十《礼部给赐日本》条记载:"正贡外,使臣自进,并官收买,附来货物俱给价,不堪者令自贸易。"这一记载表明,对这些货物,主要由明朝政府论价收购,但如果认为价格不合理的,亦允其自行出售。这些货物除留下

---

① 『善隣国宝記』卷下、234页。
② [日]木宫泰彦著:《日中文化交流史》,第572页。
③ 『善隣国宝記』卷下、240页。
④ 『善隣国宝記』卷中、200页。

一部分在宁波，由市舶司代表政府进行官买外，大部分随贡物一起运往北京。首先由官方收购，关于收购价格的协商，遣明使东洋允澎在《允澎入唐记》景泰五年二月条中有记载："一日朝参奉天门，正使（即允澎本人）捧表，请益方物给价。四日，礼部召道通事，问日本人所求。曰：给价若不依宣德八年例，再不回本国云云。六日，礼部曰：方物给价，其可照依宣德十年例。七日纲司谒礼部曰：十年例，还本国诛戮，只愿怜察。八日，礼部院集侍郎、郎中、员外郎、主客司等，议定给价。"

公贸易的商品主要是刀剑、铜、硫磺、苏木、扇、莳绘漆器、屏风等，输入量最大的应是前三项的刀剑、铜和硫磺。由于日本刀剑制作精良，颇受中国人喜欢，所以输入数量逐年增加。1403 年遣明使团所携刀剑不过3000 把，但 1404 年的遣明使团所携量达到近一万把，1405 年则升至 3万余把，1408 年又上升至 3.7 万余把。据统计，从 1401 年至 1453 年间，运入的刀剑多达 20 万把之多。[1] 初期每把刀剑值 1 万文，随着量的增加，价值也日渐被贬，最低时只值 300 文一把。另一方面，日本铜的输出量也很大，1453 年（享德二）遣明使团运载铜达 15.4 万余斤。而 1468 年（应仁二）的遣明使团，据《大乘院寺社日记目录》享德二年十二月二十七日条载，作为"公家贸易品目"的铜有 35 驮，1539 年（天文八）勘合贸易船三艘，共载铜 30 万斤。[2] 日本铜之所以受明朝欢迎，是因为产品的精炼度不高，铜中含有尚未提炼的银等金属，若以中国技术加以精炼，即可获大利。

硫磺作为贡品物之一，每次大致在 1 万斤左右，然后作为搭载物，其数量颇大。如 1432 年（永享四）就载入 20 万斤，1453 年（享德二）多达 39万斤。因为明政府还从琉球获得硫磺，所以日本勘合贸易船大量输出，常常超出明政府所需。因此，超出部分明政府不得不拒收，有时甚至被原封退回。针对日本的盲目输出，明政府也曾明确要求日本控制硫磺输

---

① ［日］木宫泰彦著：《日中文化交流史》，第 575 页。
② ［日］木宫泰彦著：《日中文化交流史》，第 578 页。

出的数量。1454 年(明景泰五)二月二十八日,明朝礼部给日本的咨文中有如下内容:"大明礼部为公务事,今将景泰元年编完日本国日字一号至一百号勘合一百道,本字一号至一百号勘合底簿一扇,付本国差来专使允澎等赍回,外拟合移咨照依勘合底簿内钦定事理,钦遵收掌,书填比对,今后如是,进贡方物,毋得滥将硫磺一概报作附搭之数,其正贡硫磺亦不得超过三万斤。"[①]其实,后来日本使者也询问过明朝关于硫磺的需要量,当得知有琉球进贡,故需要量不大后,就逐渐减少了输出量。

私贸易是朝贡贸易和公贸易以外的私人贸易,万历《大明会典》所载"正贡外,使臣自进,并官收买,附来货物俱给价,不堪者令自贸易"中的"不堪者令自贸易"实际上是私人贸易。其实,私人贸易在明政府监督之下进行,如在北京的私人贸易是在四方蕃国使臣居住的会同馆内进行的。明政府对会同馆进行的私人贸易也有严格的规定,据正德重修的《大明会典》卷一百二规定:第一,外国进贡贸易团进京后,在会同馆贸易五天;第二,买卖实施两平交易,双方钱物两清,不得赊欠;第三,不得私自交易,外商若私入民间交贸,则货物没官;第四,违犯规定的外商不得入京;第五,会馆周围的军民不准代理外商收买货物,违者严惩。进京的使者和勘合贸易团一行,除在会同馆进行公私贸易外,在进北京的途中也进行私人贸易,将搭载货物卸在各地,然后返回时领取货款。沿途的私人贸易是在各地的官员监视下进行的,主要是防止日商和当地商人勾结,从事走私贸易。

勘合贸易使团每次上京人数,一般在 300 人上下,也有更少的,如1511 年的勘合贸易团,因 1493 年的贸易团在济宁滋事杀人,故此后进京人员受到限制,被减至 50 人。没有被允许进京的人员,则留在宁波,其货物首先由官方收购,然后允许由官准的牙行与日商进行私人贸易,官准的牙行大多数从宁波、杭州、苏州等地闻讯而来。明政府允许牙行与日商贸易,目的在于控制外商直接与商人、百姓接触,牙行成为中介贸易

---

① 『善隣国宝記』卷下、232 頁。

机构。牙行与日商的交易在日商居住的嘉宾堂进行,在嘉宾堂的入口和室内张贴有市舶司的告示:大小行人不许擅自入内,以及坐立喧嚷等规定。牙行进入嘉宾堂后,即与日商协商议价,双方议价谈妥后,日商便以牙行为代卖人和所需商品的购买人。除在宁波交贸外,也有部分日商允许去杭州交易,杭州的交易依然以牙行的中介贸易为主。

三、民间交流

自忽必烈两次侵略日本后,日元关系极度恶化,国交关系完全断绝,但以禅宗僧侣交流为主的民间交流却始终未断。如同前述,中世前期禅宗传入日本,受幕府、武士崇信,日渐兴盛。日本禅宗有"二十四流日本禅"之说,即由中国传入日本的禅宗流派有二十四派,从来宋僧荣西开始,至来元僧止,二十四派具体如下:

(1) 明庵荣西派(来宋僧)	(2) 希玄道元派(来宋僧)
(3) 东福圆尔派(来宋僧)	(4) 心地觉心派(来宋僧)
(5) 兰溪道隆派(赴日宋僧)	(6) 兀庵普宁派(赴日宋僧)
(7) 大休正念派(赴日宋僧)	(8) 无象静照派(来宋僧)
(9) 无学祖元派(赴日宋僧)	(10) 一山一宁派(赴日元僧)
(11) 南浦绍明派(来宋僧)	(12) 西涧士昙派(赴日宋僧)
(13) 镜堂觉圆派(赴日宋僧)	(14) 灵山道隐派(赴日元僧)
(15) 东明慧日派(赴日元僧)	(16) 清拙正澄派(赴日元僧)
(17) 明极楚俊派(赴日元僧)	(18) 愚中周及派(来元僧)
(19) 竺仙梵仙派(赴日元僧)	(20) 别传妙胤派(来元僧)
(21) 古先印元派(来元僧)	(22) 大拙祖能派(来元僧)
(23) 中岩圆月派(来元僧)	(24) 东陵永玙派(赴日元僧)

(木宫泰彦著,胡锡年译:《日中文化交流史》第 464 页)

上述二十四流派中,其中来宋日僧 6 人,来元日僧 5 人,赴日宋僧 6 人,赴日元僧 7 人。可见日本禅宗的兴盛过程中,中日僧侣为之作出的贡献。

　　在传入禅宗过程中，来宋、来元日本僧侣的作用不小，但赴日的宋僧、元僧的作用和影响力也不可忽视。元代赴日僧侣史册留名的约有十三四人，最早去的是浙江普陀山的一山一宁。虽然抵日初曾受到冷遇，被幕府执权安置在伊豆岛的修善寺。但因其学识渊博，不久被迎入镰仓建长寺。路经京都时受到朝野的热情欢迎，其情景被记录在《济北集·上一山和尚书》（虎关师炼著）一书中："（一山和尚）自大元国来我和域，象驾侨寓于京师。京之士庶，奔波瞻礼，腾沓系途，惟恐其后。公卿大臣，未必悉倾于禅学，逮闻师西来，皆曰大元名衲过于都下，我辈盍一偷眼其德貌乎！花轩玉骢，嘶骛辚驰，尽出于城郊，见者如堵，京洛一时之壮观也。"[1]

　　一山一宁知识渊博，姑且不论佛教教乘诸部与儒、道、百家之学，对稗官、小说、乡谈、俚语和书法皆有通晓，颇受朝廷、幕府及诸宗僧俗的敬重。其仙逝时后宇多太上天皇赐以"国师"称号，并敕令在龟山庙侧建塔，特赐"法雨"匾额，题画赞曰："宋地万人杰，本朝一国师。"

　　除一山一宁之外，尚有清拙正澄、明极楚俊、竺仙梵仙等元僧对日本禅林法规的建设作用颇大。尤其是清拙正澄受幕府、朝廷重视，曾移居建长、净智、圆觉、建仁、南禅等著名寺院，也曾在信浓国创建开善寺，信徒众多。日本《本朝高僧传》一书对清拙评价甚高："大凡东渡宗师十余人，皆是法中狮也。至大鉴师（指清拙）可谓狮中主矣。"[2]清拙精通禅林清规，著有《大鉴广清规》、《大鉴略清规》。抵日后即刻仿照杭州灵隐寺的制度，为日本建仁寺制定禅林规矩。因此，"日本禅林的规矩只是由于他才首次确立起来，并不为过"[3]。明极楚俊、竺仙梵仙不但佛学精深，而且有颇深的文学造诣，如竺仙梵仙著有《天柱集》《来来禅子集》《当时集》《东渡集》等诗文集，对日本五山僧侣重视汉文学修养起过积极的作用。

---

① 《济北集·上一山和尚书》，引自木宫泰彦著：《日中文化交流史》，第411页。
② 《本朝高僧传·正澄传》。
③ ［日］木宫泰彦著：《日中文化交流史》，第416页。

竺仙梵仙向日本五山僧侣说过"道"与"文"关系："比如人食，有饭乃主也。若复有羹，方为全食。无羹之时，未免咽滞，而少滋味。以道为饭，得文之羹，百家技能，为菜为馔，斯为妙也。"①然而在回答弟子的应学"道"为主，还是"文"为主时，竺仙梵仙则明确指出应以"学道"为主："一日，小师裔翔侍者问：大凡作诗、文章，何者宜为僧家本宗之事？师曰：僧者先宜学道为本也，文章次之。然但能会道而文不能，亦不妨也。翔曰：多见日本僧以文为本，学道次之。"②

　　来元日本僧侣，在以中国江南名刹为重点的巡访中，与禅宗高僧以及社会各界名流进行广泛的交流。因此，元代中国文化随着他们的往返而传入日本，对中世日本文化产生了一定的影响。首先是仿中国禅林制度建日本五山禅林制。中国自 12 世纪末 13 世纪初，仿印度的五精舍、十塔制，建立自己的五山十刹制度。中国的五山禅寺分别是径山寺（杭州）、灵隐寺（杭州）、天童寺（明州）、净慈寺（杭州）、育王寺（明州）。日本僧侣把这种禅寺的排位制引入日本，建立了日本的五山禅林位次制。日本初建五山始于镰仓幕府末期，以镰仓为中心，将镰仓的禅寺排定位次，以建长寺为五山之首。随着镰仓幕府的灭亡，政治中心又移至京都，遂以京都为中心建立京都五山。上述各寺受到幕府保护，五山住持都是朝廷、幕府任命。五山禅寺不但在日本禅宗的发展中发挥了作用，而且在弘扬日本汉文化方面有重大贡献。以五山禅僧为核心形成的五山文学，在日本文学史上占有重要的地位。五山文学前期以诗文为主，包括禅宗法语、偈、诗文、论说、日记和随笔等，后期则注力于典籍、经文的注释。现存诗文百余种，其中较高史料价值的有《空华集》《蕉坚稿》《荫凉轩日录》《空华日工录》等。

　　其次是元代典籍的东传。佛典的东传最重要的是元版《大藏经》，来元日僧输入的《大藏经》据调查，其数多有"十部以上"③。1326 年（嘉历

①②《竺仙梵仙语录》，引自木宫泰彦著：《日中文化交流史》，第 419 页。
③〔日〕木宫泰彦著：《日中文化交流史》，第 473 页。

元年），镰仓净妙寺派人至元求得《大藏经》一部，东福寺也曾派人专程赴元征求《大藏经》，最终求得两部（福州开元寺版），一部藏东福寺，一部藏于日向国诸县郡大慈寺。伊豆的修善寺藏有余杭大普宁寺版的《大藏经》（江户时代此经转移至增上寺），镰仓的鹤冈八幡宫也藏有一部大普宁寺版的《大藏经》。另外兵库禅昌寺曾收藏一部北宋、南宋、元、高丽、日本各版本的合刻本，由该寺开山月庵宗光的弟子到元求得。来元日僧携回日本的书籍还有元朝僧人的语录、诗文集以及儒学著作，同时也有不少元朝僧侣、文人为日本僧侣的语录、诗文集撰写的序、跋、行状、塔铭等。

第三是刻版印刷的盛行。中国禅寺的刻版印刷事业盛行，对来元僧侣影响非常深刻。有的来元僧不但亲眼看到寺院出版事业之盛，而且还参与其事，如东福寺僧白云惠晓、南禅寺椿庭海寿等人在元期间就参与禅师语录的刊印。这些积有经验的来元僧，回国后开始刻印携回的有关高僧语录、著述和诗文集。春屋妙葩在天龙寺的云居庵和金刚院大办典籍出版，经他出版的典籍，大多是宋元僧侣的语录本的重刊，当然也有日本僧侣的语录本，如《梦窗国师语录并年谱》等。除春屋妙葩在天龙寺云居庵和金刚院从事刊印外，尚有建仁寺的天润庵、灵洞庵、东福寺的海藏院、南禅寺也相继刊印佛典，如《景德传灯录》《元亨释书》《佛祖统纪》《五灯会元》等。日本禅寺的刊印事业，刻版工大多雇佣元朝的雕工。据木宫泰彦的研究，以春屋妙葩刊行的《宗镜录》（100 卷 25 册）为例，其每一卷的雕版都刻有雕工的名字。据刻名统计，雕工多达 30 余人，其中陈孟千、陈伯寿、陈孟荣、俞良甫等雕工最为有名。他们不但雕刻了佛典、语录，而且还雕刻了多种著述。俞良甫雕刻了李善注《文选》60 卷、《新刊五百家注音辨唐柳先生文集》20 册、《五百家注音辨昌黎韩先生文集》40 卷、《春秋经传集解》3 卷，陈孟荣雕刻了《重新点校附音增注蒙求》3 卷等。

第四是书法、绘画的交流。来元僧侣中有擅长书法和绘画者，如雪村友梅，不但是名诗僧，而且还善书法、绘画。其来元后，曾与元代书法大家赵子昂有交往,其翰墨功夫使赵子昂为之惊叹。另外如可翁宗然、铁舟德济、竺芳祖裔、观中中谛等人皆是善于书法、绘画者,可翁宗然是将牧溪画风传入日本的人,《本朝高僧传》称其为日本枯淡墨画奠基人。铁舟德济长于兰、竹、葡萄等水墨画。所以,僧界有不少吟咏其画的诗作,元人称他为"书画双奇绝伦"者。

来元僧侣不但学习了中国的绘画、书法技巧与风格,而且搜集了许多宋、元书法、绘画真品带回日本。如唐吴道子的山水、释迦、观音,南宋牧溪的观音、猿、鹤、虎,五代徐熙的莲鹭图、北宋李龙眼的十六罗汉、苏东坡的竹以及南宋周季常的五百罗汉等。

与书法、绘画有一定关联的茶会中世后期在日本流行,日本称之为"唐式茶寄合",即许多人相聚一起喝茶,其场挂书法、绘画。据日本南北朝时代成书的《吃茶往来》和《禅林小歌》记载,茶会按如下次序进行:会众集合后,先进点心,然后离座,各依所好,或休息窗边,或闲步园内。接着点茶,做四种十服茶等游戏,事毕开宴,还以管弦歌舞助兴。茶会的仪式对后来的"茶之汤"影响很大,只不过"茶之汤"人数少,摆设简单,排除豪华,更加大众化,所以很快普及下层民众。

第五是中世禅家思想的深化。来元僧侣中,硕学之辈不少,他们在元期间不但吸收禅学精髓,而且还积极吸收以宋学为主体的儒学和诸子百家思想。这种多元思想因素的交杂,使得日本中世后期禅学思想出现多元杂存的现象。其典型的人物就是中岩圆月,他 1325 年(正中二)来元,一到元朝,就直赴浙江四明山的雪窦山,因为他在日本就知这里是禅学云门宗的中兴之地,在雪窦山滞留七年余。其间还巡访了浙江、江苏、江西的重要禅刹,拜访了高僧、禅匠,如曾参谒受朝廷敕旨编订《敕修百丈清规》的临济宗大慧派教主东阳德辉等。他还广交文人学士,元代不但宋学受重视,其他儒学派系学说也不排斥。总体上说,宋学是当时中国士人的基本教养,再加上元代禅僧大多也吸取宋学知识。生活、活动在这种氛围之中,中岩圆月自然颇受影响。除禅学、宋学之外,中岩圆月对《易经》等诸学说也都有研究。1332 年中岩圆月回到日本,其思想具体体现在他的著作之中。重要著述一是《东海一沤集》《东海一沤别集》，二是《中正子》。前者属于文论方面的著作，后者则是思想方面的著作。《中正子》的书名实际上是中岩圆月的号，在自己的《中正铭》的序中对"中正"有明确诠释："道，大端有二，曰天、曰人。天道诚，人道明。唯诚明相合，成中、成正。正者，遵道不邪；中者，适道不偏。适，故能通；遵，故不失。不失者理微则正，能通者，事精则中。中正者道之大本，予之居处，皆以'中正'为匾"①。从这一段释"中正"的文字，已可见其对《周易》、朱子学《中庸》等思想的理解。《中正子》则由外篇、内篇构成，外篇有六篇文章，内篇有四篇文章。外篇与禅宗全无关系，专门阐述儒家的世界观、伦理观、经世论以及历术。内篇主要是阐述佛学思想，但其中不乏对儒家宗教观的批判。

　　中岩圆月对中国的许多思想家、文学家的看法，在《中正子》中都以自己的见解予以评价："或问诸子，中正子曰：子思诚明，孟子仁义，皆醇乎道者哉。问荀卿何如？曰：荀也醇而或小漓。问杨子，曰：杨雄殆庶醇乎，其文也紧。请问文中子（指隋末学者王通），曰：王氏后夫子千载而生，然甚俏焉，其徒过之（指其门人魏征、房玄龄、杜淹、李靖等人）。亶夫子之化，愈远愈大，后之生孰能跂焉。问退之，曰：韩愈果敢，小诡乎道，然文起八代之衰，可尚。曰子厚（指柳宗元）何如？曰：柳也渊，其文多骚。或问欧阳，曰：修也宗韩也。苏子兄弟（指苏轼、苏辙），曰：轼也龙，辙也善文。或问庄、老，中正子曰：二子爱清爱静，庄文芳奇，其于教化不可。或曰释氏能文者谁？曰：潜子（指宋代云门禅僧契嵩）以降，吾不欲言，非无也，吾不欲言。"②

　　在《中正子》外篇中，中岩圆月批判地运用儒学思想，探索当时日本社会去向。当时正值镰仓幕府灭亡，后醍醐天皇实施"建武新政"。中岩圆月撰写《原民》《原僧》两文，上书"建武天子"后醍醐天皇，其表文中说：

---

① 入矢義高「中巌と《中正子》の思想的性格」，『日本思想大系・16（中世禅家の思想』，岩波書店1972年、488頁。
② 『日本思想大系・16（中世禅家の思想）』，岩波書店1972年、192頁。

今天下因关东之霸，积弊百数十年，斯民渐积恶俗，贪饕譣诐。所以从朝至暮狱讼满庭，并说现在陛下除霸兴王，乃是万世鸿业之始，首要之任，在于改革旧弊。与《原民》《原僧》二文一样，《中正子》也是出于从思想理论上阐述革新除弊的必要性。在《中正子》中指出时弊："今王不修文道，而虣兵于国中之民，民无以威惩之心，故盗贼不去，四边不安。"而且，"今则修文者寡，讲武者众。讲武者达，修文者穷。卿大夫、士、庶人、农、工、贾客，皆为武者，不夺不厌，而国危矣。"①正因如此，必须改革。改革之要，首先要行"教化"。教化之要则是行"仁义"，定"方圆"。中正子曰：春元夏亨，秋利冬贞，天之行也。仁以生，礼以明，义以成，信以诚，人之行也。仁也者，天生之性也。亲也，孝乎亲也。义也者，人伦之情也，宜也，尊也，忠乎君也。忠孝之移，以仁义相推耳。②

　　明代中日文化交流的日方主角仍是僧侣，中方则逐渐转为文人为主。来明日僧有据可查的约有100余人，大致分为两类：第一是因私来明者，第二是作为政府使节入明，他们大多是幕府委任的使者和随从。前者来明目的表面上是求禅法，实际上是为体验中国的山林生活、观光民生、寻师访友、学作汉诗汉文等。这一时期的来明僧，大多滞留时间较长，较为有名的僧侣有绝海中津、汝霖良佐、廷用文圭等。

　　绝海中津来明后曾从明朝高僧季潭宗泐学习佛法和诗文，并向竹庵学书法，在明十余年之间，无论佛学，抑或是诗、文或书法，绝海中津在明朝僧界颇为有名。洪武九年（1376年）春，曾受到明太祖的接见。在英武楼，朱元璋问及日本国情和熊野徐福祠的事，并敕令绝海中津赋诗。绝海即刻赋诗曰：熊野峰前徐福祠，满山药草雨余肥。只今海上波涛稳，万里海风须早归。明太祖朱元璋作《和绝海韵》一首：熊野峰高血食祠，松根琥珀也应肥。昔时徐福求仙药，直到如今竟不回。③ 绝海中津在明的僧、俗界人脉关系很广，与文人、高僧间留下不少诗文，得到很高评价。

---

① 『日本思想大系・16（中世禅家の思想）』、岩波書店1972年、174—175頁。
② 『日本思想大系・16（中世禅家の思想）』、岩波書店1972年、172頁。
③ ［日］伊藤松辑，王宝平等编：《邻交征书》，第85页。

绝海中津尚有《四会语录》一卷,杭州净慈寺道联为其作序,对其学问和为人评价也很高,说《语录》"其吐词也,义路全超,玄门顿廓",是"抽钉拔楔、解粘去缚之作"。功底厚广,积聚禅宗各派的学问,"其不能穿过临济、德山、云门、赵州鼻孔,能如此乎?"序文还介绍绝海说:"绝海,无准五世之骨孙也,尝入中国,历参季潭、清远、恕中、穆庵等诸大老,于内外学俱有发明。"[①]

汝霖良佐与绝海中津一起来明,一同谒见明太祖。曾在苏州承天寺掌管笺翰,和五山长老一起入钟山点校过毗庐《大藏经》。在修行佛学之余,好作文章。其文章之精,备受明朝翰林学士宋景濂的赏识。景濂读了汝霖良佐文稿以后,曾作《跋日本僧汝霖文稿后》一文,其中写道:"日本沙门汝霖所为文一卷。予读之至再,见其出史入经,旁及诸子百家,固已嘉其博瞻。至于遣辞,又能舒徐而弗迫,丰腴而近雅,益叹其贤,颇询其所以致是者。盖来游中夏者久,凡遇文章巨公,悉趋事之,故得其指教,深知规矩准绳,而能使文字从职无难也。"[②]不但对汝霖文章"出史入经"和"旁及诸子百家"的"博瞻"予以肯定和赞赏,而且对于其好学、勤奋也予以褒赞。

廷用文圭来明后,也与翰林学士宋景濂等人交往,曾请宋景濂为京都北部重修的法轮禅寺作寺记,宋欣然应允,写了一篇数千字的《日本瑞龙山重建转法轮藏禅寺记》。

后期来明的日僧,大多身任遣明使节之职。这些僧侣乐于承担政治、经济使命,冒波涛之险到明朝来,其重要原因是明朝廷对勘合船之外的一切船只实行禁止入境政策,致使欲来明朝的僧侣无法实现夙愿。对此,《善邻国宝记》编纂者瑞溪周凤在编后记中如下明确叙述:"自古两国商舶,来者往者相望于海上,故为佛氏者(指僧侣),大则行化唱道之师,小则游方求法之士,各遂其志。元朝绝信之际尚尔,况其余乎。有勘合

---

① 道联《日本国绝海津禅师语录序》,引自伊藤松辑、王宝平等编《邻交征书》三篇·卷一,第243—244 页。
② [日]伊藤松辑,王宝平等编:《邻交征书》二篇·卷一,第144—145 页。

以来,使船之外绝无往来,可恨哉。"①

僧侣的往来,即使在元朝期间,尚且可以"各遂其志",彼此交往,但到实施勘合贸易以后,除了"使船",其他途径一概断绝,难怪僧侣们对于充当使节或使节的随从僧而乐此不疲了。这一时期的僧侣,有名者是仲芳中正(来明年代为 1401 年)、坚中圭密(1403 年)、明室梵亮(1404 年)、东洋允澎(1453 年)、桂庵玄树(1468 年)、雪舟等杨(1468 年)、了庵桂悟(1511 年)、策彦周良(1547 年)等。这些名僧除精通佛学外,尚擅长诗文和书法,他们在明滞留时间虽不长,但交际甚广,与明朝名流吟诗作画,留下不少佳作。

仲芳中正是相国寺僧,随遣明使来明,擅长楷书。据称明成祖获知他的特长时,曾命其书写"永乐通宝"四字,作为铜钱的钱文。坚中圭密为天龙寺僧,以正使身份来明,杭州中天竺僧如兰曾应其所求,为来宋日僧明庵荣西塔撰写塔铭。遣明使中还有中国人,如龙室道渊本是明宁波人,30 岁入籍日本,在九州诸寺间流动,1433 年以遣明正使身份来明,获知其身世的明宣宗授其"僧录司右觉仪"的职务。桂庵玄树以遣明土官身份来明,在明居住六年,在苏杭之间巡礼、求学,向苏杭硕儒进修朱子学,归国后在九州地区传播朱子学,在萨摩国创办桂树院,宣讲宋学,对九州地区的文化事业贡献颇大。画僧雪舟等杨是勘合贸易使团的随从僧,在明期间曾向画家长有声、李在等学中国画技。由于雪舟等杨的画颇有特色,受到明朝尚书姚公赏识,聘其为礼部院作壁画,明宪宗看到后颇为欣赏,命他为宁波天童山第一座僧。

了庵桂悟于 1511 年(永正八)以遣明正使身份来明,其时已是 83 岁的老者。在明期间,了庵桂悟颇得明朝野的尊重,明武宗赐以金襕袈裟。他不但结识佛界人士,而且与儒学者也广为交流,如明朝大儒王阳明等。其回国时,王阳明曾与之惜别,写了《送日东正使了庵和尚归国序》一文,对了庵"法容洁修,律行坚巩"、"不哗以肆"、靡色不入目、淫声不入耳、奇

---

① 『善隣国宝記』卷中、204 頁。

邪不作身的品德予以高度评价。正因为了庵秉直谦和,所以与之结交之人,"咸惜其去",各以诗文相赠。

策彦周良曾先后两次来明,一次是 1539 年(天文八),一次是 1547(天文十六)。前一次是任遣明副使职,后一次是遣明正使职。在一次明廷上林苑赐宴中,策彦和明群臣对酒吟歌,据《策彦入明记》载,"于上林苑赐宴,五官人赋诗,七伶人奏乐"。相国李恒、翰林朱祐程询、大监韩苎、金紫光录杨骞均赋诗"寄策彦",而策彦也赋一诗:今日天恩与海深,凤凰池上洗凡心,回头群卉花犹在,始见青春归禁林。[①]

来明日僧不少人都有入明日记留世,成为研究明代中日关系的宝贵资料。较著名的入明日记有《允澎入唐记》《唐船日记》《戊子入明记》《壬申入明记》《初渡集》《再渡集》等。来明僧回国时,带回不少诗集、文稿,当时日本五山文学兴盛,日本高僧多托来明僧乞求明代高僧、大儒为自己的著述、语录或所在寺院、堂、塔撰写序、跋、碑铭等。明代高僧、大儒应求撰写相关文章颇多,其中有翰林学士宋景濂、高僧季潭宗泐、如兰等人。除前述宋景濂为汝霖良佐的文稿作跋、为转法轮藏禅寺作寺记外,还为天龙寺僧梦窗疏石作碑铭。季潭宗泐为《大应国师语录》《义堂和尚空华集》作序,为天龙寺独芳清昙禅师作顶相赞。如兰除前述为绝海中津《蕉坚稿》作跋外,还为京都东山建仁寺开山始祖明庵西公禅师作塔铭。

明代时期,也有一些明僧赴日,其中仲猷祖阐、无逸克勤受命出使日本,不但克服重重困难,打开明日关系僵局,直接赴京都与幕府取得联系,而且还与五山僧侣交往,题辞、作序、探讨、删改诗文等。另外,道彝天伦、一庵一如在日本时,也与日本高僧互有交流、探讨佛义等。

---

① 引自伊藤松辑、王宝平等编:《邻交征书》二篇·卷二,第 202 页。

第二节　日朝关系

一、官方交流

在高丽王朝末期，为倭寇问题曾与西部日本的今川氏、大内氏等大名交往，尤其是高丽辛禑王时代，倭寇极为猖獗，高丽曾五次遣使日本，与幕府联络，但得不到幕府回应。于是朝鲜方面转而与九州探题今川了俊和九州有力领主大内氏交涉，今川了俊积极响应，1377 年（永和三）八月，今川了俊曾派使赴高丽，申述禁倭寇事。据《高丽史》载："日本国遣僧信弘来报聘，书云：草窃之贼，是逋逃辈，不遵我令，未易禁焉。"[1]既表达了诚意，也坦陈禁倭寇之难。

同年九月，高丽使节郑梦周到博多，此时今川了俊在肥后军事前线，为见高丽使特意从肥后赶往博多，因为与高丽贸易可以获得不少的利益。虽然九州尚未完全平定，但从长远利益计，不能与高丽交恶，与高丽和善，则必无后忧，而且剿灭海寇可达到交通安全。郑梦周归国时，还带回被倭寇抓走的数百名高丽人。

1392 年朝鲜王朝建立后，太祖李成桂继续与今川了俊接触，朝鲜使节每次都从日本带回数百名被抓的朝鲜人。1395 年（应永二）闰七月，今川了俊被撤九州探题职返归京都，日朝交涉由身兼周防、长门、石见等国守护的大内义弘担当，此后足利义满与朝鲜的联系大多通过大内义弘进行。

室町幕府与朝鲜的接触实际上在朝鲜建国元年（1392）就已开始，当年朝鲜派僧觉鎚为使，要求幕府禁止倭寇。对此，幕府将军足利义满请僧绝海中津起草答书："端肃奉复高丽国门下府诸相国阁下，仲冬初，归国僧觉鎚来，将诸相国命，达书于我征夷大将军府，论以海寇未息，两国

---

[1]《高丽史·辛禑传》。

生衅。此事诚如来言,海隅民败坏教化,实我君臣之所耻也。今将申命镇守西臣,禁遏贼船,放逐俘虏,必当备两国之邻好,永结二天之欢心,实所愿也。然而,我国将臣自古无疆外通问之事,以是不克直答来教,仍命释氏某代书致敬,非慢礼也,今遣臣僧寿允,细陈情实,乞金察焉。"①

文中所说"我国将臣自古无疆外通问之事,以是不克直答来教"之句,表明室町幕府尚无直接与境外交涉之权,受此约束,室町幕府的对朝交涉通过大内氏进行。1394年(应永元)十二月,足利义满任太政大臣,将军一职让与长子义持,但仍控制幕府实权。1397年(应永四)十一月,足利义满让大内义弘派使节至朝鲜,向朝鲜方面传达幕府禁压倭寇之决心。十二月,朝鲜国王李成桂派回访使朴惇之赴日。朴抵日后,先在九州面晤大内义弘,1398年(应永五)八月又入京,面晤足利义满。朴惇之在归国后的报告中叙及足利义满对禁倭患态度:"大将军(指义满)欣然闻命曰:'我能制之。'即遣兵讨之,与贼战六月,未克。大将军令大内殿(指大内义弘)加兵进攻之,贼弃兵掷甲,举众出降。"②这一点,在足利义满的《应永五年谕朝鲜书》中可以得到证实:"朝鲜国使者,远衔国命,逾海来聘,币甚厚而礼甚至,尤可嘉尚焉。今将归国反(返)命,附往不腆土物,少答盛意焉,以为好也。比者九州违命之小丑,既伏其罪,次当遣偏师,尽歼海岛残寇,以通往来舟船,而结两国欢心也。"③

1399年(应永六)十月,大内义弘发动反幕府的"应永之乱",十二月失败而自杀。此后大内氏作为地方势力仍然与朝鲜保持着交往,但幕府则摆脱大内氏,开始直接与朝鲜王朝交往。幕府与朝鲜恢复国交关系是在朝鲜朴惇之使日之后,据朝鲜方面的记载统计,自14世纪末李成桂建朝鲜王朝至16世纪中叶宣祖朝为止,日本以"日本国大相国"、"日本国王"(义满)、"日本国源义持"、"日本国源义教"、"日本国源义成"等名义

① 《世宗实录》卷五·元年九月癸亥条。
② 『大日本史料』七一三,应永五年八月是月条。
③ 『善隣国宝記』卷中、106 頁。

派遣的使节多达 60 余次。与此相应,朝鲜方面派遣的回礼使、通信使也达 61 次之多。[①] 幕府各代将军派使的目的主要是:(1) 吉凶庆吊;(2) 请求佛经;(3) 募集神社、寺院营造经费;(4) 要求朝鲜帮助推进日本与明王朝的关系。

关于要求朝鲜帮助推进日本与明王朝关系事,在足利义满主持幕府期间,接受了明王朝册封的"日本国王"号。但义满死后,其子义持则采取与父亲完全不同的对明政策,即完全断绝了与明王朝的往来。1428 年(正长元)足利义持死后,其弟足利义教继嗣将军职,并试图重新恢复日明关系。义教一方面直接与明联系,另一方面又通过朝鲜,以尽速促进与明关系的重新恢复。日明关系恢复后,又利用朝鲜缓解日明之间矛盾。1456 年(康正二),足利义政在致朝鲜国王世祖李瑈的信中,对 1454 年到明的日本遣明使东洋允彭一行,在明期间行为不轨、沿途肆虐扰民、殴打官吏等,引起明朝廷方面不满一事,阐明幕府态度,并请朝鲜转达歉意:"爰我国行人(指东洋允彭一行),先是于大明国事颇不轨。然而圣恩宽宥,特屈刑章,故及归国日,以加囚禁。来岁必聘专使于大明之庭,扬对天之阆林,仰无前之伟绩,进贡方物,以谢前时之罪,幸不遐弃焉。伏闻上国(指朝鲜)之于大明,疆域连接,聘问交繁,请为我先容,以通夙夜之心,亦善于邻者莫如焉。"[②]

1460 年(宽正元),朝鲜国王世祖对上述所求作明确应答:"日本国殿下,使至得书,兼承厚贶,为慰殊甚,洋海相阻,不克以时聘问,王乃屡遣信使,践修旧好,非慎重交邻,不能尔也。朝贡上国(指明王朝)事,已为王奏达,不腆弊产,谨付回价,聊布谢悰,领纳为幸。"[③]

在 15 世纪中叶前后,日本与朝鲜关系甚为密切,但朝鲜不仅采取各种措施尽量减少蜂拥而至的日本商人,而且对各种使节也加以限制。根

① 田中健夫『中世对外関係史』、東京大学出版会 1975 年、107—108 頁。

② 『善隣国宝記』卷中、168—170 頁。

③ 『善隣国宝記』卷中、170—172 頁。

据申叔舟在《海东诸国纪》的记载,朝鲜对日本各势力的上京使节人数有规定。朝鲜文献中最早明确记载日本国王使上京人数的是 1423 年由圭筹率领的使团,一行共 16 艘船计 523 人,上京人数是 138 人。朝鲜当局认为上京人数过于庞大,建议以四五十人为好。因此,两年后日本使臣中兑率领的遣朝使团中只有 40 余人上京。上述规定并非一成不变,如 1430 年为 26 人,1443 年为 27 人或 29 人,1448 年为 60 人,1450 年为 26 人,1457 年为 28 人,1458 年为 15 人,1459 年为 21 人,1470 年为 94 人。[1]

日方有时也对朝鲜使节作出限制,根据《东寺执行日记》的记载,1443 年来日的朝鲜使节卞孝文一行大约有 100 人,其余使团的人数不明,在日本文献中未见对使团人数等有限制的记载。但是,1424 年赴日的朴安臣被幕府拒之在赤间关,理由是朝鲜不给大藏经的经版而予以报复。最后在大内教弘的调停下,朴安臣得以进入京都。1443 年赴日的朝鲜使臣卞孝文也被拒之在赤间关,理由是幕府无力支付使臣上京杂费。

在中世后期的日朝交流过程中,日本通过各种名义和方式与朝鲜交流,首先是前述"日本国王使",即以"日本国王"名义遣使朝鲜的日本使节,首次派出时间是 1404 年,即足利义满派遣僧周棠出使朝鲜。[2] 最后一次是在 1499 年,在整个 15 世纪共有 29 次。[3] 遣使目的大致可以分为以下几个类型:求经使(12 次)、回礼使(3 次)、化缘使(6 次)、与明交往斡旋使(2 次)、求取金印(1 次)、通知金印使用(1 次)、牙符制成立(1 次)、牙符制启动(1 次)、目的不明(2 次)等。

进入 16 世纪后,即从 1501 年开始至 1568 年的战国时代结束,遣往朝鲜的"日本国王使"共有 24 次,其中作为正使出访最多的是弸中道德和安心,各 3 次;其次是一鹗和景辙,各 2 次,正使不明的有四次。确定

① 伊川健二『大航海時代の東アジア:日欧通行の歴史的前提』、吉川弘文館 2007 年、64 頁。
② 姜在彦『朝鮮通信使がみた日本』、明石書店 2002 年、7 頁。
③ 橋本雄『中世日本の国際関係:東アジア通行圏と偽使問題』、吉川弘文館 2005 年、188—191 頁。

以源义高之名义遣使 1 次,源义晴名义遣使 3 次,其余不明。从遣使目的来看,求取经文 4 次,"三浦之乱"相关的 4 次,岁遣船相关的 2 次,"宁波之乱"有关 2 次,"蛇梁倭变"相关 2 次,漂流明人送还 1 次,贸易相关 3 次,求取新牙符 1 次,莘浦开路 2 次,目的不明的 3 次等。①

　　室町时期的日朝关系一个明显特点就是朝鲜王朝与日本诸多势力集团持有外交关系,有倭寇渊薮之称的西日本自然不必多说,大多作为和平的"倭人通交者"而受到朝鲜王朝的厚待,那些打着畠山、斯波、细川、京极、山名等在京有力守护的"王城大臣使"也受到朝鲜王朝的欢迎。朝鲜与这些势力集团交往,对于倭寇问题的解决并没有什么有利之处,其中的利益驱使乃是重要原因。"王城大臣使"是朝鲜对这些自称是在京有力守护使节的称谓,最早见于 1409 年,派遣者是"管领源道将",直至 1509 年,共计 49 次之多。

　　14 世纪中期,随着元明王朝的交替以及东亚海域倭寇的猖獗,博多作为对外交流的重要窗口受到冲击,而肥后的高濑津一时兴起,在对外交流中扮演了重要角色,当地豪族菊池氏以及周边地区也积极开展了对外交流。但从 15 世纪后半开始,菊池氏族为族长继承问题发生内讧,战乱不止,再无精力组织和派遣使节出访外国。根据申叔舟《海东诸国纪》及《朝鲜王朝实录》的记载,在 1417 年至 1503 年将近一个世纪的时间里,以"菊池殿"名义遣使朝鲜王朝的日本使节竟达 64 次之多,其中绝大多数是伪使。具体地说,1417 年和 1428 年乃真使节,可能是菊池氏第 18 代家主菊池兼朝所派,1450 年以后全是伪使。伪使又分为两大系统,即"肥后州守名义"和"肥筑二州太守名义",其实都是对马岛势力所为。1443 年朝鲜和对马之间签订了年间贸易船只数量限定在 50 艘之内的"癸亥条约",对马岛主宗贞国为拥戴主家少式赖忠而驻留在博多派出伪使团,守护代宗盛直、宗职盛父子冒充岛主宗贞国之名组织起来的伪使

---

① 橋本雄『中世日本の国際関係:東アジア通行圏と偽使問題』,吉川弘文館 2005 年、198—199 頁。

以"菊池殿"之名前往朝鲜。

朝鲜王朝世祖李琛晚年十分笃信佛教,遍历全国古刹名寺,于是各地祥瑞不断。为了庆祝这种奇瑞,世祖十二年(1466)李琛致书来朝的肥前那久野藤原赖永的使者寿蔺,希望日本国王派遣祝贺使,这就是日本历史上的"祥瑞祝贺使"。到成宗二年(1471)短短的几年时间里,日本大量派遣使节,形成了一个"朝鲜遣使热潮"。其中1466年由宗成职遣使1名,"岁遣船"16艘,使团成员以对马人为主;1467年遣使27名,岁遣船1艘,主体是对马人;1468年遣使34名,岁遣船4艘,主体是对马人;1469年遣使12名,岁遣船10艘,主体是对马人;1470年遣使6名,岁遣船14艘,主要由对马人和博多商人组成;1471年遣使5名,岁遣船11艘,成员主要是对马人和博多商人。[1] 其中使者又大致可分为四类,即真正的祝贺使、寿蔺护送使、宗贞国之使及其他。

上述日本朝鲜遣使热潮的出现,主要有以下两个背景:首先是朝鲜方面,篡位的世祖李琛为强化王权,时常在宫内进行一些越格的仪式,例如模仿明朝皇帝的祭天仪式,命令"倭人"和"野人"(女真人)之类"夷人"列席左右,同时举行盛大朝会等。其次是日本方面的原因,尤其是对马岛主宗氏利用朝鲜国王这种予以强化王权的心理,从而大量遣使以牟取外贸利益。

特别值得一提的是大内氏与朝鲜的交流。应永二年(1395),九州探题今川了俊被召回京都,大内氏与朝鲜两者的交流又开始萌动。到弘治三年(1557)大内氏灭亡为止的160年时间里,大内氏的对朝关系时断时续,使者真假混杂,呈现出多样变化的交流态势。在15世纪初期,日本国王的使者行列中经常有大内氏的人同行,因此,大内氏不仅自己积极开展交流,在室町幕府的对朝关系中,在使者护送等方面也发挥了重要作用。

---

[1] 橋本雄『中世日本の国際関係：東アジア通行圏と偽使問題』、吉川弘文館2005年、164頁。

在与朝鲜交流的各种日本势力中,大内氏受到仅次于日本国王的待遇。15世纪日本大量向朝鲜求取《大藏经》,对此无奈的朝鲜设置种种限制,但对于日本国王和大内氏的请求基本如数给予。有数据显示,中世后期日本向朝鲜求得五十部《大藏经》,其中大内氏占去了大约四分之一的数量。此外,从现存毛利博物馆的"朝鲜国通信符"铜印也可见日朝关系中大内氏的地位之特殊。这个通信符与其他交流者所持的"图书"(渡海凭证)在形状和性质上都不同,图书是正方形的印章,而通信符是骑缝章。在图书上刻有渡海者的名字,如果朝鲜王朝改元,则必须重新颁发,而通信符则没有这种限制。

进入战国以后,大内氏利用其特殊的地理条件积极展开对朝交流。在起初的10多年时间里共遣使3次,但都是伪使,因此也称之为"伪使期"。到大内政弘、义兴以及义隆执政时代,为求取《大藏经》以及军用物质,在将近80年的时间里,共遣使32次。

与日本的遣朝使相对应,室町时期朝鲜遣往日本的使节也相当之多,文献记载显示,在1394年至1461年将近70年的时间里共遣使节52次。从派遣名义来看,主要有回礼使达15次,通信使9次,敬差官(调查员)6次,报聘使5次。从使节的身份来看,以政府官员为主,尤其是军官占据重要地位,此外偶然还有僧人和降倭作为使节。使节交涉的对象上至幕府将军,下至大名,其中以壹岐、对马两岛最多。

在1468年至1590年将近120年的时间里,朝方共向日本遣使11次,其中以通信使名义的3次,敬差官名义的3次,宣慰使(致慰使)名义的4次。交涉对象主要是对马岛,共计8次,八代将军义政2次,丰臣秀吉1次。因此,朝方遣使的主要目的是和对马岛进行各种交涉,例如"三浦之乱"的善后处理等。

朝鲜使节一览①

时间（朝鲜史料）	使节名目	使节姓名	派遣对象
1468 年 7 月 30 日回国	敬差官	金好仁（行护军）	对马岛
1470 年 9 月 1 日辞	宣慰使	田养民（司译院金正）	对马岛
1475 年 7 月 16 日辞	通信使	裴孟厚（议政府舍人） 李命崇（弘文馆修撰） 蔡寿（吏曹正郎）	日本国王源义政
1476 年 2 月 12 日辞、7 月 19 日复命	宣慰使	金自贞（承文院判校） 徐有山 许得江（通事）	对马岛
1479 年 4 月 4 日辞、10 月 15 日复命	通信使	李亨元（直提学） 李季仝（昌城都护府使）	日本国王源义政
1487 年 3 月 26 日辞	宣慰使	郑诚谨（直提学）	对马岛
1494 年 3 月 26 日辞、7 月 27 日复命	敬差官	权柱（弘文馆副应教）	对马岛
1496 年闰 3 月 20 日辞、6 月 13 日复命	致奠官、致慰官	金硡 张珽（汉城判官）	对马岛
1510 年 2 月 3 日	敬差官（致慰官）	康仲珍（济用监正） 李轼	对马岛

二、人员交流

朝鲜王朝要求与室町幕府建立正常外交关系的同时，希望日本能够禁倭。因此，幕府命令九州的守护取缔倭寇，并送还被掠人口。以此为契机，幕府、大内氏和大友氏等守护大名以及西日本的领主们向朝鲜派出通商船只，谋求贸易。与此同时，朝鲜自太祖、太宗、世宗以来，一边扩充军备，加强防倭力量；一边对倭寇采取怀柔政策，对于洗手不干的倭寇给予居住权，先后开辟釜山浦（今釜山）、乃而浦（今熊川）、盐浦（今蔚山）

---

① 表格主要根据中村荣孝《日本と朝鲜》（日本歴史新書、至文堂 1966 年）以及韩文钟《朝鲜前期对日外交政策研究》（全北大学校大学院史学科博士论文、1996 年）编制而成。

三港为日本商人的贸易区。由于实行怀柔政策,大批日本海寇转为海商,从日本赴朝经商人数大增。

进入 15 世纪后,日本很多船只私自出海抵达朝鲜,其中主要以对马、壹岐、九州的松浦以及南部地区的商船为主,平均每年达 13 次左右。1407 年,为了限制走私贸易,减轻财政负担,朝鲜国王给日本发放"文引"、即渡航许可证,以限制贸易船只。文引主要颁发给足利将军、对马的宗氏、大内氏、少式氏、九州探题等对象,规定登陆港口为荠浦、釜山浦、盐浦,建设日本人专用的客馆。但根据申叔舟在《海东诸国纪》中的记载,朝鲜王朝的日本贸易对象分为四种:第一当然是"日本国王"即足利将军,第二是地方实力派,如斯波、畠山、大内、少式、细川、京极、山名等,第三是对马的宗氏,第四是才是持有文引或者曾授予朝鲜王朝官职的商人。

为控制入境经商人数,朝鲜政府于 1407 年实行许可证制。两种人可以入境,一是朝鲜政府授予职务的人("授职人");二是持有许可证者("授图书人")。许可证限制了大批海商入境,自然矛盾骤升,再加上足利义持的反足利义满对外政策,致使两国关系趋紧。1419 年(应永二十六)五月发生 50 余艘倭船闯入朝鲜境内、烧毁兵船事件,导致朝鲜出兵对马岛。

鉴于对马岛的归属以及倭寇频频肆虐朝鲜等问题,1419 年六月二十日,朝鲜大将李从茂率领兵船 227 艘、兵员 17285 人抵达对马岛,进行肃清。一开始战事开展顺利,但二十六日遭到日方伏兵袭击,朝方损失惨重,据《对州编年史》一书记载,当时日方战死 123 人,而朝方却达 2500余人。鉴于战事的泥沼化,七月三日,朝鲜军全面撤退至巨济岛,同时掠去大量的日本俘虏,这就是日本历史上的"应永外寇",朝鲜称之为"己亥东征",对马则称之为"糠岳战争"。原先被倭寇掠走的朝鲜人送还问题是日朝间的重要课题,该事件后日朝之间又有被虏日本人的归还问题。

对于本次出击对马,朝鲜太宗在文书中提到,对马本来就是朝鲜领土,因偏僻不值得开发,以致沦为倭奴居住之地。对马岛一方或许是为及早恢复战后交流,也认可对马乃朝鲜牧马之地,因土地贫瘠无法生计,原住民移居至济州岛耕作,但移民还是向朝鲜纳税。鉴于对马岛的这种态度,朝鲜将对马岛划归庆尚道管辖,当时对马守护宗氏也表示朝鲜进攻对马就等于进攻本国。

对于"应永外寇"时朝鲜的军事活动,在京都也有各种各样的风闻,相关内容在伏见宫贞成亲王的《看闻御记》一书中有较多记载,主要有以下数条:"(应永二十六年)五月二十三日:大唐国、南蛮、高丽等,日本可责来云云。自高丽告申云云。室町殿御仰天,但神国有何事乎"①;"六月二十五日:抑大唐蜂起事有沙汰云云。出云大社震动流血云云,又西宫荒戎宫震动,又军兵数十骑由广田社出行东方,其中女骑之武者一人如大将云云。神人奉见之,其后为狂气云云。异国袭来瑞想勿论欤。又二十四日夜八幡鸟居风不吹颠倒了,桥打碎云云。室町殿御参笼时分也,殊有御警云云。诸门迹诸寺御祈祷事被仰云云"②;"六月二十九日:北野御灵指西方飞云云,御殿御户开云云。诸社怪异惊人者也,唐人袭来先阵舟一两艘已有合战云云。大内若当两人为大将行向海上退治,其以前神军有奇瑞之由注进云云。[头书云]唐人合战事,实况不审云云,近日巷说多端"③;"七月二十日:唐人袭来即付萨摩之地,国人合战唐人若干被讨,国人也被伐云云。唐人中中有如鬼形者以人力难责云云。浮海上异贼八万余艘之由大内方先注进到来,自探题注进者未到云云。又兵库唐船一艘着岸,是为使节非军船云云。"④"八月十一日:抑唐人袭来去六月二十六日于对马小式大友菊地以下合战。异贼打负若干被讨,大将军二人生捕云云。大风吹唐船数多破损入海了,凡唐船二万五千艘云云。生取大将来兵库,去六日注进到来云云。天下大庆,室町殿御悦喜。"⑤

---

① 続群書類従完成会編『看聞御記』、国書出版 1944 年、187 頁。
② 続群書類従完成会編『看聞御記』、国書出版 1944 年、190—191 頁。
③ 続群書類従完成会編『看聞御記』、国書出版 1944 年、190 頁。
④ 続群書類従完成会編『看聞御記』、国書出版 1944 年、194 頁。
⑤ 続群書類従完成会編『看聞御記』、国書出版 1944 年、196 頁。

从上述记载可见,"唐人(外国人)袭来"简直是活灵活现,具体到战争的日期、将士规模和兵船数量、交战地点、经过以及结局等。当然,最终是虚惊一场。但这个谣言的直接起因可能是上述的"应永外寇",加上当时幕府拒绝与明交往,谣言就显得越发真实。可见当时日本对一个半世纪左右前的"蒙古袭来"还留有较大后遗症,同时也可以体察到因回绝明使,幕府担心会惹怒明朝而使对方付诸武力的一种恐惧心理。

其后朝鲜王朝对日本采取怀柔政策,即使是倭寇只要和平来往也可作为使者接纳。于是日本各阶层派往朝鲜的使节一时人满为患,朝鲜方面把他们统称为"使送倭人"。使送倭人的正副使一般由禅僧担任,因为禅僧当时是高级知识分子,他们能与朝鲜官方进行交流。朝鲜王朝对使送倭人给予丰厚待遇,支付每位人员过海料(渡海费用)和留浦料(留在三浦的生活费)。根据朝鲜成宗二年(1471)的标准,支付给每人的费用是每日米二升。因此,仅为求取大米而长期滞留三浦(荠浦、釜山浦、盐浦)的对马岛民日益增多,这也是后来"恒居倭"(常驻日本人)发生骚乱的原因之一。

除上述的使送倭人外,还有一类就是专门的商人,他们携带鱼、盐、米来到朝鲜半岛南岸进行贸易,称之为"兴利倭人"。此外还有归顺或自己主动要求移居朝鲜的日本人,统称为"来投倭人"。

随着常住倭人的飞速增加,朝鲜王朝的危机感也随之增强。永享八年(1436),朝鲜王朝与对马守护宗贞盛商量要求送还部分恒居倭,结果378名日本人被送还,而60名宗贞盛的手下被允许继续留住。尽管如此,恒居倭还是急剧增加,宝德二年(1450),三浦的常住日本人达到2000余人。文明七年(1475),在朝鲜再三催促下,1000名日本人回到日本,但与留在三浦的人口相比只是少数。据统计,1475年三浦中的日本人有2209人,到了1494年增加到3105人。[1]

因此,15世纪后半期,朝鲜为限制日朝之间的贸易又采取许多措施,

① 村井章介『中世倭人伝』、岩波书店 1993 年、85 頁。

不仅制定贸易的场所,而且实施授图书、书契、文引、通信符等凭证的勘合制度。授图书是授予臣服于朝鲜之日本权贵豪门、地方官吏等的铜印,日人访朝时盖在书契上,以证明其身份[1];书契是日方写给朝鲜政府的公函,是贸易必不可少的文件,凡是具有遣使资格的受图书之人,原则上均可以发放书契,但为防止因乱发书契而产生的混乱,统制贸易次数与规模,朝鲜政府要求对马岛使必须携带宗氏的书契,九州方面使必须携带九州探题的书契;文引又称路引,是通行许可证的一种;通信符是朝鲜政府发行的勘合符,目的在于防止冒充日本国王使和王城大臣使。通信符大致分为两种:一种是"牙符制",一种是"青铜符"。

"牙符制"将刻有文字的象牙一分为二,左符由朝鲜王朝保管,右符归日本保存。日本船只赴朝进行贸易时,需携带此牙符与朝鲜核对,所以牙符制是日朝贸易的通行证,类似明代中日之间的勘合。该制度最初由幕府八代将军足利义政提出,目的是想让幕府独占贸易利益,但实际颁发的对象除日本国王使外,还有大名派出的使节。1474年朝鲜首次交付日本牙符十枚,正面篆书"朝鲜通信"四字,反面刻有"成化十年甲午"字样。1482年日本国王使荣弘首次携带牙符赴朝贸易,1504年朝鲜再次颁发新牙符与日本,牙符制贸易持续至"文禄、庆长之役"为止。

15世纪末至16世纪初,在鹿岛、马岛、加德岛等地多次发生日本人掠夺事件,鉴于频发的"倭变",朝鲜王朝一方面通过恒居倭社会的头领"倭酋"进行交涉,另一方面剥夺一些恒居倭的特权,限制他们的贸易额,于是引发恒居倭的不满。

永正七年(1510),四名荠浦的恒居倭被朝鲜军队误当作倭寇杀害,导致恒居倭酋大赵马道、奴古守长率领日本人手持武器聚众抗议。4月4日,对马岛主宗盛顺的代官宗盛亲率领大约四五千人支援恒居倭,三浦倭乱爆发,史称"三浦之乱"。朝鲜军队进行镇压,6月末动乱彻底失败,恒居倭撤回对马岛,朝鲜关闭荠浦倭馆,中断与对马岛的交通。在对马

---

[1] 田中健夫『倭寇と勘合貿易』,至文堂1961年。

岛多次交涉下，永正九年(1512)，日朝之间缔结"壬申条约"，对马岛与朝鲜的交流得以重开，但停泊港口只限于荠浦，并且废除了恒居倭制度。大永元年(1521)，釜山浦也允许日本船只上岸。天文十三年(1544)发生"甲辰蛇梁倭变"，天文十六年(1547)根据"丁未条约"，荠浦禁止倭船登陆，日朝交涉主要在釜山的倭馆进行。在此期间，朝鲜王朝禁止日本人在所有的浦所定居，实际上在倭馆长期居住的日本人(留馆倭人)还是存在。

三、物资交流

中世后期日朝之间的物资交流首先是日本对佛经的需求。有关求佛经的事情在足利义满的《应永五年谕朝鲜书》中明确提出："大藏经版，此方顷年刊之孔艰，而未克全备。彼方现刊者，模刻极精，为之不能无希求，今大允我所求，盖法宝东渐有时也。"[1]朝鲜《大藏经》刻版在高丽朝时代即 1087 年完成，但在蒙古入侵高丽时，被兵火焚毁。1236 年高丽王朝重又刻版，至 1351 年完成，共有 1524 部、6558 卷。足利义满所求《大藏经》即是高丽版《大藏经》，足利义满死后，足利义持再次要求获得《大藏经》。1422 年(应永二十九)五月，义持的《答朝鲜书》中说："今复有不尽之求，重请一藏，欲使此方之人植福于现当也，苟与其善，颁以七千卷全备之典，则虽以刹宝见付，未足为比焉。"[2]在 1423 年(应永三十)七月，足利义持进而乞求《大藏经》的刻版："听贵国藏经版非一，正要请求一藏版，安之此方。"1424 年(应永三十一)八月，足利义持在《答朝鲜书》中，进一步明确所求《大藏经》刻版之愿："朝鲜国王殿下，圭筹知客与回礼使偕至，奉答书并别幅，件件嘉贶，不胜铭感。然雅意所需者，即大藏之版也，其余珍货积如山岳，又何用哉。(中略)次将发专使中兑西堂，再谕委曲，

---

① 『善隣国宝記』卷中、106 頁。
② 『善隣国宝記』卷中、144 頁。

若能使大藏版流传我国,何赐若此哉。"①对于足利义持所求,朝鲜国王李祹在复书中予以拒绝:"所需大藏经版,只是一本,且予祖宗所传,不可从命。"1428年(正长元)三月,义持在复书中则退而求其次,再次提出"七千全备之经"的诉求。②

当然,日朝之间的主要物资交流是商品贸易,而且由于形势多变,在中世后期日朝之间不断更新贸易协定。1419年(应永二十六)朝鲜出兵对马岛事件后,对马岛岛主宗贞盛成为对马岛民与朝通交许可证的管理人,岛内入朝者有宗氏的"书契"才予以接待。对马岛岛主宗贞盛与朝鲜第四代国王世宗订有多项密约,例如1443年(嘉吉三)签订的《嘉吉协定》(朝鲜称《癸亥协定》)就是其中一例,该协定规定宗氏每岁派船赴朝鲜交贸的制度,确立了宗氏的垄断地位。协定的主要内容:两国贸易实行"信牌制",凡日方赴朝贸易者,必须持有宗贞盛签发的信牌;朝鲜的釜山浦、乃而浦、盐浦为对日商开放的港口;每岁日商船限50艘,在特殊情况下,可派遣特送船;每岁朝鲜赐宗氏200石米豆等。除《嘉吉协定》外,宗氏还与朝鲜签有《文引制度》《孤草岛钓鱼禁约》等。《孤草岛钓鱼禁约》是关于允许出海捕鱼的协定,《文引制度》则是朝鲜承认宗贞盛对海贼、渔民的确认权。

尽管协定规定每岁50艘船,但每年抵朝鲜的船只和人数均超出规定。1459年(长禄三),朝鲜政府就已指出"每年来者络绎,后将难继"③。1470年(文明二)九月,朝鲜国王成宗在致对马岛主宗贞国的信函中明确指出:"贵国诸州使船,今岁尤多,馆无虚日,一船之人,几至数十百人,供顿之费盖以万计,沿边镇邑殆不能堪"④,赴朝日本人的待遇成为朝鲜政府的重负。1506年(永正三)朝鲜国王中宗继位,谋求诸政一新,对日贸易也推行强化统制,引起日本人的不满。1510年(永正七)"三浦之乱"

---

① 『善隣国宝記』卷中、146、148 页。
② 『善隣国宝記』卷中、148—150 页。
③ 《世祖实录》卷十八·五年十二月壬子条。
④ 《成宗实录》卷二·元年九月丙子条。

后,对马与朝鲜交流关系中断,以往与宗氏所签协约等也一概作废。在此背景下,对马岛宗氏依仗幕府势力与朝鲜重开谈判,1512年(永正九)日朝签订了《壬申条约》。条约规定:不允许日本人居留;每岁日商船入朝不能超过25艘;日商只在乃而浦一港交贸。1544年(天文十三)发生了20余艘倭船袭击朝鲜庆尚道蛇梁镇事件,两国关系重又回到"三浦倭变"以后的断交状态。三年后,朝鲜国王明宗与幕府使之间签订了《丁未约条》,其中约定对马岛主每岁可以派遣25船。1555年(弘治元),以日本五岛为根据地的大海贼团(即倭寇)70余艘船到朝鲜全罗道一带活动,史称"乙卯倭变"。对马岛主宗氏抓住机会,及时将情报提供给朝鲜政府,并取缔海贼,博得朝鲜政府的好感,日朝之间遂签订了《丁巳约条》,每岁遣船数增至三十艘。

关于日本与朝鲜之间的物资交流,从幕府将军和朝鲜国王之间的赠送礼物可见一斑。试举两例:1461年(宽正二),朝鲜国王李瑈赠送足利义政的礼物有《大藏经》一部、《法华经》二部、《金刚经》二部、《金刚经十七家解》二部、《圆觉经》二部、《楞严经》二部、《心经》二部、《地藏经》二部、《起信论》二部、《永嘉集》二部、《证道歌》二件、《赵学士书证道歌》二部、《高峰禅要》二部、《反(翻)译名义》二部、《成道记》二部,并土宜:小钟二事、云板二只、铜钹五部、磬子五事、石灯盏五事、鞍子一面、诸缘具黑细麻布二十匹、白细苧布二十匹、白细绵䌷二十匹、兰斜皮十张、人参一百斤、豹皮心虎皮边獖皮里座子一事、豹皮十张、虎皮十张、杂彩华席十张、满华席十张、满华方席十张、松子四百斤、清蜜五斗。①

1474年(文明六),在朝鲜国王李娎(成宗)赠足利义政礼物中以日用品为主,除上述礼物品种外,尚有:正布五百匹、绵布五百匹、大铙钹一事、中铙钹一事、法鼓一面、铮一事、中磬一事、厚纸十卷、蜡烛一百柄、海松子五百斤、凤仙花子一封、莺粟子一封、鸡冠花子一封、黄葵子一封、鸽子雌雄并二双、黑蓬头鸡雌雄并一双、白蓬头鸡雌雄并一双、彩鸭雌雄并

———————
① 『善隣国宝記』卷中、172—174頁。

一双、野鸡并一双。①

　　1472 年（文明四），室町幕府将军足利义政赠朝鲜国王礼物：装金屏风二张、彩画扇二百把、长刀十柄、大刀十柄、大红漆木草椀大小计七十事、大红漆浅方盆大小计二十事、蒔绘砚盒一个、镜台一个附镜、酒壶一只、铫子提子一具。②

　　实际上，上述互赠礼品属于进上下赐型贸易，是指日本使节向朝鲜国王进献礼品，朝鲜国王回赠相应礼品的一种贸易方式，是维持两国关系的一种外交手段。除此之外，还有朝鲜政府主要以棉布购买铜等产品的官方贸易、在倭馆交易大厅朝鲜商人与日本商人进行的私人贸易、朝鲜政府统购日本人全部物品后转卖给国内商人的官方批发贸易、以黑市和走私为主的非法贸易、日本使节私带货物进行个别交易活动的个人贸易等。

　　从整体来看，日朝之间物资交流的品种随着时间的推移也有所变化。具体说来，在朝鲜王国初期，日本向朝鲜出口的商品以马匹最多，其次是东南亚的苏木、胡椒、白矾等，带有很大转口贸易的色彩，太宗十八年（1418）的一个进口清单为"丹木百斤、白矾三十斤、胡椒二十斤、诃子二十二斤、良菌三十斤、丁香十五斤"③。

　　朝鲜国王世宗在位（1418—1450 年）时期，不仅日朝贸易规模急剧增加，而且交流的商品也发生了变化。日朝贸易从世宗十年起，以对马宗氏为中心步入了稳定的发展轨道，到了世宗二十年左右便迎来对日贸易的全盛时期，年平均贸易次数就超过 50 次。随着贸易规模的不断扩大和贸易次数的日益增加，经济负担和各种弊端日显突出，不得不着手统制贸易规模和次数；从朝鲜出口商品的所占比重来看，米、豆、棉布、烧酒等依次占据前几位，仅正布等几种布匹的出口量就高达 24761匹，米类和豆类的出口量也多达 6338 石。从朝鲜进口商品的数量上

---

① 『新訂続善隣国宝記』、262 頁。
② 『新訂続善隣国宝記』、326—328 頁。
③ 《世宗实录》卷三，元年。

看,硫磺最多,丹木等南亚物品也占很大比重。以世宗五年为例,硫磺、丹木的一次性进口量就分别高达 6 万斤和 1000 斤,足见当时贸易规模之庞大。

在朝鲜王朝前期最重要的对日出口商品是纺织品,但在太宗年间,米、豆、大藏经、虎皮等物品成为重要的对日出口商品,丝绸、苎麻布等纺织品的出口量很少,每次交易量大都在 10 匹以下。到世宗年间,随着对日贸易的蓬勃发展,纺织品出口量开始激增,不得不限制棉布的出口,如《世宗实录》五年二月条:"户曹启:济用监库五六升棉布数少,请貌容人夙踢,并用五六升麻布,从之。"①

到朝鲜世祖(1466—1468 年)初期,棉布的产量增加,库存增多,对日出口量也随之大增。到成宗六年(1475),汉城和地方支付给日本人的棉布已达 27211 匹,成宗七年则高达 37421 匹,1 年内增加了 1 万匹以上。② 到成宗十年代,纺织品的贸易变得更加活跃。这一时期琉球国王的使节频繁来到朝鲜进献礼品,作为回报把相当数量的棉布及白细丝绸、白细苎布和黑细麻布赏赐给他们;同一时期,日本王使、对马岛宗贞国的使节也频繁来朝换取棉布。到成宗末年,日本上流社会的棉布需求激增,单靠国家贸易无法满足,遂通过私人贸易和走私贸易获取更多的棉布,有时还把作为回赠品的正布或丝绸就地换成棉布后带回去。成宗十六年(1485)十月在司胆寺储存的奴婢身贡棉布为 72 万匹、正布为 18 万匹,合计为 90 万匹。第二年,即成宗十七年,回赠、支付于日本的竟高达 50 万匹,足见国家财政负担之沉重。③

日朝贸易中另一大宗商品是铜,朝鲜有铜,但为铸铜钱,常常用量不足,从日本进口铜成为重要补充来源之一。到世宗时期,铜成为朝日贸易的大宗,仅世宗十年(1428)日本使者来朝时一次运来的铜就达 2.8 万斤,朝廷下拨 2800 匹丝绷按市价与之进行交易,其后每年的铜

①《世宗实录》卷十九·五年二月己巳条。
②③ 金新《韩国贸易史》、石井出版社 1991 年、54 页。

进口量继续上升。为加强管理、规范市场，世宗二十九年（1447），朝鲜政府制定有关苏木、铜、钠的交易规程。铜的交易采取以纺织品等价交换的方式来进行，即朝廷接受日本人运来的铜以后，把等价的丝绸、棉布或正布回赠他们。到成宗年间（1469—1494年），日本人请求只用棉布做交换，朝廷应允其要求，以1匹布兑上品铜二斤半，或兑下品铜4—5斤的比例进行交易。进口的铜原料大部分用于铜币的铸造、兵器的制造、生活器具的制作等国内的消费，一部分用来铸造铜钟等器物后返销到日本。

　　另外一种值得注意的商品是硫磺，朝鲜开始大量使用硫磺是高丽末期，因倭寇侵扰特别猖獗，火炮的战略战术意义尤为突出，朝廷必须储备足够的火药。据《东国舆地胜览》《成宗实录》等文献的记载，朝鲜的忠州等地也出产硫磺，但数量少、品质低，远不及日本产硫磺，因而大部分从日本进口。硫磺多产于火山地带，火山国日本优质硫磺储量非常丰富，大量出口到中国和朝鲜。从世宗即位年到世宗九年的10年间朝鲜共进口硫磺19万5千斤，1匹正布的价值相当于3.75斤硫磺。[①]

第三节　倭寇、琉球、"南蛮"

一、倭寇问题

　　尽管在高丽高宗十年（1223）左右朝鲜半岛已散见倭寇活动痕迹，但一般认为倭寇始于元至正十年（1350），且祸害地主要是朝鲜半岛。其后倭寇的侵扰活动迅速扩展，1352年已经蔓延至高丽首都开京附近，以及临近日本海的江陵道一带。1357、1358、1360年开京连续受袭，以致高丽政府发布京城戒严令。倭寇主要的掠夺物品是稻米，所以漕船和官仓是其主要袭击对象。由于稻米的大量被掠，致使无法支付官吏的俸禄米。

---

① 金炳镇博士学位论文："14世纪—17世纪中叶朝鲜对明和日本贸易关系史研究"，2005年。

之所以将 1350 年作为倭寇问题的开端有以下几个主要原因：第一，从规模来看，之前通常是船只两艘左右，乘员数十名至百名不满，抢劫物质的数量大多不明，只有 1263 年的大约可知是大米 120 石、绸布 43 匹以及沿海居民的生活用品等。"1350 年后的倭寇"船只最少 20 艘，最多可达 500 艘，人员从几百人到上万人不等；第二，从频率上看，1223 年至 1265 年共有倭寇骚扰记录 11 次，而从 1350—1391 年为止的 42 年中，共有骚扰记录 394 件；第三，从骚扰范围上看，之前倭寇主要集中在金州为中心的南海岸及其附近岛屿，但"1350 年后的倭寇"几乎席卷了朝鲜半岛全域；第四，行动方式也不同。1350 年前的倭寇掠夺得手后马上返回日本，"1350 年后的倭寇"则是掠夺后继续滞留沿岸岛屿，伺机再次深入内地；第五，"1350 年后的倭寇"不仅掠物，而且还掳人；第六，组织化程度不同。"1350 年后的倭寇"组织化程度高，可以和高丽正规军作战，具有极强的破坏力和战斗力；第七，两国应对倭寇的态度也不同。之前的倭寇发生时，高丽和日本都采取了积极的应对措施，而对"1350 年后的倭寇"则有变化，尤其是日本比较消极。①

　　倭寇势力的消长与当时九州的军事形势密切相关，九州探题今川了俊攻陷大宰府的 1370 年左右，正值倭寇最猖獗的时期。为了禁倭，高丽政府遣使日本。1363 年使节抵达出云，翌年入京都天龙寺。携带的外交文书出自元朝置于开京的"征东行中书省"。幕府以僧录春屋妙葩的名义回信，表达禁倭的意思。1368 年，高丽没有倭寇侵扰的记录，可见幕府的对策在一定程度上奏了效。但好景不长，由于今川了俊新任九州探题，导致九州的政治形势动荡，倭寇趁势再掀狂潮。

　　高丽政府也开始意识到，与京都的幕府交涉还不如直接与掌控九州的地方势力交涉更有效，于是 1370 年以后，接连向今川了俊、大内义弘派出了四次使节。1377 年，著名的文人郑梦周拜访今川了俊，于是今川

---

① 李领『倭寇と日麗関係史』、東京大学出版会 1999 年、122—131 頁。

了俊和大内义弘决定送还被倭寇俘虏的高丽民众,同时禁止属下不得渡海,以表示对禁倭的支持。

中国虽然经历了元亡明兴的历史交替,但倭寇的祸害并未见收敛,一直要到 16 世纪末才呈现衰微之势。对于持续将近两个半世纪的倭寇,学界有多种分期法,主要有郑樑生为代表的"前后两期说",即把嘉靖三十一年作为分界线,前为前期倭寇,后为后期倭寇,是目前最为常见的分法。① 日本南北朝时期倭寇肆虐中国的记载至少可以追溯至至正二十三年(1363),《元史》卷四六"顺帝本纪"的这一年八月有"八月丁酉朔,倭人寇蓬州,守将刘暹击败之。自十八年以来,倭人连寇濒海郡县,至是海隅遂安"的记载②,即在至正十八年(1358)倭寇祸害朝鲜半岛八年后,开始频繁转掠中国,因此,通常将这一年认定为倭寇骚乱中国的开始。实际上,日本人对中国大陆的零星无组织骚扰行径早在武宗至大元年(1308)就已经出现,如《元史》卷九九"兵二"中就有"日本商船焚掠庆元,官军不能敌"的记载,而且延祐三年(1316)也有日本商船贸易致乱的记载,但这些骚乱毕竟还是局部或偶发性,不宜认定为倭寇的真正开始。

那么,从 1358 年至南北朝结束的 1392 年,倭寇骚乱中国的情况又是如何呢? 根据《元史》的记载,元末两次,即 1358 年、1363 年。而《明实录》的记载表明,明朝建立后至洪武二十五年(1392)倭寇入侵共计 38 次,入侵地区以山东、浙江最为严重。从入侵频率分析,洪武七年(1389)前较为频繁。当时倭寇主要在沿海一带活动,没有深入到内地,而且规模也不大。③

---

① 郑樑生著:《明代中日关系研究:以明史日本传所见几个问题为中心》,文史哲出版社 1985年,第 275—276 页。

②《元史》卷四六"顺帝本纪"九,中华书局 1976 年,第 964 页。

③ 日本史料集成编纂会『中国・朝鮮の史籍における日本史料集成・明実録之部 1』、国書刊行会 1975 年、1—42 頁。

早期倭寇入侵明朝一览表①

时间＼区域	辽东	山东	江南北	浙江	福建	广东	合计
洪武(21—35 年)	1	1		3		1	6
永乐年间	3	3	6	12	1	1	26
洪熙年间				1			1
宣德年间					2	4	6
正统年间		1	1	3	1		6
景泰年间				1	1	1	3
天顺年间						2	2
成化(1—12 年)				1		1	2

　　从上表可以发现,比起前期的南北朝时代,室町时代倭寇侵扰的总次数有所增加,但由于时间跨度大大超过南北朝,所以相对来说频率就低得多。从掠夺的地区来看,有南移的倾向,尤其是以浙江为主的江南地区受害最为严重。从时期分析,主要集中在永乐时期,这与当时日本国内外形势有直接关系。

　　尽管战国时期战火纷飞,时局动荡,但中日之间的勘合贸易并未中断。"应仁之乱"结束前一年1476年至1493年的18年时间里,幕府组织了三次遣明船,寺社、朝廷以及大名分别遣船共同参与对外贸易。因此,这时期的对明贸易实权名义上还是由幕府掌控。但进入16世纪后,勘合贸易权完全落入大内氏和细川氏两大名之手,幕府船只从此退出历史舞台。

　　正因如此,尽管进入战国时代后,倭寇骚扰中国沿海地区的次数和频率都大幅减少,从成化十三年(1477)至正德十六年(1521)的45年时间里,有记载的共计9次,平均5年1次,主要集中在广东。但到嘉靖年间,倭寇活动的次数出现爆炸式的增加,骚扰地区也集中到直隶、浙江和

① 范中义、仝晰纲著:《明代倭寇史略》,中华书局2004年,第18—33页。

战国时代倭寇入侵明朝一览表①

时间＼区域	直隶	山东	江南北	浙江	福建	广东	合计
成化(13—23)				2			2
弘治年间						3	3
正德年间		1				3	4
嘉靖年间	95	3		72	83	14	267

福建等地。究竟是何原因导致了嘉靖大倭寇的爆发，学界普遍认为导火线是嘉靖二年(1523)年的"宁波争贡事件"。

"应仁之乱"后的"勘合贸易"主导权从幕府将军转移到地方有力大名，特别是细川家族和大内家族手中。"应仁之乱"时细川家族为东军集团的首领，大内家族则为西军集团的主要成员，由濑户内海、下关海峡、博多、平户、宁波组成的传统赴明海路为大内家族所控制，细川家族的遣明船只得绕道四国岛、九州岛的外海，然后经九州岛南端到达宁波。二者各行其是，于是出现了同一时期、持有不同年号勘合的日本贡使船只到明朝朝贡，例如弘治六年(1493)，幕府与细川家族的船只持景泰勘合、大内家族的船只持成化勘合，通过不同航路几乎在同一时间到达宁波。②

积极进行"勘合贸易"的商人分别依附于细川家族和大内家族，海盗、倭寇等也混入其中，朝贡过程中不良事件经常发生。同时，两大集团相互对立、攻击，细川家族的勘合船时常为大内家族操纵的海盗掠夺，甚至幕府派遣的使节船也为大内家族劫持。例如正德八年(1513)遣明使回日本时所持正德新勘合被大内家族劫持，并胁迫幕府承认其单独派遣朝贡船的行动。正德十一年(1516)，大内家族派遣三艘遣明船，以僧人宗设谦道为正使，在嘉靖二年(1523)四月到达宁波。细川家族十分不满，胁迫将军同意携带业已作废的弘治勘合朝贡，派遣一艘船，以僧人鸾

---

① 范中义、全晰纲著：《明代倭寇史略》，第 33、114—158 页。
② 京都女子大学东洋史研究室编『東アジア海洋域圈の史的研究』，京都女子大学研究丛刊 39、2003 年、229 頁。

冈瑞佐为正使，比大内船晚几天到达宁波。

明朝规定"番船货至，市舶司阅货及宴坐，并以先后为序"，但细川船副使宋素卿是中国人，贿赂市舶司官吏，不仅首先检阅细川贡船的货物，而且在设宴时将鸾冈的座位安排在宗设之上，并将前者安排在市舶司，将后者安排在境清寺，"馆虽两处，待有偏"。结果导致双方在宴席上发生争执，继而动武，鸾冈当场被杀，宋素卿逃走。宗设追至绍兴等地未抓到宋素卿，又回到宁波，一路烧杀抢劫，夺船而去，备倭都指挥刘锦在追击中惨遭杀害，宁波卫指挥袁琎被绑架出海。史称宁波"争贡之役"。

宁波"争贡之役"发生后，"沿海震动"，海禁呼声再次高涨。"给事中夏言言倭患起于市舶，遂罢之"①，并再三颁布海禁法令。除"争贡之役"外，民间贸易的活跃、葡萄牙人在东亚的贸易活动、"倭寇"又一次兴起也是明朝再度严厉海禁的历史背景。

实际上，在类似"勘合贸易"这种统制性贸易时期也存在不少的民间私人贸易，特别是到 15 世纪后半期，包括明朝在内的东亚各国，随着经济的增长以及城市化的进展，国内商业活动甚至海外民间贸易再次活跃起来。尤其是在中国大陆的闽、浙沿海地区，居民多以海为生，严厉的海禁政策反而使对外贸易获利甚大，对日贸易利润更高，如顾炎武所言，"其去也，以倍而博百倍之息；其来也，又以一倍而博百倍之息。"②因此，自然会出现诸多"华人入外夷""华人越境"等现象。③

以下试看几起勘合贸易船与走私贸易混在一起的例子，其中也有倭寇头目王直等人的来去行踪：

1. 嘉靖二十三年（1544），种子岛氏遣使寿光来贡。"六月，倭船一只，使僧什寿光等一百五十八人称贡。验无表笺，且以非期，却之。"④虽

① 《明史》卷八十一《食货志五·马市》。
② 顾炎武：《天下郡国利病书》卷九十三"洋税"；晁中辰著：《明代海禁与海外贸易》，人民出版社 2005 年，第 186 页。
③ 山崎岳「朝貢と海禁の論理と現実——明代中期の「奸細」宋素卿を題材として」，夫马进编『中国東アジア外交交流史の研究』，京都大学学术出版会 2007 年。
④ 郑若曾：《筹海图编》（李致忠点校），中华书局 2007 年，第 173 页。

然遭到明廷的拒绝,但寿光一行并没有马上回国,而是留在中国进行贸易。回国之际,倭寇头目王直、许栋随船东渡日本。

2. 嘉靖二十四年(1545),肥后相良氏派遣节佁俅来贡。①

3. 嘉靖二十五年(1546),大友义鉴遣使梁清来贡。"嘉靖丙午,夷属丰后国刺史源义鉴得请勘合于夷王宫,遣僧梁清等来贡。"②明朝以不到贡期而却之。

其实,上述三次遣使是同一批使团成员,有"种子岛渡唐船"之称。使船出发后遭遇暴风雨,结果梁清所在的一号船沉没,佁俅所在的三号船飘回种子岛,只有寿光所在的二号船顺利抵达明朝。翌年,三号船再次出发,成功抵达明朝。而一号船通过两年的整修后重新渡航至明。③

4. 嘉靖三十二年(1553),满载杂物的两艘船只从明朝归来。④

5. 嘉靖三十五年(1556),山口都督大友义长、丰后国的大友义镇遣使随同蒋洲来到明朝朝贡。《明实录》记载:"于是,山口都督源义长,具咨送回被掳人口,咨乃用国王印。丰后太守源义镇,遣僧德阳等,具方物,奉表谢罪。请颁勘合修贡,护送洲还。"⑤

6. 嘉靖三十五年(1556)十二月,大友义镇遣使朝贡。《明实录》记载:"及前总督杨宜所遣郑舜功,出海哨探夷情者,亦行至丰后。丰后岛遣僧清授,附舟前来。谢罪言:前后侵犯,皆中国奸商,潜引小岛夷众,义镇等初不知也。"⑥

7. 嘉靖三十六年(1557)十月初,山口、丰后等岛主大友义镇等"亦喜

① 《明实录》"嘉靖二十四年四月癸巳朔"条载:"日本国,自己亥入贡,辛丑还国。逮甲辰三岁耳。复遣使来贡,以其不及期,不许。督令还国。而各夷嗜中国财物,相贸易,延岁余不肯去。"
② 郑舜功《日本一鉴》"穷河话海"卷之七,民国二十八年据旧抄本影印,第5页。
③ 伊川健二『大航海時代の東アジア:日欧通行の歴史的前提』、吉川弘文館2007年、146—170頁。
④ 熊本中世史研究会编『八代日記』、青潮社1980年、77頁。
⑤⑥ 日本史料集成編纂会『中国・朝鲜の史籍における日本史料集成・明実録之部1』、国書刊行会1975年、477頁。

即装巨舟,遣夷目善妙等四十余人,随直等来贡市。"①这艘日本巨舟的载物量超过 1500 石,可船只在舟山的岑港登陆后,倭寇头目王直随即被明军捕获,毛海峰和大友义镇的使者善妙和明军进入相峙阶段。结果受到明军的强烈进攻,朝贡大船沉没。② 幸亏在当地人的帮助下,于翌年的十一月十三日重造新船扬帆回国。③

　　8. 嘉靖三十七年,周防国遣使熙春龙喜出使明朝。④

　　而郑舜功在《日本一鉴》中,有更多关于走私贸易的记载⑤,详见下表:

年代	走私贸易记事
嘉靖十三(1534)	比日本僧师学琉球,我从役人闻此,僧言日本可市,故从役者即以货财往市之,得获大利而归。
二十四(1545)	王直……往市日本,始诱博多津倭助才门等三人,来市双屿。
二十五(1546)	随许四往日本国价以归,舟至京泊津。
二十六(1547)	胡霖等诱引倭夷来市双屿,而林剪往自彭亨国,诱引贼众来。
二十七(1548)	林玽诱引倭夷稽天私市浙海,官兵获之。又王直、徐铨(即惟学、一名碧溪)诱倭私市马迹潭。
二十八(1549)	冬,王直等诱倭市长途。
二十九(1550)	徐铨等勾引倭夷,俱市长途。
三十(1551)	王直等船泊列港。
三十一(1552)	徐海诱引倭夷亦泊列港,阳则称商,阴则为寇。又别倭船来,称海市。
三十二(1553)	叶宗满(即碧川,一名五龙)勾引倭夷来市浙海,比懼舟师不敢停泊,往市广东之南澳。
三十三(1554)	佛郎机国夷人诱倭夷来市广东海上……自是佛郎机夷频年诱倭来市广东。
三十五(1555)	南澳倭夷常乘小舟,直抵潮州广济桥接买货财,往来南澳。

---

① 日本史料集成编纂会『中国・朝鲜の史籍における日本史料集成・明実録之部 1』、国书刊行会 1975 年、480 頁。
② 鹿毛敏夫「15・16 世纪大友氏の对外交涉」、『史学雑誌』第 112 编第 2 号、2003 年 2 月。
③ 鹿毛敏夫「战国大名领国の国际性と海洋性」、『史学研究』第 260 号、2008 年 6 月。
④⑤ 郑舜功《日本一鉴》"穷河话海"卷之七,民国二十八年据旧抄本影印,第 6 页。

　　另一方面,日本进入战国大名混战时期,垄断后期"勘合贸易"的大内家族在 1550 年为其家臣陶晴贤所灭,朝贡贸易终结。大内家族控制的北九州和本州最南端地区的武士、商人、渔民、农民等群龙无首,为继续与中国大陆开展贸易,纷纷与中国的沿海商人、海盗联合,或走私贸易,或武装掠夺。客观地讲,"嘉靖大倭寇"包括了日本海盗、葡萄牙海盗商人、中国的海商武装集团等。而从人数来看,中国海商武装集团占据绝大多数,而且还出现王直、徐海、陈东、叶麻等头目。这些集团经常对中国大陆沿海地区的骚扰掠夺,通常称其位"后期倭寇"。

　　嘉靖三十一年(1552)四月,海商武装集团大举进掠浙江沿海地区,"登岸犯台州,破黄岩、四散、象山、定海诸处,猖獗日甚,知事武伟败死,浙东骚动。"[1]其后的"倭寇之患"接连不断,侵犯最多的年份是嘉靖三十三年(1554),共有 101 次。据有关统计,从嘉靖三十年(1551)到嘉靖四十四年(1565),共有 535 次"倭寇"侵犯。[2] 王直在嘉靖三十八年(1559)被浙江巡抚胡宗宪所诱杀,较大的海商武装集团也陆续被消除。为顺应民间贸易的迅速发展,隆庆元年(1567),继位不久的明穆宗准许"开海禁,准贩东西二洋",但仍然禁止与日本进行贸易。

二、日琉交流

　　"琉球"之名,最早见于中国《隋书》卷八十一、列传第四十六的《东夷传》,书中称其为"流求国"。据史料记载,"琉球"本题作"流虬",其命名取自中国文字之意。到唐宋时期又称之为"流鬼"或"流求",元代称之为"留求"和"琉求"[3],但《隋书》中的"流求国"是否就是以后的琉球王国一直有争论。明洪武五年(1372)杨载奉命出使琉球,因诏书中有"惟尔琉球"的字样,"琉球"便作为该地区的正式称呼而固定下来。

---

① 谷应泰:《明史纪事本末》卷五十五,上海古籍出版社 1994 年 4 月版,第 218 页。
② 樋口州男等编『東アジア交流史事典』、新人物往来社 2004 年、175 頁。
③ 王海滨:《琉球名称的演变与冲绳问题的产生》,《日本学刊》2006 年第 2 期。

追溯日本与琉球的交往也是由来已久,最初在日本史料中出现琉球是《日本书纪》,推古二十年(612)条中有"三月掖玖人三口归化,夏五月夜句人七口来之,秋七月亦掖玖人廿口来之"的记载。此后,推古二十四年以及舒明元年也分别有关于"掖玖"的记述,"掖玖""夜句"可能是指包括琉球群岛的主要岛屿冲绳岛。①

"冲绳"(OKINAWA)的称呼,日本史料最早见于《唐大和上东征传》。在唐天宝十二年(753)十一月条记载,鉴真和尚东渡扶桑的船队于"十六日发,廿一日戊午,第一、第二两舟同到阿儿奈波岛,在多祢岛西南;第三舟昨夜已泊同处。"②文中的"阿儿奈波岛"就是冲绳岛,"多祢岛"就是种子岛。而"琉球"则在日本承和二年(835)空海弟子真济编撰的《性灵集》中始称"留求",读作"RYUKYU"。15世纪日本加入明朝的册封体制后,"琉球"的称呼便在日本固定了下来。

根据琉球王国向象贤(羽地朝秀)在1650年编撰的琉球正史《中山世鉴》记载,琉球王国最初由天神阿摩美久所创,并一直由天孙统治。平安时代的源义朝之弟源为朝流亡至琉球,与大里按司的妹妹结婚并育儿尊敦。尊敦长大后从二十五代的天孙手里夺取了政权,自己即位号称舜天,时值南宋嘉熙元年(1237)。到舜天之孙义本王时代,琉球大闹饥馑,无奈义本王奉还王位于天孙氏后代的英祖。但源为朝到过琉球以及舜天王尊敦都是传说,并无事实根据。③南宋景定元年(1260)英祖王即位,统治琉球北部、中部地区,中山王权雏形始见,但同时各地存有不少的割据势力,具有琉球风格的大型石城建筑也在此时左右开始普及。元大德三年(1299)英祖王去世,进入战乱动荡时代。

进入14世纪后,以琉球本岛为中心形成三大势力范围,那就是中山

---

① 何慈毅:《明清时期琉球日本关系史》,江苏古籍出版社2002年版,第3页。
② 真人元开:《唐大和上东征传》(汪向荣校注),中华书局2000年版,第91页。
③ 米庆余:"古代日琉关系考",《世界历史》2000年第3期。

王、山南王和山北王三山鼎立的"三山时代"①。1406 年，山南的尚巴志举兵推翻了三山中势力最大的中山王武宁，1416 年尚巴志又剪除了山北王攀安知的势力，1429 年又灭了山南王他鲁每，最终统一了琉球，开创了第一尚氏王朝，该王朝易主七代。直到 1469 年，国王尚德去世，权臣金丸发动政变，夺取王位，并以尚德王世子的身份，自称尚圆遣使朝贡明朝，琉球王国进入第二尚氏王朝。第二尚氏王朝的前期，也是琉球王国发展最快的时期。特别是第三代国王尚真的统治时期，无论是政治制度、经济贸易还是科技文化，都是王国的鼎盛时期。

元代中日之间航线的改变为那霸的繁荣带来契机，当时中国沿海一带治安恶化，博多至明州的大洋路逐渐衰落，代而取之的是从肥后高濑津经由萨摩、琉球诸岛然后抵达福建的南岛路。也就是说，14 世纪中期左右，那霸成为中日海商往来重要的中转港口。

佛教最初传入琉球王国据说是在英祖王的咸淳年间（1265—1274），一名自称禅鉴的普陀洛僧漂流而至，于是英祖王在浦添城之西为其营造了极乐寺。最早记载这段史事的书籍是《琉球国由来记》，在卷十"琉球国诸寺旧记序"中记载："婆娑世界，南瞻部洲者，皆我能仁觉皇，一化之所统也，故曰竺乾。到震旦，及扶桑、朝鲜、新罗、百济诸国等。历代圣主，悉建寺度僧，而无不归崇焉。传闻，本朝（欠一字）舜天四代明主，称（欠一字）英祖王，广流王泽，终崇佛乘。万邦怀德，四夷向化。时咸淳年间，有禅鉴禅师者，不知何处人，尝乘一苇轻舟，飘然到小那霸津。俗不称其名，只言补陀洛僧也。盖朝鲜人欤？且扶桑人欤？世远，详无考也。王闻于其道德重而（欠一字）诏召之，始见圆顶方袍仪相，而大悦之。本有夙愿乎。创建精舍于浦添城西，而居于斯，号言补陀洛山极乐寺也。

---

① 对于古琉球的"三山时代"最近出现新的研究动向，即否认这种三足鼎立时代的存在。孙薇「割據時代の琉球——十四世紀七十年代から十五世紀二十年代にかけて」，法政大学国际日本学研究中心『国際日本学』第 2 期、2005 年；吉成直树、福宽美『琉球王国と倭寇——おもろの語る歴史』、森话社 2006 年。

是我朝佛种萌芽、梵宇权舆乎。"①

洪武二十二年(1389),中山王察度初次遣使高丽王朝时,琉球使节事先已经得到高丽王朝进攻对马的有关情报,所以一改常规由对马至庆尚道之路改为至全罗道顺天府之路。到康安元年(1361)为止,对马守护少式赖尚所需的麝香皆经由琉球输入日本,因此,14世纪60年代之际,在琉球与北九州(对马、博多)之间已经存在交流。

明人郑若曾在《郑开阳杂著》卷七"琉球图说"中载"洪武初,行人杨载使日本,归道琉球,遂招之。其王首先归附,率子弟来朝。"文中提到的杨载前后两次出使日本,第一次在洪武二年,但宣喻无果,杨载也被关押三月后得以返回。第二次是在洪武三年,这次的正使是赵秩,许是杨载有出使日本的经验,担任副使随同出访。

关于赵秩出访日本,明人王逢在其《梧溪集附补遗》中有"宠扶桑驻流求"记载,也就是说,赵秩曾到访过琉球。由于当时中日之间一直使用的宁波——博多的航路,因舟山"秀兰山之乱"而阻塞,所以采用肥后高濑至福建一航线。赵秩一行回国时从高濑扬帆出海,途经琉球王国,最后到了福建。明朝使节得知东亚世界还有一个琉球王国存在时,回国后立即向洪武帝作了汇报,于是洪武五年明廷派遣杨载出访琉球,进行新王朝建立的宣喻,从此拉开了中琉交流的新篇章。

讲述室町幕府与琉球王国交流的最古史料应是收录在1548年成书的《运步色叶集》中足利将军给琉球国王的书信,共有四封,其中最早一封是幕府将军足利义持写给琉球王尚思绍的,日期是日本应永二十一年(1414)十一月二十五日。义持在信中把琉球的官方贸易称为"贡物",永享十一年(1439)足利义教写给尚巴志的信函中也把琉球贸易称作为"贡物"。这些书信表明,从15世纪初至中期,琉球和日本的室町将军之间有过多次使者互派。从书信的文字来看,琉球王给室町将军的书信不是

---

① 外间守善、波照间永吉编『定本琉球国由来记』、株式会社角川书店1997年、174頁;知名定寛『琉球仏教史の研究』、榕树書林2008年、29—31頁。

用纯汉语写成,用的是和式汉文。可见,琉球王府中已经有日本人被登用出仕,其中有禅僧、商人和擅长语言之人,他们从事琉球王国的外交、贸易以及那霸行政管理等工作。同样,室町将军给琉球王的书信是用假名文字书写而成,由幕府政所负责,区别于日本与明朝、朝鲜的交往,也就是说它不是由五山禅僧担任。

15 至 16 世纪琉球和日本的关系基本上是对等的,琉球王国在统一之后,国王给日本的书信大致采用没有下意上达含义的"疏"的格式。日本室町幕府也很尊重琉球王国在明朝册封体系中的地位,尽管室町将军致琉球国王书以日本假名书写,并采用了将军在国内处理私人事务时所用的御内书格式,但这并不表示两者之间存在"半是外国半是家臣"的上下关系。相反,结束用语的不同、年号的使用以及"德有邻"印章的使用,说明室町幕府视琉球王国为亲善交邻对象。①

1450 年,日本五山禅僧芥隐承琥为究明佛理决意赴中国,不料却阴差阳错到了琉球。来到琉球的芥隐于是积极弘扬佛教,住持营建了很多寺院,并劝说国王皈依佛门,同时铸造梵钟悬挂于各大寺院,其中 1458 年 6 月 19 日奉琉球王尚泰久之命铸造的梵钟最为著名,即传世的"万国津梁之钟"。该钟铭文开头有"琉球国者南海胜地,而钟三韩之秀,以大明为辅车,以日域为唇齿,在此二中间涌出之蓬莱岛也"之句,是说琉球国汇集朝鲜的优点,与明朝犹如颊骨和齿床的关系,互相依靠。与日本的关系是譬如唇齿,两者相依,琉球就是介于中国和日本之间的一座蓬莱岛屿。这段文字不仅反映出琉球王国当时的一种东亚秩序观,而且认为自己与日本的关系密切但不是从属,而是相互依存。

琉球地处独特的地理位置,即东海交通要道,因而商人的络绎往来使那霸成为一座颇有国际性氛围的城市。15 世纪中期的久米村内琉球人、中国人、朝鲜人、日本人杂居一起,而中国人已经形成独特的居留地,并且由总理唐荣司这个组织的首长统一管辖。16 世纪末之前,琉球对于

---

① 何慈毅著:《明清时期琉球日本关系史》,江苏古籍出版社 2002 年,第 42 页。

日本的海外贸易来说有着不可或缺的存在价值，当时由于明朝实行海禁政策，与亚洲各国的贸易受到限制，同时日本也未能直接和东南亚诸国进行贸易的往来，所以琉球王国就成为连接日本和东南亚诸国这个网络的中间者。

　　实际上，琉球繁荣的最基本原因是频繁的对明朝贡贸易。按规定，安南、暹罗是三年一贡，日本是十年一贡，琉球是一年一贡甚至一年两贡，但从未严格执行。自 1372 年开始入贡到洪武年结束期间，接近一年二贡。永乐年间，时常一年数贡，"天朝虽厌其烦，不能却也"。据《明史》记载，在整个明代，琉球的朝贡达到 171 次，远远超过第二位安南的 89 次，但其实际朝贡次数要多得多，有人统计为 486 次；[1]另一方面，明朝对朝贡国之间的交往实行"不干涉"政策，因而琉球积极开展中转性贸易，即将明朝的生丝以及丝绸制品、陶瓷器等产品贩卖到日本、朝鲜、东南亚各国，再将东南亚各国的胡椒、苏木等产品贩卖到明朝、日本、朝鲜等国。这种中转贸易不仅为琉球带来巨大的经济利益，而且也推动了东亚地区贸易圈的形成。

　　大约在 15 至 16 世纪，那霸杂居着日本人，他们来到琉球的航路主要有三条：一从南九州地区到琉球，二从畿内通过濑户内海、土佐并经由南九州抵达琉球，三从北陆通过日本海经由南九州奔赴琉球。[2] 另外，据《镰仓大日记》的记载，1403 年"琉球国船六浦流来"[3]，"六浦"是相模国港口。可见随着与室町幕府交往的频繁化，琉球王国的船只已经开赴兵库、博多、坊津等贸易港，卖出中国以及东南亚的商品，然后采购日本特

① 柳岳武："明朝时期中、日、琉球关系研究"，《安徽史学》2006 年第 4 期。
② 上里隆史「琉球那霸の港町と「倭人」居留地」，小野正敏、五味文彦、萩原三雄编『考古学と中世研究 3・中世の対外交流　場・人・技術』，高志书院 2006 年、95 页。
③ 『増補続史料大成』第五十一卷「镰仓年代记・武家年代记・镰仓大日记」，临川书店 1986 年、233 页。
　台湾学者郑梁生在《日本中世史》（三民书局 2009 年、196 页）中认为，日本应永六年（1399）琉球船只漂流至武藏国六浦，五年后，琉球使节似至室町幕府，但难究其详。琉球船只至日本能考察为应永二十一年（1414）以后。

产。随着时代的发展,日本的贸易船只主动驶向那霸港,在这里以日本商品直接换取中国或东南亚国家的物品。

"应仁之乱"以后,琉球的贸易船只不再驶入畿内地区,给堺市商人带来了直接与琉球进行贸易从而获得极大商机。文明三年(1471),幕府致书萨摩的岛津立久,限制堺市船只前往琉球进行贸易,从此,萨摩藩掌控了对琉贸易的特权。琉球对日贸易的船只被限定九州的西海岸,坊津和博多成了日本对外贸易的中心。[1]

琉球和朝鲜的交流始于14世纪末,起初琉球船只直接渡海开赴朝鲜进行外交和贸易活动,但这条航线上存在着博多、对马等日本九州的贸易势力,加之不时受到倭寇的袭击,到15世纪中期,琉球几乎不直接派遣船只去朝鲜,使者乘坐来那霸的日本商船赴朝鲜,或者干脆让日本人作为琉球使者出使朝鲜。其中最有代表性的人物就是大友氏势力下的道安,他原本是博多海商,曾三次受托琉球王作为琉球使节出使朝鲜。

琉球王国在倾倒中国文化之时,对日本的文化也有着关注。琉球王国现存的最古老文字资料、即官撰的古代歌谣集《神歌册子》(原名《おもろさうし》、22卷、1554首、1531—1623年)就是用假名和汉字两种文字写成,并以假名为主。此外,仅存59件的"古琉球辞令书",即琉球王颁发的诏书也是以假名为主作成,可见琉球文化和日本文化之间存在较多关联。

在室町幕府时期日本与琉球的文化交流中,佛教也扮演着重要角色,前面提到的芥隐和尚就是其中代表人物之一。芥隐出生日本京都,是临济宗五山的禅僧,嗣法椿庭海寿。到琉球后,芥隐暂住那霸的若狭町,当时的国王尚泰久因慕其法,于1456年营建广严寺,接着普门寺、天龙寺等寺院也相继完工。之后的国王尚德、尚圆、尚真都在执政过程中,与佛教关系很深,这种政教并行的政策持续四十年左右,直至1495年芥隐圆寂为止。

---

[1] 米庆余著:《琉球历史研究》,天津人民出版社1998年,第54—55页。

芥隐出任开山的寺院很多,除广严寺外,还有圆觉寺、天王寺、崇元寺和龙福寺等。龙福寺原是禅鉴和尚所建,荒废后由芥隐重振。圆觉寺完工于 1494 年,该寺是祭祀王家祖先之处。天王寺建于成化年间(1447—1487),是安放先王妃子、夫人等牌位之处。崇元寺的创建年代不详,大概在宣德年间至成化年间,它是历代先王的宗庙。此外,芥隐还积极铸造梵钟,仅在 1456 年至 1459 年就铸造了 20 多座梵钟而悬挂各大寺院。

同时,琉球王国的禅僧和京都五山的僧侣之间也存有比较亲密的交流网络,两者不仅互赠汉诗,而且人物往来也不少,如五山僧侣还到琉球王国进行弘法,而琉球禅僧亲赴五山进行修行等。此外,大内氏和琉球之间存在广泛的人、物交流。尽管佛教传入琉球王国后,给统治阶级起到了很大影响,但还是没能在一般民众的心里扎根落脚。

此外,琉球在中日交流之间也扮演着重要的角色,其所起的作用与影响主要表现在:第一是在中日交流不通之时,琉球发挥中介作用,即来回传递明朝与日本两国的表文,传达两国的外交政策以助建交;第二是协助中日解决嘉靖二年"宁波争贡之乱"的遗留问题;第三是送还被倭寇掳去的明朝子民;第四,向明朝报告倭警,协助剿倭等。[1]

如同前述,在室町时代,琉球的船只曾多次到日本进行贸易,但因"应仁之乱"而大为减少,替而代之登场的是九州地区商人,于是形成九州、琉球、朝鲜三个地区的通商圈。博多商人经常作为琉球国王使节,或者伪称琉球国王使节前往朝鲜,因为国王使节所受到的待遇不仅比一般商人为好,所携带的商品价格也较高。

日本文明十二年(1480),幕府致书岛津氏,敦促琉球来贡,翌年琉球船只来到萨摩。另一方面,堺市周边的渡琉球船只也不断增多,有的是走私船只。文明三年(1471)右卫门尉行赖(幕府方)给岛津氏的文书中提到,因从前往琉球者多,故今后如果未持幕府所颁发的文件,将禁止渡

---

[1] 陈小法著:《明代中日文化交流史研究》,商务印书馆 2011 年,第 431 页。

航,如果有私运铜钱者,使其转运至京都,可见当时九州与琉球之间关系的密切。

室町幕府式微后,岛津氏与琉球之间的关系更为密切,从文明年间(1469—1487)开始琉球派遣正式的交通船。但随着非法贸易船只的增多,以至于岛津家第十三代家主忠治在 1508 年致书琉球国尚真王,通告琉球国对于没有携带符印的商人要加强盘查,没有证明的船只可以没收。[①]

这一时期日琉之间有一种"冠船贸易"。所谓"冠船"是指明朝的琉球册封使乘坐的船只,因册封使节团从中国携带大量商品来到琉球,在他们滞留那霸期间进行贸易。鉴于当时日本国内对唐物的大量需求,以岛津氏为主,日本各地的商人都汇集那霸以求购唐物。琉球王国一方面招致日本商船前来贸易,另一方面对前来船只采取严厉的防卫措施,以防日本海商和倭寇浑水摸鱼,滋生事端。尽管琉球方采取各种对策,瞄准冠船贸易的日本人还是蜂拥而至。嘉靖十三年(1534),明使陈侃出使琉球,国王尚清因考虑到前来那霸贸易的日本人实在太多,待他们散去后才接见了陈侃。到万历期间,琉球建造日本馆,冠船一到,上千持刀全副武装的日本人集体前来交易。

为求购唐物而到琉球的日本人,主要以日本银作为支付手段。白银对于琉球来说,正是对明贸易急需之物。因此,日琉之间的这种经济合作得到加强,白银到琉球的主要路径是从石见银山经由萨摩这条西日本航路通到琉球。

日本元龟元年(1570),广济寺的雪岑出使琉球,告知岛津义久就任三州守护之事。回国后的雪岑向岛津义久汇报说,萨摩的书状是从小门递呈进去的,而琉球的回书是从大门交付的,诉说了琉球的不敬。更为重要的是,琉球竟然许可没有携带萨摩许可证的船只入港交易。天正二年(1574),琉球派遣天界寺僧南叔、金大屋子赴日,祝贺岛津义久的就

---

① 梅木哲人『新琉球国の歴史』、法政大学出版局 2013 年、95—96 頁。

任。南叔受到了严厉的责问,只能推辞说是因尚圆王去世,无暇顾及日本来的非法船只。于是,岛津氏为了加强对出海船只的管理,开始对合法船只颁发《琉球渡航许可状》。

三、接触"南蛮"

1391年,暹罗斛国王的使者抵达高丽,这位使者表示之前曾在日本待过一年,可见这一时期的日本已经与东南亚人有了接触。1393年,暹罗人陪同朝鲜使节一起出访日本,但一行遭遇倭寇,所有行李被劫,部分人丧失性命。1406年,爪哇船只到达朝鲜,结果同样遭遇倭寇,船上的苏芳、胡椒、龙脑、沉香、鹦鹉、孔雀等货物被洗劫一空,21人在与倭寇的搏斗中死亡,61人成为俘虏,40人得以幸免逃到朝鲜。在这一年,对马岛主宗贞茂向朝鲜赠送苏芳、胡椒、孔雀,并毫无隐讳地说这些物品是从爪哇使船掠夺而得。①

小浜是一个位于福井县西部、面临若狭湾的一个古老城镇,是古代若狭国府所在地,是日本海岸重要的港口和渔业根据地,盛产若狭漆器、玛瑙等。根据记录该地区大事的《若狭国税所今富名领主代代次第》的记载,在15世纪初就有南蛮船只先后三次到过小浜。所谓南蛮,日本历史上一般是指暹罗、吕宋、爪哇以及其他南洋诸岛的总称。关于南蛮船的出发港,通常认为是巨港,即现在印度尼西亚的苏门答腊岛。

南蛮船只第一次来到小浜的时间是日本应永十五年(1408)六月二十二日,船只派遣者是名为"亚烈进卿"的帝王,携有《致日本国王书》,送给日本国王的礼物有黑象一头、山马一匹、孔雀二对、鹦鹉二对等。使节一行住在一位名叫本阿弥的人所经营的旅馆,这一年的十一月十八日,因遭受台风船只被损,直到翌年的应永十六年(1409)才得以重造新船,

---

① シャルロッテ・フォン・ヴェアシュア著、河内春人訳『モノが語る日本対外交易史・七――
  六世紀』、藤原書店 2011 年、246 頁。

十月一日离开小浜驶向明朝。

其实,自称"亚烈进卿"的国王很有可能是时任巨港宣慰使的华人施进卿,"亚烈"可能是"AL",AL 为冠于阿拉伯人或伊斯兰教徒之名。进卿原籍中国,为当时巨港的华侨领袖之一。另一侨领陈祖义与进卿不和,使得进卿有压迫感。1406 年,郑和下西洋之际,进卿向郑和诉说陈祖义的横暴,请求协助。于是郑和面谕陈祖义,劝其服从皇帝之命,不料陈祖义竟袭击明军。郑和应战,杀陈党五千余人,并俘虏陈祖义,巨港便由进卿掌控。因此,南蛮首次抵达日本的船只极有可能为进卿所派。当时的日本只专心于对明贸易,对东南亚尚未表示关心,首次交往因此结束。①

第二次在应永十九年(1412)六月二十一日,两艘南蛮船靠岸后仍住在本阿弥旅馆。同年八月二十九日离开,并有进献室町幕府将军的礼物清单。② 两起南蛮船只抵达小浜并不是偶然漂流而至,而是最初就持有递呈室町将军外交文书的有组织行为。

第三次是在应永二十六年(1419),船只是旧港宣慰使施进卿之子施济孙所遣。船只的目的地是博多,在途中由于害怕受到海贼的攻击,选择在萨摩的川边郡泊津登陆。得到报告的京都幕府通过九州探题涉川道镇通知町田飞骅守家久,命令护送船只至兵库。③ 应永二十七年(1420)四月之前离开萨摩开赴兵库,之后去向不明。但有记录表明八月有一艘琉球船通过蒲刈,实际上这艘船只很有可能就是前面去向不明的南蛮船。当时由于从旧港到日本距离太远,一般经由琉球小憩,然后让琉球人带路一起开往日本。船上乘员既有"南蛮人",又有琉球人,所以日本文献记载上有时称此类船为南蛮船,有时又称琉球船。

随着大航海时代的到来,中国、日本、朝鲜、琉球、葡萄牙等联系更加密切,商船、布教人员的往来遂把上述国家钩织成一张四通八达的网络。

---

① 郑梁生著:《日本中世史》,三民书局股份有限公司 2009 年,第 188 页。
② 大石直正、高良仓吉、高桥公明『周縁から見た中世日本』、講談社 2001 年、323—325 頁。
③ 高柳光寿「応永年間における南蛮船来航の文書について」、『史学雑誌』43—8、1932 年。

此时已经基本游离在明朝海禁秩序之外的日本,与中国的往来尤其频繁。如博多这样的港口城市,一次就有百余明人来居,而浙江人一次就有三百余人跟随日本人东渡的史料记载。经常可见嘉靖时期的倭寇队伍中混有大量中国人,其实当时因日本人的介绍而东渡的中国人也不在少数,当然他们主要的目的是贸易。

16 世纪前半,见于日本国内明确史料记载的外国船只来到日本的就有十多例,它们分别是:天文三年(1534)正月十五日,异国船十六艘炮轰种子岛西之表;天文八年(1539)十一月,中国船只漂至国上村港口;天文九年(1540)六月二十六日,中国船只靠岸种子岛竹崎浦;天文十年(1541)七月二十七日,中国船停靠丰后神宫寺,明人共计 280 名;天文十一年(1542),80 余名中国人漂至丰后;天文十二年(1543)八月七日,五艘中国船停靠佐伯浦,来日从事织物贸易;天文十三年(1544)七月二十七、二十九日,中国船登陆阿久根;天文十三年七月左右,外国船停靠小祢寝;天文十八年(1549)七月二十六日前,中国船只停泊江之岛,通过日御碕神社为中介进行贸易;天文十八年七月二十七日,中国船只停泊伊势湾,很有可能从事水银贸易;天文二十年(1551)七月二十一日,中国船进入越前三国,上有中国人 120 人,当时寄宿在小谷六郎左卫门家,据说吸引了很多当地人前来一睹中国人的风采。①

另一方面,正当战国大名为争夺地盘混战时,西方人辗转东南亚到日本,"故倭国人称之为南蛮人"②。1543 年,葡萄牙人乘坐的中国走私船漂流到九州南部的种子岛,同时带来了火绳枪,岛主购买了两只火绳枪并加以仿造。火枪随即传到日本各地,大量生产的结果对作战方式产生了重大影响。不仅各国大名均组成步兵火枪队,而且城堡的建筑方式也发生变化。城堡从山上迁移到平地,其规模也增大,并带有高墙、深

---

① 伊川健二『大航海時代の東アジア—日欧通交の歴史的前提—』、吉川弘文館 2007 年、201—202 頁。

② 雪窗宗崔「對治邪執論」、『日本思想大系・25・吉利支丹書・排耶書』、岩波書店 1980 年、492 頁。

壕、射击孔等。

最初来到东方的西方人以葡萄牙人、西班牙人为主,他们一方面从事贸易,一方面传播天主教。为同他们进行贸易,西日本地区的各国大名不仅允许其传教活动,而且自己也接受洗礼,成为天主教徒。1546—1565 年任室町幕府第 13 代将军的足利义辉许可传教活动,结果渴望结束动乱的下层民众纷纷加入教会。肥前大名大村纯忠为吸引葡萄牙人到其领地以获取丰厚的关税收入,甚至接受了洗礼,成为日本第一位天主教大名。其后又不惜将长崎进献给耶稣会,其进献书曰:"我等蒙传教士多方恩惠,为此将长崎及领内田地无保留地永久赠予巡察使(范礼安)……但所有入港船只必须向我们缴纳贸易税。"①

据统计,自 1551 年至 1585 年,五位西南大名先后 13 次以葡萄牙国王、葡萄牙驻印度总督、主教为对象,或者派遣使节,或者致以书信,试图与传教士建立紧密的关系。② 但这些外交姿态几乎如出一辙,先是表示要在自己的领地内保护传教士,其后便提出具体的经济要求。丰后大名大友宗麟的书翰颇具代表性:"余乃葡萄牙国王陛下之仆人和朋友,对上帝及在余领国内之天主教徒及葡萄牙人一同予以庇护和厚待,余将在上帝赐予的一生中,始终不渝。望阁下致书总督,余具有接受大炮赠予之资格……余若能保卫领地并得以繁荣,则领地内天主堂及信徒乃至来此地之葡萄牙人亦可同享繁荣。"③由上述事例不难看出,九州地区的大名们为将葡萄牙、西班牙商船吸引到自己的领地,竞相对传教士表现出言不由衷的"热情"。这股"热情"客观上造成了"大村、有马、天草等地全体领民入教的局面"④,九州地区遂成为耶稣会的传教基地。

日本人不仅将葡萄牙人、西班牙人称为"南蛮人",而且将这些欧洲人乘坐的船只、从事的贸易、传来的文化称为"南蛮船""南蛮贸易""南蛮

---

① 沼田次郎编集『東西文明の交流・6・日本と西洋』,平凡社 1971 年、49 頁。
② 岩生成一『日本の歴史・14・鎖国』、中央公論社 1980 年、32 頁。
③ 柳谷武夫编『イエズス会士日本通信:耶蘇会士日本通信.豊後・下篇』、雄松堂書店 1978 年。
④「1596 年耶穌会年報」、『吉利支丹研究』第二十輯、吉川弘文館 1980 年、267 頁。

文化"。葡萄牙人以及西班牙人这些"南蛮人"不仅带来机械钟表、眼镜、火绳枪、葡萄酒、乐器、烟草、西方绘画、活字印刷、饮食、服装以及天文学、医学、地理学等西洋产品与科学知识，而且也带来了反对偶像崇拜及祖先信仰、主张神权高于君权、男女平等、个人自由等天主教伦理道德思想，均对日本文化产生了较大的影响。

第八章　室町时代社会与文化

第一节　社会状况

一、室町时代的武士

在整个室町时代,最受关注的武士群体是守护。镰仓幕府于 1185 年以逮捕义经、行家为名目在各国领地设置守护,负责催促各地派遣守卫京城的武士及对某犯人、杀人者进行检察、断罪。守护一般从有力御家人中挑选任命,后逐渐领主化,到室町后期则发展成守护大名。在室町时代,守护掌握越来越大的权利,既与武家中央斡旋,希求权利平衡,又与管国中的在地武士斡旋,极力推动国人家臣化。

相比较而言,守护领国制是对镰仓幕府中央集权封建体制的否定,标志着地方分权的完成,可以说是纯粹封建制的开端。地域上的等级制并非由下而上从地侍阶层自然发生成长的结果,封建制实际上是通过守护大名对地侍的征服和隶属化实现的。中世后期,在一国单位中,守护成为促进地域封建制形成的重要力量,是研究中世后期时不可忽略的对象群体。与镰仓时代相比,室町时代的守护具有特别的权限。镰仓幕府的守护是作为官吏存在的,室町幕府的守护相比之下则拥有更大的公权力,室町幕府的守护以此公权力为支点,推动了领国的封建化。

镰仓时代守护的主要职务权限称为"大犯三条",也就是检举审判杀人犯、检举审判叛逆犯和防止御家人不完成宫廷警备任务等。可能也是因为南北朝时期的长期动乱,室町时期的守护被赋予了更多的公权力,比如"使节遵行权",指在所领判决公布之时到当地执行判决结果,无论公领私领都可以派出使者责令败诉方将土地转交胜诉方;"半济给予权"无论公领私领,年贡的一半须上缴守护,作为兵粮米分给领国内的武士。"刈田狼藉检断权"检举审判收割他人家作物者;"一国平均役征收权"无论公领私领都可依据田地数量征收临时税,后来以守护段钱的形式固定了下来;"阙所地预置权",将没收的地方所领暂时恩赏给国内武士。使节遵行权、一国平均役征收权、刈田狼藉检断权的实施使守护遣使进入庄园公领成为可能;半济给予权、阙所地预置权则是以土地为媒介构建封建主从关系的有力手段。自此,管国领国化,国人家臣化。

守护的封建领主化使得守护在其与幕府的关系中越来越占据主导地位,地方势力的强化导致将军权力被削弱。守护的联合及相互牵制使得室町幕府的政治得以维续,因此,室町幕府是足利氏一门及外样大名的联合政权。[1] 但也有不同的观点认为幕府和守护的关系实际上是由将军任命守护,所以应该是因为有将军才有守护,反而言之则不成立。将军拥有独立的政治、经济基础,作为守护的武士无法摆脱中央的官职、位阶制秩序独自存在,武士的权力来源于中央国家的承认。实际上,也存在奉公众代表的与将军具有直接联系的国人,而且"国人一揆"也显示国内国人并未完全家臣化,即使家臣化的国人也仅仅是与守护维持着一种松散的关系。

武家政权的本质是支配权二元化,其一是作为武士团首长的主从制(人员)支配权,另一个则是古代律令国家掌握的统治体制(地域)支配权。被将军赋予了各种各样公权力的守护实际上就是主从制、地域统治

---

[1] 峰岸純夫『争点日本の歴史・第4巻』,新人物往来社1991年、162頁。

权两种支配权在各领国内的执行人。在初期室町幕府中这两种支配权前者被足利尊氏掌握，后者被其弟义直掌握。在将军权力的形成时期，南北朝持续分离，幕府的向心力较弱，守护的管国支配也不安定。幕府最初本将管领定义为上古官职，后来出于战略上的必要，以守护职为诱饵引诱有实力的武将，有守护职位就等于有所领。但这一阶段守护职位更换频繁，各国守护经常交替。

其后，为了解决将军支配权二元分立的问题设置管领。管领一般由足利一门的有力守护就任，管领手下聚集以有力守护作为顾问组成的重臣会议。管领和重臣会议作为守护势力的代表，抑制将军专政，同时也承担辅佐将军、安抚不满下层武士的缓冲作用。此时正属将军权力的确定期，大概是三代将军义满到六代将军义教之时。守护的管国大致固定了下来，守护的管国统治较为安定，但作为一项必需的义务，守护必须定期到京都居住，这是幕府控制守护的手段，也是守护维持其在幕府内地位的保证。这一时期幕府对守护的控制和守护对幕府的向心力达到一个平衡状态。

从义教晚年开始，这种平衡渐趋于崩溃。义教晚年管领和重臣会议逐渐无力化，将军直接管理奉行众等机关，并建立了奉公众等直属军事集团，幕府专制化。这本是为强化将军权利采取的措施，但是奉行众和奉公众又各自结成闭锁的身份集团，开始单独行动，将军权利反而被削弱。应仁之乱后这种情况日渐明显。此时守护的地位相对而言有所衰落，守护代和国人的结合加强。国人在对其所领进行管理的时候必然会与守护的管国支配产生冲突。其结果或是国人的家臣化，或是国人的领主化。

相对于守护大名，国人的家臣化体现了武士阶层对"家"的认识转变。守护等武家所讲的"家"原本是达到相当规模的同族团群体，正如"罪及六亲"所体现的，六亲以内都算作亲属。镰仓时代武士的家属于惣领制构造，但到南北朝动乱期御家人制度崩坏的同时，惣领制也逐渐动摇解体。因为庶子的独立倾向变得严重，所领分割制度走向终结，分割相继制转为嫡子单独相继制,女子也仅能继承面积很小的一块土地,作为嫁妆永续继承。婚姻的形式从招婿婚变为嫁娶婚,招婿婚的时代分配给女子的土地还能留在自己家中,进入嫁娶婚后则财产会被纳入他人家中,女子姓名也改从夫家。因此,嫁入婚流行之后女子与本家的联系日渐淡漠。

南北朝之后惣领统率的同族团体"家"的动摇,一方面是因为支持南北朝立场不同导致的分裂,另一方面,根本的原因是地缘比血缘重要的意识产生于武士之间,他们在构建军事力量的时候也将重点从同族家臣转到根据地附近的弱小武士、上层农民身上,希望将他们家臣化,扩大封建主从制的构建。但是守护和国人的关系是一面对抗一面结合,封建主从制还远未成熟。《太平记》中提到的"天下的人大都五次十次地投靠敌方,不变心的很少",不仅在说武士和南朝的关系,也是当时武士之间关系的写照。即使如此,依然需要看到这时武士的地缘结合已经展开。原来只能在所领中执行一部分权力,现在则成为所领的一元支配者,同族团组成的家解体,从血缘的族缘结合转为地缘的主从结合,这是南北朝室町期社会构造的一大转变。

此外,关于武士的生活,自南北朝时代开始,流行"婆娑罗"一词,这个词语来源于梵语,佛典译为"金刚石",也就是钻石。自镰仓时代末到南北朝时代开始,指那些反抗权威的叛逆者及爱好漂亮、生活奢侈之人。《太平记》中将京极道誉等生活奢侈、无视权威的守护大名称为"婆娑罗大名"。建武三年(1336)的《建武式目》中的第一条"应行节俭"中特别批评了婆娑罗守护大名的奢侈行径,说明当时婆娑罗守护大名并不少见。[①]他们喜好华丽服饰、倾心山珍海味、在斗茶时一掷千金。当时将军家的执事高师直,选护良亲王之母日野经子在一条今出川的御所为自己的宅邸,四方建有雄伟的街门和唐门,殿舍豪华,庭院中尽是从伊势、志摩、纪

① 佐藤進一、池内義資『中世法制史資料集・第 2 卷・室町幕府法』、岩波書店 1978 年。

伊等地运来的桂、樱、松等名贵木材,可谓全国风景汇聚一处。[1]

　　同时,婆娑罗大名代表着一种叛逆的倾向,反王、反幕府、甚至反社会,是战国时代下克上风气的先声。根据《太平记》的记载,幕府执事高师直曾讽刺道"京城有个王,有若干领地,有皇居和御所,每次经过都要下马真令人不快,如果非有个王不可的话,莫如以木头雕一个,或以金属铸一个,让所有活着的王都消失吧。"[2]另有美浓守护土岐赖远在比叡的马场练习骑射归来之时,遭遇光严上皇之行列,或许也因为有些醉酒的原因,非但未下马行礼,还将上皇称作狗,让手下人骑马围住上皇的行列,作狩猎之态。不仅对天皇,对朝廷也是如此的态度。高师直的家臣曾抱怨自己所分得的领地过小,说如果能将附近寺院的领地侵占掉就好了,高师直则承诺自己会假装不知道,如果将军下了命令要追回土地便将其按下不理。如此种种都让人感到天皇和朝廷的权威备受蔑视。实际上高师直是优秀的武将,拥有良好的教养。土岐赖远也在酒醒之后发觉自己犯下大错,从美浓逃出,求梦窗疏石救命。但《太平记》中记载的上述故事说明当时婆娑罗大名确实对天皇和幕府存有轻视态度,放荡不羁,不屑权威。

　　佐佐木道誉是婆娑罗大名中最具代表性的一人。道誉一族中的年轻人在天台三门迹中的一处妙法院游览时,看到南亭的红叶很美,便吟作了一首诗歌《讽咏闲吟》,后一行人穿门而入,折下了主持最爱的红叶。主持大惊,出声制止,前来的僧人对其大声斥责,称其为莽撞人,居然敢折下御所的红叶。一行人十分不屑,变本加厉地折红叶。那天刚好有许多山法师(僧兵)驻扎在山上,因此便将他们一行人捉住痛打一番后丢出山门外。佐佐木道誉听到这件事后十分愤怒,居然带人烧掉了妙法寺,主持逃了出去,年幼的皇子躲在铺板下被道誉之子发现后遭痛打一番。[3]比叡山延历寺座主代代出自妙法院,而延历寺又是最大的寺院权门。比叡

---

[1] 安田次郎『全集日本の歴史・第7巻』、小学館2008年、118頁。
[2] 山下宏明校注『太平記・4』、新潮社1985年、36頁。
[3] 安田次郎『全集日本の歴史・第7巻』、121—122頁。

山要求判道誉父子死罪，但是北朝无力重罚幕府要人，尽管比叡山强调再三，道誉父子仅被判处流放。故事到这里并未结束，道誉父子再从京都到上总的流放地的行进过程中，有三百家臣前呼后拥，身挎猴皮箭壶，腰围猴皮，手提黄莺小笼。道中举办酒宴，还与歌伎寻欢，全无流放的落魄之态。① 猴子被看作是日吉社的神使，对比叡山来说是神圣的动物，道誉一行人穿戴猴皮实际上就是对比叡山的嘲弄，婆娑罗大名之姿尽显于此。

关于武士的宗教信仰，进入足利时代之后，出现了武士信仰禅宗、农民信仰真宗、商人信仰日莲宗的状况。南宋末年明庵荣西将临济禅宗东传到日本，禅宗得到室町将军的信仰，因此宗教势力大为扩大。非常有名的梦窗疏石、绝海中津等僧人在武士间名望甚高。梦窗疏石就曾八次担任五山主持，为天龙寺、惠林寺等六寺开山，自后醍醐天皇到南北朝时期被赐予七个国师号，因此被世间称为"七朝帝师"，备受武士尊敬，担任北条家、足利家的政治顾问。足利义满就曾随梦窗疏石的高足春屋妙葩、义堂周信等高僧参禅问道，并任命春屋妙葩为天下的"僧录司"，责成春屋妙葩、义堂周信营造相国寺，重新确立了镰仓时代以来几经变迁的五山制度，将五山顺序定为：南禅寺为五山之上，第一位天龙寺、第二位相国寺、第三位建仁寺、第四位东福寺、第五位万寿寺。后又设十刹确立禅宗的官寺制度。由希玄道元东传的曹洞宗，先在深草建兴圣寺，又在越前建永平寺作为传布曹洞宗的根本道场，在地方武士间奠定基础，将其教旨传布于一般民众之间。

谈到武士的具体生活状况，镰仓时代的武士住宅被称为武家造，简化自平安时代的寝殿造。室町时代足利将军因居住在京都，故室町早期武士多建造寝殿造系统的房屋，以寝殿、中门廊、中门为中心，最典型的代表就是京都的"花之御所"。武士住宅有称为主殿的主房，一般南边是会客见面之处。随着生活的复杂化，为了分隔空间，寝殿造房屋的间壁增多，造成不便。因此，房屋设计发生改变转为书院造。室内设计出可

① 安田次郎『全集日本の歴史・第7巻』、122—123頁。

拆卸的推拉隔扇，为了便于安装，不再使用圆柱改建方柱，并在上面建天花板，这样就可以自行隔出很多小房间。寝殿造房间仅在人坐的地方铺设榻榻米，而书院造的房屋则在全屋铺设榻榻米，在房屋外侧修建推拉门。并且，也不再执着于左右对称的建筑风格，追求更合理地配置建筑用地。最著名的书院造建筑就是银阁寺中的同仁斋，这种建筑样式后事成为守护大名和国人领主等地方有力武士建造宅邸的样板。

武士一般穿着"直垂"，原是平安时代一般民众的便服，到室町时代成为武士礼服。这是一种上衣下裙式服装，上衣为交领，袴有括袴及切袴。原来民众的直垂为方便活动袖口较小，而成为武士礼服后则袖口变大，为三角形广袖，并在袖口下缝有饰带，左右襟缝有胸带，系带于胸前，使用高级衣料制成。有时也会将直垂穿在铠甲中，这时便会将袖口收紧。大纹直垂是在直垂前胸、两臂及背袴部位上绣有或印染有大花纹，日后在礼服上附家纹的传统便是源自这里。下层武士一般穿素袄，其形制由大纹发展而来，饰有胸带与菊坠，但没有直垂和大纹所具有的筒状织物带，普遍采用革带。无衬里、无花纹、少有装饰，因此后世经常将其与布衣混淆在一起。此外，羽织也在这一时期出现，相传羽织是由道衣发展而来的，目的为了防止行进中尘埃落在衣服上。征战行军时穿着的叫作无袖阵羽织，方便活动。

此前为了方便骑马而从腰间挂下来的长刀也变成了佩戴在腰部的大刀形式。这就是如今被人们通称为日本刀的大刀，刀身很直，贴合地佩戴在腰间。到了战国时代，为了适应受到广泛运用的步枪，一种从头盔到面罩、铠甲、护臂、护腿一应俱全的防御性极强的全套盔甲"当世铠甲"得到了普及。耶稣会传教士路易斯·弗洛伊斯对防御力很弱的日本铠甲做出如下惊奇的记录："我们的武装用具非常重，日本人的则很轻。我们的盔甲全都是用钢铁做成的，而他们的是用捻线把动物的角或皮革薄片缝合起来做出的东西。"[1]人们改变了以前的习惯，开始把刀佩戴在

---

① 辻元佳史、辻元玲子著，张永译：《图说世界军服历史 5000 年》，东方出版社 2014 年，第 188 页。

腰间,并使用与身体更贴合的"当世铠甲",在这样的过程中,"直垂"不再被视为实用性服装,将"直垂"的袖子剪短,令其只能盖住肩部的"肩衣袴"成为通常的服装。同时,由于战乱趋于常态化,为了方便佩戴头盔,男子的发型变成将头顶头发剃掉的"月额",自古以来日本男子头上戴的乌帽也消失了。"直垂"和乌帽近似于今天相扑裁判员的服装。①

二、农民、惣村、町众

自应仁之乱后,农村社会构造发生重大改变,农业经营的模式由家父长制大家族经营转换为农民自耕自营,农民间的相互团结加强,为村落共同体的诞生打下了基础。

中世实行庄园制土地制度,庄园制下农民与农村的情况与近世至今的状况大为不同。第一,庄园以家父长制大家族为构成单位,非以自然村落及直接耕作者为构成单位。当时的农民尚不具备独立经营的能力,很多是隶属于名主的农民。除名主控制下的家父长制大家族之外,还存在少数小家族农民,如"间人"等,但他们也不是能够独立经营的自耕农。庄园制应被认为是小农未广泛出现前的生产力阶段的土地制度。第二,在贡租收取上,中世的年贡不像近世的年贡那样有固定的数额,而是于年贡之外,有各种杂项负担。庄园制下,不用说耕地,领内的山林原野及用水等都属领主所有,农民不能自由使用,使用要付出代价。另外,贡租的种类与领主的年中行事密切相关,从正月的祝饼开始,各个节日的贡品和岁末的准备都要由农民负担。寺社领庄园除在经济方面进行控制外,还要求下属庄园迎请分社、分寺。因此,庄园统治不仅是露骨的贡租收夺,还试图通过与庄民之间建立家族关系,或借助佛法神力,为统治提供依据。

生产力的发展,为农民与庄园之间关系的转变提供了契机。此时,牛马耕开始普及,耕地生产效率提高,水田为米、麦一年两熟,旱田为麦、大豆一年两熟,后来加上栽种荞麦,变成一年三熟。随着农业技术的发

① 辻元佳史、辻元玲子著:《图说世界军服历史5000年》,第188页。

展,水稻品种与产量之间的关系开始受到关注,人们逐渐意识到并不是耕种面积越大就会带来越多收获,而更倾向于精耕细作培育良种水稻以提高产量,农业走向集约化道路。农业集约化与领主的强制与指导并无关联,是农民自身的发掘创造,是符合本时代生产力的新生产方式。技术进步成为推动小农切断与家父长之间隶属关系的关键。

因为耕作技术的提高,山林原野的开发价值也大大增加,不仅如此,农民不再满意领主对用水的控制。与在地构造的变化相对应,改变统治体制的需求日益强烈,产生了对领主收夺贡租的反抗,农民感到需要进一步从领主的统治与压制下保卫自己的生产生活。就算是披着家族关系与神佛之力的外衣,也不能改变庄园制剥削农民劳动剩余价值的本质,抗争的出现可以说是必然的。宽正二年(1461)饥馑之时,尽管饿殍遍野逃亡者无数,但领主兴福寺并未停止征收临时段钱,面对这种情况,农民一致奋起反抗。当时像这种通过斗争实现旱灾水灾时期减免贡租的情况并不少见,在用水权问题上的艰苦斗争也同时存在。

面对上述情况,以村落为单位由农民自发结合而成的自治体"惣"逐渐成长。惣村将通过各种斗争获得的用水、山林及草场作为共同使用地进行管理。并且,为了支付各种行动的费用,惣村一般拥有一些宅地、耕地和金钱财源。琵琶湖北岸的菅浦庄在与临庄大浦庄的地盘争夺中获胜后,将获得的耕地分为二十九番交予村人共同管理,这说明甚至有惣村已经发展到耕地共营的地步了。惣村大多有一村长"乙名",通过代表者会议进行运营,为了规制村人,根据众议制定"掟"以为村法。"掟"的内容大多有关共有地盗伐的制裁、有序农业生产的保障、赌博嫖娼的禁止等,可见其主要精神是维持村落共同体的秩序。近江蒲生郡今堀乡的村掟内容残留最多,是中世惣村村掟的最佳代表。[1] 村掟既非公家律令也非武家法律,是农民的新创造,因此具有重要意义。

共同体的产生是农民作为独立生产者不断成长后的必然结果,而共

---

[1] 田中一彦编『日本文化史大系・7』、誠文堂新光社 1938 年、102 頁。

同体成员之间的联系又通过惣村中一致的神社信仰得到巩固。村中祭祀氏神的组织"宫座"的发展与惣村的成长相辅相成。村长作为惣村的代表者要主持神前仪式,因此村长一般兼任宫座首领,宫座组织与村领导层也经常是重合的。祭神本是古来之习俗,但是此前祭祀的一般是特定氏族的祖先神、守护神,亦或是特定领主统治庄园的象征,对守护当地农民生产生活的地缘神的祭祀是从惣村成立之后才开始的。一些原本作为庄园统治象征,应领主要求迎请来的神,也在与惣村结合之后转化成为该村之象征,被作为农业神祭祀。

但惣村也有保守的一面,虽然村中祭祀农业神体现了惣村的祭祀行为与农业及农民生活的密切相关性,但实际上这也仅仅是将以前对血缘神的信仰转化为对地缘神的信仰,并非惣村之独创。并且,祭礼仪式中常见的射礼和流镝马等环节,本是贵族和武士神祭中的祭祀形式。在村落的政治运营中,合议制度及多数决定原则,亦是承袭于寺院集会旧规。由上述几点可以看出,惣村在作为农民斗争的组织诞生发展的同时,也具有一定的保守性。然而无论如何,惣村在克服庄园制下农村农民分离的问题上具有重大意义。

还应该注意到,农业生产力的发展导致农业产品增加,除上缴之外也开始进入商品流通环节,促进了商业贸易的发展。由此,京都、奈良等日本中心都市与农村的关系发生了根本转变。农村不再仅仅是贡品的产地,村落自治体也拥有了自立的条件,开始显示其自主性。从文化的角度来看,这一转变意味着地方从此不再是中央文化单一的接受方,而同样作为文化的创造者登上历史舞台。

随着商品流通的发展,都市也开始在流通交汇点等中心地带形成。山阳、四国、九州等西国物资自镰仓时代起便多半是经由濑户内海船运至京都的。北陆地方水运也较为发达。惟有东国地方与京师之间的交通以陆路为主,到室町时代,东海地方的水运也已有相当发展。海上运输的发展促进了港湾都市的兴起。同时,陆上的交通要地,如驿站、市场、寺社门前、政治中心等也都形成了都市。应仁前后,地方都市在数量和机能两方面都急速发展。随着贸易物资的扩大,港湾都市开始出现帮助特定领主保管物资,或被委托贩卖商品的"问丸"(问屋),后成长为独立的运送、交易业者。随着问屋的成长,港湾都市逐渐成为异地交易集散区及手工业等领域的发展中心。

随着陆路交通量的增加,驿站增多。根据记载,1466 年禅僧横川景三在上京的途中偶遇一商人团,称其担夫百余人,兵卫六七十人,驴载马驮不知其数。[1] 当时路上贸易物资的运输一般都要依靠这种大商队,相应的住宿设施成为必要。到后来,驿站逐渐成为"宿场町",市场依附而生,最终发展为地方经济据点。

交通整备,农村发展,人们的生活水平提高,加上高野山、熊野、伊势等寺社势力的积极劝诱,自室町时代末期开始,寺社参拜在普通民众间蔚然成风。参道两旁建起供参拜者休息的旅店及各种工商业店铺,寺社门前町出现。以奈良、伊势等地为首,诸国名寺门前一派繁荣景象。

最值得注意的还属城下町的出现。为促进领国发展,应仁之乱后的战国时代,大名在领国流通中心修建城下町。虽说是城下町,但是在战国初期,城与町分离的情况比较多,大名对已经存在的驿站、港湾都市和门前町加以保护,或是在海陆交通的要地修建新都市,满足保管年贡、调配兵站物资的需求,使其成为经济据点。到战国末期,随着铁炮传来导致的战术变化,大名城郭选址的条件改变,不必再拘泥于天然要塞。城郭多选址平地修建,并在周边积极进行城市建设,首先让散居于国中的家臣团移居城下町,对国内小城郭进行整理统一。接着宣布众多优惠措施,积极招徕工商业者进驻。室町中期产生的工商业者集团建立的"座",即进行行业保护的工会,到战国时代已逐渐成为限制工商业发展的桎梏。通过实行优惠政策,大名希望能将工商业者从"座"、庄园领主及在地土豪的影响下解放出来,使其直接在大名的统治下进行商业活动。新兴的城下町在战国到近世初期如雨后春笋般出现在全国各地,对

---

[1] 豊田武『堺』,至文堂 1957 年;安藤正次著『日本文化史』,大鎧閣 1922 年。

商业发展起到了重要促进作用。

在不断的发展之下，城市人口大幅度增长。京都在战国时代应有约10万人，堺、博多、伊势山田、越后春日山等地约有3万人，骏河府中、周防山口、伊势桑名、摄津本愿寺等地约有1万人，奈良、清须、尾道等地约有5000人。① 当时在城中居住的主要是商人和手艺人。从经营类别来看，主要是食品类、纺织品类、杂货类、武器类，当然还有旅店、澡堂等。这些生活在城下町中的町众，已不再属于公家寺社专属集团，而逐渐成长为独立的营业者。町众与前述农村的小农相类似，属于都市中间阶层。都市上层是土仓，他们通过放高利贷和经营酒屋获得巨额利润，属于富豪阶层，大致相当于农村的名主层。市民的下层是寺社和公家的隶属民，他们被视为"非人"，受到蔑视。

农村产生了村落共同体惣村，都市的町众也进行了建立共同体的尝试。京都历史情况复杂，不便以之为例。相对而言，堺和奈良等地的情况更具有普遍性。在堺市，自文明末年（1487）以来就根据会合众（领导城市自治组织的豪商，主要由土仓构成）之合议，运营町政、应对武将赋课金征收等对外交涉事宜。到战国时期，堺市已经拥有了对抗封建领主的实力。永禄十一年（1568），织田信长向堺市市民课赋数额巨大的矢钱，堺市三十六官庄一味同心守城抗拒，并邀临近的平野庄进行共同防御。② 但是都市自治并不是建立在都市居住者平等基础上的自治，每月当值者"月行事"和可以参加町事合议的"会合众"局限于城市中上层。最下层的隶属民除了在祭礼之时表演艺能和提供劳动力，在自治体中难有作为。

町众自治及建立共同体的尝试，扫清了旧权力，为新封建统治的建立铺平了道路。民众运动的能量是新统治建立的原动力，通过运动，民众自身开始成为社会的主人公及文化创造的主体。与此同时，原本聚集

① 原田伴彦『中世における都市の研究』，三一書房1972年。
② 田中一彦編『日本文化史大系・7』，140頁。

于京都的落魄公家及僧侣也流散各地,开始融入町众之间,为町众文化添加了贵族文化之韵味。新的町众文化不再是书斋文人笔下之物,也不再仅局限于花鸟风月、阳春白雪。新的町众文化是在有组织的广泛参与中产生的,这为日本文化带来了新的可能性。

猿乐即兴盛于此时,平安时代民俗杂技结合笛鼓音乐的滑稽性杂耍演出"散乐"与"猿乐"同义,到了镰仓时代,猿乐又受到了农村神事中翁及女巫的神舞和种田时表演的田乐的影响。南北朝时代开始,猿乐逐渐进入贵族、寺社游宴时延年的舞台,表演形式演变为歌舞二曲,第一曲是游宴时常唱的郢曲,第二曲一般是南北朝时观阿弥道白风物的曲舞和一段有趣的小歌。此种艺能最终在观阿弥、世阿弥父子的完善下达到大成。

发源于民众的猿乐开始登上大雅之台,成为被贵族所喜爱的艺术。世阿弥总结其父遗训出版了《风姿花传》一书,又在其晚年写就能乐论著作《花镜》《至花道》《三道》等,从艺术论的高度讨论能乐。能乐经过都市及贵族的洗练,逐渐变成幽玄、优美、高雅之物,让一般人觉得难以接近。应仁之乱后,高雅能乐的追捧者幕府转向衰落,京都中央能乐界遭受巨大打击。但在地方大名和庶民中间,猿乐的传统则依然以朴素的形式得以存续。

当时社会上连歌也甚为流行,甚至超过了传统和歌的地位,成为中世文艺的中心。15、16 世纪时,宗祇、兼载、宗长等连歌师到访京都及各地的城下町举行盛大的连歌会。连歌本身散发出一种无常、忧伤的韵味,而连歌会却以社交性与娱乐性见长,因此疲于乱世的人们无论身份高低均对其情有独钟。

在室町时代城下町及其周边农村地带的丰年祭中,出现了讲究化妆游行的风流舞。这种舞蹈本来源于寺社的祭礼法会,到此时不再具有很强的宗教意味,而成为一种集体娱乐,是町众文化的代表之一。

庶民文学的典型《御加草子》则是在王朝贵族的传统文艺形式中,加入民众的声音,反映自身愿望。《御加草子》以二十三篇物语为中心,另有数百短编。有关民众的内容主要出自立身出世谭，所讲的大都是普通人如何功成名就衣锦还乡的故事，可看作是町众梦与希望的寄托。

15世纪广为传唱的歌谣也被编辑成为《闲吟集》出版，主要收录表达生活情感和爱情的歌谣。纷乱的时代背景下固然流行哀伤的曲调，但《闲吟集》中亦有大量畅然歌唱生活、赞美真挚爱情的小歌，这正是乱世之中町众文化活力的切实写照。

除此之外，此前只与禅院礼法相关，一般而言仅被视为药用的茶，也开始走进大众生活。人们逐渐懂得品茶，分辨茶的不同种类。品茶成为一种嗜好，社会上层与下层都开始举行茶会。一般而言，庶民举行的是"云脚茶会"，聚集于露天之处，喝着品质低下的抹茶。守护大名中流行的茶会也称"斗茶"，在品茶之后要猜出茶的产地。一般是在比较大的房间里举行，房间中央会挂上释迦三尊的画像，整个房间用中国的美术品及古董加以精心装饰，品尝栂尾产的本茶和其余各地产的非茶并猜茶赌博，之后举行盛大的酒宴，妙趣横生。

花道样式之一的立花也诞生于此时，立花原本仅是佛前献花的一种形式。到南北朝时期，出版了《立花口传大事》等传世书籍，专门讲解立花之要义，表明花道的民众化。

南北朝内乱期间，大规模的作战军团纵横列岛，给民众的生活带来了严重影响。例如，《太平记》卷一九中提到，延元三年(1338)正月八日，北畠显家的50万骑兵从镰仓出发开往京都，所经之地的方阵宽达四五里，完全通过要四五天时间，扰民不用说，更为糟糕的是当时实行兵粮就地供给制，给所经地方的人民带来了不可言状的痛苦。与此同时，在美浓国仲村庄一带，显家军队与当地的根尾山南朝军作战，军队闯入庄园，连种子都洗劫一空，士民四处逃散，更谈不上耕种了。上述的这种直接损害，全国各地时有发生。此外，还有间接灾难。由于战乱不断，经常爆发饥馑，同时物价飞涨，盗贼横行，人身买卖随处可见，这些都给人民以毁灭性的打击。

值得一提的是，在当时的从军行列中，不一定全是专业的武士，其中有野伏（民兵）、强盗、恶党（刁民）、山立（山贼）以及浪人,在显家军队中甚至还有陆奥国虾夷人。因此,像这样的杂牌军在某种程度上说,他们参战的主要目的是获取战利品。

残酷的战争,动荡的社会,使人们觉得世事无常、人生苦短。因此,出于求生、行乐甚至泄愤等目的而诞生了各色各样的群体与阶层。所谓的"道道之辈"就是游历各地进行演艺生涯的集团,其代表行业是木偶师。木偶师在表演的时候,女歌手在旁载歌载舞娱乐观众,晚上这些女歌手就成了游女。该时期还有一种杂耍称为"千秋万岁",表演者都是乞丐和尚。他们身着神仙装束,手持松枝,在正月之时挨家挨户讨口彩。此外,还有表演跳舞、曲艺、魔术和耍猴等道道之辈。他们虽然掌握了特别的艺能或技术,但是这些艺人生活在社会底层,受到社会的歧视。

考察一个社会的疾病情况,有利于我们了解当时民众的生活水平、生活方式、医学发展程度以及对外交流等方面的知识。《园太历》是南北朝时期太政大臣洞院公贤(1291—1360)撰写的日记,记载的内容除了当时公卿的动向、社会形势外,还有医学方面的宝贵史料。

根据记载,当时的疾病主要有咳嗽、感冒、疟疾、中风、赤痢、发烧、疖子、痔疮等。其中发病率最高的是感冒、咳嗽等急性呼吸系统方面的疾病,其次是脚气、疟疾、赤痢、中风等。在《园太历》康永四年(1345)九月十二日条中就有记载说,当时咳嗽的人很多,有些类似今日的流感爆发,连上皇都未能幸免,严重的甚至因此而殒命。有意思的是,当时的日本人认为这种病是唐船归朝时携回,也就是说是从中国传染过去的。

咳嗽流行的记载在同日记的观应二年(1351)六月也有,可见此病在季节变化之际易发。值得注意的是,日记观应元年(1350)四月二十日的记载中提到,梦窗国师也得了疟疾,在医生和气嗣成的治疗下痊愈。不幸的是,翌年(1351)九月再次复发并恶化,九月七日病入膏肓,三十日巳时圆寂。

三、女性、婚姻、家庭

整个中世，村落中的农民都必须向"本所""领家""地头"等公家、寺社、武家上缴年贡，服劳役、杂役，一直处于被剥削的地位。但相形之下，中世前期（院政时期到镰仓时期）与后期（南北朝时期到战国时期）的生活有两点较大的不同。生产力的发展使剩余产品的出现及积累成为可能。镰仓时期开始出现的以钱而非实物交纳年贡的"代钱纳"到室町时期已非常常见，缴钱替代劳役杂役的情况也开始出现并日渐普及。以金钱交纳贡租，代替劳役，节约了运送实物贡租消耗的时间与精力，更重要的是将民众从劳役中解放出来，让他们有更多的自由从事商业活动或手工业生产的机会，是为第一点变化。生产力发展之后增加的剩余产品，通过追加地租征收的形式集中到土仓、领主手中，他们因此成为地主阶层。原来的统治阶级天皇家、公家、寺社到战国时期势力明显减退，武家内部的统治中心也由地头领主转向守护和国人领主，幕府由武家政权转向公武合体。这种变化实际上是中世后期商品流通飞跃性发展带来的影响。商品流通的发展对统治结构、生活方式的影响是第二点变化。

镰仓初期的大都市主要有京都和镰仓，地方的国府刚刚起步发展，初具都市雏形，其他地区则主要是农村、山村和渔村。到室町时期，港湾都市、驿站都市和门前町的出现促进了地方都市的形成发展。到战国时期，受战国大名保护政策的影响，城下町逐渐成长壮大。商业流通增加，城市间流动亦随之增加，陆路水路交通日渐发达，都市驿站的商业圈进一步扩大。庶民群体壮大，流通的发展对其生活产生了比较大的影响，同时，参与流通过程的女性在中世后期日渐增多。

都市女性广泛参与经济活动，出现了七种比较有代表性的职业：卖豆腐、卖棉花、卖腰带、卖熏香、造酒匠、染匠、大原女。① 较为有趣的是卖豆腐、棉、米等商品的女性多在头上戴一手巾，这被认为是"室町时代劳

---

① 田端泰子『日本中世女性史論』，塙書房 1994 年、5—7 頁。

动女性一般的姿态"。首先,关于从事买卖的女性,她们的工作不单单是制造与贩卖,还包括商品的搬运。所谓商品搬运,指的是一些女性会将邻近乡村制作的商品拿到都市中贩卖,比如卖豆腐的女性一般是在奈良和宇治做好豆腐后,带往京都贩卖。其次,关于做匠人的女性,她们制造的一般都是能在自家生产的物品。比如在专门的酒屋开始大规模生产酒水之前,自家酿酒尚有很大市场,且自家生产又不十分麻烦,于是酿酒匠成为一些女性的工作选择。但酒屋出现后,女性酿酒便遭到淘汰。中世的女性匠人大多选择从事与制衣相关的事业,如织匠、染匠等。七种代表性职业中最后一种"大原女",指的是从京都北郊大原一带到京都市内贩卖未剥皮原木等商品的女性,她们穿筒袖和服,前面系带,打绑腿,穿草鞋,头顶货物行走。实际上从大原到京都中间隔着相当的距离,大原女的存在说明女性也在从事粗重体力劳动。

镰仓时代的《东北院职人歌合》《鹤冈放生会歌合》中出现的女性,仅仅是巫女、游女、白拍子①等风俗或表演行业的女性。而室町时代的《七十一番职人歌合》《三十二番职人歌合》中则对超过三十人的女性进行了描述。女性在生产流通领域的活动和因此增强的对女性的社会认知是造成这一变化的原因。其中女性手艺人包括染匠、纺织匠、裁缝、绳匠,纸版印染师、裱糊匠、假发师,主要制作的是与女性相关的物品或纤维制品。② 同样属于缝纫纺织业的斗笠和榻榻米制作则是男性匠人专属领域。

《七十一番职人歌合》中描写了三十八种商人,其中二十种是女商人。可以看出在商业流通领域男女地位基本对等。女商人一般将货物顶在头上搬运,而男商人一般用扁担挑着商品贩卖。商品重量不同,所以搬运方式不同,男女商人贩卖的物品便因此得到区分。女商人不仅沿街贩卖,也开设店铺从事稳定的经营。到室町时代,社会对女商人的认

---

① 游女多指娼妓,白拍子多指艺妓、舞女,概指在宴会场合跳舞或出卖色相的女性。
② 朝尾直弘など編集『岩波講座・日本通史(第 7 卷)中世(1)』,岩波書店 1993 年、244 頁。

可度进一步提高,她们可以担任"洛中带座座头职同公用代官职",不仅负责对参加行会的商人征收赋役,还享有监督、支配行会商人的权利,管辖京都一带的生产贩卖。当然,室町时代兴旺发达的土仓高利贷者中也不乏女性的身影。

"随着分工的进展,高级技术职位大多由男性承担。"[1]也就是说,在女性劳动不可或缺的非农世界中,根据男女性别不同造成的分工不同逐渐固定化,熟练劳动部门和与外部世界交涉的经营者逐渐交由男性承担,女性则越来越多地承担底层劳动。

在农村中生活的女性其情况则又不同。中世后期的农村主要分为领主掌控型村落和村人自治型村落。在第一种村落中,在地领主对农民掌有压倒性的绝对支配权。裁判权和对市场的控制权都在领主手中,就算是外来商人也必须直接向其缴纳贡赋,这种村落中村人自治很难出现。在地领主的妻子与其一同管理领地,同时还掌管家中杂事。当丈夫不在时,代行家长权,丈夫去世后则承继其家父长权利。就普通民众而言,公役之课赋以家为单位,由男女共同负担,夫去世后妻则继承其家父长地位。到室町时代以后,社会上出现了"男主外女主内"的男女分工观点,但实际上,从镰仓时代到战国时代,女性与男性的地位依然较为平等,无论是领主家还是普通民家,若丈夫去世女性都会承继其家父长地位,夫妻二人共领成败。这一时期所谓"男主外女主内"主要被理解为男女共治内外,分担最高决定权。

第二种村落其实就是前面提到的惣村。根据战国时期近江国今堀乡文明六年(1474)的《钟劝进交名录》和三十年后的《十罗刹奉加账》可知,村人中有很多女性都向寺社进献过财务,虽然数额不多,但能证明她们有自己的财产并能自由控制。[2]值得注意的是,这时村中女性被禁止耕种神田,说明她们并未被视为惣村的正式成员,年贡劳役的承担者也

① 朝尾直弘など編集『岩波講座・日本通史(第8巻)中世(2)』,岩波書店1994年、207頁。
② 『今堀日吉神社文書』、日吉文書刊行会1975年。

465

仅为家父长。中世后期,惣村中男性家父长相对于女性的压倒性权力日益显著。

寺社中女性的状态也与镰仓时代大有不同。从镰仓时代到南北朝时代,僧寺与尼寺大都相邻而建。镰仓时代的律宗尼寺里,尼姑主持死者供养,也给僧众清洗禅衣,有辅助僧寺的功能。这一时期的尼寺将女性从母性责任的束缚中解放出来,为她们提供了一个能长期自立生活的场所。但是南北朝到室町时代的尼寺中,则多是自幼入寺的天皇家、室町将军家及公家子女,她们一般会在寺中度过自己的一生。对于这些女性来说,寺庙不仅仅再是获得独立的场所,反而成为封禁没有婚嫁希望女性的囚笼。

此外,值得注意的是,耶稣会的传教士曾经在其往来书信中提到中世后期"无论男女,大部分人能读能写,这个现象在武士阶层的男女和商人中间最为明显。"①可见从贵族到庶民上层普遍的高识字率支撑着中世后期的文化发展。

家与继承也是中世女性史研究中的一大课题。南北朝内乱时期,婚姻形态从对偶婚转为一夫一妻婚,从招婿婚转为嫁娶婚。到16世纪以后,丈夫若发现妻子与他人有染,不仅应杀死奸夫,也应杀死出轨的妻子,意味着丈夫将妻子作为自己私有财产的趋势日渐明显。② 无论如何,这一时期奸妇惩罚的明文化就是对偶婚最终消灭和一夫一妻制登场的体现。另外,在中世前期,因为是对偶婚,离婚再婚并不是特殊现象,一生中会经历很多次。但是到了中世后期,为丈夫守寡的未亡人的形象经常出现,说明一夫一妻制已扩展到整个社会。

到中世后期,以居住在夫家为原则、具有强约束力的一夫一妻婚取代了没有明确居住规则、没有强约束力的对偶婚。由此,稳定的夫妇家庭,也就是核心家庭成为社会的主流。因为居住在夫家,父母夫妇两人

---

① 「イエズス会日本书简集」、朝尾直弘など编集『岩波讲座・日本通史(第 7 卷)中世(1)』、246 頁。
② 田端泰子『日本中世の女性』、吉川弘文馆 1987 年。

与嫡男夫妇两人同住一个屋檐下，很容易转化为父系直系家族，并以此为中心形成继承永续的大家族。

大家族形成过程中的一个重要问题就是财产继承问题。中世前期的贵族是夫妻同财，武士和一般百姓是夫妻别财。为了维持家产相继，武士和百姓家中的继承情况也开始由夫妇别财和分割相继改为夫妇同财和嫡男单独相继。

对偶婚终结之后，离婚减少，夫妇土地财产一体化得以实现。并且，因为与中世前期相比女性的财产权越来越受到制约，妻子的陪嫁钱原本仅是夫妇土地财产的一部分，但因为熟知农业耕作情况的丈夫会连同管理妻子的土地，所以妻子土地实际上完全受丈夫支配。中世前期的女性继承多为"永代让与"，到中世后期则多为"一期让与"。前者是永久继承，后者仅在有生之年拥有使用权及所有权，死后财产归还娘家。但一期让与流行不久之后，继承方式再次发生转变。娘家给出嫁女儿的嫁妆一般是一块面积很小的田地，但让其终身拥有，属"永代让与"，这块田地实际上就作为妻方财产将在日后被编入夫家财产中。比如山国庄黑田宫村的坂尻左近让与姐姐市女的墓之谷山就在后来被纳入了同庄下黑田村井本家的财产中。① 但是这一时期的女性并非没有经济能力，在家产逐渐成立的过程中，个人财产也同时存在，虽然属于次要地位，但并非不存在。

从分割相继到嫡男单独相继的变化也经历了复杂的过程。第一阶段继承人中包括女性，不分男女均分继承。第二阶段为不均等分割相继。第三阶段以单独相继为前提，同时残存分割相继。第四阶段完全实现分割相继。中世后期到近世之前大概处于第二到第三阶段。在这一时期，根据各家条件不同，嫡男以外的男庶子中有一些人能够分得家中财产。

---

① 「山国荘史料」238、204 号、朝尾直弘など編集『岩波講座・日本通史（第 8 巻）中世（2）』、199 頁。

在夫妇同财化的同时,家中的固有地产由嫡男相继,也就是说无论是本家还是分家,财产所有的主体都不是个人,而是家这个永远前后承继的组织,这种代代继承家产的体制就存在于未完全实现分割相继的中世后期。可以说 15 世纪后半到 16 世纪初本家和分家出现之时也就是家产成立、以永续之家为基础的社会建立之日。①

在原始及古代社会,日本国内女性地位还维持在一个较高的水平,有"最初,女性是太阳"的说法。日本女性史研究的著名学者高群逸枝认为,随着时代的前进,女性地位逐渐下降,若以婚姻形态的变迁及财产继承方式的变化为基轴进行考察,南北朝内乱期家父长制的成立标志着女性的历史性败退,嫁娶婚的成立和财产继承权的失去将女性置于隶属男性的地位。南北朝分水岭说在一段时间内成为日本学界的普遍认识,但永原庆二却对这种观点提出全面批判,他认为在内乱期封建社会构成得以确立后,女性的活动领域扩大,因此社会认可度和社会地位反而有所上升。②

不再向男庶子和女子进行分割,并不一定意味着女子社会地位的低下。因为这种变化并非针对女性,男庶子的继承方式同女性一样发生了改变。诸子独立,家被越分越小,家父长权弱化,为了保证家父长的权利,为了保持家产不被削弱,才产生了继承制度的转化。尤其是女子继承所领对本家尤其不利,因为那部分财产将被划入他人名下。尤其是婚姻形式转为嫁娶婚之后,丈夫的遗领很有可能被妻子继承,妻子若改嫁将招致家财危机,遂加紧对女性分割继承的局限。

中世后期单独相继的倾向加强,家内永续继承制度确立,在丈夫死后,妻子往往扮演临时家主代表者的角色,具有很高的地位。父母权是家父长权的重要组成部分,中世后期这种权利一元化为父权的倾向十分强烈,但是在嫡男成人之前,为了维持家统必须有人暂时承担这一重担,

① 朝尾直弘など編集『岩波講座・日本通史(第 8 巻)中世(2)』、199 頁。
② 永原慶二『日本中世の社会と国家』、日本放送出版協会、1982 年。

此即为后家制度成立的原因。从女性在公共领域活动也可以看出，在家数账、年贡纳账等账本中可以看到未亡人的名字，但除这些在丈夫死后临时掌管家业的女性之外，很少见其他女性的名字。村落祭祀中，参加祭祀的女性也从女儿转为妻子，因为嫁娶婚的关系，女儿有一天会嫁出本村，进入另一个家父长系统，而妻子则属于家单位中的一员，宫座神事也开始由个人仪式转为家族仪式，由家父长地位的夫妻二人共同主持。

关于家庭内部情况，在父系直系承继的家庭制度确立之后，嫡男夫妇与其父母同居一家之中，照顾年老父母的责任就落在了原本是外人的妻子身上，婆媳问题表面化。中世前期因为母权强化产生婆媳对立，但是因为那是嫡子夫妇与父母并未经常同居，所以问题并不显著。直到中世后期，因为两代同居成为常态，婆媳问题浮出水面。

到中世后期，不用说相当于男性姓的氏女称呼，姊子、二子、三子这样按照出生顺序排列的女性的字也变得极为少见，女性一生都使用孩提时被给予的"童名"。如果人名被视为人格权的象征的话，可以说承认女性并未得到"人"的对待，而与未成年一同被视为低一等的群体。在中世前期，女性在结婚之后仍然使用娘家姓氏，但到了中世后期，由于家父长制大家庭的诞生、发展，加入夫家的女性在婚后改为夫姓，甚至有时连其童名都不予记载，只写作"某男妻""某男娘"①。

关于性自由的问题，在中世前期，主要的婚姻形式是对偶婚，离婚和再婚属于普遍现象，与配偶以外的异性发生关系并未被完全否定。可以说，在那时女性的性自由还是在某种意义上存在的。到了中世后期，因为家督承继的原因，必须要保证后代都是直系继承者，就产生了针对女性的贞操观念，妻子为丈夫所独占。女性性自由被压抑，但是男性方面却依然维持着中世前期的情况。虽然因为一夫一妻制的成立和贞操观念的强化，他们难以和其他家的女性发生关系，但卖春业开始渗透到百姓中。在中世前期游女和白拍子等从事风俗业的女性是较受歧视的，到

---

① 朝尾直弘など編集『岩波講座・日本通史（第8巻）中世（2）』、202頁。

中世后期卖春则成为一种普遍现象。由此,女性分解为具有生育功能的母亲和具有疗伤功能的卖春妇两个极端,从各自的立场服务男性。

作为室町时代女性在政治活动中的代表,八代室町将军足利义政的正室日野富子是历史上颇具争议的人物,通俗读物经常将其称为"日本三大恶女之一"[①],多数研究者认为日野富子的行为具有合理性,甚至具有某些积极意义,甚至也有人赞其为"女中豪杰"[②]。

日野富子生于永享十二年(1440),是朝廷公卿日野政光的女儿。因为日野家与足利家间的联姻传统,日野富子在 16 岁时就嫁给了足利义政为正室。日野富子与足利义政结婚后仅诞有一女,继嗣成为问题。足利义政于是让已经出家的弟弟义寻还俗作为继承人,然而,一年之后,日野富子生下儿子义尚,引发关于将军继嗣问题的矛盾,后成为应仁之乱的导火索之一。在应仁之乱中,9 岁的义尚继承将军职位,此时义政已经隐居不问政事,日野富子遂协助掌政。战乱之后,日野富子为解决幕府的经济问题在京都设七口征收关税,引发如潮恶评及民众反抗。义尚 25 岁时病逝,义政也在次年去世,日野富子因与将军继任者足利义材存有嫌隙,便与幕府管领细川政元合作,废义材,立义澄为将军。义澄就将军位三年后的明应五年(1496),日野富子去世。

对于日野富子最大的批评无外乎指责其干预政事、篡夺将军权力,然细思之,日野富子之所作所为未必称得上"篡夺"或"干预"。文明三年(1471)之前,义政夫妇的关系尚好,到当年七月,义政首次与日野富子分居。自此两人之间的嫌隙逐渐扩大。文明五年应仁之乱两雄山名宗全、细川胜元相继死去,义政醉酒度日,失去政治热情,提出让位于义尚,正式隐居,日野富子执掌幕府权力便始于此时。在义政退隐,义尚年仅 9 岁的情况下,日野富子是当政者中唯一健全的成人。作为新将军的母亲,日野富子自然地被推上权力的中心位置。在义尚 15 岁亲政之后,大

---

① 日本三大恶女一般指北条政子、日野富子、淀殿。
② 脇田晴子『室町時代』、中央公論社 1985 年。

部分的政治权力实际上回到了他的手里,日野富子的政治参与大幅度缩小,此后她将关注的重点转移到了幕府的经济上,因此才有了造成其贪财恶名的"七关口征税事件"。

在应仁之乱的涂炭下,京都成为一片焦土,京都御所也遭到破坏。文明十年,幕府以修理土御门里为由在京都设立了七个新的关口,随后一度撤销,但又在同年七月再次设置。山城国人展开行动进行反抗,堵塞了通往宇治、八幡、山崎的道路。幕府后改为向诸国课税,终于筹集足够资金于文明十一年完成了修缮。但是,文明十二年二月幕府第三次利用七关收税,这一次引发了民众的强烈反抗。这一年,富子多次利用公务借口发布"利钱御沙汰"(利钱令),强制性地向民众筹款,这与民众德政一揆的旨趣正处于对立面。尤其是御所的修缮明明已经完成,却又再开七关,更让民众认为日野富子是赤裸裸地以修理之名谋求私利,故恶评如潮。控制着幕府财富的日野富子,还进一步通过经营高利贷和倒卖大米扩大财富。如果追究一下日野富子积累下的财富的去处,或许有助于洗清其贪财恶名。她将聚敛来的财富用于支付皇居守卫的工资、补贴地方官任命仪式的经费等等。自文明八年(1476)以后,皇居花销的大部分都是由日野富子支付的。可见,她的财富多是作天皇家、公家、寺社的资金援助之用。可以说日野富子是利用公物敛财,又以财辅佐政道。不仅不应该背上贪财恶女的骂名,而应理解其为稳固统治的殚精竭虑之苦,对其在乱世之中的敛财有道予以积极评价。

室町年间,将军的妻子(御台)拥有自己的私领,进贡将军家的物品也分为上贡将军的"公方分"和上贡将军妻子的"上样御分"分别接收。日野富子是义政的妻子、义尚的母亲,她是将军家的一个组成部分。文明五年之前,将军家由公方义政和御台富子两部分组成。文明五年义政退隐,义尚继将军位之后,将军家则变成由义政、富子、义尚三部分组成。这三部分在经济、政治都是各自独立的,可以说将军家又能分立为义政、富子、义尚三家。但是因为义政不理政治、义尚尚且年幼,所以日野富子暂时掌管了连同另外两家的政治经营。而在经济经营上,相对于另外两家,日野富子又更有手段、更具热情。因此,若要中肯地评价富子,可以说她出色地发挥出了将军妻室的积极作用,是一位难得的女性。隐匿在令人眼花缭乱的男性活动之下的女性及女性的历史作用,正是因为富子等人的存在,才得见于天日。

第二节　文化与宗教

一、文化的演进

正如在室町时代政治上武家政治彻底取代公家政治、经济上领主制彻底取代庄园制,社会上从分割继承制向单独继承制转化因而导致血缘关系迅速向地缘关系过渡,文化上融合贵族文化、武家文化、平民文化的日本传统文化逐渐形成那样,在中世后期也存在着南北朝文化、北山文化、东山文化的演进过程。

尽管经过了镰仓幕府时代的武家政权,但后醍醐天皇时期的"建武中兴"又为朝廷贵族带来恢复传统政治、经济制度的希望,因而出现了历史上最后的贵族文化,同时也存在武家文化和平民文化,而且相互之间不断渗透与融合。在历史文学方面,因镰仓幕府末期及南北朝时期的社会动乱,公家的历史意识与武家的时代意识相互对抗,由此产生了从不同角度叙述史实的历史书籍和军事小说。

公家方面的历史书籍有《神皇正统记》和《增镜》。"朱子学"在南北朝时代经过义堂周信等人的传播,不仅对社会形成较大的影响,而且也成为"建武新政"失败后南朝对抗幕府的思想武器。例如以伊势神道思想为背景论述从上古时代到后村上天皇时期历史的《神皇正统记》,作者为奥州地区的统治者北畠亲房。该书站在公家的立场上,大力宣扬"大义名分论",抨击"乱臣贼子",列举大量史实论证皇位的神圣性,并通过"神器授受论"说明南朝皇室的正统性,强调臣尽忠节乃是本分,对元弘、建武两乱及北条氏和足利氏不尊重皇室大加鞭挞,此书对日后的皇国史观论者影响极大。

《神皇正统记》1339 年（延元四）成书，1343 年（兴国四）修订。南朝的后醍醐天皇死后，作者将此书献给新帝后村上天皇。原著为二卷（或三卷），流传为六卷。北畠亲房撰写《神皇正统记》的目的"并不是单以历史的记载为根据写一部司空见惯的历史书。他固然也有表明皇室正统在南朝的意图，但又不仅如此，可以说这是一份以非凡的经纶写出的理直气壮的、改革当时日本政治的意见书"①。之所以能写出这部书，内藤湖南认为根本原因在于亲房读过司马光的《资治通鉴》。北畠亲房还提出，日本是神国，所以中国不足道，印度也不足道，只有日本是最高贵的。这种以地位低下者居于高位伸展势力的观念为基础，为当时日本文化的独立创造了契机。

另外，从皇位继承和贵族情爱角度描述从源平之争到建武新政 150 年，即 1183 年后鸟羽天皇即位到 1333 年后醍醐天皇从流放地回到京都这一段历史的编年体史书《增镜》，作者不详，但其明显的公家意识使该书很少涉及幕府和武士。

作为贵族文化的象征，和歌在南北朝时代得以回光返照。除《风雅和歌集》《新千载和歌集》《新拾遗和歌集》《新后拾遗和歌集》等四部敕撰和歌集外，还有后醍醐天皇之子宗良亲王编辑的《新叶和歌集》以及《李花集》，前书作者是辗转各地的南朝歌人，后书作者是皇室成员。随着公家政权的衰退，和歌这种艺术形式逐渐衰落下去，1439 年出现的《新续古今和歌集》成为最后的敕撰和歌集。与此同时，也出现了怀念贵族政治的书籍，其中较具代表性的有北畠亲房的《职原抄》和后醍醐天皇的《建武年中行事》，前者系统分析了日本历史上的官职制度，后者详细地描述了宫中各种仪式。另外，还有四辻善成编写的《河海抄》，是注释《源氏物语》的书。

由于武家社会存在已久，因而也出现了站在公家甚至武家立场上描

---

① ［日］内藤湖南著，储元熹、卞铁坚译：《日本文化史研究》，商务印书馆 1997 年，第 140—141 页。

述两者相争历史的文学作品，前者的代表作是《太平记》，后者的代表作是《梅松论》。《太平记》是一部叙述 1318 年（文保二）二月至 1367 年（正平二十二）十二月止前后约 50 年时间的南北朝战乱史书。有学者也称其为军事小说，虽然并无不当，但其内容中具有强烈的政治性，显示了深刻的历史认识和高度的政治自觉。正是由于这一特性，把它纳入历史著作更为妥切。关于《太平记》的作者，有不同的主张，有人根据《洞院公定日次记》应安七年（1374）五月三日条的记载，推定作者是小岛法师。"传闻，去二十八、九日之间，小岛法师圆寂，云云。是近日飐天下《太平记》作者也。凡虽为卑贱之器，有名匠之闻，可为无念。"①但也有学者认为，《太平记》从原初开始，发展至现存的 40 卷，其间不断修订增补，因此小岛法师应是多名作者之一。②

关于著述《太平记》的目的，《太平记》序言是这样写的："蒙窃采古今之变化，察安危之来由，覆而无外天之德也。明君体之保国家，载而无弃地之道也，良臣则之守社稷。若夫其德缺则虽有位不持，所谓夏桀走南巢，殷纣败牧野。其道违则虽有威不久。曾听赵高刑咸阳，禄山亡凤翔。是以前圣慎而得垂于将来也，后昆顾而不取戒于既往乎。"③显然，作者企望通过历史发展轨迹的叙述，探索国家"安危之来由"，强调君之"德"、臣之"道"，对"保国家""守社稷"的重要性，并指出无德则"有位不持"，无道则"有威不久"。强调对类似中国历史上的夏桀、殷纣、秦赵高、唐安禄山等人物的违德、违道的行为，应引以为戒。在纷乱、战争的背景下，著述以"太平"命名的著作，反映了当时代人们普遍渴望太平的欲望和心态。

《太平记》三部 40 卷。第一部共 12 卷，其中卷一至卷四，记述镰仓幕府执权足利高时专擅幕政，民心叛离，后醍醐天皇趁势策划讨幕，但计

---

① 『日本の古典名著・総解説：誰でも知りたい・誰でもわかる』、太平記条、自由国民社 1978年、29 页。
② 西乡信纲等著，佩珊译：《日本文学史——日本文学的传统和创造》，人民文学出版社 1978，第124 页。
③ 『太平記』卷第一・序。

划被泄,后醍醐天皇及其臣属等或被杀、或被流放的史事;卷五至卷八,记述以后醍醐天皇之子护良亲王为首的,包括楠木正成等武将的南朝军与幕府军相抗衡,以及后醍醐天皇从流放地逃入船上山的过程;卷九至卷十二,记述足利尊氏背叛幕府,致使镰仓幕府灭亡,后醍醐天皇返京,实行王政复古,以及足利尊氏与后醍醐天皇的矛盾等等。第二部共9卷。其中卷十三、十四两卷,记述足利尊氏挥军东下,消灭北条氏残军,陷落镰仓。受后醍醐天皇之命,新田义贞讨伐足利尊氏之事;卷十五至卷十七,记述足利尊氏败退九州,重振实力后,再度上京,在上京途中,于兵库附近与楠木正成之子正行、其弟正季激战,以及足利尊氏幽禁后醍醐天皇事;卷十八至卷二十一,记述后醍醐天皇秘密逃出被幽禁的花山院,奔向吉野,诸将相继战死,南朝势力渐衰,后醍醐天皇死亡,后村上天皇即位等事。第三部共19卷,其中卷二十二至卷二十九,记述楠木正成之子正行继承父亲遗志,与高师直的激战;足利尊氏之子义诠掌握幕府和足利尊氏与兄弟直义的矛盾、斗争。卷三十至三十七,记述尊氏与直义和好及再度对立,南北朝议和及失败等。卷三十八至卷四十,记述将军足利义诠病亡和足利义满的崛起,"中夏无为之代"开始。

《太平记》引用了大量的中国史事、典故,卷四叙及后醍醐天皇被流放隐岐岛,其在流放地的住处,立有一棵樱木,上有用大字写的一句诗:"天莫空勾践,时非无范蠡。"由这一句诗,《大平记》用了大量的笔墨叙述越王勾践不听范蠡之谏,率兵进攻吴国,结果大败,被吴国所俘,禁押于姑苏城。范蠡前去探视,却因禁门紧闭,不能见。范蠡则书一行文字藏入鱼肚之内,投入狱中。勾践拾得鱼,若有所悟,剖开鱼肚,见一字条,上书:西伯囚羑里,重耳走翟,皆以为王霸,莫死许敌①。勾践知是范蠡的忠心,为己献策。后勾践向吴王献美女西施。吴王被西施所迷,最后范蠡击吴王,吴国灭,越王勾践重振霸业,封范蠡为"万户侯",但范蠡辞任遁

---

① 这段诗是说周文王被纣王关在羑里,其臣下建议向纣王献美女,周文王同意,最后终成王业;晋国重耳,因继母骊姬之谗,逃往他国,后成霸业。

世。《太平记》褒赞范蠡"高德"。

另外,卷二十二在叙述亡敌治国之道必须重视将帅时,引一大段载于《六韬》龙韬立将篇中太公望回答周武王关于立大将的话。原文如下:"太公望答曰:'凡国有难,君避正殿,召将而诏之曰:社稷安危,一在将军,愿将军帅师应之。将既受命,乃命太史卜斋三日,之大庙钻灵龟卜吉日,以授斧钺。君入庙门西面而立,将入庙门北面而立。君亲操钺持首,授将其柄曰:从此上至天者,将军制之;复操斧持柄授将其刃曰:从此下至渊者,将军制之。见其虚则进,见其实则止,勿以三军为众而轻敌,勿以受命为重而必死,勿以身贵而贱人,勿以独见而违众,勿以辩舌为必然。士未坐勿坐,士未食勿食,寒暑必同,如此则士众必尽死力。(略)乃辞而行,军中之事不闻君命,皆由将出,临敌决战,无有二心。若如则无天于上,无地于下,无敌于前,无君于后,是故,智者为之谋,勇者为之斗,气厉青云,疾若驰骛,兵不接刃而敌降服。战胜于外,功立于内,吏迁士赏,百姓欢悦,将无咎殃。是故风雨时节,五谷丰熟,社稷安宁也。"[1]《太平记》作者完全赞同太公望所言,说:"自古至今重将之事如此,亡敌治国之道事也。"[2]

《太平记》在叙述一些典型史事时,常常在篇后附有作者的评议。如在记述忠皇将领楠木正成及弟正季战败自杀事后,对楠木正成等给予充分的肯定性评价:"抑元弘以来,忝凭此君,夸致忠之功者几千万。然此乱出来后,却有不知仁者舍朝恩而属敌;无勇者苟为免死而降敌,终致刑戮;无智者不辨时变而行违道之事发生,兼有知仁勇三德,至死守义道,自古至今,唯(楠木)正成者也。"[3]因此,《大平记》是站在皇权至上的立场来叙述镰仓末期以后的中世战乱历史的。

值得注意的是,如果从医学史的角度来考察《太平记》的话有许多价值性较高的史料,比如卷四中有关于"石淋"一病的记载。"石淋"即尿结

---

[1][2] 『太平記』卷二十二。
[3] 『太平記』卷十六。

石,此病名在镰仓时代藤原定家的《明月记》中已有记载。卷二十五中记载说,足利直义的夫人怀孕而患恶疽病,召集众多医生来诊断,结果有的说是气血郁结引起,有的说是腹痛,就没人诊断出是怀孕,结果当然可想而知,服了药也不见好转。据称,上述医生所开的处方药,大多来自我国宋朝的官修方书《和剂局方》,可见此书在日本的流行程度。之后,时任施药院典药头的医生丹波仲成认为是怀孕,并预言是男儿,最后果然如此,因此仲成的名声大震。此外,《太平记》中还记载了日本文献中首次出现的"外科"这一名称。

《梅松论》是从武家立场记述从皇室分为两大派系到足利家族获得政权一段历史的军事文学书籍,两卷本,1349 年成书,与《太平记》统称为"军事物语双璧"。作者不详,据说为接近足利尊氏亲信梦窗疏石的僧侣所写,因而主张室町幕府成立的正当性。上卷描述镰仓幕府末期的政治形势以及随后的建武新政、新田氏与足利氏之间的对立,下卷描述楠木正成的奋战及其金崎域陷落,天下太平,最后借助梦窗疏石对足利尊氏的评价把将军家族的荣华比喻为梅花、把其子孙的繁荣比喻为松绿而得其书名。另外,在南北朝到室町幕府时代还有描写源义经生平的《义经记》、描写镰仓初期关东地区武家社会的《曾我物语》等。

日本古典文学中的"三大随笔体文"之一《徒然草》的作者兼好法师(1283 左右—1352 以后)本姓卜部,因家居京都郊外的吉田,所以又名吉田兼好,出家后法名兼好,世称兼好法师。兼好的代表作《徒然草》据说最初是断断续续写在小纸片上的随笔,生前并未公开发表,死后由歌人今川了俊发现,将贴在墙上的小纸片剥下,按如今所见的顺序排列,由其弟子正彻于永享三年(1431)抄写出来,这是现存最古老的手抄本。书名的含义和来源不明,一般解释为取自作品开篇的"终日无所事事,以文房四宝为友"中的"无所事事"一词,加上意为"书"的"草"字,构成书名。

《徒然草》全书除"序"以外,共分 243 段。内容丰富,题材广泛,包括人生、宗教、自然、艺术、古训、评论、趣闻故事、掌故、笑话、历史考证等方面,集中反映了作者的人生观、女性观、恋爱观、处世哲学以及兴趣爱好。

表现了作者佛教的"尘世无常"、怀旧尚古以及崇尚贵族传统文化含蓄美的思想脉络。

《徒然草》的文章风格既有拟古体，又有汉文，简洁明快，富有条理。对后世的文学和连歌、俳谐、净琉璃、浮世草子等都产生了较大影响。浅井了意的《犬徒然草》、井原西鹤的《俗徒然草》以及近松门左卫门的《兼好法师物见车》等都是模仿或取材于《徒然草》的代表性作品。

北山文化是室町幕府第三代将军足利义满时期的文化，因义满在京都北山山庄建造豪华的新将军府邸而得名。其特色是公家文化与武家文化的相互融合，以及大陆禅宗文化的深刻影响。这一特色在很大程度上是武家文化贵族化的结果，因为足利尊氏将其开创的幕府设在京都，从中体现了足利家族对宫廷贵族生活的追求。

尽管室町幕府第八代将军足利义政在职期间（1443—1473 年）基本不务政事，而且也爆发了几乎将京都化为灰烬的"应仁之乱"，但这位热衷于艺术与娱乐的将军不仅在京都东山建造了具有特色的府邸，同时也创造了著名的"东山文化"。虽然这一文化带有浓厚的武家文化色彩，但在大陆文化、传统文化、地方文化的影响下，同时融合了贵族文化以及平民文化，逐渐形成了流传至今的日本民族文化。

室町时代及其后的史籍主要有《明德记》《应仁记》《甲阳军鉴》等。《明德记》共有三卷，主要记述"明德之乱"（1391 年）始末。《应仁记》也有三卷，第一卷记述"应仁之乱"的原因，即室町幕府将军足利义政的奢侈失政，将军家内部的纷争以及细川氏与山名氏两大名的对立；第二卷叙述以细川氏为一方与以山名氏为另一方的东西两军在京都的市街战；第三卷叙述战乱的发展、京都内外的荒芜、战争的最终结束等。

《甲阳军鉴》虽然是江户初期的军学书，但记录了战国时代的史事和以武田信玄为代表的战国大名的战略、战术思想，因此，似可将其归入中世后期的史学著作之列。《甲阳军鉴》全书 20 卷 59 品，第一卷至十八卷，即第一品至四十八品是武田信玄一代的史事；第十九卷至二十卷，即第四十九品至五十九品是信玄之子武田胜赖一代的史事。关于此书的作者,虽有异见,但一般通说认为是由武田家的老将高坂信昌、其侄春日总二郎和小幡景宪三人共同完成的著作。关于编撰的目的,在该书新附的"小幡景宪传"中说:"景宪天性不欲立人之宇下,有睥睨燕雀之知,慕鸿鹄之志。唯所愿:先君信玄公创业垂统之规矩,殊军旅之制法详之。故甲信两国之士普入其门,寻探故实,委曲记录之,悉缀集其语编五十帖,名号《甲阳军鉴》。"①由此传中所记可知,《甲阳军鉴》的编撰,首先是由小幡景宪推动,甲斐、信浓两国的武田信玄信奉者,其中包括高坂信昌、春日总二郎的积极参与下成书的。

二、五山十刹

镰仓时代末至南北朝时代的宗教状况首先是把净土教的信仰推向极点,深受民众欢迎。其次是日莲开创的法华宗(日莲宗)在京都的新兴商人阶层很有市场。再次就是将中国南宋的五山制度引进禅院。元弘三年(1333)十月,后醍醐天皇颁发纶旨给宗峰妙超,以其创建的大德寺为"五山之上"。后宇多上皇虽命幕府以京都南禅寺比照五山,但并非作为五山而特举五个禅院之名,其意仅在于得到官方许可的禅院,后醍醐天皇给予大德寺的却是明确的寺格。建武元年(1334)则以南禅寺为五山第一,大德寺与之并列。旧佛教的律宗,因实施"非人"救济事业而深得民众喜欢,并得到幕府的保护。

这一时期的神道情况,首先值得注意的是成书于南北朝时期文和、延文年间(1354—1358)的《神道集》,据传出自安居院说教教团,全10卷,其中收录50个故事。主要内容是全国神社的缘起故事,中心思想是本地垂迹,即佛化身人们身边的诸神来救济众生。

在室町时期的新兴佛教宗派中,占据统治地位的是禅宗,尤其是受到室町幕府和朝廷公卿皈依的临济宗非常盛行;另一派曹洞宗则在地方上取得稳定发展。建武五年(1338),足利尊氏接受梦窗疏石的建议,下

---

① 『甲陽軍鑒』坤、新附『小幡景憲伝』、第一書房 1996 年、606 頁。

令各国建造安国寺和利生塔。据统计,当时在全国的 61 个国建置了安国寺,27 个国建有利生塔。

元中三年(1386),足利义满定禅寺阶位,设立"五山十刹"制度,重用无学祖元门派的梦窗疏石及其门下,设立僧录一职管理全国禅寺,甚至委任禅僧处理内政外交事务。在日本,五山制度开始于镰仓末期,完善于室町时期。初期五山皆在镰仓,京都的南禅寺仅为"准五山"资格。"建武中兴"之后改变了五山皆在镰仓的局面,由于室町幕府在京都,所以室町时期日本禅宗以京都地区的禅宗五山为中心,形成了一个覆盖日本全国的禅宗网络,这个网络包含大约 300 座禅宗庙宇,如果把下级庙宇和分支部全部计算在内的,总数将达到数千个。京都五山包括南禅寺(五山之上)、天龙寺、相国寺、建仁寺和东福寺和万寿寺,镰仓五山包括建长寺、圆觉寺、寿福寺、净智寺和净妙寺。

为了与旧寺院势力抗衡,幕府予以五山禅寺极大的保护和权限。五山禅寺不仅撰写外交文书,而且还出任外交使节,调和大名与幕府间的矛盾等。另外在经济上由于拥有广大的庄园,是幕府重要的财源。因此,五山寺院在政治上具有重要的发言权。同时,五山禅僧日益贵族化、官僚化,使得旧有的禅风渐失。排除在五山之外的大德寺、妙心寺则宗风依旧,并结合日本的社会习俗和文化有了新的发展。

大德寺原属五山,为了维护开祖宗峰妙超的枯淡禅风,规定只有同派僧侣才能担任该寺住持,然而这一规定与幕府意见相左,于是永享三年(1431)脱离五山成为私寺,但因此也保留了枯淡的禅风。一些不满文学为中心而形式化的五山禅僧相继从五山改门大德寺,如著名的华叟宗昙及其弟子一休宗纯等。

妙心寺原为大德寺的末寺之一,应永六年(1399)因住持拙堂宗朴支持幕府反叛军而得罪足利义满,寺院从此式微。日峰宗舜入寺以后,获得细川氏的庇护再度隆兴,到了雪江宗深时,迎来寺院的鼎盛时期,势力发展到全国各地,尤其在地方武士、医生、工商业者、农民之间有着深厚的信仰基础。与之同时,又吸收五山派僧侣,故其势力到战国末期已经超越大德寺。

日本学术界把受室町幕府保护和统治的以五山为中心的禅宗各流派称为"五山派",而把其他禅宗诸派称为"林下派"。属于五山派的有临济宗黄龙派、圣一派、法灯派、大觉派、佛光派、一山派、大鉴派、古林派、曹洞宗的宏智派,其中最有势力的是圣一派和佛光派,在全国300多所五山派的官寺中,圣一派有70余座,佛光派也有70座。属于林下派的有曹洞宗和临济宗大应派。而在曹洞宗的发展过程中,以峨山派(始祖峨山韶硕)的势力最大,通过在室町时期的发展成为日本曹洞宗教团的主流。战国时期,曹洞宗受到各地大名和武士的支持,在全国有了很大发展。迄至江户时代,成立以永平寺、总持寺为两本山的本末关系,形成今日拥有1.5万座寺院的曹洞宗。

"可以说,室町时代是中日两国以禅宗为代表的佛教文化交流最密切、日本禅宗最迅速发展和进行独立的宗教哲学思辨的时期,同时也是用和文著佛书最多,在思想表达上实现本土化,使外来佛教走向日本化的关键时期,持续影响几个世纪,在日本文化史上留下重要的一页,对于日本文化和文学的影响是无法估量的。"①随着禅宗的普及,其思想不仅作为宗教,而且作为文学艺术思想乃至整个文化思想而被日本社会所接受,禅宗成为室町时代最具代表性的文化,甚至这一时期的审美意识也完全禅宗化。室町时代以前日本主要以"真实""物哀"为主体的审美观,到这一时期转向以"空寂"的幽玄、"闲寂"的风雅为主体的审美观,"空寂"和"闲寂"的审美意识渗透到日本艺术生活和精神生活的各个层面。②

进入足利时代之后,出现了武士信仰禅宗、农民信仰真宗、商人信仰日莲宗的状况,而信仰人数最多的农民宗教即真宗,可以说是法然的弟子亲鸾将其师傅的教导更加彻底化的东西。真宗也称一向宗,在室町时期发展很大。创始人亲鸾不认为现实世界是秽土,而认为正是现实世界

---

① 叶渭渠、唐月梅著:《日本文学史·近古卷·上》,昆仑出版社2004年,第13页。
② 叶渭渠著:《日本文化史》,陕西师范大学出版社2005年,第176页。

才是救济的场所,再把这个场所生存作为念佛的目的。而且,只有坚信能够被阿弥陀佛拯救的这种"信",才是能否得到拯救的决定性因素,因此,念佛并不是为了寻求救济而念,而是对因笃信而得到的欢喜的一种感谢之声。但其说教没有立刻被广泛接受,真正成为农民的宗教,成为一大势力是在天才的传道师莲如出现以后。

被称为"书信传教士"的莲如将亲鸾的思想全部灌注在书信里,并否定异端之教说。也就是他浓缩亲鸾的教义,把它写成民众一听就能了解的东西,并前往各村落亲自布教。莲如否定权威主义,在传教的集会中不拘礼节,身心放松,没有任何宗教禁忌,只要认真听佛法即可。莲如从宗教性和世俗性两个方面给了当时的农民一种他们渴望已久的精神满足,并由此形成了精神上的纽带。与此同时,他还宣传只要信仰便可获得阿弥陀佛的拯救。但莲如的这种传教方式受到其他宗教团体的阻挠,其中之一就是受到比叡山僧兵的袭击。对此真宗也不得不进行防御,于是就发生了"一向一揆"。其实,一向宗是别的宗派,这是社会上的一种误称,莲如讨厌这种称呼,但这已成为社会上的通称。另外一个问题就是各个惣村的信仰内容,对此莲如本人尽可能进行巡回传教,同时也向各地发送大量的书信。

三、五山文化

五山文化包括五山儒学和五山文学。镰仓时代传入日本的朱子学到室町时期已成为儒学的主流,南北朝时期的虎关师炼编写了日本第一部韵书《聚分韵略》以及日本佛教史《元亨释书》及文集《济北集》,为日本的儒学史做出较大贡献。此外,中岩圆月、义堂周信以及岐阳方秀等都是著名的儒僧,为五山派儒学的泰斗。

五山儒学又可分为以下几个学派:第一是公卿学派,代表人物是一条兼良、三条西实隆和壬生雅久。第二是萨南学派,代表人物是桂庵玄树,他在萨摩出版的《大学章句》是日本最早的朱子新注。第三是海南学派,代表人物是南村梅轩。第四是博士家的折中学派,代表人物是清原业忠和清原宣贤。

五山文学系指镰仓幕府末期至室町幕府末期盛行的汉文学,因其兴盛于京都、镰仓的五山禅寺的僧侣间,故有此名。五山文学大致分为前期和后期,前期以诗文为主,包括禅宗法语、偈、诗文、论说、日记、随笔等,后期致力于典籍、经文的注释,现在留有诗文百余种。著名的著述包括先驱者虎关师炼的《济北集》、雪村友梅的《岷峨集》、中岩圆月的《东海一沤集》、义堂周信的《空华集》、绝海中津的《蕉坚稿》等。在五山文学后半期,虽然盛势日渐减退,但仍有佳作问世,如江西龙派的《翠诗集》、心田清播的《听雨集》、景徐周麟的《翰林葫芦集》等。

禅僧与诗文的结合,在元、明时代的中国禅林颇为盛行,对来元僧、入明僧的影响是相当深刻的。然而在日本五山文学的形成过程中,禅僧是否应该擅长诗文的问题,是有不同看法的。起初有禅僧教导弟子说:"学人只管打坐,勿管他事,佛祖之道只是坐禅。"甚至如兰溪道隆(赴日宋僧)、梦窗疏石这样的名僧,也认为诗文无用,一再强调参禅者不应染指诗文,倡导学问。《大觉禅师遗戒》中记载了兰溪道隆的话:"参禅学道非四六文章,宜应参活祖意,莫念死话头。"《三会院遗戒》载有梦窗疏石的主张:"心醉外书,如以文笔立业者乃是剃头俗人。"当然也有主张禅僧应以禅学为主,诗文为次的。前已叙及的竺仙梵仙(赴日元僧)就对弟子说:"先宜学道为本也,文章次之。"但随着室町幕府积极对外交流,禅僧成为幕府的对外顾问、使者、随从僧等,汉文学的水平成为禅僧才能大小的标志,禅僧学文吟诗蔚然成风。

竺仙梵仙的禅为本、文为次的两立论,为众多禅僧接受,禅僧学问有用论渐次抬头。入元僧友山子偲崇仰元代有名的文学僧了庵清欲,回国后,在其《友山录》中公开指出:"夫诗道,以修一心为体,述六义为用","作诗制文,于道无害。"义堂周信在《空华日工集》中明确提出:"诗有补吾宗,不只是吟诗而已。"仲芳圆伊在《懒室漫稿》中指出,文学虽不是禅僧的专门,但"能禅者,应能诗"。受到幕府将军足利义政器重的五山文学代表人之一横川景三在其《补庵京华新集》中写道:"参诗如参禅,诚者此言!"相国寺派禅僧万里集九在《梅花无尽藏》中说:"诗是吾家的般若经","诗熟则文必熟,文熟则禅必熟。"在战国动乱时期,禅僧的文学观由禅本文末转变为文本禅末。禅僧月舟寿桂在《幻云诗稿》中公然提出"参诗之外无禅",琴叔景趣在《松荫吟稿》中说:"古今,学诗如参禅",春泽永恩在《枯木集》中说:"参诗原本同是禅。"①

禅僧文学观的变迁,推动了五山汉文学的繁荣。在社会矛盾尖锐、反抗和战乱频繁的中世后期,五山文学的清净、幽闲、深邃的意境与沉思,反映了僧侣与民众对和平生活的渴望。

五山文学的风格源自中国,日本禅僧景徐周麟在《翰林葫芦集》中有记述:"盖禅四六之盛于世也,始于蒲室。蒲室出乎皇元之间,一手定其体格,整其句法,而自编其集,雅颂各得其所也。继于蒲室者,曰季潭、曰用章,皆有家法,而季潭开阖关键可观矣。吾朝蕉坚蚤入大明,从之以游者泪乎十年,故罄其所蕴以归,于是乎海东禅林,四六具体。而后登其门者,双桂、太白、昙仲为之头角。其体格也,有苍老而敷腴者;其句法也,有劲正而婉娩者。各以其所长,并驰乎一时。"②

上述引文表明,流行于元朝的四六骈体文是五山文学文风之源。在元朝,由临济宗禅僧笑隐大䜣将官方常用的四六骈体文体引入禅林的日常文书之中,他编纂了《蒲室疏》。继承《蒲室疏》文风的是明代杭州中天竺禅僧季潭等人,而季潭又是日本入明僧绝海中津之师,如文中所说,绝海来明从季潭学禅、学文十年,最后"罄其(指季潭)所蕴以归",把季潭的知识、技巧和文风学到手,回国推进五山文学的发展,确立了"四六具体",形成了"其体格也,有苍老而敷腴者;其句法也,有劲正而婉娩者"的文风。

五山文学中的诗,也是备受自唐至明的诸多中国诗人风格的影响。从现存的五山禅僧所吟诗所见,大多是五言诗和七言诗,所涉及的范围

---

① 芳賀幸四郎「禅僧の文学観の変遷」、岩波書店『日本古典文学大系月報』第二期、1966 年 2 月。

② 児玉幸多等編『史料による日本の歩み・中世篇』、372 頁。

十分广泛,有对入元、入明的记述和中国风物的记述,有对人生的感悟;对社会和市井的感叹,还有对自然界的赞美,包括景色、风雨、植物、动物、季节、禅界的日常生活等。

关于入元、入明参游的记述,在天岸慧广的《东归集》中有《游天童》《国清寺》《过严陵台》等诗。另外,如雪村友梅的《岷峨集》,既有在中国坎坷遭遇的记录、中国的人和事,也有中国的风貌等。雪村曾在中国滞留二十二年,其间曾因外交嫌疑被捕,并流放到四川,后大赦归长安。雪村写有一首《杂体》诗,对自己的遭遇表露了直面人生的豁达:吾不欢人誉,亦不畏人毁。只缘与世疏,方寸淡如水。一身缥缈余,三载长安市。吟哦聊适情,直语何容绮。①

五山文学诗作对社会下层不思国危颇为感慨,例如中岩圆月的《鞆津》《惜阴偶作》就是这类感慨之作,如《鞆津》:楸梧风冷海城秋,爇火烟消灰未收。游妓不知亡国事,声声奏曲泛兰舟;如《惜阴偶作》:昔年是日镰仓破,所在伽蓝气象皆。商女不知僧侣恨,卖柴卖菜打官街。②

其意是秋冷海城,遭战争兵火损毁,残垣仍在,游妓视而不见,依然泛舟歌舞,不知国亡之事;同样,商女只卖柴卖菜而不关心在镰仓幕府灭亡的战争中毁坏的庙宇,实在使人可叹。虽然有的五山诗作充溢着作者对社会的感叹和人生感悟,但更多的则是对自然环境、风花雪月的吟咏。

在五山文学没落的时候,有两种现象值得关注,一是一休宗纯的出现。这位自称"狂云"的"疯癫和尚",用自己的实际行动对禅林腐败和颓废风俗进行了体无完肤的嘲讽和反驳;二是策彦周良等被称为是颓废的五山文学中的奇葩。

五山文学中还有一类作品非常有特色,那就是艳诗。室町时期的禅林,同性恋倾向比较突出,满足变态性欲的其中一个方式就是给身边的美少年(往往是喝食)写艳诗,较为著名的有心田清播的《心田诗稿》、三

① 『日本古典文学大系五山文学集』、岩波書店 1978 年、73—74 頁。
② 『日本古典文学大系五山文学集』、90 頁。

益永因的《三益艳词》等。详细描写寺院同性恋的书籍很少,但成书于镰仓时代的《弘儿圣教密传》(现藏比叡山麓的叡山文库)把同性恋现象借以密教经轨的形式作了详细介绍,对于室町时代的寺院同性恋现象。《碧山日录》"宽正三年四月一日"中有如下记载:"等久侍者来曰:'前夕有招余者,乃入其居,同床终夜。一团和气,寔似回春。于复欲尽之时也,作词欲以谢焉。然而不知所以为谢也,请为余作一诗,赐之不亦幸乎。'乃领之曰:'九十韶光流景频,又知故意为君新。同床今夜只须睡,纵到晓钟犹是春。'久笑而净书赠之。"①

来访者等久侍者某日应邀和一少年同床,那夜感觉和气回春,后欲作诗以谢,无奈自己不会,只得求助云泉太极。从等久侍者堂堂告知太极的口吻判断,当时禅林这种现象可能司空见惯。

当然,室町时代除上述文学形式外,还有以下几点值得关注:一是对古典的研究,二是歌集的出版,三是抄物(讲义笔记)的流行。因公家在政治上失意,于是把精力转向对古典的注释研究,其中首推对《日本书纪》的研究,主要表现在对该书的抄录、校勘和讲解。如一条兼良的《日本书纪纂疏》、吉田兼俱的《日本书纪抄》等。其次是对《古今和歌集》《伊势物语》和《源氏物语》等文学作品的研究,例如有北畠亲房的《古今和歌集注》和一条兼良的《古今集童蒙抄》《伊势物语愚见抄》《花鸟余情》等;再如曾居正二位内大臣的三条西实隆一生致力于古典的书写、校勘、注释,著有《弄花抄》《细流抄》《伊势物语直解》以及《万叶一叶抄》。日记《实隆公记》是一部记述公家生活的珍贵史料。在此日记中,曾提到东渡日本的明朝宁波人宋素卿与三条西实隆会面的情景。在抄物上取得成就的主要有桃源瑞仙(1430—1489)的《史记抄》、惟安妙高(1480—1567)的《诗学大成》和《玉尘》、清原宣贤(1475—1550)的《长恨歌抄》以及《神代卷抄》等。由一条兼良和三条西实隆等开创的古典研究后为中御门宣胤等人承袭,为近世的日本学奠定了基础。

---

① 史籍集览研究会:『碧山日録』、すみや書房 1969 年、260—261 頁。

弘和元年(1381)的《新叶和歌集》是吉野朝廷侍奉者作品的荟萃,进入室町时代后作为公家文化象征的"敕撰和歌"传统宣告终止,相对应的是连歌作为一种新的文艺形式开始兴起,这是室町时代文化动向的一个重要现象。到室町时代后期,连歌的地位被俳谐连歌所取代。

四、连歌等文学

除五山文学外,室町时代的文学形态还有连歌、战记物语、随笔、御伽草子、谣曲及俳句等。

御伽草子是通俗的故事性短篇小说的统称,"御伽"是指那些专门服侍君主、为其闲聊解闷的人们,按题材可分为公家、武家、僧侣、平民、异国和异类等,按主题可分为童话、寓言、传记小说、恋爱小说、鬼怪故事等。这些故事大都图文并茂,浅显易懂,朗朗上口,没有固定的作者,广泛流传于民间,主要读者和对象是城市的市民、下级武士和部分识字不多的农民。御伽草子是从拟古物语到浮世草子之间大众文学发展的一种过渡形式,大多只有人物和事件的叙述,而缺乏人物的个性和心理的描写,但内容富有知识性、教育性和启蒙性,受到上至公家、新兴武士,下至庶民的普遍欢迎。对于了解室町时代日本人的人生观、宗教观和信仰生活具有参考作用。这些民间故事的御伽草子以前一直没有受到足够重视,到近代才被整理。据说原有 500 余篇,但大多数已散佚,现保存完整的不过 20 余篇,代表性作品有《文正的故事》《懒汉的故事》《酒天童子》《田村草子》《源义经荒岛奇遇》《弁庆的故事》《浦岛太郎》《桃太郎》《素食鱼类的故事》以及《鸦鹭战争的故事》等。

谣曲实际上就是能乐的脚本,是日本最古老的传统戏曲,意义特殊。一般包括对白、词及曲,篇幅短小。著名谣曲家有观阿弥、世阿弥、观世十郎元雅、金春禅竹、金春禅风、观世小次郎信光以及观世弥次郎长俊等。从 14 世纪到 16 世纪,能乐基本是世家传承。谣曲的剧情简单,但也有一定的情节与美学范式。剧中人物包括主角、副角、配角、旁白等。大部分科白和唱词使用和歌的"五七调",在美学风格上追求幽玄、典雅

与哀怨的贵族趣味,具有抒情诗歌之特征。从题材来看,绝大多数取材
日本固有的文学作品,如《源氏物语》《平家物语》《太平记》等;此外还有
一小部分则属于中国题材,如《石桥》《钟馗》《唐船》以及《杨贵妃》等,写
作中国题材最多的是金春禅竹。从类别来看,大致可分为五大类:一是
"胁能",即神事能或祝言能,以神为主人公;二是修罗能,以武人为主人
公;三是假发能,以男人戴假发扮美人为主人公;四是鬼畜能,以鬼神、畜
生为主人公;五是狂女能,以狂女为主人公。

　　连歌的起源可以追溯至《万叶集》卷第十八以及《古事记》《日本书
纪》中两人和唱的短连歌,因《古事记》歌谣中有"筑波"一词,所以后来也
将连歌道称作"筑波之道"①。从日本的文化史看,13 世纪初至 17 世纪
初是连歌的全盛期。连歌不同于个人所作的和歌或俳句,它是由多数作
者组成一座(连众),相互竞赛共同完成的一种文艺。既然是共同完成的
作品,成员之间就相互平等,不论俗世中的社会地位和身份。因此,它是
游离于世俗社会之外的一个特殊组织,能给许多在现实世界中失意的人
们一种心灵慰藉,成为一个不拘礼数甚至自由放荡的集会。室町时代前
期,连歌脱离和歌而独立,在人民群众中形成连歌热,用来歌颂自己的劳
动和表现对统治阶级斗争胜利的喜悦。14 世纪中叶,二条良基辑成一部
优秀的连歌集《菟玖波集》,奠定了连歌兴盛的基础。15 年后,他又完成
了一本关于连歌创作规则的著作《应安新式记》。应永年间又出现了朝
山梵灯庵和今川了俊等连歌名家,稍后又出现了宗祇等人,连歌的发展
达到了顶峰。

　　连歌首句称为"发句",第二句为"付句",一般由"五七五"的长句和
"七七"的短句交替进行,原则上百句为一卷。后人将发句独立出来,变
成俳句与现代短歌。日本俳句、短歌均有一种意犹未尽的诗意,原因正
是其原来只是连歌的发句而已,后面应该还有七七诗词。连众之首称为

---

① 阿部正路「動乱の世の連歌のこころ」、『エッセイで楽しむ日本の歴史』下、文芸春秋 1993
　年、22—23 頁。

"宗匠",助手称为"执笔",作者只要按照规则就可以充分发挥自己的想象和才华,这种跳动和接龙式的趣味正是连歌的魅力所在。

此外,连歌还具有以下一些特点:第一,往往与酒水结合,成为一种宴会。第二,频繁举行,有定期的,也有临时的,多的时候一个月就达几次。第三,联句少则二十或七十句,多的甚至达万句。第四,连歌会时间很长,甚至通宵。正如日本俗话说的"连歌和盗贼以夜晚为宜",静寂的夜晚不仅适宜偷盗,也能使人从容吟诗对句。第五,连歌往往与一揆(武装暴动)有些关联。可见,连歌会并不一定是人们想象中的那种高雅、庄重的歌会,兼好法师在《徒然草》的一三七段中有这样的描述:"品流高尚的人物虽好物而不溺于物,虽兴致颇高也能淡然处之。只有那些不解风雅的村夫俗子,才于游赏时力求尽兴。赏花时拥挤在花下,或凑近盯着花看,要饮酒,要作连歌,末了手持折下的花枝,欢欢喜喜地打道回府。路过泉水时,一定要把手足都泡进去,遇到下雪时,一定要在雪地上踩踏,留下自己的足印。总之凡有景致处,绝不悠然旁观,一定要去耍弄一番才甘心。"①

法师把一个对什么都好奇的乡巴佬那种赶时髦作连歌的情形描绘得淋漓尽致,这也说明当时连歌在普通百姓中的普及与流行。《徒然草》八十九段中还记载了一个吃人妖怪——"猫股"的故事。一位住在行愿寺附近的法师,有次到别处去作连歌,在深夜回家途中,爱犬在黑暗中认出主人而飞扑过来,这位法师误以为是传闻中吃人的猫股,双腿发软,跌入河中。当闻讯赶来的人们从河中抱起法师时,他怀中作连歌所得的彩头如扇子、小箱等,都已被水浸湿。可见,连歌会还和当时的茶会一样,是聚众赌博的场所之一。鉴于此,《建武式目》中对此作出了明确的禁止。

对中世连歌发展做出贡献的人物颇多,其中重要者有二条良基、善阿、顺觉、救济、信照、心敬、宗祇等,都是连歌的中兴者,还有相关著述

① 吉田兼好,文东译:《徒然草》,中国长安出版社2009年,第122页。

刊行:

1.《菟玖波集》,成书于1356年(正平十一),最早的敕撰连歌集,共20卷,收录连歌2190句,其中首发句119句。内容分为序、春、夏、秋、冬、神祇、释教、恋、杂、羁旅、贺、杂体等类。作者二条良基,博学多才,官至关白、太政大臣。《菟玖波集》奠定了此后连歌兴盛的基础。二条良基还著有《筑波问答》《连理秘抄》等连歌理论书,制订了连歌式目《应安新式》。

2.《筑波问答》一卷。全书采用问答体形式,即以常陆国筑波一老翁拜访二条良基、良基就连歌事问老翁、老翁回答的形式,其内容包括连歌的起源、百韵、千句的运用、发句和胁句的方法、稽古的要点、连歌的有关书物、上古体、中古体、近来体等,共有十七项,是有关组织连歌的专门书籍。

3.《私话》和《老人的唠叨》。两书都是禅僧心敬的作品。如书名所示,《私话》是关于连歌学的私下述怀之意,学习《筑波问答》的形式,共上下两卷。上卷阐述连歌的沿革、特点,即与古歌、当世歌风格的差异、发句之体、歌道与连歌道的关系、风格之句、五义、六义和十体以及有关书籍等。下卷阐述亲疏句、幽玄、有心的内涵、学作连歌的心得等。在本书中,心敬特别提出和歌与连歌以及连歌与佛法的统一性,认为两者是联为一体的。

《老人的唠叨》是心敬于1471年(文明三)隐居相模国大山山麓时的作品,是应寺院僧侣所问而作的回答记录,共有二册。内容从自己的回忆开始述及和歌的变迁、歌道衰落、连歌兴起;阐述连歌、和歌同一论以及有志于连歌的动机等。

4.《新撰菟玖波集》是在藤原冬良主持下,由禅僧宗祇撰成,共20卷。成书于1495年(明应四)。关于成书的情况,《续本朝通鉴》六十四后土御门条有载:"(明应四)六月壬申,前关白藤(原)冬良,奏览《新菟玖波集》二十卷,准朝撰。初,兼良(指一条兼良)欲续良基《菟玖波集》,而择集近代连歌秀逸者,号《新玉集》,罹应仁之灾而纷失。冬良继其素志,与宗祇法师等撰成之。冬良作倭字序,述其始末,行于世。十二月,宗祇法师奉纳百首倭歌于长门国住吉社,御制在其中,请权大纳言藤(原)实隆记其趣于卷末。(略)爰《新撰菟玖波集》修撰之时,宗祇法师窃凝丹心,以祈素愿,遂修彼一集篇什,奉纳此百首倭歌,忝交御制之金章,相拟报赛之玉帛,盖非神助之感应者,岂得吾道(指连歌)之再昌乎?"[1]可见,此连歌集的编撰,宗祇着力最大。《新撰菟玖波集》总句数共 2052 句,其中收录心敬的连歌最多,有 119 句,宗祇的 59 句,也有朝臣和后土御门天皇等人参与。

5.《水无濑三吟》,室町后期的连歌集,作者是宗祇及其弟子肖柏、宗长三人。1488 年(长亨二)正月二十二日,师徒三人会合在位于摄津国水无濑地方的后鸟羽天皇离宫,互相对吟,终成有名的"水无濑三吟百韵"连歌集。

6.《新撰犬筑波集》,又称《俳谐连歌》或《俳谐连歌抄》,这是室町后期(大约 16 世纪前半叶)出现的新的连歌形式,通俗易懂,且具有趣味(滑稽)、俳谐色彩的连歌。收录了当时流行于世的秀句,不但收录名家,而且也收录地方上无名之辈的秀句。全集共收录 382 句,分为春、夏、秋、冬、恋、杂六部。此连歌集的编者名叫山崎宗鉴,据说曾服务于足利将军,后出家,住在京都西部的山崎,实际上他是一位有连歌实力却身份低下的俳人。

第三节　艺术与趣味

一、建筑与庭园

中世时贵族府邸建筑的神社风格渐被书院风格所替代,书院风格定型于 16 世纪。神社风格的房间铺地板,只有抬高的睡觉区域铺席子。武士统治者们则将他们用于公务处理的房间(也称会所)铺满榻榻米,进而采用禅宗寺院的窗户风格及其他特点,如障子、拉门的使用,使得可以随着聚会人群的性质、人数和目的提供不同的场所。16 世纪随着侘茶这种仪式性的饮茶活动兴起,室内设计的以上特点就汇合成为一种相当标

---

① 儿玉幸多等編『史料による日本の歩み・中世編』、吉川弘文館 1958 年、380 頁。

准的形式,即房舍的书院风格。在江户时代它逐渐成为一种标准化,直至今天成为典型的日式房屋。

与上述房屋的变化相适应,此时的园林设计也由原先那种开阔、明亮的以池塘为中心的格局变为林木遮荫的散步式以及小而精巧的景观园林。中国禅宗寺院精神意味更加浓厚,常以石、沙、草木与水来装饰园林,显得较为朴素和平淡。在日本庭园艺术中,受禅文化精神影响最大的莫过于禅院枯山水庭园。所谓"枯山水"是利用石头、石子造成偏僻的山庄、缓慢起伏的山峦,或者造成山中的村落等模样,企图让人产生一种野景的情趣。枯山水庭院作为一种独立的庭院模式,成为室町文化最具象征的标志,代表性的建筑和园林设计的主要有金阁寺、银阁寺和大德寺中的大仙院、龙安寺等。

应永四年(1397),足利义满以河内领地作为交换,从西园寺公宗处换得位于京都北山的西园寺,并加以改造修建,成为自己的山庄,时称"北山殿"或"北山第"。将军职位让给儿子义持之后,义满仍于该处处理朝政,接待天皇等政界要人。义满死后,以其法号将此山庄命名为"鹿苑寺",寺内的中心建筑就是舍利殿的金阁,因此也将整个寺院称为金阁寺。舍利殿金阁共有三层,底层为寝殿造风格,名曰"法水院",中央供奉着宝冠释迦如来像。二层为书院造风格,名曰"潮音洞",安放岩屋观音坐像和四天王像。三层为禅式佛殿风格,名曰"究竟顶",安置佛舍利。放眼望去,整座建筑金光闪闪,无比耀眼。其实底层不施金箔,纯粹的白墙、素木结构,二、三层乃贴满金箔。金阁寺的建筑风格充分体现了当时的武家文化和时代风貌,是北山文化最杰出的代表。

八代将军足利义政迁居东山山庄后,也称其为"东山殿"。由于义政的后半生醉心于文化艺术,且颇有建树,因此把这一时期的文化统称为"东山文化"。自宽正六年(1465)足利义政就着手准备建造东山山庄,但是不久就发生了"应仁之乱",计划被迫中止。"应仁之乱"结束后的文明十四年(1482)二月,足利义政再次开始营造山庄,其巨额的费用就摊派给各国的守护大名。但费用难以顺利筹措,工期一再延误,银阁虽比金阁小,却用了整整 9 年时间。这座山庄的建造,招致了守护大名和农民的强烈不满。

东山山庄的正式名称是东山慈照寺,山号"东山",开山者为梦窗疏石,将其称为"银阁"乃是江户时代初期才出现。至于"银阁"一名的由来,主要有两种说法,一是模仿金阁所造,所以有此名。二是原来计划贴银箔,但由于特殊情况(幕府财政困难抑或足利义政去世)而中止。现在山庄还存当时的历史建筑观音堂和东求堂,实际上银阁本来是观音殿的称呼。观音堂分为上下两层,上层潮音阁为书院造,底层心空殿为禅宗样式,这种融合的形式与金阁寺如出一辙。但是银阁的上层宽大,整体上有一种不安定感。

尽管东山的建造历尽艰辛,但给后世产生的影响很大。如一直保存至今的东求堂就是典型的代表,其中只有四块半榻榻米大的"同仁斋"是举世闻名的初期书院造的典范。从寝殿造到书院造这种建筑样式的变化,在日本建筑史上具有划时代的意义。日本人现在日常生活中常用的隔扇、榻榻米以及拉门都可以追溯到书院造,而且隔扇的使用,催生了隔扇画的问世。因整个地面铺设了榻榻米,所以插花、挂轴这种室内装饰艺术也随之兴起,从四块半榻榻米的空间里诞生了传统的茶道艺术。总之,书院造的出现,是多种室町文化绚丽展现的开端。

枯山水前面稍有涉及,禅文化对建筑美学也产生极大的影响,代表就是枯山水庭院的出现。足利义政本人对造园有着深厚的艺术造诣,还在身边聚集了一批大多号称"弥陀"的同朋众,他们精通各种技能,畅游在艺术的世界,例如造园专家的善阿弥、猿乐艺术家音阿弥、狩野派之祖狩野正信等。足利义政中意的园林艺术家中有一称作"河原者善阿弥"的人物,所谓"河原者",是指那些住在河滩从事饲养牲畜、清扫、染色等职业的人群,把其中从事造园的称作"山水河原者"。善阿弥得到足利义政的信任,为东山山庄等建造了很多的园林,有"天下第一名手"之称,其孙子又四郎也是杰出的造园艺术家。所谓的"枯山水"就是不用一滴水来表现大海的造园艺术,最著名的就是龙安寺石庭。在其特有的环境气氛中,细细耙制的白砂石铺地、叠放有致的几尊石组,使有限的空间可以对人的心境产生神奇的力量，据说这种起源于中国杭州径山寺的简朴美发展成为日本独特的"闲寂幽雅"的审美意识。

二、书法与绘画

纵观室町时代的书法，可以说是对镰仓时代的一种继承而已，但因公卿、武士势力的衰弱，书法也显得缺乏生气和魄力，呈现出衰退趋势，是一个缺乏个性书家的时代。同时也许是受到南北朝分裂的影响，轻视个性而追求技法，拘泥传统而受规范束缚，扼杀了自由发展的书风。不但如此，书法还与道德、宗教的世界相结合，形成了一种"道"文化。这种书法之道推崇口授秘传，重视师承胜过技法和艺术性。因此，日本书法史上第一次出现了门派意识，各种流派林立。[①] 这种强调师承、强调流派嬗变的现象虽然在大文化的考察中是个了不起的文化现象，但过于单一的固定师承不但视野狭窄，趣味靡弱，其技巧也逐渐衰退而机械化。[②]

享禄二年（1529），藤原行季去世，世尊寺流后继无人。持明院基春（1453—1535）崭露头角，持明院流派取代世尊寺流派，但一直奔走于官方文告宣旨之类，缺乏生命力。青莲院尊圆亲王创立的青莲院流空前发展，不仅得到公卿和武士的青睐，还远播琉球等地。尽管作为一种大众化的实用书体较为成功，但从书法意义上说，固守传统，沉滞不前。派生出许多支流，但墨守师风，束缚于传承，缺乏创造性。

正因如此，继镰仓时代之后，该时代的墨迹得以延续，但无创新之作。值得一提的是在室町时期末，出现了古笔[③]风潮，鉴赏家辈出。

---

① 堀江知彦「室町時代の書風」、『書の日本史・第四巻・室町・戦国』、平凡社 1975 年、35 頁。

② 陈振濂著：《日本书法通鉴》，河南美术出版社 1989 年，第 438—439 页。

③ 古笔（こひつ）：一般指平安时代至镰仓时代的优秀和样，尤其是书写歌集的笔迹。"古笔"一词初见于《花园院宸记》正中元年（1324）十二月十二日条，当时是指古画。之后在书法家尊圆亲王的书论著作《入木抄》中作为"古贤写的优秀笔迹"之意而使用。现存的古笔中，大都是书写《万叶集》《古今和歌集》等敕撰歌集的作品。这些作品往往写在质地考究的彩色和纸或中国进口的纸张上，显示了一种平安贵族高贵的审美情趣。随着茶道的隆兴，古笔爱好迎来了空前热门，在欣赏作品之同时，对该作品的书家亦是追慕之至。

　　洪武元年(1368),日僧绝海中津、汝霖良佐、权中中巽、如心中恕、伯英德俊、大年祥登、元章周郁等入明留学。其中"五山文学双璧"之一的绝海中津来到中国后,从名僧季潭宗泐问学,从清远怀渭学书。两位高僧都是书法名手,绝海也不负师望,留下不少格调高雅的佳作。应永八年(1401)仲方中正来到中国。仲芳精通楷书,因受明成祖之命书写"永乐通宝"文字而闻名遐迩,明成祖也特赐一幅"相国承天禅寺"六字的法被以示褒奖。关于这段逸闻的真实性,曾有不少人表示过怀疑。日本学者东野治之认为,在事件后七十余年的某一天,仲方中正的儿子心月梵初拿着一幅山水画给当时著名的五山禅僧横川景三观看,这时当着心月的面,横川景三首次披露了其父令日本人为傲的这段佳话。因此,一般不会是横川景三的臆造。另外,永乐通宝这一铜钱主要用于赏赐外国,并不是国内通用货币。基于以上这两点,东野治之认为仲方中正题写永乐通宝是可信的。[1]

　　明初陶宗仪的《书史会要》"补遗"的"外域"中有"释中巽,字权中,日本人,书宗虞永兴",即前文提及的与绝海中津一起入明的权中中巽也善书法,宗法唐朝的虞世南。洪武元年入明后,曾任杭州中竺藏主一职。洪武五年(1372),明使仲猷祖阐、无逸克勤出使日本之际,曾充任通事一度回国。

　　继陶宗仪《书史会要》之后,同时代的朱谋垔喜陶氏《书史会要》有益书家,乃撮有明一代续其卷后即《续书史会要》,有"释永杰,字斗南,扶桑人,书宗虞永兴"的记载。关于斗南永杰,出生地、生卒年皆不详,只知为临济宗焰慧派僧,师事南禅寺少林庵的春谷永兰,中年入元[2],回国后以一介平僧归隐。斗南永杰善书,深得唐朝虞世南笔法,有"杰斗南样"之称。据季弘大叔《蔗轩日录》文明十八年十二月廿九日条记载,"贞庵、双桂、斗南为少林三绝。斗南为兰春谷之弟子。"[3]可见斗南的书法被称为

---

① 東野治之『書の古代史』、岩波書店 1994 年。

② 玉村竹二『五山禅僧伝記集成』、思文閣出版 2003 年、496 頁。

③ 東京大学史料編纂所編『大日本古記録・第 3・蔗軒日録』、岩波書店 1953 年、261 頁。

南禅寺少林庵的一绝。日本相国寺的兴彦龙评其书法曰："斗南翰墨续谁灯，咄咄休言逼永兴。书止晋人人不会，梅花直指付倭僧。"①

　　明初以宫廷为中心，流行虞世南的楷书，上述权中中巽和斗南永杰不仅善书，而且书风直逼虞世南，可见明朝的这种风气也波及日本。室町时代禅院的匾额往往以唐楷品味为高，大概与此不无关系吧。

　　像绝海中津、权中中巽等是因私到中国留学，对中国文化的东传当然不可小视。除此之外，明朝文化持续周期性地对日本产生影响的另一个渠道就是政府定期派遣的使节团。建文三年（1401），室町幕府将军足利义满任命肥富为正使、祖阿为副使出使明朝，拉开了明代中日朝贡贸易的序幕。在这之后将近一个半世纪里，日本共派遣使团十多次，在日本历史上称为"遣明使"，其人员、船队规模都可以和遣唐使相媲美。除第一次的正副使外，其余都是由著名的五山禅僧担任正副使。这些禅僧具有很高的汉学②造诣，来到明朝后，除完成贸易任务外，积极展开文化交流。当然，书画是其中的一个重要内容。

　　此外，宁波文人对日本室町时代文化尤其是禅林书法的影响很大，其代表人物主要有詹仲和、方仕、丰坊、张楷一家以及金湜为主的高年社成员等，都有相当多的作品流播东瀛。③

　　书法流派并不是室町时代的产物，但出现了能写各种书体的书家，尽管他们大多大同小异，缺乏特色，但为后来流派的形成打下了基础，主

---

① 上村観光編『五山文学全集』，思文閣 1973 年、536 頁。

② 纵观日本的中国研究史，大致可以明治维新为界，分成前后两个阶段：前期称作"汉学"，在江户时代达到鼎盛；后期才叫"中国学"，一直延续至今。从严格意义上讲，"汉学"既是中国学也是日本学，或者说两者兼有，明治以前的日本人是作为本国传统文化的一部分进行研究的。明治维新以后，在"脱亚入欧"的风潮下，日本经受"欧风美雨"的洗礼，文化结构发生变异，西学从某种程度上替代了汉学的角色，汉字负载的文化受到疏远和异化，逐渐衍生出"中国学"的新型学科。日本把中国作为外在的客观对象，进行真正科学意义上的研究，无疑肇始于明治时期，并在大正、昭和时期趋于成熟。

③ 海老根聡郎「寧波の文人と日本人──15 世紀における」、『東京国立博物館紀要』（通号 11）1976 年 3 月；王慕民、张伟、何灿浩：《宁波与日本经济文化交流史》第五章第四节"明代宁波与日本的文化交流"，海洋出版社 2006 年。

要有以下派别：

1. 敕笔流。北朝后园融院天皇创立的书风，"敕笔"即"宸翰"，指天皇的墨迹，派生于青莲院流。

2. 素眼流。北朝贞治、应安年间（1362—1374）金莲寺僧素眼创立的书风。素眼擅长假名书法，宗法世尊流。

3. 宋雅流。歌人飞鸟井雅缘（1358—1428）创立的书风，因雅缘法名"宋雅"，所以其书法被称为宋雅流。

4. 彻书记流。清严正彻（1381—1459）创立的书风。正彻乃东福寺僧，曾任该寺书记一职，因而称之为"彻书记流"。正彻作为一名禅僧却擅长和歌，在当时非常难得。他崇尚温雅的和样和假名书法，宗法敕笔流。

5. 尧孝流。歌人尧孝（1391—1455）创立的书风。曾与飞鸟井雅世一起编纂《新续古今和歌集》，官至权大僧都，号常光院。

6. 飞鸟井流。权大纳言飞鸟井雅亲（1417—1490）创立的书风。飞鸟井家族以和歌和蹴鞠闻名于世。其先祖雅经、孙子雅有、曾孙雅缘都是一流的歌人和书家。

7. 宗祇流。饭尾宗祇（1421—1502）创立的书风，亦称"饭尾流"。宗祇作为连歌师著称于世，同时也是一位非常杰出的古典和歌研究者。其阔达自在、温文尔雅的书风随其和歌盛行一时。

8. 二乐流。歌人权中纳言飞鸟井雅康（1436—1509）创立的书风，其号"二乐轩"，所以其书体亦称"二乐流"。因笔势强劲有力，得到将军足利义尚、大内义隆等的青睐，后出家称"宋世"。

9. 堺流。连歌师牡丹花肖柏（1443—1527）的书风。因肖柏为和泉国堺人，所以称为"堺流"。

10. 三条流。内大臣三条西实隆（1455—1537）创立的书风。擅长和歌、连歌，精通和汉学和典章制度。师承硕学的一条兼良。其书风平正，有笔力，格调高雅，宗法青莲院流而自成一家即"三条流"。

11. 后柏原院流。后柏原天皇（1464—1526）创立的书风，宗法青莲院流和敕笔流。

12. 宗鉴流。山崎宗鉴(1465—1553)创立的书风。初名"志那范重",后转住山城国的山崎而改称"山崎",号宗鉴。宗鉴以俳谐连歌而著称,同时擅长汉字和假名书法。书风源自素眼流和尧孝流,内含隐逸潇洒、不拘一格的一面。

13. 尚通流。关白近卫尚通(1472—1544)创立的书风。近卫家自先祖御堂关白道长以来书家辈出,尤以法性寺关白忠通为著名。尚通之书宗法二乐流,但自创"尚通流"。

14. 稙家流。关白近卫稙家(1502—1566)创立的书风。作为尚通之子擅长书法,宗法尚通流,但糅合二乐流、飞鸟井书体自成一家。

镰仓时代与宋、元交流频繁,宋风的禅宗样盛行一时。但到室町时代,特别是14世纪后半开始,禅宗因其贵族化而衰落。禅僧耽溺于文辞之流,即所谓的五山文学极其隆盛。但另一方面,书法被沦为风流韵事的小技,虽然当时五山禅寺崇尚中国文化,流行宋、元、明书风,但技法可观者不多。在日本书法史上,也把五山书风称为"五山样"。五山样的一个特点是书画一体,即书与山水画或高僧顶相相互结合。当时五山禅僧所推崇的中国书家主要有黄山谷、赵子昂、张即之等,而王羲之、虞世南、颜真卿这种讲究技法的书体反而受到冷漠。五山样的代表书家主要有梦窗疏石、铁舟德济、绝海中津、一休宗纯、了庵桂悟等。值得一提的是一休宗纯,其书笔锋尖锐,气势逼人,于书坛无愧中外,卓然自成一家。

应永年间(1394—1428)在日本美术史上是一个重要的转折期。禅僧、武士和贵族频繁举行赋诗会,因此诞生了"应永诗画轴",即在一幅画上有多首题赞的画轴,其中具有代表性的就是京都五山禅林中的渡唐天神像。[①] 以往一般认为此传说诞生于南北朝初期,但根据大塚纪弘、上田纯一的研究表明,在镰仓时代末期的大宰府光明寺已经出现,并推定创

---

① 有关渡唐天神像的起源、传说以及演变,可参见陈小法、江静《径山文化与中日交流》(上海辞书出版社 2009 年)第四章"无准师范与渡唐天神像"。

作人为入宋僧圆尔的弟子铁牛元心。①

到 15 世纪，日本出现大和绘和墨绘两大绘画流派，大和绘的代表是土佐光派的艺术家们，他们担任着朝廷画师的职务，《融通念佛缘起绘卷》《慕归绘》等是大和绘的名画。墨绘则在寺院内繁荣，代表人物是禅宗僧人们，经过他们的努力，在绘画方面取得了巨大的艺术成就。天章周文和雪舟等杨发扬光大了如拙开创的水墨画，有时也称作"墨绘"，其最大的特点就是运用大幅余白和省笔，从空漠的"无"中创造出一种超然物外的艺术力量，从"无"中发现最大的"有"，体现日本"空寂"的艺术精神。

足利义政在位时期，幕府对其收藏的艺术品首次系统地整理和归类，这些艺术藏品为这一时期的艺术家们从事创作提供了重要的参考资料。当然，部分画僧还到中国、朝鲜游历山川风物，直接师事大自然。狩野元信则融合了大和绘和中国画的一些最流行因素，创建了一种新的作画风格即世俗水墨画。

实际上，日本的绘画在消化、吸收中国的绘画风格与技巧后，于 12 世纪前后，逐渐形成日本独特的艺术风格。但从 13 世纪开始，中国的宋、元绘画风格和技巧的影响，又一次促进了日本绘画艺术的变革。宋、元绘画的影响较多面，但以下三方面不应忽略：第一，引发了日本的"唐绘""唐物"热；第二，促进了佛教肖像画的发展；第三，水墨画的盛行。

"唐绘"热的表现，就是当时无论是连歌的寄合会，抑或是茶会、花会、建筑的室内装饰，悬挂"唐绘"是显示主人高文化品味的象征，宋、元时期输入的中国画数量非常大。足利义政的文艺顾问（"同朋众"）中置有"唐物奉行"一职，管理将军家仓库里的中国输入品，其中包括"唐绘"。当时流传的《君台观左右账记》是专门论述会场装饰、布置的文章，其中第一部分列举约 150 名中国魏晋至元的画家姓名，并将他们分为上、中、

---

① 大塚紀弘「渡唐天神説話源流考——観音寺所蔵『天神裟裟之記』の紹介を兼ねて」、『日本宗教文化史研究』九巻二号、2005 年；上田純一「渡唐天神説話の発生をめぐって」、『日本宗教文化史研究』五巻一号、2001 年。

下三等,第一等又有上、中、下。被认定为上上上等的画和画家,有北宋徽宗皇帝的山水、人物、花鸟、鱼虫画,李公麟的马、佛像、罗汉、山水等画,南宋李安忠的花鸟、走兽,南宋梁楷的水墨人物、山水画。被认定为上上等的画家有唐代的王维,五代的徐熙,北宋的易元吉,南宋的若芬、无准师范、法常、马麟等。[①] 除《君台观左右账记》外,还有《撮埌集》《御物御画目录》,集录中国画家的姓名及画。《撮埌集》的"绘部・书师"项中,记载了宋元为中心的 326 名中国画家,可见幕府仓库中所藏宋元画之多。

佛教肖像画("顶相")随着禅宗兴盛在日本禅宗界受到重视。宗师肖像画的意义在于反映教义上的师徒相承关系,有宗师的肖像,似同有嫡传弟子的"凭证",如果在肖像上宗师题上自赞和偈语,则更具象征意义。

宗师肖像画由入宋日僧传入日本的,例如入宋僧俊乘坊重源将净土宗五祖,即昙鸾、道绰、善民、怀感、少康的画像带回日本。入宋僧圆尔师事杭州径山的无准师范,回国前请画工画了师父的肖像,并请师父题赞,带回日本以示自己与无准师范之间的师承关系。这样的例子颇多,在日本的一些寺院,至今保存着中国著名宗师肖像,如兰溪道隆画像等。日本的禅僧中涌现出不少肖像画的能手,如梦窗疏石的弟子无等周位,他用写实主义手法,高度精炼地画了多幅梦窗疏石的肖像,此画留存至今。

水墨画首先在禅僧间流行,至 14 世纪末,扩展到武士阶层。引入水墨画的初期,作画的题材局限于画僧们所属宗派的佛像、圣者,如释迦牟尼、文殊、观音、达摩、布袋等,当然也画一些情趣高雅的梅、松、竹、兰花之类,逐渐地水墨画被运用到屏风、障子等室内装饰。至 15 世纪,水墨画的题材又进一步扩大到风景画。这一时期的风景画的构图受到宋画的影响很深,如透视法和表现场景深度的技巧,有明显的宋画技巧的烙印。

---

① 『日本思想大系・23・古代中世芸術論』,岩波書店 1973 年、424—426 頁。

当时，日本著名的水墨画家有如拙、天章周文、雪舟等扬、等春、长谷川等伯等。其中如拙、周文贡献甚大。"如说、宗文乃唐样之开山也。"①此处所说"如说"即"如拙"，"宗文"即是"周文"，他们是日本汉画、水墨画的开山祖。《本朝画史》记载："僧如拙，九州人，居相国寺，善画山水、人物、花鸟，似南宋马远、夏圭、牧溪、玉涧及胡元、颜辉。古来倭手能画者，未学宋元风，如拙始学之，大得其法。"②

天章周文曾是京都相国寺都司，其"所画淡彩山水人物花鸟，用马、夏、颜之法；墨画极牧、玉之奥"。"师如拙有出蓝之质，无不臻妙。"天章的淡彩山水采用的是南宋马远、夏圭、颜辉的技法，墨画则采取牧溪、白良玉之法，其水平与如拙相比，则有青出于蓝胜于蓝之质。

雪舟也曾入相国寺为禅僧，师从春林周藤学禅宗，并从周文学画。1467 年（应仁元年），正当日本国内战乱兴起之时（"应仁之乱"），他渡海赴明。在明期间，畅游名山大川，寻师访友，学禅作画，颇有名声。曾应明宪宗之召，画礼部院壁，也曾为人画富士、三保、清见三绝景，此画并有明代名儒詹僖（字仲和，号铁冠道人）所撰的赞。雪舟在明作画甚多，据传九州大名大内义兴曾托人在明购得一幅画，画作者署名为"华工"，明朝人对购画者说，这是雪舟的画。携回日本后，雪舟亲见此画时说，这是老衲在明时所作。大内氏听后认为这是欺骗，勃然大怒。后来该画因绢面被污，大内氏命工匠清洗，结果作者署名处隐隐可见"扶桑紫扬等杨"字样。大内氏始知确实为雪舟所画，非常后悔当初的态度，立即召雪舟觐见，但雪舟已死。雪舟在明所作诸画中，《西湖》《金山寺》等画评价甚高，"不唯笔力高古，形势气象，皆其所目睹，一展览，则若身亲翱翔余杭门，登妙高台，评者以为神品者固有"③。

正因为雪舟的画富有特色，所以在明时颇受中国画家的称赞，如著名画家詹僖曾为雪舟的《芙蓉峰图》题诗："巨嶂稜层镇海涯，扶桑堪作上

---

① 『日本思想大系・23・古代中世芸術論』、岩波書店 1973 年、698 頁。
② 児玉幸多等編『史料による日本の歩み・中世編』、吉川弘文館 1958 年、394 頁。
③ 児玉幸多等編『史料による日本の歩み・中世編』、吉川弘文館 1958 年、395 頁。

天梯。岩寒六月常留雪,势似青莲直遏氏。名刹云连清建古,虚堂尘远老禅栖。乘风吾欲东游去,特到松原窈羽衣。"①

其他如诗人和画家徐琏也有诗相送,他在诗序中称雪舟"能诗兼画而性无所嗜""与之交,情倾意恰,欢若平生,居无何言,旋言归,怀不能舍",足见交谊之深②。回国后,雪舟辗转于北九州,后定居大分地方,在濑户内海的西海岸设立了"天开图画楼",沉醉在绘画艺术之中,创作出了日本美术史上诸多不朽画作,著名画作有《秋冬山水图》《天桥立图》《四季山水图卷》等。

与雪舟同时代的狩野正信也是画界的佼佼者。他曾师从周文,年轻时就颇有名声。他的水墨画突破了长期以来由禅僧独占的局面,成为最初的水墨画、世俗画家。他的绘画题材来源于世俗社会,迎合了武士阶级的情趣。他及其子狩野元信创立的狩野派画风,对日本近世的绘画影响颇深。

三、茶道与插花

茶汤又称数奇、数奇道、茶道。众所周知,日本的吃茶之风,始于奈良时代,从唐朝传入。平安时代则兴盛煎茶,最早见于史籍的煎茶之事,是 815 年(弘仁六年)四月,在嵯峨天皇行幸近江国韩崎时,梵释寺的高僧永忠向天皇献煎茶。"茶汤""煎茶"之词,也在上层贵族、文人的诗作中出现。如在《性灵集》第三卷的《中寿感兴诗序》中有"茶汤"之词。《凌云集》中载有嵯峨天皇的诗,其中有"吟诗不厌捣茶茗,乘兴偏宜听雅禅"句。仲雄王的《谒海上人》诗中有"石泉洗钵童,炉炭煎茶孺"句。当时,茶已不仅是饮料,更是上层贵族和僧界作为脱俗的手段,一边饮茶一边吟诗,显示高雅,后来慢慢地成为健体养生的珍品。《本朝文粹》卷十二载有诗人都良香的《铫子铭》写道:"多煮茶茗,饮来如何? 和调体内,散

① 〔日〕伊藤松辑,王宝平等编:《邻交征书》,第 99 页。
② 〔日〕伊藤松辑,王宝平等编:《邻交征书》,第 98 页。

闷除疴。"①至荣西著《吃茶养生记》,对茶药用作用的认识一步深化。荣西的《吃茶养生记》详叙了茶消除人的五脏之疾和外部侵入人体的病因的作用,使人们对茶产生了"末代养生之仙药,人伦延龄之妙术"的信念,饮茶之风的影响范围逐渐扩大。

镰仓时代以后,茶与禅宗相结合,寺院茶极度兴盛。当时寺院的吃茶已有一套固定的茶仪程序:茶仪开始,先由茶头敲寮前面的板,众僧合掌施礼坐定。寮内设有小板一块,敲一下,分茶碗、上茶。再敲一下,众僧捧碗饮之,饮完施礼。再敲小板,收碗,众人起立,众人合掌向点茶人致谢。随着饮茶的普及,镰仓时代只是药用或消除生理性障碍,如醒觉、醒酒等的茶,到南北朝和室町时代发展成为一种娱乐,当时盛行"斗茶"。

所谓"斗茶",实际上是一种以茶为名的赌博。通过品尝本地茶和非本地茶,以猜对本地茶者为赢。赌物有布匹、锦缎、香料等,一次输赢压五贯、十贯价值之物,一夜有输五六千贯的。有关斗茶豪赌的场面,在《太平记》中有这样记载:"在都内,佐佐木渡判官入道道誉等,在京之大名,集众开茶会,每日聚合寻欢,集异国、本朝之珍宝,饰百坐之妆,布豹虎皮于曲录之上,裁锦缎金襕,四主头之座并列。(略)传异国诸侯游宴之时日,食膳方丈:坐之四周一丈摆珍品种种。用五尺见方的木盘摆放十道斋羹、百种茶点、五味鱼鸟,尚有酸甜苦辣种种点心。饭后,酒过三巡,摆赌物百种。"②"道誉又在私宿所,饰七处,调七菜,集赌物七百种,曰:可饮七十次本、非茶,邀宰相中将殿。"③

佐佐木道誉是南北朝时期的武将、文化人,对室町幕府的建立与稳定有较大的功劳,曾先后任近江、若狭、出云、上总、飞骅、摄津的守护,在幕府内任内谈方、引付头人。由于爱好茶、花、香、田乐、连歌等,在《菟玖波集》中载有他的连歌七十三句。上述引文,表明了当时在上层武士和贵族中盛行的斗茶场所布置之豪华,准备的食物之丰盛,参与的赌物品

---

① 『本朝文粹』。
② 『太平記』第三十三卷・公家武家荣枯易地事。
③ 『太平記』第三十三卷・清氏叛逆事。

种之多。

期间，与这种"如丢金于泥土，抛玉于深渊"的斗茶不同，在下层社会则盛行被称为"佗数奇"的茶汤，崇仰简素、静寂。由于这种简素清静的茶汤的发展，到了 15 世纪中叶，出现了对追求豪华、挥霍无度的斗茶的斥责和批判。追求正确的茶的理想，把茶汤提高到更高精神境界的趋势日渐形成。这种趋势形成过程，足利义政的作用不能忽略。银阁寺中有义政的持佛堂，同时也有名为"同仁斋"的茶室（建立之初曾称"御书院"）。义政以银阁寺为中心，开展茶、花、画等道以及文学、连歌的活动，形成了独具特色的"东山文化"。在茶道方面创造了书院式东山流茶道，它既不是上流武士家族的斗茶会中所出现的豪奢猥杂的游艺，也不是纯禅院的严格茶礼，而是一种以华丽高雅的书院装饰为背景，配备精选出来的道具，点茶人身着规定的服装，以严肃复杂的动作，行点茶之事，可以说是武士贵族社会的社交性游艺的茶汤与佛道的茶仪式的混合体。[①]

当时，奈良称名寺僧村田珠光在吸收中国茶法的基础上，将上层社会的"茶寄合"与下层社会的"佗数奇"相结合，统一在禅的精神下，推行简朴的点茶法。足利义政闻后便召见村田珠光。珠光的茶不是玩物、艺事，也不是放纵享受，而是陶冶心灵之物的"思想"，对义政的东山流茶道影响极大。村田曾对义政说："以茶行礼，以茶礼饮之，且大礼设食，小礼则饮"，但"饮者非酒浆之谓也。"茶的礼仪在于用好水，用好炭煮水，用汉器茶瓯，高丽盏，建简陋茅屋，用山石筑庭，体现"深山之趣"。深山之趣的涵义是什么？是"冷枯"之境。这里所言的"冷枯"，与禅中的"静寂"以及能乐、连歌中的"空寂""幽玄"等一脉相通。东山流茶道和村田珠光的草庵式闲寂茶汤，对日后的茶道成立意义极大。

插花（"生花"），早在平安时代的文学作品中就有插花于瓶中供观赏的记载，到镰仓时代成为家庭的室内饰品。进入室町时代，上层贵族和寺院借重平安时期歌合这种形式，举办花合。举行花合时，要对场所进

---

① ［日］千宗室著，肖艳华译：《"茶经"与日本茶道的历史意义》，南开大学出版社 1992 年，第 145 页。

行装饰和布置。如 1416 年(应永二十三),北朝的后崇光太上皇在七夕这一天举行花合,会场内围着屏风,悬挂"唐绘",用多宝格式厨架,展示各种"唐物"。参加的人送来的数十盆花,也一一摆放在会场上,并详细记明献花人的姓名①。15 世纪初,花合是公开的,有兴趣者,不论贵族、僧侣,抑或是民众,皆可参观、评论。据有关记载,1462 年(宽正三)二月,有一个上层武士,名叫佐佐木高秀,专门请插花名手池坊专庆(有的记为"池坊专应"),为其"插花草于金瓶者数十枝,洛中好事者来竞观之"。同年十月,他又乘举办招待僧侣的"施食会"时,召插花手专庆来插菊花。"专庆来,折菊插于瓶,皆叹其妙"②。室町初期,虽然插花已十分盛行,但并未有一定的规矩,直至足利义政的东山文化时期,由足利义政的文化顾问("同朋众")立阿弥、台阿弥、相阿弥、文阿弥等规定了插花的样式。

关于插花的著作,有《专应口传》《仙传抄》等传世。《仙传抄》是《专应口传》的补充和发展,《专应口传》一书是池坊专应秘传子孙的记录。他在该书的后记中明确:"右一卷者,拙者于家秘书也,聊尔令相传事稀也。虽然江州岩藏寺圆林坊贤盛依御所望,老毫虽无正体,自笔书注,则令口传也。万万不可有他人见者也。"③

因是家传秘密,所以采用口传,且不许"有他人见者"。此书由序、不宜用花、祝言不宜用花、祝仪不宜用花等部分构成。在每段叙述不宜用花之后,同时列出可用之花。如在祝言不宜用花之后,提出一年十二个月内可用花的花名:正月松、梅;二月柳、椿;三月桃、杜若;四月卯花、芍药;五月竹、菖蒲;六月百合、莲花;七月桔梗、仙翁花;八月桧、白槙;九月菊、鸡头花;十月唐水木、南天;十一月水仙花、寒菊;十二月枇杷、早梅。五节可用的花:正月元三用梅、水仙花、金钱花;上巳用桃、柳、款冬;端午用竹、菖蒲、石竹;七夕用桔梗、仙翁花、梶木;重阳用菊、萩、鸡头花。

在祝仪一项中,列出不宜用的花木:杂木、杂草、四花、四叶、四草、四

---

① 児玉幸多等編『史料による日本の歩み・中世編』、吉川弘文館 1958 年、389 頁。
② 児玉幸多等編『史料による日本の歩み・中世編』、吉川弘文館 1958 年、380 頁。
③ 『日本思想大系・23・古代中世芸術論』、岩波書店 1973 年、464 頁。

木、六花、六叶、芥子花、残花、萱草、栀花、荷叶、紫竹、紫菀、河骨、马醉木、槙、山卯木、蔓椒、米柳、棘花、木瓜、茶木、杉、樗花、龙胆、木槿花、白葱、沈丁香、切附薄、蔓殊沙花、芭蕉、蔷薇、鼠尾草,不用枯物、破物。

祝仪可用的花木:松、竹、梅、椿、柳、海棠、石竹、鸡头花、岩踯躅、葱花、桔梗、菊、桃、石榴、仙翁、岸比、节黑、牡丹、金钱花、山桔、白槙、雁鼻、芙蓉、长春、水仙花、仙蓼果、百合、菁莪、杜若、常磐木。①

除《专应口传》外,关于立花的书,尚有《立花口传之大事》(1368 年),是一部假托佐佐木道誉之名的著作;《花王以来花传书》(1486 年)据传是池坊氏献给朝廷大臣的书。《宗清花传书》(1529 年)、《唯心轩花传书》(1544 年)等,这些著作与《专应口传》一起,缔造了日本花道的理论基础。其共同特点有如下几点:

第一,强调插花在书院式场所布置中的地位,提出了以墙壁上所挂的佛像画为中心布置的"右长左短,主居客居"的理论;第二,对衬托鲜花的枝叶的重视,提出枝叶搭配要注意远近、大小、前后层次。把枝叶视为插花不可或缺的"道具";第三,插花与生活习俗相结合,在提出节日花、婚嫁花等日常用花的同时,特别强调用花的禁忌;第四,强调"唐物"和"和物"的融合。过去重视"唐物花瓶",现在则认为应该从唐的美意识向和的美意识转变。村田珠光在其《珠光心之文》中特别提示说:"此道一大事乃和汉界线的混淆事,此为最重要的要事"②,反映了独自的花道理论的日渐成熟。

四、能与狂言

"能"是一种包括演剧、歌谣、音乐、舞蹈的文艺形式。它源于平安时代的猿乐。进入镰仓时代以后,社会发生了极大的变化,农业生产力的提高,为手工业脱离农业和商业发展创造了条件,农村的文化生活随之

---

① 『日本思想大系 · 23 · 古代中世芸術論』,岩波書店 1973 年、461 頁。
② 『日本思想大系 · 23 · 古代中世芸術論』,岩波書店 1973 年、448 頁。

发生变化。十二三世纪时，在武士和名主的扶植下，畿内地区出现了不少戏班("座")，在年节和社寺活动时进行演出，向民众表演"延年""田乐""猿乐"等。戏班("座")逐渐由畿内扩大至全国。进入室町时代，在宋代大曲和元代杂剧的影响下，猿乐等传统戏剧发展成为"能"和"狂言"。明治以后统称为"能乐"，集艺能、音乐、舞蹈、念、唱、做、面具、服饰于一体的民族剧。从能的表演内容分析，拟可分为五类①：

一是胁能戏或祭神戏，以表演祝贺为主；

二是二类戏或修罗戏，以表演武士阵亡、超度为主；

三是三类戏或假发戏，主人公多为女性，扮演者必须戴假发，故名；

四是杂戏或现代戏，以表演当时现实生活中的人物为主；

五是尾能或鬼畜戏，以表演鬼怪、动物为主。

能乐演出时，合唱队("谣方")坐在舞台右侧，乐队("杂子方")坐在后侧。主角称"仕手"(一般都戴面具)，配角称"胁"。主角与配角的表演先后次序均有一定的规定，即按序、破、急顺序进行②：

序段胁登场；

破一段仕手登场；

破二段胁与仕手问答；

破三段胁与仕手问答的展开、曲舞、幕间休息；

急段仕手再次登场、舞蹈。

简而言之，上述序、破、急五段，序段是交代剧情，破段是情节大发展，急是高潮、结尾。

能的剧本称为谣曲，其题材很广，大多取自民间的传说，或取自物语、战记、故事，也有取自中国的历史故事。物语例如《源氏物语》等，中国的历史题材例如《白乐天》《杨贵妃》《项羽》《东方朔》《西王母》《昭君》《张良》《邯郸》等。关于中国戏曲对能乐的影响，中国学者有如下认识：

①②［日］西乡信纲等著，佩珊译：《日本文学史——日本文学的传统和创造》，人民文学出版社1978年，第149页。

"能乐的形成,确实受到了中国早期戏曲的不少影响。有的日本学者说它是受我国元曲的影响。其实看起来也不只是元曲。唐代的参军戏,宋代的杂剧和南戏等等,都可以在能的演出中找到反映。但这种影响不是原样照搬,而是经过日本艺术家的消化、改造而又发展了的。"①

　　能的发展过程中,猿乐座的作用颇大。镰仓末期众多的猿乐"座"中,艺风最优秀者是大和的圆满井座、结崎座、外山座、坂户座等猿乐座。至室町初期,结崎座脱颖而出。结崎座的座主是观阿弥,出身于猿乐艺人之家,自幼习艺。1374 年(应安七年)入京都表演,受到室町幕府将军足利义满的赏识和庇护。观阿弥对能乐进行了改革,著有多种谣曲,代表作有《自然居士》《小町》等。其子世阿弥则青出于蓝而胜于蓝,自幼随父亲入京都演出,备受二条良基之宠和足利义满的赏识、庇护。1384 年(至德元年)22 岁时,观阿弥死后继承座主职。足利义满死后,世阿弥被幕府疏远。1422 年(应永二十九年)出家遁世,1434 年(永享六年)因触犯幕府将军足利义教,被流放到佐渡,晚年回到京都。一生为能的繁荣和能乐艺术水平的提高而不懈地工作,创作了大量的谣曲剧本,并在能乐理论上多有创新。

　　世阿弥认为能的本意在于把任何事情演得惟妙惟肖。对人物的处理,演员应根据剧中人物的身份,要"有浓有淡""有所深浅"。他强调演员对万事都要"用心揣摩",指出表演的秘诀,是"动十分心,动七分事",即以"心"为主,以"身"为次,只有如此,"能"才能达到"空寂的幽玄"之境。他在著作中,主张优秀的能乐,要"典据精当,风体新颖,眼目新明",富有"幽玄之趣",实现"花"(心)与幽玄的融合。在作能的方法、音曲、艺谈方面,他也多有贡献。艺术理论著作颇多,主要有《花传书》《花镜》《至花道书》《申乐谈艺》《拾玉得花》《三道》《能作书》《音曲声出口传》等,这些著作为日本民族艺术理论奠定了基础。

　　狂言,源于滑稽猿乐,是日本中世纪时的主要剧种之一。"狂言"一

――――――――――

① 王爱民、崔亚南编著:《日本戏剧概要》,中国戏剧出版社 1982 年,第 12 页。

词,据说来源于"狂言绮语",寓意为诙谐、逗趣的艺术形式。狂言与能相比较有如下不同:"能是以唱为主,文辞典雅华丽,狂言全是通俗白话;能多写悲剧性的故事,狂言只是表现喜剧性的生活片段;能多描写过去的事,狂言则是反映现实生活;能主要是歌颂贵族、英雄、勇将,狂言专门嘲笑大名和僧侣;能乐受到武士贵族阶级的支持,进入贵族的官邸,成为贵族阶级的专有物,而狂言还在广大的人民中间广为流传。"①

正因为狂言与能的上述区别,狂言演员的身份地位比能的演员低。狂言的演员是不能参演能的演出的。狂言大致分为四类:一是胁狂言;二是大名狂言、小名狂言;三是婚姻狂言;四是以鬼神、山僧等等为主人公的狂言,包括女狂言、坊主狂言、山伏狂言、座头狂言等。

狂言戏的结构,基本上与能相似,也是序、破、急依次推演,只不过序段较能乐长,破段较短,急段即收场较快。狂言的演员一般是二三个角色,主角称"仕手"或"主",配角称"挨答",角色均不戴面具,服饰也是当时通行的服饰。狂言题材取于民众的日常生活或者同时代的文学故事。其最大特点是讽刺性、娱乐性,在能乐中被歌颂的贵族、僧侣、大名,在狂言里则是被讽刺、挖苦、嘲笑的对象。

狂言后来也有与能乐一起演出的,被称为"能狂言"。它是能乐演出时,幕间休息时的插演,是为能乐服务的。由于能乐艰涩难懂的词句,很难使观众理解剧情,于是幕间插演狂言,借以解释难解的剧情;同时狂言使人发笑的对白,可以调节观众因能乐的剧情所感染的悲切、压抑的心情。

五、娱乐与趣味

在室町时代还有其他娱乐和趣味性活动,例如宫座、田乐、猿乐以及上流社会的唐物崇拜等。

当城市的人们汇集在会所沉迷于各种寄合时,地方的乡民们却聚首在各种寺社,轰轰烈烈地进行各种艺能活动(祭祀或者神事仪式),负责

---

① 王爱民、崔亚南编著:《日本戏剧概要》,第23页。

这种活动的组织被称为"宫座"。宫座制度在平安时期就已存在,经镰仓时代到南北朝时期,它的形式发生了变化,具有了惣村性质,也即具有了开放性和轮流性。著名的艺能活动,比如有大和法隆寺的"童舞",摄津国多田院的猿乐、流镝马、相扑,住吉神社的神乐、太刀舞、狮子舞、田乐舞、能乐等。尤其是田乐,该时期最为流行,它融合了中国传来的散乐,一边演奏腰鼓、笛子、小鼓,一边轻快舞蹈。参加人员众多,成分多样,有寺僧、神主、庄官和百姓。活动结束后要举行"直会"即聚餐,众人同乐。

镰仓幕府最后的得宗北条高时爱好田乐,他把京都的田乐座特意召至镰仓,并培养御用的田乐师,以致田乐与斗犬成为镰仓幕府灭亡的原因。镰仓幕府虽灭亡,可田乐并未呈现衰退之势。贞和五年(1349)六月盛夏,在四条河边举行的田乐盛况空前,足利尊氏、二条良基、梶井宫尊胤法亲王等也来参加,与民同乐。但是,乐极生悲,栈桥突然坍塌,场面顿时一片混乱,根据《师守记》的记载,死者超过100人以上,可见当时田乐狂热之一斑。

田乐流行之同时,与能剧有关的猿乐也得到发展。猿乐的起源众说不一,有一说法是神道祭祀活动中的"翁猿乐"。翁猿乐的演员在各地设立座,其中最有实力的是大和猿乐的畿内座。地方也流行猿乐,例如出云杵筑大社祭祀时各村奉仕的猿乐、若狭国气山座的猿乐等等。当然,此时的猿乐多少具有了剧情性,但真正发展猿乐的是观阿弥(1333—1384)。他把曲舞与田乐融进猿乐,使得更多的人喜爱上了它。

为了躲避"应仁之乱"的兵祸,公家贵族纷纷离开京都逃往地方。因此,贵族文化也随之普及到地方并生根发芽。一些文化人也在地方大展宏图,庶民文化争奇斗艳。其中著名的就有被称为小京都的山口和土佐中村。同时,一些由公家社会传承、武家社会所吸收的传统文化也逐步渗透到庶民生活,许多传承至今的生活文化在那个时代出现雏形。如服装方面,庶民开始着用简略化的武家服装;饮食方面,涌现越来越多以稻米为主食的百姓,一日三餐的习惯也在这个时候形成;居住方面,"书院建筑"取代古代贵族的住宅"寝殿建筑",成为现代和式建筑的原型。开天窗、铺榻榻米、使用纸拉窗也是从此时开始的。京都居民的房屋多呈"口"字形,中间为公用地带。民间塔婆形式的墓标制作也始于室町时代。

一些从公家经武家传承的年中行事也被百姓所接受,为庶民生活增添了许多丰富的生活色彩。如有急事,村民举行集会,以商量对策共同应付。这种集会也是一揆的雏形,所以政府经常取缔。和平时期村民们也举行集会,主要的活动是祭祀以示感谢。这时通常要举行娱乐活动,上面提到的连歌就是最重要的活动之一。其次就是茶会、舞蹈等,以此来加深和谐的气氛。此外,盂兰盆会舞也是当时的群众娱乐之一,京都的祇园祭也成为民间带有娱乐性质的活动。

在日本,对唐物的崇拜和追捧自古就没有间断过。大宰府作为中国货的进口基地长期发挥了作用,无论是平氏还是镰仓幕府,都积极进口中国商品。有元一代,尽管中日之间的交往曾经开展,一直也没有建交,但 14 世纪前期被称为"寺社造营料唐船"的往返非常频繁。1976 年打捞上来的"东福寺造营料船"新安沉船上有铜钱 28 吨以及大量的青瓷、白瓷等中国货就是一个很好的事例。

唐物并不一定全部来自中国大陆,也包括从朝鲜半岛、琉球进口的物品。这些物品包括铜钱、绘画、书籍、丝织品、香料、药材、工艺品、陶瓷器、金属器皿等,也有像大象、孔雀、鹦鹉之类的珍奇动物。尤其是中国铜钱,大量流入日本。室町时期除了人们熟悉的永乐通宝外,宋朝铜钱也是日本人尤其钟爱的唐物之一。[1] 获取唐物的渠道主要是官方的勘合贸易和民间的走私贸易,当然也有像九州岛津氏以及掌控濑户内海的大内氏那样,通过自己独特的外交渠道获得的。

对于大量流入日本的中国货,吉田兼好法师曾批评:"大唐的货物,除药材外,其余的没有也不妨。书籍一类已经广为流传,没有的,也可以转抄下来。到大唐的航程很艰难,如果尽把些无用之物运回我国,是极

---

[1] 東野治之『貨幣の日本史』、朝日新聞社 2004 年、105—124 頁。

愚蠢的事。"①

　　唐物主要用作皇族、贵族、武士、僧侣之间的赏赐及高级赠品，并常作为装饰道具陈列于会所这样人多汇集的地方。像足利义满这样特别偏爱唐物的将军，不仅收藏了大量的宋元画，连花瓶、香炉、屏风等生活用品都是一些珍贵的中国古董。而管理、鉴赏、陈设这些唐物的就是被称为"同朋众"的特殊艺术家们。

---

① 吉田兼好著:《徒然草》,第 107 页。

附 录

一、地图

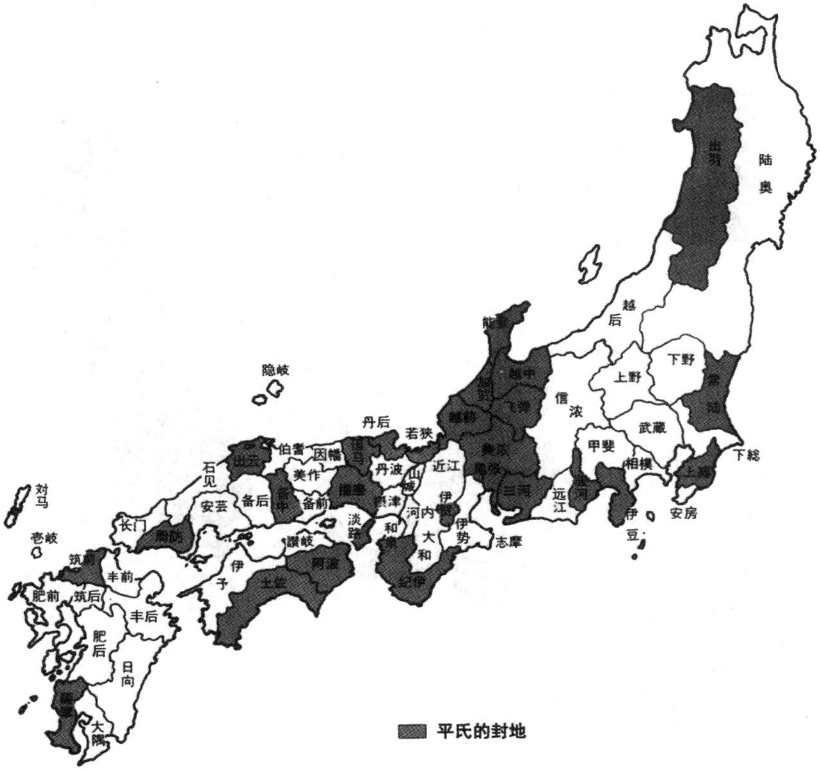

图1 平氏的封地

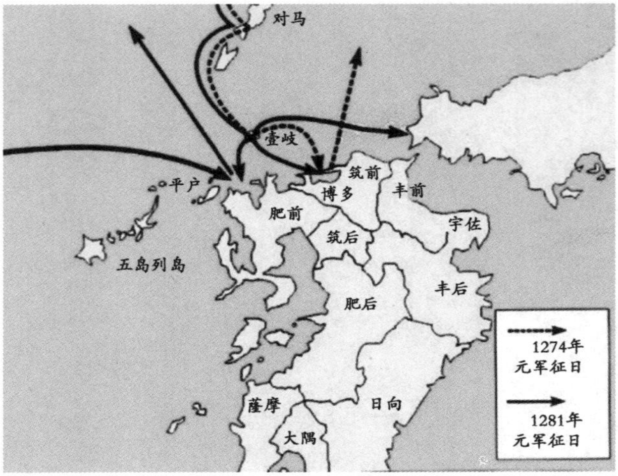

图2　元军征日

图中图例：

- ----→ 1274年 元军征日
- ——→ 1281年 元军征日

图中地名：对马、壹岐、平户、肥前、博多、筑前、丰前、宇佐、筑后、肥后、丰后、五岛列岛、萨摩、日向、大隅

图例：■ 镰仓公方的管辖地域

图3　室町时代的守护大名

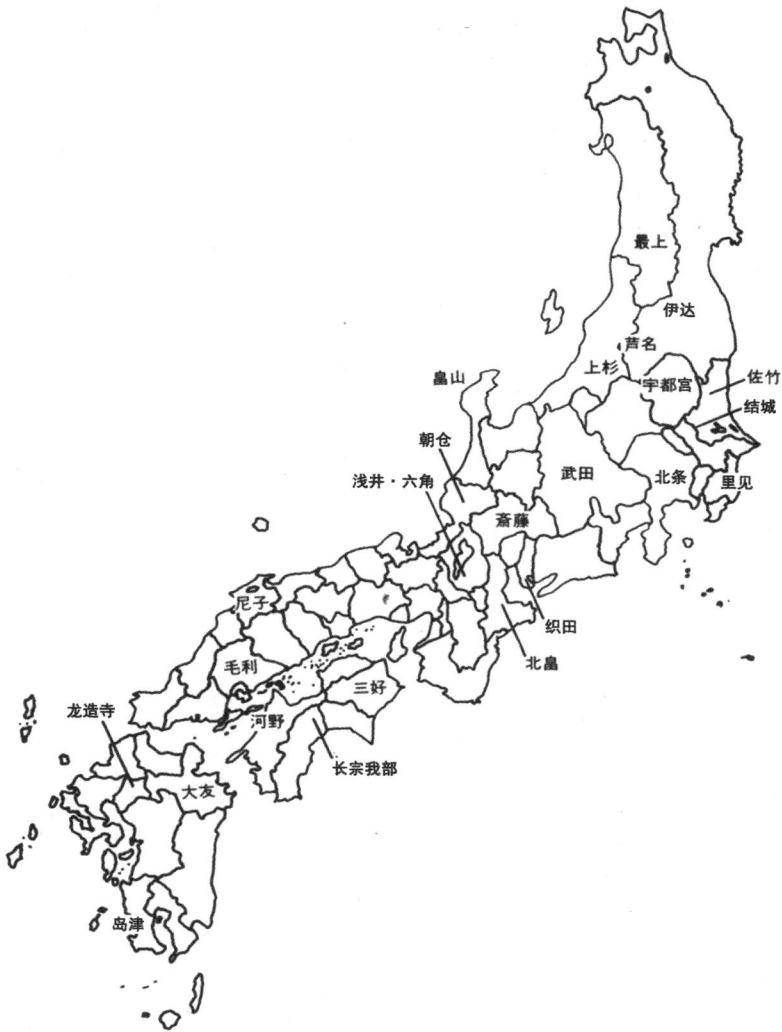

图 4　战国大名分布图(16 世纪中期)

二、大事年表

935 年

平将门之乱。

939 年

平将门自称"新皇"。藤原纯友之乱。

969 年

安和之变。

970 年

整顿延历寺纲纪。

983 年

僧奝然入宋。

984 年

宣布停止延喜二年以来新立庄园。

985 年

源信著《往生要集》。

988 年

尾张国郡司、百姓诉国守藤原元命非法。

991 年

皇太后藤原诠子剃度,命名为"东三条院",女院号初始。

995 年

藤原道长任内览。

1000 年

藤原遵子为皇太后,藤原定子为皇后,藤原彰子为中宫。

1016 年

藤原道长任摄政。

1026 年

藤原彰子剃度,院号为"上东门院"。

1028 年

平忠常之乱。

1051 年

前九年之役(1062 年结束)。

1055 年

天喜庄园整理令。

1065 年

治历庄园整理令。

1069 年

延久庄园整理令。设立"记录庄园券契所"。

1071 年

僧成寻入宋。

1083 年

后三年之役(1087 年结束)。

1086 年

白河太上天皇开设院政。院政时期开始。

1099 年

康和庄园整理令。

1111 年

按延久例设记录庄园券契所。

1119 年

白河法皇停止关白藤原忠实上野国新立庄园 5000 町。

1127 年

大治庄园整理令。

1129 年

平忠盛追剿山阳道、南海道"海贼"。

1131 年

《大镜》完成。

1156 年

保元之乱。

1159 年

平治之乱。

1160 年

源赖朝流放伊豆。

1166 年

平清盛任内大臣。

1167 年

平清盛升任太政大臣。

1168 年

僧荣西入宋。

1173 年

没收南都十五所大寺庄园。平清盛筑经岛。

1177 年

反平氏派在鹿谷密谋(鹿谷事件)。平重盛为内大臣。

1179 年

平清盛幽禁后白河法皇、近臣被解官。

1180 年

声讨平氏的"以仁王令旨"发布。迁都福原。源赖朝在伊豆举兵。

1184 年

向源赖朝下达"追讨平氏"宣旨。源赖朝设置公文所、问注所。

1185 年

平氏在坛浦灭亡。

1188 年

朝廷命藤原基成、泰衡追讨义经。

1189 年

灭奥州藤原氏。

1190 年

东大寺重建。

1191 年

荣西自宋归,传临济宗。

1192 年

源赖朝为征夷大将军。改公文所为政所。镰仓幕府成立。

1195 年

源赖朝入京。

1199 年

源赖朝死。其子源赖家继任将军。幕府实行合议制。

1203 年

比企氏之乱。源实朝任将军。北条时政控制幕政（幕府执权之始）。

1205 年

北条义时继任执权。《新古今和歌集》完成。

1212 年

鸭长明完成《方丈记》。

1213 年

和田义盛之乱。

1218 年

北条政子上京。北条泰时任侍所别当。

1219 年

公晓杀源实朝将军。幕府邀请，藤原赖经下镰仓。

1220 年

慈圆完成《愚管抄》。

1221 年

承久之乱。幕府在京都设六波罗探题，北条泰时首任此职。后鸟羽、顺德、土御门三上皇被流放。

1222 年

规定守护、地头职责。

1226 年

藤原赖经成为第四代将军。

1227 年

道元自宋归国，传曹洞宗。

1229 年

禁止宽德以后新立庄园。

1230 年

新立庄园停止令。

1232 年

北条泰时制定《贞永式目》51 条。

1234 年

幕府定京都大番役。

1244 年

藤原赖嗣为幕府将军。

1245 年

幕府定人身买卖法。

1246 年

北条时赖继任幕府执权。

1247 年

宝治之乱。

1249 年

幕府设置引付众。

1252 年

幕府迎宗尊亲王为将军。镰仓大佛建成。

1256 年

北条长时任幕府执权。

1260 年

日莲著《立正安国论》。

1264 年

北条政村为幕府执权。

1266 年

惟康亲王为幕府将军。

1268 年

北条时宗任幕府执权。幕府拒绝蒙古国书。

1274 年

元朝第一次侵日（"文永之役"）。

1275 年

金泽文库建立。

1281 年

元朝第二次侵日（"弘安之役"）。

1284 年

北条贞时为幕府执权。

1285 年

霜月骚动。

1289 年

幕府更换将军，久明亲王继任。

1293 年

置镇西探题。平禅门之乱。幕府废引付职。

1297 年

"永仁德政令"。

1301 年

北条师时继任执权职。

1303 年

一向宗盛行，幕府镇压。

1308 年

守邦亲王任幕府将军。

1316 年

北条高时为执权。

1317 年

幕府确定朝廷两统迭立制（"文保御和谈"）。

1321 年

后醍醐天皇亲政。设置记录所。

1322 年

《元亨释书》撰成。

1324 年

后醍醐天皇倒幕计划失败（"正中之变"）。

1331 年

元弘之变。

1333 年

镰仓幕府灭亡。

1334 年

建武中兴。

1335 年

足利尊氏在镰仓兵变。

1336 年

室町幕府成立。制定《建武式目》。尊氏拥立光明天皇（北朝），自此南北两朝对立开始。

1338 年

足利尊氏任征夷大将军。

1339 年

北畠亲房撰成《神皇正统记》。

1342 年

足利尊氏定五山十刹。

1358 年

足利义诠为室町幕府将军。

1368 年

足利义满继任将军职。应安"半济令"。

1369 年

楠木正仪投降北朝。

1371 年

明以怀良亲王为"日本国王"。《太平记》撰成。

1373 年

明使仲猷祖阐上京。楠木正仪、细川氏春等攻破天野行宫，长庆天皇、后村上上皇逼逃至吉野。

1374 年

疱疮流行，后光严上皇染病死亡。

1376 年

入明僧绝海中津、汝霖良佐归国。

1378 年

足利义满造室町第（"花御所"）。竹田明室从明朝学成（医学）归国。

1379 年

细川赖之出家回赞岐，斯波义将出任管领。春屋妙葩当任僧录司。

1383 年

足利义满升任准三后。南军赤松氏则在播磨清水战死。朱元璋断决与日交通。

1391 年

明德之乱。

1392 年

南北两朝统一。高丽李成桂建国，称朝鲜。

1394 年

足利义满任太政大臣，足利义持为幕府将军。九州探题今川贞世遣使朝鲜求取《大藏经》，并送还俘虏 600 人。

1395 年

今川贞世向朝鲜送还俘虏 570 人。元末东渡的中国人陈延祐死亡，享年 73。

1396 年

大内义弘遣使朝鲜求取《大藏经》，并送还被掳人员。朝鲜以汉阳（京城）为都。

1397 年

足利义满建造金阁寺。涉川满赖遣使朝鲜求取《大藏经》。

1398 年

足利义满向朝鲜回礼使表达修好之意。琉球中山王武宁驱逐南山王温沙道至朝鲜。

1399 年

置奥州探题。应永之乱。

1401 年

足利义满遣使肥富、祖阿赴明朝。

1402 年

明使道彝、一如抵达兵库，义满赴兵库参观明朝使船。

1403 年

义满遣使僧圭密随同明使入明。朝鲜设铸字所。

1404 年

明朝使携"日本国王"印和勘合符赴日。明日勘合贸易开始。

1405 年

朝鲜使抵日。义满会见明使。

1406 年

义满在北山第引见明朝使臣俞士吉。

1407 年

遣明使回国。义满接见明使。大内盛见遣使朝鲜求取《大藏经》。

1408 年

幕府定酒屋、土仓税。明朝使船离开兵库，义满去世，享年 51。

1409 年

明使赴日吊唁义满。

1411 年

明使王进从兵库逃回国。足利义持、大内盛见分别遣使朝鲜求取《大藏经》。一休宗纯谒见幕府将军。

1412 年

南蛮船驶入若狭小浜。天皇让位。

1416 年

上杉禅秀之乱。

1419 年

朝鲜侵对马岛（"应永外寇"）。足利义持断绝与明通交。

1422 年

大内盛见遣使朝鲜。足利义持向朝鲜求取《大藏经》。

1423 年

足利义持让将军一职与足利义量。义持向朝鲜求取《大藏经》刻板。

1428 年

德政一揆开始。后花园天皇践祚。

1429 年

足利义教就任将军职。

1432 年

足利义教遣使赴明。朝鲜使赴日。

1434 年

明使雷春随同遣明使道渊赴日。

1436 年

惠凤翔之入明。

1437 年

解除二十年以上的借贷关系。

1438 年

永享之乱。

1441 年

赤松满祐杀足利义教将军(嘉吉之乱)。

1443 年

对马宗贞盛与朝鲜签订贸易船 50 艘的协议。

1449 年

琉球商人向幕府进献药材和铜钱。

1451 年

大和德政一揆。遣使明朝。琉球商船抵达兵库。朝鲜撰《高丽史》。

1452 年

武田信广领有陆奥田名部、蛎崎。琉球中山王尚金福在那霸建造天照大神祠。

1453 年

遣使携带矿物、兵器入明,遣明使在北京与明朝当局发生贡物价格争议。

1457 年

太田道灌筑江户城。

1467 年

应仁之乱。战国时代开始。

1482 年

足利义政将军营造东山山庄(银阁)。

1485 年

山城国一揆,实行自治达八年。

1488 年

加贺国一向一揆。

1495 年

《新撰菟玖波集》撰写。北条早云夺取小田原。

1503 年

幕府向朝鲜求勘合符。

1526 年

今川氏亲定家法《今川假名目录》。

1529 年

松平清康在三河、尾张一代活动。

1535 年

北条、今川、武田、上杉各战国大名相互拼战。

1541 年

武田信玄(晴信)驱逐父信虎自立。

1543 年

葡萄牙人传来鸟铳。

1547 年

日朝签订《丁未约条》。武田信玄制定《甲州法度之次第》。

1548 年

斋藤道三与织田信秀结和,其女嫁织田信长。

1549 年

西班牙传教士方济格抵鹿儿岛传天主教。

1550 年

北条氏康实行税制改革。

1553 年

川中岛战役开始。

1555 年

相良晴广制定《相良氏法度》。毛利元就与陶晴贤在严岛决战。织田信长夺取清洲城。

1556 年

结城政胜制定《结城氏新法度》。

1557 年

毛利元就平定周防、长门。

1559 年

织田信长入京。

三、参考书目

史料

（一）中文

《日本一鉴》（郑舜功），北海图书馆，1938 年。

《源氏物语》（丰子恺译），人民文学出版社，1982 年。

《中日关系史料汇编》（汪向荣、夏应元编），中华书局，1984 年。

《宋史》，中华书局，1985 年。

《元史》，中华书局，1985 年。

《明史》，中华书局，1985 年。

《唐大和上东征传》（真人元开著，汪向荣校注），中华书局，2000 年。

《邻交征书》（伊藤松辑，王宝平等编），上海辞书出版社，2007 年。

（二）日文

『明月記』、昭陽社、1935 年。

『国史大系 朝野群載』、吉川弘文館、1938 年。

『日本古典文学大系 平家物語』、岩波書店、1959 年。

『史料による日本の歩み（中世編）』、吉川弘文館、1960 年。

『日本思想大系 三教指帰・性霊集』、岩波書店、1965 年。

『史料による日本の歩み（中世編）』、吉川弘文館、1968 年。

『小右記』、臨川書店、1968 年。

『日本思想大系 親鸞』、岩波書店、1973 年。

『日本思想大系 最澄』、岩波書店、1974 年。

『国史大系 政事要略』、吉川弘文館、1974 年。

『将門記』、現代思潮社、1975 年。

『玉葉』、芸林舍、1975 年。

『中国・朝鮮の史籍における日本史料集成・三国高麗之部（史料編纂会編）』、国書刊行会、1978 年。

『日本古典文学大系 五山文学・江戸漢詩集』、岩波書店、1978 年。

『史料大系日本の歴史　第三卷中世Ⅱ』、大阪書籍、1978 年。

『史料大系日本の歴史　第二卷中世』、大阪書籍、1979 年。

『国史大系　日本紀略』、吉川弘文館、1979 年。

『国史大系　百錬抄』、吉川弘文館、1979 年。

『日本古典文学大系　懐風藻・文華秀麗集・本朝文粋』、岩波書店、1979 年。

『国史大系　令集解』、吉川弘文館、1981 年。

『花園天皇宸記』、平文社、1986 年。

宋希璟著、村井章介校注『老松堂日本行録—朝鮮使節の見た中世日本—』、岩波書店、1987 年。

『国史大系　吾妻鏡』、吉川弘文館、1995 年。

『甲陽軍鑑』、第一書房、1995 年。

『善隣国宝記・続善隣国宝記』、集英社、1995 年。

『国史大系　扶桑略記』、吉川弘文館、1999 年。

『国史大系　日本高僧傳要文抄・元亨釈書』、吉川弘文館、2000 年。

『国史大系　古今著文集・愚管抄』、吉川弘文館、2000 年。

著作

（一）中文

《明代倭寇考略》（陈懋恒），人民出版社，1957 年。

《日本文学史——日本文学的传统与创造》（西乡信纲等著，佩珊译），人民文学出版社，1978 年。

《日本绘画史》（秋山光和著，常任侠等译），人民美术出版社，1978 年。

《日中文化交流史》（木宫泰彦著，胡年译），商务印书馆，1980 年。

《日本佛教史纲》（村上专精著，杨曾文译），商务印书馆，1981 年。

《日本戏剧概要》（王爱民等），中国戏剧出版社，1982 年。

《十五十六世纪东西方历史初学集》（吴于廑主编），武汉大学出版社，1985 年。

《明代中日关系研究——以明史日本传所见几个问题为中心（1368－1644）》（郑梁生），文史哲出版社，1985 年。

《中日关系史》（张声振），吉林文史出版社，1986 年。

《日本风云人物评传》（王金林等），天津人民出版社，1988 年。

《日本通史》（赵建民、刘予苇主编），复旦大学出版社，1989 年。

《日本中世文学史》（宿久高），吉林大学出版社，1992 年。

《日欧文化比较》（路易斯弗洛伊斯著、冈田章雄译注，范勇、张思齐译），商务印书馆，1992年。

《茶经与日本茶道的历史意义》（千宗室著，肖艳华译），南开大学出版社，1992年。

《日本中世近世史》（林明德），三民书局股份有限公司，2000年。

《日本文明》（叶渭渠主编），中国社会科学出版社，2000年。

《中世纪的中日关系》（汪向荣、汪皓），中国青年出版社，2001年。

《日本天皇制及其精神结构》（王金林），天津人民出版社，2001年。

《明清时期琉球日本关系史》（何慈毅），江苏古籍出版社，2002年。

《日本史——现代化的东方文明国家》（郑梁生编著），三民书局，2003年。

《日本文学史》近古卷（叶渭渠、唐月梅），昆仑出版社，2004年。

《明代倭寇史略》（范中义、仝晰纲），中华书局出版社，2004年。

《新编日本王室史话》（王忠和编著），百花文艺出版社，2004年。

《日本和歌史》（彭恩华著），学林出版社，2004年。

《日本史话——中古篇》（汪公纪），联经出版事业股份有限公司，2005年。

《十五十六世纪东西方历史初学集续编》（吴于廑主编），武汉大学出版社，2005年。

《日本文化史》（叶渭渠），陕西师范大学出版社，2005年。

《中国题材的日本谣曲》（张哲俊），宁夏人民出版社，2005年。

《论宋元时期的中日文化交流及相互影响》（李寅生），巴蜀书社，2006年。

《日本家训研究》（李卓），天津人民出版社，2006年。

《明代海外贸易制度》（李庆新），社会科学文献出版社，2007年。

《叙至十九世纪的日本艺术》（滕军、黄玉梅、张瑜、王善涛），高等教育出版社，2007年。

《中国题材日本文学史》（王向远），上海古籍出版社，2007年。

《中国文化对日韩越的影响》（朱云影），广西师范大学出版社，2007年。

《新编日本历史》（华晓会编著），黑龙江大学出版社，2007年。

《日本史》（王仲涛、汤重南），人民出版社，2008年版。

《日本史》（康拉德·托特曼著，王毅译，李庆校），上海人民出版社，2008年。

《日本佛教史》（杨曾文），人民出版社，2008年。

《日本神道研究》(王金林),上海辞书出版社,2008 年。

《日本文学》(张龙妹、曲莉),高等教育出版社,2008 年。

《大国通史 日本》(冯玮),上海社会科学院出版社,2008 年。

《日本史纵横谈》(王述坤),上海人民出版社,2009 年。

《日本文化史导论》(陈鹏仁),致良出版社有限公司,2009 年。

《日本中世史》(郑梁生),三民书局,2009 年。

《径山文化与中日交流》(陈小法、江静),上海辞书出版社,2009 年。

《日本小史——从石器时代到超级强权的崛起》(肯尼斯·G.韩歇尔著、李忠晋、马昕译,叶渭渠配图),世界图书出版公司,2010 年。

《战国日本》(茂吕美耶),广西师范大学出版社,2010 年。

《日本史》(吴廷璆主编),南开大学出版社,2010 年。

《日本书法艺术》(陈小法),上海文艺出版社,2010 年。

《五百年来谁著史:1500 年以来的中国与世界》(韩毓海),九州出版社,2010 年。

《天下:包纳四夷的中国》(韩毓海),九州出版社,2011 年。

《中日文化交流史考察与研究》(滕军等编著),北京大学出版社,2011 年。

《明代中日文化交流史研究》(陈小法),商务印书馆,2011 年。

《日本中世史》(王金林),昆仑出版社,2013 年。

《室町时代》(陈杰),陕西人民出版社 2014 年。

《日本中世文化研究》(韦立新),世界图书出版公司,2014 年。

《"海上茶路·甬为茶港"研究文集》(竺济法编),中国农业出版社,2014 年。

《汉魂与和魂——中日文化比较》(王敏),世界知识出版社,2014 年。

《壬辰倭乱——四百年前的朝鲜战争》(崔官著,金锦善、魏大海翻译),中国社会科学出版社,2015 年。

(二)日文

森克己『日宋貿易の研究』、国立書院、1948 年。

安田元久『日本荘園史概説』、吉川弘文館、1958 年。

水戸部正男『日本史上の天皇』、福村出版、1967 年。

名幸芳章『沖縄仏教史』、護国寺出版、1968 年。

呼子丈太郎『倭寇史考』、新人物往来社、1971 年。

村岡典嗣『日本思想史概説』、創立社、1971 年。

田中健夫『中世対外関係史』、東京大学出版会、1975 年。

北島正元『体系日本史叢書 土地制度史Ⅱ』、山川出版社、1975 年。

上島有『戦乱と一揆』、講談社、1976 年。

中世民衆史研究会編『中世の政治的社会と民衆像』、三一書房、1976 年。

義江彰夫『鎌倉幕府地頭職成立史の研究』、東京大学出版会、1978 年。

森克己等『体系日本史叢書対外関係史』、山川出版社、1978 年。

竹内理三『古代から中世へ』、吉川弘文館、1978 年。

肥后和男『歴代天皇紀』、和田書店、1982 年。

脇田晴子『日本中世都市論』、東京大学出版会、1985 年。

脇田晴子『室町時代』、中央公論社、1985 年。

永原慶二・青木和夫・佐佐木潤之介『日本の歴史第 2 巻・武士の社会』、読売新聞社、1990 年。

網野善彦『中世再考──島の地域と社会』、日本エディタースクール出版部、1991 年。

瑞渓周鳳『臥雲日件録抜尤』、岩波書店、1992 年。

今井雅晴『中世を生きた日本人』、学生社、1992 年。

『岩波講座 日本通史第 7 巻中世 1-4』、岩波書店、1994 年。

佐伯有清『日本古代、中世の政治と文化』、吉川弘文館、1997 年。

李領『倭寇と日麗関係史』、東京大学出版会、1999 年。

下向井龍彦『日本の歴史 7 武士の成長と院政』、講談社、2001 年。

山本幸司『日本の歴史 9 頼朝の天下草創』、講談社、2001 年。

筧雅博『日本の歴史 10 蒙古襲来と徳政令』、講談社、2001 年。

新田一郎『日本の歴史 11 太平記の時代』、講談社、2001 年。

久留典子『日本の歴史 13 一揆と戦国大名』、講談社、2001 年。

大石直正等『日本の歴史 14 周辺から見た中世日本』、講談社、2001 年。

姜在彦『朝鮮通信使がみた日本』、明石書店、2002 年。

川崎桃太『フロイスの見た戦国日本』、中央公論新社、2003 年。

元木泰雄『日本の時代史 7 院政の展開と内乱』、吉川弘文館、2003 年。

佐藤誠一『日本の時代史 9 モンコルの襲來』、吉川弘文館、2003 年。

有光有学『日本の時代史 12 戦国の地域国家』、吉川弘文館、2003 年。

　　橋本雄『中世日本の国際関係—東アジア通行圏と偽使問題—』、吉川弘文館、2005 年。

　　鹿毛敏夫『戦国大名の外交と都市・流通—豊後大友氏と東アジア世界—』、思文閣、2006 年。

　　榎本渉『東アジア海域と日中交流—九～一四世紀—』、吉川弘文館、2007 年。

　　佐藤信等『前近代の日本列島と朝鮮半島』、山川出版社、2007 年。

　　五味文彦『日本の歴史五 躍動する中世』、小学館、2008 年。

　　安田次郎『日本の歴史七 走る悪党、蜂起する土民』、小学館、2008 年。

　　知名定寛『琉球仏教史の研究』、榕樹書林、2008 年。

　　橋本雄『偽りの外交使節：室町時代の日朝関係』、吉川弘文館、2012 年。

　　橋本雄『"日本国王"と勘合貿易』、NHK 出版、2013 年。

四、索引

A

安德天皇　49,53,56,59,60,62

按司　435

奥州藤原氏　74

B

白河天皇　21,22,34

百炼抄　31,146,151,163

半济令　298

保元之乱　12,35,41,44,45,49,53,
168,194,244

北岭　6,18,221,258,259

北山殿　301,302,492

北山文化　472,478,492

北畠亲房　256,271,272,293,294,472,
473,486

北畠显家　270,272,278—280,461

北条长时　113,231,247

北条高时　259,276,297,381,510

北条时赖　110—113,121,122,207,
231,236

北条时政　55,56,68,70,73,84,86—
90,97,265

北条泰时　89,93,99—103,105—109,
111,121,151—153,155,163,220

北条义时　79,89,91,93,99,100,
105,284

北条早云　337,338,346,350,351,354,
355,366

北条贞时　119,122—124

北条政子　55,82—84,87—94,99,104,
105,107,138,153,185,215—218,
233,245,266,470

本愿寺　333,334,362,378,459

博多　115—118,160,161,187,192—
194,208,265,321,381,383,385,386,
409,413,414,430,433,436,437,
439—441,444,445,459

C

曹洞宗　222,235,236,453,479,481

册封　386,389,411,435,438,442

茶道　493,494,502,504

禅宗　182,205—207,218,222,230,
232—235,254,302,399—401,404,
406,453,478—481,483,491—493,
498—501,503

长宗我部氏　337,345,347,352

承久之乱　63,94,97,101—105,137,
138,140,148,150,152,153,188,227,
255,258,271,285,293

城下町　142,143,158,170,356—359,
458—460,463

持明院统　259,261,272,280,282,
283,295

赤松满祐　307—309

赤松则村　262,264,265,267,269,273,
274,280,281,291

后　记

　　本卷由本丛书主编将原天津社会科学院日本研究所研究员王金林先生和湖南师范大学日语系陈小法教授的书稿改编而成,书稿第一章、第二章第一节由浙江大学历史学院林扬子撰写,并增加了一些新内容。原作者核实、校对了书稿,附录由陈小法教授做成。